全 訂 版

言論法制論

柳 一 相 著

博 英 社

Mass Communication Law

(3rd Edition)

By

RYU, IL-SANG, Ph.D.

Professor, Dept. of Mass Communication

KonKuk University

e-mail: willowyou@empal.com

2007

Pakyoungsa Publishing Co.

Seoul, Korea

"이 책은 '방일영 문화재단'의 지원을 받아 저술 · 출판되었다."

전정판을 내면서

2007년 가을 학기 발간을 목표로 저자의 주저 가운데 하나인「언론법제론」의 전정판작업을 시작하였다.「언론법제론」은 1998년에 초판을 내고 2000년에 개정판을 냈으나 이미 절판되었다. 저자는 2000년 이후에도 언론법분야에서 많은 법이 제정되거나 새로운 법이 개정되어 전정판작업이 시급함을 절감했으나 2005년부터 약 1년여 동안 한국언론법학회장으로 봉사해야 했고, 학교에서는 언론홍보대학원장의 보직임무 수행으로 도저히 시간을 낼 수 없어 전정판작업에 손을 대지 못했다. 개정판을 발간하면서 빠른 시일 내에 책의 보완을 약속하였지만, 시간이 늦어졌음에 대해 이 책에 계속적인 관심을 가져 준 독자들에게 송구스럽다.

이 책은 변화하는 미디어환경과 사회규범의 민주화를 촉진하는 시대정신의 선도에 따라 우리나라의 언론관계법이 크게 바뀌고 있는 현실을 고려하면서 가급적이면 많은 부분에 손을 대어 전정판이 개정판과 뚜렷이 구별되게 하려고 했지만, 동일한 서명(書名)을 유지하고 있기 때문에 그 한계 또한 인정하지 않을 수 없어 책구성의 큰 틀을 바꾸지는 않았다.

이 책이 개정판과 다른 점은 크게 두 가지이다. 하나는 제 5 장의 주요부분을 개정하여 제 4 장 “표현의 자유를 보충하는 권리와 제도”로 하고, 제 4 장 “자유언론과 명예훼손”을 제 5 장으로 바꾸었다.

다음은 제10장에 실었던 우리나라의 미디어관계법이 2005년 들어 전면개정 또는 새로 제정되고, 이어 위헌소송이 제기되는 등 미디어법제환경이 크게 변화했으므로 이 부분을 많이 고쳐 썼다. 제 1 절에 “신문 등의 자유와 기능보장에 관한 법률”을, 제 2 절에 “언론중재 및 피해구제에 관한 법률”을 전면적으로 해설·해석하고 비판을 가하였다. 따라서 방송관련법제는 제 3 절로 밀렸다.

그 밖의 각 장에서도 낡은 법제와 구 시대적인 법문해석은 대부분 현재로서는 가장 신선하다고 생각되는 논리들로 바꾸고 판례들도 많이 보충했다. 그러나 언론법제의 영역이 너무 넓고 미개척분야가 많기 때문에 천학비재한 저자로서 손대기 어려운 부분이 적지 않았음을 고백하며, 언론법과 정책에 많은 관심을 가진 강호제현의 질정과 편달을 고대할 뿐이다.

이 전정판작업을 맡아 주신 도서출판 박영사의 안종만 회장님, 이일성 편집위원님께 깊은 감사의 말씀을 드린다.

이 책을 고 정명자 선생님 영전에 바친다. 그 이는 새 책 발간을 보지 못하고 2007년 1월 이상기온이 엄습한 미국 서부 오리건주 유진과 로즈버그 사이 I-5 프리웨이 공로상에서 가드레일 없는 트레일러에 깔린 채 자신이 운전하던 승용차와 운명을 같이하면서, 같은 차에 동승한 이 못난 남편을 살려 두고 유명을 달리한 영원히 잊을 수 없는 사랑하는 나의 아내였다. 여행기전문작가로 「여보, 어디로 갈까? 1-오리건, 캘리포니아, 워싱턴주 편」을 유작으로 남기고 간 그 이의 영혼이 나의 영육과 함께 함을 믿으며, 천국에서의 재회를 약속받고 싶다.

2007년 8월 20일

저자 유일상 씀

개정판 서문에 부쳐

이 책의 초판을 펴낸 지 2년이 채 못된 이번 학기초에 출판사로부터 재판을 찍어야 한다는 연락을 받았다. 내가 이 저서를 출간한 후, 곧 건국대학교 재단이 파견하는 교환교수로 발령이 나서 1년 넘게 미국 오레건대학교 언론대학의 초빙교수로 나가 있다가 돌아온 지 얼마 안 되었는데, 마침 1999년 12월 30일에는 우리나라 방송법 체계가 크게 정비되어 개정판을 내려던 참이었다. 학기초의 황망함 때문에 전면 개정은 어려워서 다급한 대로 새 방송법과 그 시행령을 대비시켜 가면서 주로 제10장 제2절을 고쳐 썼다. 그리고 초판의 부록 중 종전의 방송법, 종합유선방송법, 유선방송관리법을 새로 통합된 '방송법'으로 갈아넣었다. 본문 가운데 이제까지 발견된 오자와 탈자(脫字) 등 객관적 오류는 고쳤으나 여러 대학에서 사용하는 언론법제론의 교재이기 때문에 학기초의 품절기간을 줄이고자 서두르다 보니 제작기간이 촉박하여 새로 고쳐야 할 내용을 첨가하지 못해 매우 안타깝다.

커뮤니케이션과 관련된 과학기술의 급속한 발전과 사회 의식의 진화에 따라 언론법제 부분에서 새 법규가 많이 만들어지고 또한 낡은 판례를 뒤엎는 새 판례가 축적되고 있으나, 이번에는 그 많은 새로운 지식과 정보를 담아내지 못하고 필요최소한의 부분 수정에 그친 채, 전정(全訂)작업은 앞으로의 연구를 통해 빠른 시일 내에 다시 보완함으로써 독자들의 관심에 보답할 것을 약속한다.

바쁜 출판일정 때문에 이 책의 교정작업에는 대학생인 저자의 두 자식 미진과 계환이 밤을 새우며 수고해 주었다. 가아(家兒)들에게도 지면을 통해 고맙다는 말을 남겨두겠다. 이 책의 초고속 제작을 쾌히 승낙하시고 힘을 모아주신 박영사의 안종만 사장, 선경선 전무 및 송일근 편집국장님께 다시 한 번 감사를 드린다.

2000년 3월

저자 유일상 씀

책 머리에

신문과 방송을 비롯한 매스미디어의 위력이 새삼 강렬하게 다가오는 현대의 정보사회에서 사람들은 언론 때문에 때때로 제정신을 잃는다. 매스미디어가 한껏 자유를 누리면서도 그 창조자인 사람들을 함부로 무책임하게 대접하기 때문일 것이다. 하루가 새롭게 발달하는 과학기술의 도움으로 사회정보의 양은 크게 팽창하였지만 그 풍부한 정보가 사람들의 삶을 풍요롭게 만들어 주지 못하고 있으니 여기에는 필경 연유가 있다. 사실 오늘날의 정보는 어떤 강력한 군대보다도 쉽게 국경선마저 뛰어넘을 수 있는 힘을 갖고 있으므로 그것을 수집하여 고차적으로 재생산하고 유통·분배하는 사회적 기구로서의 언론은 시대정신의 최선봉에 서서 정치적 민주화와 경제적 효율성까지 좌우할 수 있는 존재라고 하겠다. 이 존재가 많은 사람들의 삶에 유리하도록 끊임없이 갱신되려면 이 존재의 지향목표를 분명하게 드러내 줄 규범이 있어야 하는데 그것이 언론윤리법제이다. 저자는 이미 「언론윤리법제론」(아침출판사, 1991년 초판)을 출간하여 이 요구에 조그마한 부분이나마 화답한 바 있다. 이 책은 그 후속편이다.

저자는 언론자유의 필연성과 그에 따른 법적 책임을 알고자 하는 사람들에게 무엇인가를 전해 줄 목적으로 이 책을 썼다. 그러나 분과학문으로서의 우리나라 신문방송학에서는 이 분야의 천착이 미진하였기 때문에, 초학자들에게는 다소 어렵게 느껴질 수 있다. 그래서 저자는 다소나마 이를 완화할 목적으로 여타의 법률서적과 달리 다양한 사례를 해설기사식으로 열거함으로써 언론법제의 구체성이 풍부하게 드러나도록 여러가지를 고려하였다. 특히 저자는 언론윤리와 언론법제가 서로 독립적이면서도 서로 동화되고 있는 현실을 염두에 두면서, 언론법제에 더 특별한 관심을 가진 독자들을 위해 이 책을 가다듬었다.

우리나라 사람들은 미국을 닮은 생활관습에 젖어 있지만 주로 일본을 통해 전수받은 독일식 법제로 규율을 잡고 있다. 이 정황을 참작하여 저자는 법계(法系)가 다른 두 체제를 넘나들면서 독자제현(諸賢), 특히 학생들과 현직 언론인들에게 언론자유에 대한 신심(信心)을 더욱 굳게 하고, 그 법제적 책임한계를 분명하게 인식시켜 줄 안내서로 이 책을 썼다. 다만 저자의 불민(不敏)함이 의욕을 움츠려들게 하는 바 없지 않지만 강호제현의 아낌없는 질정(叱正)으로 이 책의 수준이 판을 거듭할 때마다 갱신될 것으로 기대해 본다.

이 책은 모두 10개 장으로 구성되어 있다.

제 1 장은 언론법제론의 연구과제를 중심으로 학제적(學際的) 연구의 지평을 제시하면서 주요 연구영역과 연구방법론 등에 대해 개술하였고, 제 2 장은 언론관계법의 의의, 법원(法源), 각국 헌법상의 규정들을 살펴본 다음, 한·미·영 3개국의 언론관계법을 중심으로 미묘한 차이들을 검토하였다.

제 3 장은 언론자유의 확대와 심화과정에서 나타난 주요 사건과 판례들을 정리 · 소개하면서 법제적 해석을 보태고 언론기관 내부의 언론자유에 대해서도 고찰했으며, 이어 제 4 장에서는 언론자유가 명예권이나 사생활권과 같은 다른 기본권과 맞부딪쳐 충돌하는 현장을 취재보도하는 방식으로 점검하면서 독일식의 법해석학과 영미식의 판례분석을 조화하려고 애써 보았다.

제 5 장은 언론자유의 합법적인 출발점인 취재자유의 범위와 한계를 그 근거인 알 권리로부터 추론해 내면서 정보공개제도와 정보원비닉권간의 상호 제약과 규범조화를 모색하였고, 이어 제 6 장에서 공정한 권력과 언론활동이 상충할 수 있는 공간인 공정재판과 공정선거의 경계선을 살펴보았다.

제 7 장은 미디어 내용의 주요 구성부분인 음란표현물의 규제기준과 판단 사례들에 대해 주로 우리나라와 미국의 법규와 판례를 비교하는 방식으로 살핌으로써 미디어의 오락성과 선정성 강화가 야기할 과도한 성표현물의 규제 범위를 생각해 보았다. 이어 제 8 장에서는 국가기밀보호와 알 권리의 상충 가능성에 대해 한·미·일 3개국의 법규 및 판례를 중심으로 검토하고 보론(補論)으로서 우리나라 국가보안법에 대한 비판적 평석(評釋)을 시도했다.

제 9 장에서는 광고와 언론의 법제적 관계를 탐색할 여유를 갖기 전에 우선 의견광고와 보도기사간의 충돌 사례들을 따져 보았고 제10장에서는 우리나라의 미디어 특별법인 정기간행물법, 방송법, 종합유선방송법 등을 비교법제적 방법을 동원하여 간단히 해설하면서 부록에 언론관계법 조항과 그에 직접 관련된 시행령 조항을 일목요연하게 파악할 수 있도록 편집해 보았다.

이 책의 상재(上梓)에 즈음하여 저자는 특별히 지도와 편달, 은혜와 축복, 격려와 위로를 베풀어 준 모든 분들을 기억하면서 깊은 고마움을 글머리에 밝혀 두고자 한다. 특히 박사학위논문을 지도한 지 십수년이 지났는데도 천학비재한 제자를 위해 줄기찬 지도와 따뜻한 격려를 베풀어 주시는 원우현 고려대 교수님, 언론학계에 저자를 인도해 준 차배근 서울대 교수님, 늘 든든한 조언자요 학문적 상담자인 외우(畏友) 김일수 고려대 법대학장께 이 지면을 빌어 심심한 사의(謝意)를 전해 드린다. 아울러 이 책을 저술하는 데 인용한 많은 문헌들의 저자들에게도 깊은 감사의 말씀을 올린다. 행여 각주나 주요 참고문헌에 본의 아니게 그 분들의 성함이나 연구실적물을 명기하지 못한 경우도 있을 것이기에 미리 죄송하다는 말씀도 밝혀 두겠다. 무엇보다도 이 책은 백내장 수술 후의 힘든 상황에서 쓴 것이기에 저자에게는 남다른 의미가 있다.

또 출판과정의 궂은 일인 교정작업을 맡아 준 이화여대 대학원생 이지선 양(건국대 신문방송학과 졸업생)과 건국대 신문방송학과 정진영 양, 편집실무를 도맡아 처리해 준 박영사 편집부의 송일근 부장과 김정한 씨, 이 책을 잘 팔리는 책으로 만들기 위해 애써 줄 황인욱 섭외영업국장과 선경선 전무께도 성의를 다해 고마움을 표한다. 자신의 바쁜 일과와 휴식시간을 쪼개가며 저자 곁에서 저술과 교열을 거들어 준 내자(內子)는 저자의 사실상 조교였다. 아내의 헌신적인 도움이 너무나 고맙다.

끝으로 이 책의 저술비용을 지원해 준 조선일보 '방일영 문화재단'과 기꺼이 출판을 맡아 준 박영사 안종만 사장께도 충심으로 감사의 말씀을 드린다.

1998년 3월 31일

저자 유일상 씀

차　　례

제 1 장　言論法制의 基礎理論

제 2 장　言論關係法 槪觀

제 3 장 言論自由의 擴大深化過程

제 4 장 表現의 自由를 補充하는 權利와 制度

제 5 장 自由言論과 名譽毁損

제 6 장　公正한 權力과 言論의 自由

제 7 장 淫亂物의 規制와 表現의 自由

제 8 장 國家安保와 言論의 自由

제 9 장 意見廣告와 表現의 自由

제10장 우리나라 미디어法의 比較法制的 解說과 批判

附 錄

제 1 장

言論法制의 基礎理論

제 1 절　言論法制의 意味

1. 言論法制論 槪觀

언론법제론은 언론·출판활동과 관련된 규범을 연구하는 분야로서 특히 성문화된 법률제도를 주로 논의하지만, 관습으로 존재하는 언론윤리를 포섭하는 광범한 영역을 다루는 학제적(interdisciplinary) 내용에 접근한다.

언론은 말과 글 등을 통해 내면적인 양심 및 사상을 외부로 표출하는 행위이다. 정태적인 면을 보면 언론은 행위의 주체가 말과 글 등의 매체를 통해 의견이나 사상은 물론 정보나 지식 또는 오락 등을 다른 사람들에게 드러내 보이는 행위의 일종이라고 할 수 있다. 자유로운 언론행위의 주체는 평등한 입장에서 국민 개개인에게 열려져 있고 발언자와 시청취자는 언제라도 역할을 교대할 수 있어야 한다.

일반적으로 말하는 언론매체에는 구두를 통한 언론전달수단 및 문자와 그림에 의한 언론전달수단이 망라된다. 구두를 통한 매체로는 담화·토론·연설·연극·방송·음악·영화 등이 있고 문자와 그림에 의한 매체는 문서·도서·사진·조각 등을 들 수 있을 것이다.

구두를 통한 의사 표현 및 교류를 언론이라고 한다면 문자나 상형을 이용하고 복제에 의존하는 의사교류 및 표현을 출판이라고 할 수 있을 것이다.[1] 언론과 출판은 모두 인간의 언어사용활동이라는 점에서 공통되고 민주주의 실현을 위한 사회공동체의 통합을 촉진시키는 활동이라는 점에서 현대사회에 살고 있는 인간의 기본권이다.

언어는 인간과 인간 사이에서 발생한 사회적 산물로서 세계와 사회를 향해 사회적 깊이와 역사적 축적을 전수하는 사회적 의미를 갖고 있고 언론은 이 언어의 활동을 계승하여 널리 확장하고 있다. 언어는 단순한 의사소통의 도구가 아니라 한 개인의 아이덴티티(正體)와 생존을 가능하게 하는 탯줄 같은 것이다. 언어를 매개로 한 언론·출판은 신문과 방송을 통해 실현된다. 신문과 방송은 모두 인간의 입과 귀·눈과 혀를 연장하여 언어의 더 큰 힘을 발휘하는 확성기와 보청기 또는 현미경과 망원경의 역할을 하는 것들이다.[2]

그런데 오늘날의 언론·출판매체들은 권력과 자본 및 고도의 지능을 가진 일부 사람들에게만 소유되고 통제된다. 그리고 매체는 이미 정해진 언론의 방침을 기술적 합리성에 따라 수행하도록 만들어진 조직이 관리한다. 그렇기 때문에 언론·출판매체에서 활발한 의사표현 및 자유로운 의사교류는 제약될 가능성이 높아진다. 이 때 언론의 자유는 특정 소수에게 집중되고, 언론의 평등은 현실에서 더욱 멀어지게 된다. 이에 따라 국가는 언론의 자유를 다수 국민이 향유할 수 있게 하고, 현대인의 다양한 사회성을 보장해 줄 언론규범에 대한 사회일반의 요청을 받아들여 법을 제정할 수 있고 언론인들은 자율적으로 사회의 요구를 받아들이게 된다.

법은 현실적·구체적인 규범으로서 국가의 강제력이라는 배후세력을 동반하여 개인과 사회에 작용한다. 또한 법은 어떤 행위사실에 대한 가치판단에서 한 걸음 더 나아가 강제력으로 작용하는 사실적 권력을 합리적으로 정당화시켜 줄 논리적 규정을 갖추고 있다. 뿐만 아니라 법은 각 개인과 각 사회가 직면하고 있는 현실을 사실 그대로 인식시켜 줄 역사적 규정도 갖추고 있어야 한다. 법이 사회체제에 따라 서로 다른 것은 바로 이 논리적 규정과 역사적 규정의 이해를 둘러싼 정당성의 평가가 근본적으로 다르기 때문이다.

법에 대한 학문적 접근은 크게 3가지의 차원으로 나눌 수 있다. 법의 3

1) 문홍주, 「주관식헌법」, 해암사, 1978, 106면.

2) 언어의 힘과 언론과의 관계에 대해서는 E. Sapir, “The Status of Linguistics as a Science,” Language 5, 1929와 그의 제자 B. L. Whorf, *Language, Thought and Reality*(New York : The Technology Press, 1956)이 대표적인 참고문헌이다.

차원성은 법의 이념성, 법의 규범성, 법의 사실성 등이다.[1)]

첫째, 법의 이념성은 정의와 법적 규율 뒤에 가려진 가치를 묻는 것으로 법철학이 이를 주로 연구한다.

둘째, 법의 규범성은 특정한 법규의 의미와 내용에 관해 취급하는 것으로 법해석학이 주로 이를 연구한다.

셋째, 법의 사실성은 법규의 현실적 법생활상황을 파악하는 것으로 법사회학이 이를 규명하기 위해 애쓴다.

예를 들어 국가기밀을 보도한 언론인에 대한 헌법재판이 있을 경우에 국가기밀보호와 언론의 자유 가운데 어떤 것이 더 공익에 합당한가를 묻는다면 법의 이념성에 접근하는 것이고, 국가기밀의보호를 규정한 법규에 대해 언론자유와 같은 기본권을 제한하는 입법의 한계(헌법 제37조 제 2 항)나 언론인에 대한 평등원칙의 심사기준(헌법 제11조 제 1 항)을 논의한다면 법의 규범성을 살피는 것이며, 국가기밀보호법과 같은 입법의 합헌성요건 등의 사회적 사실관계를 파악하려 한다면 법사회학의 차원에 이르는 것이다.

법제는 법의 규제적 측면을 부각시킨 용어인데, '신문법제', '방송법제', '출판법제' 등의 용어로 언론현상에 적용되었으므로 언론자유가 신장되고 있는 사회에서는 법(law)과 법제 또는 법규(legal regulation)나 법체계(legal system)를 확연하게 구별하여 사용하는 것이 마땅하다. 법의 한 형식에 불과한 법제, 법규, 법체계가 그 내용을 대표하는 용어로 사용되는 것은 불합리하기 때문이다.

일본에서의 언론법제연구는 1960년대에 이르도록 언론의 역사나 구조와 기능으로부터 분리되거나 또는 그것들을 무시한 채, '권력으로부터의 자유' 내지 '경제적 강제로부터의 자유' 등 정태적 연구수준에 머물면서 언론과 법의 다양하고 광범한 접촉을 간과했다.[2)] 우리나라의 언론법연구도 언론법제 수준을 맴돌며 법적 통제의 정당성을 검증하거나 언론규제의 타당성을 홍보하는 논리를 제공하는 데 빠져 있었던 것도 이웃나라 일본의 사정과 무관하지 않을 것이다.

법은 언어와 마찬가지로 관습과 민족의 확신에 의하여 성립·발전하다가

---

1) Manfred Rehbinder, 이영희·최종고 역, 「법사회학」, 법문사, 1981, 11면.

2) 清水英夫, 「法とマス・コミュニケーション」, 社會思想社, 1976, 3~5面.

일정 정도 문화가 발달하면 법률가에 의해 발전이 주도된다. 그래서 법은 민족공동체 속에서 자라나, 그 문화의 전개와 생명을 같이하는 만큼 민족이 독자성을 잃으면 법도 독자성을 상실하게 된다. 법의 사회적 토대(social basis of law)는 민족공동체의 정신적 요소들이고, 법의 소재(the material of law)는 민족의 전통 속에서 나오며 과거와 역사적인 연속성을 가지는 것들이다. 따라서 법의 유효성은 그 나라 사람들의 관습이나 윤리에 의해 담보되는 것이지 실정법(實定法) 그 자체만으로 보증되는 것은 아니다.[1] 이 논리는 언론법에도 준용될 수 있다. 즉 실정법으로서의 언론법제가 관습법이나 언론윤리와 언제나 상충하는 것은 아니라는 뜻이다.

2. 韓國의 言論法과 그 硏究狀況

우리나라의 언론법은 우리나라의 고유한 민족문화를 반영하고 우리 민족의 확신에 의하여 성립·발전하여야 했으나 서세동점(西勢東漸)의 역사적 물결에 휩쓸려 수입·전파된 다른 많은 현행법과 마찬가지로 오늘의 사회적 현실만을 반영하고, 거꾸로 사회현실을 규제·지도하는 법으로 존속해 왔다. 그렇기 때문에 언론법의 연구는 그 고유한 본질에 대한 탐구보다는 언론법과 접촉되는 부분적 현상의 분석에 급급해온 것이 사실이다.

한 법학 교수는 "자신을 포함한 모든 교수는 지식의 오퍼상이었다. 서양 지식의 어느 썩은 구석을 평생 물고 늘어진 교수가 위대한 교수였다. 칸트고 괴테고 사르트르고 욕 한 번 제대로 하지 못하고 신주 모시듯 부여잡다가 죽는 것이 우리들 교수들의 슬픈 식민지적 삶이다. 법학도 예외는 아니다. 서양의 근대법은… 그 시대의 특수한 소산이고 동시대의 조선에서는 누구도 몰랐던 우리와는 무관한 것이었는데 우리들이 절대적인 진리로 섬겨야 하는 것인 양 믿는, 참으로 한심한 사람들이 이 나라 법학자의 대부분"[2]이라고 안타까워하고 있다. 다른 분야도 마찬가지일 것이다.

법이 특정한 한 사회에서 규범적 기능을 더 잘 수행하려고 한다면 그 사회의 현실적 제조건과 상황을 제대로 반영하여야 하고 그 사회의 사회적 제

1) H. J. Eikema Hommes, *Major Trends in the History of Legal Philosophy*, NMPC, 1979, pp. 189~197.

2) 박홍규, 「비교법」, 이론과 실천, 1993, 21면.

관계에 자연스럽게 적용될 수 있어야 한다. 이런 점에서 법에 대한 비교는 법과 사회의 조화에 대한 참된 인식의 기초가 된다. 참된 인식은 시시비비를 정확하게 분별하고 비판하는 데 있으며 이러한 비판의 출발점이 곧 정당한 비교인 것이다. 정당한 비교는 자신에 대한 허황한 교만을 털어내고 편견의 축적으로부터 우리를 자유롭게 하여 국수주의나 지역주의 대신 국제화와 개방화를 위한 올바른 판단력을 배양할 수 있다.

언론법연구의 정당성과 실효성 역시 올바른 비교를 통해 확보되는 것인 만큼 외국법과의 비교, 다른 법과의 비교 및 각 사회의 특수성과 각 법의 특수성에 대한 체계적 분석이 반드시 필요하다고 하겠다. 사실상 우리나라의 언론법은 매우 복잡하게 구성되어 있고 언론과 법의 관계가 현란한 모습까지 띠고 있는데 그것은 아마도 한국현대사의 파란만장한 전개와도 무관하지 않은 것으로 볼 수 있다.

3. 言論法의 研究範圍

우리나라의 언론을 둘러싼 사회환경은 미국과 닮은 꼴이지만 법은 일본을 경유해서 수입된 독일식을 대체로 유지하고 있다. 그런데도 이 독일근대 법이론에다 한국 언론현상을 꿰맞추고 그 법이론이 근대 독일사회뿐만 아니라 오늘날의 한국사회 언론이 부딪치고 있는 모든 문제를 해결해 줄 것으로 오신하는 경향이 법제연구의 여러 분야에서 나타나고 있다.

한국의 언론법연구는 한국사회의 역사적 특수성과 지리적 조건 등을 고려하여야 하는 동시에 법질서의 구조적 연관성과 규정적 요소의 영향력을 과학적으로 평가하면서 진행되어야 한다. 아울러 법체계 내에서 실정법으로 정해진 것과 한국사회에 자연적으로 받아들여지고 있는 규범의 현실적 작용성도 고찰할 수 있다면 언론법연구는 더 넓은 시야를 확보할 수 있을 것이다. 말하자면 더 적합하고 더 나은 언론제도를 정착시키기 위해서는 언론법연구에 국가가 제정한 규범과 사회가 인정하는 규범의 상호관련성과 상이성을 비교하는 안목이 요구된다는 뜻이기도 하다. 그러자면 우선 '언론법과 언론윤리의 공통성과 차별성'[1)]을 평면적으로 분석·비판하고 그것을 사회경제적 제

1) 유일상, 「언론윤리법제론」, 아침, 1992, 18~24면 참조.

요인과 결합시켜 심층적으로 검토할 수 있는 종합적인 비교능력도 필요할 것이다.

법을 종합적으로 비교하는 절차는 대체로 비교·대상이 되는 외국의 법제도에 대한 인식, 비교·대조에 의해 확인된 유사성과 상이성 및 평가로 이루어진다.[1)]

비교대상이 되는 외국법제로 우리는 흔히 독일법과 미국법을 꼽는다. 두 나라 법은 그 근원이 다소 다르고 법문(法文)에 사용하는 용어개념이 다르다. 말하자면 법계(法系)가 다르기 때문에 법개념간의 소통이 어렵고, 법의 상하위 단계도 두 나라 법이 크게 다르다는 뜻이다. 거기다가 사회주의법은 자본주의법인 독일과 프랑스 법 등 대륙법계의 영향을 받았다고 하지만 법을 경제문제와 연관된 중층적 구조를 가지는 이데올로기로 보는 데다, 법의 발생이 역사적 유물론의 합법칙적 상부구조 생성과정을 거치는 것으로 보기 때문에 법조문만의 평면적 비교는 단순한 법조문 나열로 치부하는 경향이다.[2)]

윤리는 더욱 비교하기가 어렵다. 윤리는 인간이 마땅히 지켜야 할 도리로서 정치적 함의가 풍부한 사회의식이기 때문에 인간 개개인에게 지향목표를 설정해 주는 일을 한다. 언론윤리 역시 언론에 관한 법적 체계를 뛰어넘어 언론행위를 규율하거나 촉진하는 일을 한다.[3)]

〈그림 1-1〉 언론법의 연구범위

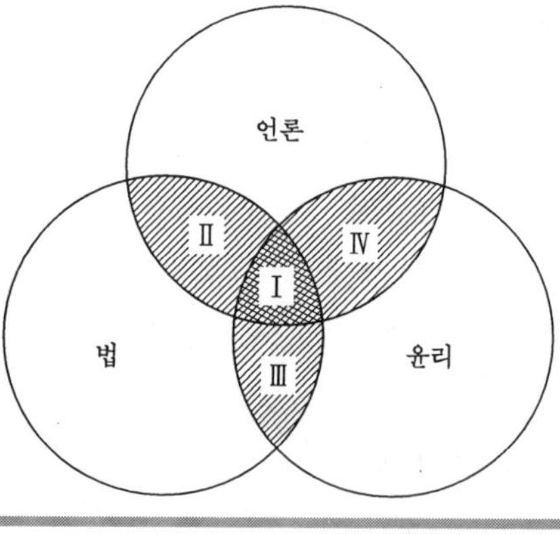

1) 박홍규, 앞의 책, 46면.
2) 藤田勇, 「마르크스주의 법학입문」, 이경주 역, 이상과 현실, 1990, 75~85면.
3) 유일상, 앞의 책, 299~300면.

〈그림 1-1〉은 언론법연구가 갖고 있는 일반적 의미를 이해하는 데 도움을 주기 위해 언론·법·윤리의 3원적 관계를 도해해 본 것이다. 이 표에서 언론법은 빗금친 부분 모두를 연구영역으로 취하나, 그 중 가장 심층적인 분석과 통찰이 필요한 영역으로는 Ⅰ로 표시된 쌍빗금(▩)의 부분을 들 수 있을 것이다. Ⅱ로 표시된 부분은 통상적인 언론법제연구의 영역이다. Ⅲ은 법과 윤리가 교차하면서 언론법연구에 원심력으로 작용하는 부분이지만 Ⅰ의 천착을 위해서는 반드시 탐구해야 할 분야이다. Ⅳ는 언론윤리로 분리시켜서 생각할 수도 있으나 '법과 윤리의 당위적 관계'[1]를 고려할 때 광의의 언론법연구에 포함될 수 있고 그래야만 Ⅰ의 영역에 대한 깊이 있는 연구가 가능해진다. 다수의 언론윤리법은 바로 Ⅳ의 영역에 속하는 것을 실정법화한 것이다.

언론법의 연구에 사회적 문맥에서의 언론학적 지혜와 법률지시 및 윤리학의 방법론이 도입되어야 함은 바로 이 연구대상 자체가 갖는 특수성 때문이다. 모든 사물이 그러하듯 대상은 일반성과 특수성의 통일인만큼 언론법연구에서도 그 특수성은 법규범 전체의 수많은 규정들과 서로 연관되어 있어서 언론법연구의 일반적 함의(含意)를 분명하게 인식하자면 언론과 법, 언론과 윤리, 법과 윤리의 다양한 접촉을 꿰뚫을 수 있는 통찰력에다 법규정 하나하나의 사회적 깊이와 역사적 두께에 대한 지각능력도 필요하다. 말하자면 언론법의 연구에서는 규범의 일반적인 성질이나 관계를 파악하는 동시에 언론법의 고유한 모습도 놓치지 않고 살필 수 있어야 한다는 뜻이다. 언론학, 법학, 윤리학의 종합과학으로서 언론법연구에 학제적 접근(inter-disciplinary approach)이 필요하다는 일반적 의미에 더하여 언론법의 특수성에 대한 풍부한 사례연구가 요구됨은 바로 이런 연유 때문이라고 할 수 있다.

---

1) 법과 윤리의 당위적 관계는 ① 법과 윤리가 서로 충돌하지 않으면서 윤리적 요청을 법적 수단으로 만족시켜 주는 '동화의 준칙'과 ② 양자가 서로 독립 내지 분리되어 중립 내지 자유롭게 대립관계에 있어야 하는 '독립의 준칙'으로 나눠 볼 수 있다. 이 두 개의 준칙은 상호보충성을 띠고 있다. 자세한 것은 심헌섭, 「법철학 Ⅰ」, 법무사, 1982, 126~131면을 참조할 것.

제 2 절 言論法制研究의 特殊性

1. 言論法制의 研究視角

언론법제연구의 특수성을 논할 때 용어 그 자체에 대하여 편협한 해석에 집착하다보면 언론에 대한 규제적·보호적 기능만을 부각시킨 채, 법이 맡은 여러가지 역할 가운데 단지 하나에 불과한 '언론과 법을 둘러싼 사회적 관계의 안정성 유지와 조화'에만 관심을 기울이게 된다. 말하자면 언론법제연구라는 용어 때문에 이 특수분야의 연구가 법의 현실적 작용에 대한 전체적 이해 대신에 일부분에 집착한 편견으로 기울 수도 있다는 뜻이다.

언론법제연구는 우리나라와 일본에서 거의 비슷한 분위기 속에 진행되고 있다. 즉 매스미디어의 역할증대와 그것의 집중·독점·계열화에 따른 언론자유의 보장에 관한 문제 및 과학기술의 발달과 국제교류의 빈번화 속에서 헌법상 가치로서의 표현자유를 신장시키는 문제 등을 제도적으로 해결해야 하는 실무적·정책적 부담을 지고 있다. 이 부담들을 복잡한 현실사회조건 속에서 경감시켜가기 위해서는 언론부문에서의 자유와 평등을 합치시키는 논리적 장치를 개발하고, 구체적 현실을 근거로 하여 언론법제이론을 구성하는 일이 동반되어야 한다.

언론법연구의 특수성은 상품성과 인격성을 동시에 가진 언론을 보호·육성하는 한편으로 특정 언론기업의 사상주류 장악을 규제하여 언론내용의 다원성을 보장하는 규범의 정립과 실천을 관철시킨다는 데 있다.

언론관계법의 범위와 존재양식, 각 법의 존재목적과 법들간의 구조를 설명하기 위해 〈그림 1-2〉를 인식지형(cognitive map)으로 제시하겠다. 〈그림 1-2〉에서 책임의 시각은 언론에 대한 규율의 필요성을 보려는 데 비해 자유의 시각은 보장의 필요성을 강조하고 있다.

언론법연구에 자유의 시각과 책임의 시각이 각각 필요함은 모든 규범의 연구가 옳은 일이 무엇인지를 규정하고(direct), 옳은 일의 수준을 배분해 주며(distribute), 옳은 일이 어떤 이유에서든 이룩되지 않을 때 옳지 않은 바로 그 상황을 교정해 주는(correct) 데 필요한 논리와 이론을 내놓고 그것이 실천될 수 있는 조건과 상황을 만들어야 하기 때문이다.

2. 言論法의 社會體制的 特性

언론법의 구조도 이와 같은 필요에 상응하게 ① 법에 의한 언론자유의 보호, ② 언론자유의 중요도에 대한 위치부여, ③ 언론자유와 상충되는 다른 법익과의 균형유지 등을 담당하도록 짜여져야 한다. 이 3중구조 가운데 어느 하나가 빠져도 언론법은 그 고유한 작용력을 잃는다.

헌법상 언론의 자유는 사회경제체제가 어떻든, 어느 나라에서도 모두 이를 인정하고 있다. 그러나 언론자유의 향유주체에 대하여는 자유민주주의헌법과 사회주의헌법이 크게 다른 입장을 취한다. 자유민주주의국가에서 개인의 자유와 권리는 천부적인 것으로 보아 그 향유주체가 마땅히 개인으로 해석된다. 헌법은 이 자유들 가운데 하나로서 언론자유를 보장하는 것을 기본적 과제의 하나로 삼는다.

"자유주의적 가치관은 모든 인간에게 무한한 자유를 상정하지만 실제로 만인의 자유를 실현하기 위해서는 만인의 자유를 제한하고 만인에게 의무를 부담시킨다. 따라서 권리와 의무는 개인의 자유와 공동체에 대한 책임이 따로따로 분리·독립되는 것처럼 각각 분리·독립되는 것으로 본다."[1] 그러나 자유주의적 가치관은 "개인이 자유를 누림으로써 얻게 되는 쾌락의 양과 개인이 의무를 부담함으로써 떠맡아야 하는 고통의 양적 등가성을 인정하기 때문에 끊임없는 갈등상태에 빠지게 된다."[2] 이 갈등을 해결하기 위해 법의 강제력이 항상적으로 필요하게 되고 권력과 법의 결합이 빈번해진다. 자유주의적 가치관에 따른 법과 윤리의 뼈대인 공리주의는 ① 목적론에 의거한 귀결주의적 원리, ② 기본적 선에 관한 가치의 인정, ③ 방법론적 개인주의 등 세 개 기둥을 세우고 그에 기초하여 법이 제정·운용되도록 안내하고 있다.[3]

사회주의법은 집단적 요소와 개인적 요소가 교차하여 변증법적으로 조화된 합일의 관계를 이룩할 수 있다고 보고, 이에 따라 언론자유에 대한 가장

---

1) 강진철, "북한법연구의 현황과 과제," 법과 사회이론연구회 편, 「법과 사회」 창간호, 1989, 208～209면.

2) J. Bentham, *Introduction to the Principle of Morals and Legislation,* 1789의 요지.

3) 内井惣七, 「自由の法則, 利害の論理」, ミネルヴァ書房, 1988, 164～165面.

상위의 실정적 법원(法源)인 헌법이 사회주의 각국에서도 제정되었다. 법원(法源)이란 정당하게 확립된 절차에 의해 국가가 제정하거나 인정한 결정 내지 규범으로서 법의 존재방식을 말하지만 사회주의법에서는 특정한 사회의 사회경제질서를 낳는 특유한 방식의 정치적·경제적 관련을 가진 법적 상부구조를 뜻한다.[1] 사회주의법에서는 개인이익의 희생 위에서 집단이익의 실현을 찾지 않으며 사회주의적인 의무와 책임이 자유와 권리를 내포하고 있거나 또는 보장하고 있다고 본다. 따라서 사회주의는 사후처벌이나 의무부담보다 사전교육과 계몽을 통해, 사회주의원칙에 어긋나는 개인의 행위를 통제한다.[2] 그러므로 언론·출판의 자유도 사회주의체제의 원리와 이념에 따라 국민 개개인과 인민집단에 동시적으로 보장된 자유라고 할 수 있다.

언론법의 존재형식이란 뜻에서 언론법의 법원(法源)을 보면 자유주의국가 상호간에도 상당히 다종다기(多種多岐)함을 알 수 있다.

영국은 불문법주의에 입각하여 언론자유의 대부분이 관습으로 전수되고 판례에 의해 확인 또는 부인되지만 최근에 이르러 실정법에 의해서도 보장되거나 규제된다.

독일에서는 오랜 지방분권통치의 영향으로 주법이나 주간 협약으로 언론의 자유가 보장 또는 규제되고 있으나 연방차원의 각종 실정법도 이에 한몫거들고 있다.

미국의 언론자유는 수정헌법 제 1 조에 의해 적극적으로 보장되고 있다. 이 연방헌법은 영국의 판례법(common law)이 아니라 로마법을 전수받고 있어 연방대법원의 유연하고도 조화로운 해석을 통해 영국판례법의 전통적인 엄격해석원칙을 포기하였으므로 미국에서의 언론자유는 비교적 신축성 있게 보장 또는 규율되는 셈이다.

프랑스의 법은 독일과 마찬가지로 시민생활을 규율하는 사회적 규범으로서 사회정의를 표현하고 있으며 사회적 관계의 원리이기도 하다. 언론자유는 헌법을 비롯하여 각종 법률로서도 시민생활의 여러 영역에서 국가가 마땅히 보호해야 할 기본권으로 인식되어지고 있다.

---

1) W. E. Butler, *Anglo-American and Socialist Legal Systems*, 박홍규 역, 「자본주의법과 사회주의법」, 일월서각, 1988, 24면.
2) 강진철, 앞의 글, 209면.

3. 言論法硏究의 主要內容

〈그림 1-2〉에 열거된 언론법의 특수한 주요 내용들이 언론법의 구조적 필요를 충족시키고 있는지를 하나하나 살펴보기로 한다.

신문법은 우리나라의 경우에 "신문 등의 자유와 기능 보장에 관한 법률"로 존재하고 있으면서 각종 신문과 잡지 등 정기간행물 전체의 언론활동을 규율한다. 신문관련법은 공표행위가 사전억제되거나 검열되지 않도록 공권력의 간섭을 막아 주는 금지규범과 언론자유을 향유하는 개개주체의 자유로운 발표를 명령하는 조건을 만들어 주어야 한다. 그런데도 우리나라의 대표적인 신문관련법인 정기간행물법은 오히려 언론자유의 발현을 제도적으로 규제하려는 흔적들이 남아 있다.

방송법은 자원의 유한성과 희소자원의 배분을 위한 공권력의 개입을 정당화하고 방송의 자유를 보장하는 대신 방송의 자본독점을 완화하는 방안들이 들어 있어야 한다. 방송의 자유를 더욱 많은 사람들에게 보장해 주려고 한다면 방송설비이용에 있어서의 평등성을 확보해 주고 방송국 소유자에게 방송편성과 관련된 통제권이 집중되는 것을 막는 구체적인 장치를 마련해야 한다. 그러나 우리나라 방송법은 공공성과 공익성을 선언하는 프로그램적 규

〈그림 1-2〉 언론법의 탐구시각

책임의 시각(더 많은 규제)

• 명예훼손 • 저작권 • 음란물 • 신성모독 • 국가기밀 • 안보	• 반론권 • 알 권리 • 액세스권 • 정보공개
• 언론독점금지 • 정보원(源)보호 • 은사 (隱私:프라이버시)	• 방송법 • 신문법 • 출판법

자유의 시각(더 많은 보장)

정을 나열하고 있을 뿐이며 복잡한 언론법제를 통해 방송사업을 여러 부분으로 분할하고 있다.

각개의 법규정은 전제(hypothesis), 처분(disposition), 제재(sanction)의 3개 요소로 구성되어 있다. 이 3요소가 반드시 단 한 가지 법률의 동일조항에 존재하지는 않으며 다른 조항이나 심지어 다른 법률에 포함되어 있을 수도 있다.

전제는 법규정이 실행될 수 있거나 실행되어야만 하는 조건이고, 처분은 법규정이 명시한 실제적인 행위규율의 내용을 구체적으로 밝혀 주며, 제재는 법규정을 이행하지 않은 자에 대한 국가의 강제력 행사를 말한다.

그런데 우리나라 방송법의 경우에는 전제만 제시하는 선에서 끝나는 언론자유보장규정과 함께 언론자유를 규율하는 규정에서는 전제와 처분과 제재가 확연하게 나타나 방송과 정치와 학계의 비밀거래에 대한 의혹이 제기될 수도 있다.

4. 反論權과 알 權利 및 情報公開

반론권은 우리나라의 "언론중재 및 피해구제 등에 관한 법률"에 명문으로 규정되어 있고, 언론중재제도에 의해 그 실효성이 확실히 담보되고 있다. 반론권은 언론에 의한 인격적 침해를 극소화할 수 있는 좋은 방법이지만 반론대상이 된 당해 언론기관보다 강력한 힘을 가진 권력이나 자본력과의 다툼에서 당해 언론기관의 표현자유를 위축시킬 수도 있어서 그 운용의 묘가 항상 절실히 요구된다. 그러나 반론권은 언론자유에 대한 보충적 권리의 하나로서 현대 과학기술의 눈부신 발전이 이룩한 성과를 취득할 수 있는 소수의 자본력만이 언론기관을 소유·운영하고 있는 현실적 조건을 개선하고 언론에 대한 평등한 접근과 이용을 가능하게 하는 수단인 것을 부인할 수 없다.

반론권에 관해 외국의 경우를 보면 독일과 프랑스가 합법적 권리로 인정하고 있지만 미국에서는 수정헌법 제 1 조에 의해 자유언론을 제약하는 것으로 보고 있고 스웨덴에서는 건전한 언론윤리의 영역에서 옴부즈맨이라는 제3자의 조정에 맡겨져 있다.[1]

1) 松井修視, "反論權," 石村善治 編, 「閉かれたマスコミとは」(東京 : 時事通信社 1979), 551面. 좀더 자세한 설명은 이 책 제10장을 참고할 것.

알 권리는 언론자유를 확실하게 담보할 수 있는 제도적 장치가 될 수 있다. 알 권리는 수신자인 일반대중의 자유를 시원(始源)으로 하여 언론기관이 정보의 원천에 대해 정보공개를 요구하는 권리까지를 포함한다.

우리나라 헌법상의 언론자유가 알 권리를 포함하는 것으로 해석하는 데는 다소 논란이 있겠지만,[1] 헌법 제21조 제 4 항에 근거를 둔 액세스권과 함께 언론매체에 대한 국민의 참여와 정보권의 확대를 도모하는 진보적 발상의 구체화이며 헌법 제10조의 내포로서의 포괄적 기본권임에는 틀림이 없다. 다만, 알 권리가 보도기관의 내부적 자유와 마찰을 일으킬 소지가 없는 것은 아니므로 그 상충을 조정하는 명쾌한 논리의 개발과 적용이 역시 언론법연구의 몫으로 남아 있다. 알 권리를 구체화한 정보공개법이 외국의 언론법에는 실정되어 있는 경우가 많다. 미국의 연방 정보자유법(FOIA), 프랑스의 공문서공개법, 독일 헌법에 의한 정보고지청구권과 각 주법의 규정, 스웨덴 헌법에 의한 정보수신권 등이 언론기관이나 국민 개개인에게 알 권리를 보장하고 있다.

우리나라에서도 행정의 투명성을 보장하고 부정부패에 대한 시민감시체제의 활성화 등을 고려하여 국가정보의 전면공개 및 비공개 정보에 대한 명확한 제한범위의 법정이 논의되어[2] 마침내 정보공개법이 제정되었다(1996. 12. 30. 공포, 법률 제5242호).[3] 그러나 여전히 알 권리를 구체화하기에는 부족하다는 비판들이 제기되어 있는 형편이다.

5. 言論自由와 言論平等을 위한 言論法

〈그림 1-2〉의 좌측 아래쪽은 언론자유의 활성화를 도모하는 장치 가운데 비교적 공권력의 활동성이 두드러지지 않는 법규들이다.

우리나라 신문법, 방송법 등에는 언론기관의 소유제한을 규정하는 조항이 있으나 자본주의적 투자방법은 법망을 피해 교묘하게 이루어지기 때문에 법규정상 처분능력이 확실하게 발휘될 수 있을지 의문이다. 또한 시장경제사회와 자본주의 발전과정에 있는 나라에서 언론관계법상의 공공성과 공익성 선

1) 김철수, 「헌법학신론」, 박영사, 1988, 320~321면.
2) 임재홍, "'정보주권' 확립하는 전면공개가 바람직," 「저널리즘」 가을호, 1993, 한국기자협회, 10~21면.
3) 자세한 것은 이 책 제 5 장 제 5 절을 참조할 것.

언만으로 재산권의 자유로운 행사를 규제할 명분이 그렇게 탄탄하지도 않다.

(1) 言論企業의 獨寡占規制裝置

미국의 경우에는 신문기업에 대한 독점규제를 다소 완화시켜 주기 위한 법규로서 신문보호법(Newspaper Preservation Act)이 제정되었던 바 있지만 정부의 보호를 받으며 신문기업이 독점을 강화해간다는 비판에 부딪쳐 1990년대 들어 실효성을 잃고 있다. 신문보존법은 1개 도시에 2개 신문이 공동운영계약을 맺고 영업활동을 하면서도 각각 별도의 편집국을 두어 독자적인 뉴스와 논평의 다양성을 유지해 가도록 보호해 주는 장치였다. 그런데 이러한 장치들로 인해 마이애미, 콜럼부스, 세인트루이스 등에서는 신문의 수가 급격히 줄어들었으나 *San Francisco Examiner* 등 6개 신문사들은 지역신문시장의 점유율을 크게 높였다.[1] "신문기업의 자유경쟁을 촉진하기 위하여 반독점금지법을 독점적 신문기업체인에 적용하는 것은 특정한 언론사주의 자유언론을 위협하는 일이다. 그러나 신문기업의 집중이 상품보다 훨씬 더 인간의 사상에 큰 영향을 미친다는 점을 고려할 때 언론자유가 기본권의 위계내에서 차지하는 위상문제를 놓고 언론법분야에서 깊은 통찰과 연구가 있어야 한다."[2] 신문기업의 독과점확대는 신문시장에의 신규진입을 막아 논평의 독자성과 다양성을 감소시킬 것이 분명하기 때문이다.

방송매체에 있어서는 세계 어느 나라에서든 형태는 다르지만 집중과 독점 및 방송기업간의 계열화가 성행하고 있으며 방송의 자원인 전파가 고도의 과학기술을 이용하여 국경선을 자유롭게 넘나들며 한 나라의 정보주권을 위협하고 있다. 구태여 언론법의 법원(法源)으로서 국제협약과 같은 국제법분야의 연구가 필요한 것도 바로 이와 같은 정황 때문인 것이다.

(2) 情報源保護裝置

언론자유가 계속적으로 신장되기 위해서는 언론기관이 적극적으로 정보원을 감싸면서 언론기관과 접촉한 개인의 비밀과 프라이버시를 보호해 주어

1) Stephen Lacy, "Impact of Repealing the Newspaper Preservation Act," *NRJ*, Winter 1990, pp. 2～11.

2) D. C. Coulson, "Commentary : A First Amendment Perspective on Antitrust Law and Newspaper Chain Ownership, Monopoly," *NRJ*, Summer 1986, pp. 35～42.

야 한다. 언론인이 취재의 원천을 밝히는 것은 출처가 된 상대방의 인권을 침해할 뿐만 아니라 언론인중심으로 볼 때도 인간적인 신의를 저버리는 일이다. "취재원을 밝히라는 법원명령을 거부하면서 30일간의 교도소생활을 선택한 미국 *Saint Petersburg Times* 기자의 용기는 그를 지지하는 변호사들이 주장하듯이 합헌적이고 합법정당한 것이다. 그의 변호사들에 따르면 언론이 정보제공자의 비밀을 지켜 주는 것은 언론자유와 국민의 알 권리신장을 위해 필수적인 것이라고 한다."[1] 미국의 31개 주에서는 시민들의 지지도는 그리 높지 않지만 정보원보호법(일명 Shield법)을 제정하여 언론의 취재원비닉을 합법적으로 인정하고 있다. 그러나 우리나라와 일본에서는 취재원비닉이 언론자유를 보장하는 장치로서의 중요성 측면에서 높은 우선순위를 갖지 못한 것으로 보이므로 언론법연구가 내부고발자보호법 등의 입법취지에 대한 일반의 관심을 불러일으킴은 물론, 그 합법정당성과 현실적용성을 검증해 주어야 할 절박성이 있다.

⑶ 隱私(프라이버시) 保護裝置

〈그림 1-2〉의 좌측하단에 표시된 프라이버시도 언론자유를 보장할 때 생기는 그림자의 영역에 위치하고 있다. 그러나 언론자유만 강조하고 개인의 사생활침해를 방기하는 것은 역시 부당하다. 우리 헌법은 "모든 국민은 사생활의 비밀과 자유를 침해받지 아니한다"(제17조)라고 규정하고 있으며, 형법도 제한된 범위이긴 하지만 개인의 비밀침해 등 사생활의 평온을 해치는(전제) 죄를 처벌하는(처분) 제재규정을 두고 있고, 민법상의 불법행위가 되어 손해배상의 책임을 지도록 하고 있다. 우리나라 형법은 아직 대화를 엿듣는 행위〔盜聽〕나 비밀녹음에 대한 처벌규정이 없어 헌법상 정해진 프라이버시 보호라는 전제조건을 충족시켜 줄 적절한 처분과 제재방법을 갖추지 못하고 있다.

프라이버시의 권리란 대체로 자신의 개인적 소신과 선택에 따라 행동할 수 있는 권리이다.[2] 이 권리의 역사적 기원은 재산권의 일종으로서 또는 신탁법과의 관련[3] 속에서 찾아지지만 미국에서는 20세기 들어 민사상 불법행

1) 문화일보 1993. 3. 13자, "취재원 밝히느니 감옥가겠다."

2) 안경환, "미국법의 이론적 조명," 「고시계」, 1986, 77면.

3) M. Ernst & A. Schwarz, *Privacy : Right to be let Alone*, 1962, pp. 1~43. Yovatt vs. Winyard 사건(1820)에서 전직 수의사보조원이 수의사의 영업비밀에 속하는 처방전을 무단이용하는 것은 신뢰관계(Trust and Confidence)를 위반한 것이라고 판결하였다.

위(tort)와 헌법이론의 발달로 말미암아 다른 권리로부터 독립된 권리로 발전하고 있다.[1)]

프라이버시권은 미국헌법에서는 수정헌법 제 4 조(적법절차)에 의해 보장된 일신상의 안정, 자유와 사유재산에 대한 불가침의 권리로부터 분화되어 저술이나 그림 등을 통해 나타난 사상·정서 또는 감성을 보호하는 데 있어서 개인의 사생활을 간섭받지 않을 권리로 확정되었다. 이 권리를 헌법정신과 헌법구조로부터 창출하여 미국민이 누리는 가장 기본권인 권리의 하나로 발전시키는 데는 Douglas 판사의 개인권리수호에 대한 강력한 의지와 정연한 논리구성이 큰 역할을 했다.[2)]

Douglas는 프라이버시권을 개인행동의 자율성, 획일주의의 거부와 개인적 존엄의 견지에서 적극 옹호하지만 다른 기본권과 충돌할 때 합법적으로 보호해야 할 기본권 가운데서 언론자유보다는 그 중요도가 떨어지는 것으로 보고 있다. 타임사 대 힐씨 가족 사건(Time Inc. vs. Hill)에서 Douglas 판사는 실제의 인질사건을 극화시키는 과정에서 Hill씨 가족들의 사생활이 타임 지 그룹의 라이프 잡지에 노출된 것은 불법(tort)이 아니라는 다수의견에 동조의견을 냄으로써 언론자유가 은사권(프라이버시권)보다 상위의 기본권이라는 판단을 하고 있다.[3)]

우리나라에서도 정보공개법 제정의 분위기가 성숙되면서 프라이버시권에 관한 조명이 간간이 있지만「개인의 프라이버시권은 그의 생활이 공적인 성격을 띠게 될 때까지」[4)]는 개인적으로 보호받아야 할 기본권이라는 점을 인정해야 한다. 우리나라의 언론법연구는 이 두 가지 법익의 충돌로부터 공공적 사실의 보도를 자유롭게 해 줄 법이론의 구성을 사법부의 부담으로 남겨 두어서는 안 될 것이다.

(4) 言論自由의 制限範圍를 規定하는 裝置

〈그림 1-2〉의 좌측 상단면은 실정법에 의해 규제될 가능성이 큰 행위사

1) Samuel Warren and Louis Brandeis, "The Right of Privacy," *Harvard Law Review*, Vol. 4, 1890, pp. 193～205.

2) 안경환, 앞의 책, 78～83면.

3) 자세한 것은 이 책의 제 5 장 제 5 절을 참조할 것.

4) D. Gillmor and J. Barron, *Mass Communication Law : Cases and Comments*, 3rd ed., West Publishing Co., 1979, pp. 317～323(Douglas 판사의 의견).

실들로서 언론자유와 상충하는 영역들을 나타내고 있다. 이 부분들은 대체로 범죄를 구성하거나 타인의 법익을 명백하게 침해하기 때문에 언론기관이 그 책임을 져야 하고 더 많은 규제를 받아야 마땅하다. 문제는 막강한 권력기관과 방대한 자본력의 지원을 받는 세력들이 정당한 자유언론을 명예훼손, 저작권위반, 음란물유포, 신성모독, 국가기밀누설, 안보위해 등으로 몰아붙일 때, 자신의 정당성 또는 불가피한 정황을 논리정연하게 설명할 수 있는 법리를 구성해야 하는 것이다. 언론은 전기(前記)의 경우에 행위의 정당성을 주장 내지 입증할 수 있는 법실무적 능력이 있어야 하고 위법성이 발견되었다 하더라도 그 정도가 경미하거나 부득이한 형편이었음을 입증하기 위해 소송절차법상 인정될 수 있는 증거를 제출함으로써 사법적으로 자기보호를 할 수 있어야 한다.

언론법연구에 형사법상의 시식과 형사판례에 대한 분석이 보태져야 하고, 처벌의 대전제인 법조문 자체가 정당한 법인지를 이성적으로 판단할 수 있는 방법적 지침이 필요한 것이다. 이 지침은 각 법조문의 '논리적 정당성'(사고의 정당성)뿐만 아니라 '규범적 정당성'(효력주장의 정당화)[1]까지도 확보하여 언론행위주체가 규범논리에 의한 실천적 윤리법칙에 의거하여 '해야 할 일(명령)', '해서는 안 될 일(금지)', '할 수 있는 일(허용)', '무관한 일(방임)'을 자유롭게 선택할 수 있도록 적당한 법의 원리를 제시할 수 있을 것이다.[2]

(5) 小 結

위의 고찰을 통하여 귀납적으로 추론해 낸 언론관계법의 특성은 다음과 같다.

첫째, 언론을 둘러싼 사회적 관계가 대단히 복잡한 것과 마찬가지로 언론관계법도 중층적·복합적으로 구성되어 있다.

둘째, 언론관계법의 법규정구성요소인 전제·처분·제재는 동일한 법규 내에 있지 않고 상하위의 법원(法源)들에 뒤섞여 있어서 상당한 법지식과 분별력이 있어야 각 구성요소와 그 관계를 찾을 수 있다.

셋째, 언론법의 내용은 언론활동을 보호·육성하는 성격과 함께 다른 법

---

1) 유일상, 앞의 책, 19~20면.
2) Karl Larenz, 양창수 역, 「정당한 법의 원리」, 박영사, 1986, 12~13면.

익과의 충돌을 방지·조정하기 위한 규제적·지도적 성격이 교차되어 있다.

넷째, 언론규범은 오랜 관습으로 형성된 불문법과 그것의 바탕을 이루는 자연법 및 국민대표성을 가진 입법기관에 의해 제정된 실정법으로 구성되어 언론법에는 프로그램적 성격이 여전히 강하게 남아 있다.

다섯째, 언론법은 규범의 고유한 목적인 정의실현과 언론행위의 당위성을 제시함으로써 언론현실을 개선하고 지도하는 기준이 될 수 있다.

제 3 절 言論法硏究의 方法

1. 言論法硏究領域의 重層的 構造를 보는 視角

언론법연구는 다른 많은 연구가 그렇듯이 하나의 체계로서 사회가 기능하도록 보장해 주는 사회적 규범을 정당화하는 방안에 대해 논의를 한다.[1)] 이 논의는 사람들간의 관계에 대한 사회적 법칙의 특수성과 법의 존재양식에 대한 정확한 인식에 기초하여 법과 법을 비교하고, 해석하고, 평가하는 활동을 포함한다. 이 논의에는 논리성, 합리성, 실천성 등이 골고루 보장되어야만 연구의 정당성을 가질 수 있기 때문에 언론법연구에서는 3가지 인식활동이 위의 3개 특성을 수용해야 한다.

언론법은 '모든 국민에게 의사접촉의 길을 열어 놓기 위해 언론·출판의 자유를 보장하고 있는' [2)] 헌법정신을 올바르게 이해할 뿐만 아니라 '인간의 존엄성에 기초하여 인간이 가지고 있는 절대적 인권으로서의 소통권(right to communicate)' [3)]을 보장하는 구체적 방안을 내놓기 위해 모든 방법을 동원하여 연구할 수 있다.

언론법연구는 언론법영역에 속하는 연구과제의 자유와 연구방법의 자유를 기초로 하여 객관적 가치질서로 존재하고 있는 언론법 측면의 진리를 탐

1) 논의의 이론에 대해서는 Ch. Perelman et L. Olbrechts-Tyteca, *Traité de l'argumentation*, 2e ed.(Paris : Presse Universitaire de France, 1958), Edition de l'Université Bruxelle, 1970을 참조할 것(논의는 규범의 정당화를 위한 비형식논리로서 변증법적 논리와 대비된다).

2) 허영, 「헌법이론과 헌법(중)」, 박영사, 1992, 374면.

3) Desmond Fisher, "The Right to communicate : Toward a definition," *UNESCO Doc., No. 37, Prepared for the International Commission for the Study of Communication Problems*, 1979. 한국과 일본의 많은 학자들은 커뮤니케이션의 권리 또는 커뮤니케이트권이라고 쓰고 있다.

〈그림 1-3〉 언론법의 연구영역

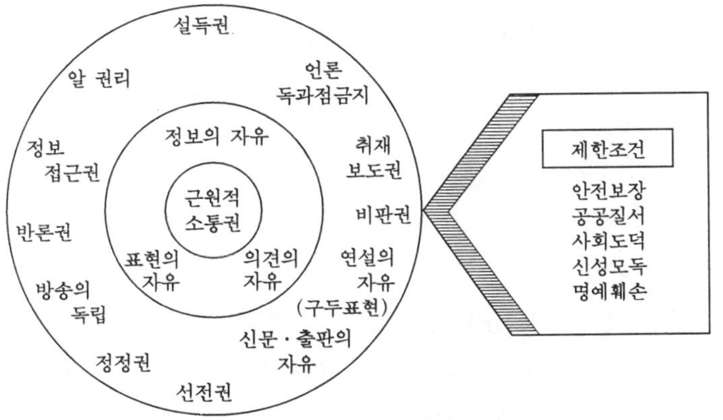

구하는 일이다. 진리탐구란 사물의 바른 이치인 진리를 찾아내려는 모든 노력을 포괄하는 개념이므로 관찰과 사색은 물론 답사, 발굴, 실험, 조사, 독서, 집필 등의 여러가지 방법과 진지하고 계획적인 모든 활동을 망라한다.[1]

언론법연구의 영역을 〈그림 1-3〉에 의해 3개의 동심원으로 설명하겠다. 이 표는 D. Fisher가 소통권개념을 설명하기 위해 제시했던 원도형을 저자가 언론법의 연구영역에 대한 시야를 독자에게 보여 주기 위해 약간 수정한 것이다.[2] 〈그림 1-3〉에 등장하는 언론법개념들을 설명하면 다음과 같다.

첫째, 제일 가운데 위치하는 동심원을 이루는 근원적 소통권은 원시기본권으로서 인간을 자연으로부터 분리시킨 가장 필수적인 자유권인바, 이 소통권의 내부는 양심과 사상으로 이루어져 있다. 이 근원적 소통권은 자아 커뮤니케이션(intrapersonal commmunication)과 두 사람만의 대인적 커뮤니케이션(interpersonal communication)에 있어서는 별다른 제약 없이 보장되는만큼 언론법의 개입영역이 협애하다.

둘째, 두 번째의 동심원은 근원적 소통권을 두 사람 이상의 사람들에게 표출시키는 제 2 차적 자유로서의 의견의 자유, 정보의 자유, 표현의 자유를 말한다. 직접적 인식에 근거한 정보는 의견구성의 요소가 되나 그것을 외부로 표출함에 있어서는 사회적 규범의 영향을 받아 표현의 내용과 형식, 시간과 장소가 다소 상대성을 띠게 될 수 있다.

1) 허영, 앞의 책, 251~252면.
2) 원도형은 D. Fisher, 앞의 글과 유일상, 앞의 책, 175~178면을 참조할 것.

셋째, 세 번째의 동심원은 제 2 차적 자유를 발현시키는 데 필요한 사회적 · 제도적 보충권(entitlements)들로 이루어져 있다.

그 가운데 ① 설득권은 자신이 믿는 신념, 자신의 태도나 의견을 다른 사람에게 전달하여 동조하게 만들 수 있는 권리를 말하며, ② 알 권리와 정보접근권, 반론권, 방송의 독립, 정정권(訂正權) 등은 언론법제연구의 특수성에서 이미 살펴본 바와 같다. ③ 선전권이란 논리적인 방법을 동원하여 사람들의 이성에 호소함으로써 사람들의 성향을 움직이려는 시도이며, ④ 신문 · 출판의 자유는 보편적으로 사용되고 있는 언론의 자유와 같다. ⑤ 연설(구두표현)의 자유는 구두에 의한 언론행위의 자유를 말하며, ⑥ 비판권이란 국가나 공공기관의 활동을 촉진하기 위해 언론기관이 갖고 있는 대(對)국가적 비판요구권이다. 여기서 비판은 이유 있고 건전한 비판만을 뜻한다. ⑦ 취재보도권이란 언론인이 정보자료를 수집 · 가공 · 처리하는 과정에서 확보해야 하는 권리로서 언론기업 내부의 편집 · 편성권과 관련된 개념을 포함할 수 있다. ⑧ 언론독과점금지는 언론기관의 자유롭고도 다양한 활동을 보장하기 위해 공권력의 개입이 필요한 영역이다.

넷째는 언론자유의 활성화에 제한조건으로 작용할 수 있는 국가적 · 사회적 · 개인적 법익침해의 가능성을 표시하고 있다. 국가의 안전을 보장하고 공공질서를 유지하기 위해서 언론자유에 대한 제한은 가능할 수 있으나 그 위력은 제 3 차 동심원에 포함된 권리들에 대해 가장 강력하고 개인이 가진 근원적이고 천부적인 소통권에까지 미치기 어렵다. 사회윤리와 공중도덕은 신성모독이나 개인에 대한 명예훼손과 마찬가지로 언론자유를 보충하는 권리들에 파급효과를 가질 것이며, 개인의 사생활(privacy)도 언론자유의 보충권과 충돌하여 그 발현을 제한할 수 있다.

이 구조와 관련된 이론적 논의는 이 책 제 3 장 제 4 절을 참조하기 바란다. 언론법은 구체적으로 〈그림 1-3〉의 연구영역을 망라하는 제이론과 제경험을 종합하여 언론자유를 신장하고 시민들이 가진 다양하고도 서로 다른 각양각색의 의견이나 아이디어가 굴절 없이 표출되어 사회적 통합이 실현되고 인간성을 더욱 발전시키는 방향으로 정착될 필요가 있다. 언론법연구가 이 필요를 충족시켜야 함은 물론이다.

2. 言論法硏究의 諸方法(論)

언론법에 대한 폭넓은 시야는 언론법연구의 방법론적 다양성을 암시해 준다. 최근까지의 언론법연구가 매스미디어의 기술발전이나 사회 제세력의 복잡한 관계를 충분히 살펴볼 겨를이 없었기 때문에 언론법의 연구목적을 실현하는 데에 큰 도움을 주지 못한 바 사실이고 언론윤리연구와는 일정한 간격을 유지한 채, 외국의 제도·법리·판례를 수입하는 데 급급해 왔다고 해도 과언이 아닐 것이다. 언론법연구방법 역시 수입되었다.

우리나라와 일본의 언론법연구에 영향을 미친 Gillmor는 언론법연구방법론을 크게 두 가지로 분류하였다. '하나는 전통적인 법연구방법이고 다른 하나는 경험실증적이고 행태주의적인 사회과학방법론의 적용'[1]이라고 한다.

전통적인 법연구방법은 헌법으로부터 가종 특별법규에 이르기까지 실정법의 제규정들이 언론활동에 어떻게 적용되는가를 법리로써 설명하는 방법이다. 이 방법에서는 법해석학이 주류를 이루며 법률적 삼단논법을 살피는 데 시야를 집중한다. 법률적 삼단논법이란 추상적 법조문인 대전제와 구체적 사안인 소전제로부터 결론으로서의 판결이 도출되는 과정을 말하는데 연구자는 이 과정을 면밀히 관찰하면서 법리해석과 문리해석의 논리성을 검토한다. 언론법해석을 위해서는 법률에 관한 상당한 전문지식과 언론의 구조 및 역할에 대한 정확한 이해가 필요하다.

경험실증적 언론법연구는 법의 기능을 유기체의 생리에 비유하면서 언론과 법이 접촉하는 외양을 연구대상으로 삼는다. 언론법분야에서의 사회과학적 연구방법론 도입이 늦었으므로 미국에서도 이 방법론이 언론법연구에 적용된 사례는 그렇게 많지 않다. 그렇지만 판사들의 이념적 경향과 언론관계 판결에서의 의견제시경향간의 상관관계를 연구하거나 특정 법규의 입법을 위한 준비과정에서 그 사회가 받아들일 수 있는 규범문화의 수준을 기술적으로 파악하는 일, 그리고 각종 언론법의 국가간 비교를 위한 내용분석, 법률용어에 대한 일반의 이해도 조사 및 법조인의 사상의식이나 관점분석[2] 등에 좀더

1) D. M. Gillmor and E.E. Dennis, "Legal Research in Mass Communications," in G. Stempel III *et al., Research Methods in Mass Communication,* Prentice-Hall Inc., Englewood Cliffs, 1981, p. 321.

2) R. V. Leeper는 W. J. Brennan 판사가 구조기능주의적 관점에서 판결하는 것으로 보고 있는

과학적이고 타당도 높은 사회과학적 연구방법이 동원될 여지가 많다. 무엇보다도 법률문화의 일반성과 언론법의 특수성을 판별하는 정태적인 기초자료의 정확한 조사를 위해서나 언론관계법상 보호받아야 할 법익의 판단에 영향을 주는 요인의 발견 등에는 발전을 거듭하고 있는 사회과학적 데이타 분석방법을 원용하는 것이 매우 효율적이고 합목적적일 수 있다.

그러나 위에서 살펴본 두 개의 연구경향이 상호분리되어 평행적인 상태로 나가기보다는 방법론적 다양성을 유지하면서 변증법적 통합의 가능성을 모색해야 할 것으로 생각된다. 언론법의 자기완결성을 이해하면서 진리에 접근하는 데는 이미 알고 있는 모든 방법이 동원되어야 마땅하기 때문이다.

언론법제사에 대한 역사적 이해를 위해서는 역사적 안목을 갖춘 방법론이 소요되고 비교언론법을 위해서는 법의 단계구조, 용어의 개념, 판례 등 구조적 연관성에 대한 논리적 판단의 기초로서 내용분석방법이 적용될 수 있을 것이다.

법해석에 있어서는 실정법 규범에 집착하여 사실관계를 오판하고 가치판단을 경직화하여 언론발전을 저해하는 일이 없도록 조심해야 한다. 이를 위해 언론법해석에서는 '문리(文理)해석시에 의미폭을 충분히 고려하여 해당규범에 귀속되는 것이 옳다고 생각되는 의미내용을 찾아내기에'[1] 힘써야 할 것이다.

전통적인 법해석학과 좀더 실증적인 언론법 내용연구에다 판례에 대한 논리분석이 결합된다면 언론법의 이론구성과 언론법체계의 법적 효과연구는 더욱 향상될 수 있을 것이다. 이 때, 「표현의 자유에 대한 헌법적 보장에 흠을 내는 언론규제법의 빈번한 제정」[2]이 줄어들 것이며 언론자유를 빙자하여 타인을 괴롭히고 상처내는 일들도 심판되어 언론의 자유와 언론의 평등이 통일되는 복지언론의 전개가 비로소 현실화될 수 있다.

Gillmor 등이 지적하지 못했던 제3, 제4의 방법으로 Perelman의 논의이론 및 맑스주의적 법제연구방법이 있다.

서술을 하고 있다. 자세한 것은 R. V. Leeper, "Communication Law and Justice, Brennan's Structural-Functional," *J. Q.*, Spring 1993, 「언론중재」 겨울호, 1993, 76~82면 번역 참조.

1) R. Zippelius, 김형배 역, 「법학방법론」, 삼영사, 1981, 70~73면.

2) 팽원순, 「매스커뮤니케이션 법제이론」, 법문사, 1988, 38면.

Perelman의 논의이론은[1] 실체법에 대한 지식과 논리적 사고를 중심으로 한 미국식 언론법방법론이나 독일식 법해석학방법과는 달리 입법의 타당성과 합리성에 대한 정당화방법을 논의하는 데 유용할 것이다. 프랑스권의 법철학자로서 Perelman은 이미 그리스 시대에 개발되어 아리스토텔레스의 저술인 *Topiques*에서 다뤄진 바 있으나 현대논리학에서 완전히 잊혀졌던 '논의의 한 이론'(une théorie de l'argumentation)을 재발견했다.[2]

'논의의 한 이론'은 증명을 목적으로 한 형식논리 대신 실천적 판단을 위한 가치판단의 논리이다. 또한 이 논리는 어떤 한 행위, 품행, 행동경향, 주장, 선택, 결정 등을 정당화하는 것을 목표로 한 규범의 논리이다. 이 논리에 따르면 정당화의 대상은 사람(행위자)이나 명제(규칙) 둘다 해당된다. 행위자 정당화는 행위자의 행위 자체를 정당화하거나 행위자를 어떤 행위로부터 면책시키는 행위자 부작위(不作爲)의 정당화이다. 명제의 정당화는 명제에 따르거나 규칙을 지키는 것을 정당화하는 것 그리고 명제(규칙)를 지지하는 진술을 정당화하는 것이다.[3]

맑스주의적 언론법연구방법은 언론정책에 대한 비판적 법연구시각을 제공하면서 인간사회의 가장 일반적인 발전법칙인 역사적 유물론에 입각하여 법(국가가 정한)이라는 상부구조의 연구에서도 사회의 경제적 기초인 생산력과 생산관계에 대한 객관적인 매개가 무엇인가를 찾으려고 한다.

언론법연구에서도 맑스주의자들은 방법론적 다원주의를 반대하고 사회주의 국가학과 법학을 일원적으로 파악하면서 법의 존재에 특히 규정적인 역할을 하는 생산관계와의 불가분한 관계를 중시하며 법률사이버네틱스이론처럼 자연과학과의 상호작용과 상호침투는 물론 법과 언론간의 피드백(feed-back)적 관계에도 접근하려고 한다.[4]

제 5 의 방법론으로서 비판적 언론법연구방법은 독일 비판이론(Kritische Theorie)의 법사상과 미국에서의 비판법운동(Critical legal studies movement)

1) Ch. Perelman, Droit, *Morale et Philosophie*(L. G. D. J. Paris : Libraire Genérale de Droit et de Jurisprudence, 1976)에 논의이론의 방법론이 소개되고 있다.

2) Ch. Perelman et L. Olbrecht-Tyteca, "Traité de l'argumentation," 영역판 : *The New Rhetoric : A Treatise on Argumentation*, University of Notre Dame Press, 1969.

3) Ch. Perelman, *Jugements de Valeur, Justification et Argumentation, Revue Internationale de philosophie*, n° 58, 1961.

4) Jane Sayer(trans.), *Theory of State and Law*, Chapter 16~17, Progress Publisher, 1987.

의 방법론을 원용하여 법과 사회의 연관성을 강조하고 법의 역사를 자유주의로부터 구출해 내는 일련의 작업으로 이해한다.[1)]

비판법연구는 어떤 개인자신도 사회로부터 분리될 수 없는 것인만큼 개인의 도덕신조, 사회구조 또는 권력관계와 같은 비법률적 요인에 대한 고려 없이 어떤 주어진 조건에서의 법적 해석을 확정적인 엄격한 의미로 받아들이기를 거부한다.[2)]

이 방법론에 따르면 '공익과 사익은 모두 정도문제여서 순수한 공익과 순수한 사익이 없는 가운데 인간들의 주관적인 우연성과 다양성에 의해 개인 욕망을 억제하는 것을 정책목표로 삼고 있는만큼'[3)] 공익도 항상 주관적인 해석의 문제를 함축하고 있는 단어라고 생각한다. 이 방법론은 자유주의의 기본적인 가정인 '자유와 억압', '공공과 개인', '이론과 실천'의 이분법을 배척하고 사회 전체의 변혁기능과 노동과정의 자유를 결합하려고 노력한다.[4)] 그래서 비판적 언론법연구방법은 언론윤리와 언론법제가 갈등을 일으키는 문제나 형평의 원칙과 자유언론 간의 중재, 방송정책결정에서의 개인의 기본권과 기술발전의 문제를 종합적으로 풀어갈 수 있는 시야를 넓혀 주는 장점이 있다.

◇ 더 많은 관심을 가진 독자들을 위해 권고할 만한 문헌들

강진철, "북한법연구의 현황과 과제," 법과 사회이론연구회 편, 「법과 사회」 창간호, 1989.

김철수, 「헌법학신론」, 박영사, 1988.

1) 최종고, 「전정판 법사상사」, 박영사, 1996, 501~506면.

2) James Boyle, "The Politics of Reason : Critical legal Theory and Social Thought," *Univ. of Pennsylvania Law Review* 133(4), April 1995, pp. 685~780.

3) D. Kennedy, "Legal Education as Training for Hierarchy," in David Kairys(ed.), *The Politics of Law, A Progressive Critique*(New York : Patheon Book, 1982), pp. 40~64.

4) D. Kennedy, "The Structure of Blackstone's Commentaries," *Buffalo Law Review* 28, 1979, pp. 205~382.

박홍규, 「비교법」, 이론과 실천, 1993.

심헌섭, 「법철학 I」, 법문사, 1982.

안경환, "미국법의 이론적 조명," 「고시계」, 1996.

최종고, 「전정판 법사상사」, 박영사, 1996.

藤田勇, 「마르크스주의 법학입문」, 이상과 현실, 1990.

石村善治 編, 「閉かれたマスコミとは」, 時事通信社, 1979.

清水英夫, 「法とマス・コミュニケーション」, 社會思想社, 1976.

Butler, W. E. *Anglo-American and Socialist Legal Systems*, 박홍규 역, 「자본주의 법과 사회주의법」, 일월서각, 1988.

Gillmor, D. M. and E. E. Dennis, "Legal Research in Mass Communication," in G. Stempel III *et al., Research Method in Mass Communication*, Prentice-Hall Inc., Englewood Cliffs, 1981.

Gillmor, D. M. and J. Barron, *Mass Communication Law : Cases and Comments*, 3rd ed., West Publishing Co., 1979.

Hommes, H. J. Eikema, *Major Trends in the History of Legal Philosophy*, NMPC., 1979.

Kairys, David(ed.), *The Politics of Law, A Progressive Critique*(New York : Pantheon Book, 1982).

Larenz, Karl, 양창수 역, 「정당한 법의 원리」, 박영사, 1986.

Perelman Ch. et L. Olbrecht-Tyteca, *Traité de l'argumentation*, 영역판 : *The New Rhetoric : A Treatise on Argumentation*, University of Notre Dame Press, 1969.

Rehbinder, Manfred, 이영희 · 최종고 역, 「법사회학」, 법문사, 1981.

Sayer, Jane(trans.), *Theory of State and Law*, Progress Publisher, 1987.

Zippelius, R., 김형배 역, 「법학방법론」, 삼영사, 1981.

제 2 장

言論關係法 概觀

제 1 절 槪　　說

1. 言論關係法이란 무엇인가?

법은 많은 학자들이 여러가지 개념으로 정의한다. 그 정의들을 몇 가지 살펴보면 ① 법은 논쟁을 해결하는 사회적 규범 또는 조직화되고 의식화된 (ritualized) 논쟁해결의 방법이다. ② 법은 강제력을 동원하여 인간의 행동이 어느 정도까지 적절하게 용인될 수 있는지를 일정하게 밝혀 주는 규칙이다.[1) ③ 법은 사회규범 가운데 국가적인 강제로 실현되는 규범이다.[2) ④ 법은 일종의 지시로서 동질적이고 보편적인 내용을 갖고 서로 불가분의 관계에 놓여 있는 객관적 법과 주관적 법, 관습법과 법관법, 그리고 평가규범과 결정규범 등 여러가지 대상의 집합을 지칭한 것이다. 따라서 법은 사회현상과의 관계 개념으로서 구체적으로 기술될 때 그 개념의 의의가 더욱 분명해진다.[3)

법 자체의 본질규명은 존재론적 차원의 법철학적 과제이므로 그 분야의 연구에 맡기고 언론관계법의 개념을 법과 언론의 관계에서 찾아보면 국민의 의사에 따라 언론의 자유를 법적으로 보장하고, 그 한계를 정해 주는 각종의 법규들로 이루어져 있다고 하겠다.[4) 언론관계법이 어떤 것인지를 정의하는

1) Don. R. Pember, *Mass Media Law*(Madison, WI : Brown & Benchmark Publishers, 1997), p. 2.
2) 동아출판사, 「동아세계대백과사전」 제14권, 55면.
3) 심헌섭, 「법철학 I」, 법문사, 1982, 60면.
4) 유일상, "언론관계법," 「언론인연수교재(가-94-7)」, 한국언론연구원, 1994, 3면.

데서 법원(法源 ; source of law)이라는 개념은 매우 유용하다.[1] 법원은 무엇이 법인가를 정할 때 근거로 삼는 것이어서 시대와 나라에 따라 다르다. 그러므로 법원(法源)은 구체적으로 말해 재판관이 하나의 사건을 재판함에 있어 그에 적용할 기준이 되는 것을 뜻한다.

곧 법원(法源)은 ① 법의 타당한 근거가 무엇인가를 묻는다. 오늘날의 국민주권주의 아래서는 국민의 의사가 법적 타당성의 원천이므로 국민의 의사가 곧 근본적인 법원이다. 과거에 신의 뜻, 이성의 명령, 국가 따위의 관념적 구성물이 법원의 행세를 한 적이 있다.

② 법을 구체적으로 알고자 할 때의 수단이 무엇인가를 묻는다. 말하자면 법의 존재형식이 무엇인가 하는 것이다. 이 때의 법원은 제정법(법률, 명령), 판례와 관습, 학설과 조리(條理) 등인데, 이것들은 그 효력을 발생할 때 일정한 질서를 갖고 있다.

③ 사회주의국가에서의 법원은 특정한 사회의 사회경제적 질서를 낳는 특유한 정치적·경제적·법적 상부구조를 말한다.

2. 憲法 이상의 法源에 나타나는 言論關係法

(1) 制定憲法 이전의 基本的 人權으로서의 言論自由

언론의 자유가 인권으로 인정되기 시작한 것은 1647년 영국의 인민협정(Agreement of the People)부터이고, 그 뒤를 이어 1695년의 검열법폐지가 큰 진전이었다. 언론의 자유에 대한 사회적인 요구가 명문으로 처음으로 선언된 것은 1789년의 프랑스혁명 때 발표된 인권선언에서이다. 인간과 시민의 권리선언 제11조는 "사상과 의견의 자유로운 소통은 인간의 가장 귀중한 권리의 하나이다. 따라서 모든 시민은 자유로이 발언하고 기술하고 인쇄할 수 있다. 다만, 법에 의해 규정된 경우에 있어서 자유의 남용은 책임을 져야 한다"라고 규정하고 있다.

언론의 자유가 인류의 보편적인 가치로 공유된 것은 국제연합(UN)의 '세계인권선언'에 의해서다. 이 선언은 UN 경제사회이사회 산하 인권위원회의

1) W. E. Butler, *Anglo-American and Socialist Legal Systems*, 박홍규 역, 「자본주의법과 사회주의법」, 일월서각, 1988.

선언이기 때문에 회원국을 구속하는 것은 아니지만, 언론의 자유가 인류의 공동선을 위해 추구해야 할 가치가 있음을 국제적으로 합의하고 있음을 보여주는 것이다. 세계인권선언 제19조는 다음과 같다.

"모든 사람은 의견의 자유와 표현의 자유에 대한 권리를 갖는다. 이 권리는 간섭 없이 의견을 가질 자유와 국경에 관계 없이 어떠한 매체를 통해서도 정보를 추구하고 획득하며 전달하는 자유를 포함한다."

(2) 각국의 憲法規定

1) 우리나라 헌법(제 6 공화국 헌법 : 1987년 10월 29일)에도 언론의 자유는 국민의 기본권과 의무를 규정한 제 2 장(국민의 권리와 의무 : 제10조부터 제39조까지) 제21조에 다음과 같이 분명하게 규정되어 있다.[1)]

① 모든 국민은 언론·출판의 자유와 집회·결사의 자유를 가진다.

② 언론·출판에 대한 허가나 검열과 집회·결사에 대한 허가는 인정하지 아니한다.

③ 통신·방송의 시설기준과 신문의 기능을 보장하기 위하여 필요한 사항은 법률로 정한다.

④ 언론·출판은 타인의 명예나 권리 또는 공중도덕이나 사회윤리를 침해하여서는 아니 된다. 언론·출판이 타인의 명예나 권리를 침해한 때에는 피해자는 이에 대한 피해의 배상을 청구할 수 있다.

2) 미국 정치조직의 기초가 된 버지니아권리장전(1776년) 제12항은 "언론·출판의 자유는 자유의 유력한 방벽의 하나이고, 이를 제한하는 자는 전제적 정부라고 하지 않으면 안 된다"고 규정하였으며, 미국 수정헌법 제 1 조(1791년)에는 오늘날 언론자유에 대한 절대주의자들의 신조가 된 언론의 자유에 대한 제한입법의 합헌성배제원칙이 나타난다. 즉 "연방의회는 언론·출판의 자유를 제한하거나 국민이 평화적으로 집회할 권리나 불만의 구제를 정부에 청원할 권리를 제한하는 법률을 제정할 수 없다"라고 하였다.

3) 바이마르공화국 헌법(1919년)은 제 2 편 독일인의 기본권 및 기본적 의무 제 1 장 개인 제118조에서 언론자유에 대해 다음의 규정을 두고 있다.

① 모든 독일인은 일반법률의 제한 내에서 구두·문자·인쇄·도형 또는

---

1) 각국헌법의 언론자유규정은 유일상, 「언론윤리법제론」, 180~182면, 246~248면을 참조할 것.

기타의 방법으로 자기의 의사를 자유로이 표명할 수 있는 권리를 갖는다. 어떠한 노동관계 또는 고용관계라도 이 권리의 행사를 저해해서는 안 된다. 또한 어느 누구도 독일인이 이 권리를 행사하는 데 대해 불이익을 줄 수 없다.

② 검열은 실시하지 아니한다. 단 영화에 대해서는 법률에 의해 별도의 규정을 둘 수 있다. 또한 저열한 문학 및 외설문학을 단속하기 위해 공개적인 관람과 흥행의 경우에 청소년을 보호하기 위한 법률적 조치는 허용한다.

4) 바이마르공화국 헌법을 이어받은 본 기본법(1949년)도 제5조에서 표현의 자유와 범위 등을 다음과 같이 규정하고 있다.

① 누구든지 말·글·그림으로 자유롭게 의사를 표현하며, 유포하고 일반적으로 접근할 수 있는 정보원으로부터 방해 없이 정보를 입수할 권리를 갖는다. 출판의 자유와 라디오 및 영화를 통한 보도의 자유는 보장된다. 검열은 실시되지 아니한다.

② 이 권리들은 일반법률의 규정, 청소년보호를 위한 규정 및 개인의 명예권에 의해 제한된다.

③ 예술과 학문연구와 교수는 자유이다. 교수의 자유는 헌법에 의한 충실로부터 면제되지 아니한다.

5) 일본헌법(1946년) 제21조도 언론의 자유를 다음과 같이 규정하고 있다. "집회·결사와 언론·출판 기타 일체의 표현의 자유는 이를 보장한다. 검열은 이를 행해서는 아니 된다. 통신의 비밀은 이를 침해해서는 안 된다."

6) 사회주의법계의 중화인민공화국 헌법(1982년 제정, 1988년과 1993년에 개정)의 언론관계 법조문은 5개 조항에 이른다.

> 第22조 제1항 국가는 인민과 사회주의를 위하여 봉사하는 문학예술사업, 신문·방송·TV사업, 출판발행사업, 도서관·문화관, 기타 문화사업을 발전시키며 대중적인 문화활동을 전개한다.
>
> 第35조 중화인민공화국 공민은 언론·출판·집회·결사·행진·시위의 자유를 가진다.
>
> 第38조 중화인민공화국 공민은 인격의 존엄성을 침해받지 아니한다. 어떠한 방법으로도 공민에 대하여 모욕·비방 및 무고·모함하는 것을 금지한다.
>
> 第41조 ① 중화인민공화국 공민은 어떠한 국가기관이나 국가공무원에 대해서도 비판하고 건의할 권리를 가지며 어떠한 국가기관이나 국가공무원의 위법·매직행위에 대하여 관계 국가기관에 청원·고소 또는 고발할 권리를 가진

다. 다만 사실을 날조하거나 왜곡하여 무고·모함할 수 없다.

② 공민의 청원, 고소 또는 고발에 대하여 관계 국가기관은 사실을 조사하여 책임지고 이를 처리하여야 한다. 누구든지 이를 억압하거나 보복할 수 없다.

③ 국가기관과 국가공무원이 공민의 권리를 침해함으로써 손해를 입은 공민은 법률의 규정에 의하여 배상을 받을 권리를 가진다.

제51조　중화인민공화국 공민은 자유와 권리를 행사함에 있어서 국가·사회·집단의 이익 및 다른 공민의 합법적인 자유와 권리를 침해할 수 없다.

7) 이제는 멸망한 소비에트 사회주의공화국 연방헌법(1988. 12. 1.)의 제 2 편 국가와 개인 제 7 장 소연방 공민의 기본적 권리, 자유와 의무 제50조에는 "인민의 이익에 적합하며 사회주의제도를 강화하기 위해 소연방 공민에게는 언론·출판·집회·대중집회·가두행진 및 시위의 자유가 보장된다. 이의 정치적 실현을 위해 공공건물, 거리 및 광장을 노동자와 노동자단체에게 제공하고 정보의 광범한 보급과 출판물, 텔레비전 및 라디오를 이용할 기회를 부여받음으로써 보장된다"고 규정되어 있었다.

8) 북한헌법(조선민주주의 인민공화국 사회주의헌법, 1998. 9. 5. 수정보충)의 제 5 장 공민의 기본권리와 의무 제67조에는 "공민은 언론·출판·집회·시위와 결사의 자유를 가진다. 국가는 민주주의적 정당·사회단체의 자유로운 활동조건을 보장한다"는 규정이 있다.

위에서 살펴본 여러 나라 헌법을 비교법제적으로 살펴볼 때 우리나라 헌법 제21조의 규정은 다소 구체성이 없는 고전적 언론자유만을 규정하고 있으며,[1] 헌법내의 관련조항인 인간의 존엄성존중과 행복추구권(헌법 제10조), 사생활의 비밀보호(제17조), 통신의 비밀보호(제18조)와 상호관계를 가지고 있다. 또한 언론의 자유는 법률에 의해서도 제한할 수 없는 절대적 기본권이라고 하더라도 국가안보, 질서유지, 공공복리를 위해서 필요불가피한 경우에 본질적 내용을 다치지 않는 범위내에서 제한될 수 있기 때문에(제37조 제 2 항) 헌법체계내의 국가긴급권(제76조)과 계엄령(제77조)에 의한 제약은 불가피하다.[2]

우리 헌법의 기본권을 규정하고 있는 제 2 장 각 조는 다음과 같다.

---

1) 구병삭, 「신고판 신헌법원론」, 박영사, 1988, 437면.

2) 허영, 「헌법이론과 헌법(중)」, 박영사, 1992, 118~127면.

제 2 장 국민의 권리와 의무

제10조 모든 국민은 인간으로서의 존엄과 가치를 가지며, 행복을 추구할 권리를 가진다. 국가는 개인이 가지는 불가침의 기본적 인권을 확인하고 이를 보장할 의무를 진다.

제11조 ① 모든 국민은 법 앞에 평등하다. 누구든지 성별·종교 또는 사회적 신분에 의하여 정치적·경제적·사회적·문화적 생활의 모든 영역에 있어서 차별을 받지 아니한다.

② 사회적 특수계급의 제도는 인정되지 아니하며, 어떠한 형태로도 이를 창설할 수 없다.

③ 훈장 등의 영전은 이를 받은 자에게만 효력이 있고, 어떠한 특권도 이에 따르지 아니한다.

제12조 ① 모든 국민은 신체의 자유를 가진다. 누구든지 법률에 의하지 아니하고는 체포·구속 압수·수색 또는 심문을 받지 아니하며, 법률과 적법한 절차에 의하지 아니하고는 처벌·보안처분 또는 강제노역을 받지 아니한다.

② 모든 국민은 고문을 받지 아니하며, 형사상 자기에게 불리한 진술을 강요당하지 아니한다.

③ 체포·구속·압수 또는 수색을 할 때에는 적법한 절차에 따라 검사의 신청에 의하여 법관이 발부한 영장을 제시하여야 한다. 다만, 현행범인인 경우와 장기 3년 이상의 형에 해당하는 죄를 범하고 도피 또는 증거인멸의 염려가 있을 때에는 사후에 영장을 청구할 수 있다.

④ 누구든지 체포 또는 구속을 당한 때에는 즉시 변호인의 조력을 받을 권리를 가진다. 다만, 형사피고인이 스스로 변호인을 구할 수 없을 때에는 법률이 정하는 바에 의하여 국가가 변호인을 붙인다.

⑤ 누구든지 체포 또는 구속의 이유와 변호인의 조력을 받을 권리가 있음을 고지받지 아니하고는 체포 또는 구속을 당하지 아니한다. 체포 또는 구속을 당한 자의 가족 등 법률이 정하는 자에게는 그 이유와 일시·장소가 지체없이 통지되어야 한다.

⑥ 누구든지 체포 또는 구속을 당한 때에는 적부의 심사를 법원에 청구할 권리를 가진다.

⑦ 피고인의 자백이 고문·폭행·협박·구속의 부당한 장기화 또는 기망 기타의 방법에 의하여 자의로 진술된 것이 아니라고 인정될 때 또는 정식재판에 있어서 피고인의 자백이 그에게 불리한 유일한 증거일 매에는 이를 유죄의 증거로 삼거나 이를 이유로 처벌할 수 없다.

제13조 ① 모든 국민은 행위시의 법률에 의하여 범죄를 구성하지 아니하는 행위로 소추되지 아니하며, 동일한 범죄에 대하여 거듭 처벌받지 아니한다.

② 모든 국민은 소급입법에 의하여 참정권의 제한을 받거나 재산권을 박탈당

하지 아니한다.

③ 모든 국민은 자기의 행위가 아닌 친족의 행위로 인하여 불이익한 처우를 받지 아니한다.

제14조 모든 국민은 거주・이전의 자유를 가진다.

제15조 모든 국민은 직업선택의 자유를 가진다.

제16조 모든 국민은 주거의 자유를 침해받지 아니한다. 주거에 대한 압수나 수색을 할 때에는 검사의 신청에 의하여 법관이 발부한 영장을 제시하여야 한다.

제17조 모든 국민은 사생활의 비밀과 자유를 침해받지 아니한다.

제18조 모든 국민은 통신의 비밀을 침해받지 아니한다.

제19조 모든 국민은 양심의 자유를 가진다.

제20조 ① 모든 국민은 종교의 자유를 가진다.

② 국교는 인정되지 아니하며, 종교와 정치는 분리된다.

제21조 ① 모든 국민은 언론・출판의 자유와 집회・결사의 자유를 가진다.

② 언론・출판에 대한 허가나 검열과 집회・결사에 대한 허가는 인정되지 아니한다.

③ 통신・방송의 시설기준과 신문의 기능을 보장하기 위하여 필요한 사항은 법률로 정한다.

④ 언론・출판은 타인의 명예나 권리 또는 공중도덕이나 사회윤리를 침해하여서는 아니 된다. 언론・출판이 타인의 명예나 권리를 침해한 때에는 피해자는 이에 대한 피해의 배상을 청구할 수 있다.

제22조 ① 모든 국민은 학문과 예술의 자유를 가진다.

② 저작자・발명가・과학기술자와 예술가의 권리는 법률로써 보호한다.

제23조 ① 모든 국민의 재산권은 보장된다. 그 내용과 한계는 법률로 정한다.

② 재산권의 행사는 공공복리에 적합하도록 하여야 한다.

③ 공공필요에 의한 재산권의 수용・사용 또는 제한 및 그에 대한 보상은 법률로써 하되 정당한 보상을 지급하여야 한다.

제24조 모든 국민은 법률이 정하는 바에 의하여 선거권을 가진다.

제25조 모든 국민은 법률이 정하는 바에 의하여 공무담임권을 가진다.

제26조 ① 모든 국민은 법률이 정하는 바에 의하여 국가기관에 문서로 청원할 권리를 가진다.

② 국가는 청원에 대하여 심사할 의무를 진다.

제27조 ① 모든 국민은 헌법과 법률이 정한 법관에 의하여 법률에 의한 재판을 받을 권리를 가진다.

② 군인 또는 군무원이 아닌 국민은 대한민국의 영역 안에서는 중대한 군사상 기밀・초병・초소・유독음식물공급・포로・군용물에 관한 죄 중 법률이

정한 경우와 비상계엄이 선포된 경우를 제외하고는 군사법원의 재판을 받지 아니한다.

③ 모든 국민은 신속한 재판을 받을 권리를 가진다. 형사피고인은 상당한 이유가 없는 한 지체없이 공개재판을 받을 권리를 가진다.

④ 형사피고인은 유죄의 판결이 확정될 때까지는 무죄로 추정된다.

⑤ 형사피해자는 법률이 정하는 바에 의하여 당해 사건의 재판절차에서 진술할 수 있다.

第28조 형사피의자 또는 형사피고인으로서 구금되었던 자가 법률이 정하는 불기소처분을 받거나 무죄판결을 받은 때에는 법률이 정하는 바에 의하여 국가에 정당한 보상을 청구할 수 있다.

第29조 ① 공무원의 직무상 불법행위로 손해를 받은 국민은 법률이 정하는 바에 의하여 국가 또는 공공단체에 정당한 배상을 청구할 수 있다. 이 경우 공무원 자신의 책임은 면제되지 아니한다.

② 군인·군무원·경찰공무원 기타 법률이 정하는 자가 전투·훈련 등 직무집행과 관련하여 받은 손해에 대하여는 법률이 정하는 보상 외에 국가 또는 공공단체에 공무원의 직무상 불법행위로 인한 배상은 청구할 수 없다.

第30조 타인의 범죄행위로 인하여 생명·신체에 대한 피해를 받은 국민은 법률이 정하는 바에 의하여 국가로부터 구조를 받을 수 있다.

第31조 ① 모든 국민은 능력에 따라 균등하게 교육을 받을 권리를 가진다.

② 모든 국면은 그 보호하는 자녀에게 적어도 초등교육과 법률이 정하는 교육을 받게 할 의무를 진다.

③ 의무교육은 무상으로 한다.

④ 교육의 자주성·전문성·정치적 중립성 및 대학의 자율성은 법률이 정하는 바에 의하여 보장된다.

⑤ 국가는 평생교육을 진흥하여야 한다.

⑥ 학교교육 및 평생교육을 포함한 교육제도와 그 운영, 교육재정 및 교원의 지위에 관한 기본적인 사항은 법률로 정한다.

第32조 ① 모든 국민은 근로의 권리를 가진다. 국가는 사회적·경제적 방법으로 근로자의 고용의 증진과 적정임금의 보장에 노력하여야 하며, 법률이 정하는 바에 의하여 최저임금제를 시행하여야 한다.

② 모든 국민은 근로의 의무를 진다. 국가는 근로의 의무의 내용과 조건을 민주주의원칙에 따라 법률로 정한다.

③ 근로조건의 기준은 인간의 존엄성을 보장하도록 법률로 정한다.

④ 여자의 근로는 특별한 보호를 받으며, 고용·임금 몇 근로조건에 있어서 부당한 차별을 받지 아니한다.

⑤ 연소자의 근로는 특별한 보호를 받는다.

⑥ 국가유공자 · 상이군경 및 전몰군경의 유가족은 법률이 정하는 바에 의하여 우선적으로 근로의 기회를 부여받는다.

제33조 ① 근로자는 근로조건의 향상을 위하여 자주적인 단결권 · 단체교섭권 및 단체행동권을 가진다.

② 공무원인 근로자는 법률이 정하는 자에 한하여 단결권 · 단체교섭권 및 단체행동권을 가진다.

③ 법률이 정하는 주요방위산업체에 종사하는 근로자의 단체행동권은 법률이 정하는 바에 의하여 이를 제한하거나 인정하지 아니할 수 있다.

제34조 ① 모든 국민은 인간다운 생활을 할 권리를 가진다.

② 국가는 사회보장 · 사회복지의 증진에 노력할 의무를 진다.

③ 국가는 여자의 복지와 권익의 향상을 위하여 노력하여야 한다.

④ 국가는 노인과 청소년의 복지향상을 위한 정책을 실시할 의무를 진다.

⑤ 신체장애자 및 질병 · 노령 기타의 사유로 생활능력이 없는 국민은 법률이 정하는 바에 의하여 국가의 보호를 받는다.

⑥ 국가는 재해를 예방하고, 그 위험으로부터 국민을 보호하기 위하여 노력하여야 한다.

제35조 ① 모든 국민은 건강하고 쾌적한 환경에서 생활할 권리를 가지며, 국가와 국민은 환경보전을 위하여 노력하여야 한다.

② 환경권의 내용과 행사에 관하여는 법률로 정한다.

③ 국가는 주택개발정책 등을 통하여 모든 국민이 쾌적한 주거생활을 할 수 있도록 노력하여야 한다.

제36조 ① 혼인과 가족생활은 개인의 존엄과 양성의 평등을 기초로 성립되고 유지되어야 하며, 국가는 이를 보장한다.

② 국가는 모성의 보호를 위하여 노력하여야 한다.

③ 모든 국민은 보건에 관하여 국가의 보호를 받는다.

제37조 ① 국민의 자유와 권리는 헌법에 열거되지 아니한 이유로 경시되지 아니한다.

② 국민의 모든 자유와 권리는 국가안전보장 · 질서유지 또는 공공복리를 위하여 필요한 경우에 한하여 법률로써 제한할 수 있으며, 제한하는 경우에도 자유와 권리의 본질적인 내용을 침해할 수 없다.

제38조 모든 국민은 법률이 정하는 바에 의하여 납세의 의무를 진다.

제39조 ① 모든 국민은 법률이 정하는 바에 의하여 국방의 의무를 진다.

② 누구든지 병역의무의 이행으로 인하여 불이익한 처우를 받지 아니한다.

3. 言論自由와 言論關係法

언론자유의 법제적 성격은 ① 국가권력으로부터의 방어권적 성격과, ② 인간의 의지를 실현하는 데 필요한 주관적 공권의 성격을 동시에 가지며, ③ 위 양자를 통합시킨 객관적 규범의 성격을 갖고 있다. 따라서 모든 언론관계 법제들은 이와 같은 언론자유의 특수한 성격에 맞추어 제정되고 집행되어야 할 것이다. 헌법상의 언론자유는 그 성격에 대한 학설상의 분분한 해석에도 불구하고 언론관계법들이 있기 때문에 언론자유를 보장하기 위한 구체적인 규범과 제도들을 만들어가는 지침이 된다.

언론관계법은 ① 언론자유를 확보하는 데 초점을 맞춘 언론자유 보충의 법제로 헌법 제21조와의 유기적 연관 아래 검토되어야 할 법규범, 및 ② 언론자유라는 기본권과 헌법상의 다른 기본권 및 사회적 제도의 유지, 개인의 이익·명예·사생활 등과의 충돌을 조정하는 법규범으로 크게 나눌 수 있다.

전자의 범주에 속하는 것들로 ① 미디어관련 법규들 예컨대 인쇄매체관계법, 전파매체관계법 등이 있고, ② 언론기관의 특권과 관련된 것으로 증언 등의 거부권, 정보공개제도를 비롯한 취재특권, 언론매체에의 접근권과 반론권, 국가의 법과 직접적인 관련은 없으나 정치권력의 개입이나 간섭을 배제하는 데 필요한 자율규제제도, 언론인의 편집권과 경영자의 영업자유간의 충돌을 조정하는 법규 등이 있다.

후자에는 ① 국가활동과의 조정을 위해 필요한 국가기밀(군사기밀, 외교기밀) 보호에 관계된 법규, 선거와 재판의 공정성을 보장하는 법규, ② 사회질서와의 조화를 위해 필요한 선전·선동의 한계규정, 성표현물의 음란성 규제범위에 관한 법규, ③ 개인의 존엄을 보호하는 데 필요한 명예훼손관련 법규, 프라이버시보호 법규 등이 있다.

제 2 절 우리나라의 言論關係法

1. 우리나라 言論法制史

한성순보를 비롯하여 근대신문이 출현하면서 우리나라의 신문은 민족의 독립, 국부의 증진 및 사회의 발전을 위해 의로운 붓을 들었다. 당시 신문의 발행은 정부의 사전허가에 의해 가능했었으므로 정부의 정책과 항상 일치할 수는 없는 것이어서 독립신문이 발행되던 1899년 경에 "신문지법규의 초안"이 준비되었다.[1] 이 초안은 언론의 자유가 남용되는 것을 막고 신문을 보호 육성하려는 정책의지를 담고 있었으나 당시 언론계의 반발로 법규의 제정은 미루어졌다. 그 후로도 여러 차례 신문법규의 제정이 시도되다가 1907년 7월 이완용 내각에서 법률 제1호로 신문지법을 제정 공포하였는바, 이를 통칭하여 광무연호를 쓰던 시대에 만들어졌다는 뜻이 표출되도록 "광무신문지법(光武新聞紙法)"이라고 부른다.

광무신문지법은 장의 구별 없이 전문 38개조로 구성되어 있다(부칙 3개조 포함). 이 법의 제1조에서 제10조까지는 신문발행의 허가절차, 신문사 발행인·편집인·인쇄인의 자격, 보증금 및 납부방법과 납부면제요건과 납본 등에 관하여 규정하고 있다. 제11조부터 제16조까지는 신문활동에 대한 금지규범들이 열거되어 있는데 제11조는 국가이익에 대한 저해의 금지, 제12조는 기밀보호를 위한 보도관제, 제13조와 제14조는 법제와 재판보도사항의 금지, 제15조 허위비방의 금지, 제16조는 유상(청탁 또는 수뢰 등에 의한)보도의 금지를 규정하고 있다.

제17조부터 제20조까지는 반드시 보도해야 할 사항 즉 신문에 대한 명령규범들로서 제17조는 신문의 실체확인관계사항, 제18조는 기사에 관한 재판보도에서의 선고내용 전문(全文) 보도, 제19조는 관보인용보도에서의 정정보도의 요건, 제20조는 정정보도와 반론보도의 요건 등을 규정하고 있다.

제21조에서부터 제35조까지는 신문의 법규위반에 대한 처벌조항이 나열되어 있고 제36조부터 제38조까지는 부칙이다.

---

1) 독립신문 1899(광무 3년) 1월 10일자 사설.

이 법은 실제로 민족언론을 탄압하고 친일언론을 활성화할 목적으로 제정된 것으로 신문발행보증금제도, 납본의무에 의한 사전검열제도 등이 그 핵심이었다. 1908년 4월에는 이 법의 일부가 개정되어 해외에서 발행된 한국어 신문의 국내열독을 금지시키기도 했다.

그러나 이 법은 해방후 대한민국 정부의 수립 이후에도 시행되다가 1952년 3월 19일 제2대 국회에서 그 폐기가 가결되어 소멸할 때까지 애국적이고 양심적인 지식인들의 언론자유를 탄압하는 법으로 활용되었다. 한일합방 이후의 일제시대에는 이 법 외에도 일본의 각종 언론통제법들이 우리나라 사람들의 자유로운 언론표현활동을 제압하였고 일제 군국주의의 대두와 함께 치안유지법이 성립되어 언론사상까지도 탄압을 받는 사태가 벌어졌다. 조선일보와 동아일보 등 일제하의 민간신문들은 일제의 이 준엄한 언론법제적 통제상황 아래 신문을 제작해야 했고 조선방송협회 경성방송국을 위시한 도청소재지 소재 각 지방방송국들이 일본의 국책수행을 선전하는 기관으로 일해야 했다.

해방후 점령군으로 남한에 진주한 미군은 처음에 자유로운 언론활동과 미국식 보도관행을 이식하는 데 주력하다가 민족주의운동세력의 언론·출판활동을 규제할 목적으로 군정법령 제19호를 발포했다. 이 법령의 제5조는 신문 기타 출판물의 등록에 관한 규정이었다.

그러나 남북의 정치적 대립과 사상의 분열을 빌미로 미군정은 군정법령 제88호를 제정·공포하여 신문·잡지 등의 출판활동을 허가제로 바꾸었다. 미군정법령 제88호는 전문 8개조로 1946년 9월 19일 공포되었다. 이 법 중에서 출판활동의 허가와 취소에 관한 요건을 규정한 제4조와 형벌을 규정한 제7조는 과도기의 국내치안을 유지하기 위한 목적이라고는 하나[1] 언론활동의 자유를 군정당국의 정책적 판단으로 규제·탄압하는 데 이용될 수 있는 악법이었다.

5·16 쿠데타 이후의 군부정권은 1964년 8월 2일 언론윤리위원회법을 의결하고 8월 15일 이를 공포하였으나 언론계에서는 이 법이 언론의 자유를 규정한 헌법을 위반하면서까지 언론자유의 본질적 내용을 침해하며, 언론에 대한 타율규제를 강제하는 것으로 규정하고 강력하게 반발하였다. 동아일보, 경향신문, 매일신문, 조선일보의 편집국장이 발표한 4사 공동성명은 한국의 자

1) 이해창, 「한국신문사연구」, 성문사, 1971, 139면.

유스럽고 평화로운 언론의 창달을 위하여 한국신문인협회와 한국기자협회와의 공동투쟁을 공표하였다. 언론계가 일치단결하여 투쟁한 덕분에 박정희 당시 대통령은 이 법의 시행을 보류했고 파동(波動)은 가라앉았다.

1980년 신군부는 혁명입법을 통해 언론기본법을 제정·공포하였다. 이 법은 국가보위입법회의 문공분과위원회가 기초하고, 1980년 12월 26일 이 위원회의 본회의를 통과하여 같은 해 12월 31일 법률 제3347호로 공포된 법률이다. 이 법은 그 후 몇 차례 개정되었으나 입법절차에서의 정당성 결여, 언론자유에 대한 과도한 규제와 공적 책임에 대한 지나친 강조에 대한 보도활동의 위축 등에 대한 국민각계각층의 비판과 언론계의 저항으로 1987년 11년 28일 폐지되었다.[1)]

언론기본법은 부칙 4개조를 포함하여 모두 7장 57개조로 구성되어 있다. 제 1 장 총칙, 제 2 장 언론의 권리와 의무, 제 3 장 언론기업과 언론인, 제 4 장 정기간행물, 제 5 장 방송, 제 6 장 언론침해에 대한 규제, 제 7 장 벌칙으로 구성되어 있는 이 법은 언론공익사업의 제도화, 언론중재위원회의 설치를 통한 언론분쟁의 조정, 방송위원회·방송심의위원회 등의 설치, 위법적인 언론행위에 대한 제재를 그 주요 내용으로 하고 있다.

이 법의 정당성과 합헌성에 대해 법제정 직후부터 많은 논쟁이 있어 1984년에 제1차 개정이 이루어졌지만 언론출판활동을 규제하는 위헌조항에 대한 시비와 보도활동을 위축시킬 소지에 대한 비판이 계속되어 제 5 공화국의 정치적 붕괴와 함께 폐지되었다. 그래서 이 법이 폐지된 후에는 1987년 11월 28일 제정된 "정기간행물등록 등에 관한 법률"과 1999년 12월 30일 제정된 "방송법"이 우리나라 미디어법의 주류였으나, 2005년 1월 1일 "정기간행물등록 등에 관한 법률"은 "신문 등의 자유와 기능보장에 관한 법률(약칭 신문법)"과 "언론중재와 피해구제 등에 관한 법률(약칭 언론중재법)"로 대체되었다.

1) 유일상, 「벌거벗긴 한국언론」, 문덕사, 1990, 185면.

2. 現在의 우리나라 言論關係法

(1) 憲法의 判例로 본 言論의 自由

우리나라 언론관계법의 최상위 법원(法源)은 헌법이다. 헌법은 언론·출판자유의 내용으로 의사표현·전파의 자유, 정보의 자유, 신문의 자유 및 방송·방영의 자유 등을 꼽고 있다.

헌법 제21조의 해석과 판례들을 내용별로 살펴보자.

1) 언론·출판의 개념

언론·출판의 개념으로는 담화·연설·토론·연극·방송·음악·영화·가요 등과 문서·소설·시가·도화·사진·조각·서화 등 모든 형상의 의사표현 또는 의사전파의 매개체를 포함한다. 헌법재판소는 한 헌법소원에서 음반 및 비디오물도 의사형성작용을 하는 한 의사표현과 전파의 형식 가운데 하나로 인정되며, 그 제작도 언론·출판의 자유에 의해 보호된다고 판시했다.[1]

이 결정은 종래의 학설과 같이 우리나라 헌법재판소가 언론·출판의 자유에서의 언론·출판 개념을 폭넓게 인정하고 있다는 뜻이다.[2]

2) 언론보장의 법적 성격

반론권은 언론보도의 공정성과 객관성을 향상시켜 제도로서의 언론보장을 더욱 충실하게 할 수 있다는 뜻도 함께 가진다. 따라서 반론권제도의 목적은 정당하고, 반론권제도의 존재 자체가 보도의 자유를 포함한 언론자유의 본질적 내용을 보장하는 것이다.[3]

3) 언론·출판자유의 주체

언론·출판의 자유는 한국신문편집인협회처럼 법인격은 없으나 대표자나 총회가 있고 단체의 중요사항이 회칙으로 규정되어 있는 사단(社團)일 때, 관리능력이 없더라도 자연인과 마찬가지로 헌법상 기본권인 언론·출판의 자유를 누린다. 다만 이 협회가 그 구성원을 위하여 또는 대신하여 헌법소원심판을 청구할 수는 없다.[4]

---

1) 헌재 1993. 5. 13. 선고, 91헌바17 결정.
2) 정재황, 「판례헌법」, 길안사, 1996, 340면.
3) 헌재 1991. 9. 16. 선고, 89헌마165 결정.
4) 헌재 1995. 7. 21. 선고, 92헌마177, 199(병합) 결정.

4) 언론자유 규제의 합헌성기준

국가보안법의 적용에서는 명백하고 현존하는 위험(clean and present danger)의 원칙, 이익형량의 원칙과 언론자유의 우월적 지위를 인정하는 바탕 위에서 그 규제가 합헌성을 갖는다고 본다.[1)]

5) 알 권리와 표현의 자유 및 군사기밀

알 권리는 법률에 의해 구체화되지 않았지만 헌법 제21조에 의해 직접 보장될 수 있고,[2)] 명백한 위험을 초래할 만한 실질적 가치가 있는 군사기밀에 한하여 그 대상에서 제외된다.[3)]

6) 선거운동과 표현의 자유

선거운동의 자유는 선거과정에서의 정치적 표현의 자유 가운데 하나이다. 정치적 표현의 자유는 선거과정에서의 선거운동을 통하여 국민이 정치적 의견을 자유로이 발표·교환함으로써 기능을 다하게 되는 것이므로 선거운동의 자유는 헌법 제21조에 의한 자유로 보호를 받는다.[4)] 그러나 선거의 공정성 확보를 위하여는 어느 정도의 규제가 불가피하므로 정당 아닌 단체의 선거운동금지는 합헌적이다.[5)] 선거기간중 여론조사는 할 수 있으나 그 공표는 유권자에게 이성적인 판단보다는 감정적인 방향으로 치닫게 하거나 왜곡된 여론조사결과를 공표하여 여론조사를 그릇된 선거운동수단으로 악용할 우려가 있다. 그러므로 여론조사공표금지는 헌법상 '과잉금지'의 원칙에 위배되지 않으며, 언론·출판의 자유범위를 넘어서는 것이 아니다.[6)]

7) 중·고교의 국정교과서제도와 교사의 저작·출판의 자유

중·고교 교사는 독자적 비판능력이 부족한 중·고교생을 대상으로 교육하기 때문에 교사의 수업권이 학생의 수학권(修學權)을 위해 제한될 수 있어 위헌이 아니다. 따라서 교사저작물을 교과서로 사용하기 위해 국정교과서제도를 부인하는 것은 합헌이 아니다.[7)]

---

1) 헌재 1990. 4. 2. 선고, 89헌가113. 동지 : 헌재 1990. 6. 25. 선고, 90헌가11 결정; 헌재 1992. 1. 28. 선고, 89헌가8 결정; 헌재 1992. 4. 14. 선고, 90헌바23 결정 외.
2) 헌재 1989. 9. 4. 선고, 88헌마22 결정.
3) 헌재 1992. 2. 25. 선고, 89헌가104 결정.
4) 헌재 1994. 7. 29. 선고, 93헌가4, 6 결정.
5) 헌재 1995. 5. 25. 선고, 95헌마105 결정.
6) 헌재 1995. 7. 21. 선고, 92헌마177 결정(1998. 5. 28(97헌마362·394(병합) 결정).
7) 헌재 1992. 11. 12. 선고, 89헌마88 결정.

⑵ 刑事法에 나타난 言論關係法

국가의 형벌권 행사를 규율하는 형사법에는 언론관계를 규율하는 법규가 다수 포함되어 있다. 일반형법 외에도 그 밖의 많은 실정법과 형사소송법 등의 절차법 및 행형법에 포함된 언론법규를 찾아보면 다음과 같다.

i) 내 란 죄 국토를 참절하거나 국헌을 문란케 할 목적으로 폭동을 일으킨 자를 처벌하는 법규이다(형법 제87조). 미수범도 처벌하고(형 제89조), 예비·음모와(형 제90조 제 1 항) 선전·선동도 처벌한다(형 제90조 제 2 항). 예비·음모·선전·선동범은 3년 이상의 유기징역이나 유기금고의 중형에 처하도록 정하고 있다.

김일수 교수에 따르면 여기서 선전이란 내란의 당위성 또는 필요성에 관한 취지를 일반대중에게 주지시켜 그들의 찬동을 얻기 위한 일체의 의사전달 행위라고 해석한다.[1] 선동이란 일반대중에게 감정적 자극을 주어 내란범죄의 실행을 결의하게 하거나 이미 품고 있는 결의를 촉발시키는 행위이다. 선동은 불특정 다수인에 대하여 가능하고, 범죄의 고의를 이미 가진 자에 대해서도 가능하며 또한 선동으로 말미암아 반드시 범죄의 결의가 발생할 것을 요하지 않는다는 점에서 교사(敎唆)와 구별된다.[2] 법문에는 선동이 선전에 앞서 열거되어 있다.

ii) 다중불해산의 죄(형 제116조) 이 죄는 공안을 해치는 죄의 하나이다. 폭행·협박·손괴 행위를 할 목적으로 다중(多衆)이 집합하여 단속권한이 있는 공무원으로부터 3회 이상의 해산명령을 받고 불복(不服)했을 때 이 죄가 성립되며 법정형은 2년 이하의 징역이나 금고 또는 3백만원 이하의 벌금형이다. 일반적으로 해산명령을 가진 공무원은 다중이 집합한 장소를 관할하는 경찰관이다. 해산명령권한은 경찰관직무집행법에 규정되어 있다.

해산명령은 3회 이상이어야 하나 각 회마다 해산에 필요한 시간적 간격이 있어야 한다. 시간적 간격 없이 계속하여 해산명령을 연발한 경우는 다만 1회의 해산명령을 한 것으로 본다.[3] 형법상의 내란죄와 다중불해산의 죄는 영미법의 정치선동적 명예훼손(Seditious Libel)과 견주어 볼 수 있다.

1) 김일수, 「새로 쓴 형법각론」, 박영사, 1997, 777면.
2) 위의 책, 같은 곳.
3) 위의 책, 417면.

iii) 위 증 죄 ① 법률에 의하여 선서한 증인이 허위의 진술을 하는 것(단순위증죄로 형법 제152조 제 1 항에 따라 5년 이하의 징역 또는 1천만원 이하의 벌금형에 처한다), ② 타인의 형사사건 · 징계사건에 관하여 피고인 · 피의자 또는 징계혐의자를 모해할 목적으로 위증하는 것(형법 제152조 제 2 항에 따라 모해위증죄로 10년 이하의 징역에 처한다), ③ 법률에 의하여 선서한 감정인·통역인 또는 번역인이 허위의 감정 · 통역 또는 번역을 하는 것(광의의 위증죄에 해당하여 형법 제154조에 따라 10년 이하의 징역에 처한다)을 처벌한다.

이 죄는 국가의 사법기능을 보호법익으로 하는 것으로 선서한 증인이라는 신분을 가진 자가 증인에게 부과된 진실의무를 위반하고 허위의 증거를 제시하는 것으로 구두 또는 서면에 의거하여 국가의 심판작용을 침해하였기 때문에 처벌받는 것이다.[1)]

iv) 무 고 죄 타인으로 하여금 형사처분 또는 징계처분을 받게 할 목적으로 공무소 또는 공무원에 대하여 객관적 사실에 반하는 허위사실을 신고함으로써 성립하는 범죄이다(이 죄는 10년 이하의 징역에 처한다).

익명성이 높아가는 현대사회에서 범죄와 비리에 대한 감시와 고발은 시민사회의 건강성 유지를 위한 사회적 연대행위이다. 그러나 타인을 음해할 목적으로 허위사실을 신고하는 행위까지 용인할 수는 없다. 이를 예방하고 공무소의 사법기능을 보호하기 위해서 형법상 이 죄를 규정하고 있다.[2)]

위증죄와 무고죄는 국가기관의 이익보호를 법익으로 하면서 사람들 사이의 사회적 관계에서 발생하는 언어표현행위의 절제를 요구하는 점이 특징이다.

v) 명예훼손의 죄 형법 제33장 명예에 관한 죄의 6개 조항(제307조부터 제312조까지)에 걸쳐 타인의 명예를 공연히 훼손하거나 모욕한 자를 처벌하도록 규정하고 있는바, 자세한 것은 이 책 제 4 장에서 상술하고 있다.

vi) 비밀침해죄 봉함 기타 비밀장치한 타인의 편지 · 문서 또는 도화를 개봉하거나(형법 제316조 제 1 항에 의거, 3년 이하의 징역이나 금고 또는 5백만원 이하의 벌금에 처한다), 봉함 기타 비밀장치한 사람의 편지 · 문서 · 도화 또는 전자기록 등 특수매체기록의 내용을 기술적 수단을 이용하여 알아 냄으로써(형법 제316조 제 2 항으로 개정형법에 의거하여 신설됨) 성립하는 범죄

---

1) 이재상, 「형법각론」, 박영사, 1990, 719～732면.
2) 김일수, 앞의 책, 762～765면.

이다.

이 죄는 개인의 비밀과 관련된 사생활의 평온을 보호법익으로 한다. 개정형법에서 규정된 전자기록 등 특수매체기록은 전기와 자기를 이용한 전자기록, 레이저를 이용한 광기록은 물론 녹음테이프, 음반, 녹화필름, 마이크로필름을 포함한다. 이 죄에서 개봉(구 형법에서는 개피(開披))이란 봉투의 붙인 부분을 뜯거나 열쇠를 열거나 묶어둔 끈을 푸는 것으로 충분하지 그 내용을 이해하였는지를 묻지 않는다. 특수매체기록은 개봉하지 않고도 기술적 수단을 이용하여 그 내용을 알아냈을 때도 이 죄가 적용된다.

전산망에 의해 처리·보관·전송되는 타인의 정보를 훼손하거나 비밀을 침해·도용·누설하는 행위에 대하여는 "전산망보급확장과 이용촉진에 관한 법률"에 따라 가중처벌(동법 제30조에 의거하여 5년 이하의 징역 또는 5천만원 이하의 벌금)되며, 인터넷이나 대화방 등 전기통신을 통한 대화의 비밀은 통신비밀보호법에 의해 보장하고 있다.[1)]

그러나 비밀침해죄는 언론보도의 준비단계인 취재단계에서 언론의 자유와 개인의 인권간의 갈등을 일으킬 소지가 크므로 법제연구가 절실한 부분이다.

vii) 음란에 관한 죄 우리 형법상 음란에 관한 죄는 크게 음란물죄와 음란행위죄의 두가지로 나누어진다. 음란물죄는 음란한 물건이나 음란한 표현물에 관한 죄로서 음화(淫畵) 등의 제조·소지·수출입(형법 제244조)과 판매·임대·공연전시·상영죄(형법 제243조) 등이 있다. 음란행위죄는 공연성 있는 음란행위에 관한 죄(형법 제245조)이고, 영리의 목적으로 미성년 또는 음행의 상습성이 없는 부녀자를 매개하여 간음하게 한 행위를 규율하는 음행매개죄(형법 제242조)에 해당한다. 음란관련죄 중에서 언론이나 표현과 관련된 죄는 형법 제243조부터 제245조에 규정되어 선량한 성풍속을 보호한다.

형법 제245조의 공연음란죄에서의 음란개념은 음란물죄에서의 음란개념과 차이가 있다. 음란행위는 음란물죄의 음란개념에 하나의 요건이 더 부가된다. 즉 음란물죄에서는 그 물건이나 표현물의 음란성 여부를 판단하는 것으로 반드시 성행위가 관련될 필요는 없지만 공연음란죄에서는 음란성이 인정되기 위해서 인간의 성행위, 즉 성교와 관련된 행위의 공연성이 드러나야 한다. 그래서 유방, 성기, 음모 등을 보여 주는 것만으로는 공연음란죄에서의

1) 김일수, 앞의 책, 176~178면.

음란성이 인정되지 않으므로 공연음란죄가 성립되지 않는다. 공연음란죄가 성립되기 위해서 필요한 구성요건을 충족시키지 못하면 무죄이고, 표현의 자유는 보호받을 수 있다.

형법 외에도 "정보통신망이용촉진 및 정보보호에 관한 법률," "청소년보호법," 영화와 공연관련 여러 법에 음란에 관한 처벌규정을 두어 사회적 법익을 보호하고 있다.

viii) **경찰관직무집행법** 경찰관은 범죄행위가 임박하다고 인정될 때, 범죄를 예방하기 위하여 경고를 발하고 응급조치를 취할 수 있도록 이 법은 규정을 하고 있다(동법 제 6 조 제 1 항).

예를 들어 출판물에 의한 명예훼손(형법 제309조)이 발생할 시기가 임박했다거나, 음란표현물이 유통되어 사회적 법익을 침해할 가능성이 매우 높아졌을 때, 또는 국가의 안녕·질서를 위협할 정도로 언론활동이 대중의 행동을 촉발할 위험이 시간적으로 촉박했을 때 불심검문, 보호조치, 위험발생의 방지, 범죄의 예방과 제지, 위험방지를 위한 출입금지, 무기사용, 출판물압수 등을 할 수 있다. 그러나 이 조치는 필요최소한도(Less Restrictive Alternative, LRA원칙) 내에서 행사되며, 그 남용은 금지된다(동법 제 1 조 제 2 항).

그 밖에 국가보안법, 군사기밀보호법, 경범죄처벌법 등의 형사법과 문화보호를 위한 행정법규인 저작권법에도 언론법제가 포함되어 있으며 민법에도 언론법제가 포함되어 있으나 이 책에서는 별도의 장을 마련하지 않고 상세한 설명이 필요할 경우에 한하여 각 장에서 별도로 다루고 있다.

미디어활동을 촉진하기 위해 제정되었거나 언론산업의 시설기준에 필요한 사항(헌법 제21조 제 3 항)에 관한 법률은 제10장에서 따로 논의한다.

한편 우리나라처럼 일본의 언론관계법은 독일법을 계수(繼受)하는 부분이 많으므로 이 책에서 독일의 언론관계법과 함께 따로 논의하지는 않겠다. 다만 법률체계는 대륙법계를 따르면서도 사회생활은 미국의 영향과 관습을 의존한 바 큰, 우리나라의 현실에 비추어 미국의 언론관계법 및 그에 큰 영향을 미친 영국의 언론관계법을 이 절에 이어서 개관하기로 한다.

3. 우리나라의 司法制度

우리나라에서는 법관으로 구성된 법원이 사법권을 가진다(헌법 제101조). 모든 국민은 법관으로부터 신속하게 법률에 의한 재판을 받을 권리를 가진다(헌법 제27조).

법원은 대법원, 고등법원, 지방법원을 주축으로 하는 3심제로 운영되며, 특별법원으로 특허법원, 가정법원, 행정법원이 있고, 지방법원과 가정법원의 사무의 일부를 처리하기 위하여 그 관할구역 내에 지원과 소년부지원을 두고 있다.

각급법원은 다음과 같이 구성되어 있다.

1) 대법원은 대법원장과 대법관 13인으로 구성된다. 대법원의 심판권은 대법관전원의 3분의 2 이상으로 구성되고 대법원장이 재판장이 되는 합의체에서 이를 행사하나, 일정한 경우에는 대법관 3인 이상으로 구성되는 재판부에서도 이를 행사할 수 있다. 다만, 대법관 중 법원행정처장으로 임명된 1인은 재판에 관여하지 아니한다.

대법원의 산하기관으로는 법원행정처, 사법연수원, 법원공무원교육원, 법원도서관이 있다.

2) 고등법원은 서울, 대전, 대구, 부산, 광주 등 다섯 군데에 설치되어 있고, 그 심판권은 판사 3인으로 구성된 합의부가 행한다.

3) 지방법원은 전국에 13개가 설치되어 있으며, 그 사무 일부를 처리하는 지원과 소년부지원이 있다. 지방법원은 민사와 형사사건의 1심 재판을 행한다. 1심 재판은 원칙으로 단독판사가 행하지만, 중요한 사건은 법률에 따라 합의부가 관할한다. 그러나 지방법원 본원의 합의부는 단독판사의 판결에 대한 항소사건과 단독판사의 결정·명령에 대한 항고사건의 2심 재판을 행한다. 민사사건은 소송금액이 1억원을 초과하는 사건(다만, 수표나 어음의 청구사건은 단독판사가 재판)이고, 형사사건은 사형·무기 또는 단기 1년 이상의 징역 또는 금고에 해당하는 사건(단, 공문서위조, 상습폭력, 도주차량, 상습절도사건 등은 단독판사가 재판)이다.

특수법원은 다음과 같다.

1) 특허법원은 1998년 사법제도개혁에 따라 고등법원과 동급으로 창설

되어 특허심판원의 심결(審決)에 대한 불복소송을 관할하는 1심 법원이 되는데, 현재의 소재지는 대전이다. 특허법원의 판결에 불복하면 대법원에 상고할 수 있으므로 우리의 특허소송은 2심제이다.

개혁 전에는 특허권분쟁에 관하여 특허청이 심판과 항고심판을 하고, 이에 불복할 경우에는 바로 대법원에 상고하게 하여 법원에서의 사실심이 생략되어 있었다.

2) 가정법원은 가사에 관한 사건과 소년에 관한 사건 등을 전문적으로 처리하는 법원으로 지방법원과 동격의 법원인데, 현재는 서울에만 설치되어 있다.

가사사건은 법관 3인으로 구성된 합의부 또는 단독판사가 처리하고, 소년사건과 가정보호사건은 단독판사가 처리한다. 가정법원이 설치되지 아니한 지역에서는 가정법원의 권한에 속하는 사항은 해당 지방법원 및 지원이 이를 관할한다.

3) 행정법원은 행정소송법에서 정한 행정사건을 심판하기 위하여 지방법원급의 행정법원이 서울에 설치·운영되고 있다. 서울행정법원은 서울특별시, 경기도 북부 및 강원도 철원군을 관할하며, 조세, 토지수용, 근로, 일반행정 등의 사건을 심판한다. 행정법원이 설치되지 아니한 지역의 행정법원 관할사건은 해당 지방법원 본원이 이를 관할한다.

헌법재판소는 1988년 제6공화국헌법에 의해 새로 설치되었다.

1) 헌법재판은 헌법을 구체적으로 실현하여 공권력행사가 남용되는 것을 방지하고, 공권력행사에 의하여 침해된 국민의 기본권을 회복하며, 나아가 정치세력간의 극한투쟁을 예방함으로써 사회질서를 평화적으로 유지하는 역할을 수행한다.

2) 헌법재판부에는 전원재판부와 지정재판부가 있다.

① 전원재판부는 9인의 재판관 전원으로 구성되는 단 1개의 재판부이다. 헌법재판소 심판사항은 원칙적으로 전원재판부가 관장한다. 재판관은 대통령이 임명하는데, 그 중 3인은 국회에서 선출한 사람이고, 3인은 대법원장이 지명한 사람이다.

② 지정재판부는 재판관 3인으로 구성되는데, 현재는 3개이다. 지정재판부는 헌법소원심판의 사전심사만을 담당한다.

3) 헌법재판소는 다음의 권한을 갖는다.

① 위헌법률심판은 법원에서 재판중인 구체적인 소송사건에 적용될 법률의 위헌성이 문제되어 법원이 직권으로 혹은 소송당사자의 신청을 받아들여 법률의 위헌 여부를 심판하여 줄 것을 헌법재판소에 제청하면, 그 법률의 위헌성 여부를 결정하는 심판이다. 헌법재판소가 위헌결정을 할 경우 당해 법률은 그 효력을 상실하고, 소송당사자는 위헌법률의 적용을 받지 않게 된다.

법원에 계류중인 사건의 소송당사자가 법률의 위헌 여부를 헌법재판소에 제청하여 줄 것을 법원에 신청하였으나 법원이 이를 받아들이지 않은 경우, 그 소송당사자가 헌법소원의 형식으로 헌법재판소에 직접 법률의 위헌 여부에 대한 심판을 청구할 수 있다.

② 탄핵심판은 대통령, 국무총리, 행정각부의 장, 법관, 감사원장 등의 고위직공무원의 직무집행이 헌법이나 법률을 위배한 경우에 국회에서 탄핵소추의 발의와 의결을 하고, 이에 따라 헌법재판소가 당해 공무원을 파면하는 결정을 선고할 수 있는 심판제도이다. 국회만이 탄핵소추를 할 수 있으므로 일반 국민은 헌법재판소에 직접 탄핵심판을 청구할 수 없다. 다만, 국회에 대하여 탄핵소추청원을 할 수는 있다.

③ 정당해산심판은 정당의 목적이나 활동이 민주적 기본질서에 위배될 때, 정부의 제소에 따라 헌법재판소가 그 정당의 해산을 명하는 결정을 내리는 심판제도이다. 이 심판제도는 자유민주주의 체제를 파괴하려는 정당으로부터 자유민주주의와 헌법질서를 수호하는 역할을 한다. 정당해산심판은 정부만이 제소할 수 있기 때문에 일반 국민은 헌법재판소에 정당해산심판을 청구할 수 없다. 다만, 정부에 대하여 정당해산심판을 청구하여 달라는 청원을 할 수 있다.

④ 권한쟁의심판은 국가기관 상호간, 국가기관과 지방자치단체 상호간, 지방자치단체 상호간에 권한의 존부(存否)나 범위에 관한 다툼이 생긴 경우에 헌법재판소가 헌법의 유권해석을 통하여 그 분쟁을 해결함으로써 국가기능의 원활한 수행을 도모하고, 국가권력간의 균형을 유지하여 헌법질서를 수호·유지하고자 하는 심판제도이다.

⑤ 헌법소원심판은 공권력의 행사 또는 불행사로 헌법상 보장된 국민의

기본권이 침해되는 경우에 국민이 헌법재판소에 대하여 자신의 기본권을 구제하여 줄 것을 청구하는 제도로서, 헌법소원이 이유 있는 경우에 헌법재판소는 기본권을 침해하는 공권력의 작용을 취소하거나 위헌확인을 해 주는 심판제도이다. 이 심판은 최후의 권리구제수단이므로 헌법소원을 청구하기 전에 반드시 법률에 정해진 다른 구제절차를 밟아야 한다.

그러나 법원의 재판에 대하여는 헌법소원을 청구할 수 없다. 다만, 헌법재판소에서 위헌이라고 결정하였음에도 불구하고 법원이 그 위헌법령을 적용하여 재판한 경우, 그러한 재판에 대하여는 예외적으로 헌법소원을 청구할 수 있다.

검찰청은 대검찰청을 비롯하여 전국에 고등검찰청 5개, 지방검찰청 13개, 지방지청 40개로 구성되어 있다. 검찰은 범죄수사·공소제기와 그 유지, 범죄수사에 관한 사법경찰관리의 지휘·감독, 법원에 대한 법령의 정당한 적용의 청구, 재판집행의 지휘·감독, 국가를 당사자 또는 참가인으로 하는 소송과 행정소송의 수행 또는 그 수행에 관한 지휘·감독 등을 행한다.

법관은 사법시험에 합격하여 사법연수원의 소정과정을 마친 자와 변호사의 자격이 있는 자에 대하여 법관의 자격을 인정하고 있다. 검사는 공익의 대표자로서 그 자격은 법관과 같다. 검사의 사무를 통할하는 각급검찰청은 각급법원에 대응하여 설치되어 있고, 검사는 검찰총장을 정점으로 하여 검사동일체의 원칙에 따라 직무를 행한다.

변호사는 사건 당사자나 관계인의 위임에 의하여 소송에 관한 행위 및 행정처분의 청구에 관한 대리행위와 일반 법률사무를 취급하는 사람이다. 변호사는 형사사건에 있어서는 피고인 또는 피의자의 변호인으로서, 민사사건에 있어서는 소송대리인으로서 재판에 참여한다. 변호사는 사법시험에 합격하여 사법연수원의 소정과정을 마친 자와 군법무관 임용시험 및 실무고시에 합격하여 군법무관으로 10년 이상 복무한 자에게 그 자격이 주어진다.

제 3 절 美國의 言論關係法

1. 概 要

미국의 언론관계법은 영국법과 마찬가지로 명문화된 제정법보다 구체적인 소송사건을 통해 찾아지는 경우가 많고 대륙법계인 프랑스나 독일의 법규범처럼 일반성을 띠지는 않는다. 미국의 실정법은 대륙법계의 여러가지 해석방법과 달리 '엄격하고 협소한 해석'에 매달려야 하고 대륙법계의 경우와는 판이하게 입법자의 주관적 의사를 무시한 채 법리(法理)해석에 치중한다. 아직도 제정법은 보통법상의 원칙에 대한 수정 또는 보충에 불과한 것으로 보기 때문에 제정법상의 예외조항은 가장 엄격하게 해석된다. 보통법(Common Law)[1)]은 오히려 완전한 것으로 간주되고 제정법은 그 예외일 뿐이므로 영국에서처럼 재판관에 의한 해석적용이 개시될 때부터 법규범으로서 확립된다.

미국의 언론관계법 적용에 있어서도 '판례구속성의 원칙'이 관철되어 일단 법원이 해석 적용하면 그것이 판례가 되고 그 뒤의 재판관의 판단을 구속하게 되어 자유로운 해석에 많은 제동을 걸게 된다.

미국에서는 식민모국인 영국의 압제를 대행하는 재판귀족들에 대한 저항의 한 방편으로 보통법을 변경 또는 폐지하고 새로운 사회를 건설하겠다는 기운이 법전편찬에 영향을 미쳤다. 그러나 식민지의 재판관들은 보통법에 의해 판결했다. 다만 영국의 판례구속원칙이 다소 완화되었고 미국독립 후의 연방대법원과 주 대법원은 자신의 판례에 구속되지 않는 미국 고유의 법체계를 만들기 시작했다.

미국 언론법의 연원인 연방헌법은 보통법이 아니라 로마법을 계수(繼受)한 것으로 헌법에 대한 유연한 해석을 통해 보통법의 전통적인 엄격해석원칙을 배척하였다. 그러나 일반법과 관련된 재판에서는 엄격해석의 원칙이 그대로 남아 있다.

현승종 교수는[2)] "대륙법과 영미법이 대립되는 것으로 알고 있지만 사실

1) Common Law는 이 책에서 보통법, 판례법 등의 표현을 혼용한다.

2) 현승종, "비교법학과 세계평화," 「저스티스」 제 2 권 제 1 호, 1958. 9. 3.

은 양자가 아주 가까운 거리에 있다. 영미법이 로마법의 영향을 어느 정도 받았고 게르만 법의 일분파(一分派)인 점을 감안할 때, 주로 로마법과 게르만 법으로 형성된 대륙법과도 아주 밀접한 관계가 있다. … 영미법과 대륙법이 하나로 융합될 때 세계평화가 달성되고 각 국민의 상호이해가 돈독해질 것이다"라고 보았다.

이제 미국에서는 영미법과 대륙법이 융합되기 시작했고 대륙법을 이식했던 우리나라와 일본도 언론관계법 등에서 미국법을 받아들이는 사례가 늘어가고 있다. 이것은 언론법으로부터 시작하여 세계인의 법률정서에 따라 양자가 서로서로 접근해가고 있음을 보여 주는 징표의 하나라고 할 수 있다.

미국의 법은 50개주가 각각 헌법과 독자적인 제정법, 보통법, 형평법을 채택하고 있고, 컬럼비아 특별지구(Washinton D.C.)가 별도의 법구조를 유지하는 데다 연방헌법을 비롯한 각종의 연방실정법이 있기 때문에 모두 52개의 상이한 법률체제로 이루어져 있다고 말할 수 있다.

미국의 최상위법인 연방헌법은 1787년 전문(前文)과 7개조로 제정되었다가 11차에 걸쳐 수정된 26개조의 수정헌법으로 구성되어 있다. 그러나 각 주의 헌법은 천차만별이다. 옛 프랑스영토였던 루이지애나주의 헌법을 비롯한 법률체계는 대륙법계에 속하고, 스페인영토였던 플로리다주법 속에는 프랑스 법의 반론권규정이 남아 있어 Tornillo와 *Miami Herald* 신문사 간의 의견광고 게재요구소송에서 미국 연방법원은 위헌이라고 판결을 내린 경우도 있었다.[1)]

미국의 언론관계법도 영국의 그것과 많은 부분이 닮았으나 주마다 언론관계법이 다를 뿐만 아니라 성문헌법이 있으면서도 영국과는 달리 판례법의 활용범위도 훨씬 넓고 형평법에 의거하여 배심원의 개입을 차단한 법관의 자유심증주의도 도입되어 있다.

2. 美國 言論關係法의 法源에 따른 分類

미국의 언론관계법들이 그 존재의 토대로 삼고 있는 법원(法源)으로는 헌법, 제정법, 행정법과 규정, 집행명령, 보통법, 형평법의 6가지를 들 수 있

1) 자세한 것은 이 책 제 9 장 제 2 절을 참조할 것.

다.[1] 이 가운데 최고의 법규범인 헌법을 제외하고 제 1 순위는 보통법이고, 제 2 순위는 형평법이며, 제 3 순위는 각종 제정법들이다.

⑴ 憲 法

1787년에 제정된 미국의 헌법은 가장 상위의 법원(source)으로서 국민이 바라는 정부의 직접적인 모습들을 잘 반영하고 있다. 연방헌법과 각 주의 헌법은 공공정책에 관한 모든 선언들을 대신하여 통치의 기본구조를 짜고 있다. 연방헌법에는 권리장전, 연방수정헌법 등이 포함되는데 이들은 모두 미국 시민의 권리와 자유를 정부의 침해로부터 보호하고 정부의 권한을 제한하는 규정들을 담고 있다. 연방대법원은 연방헌법에 등장하는 각종 문언들에 대한 최종적인 유권해석자이며, 제정법과 보통법이 상충할 때 우위를 확보하고 있는 연방헌법을 법정의견의 형식으로 공표하는 일을 맡고 있다. 각 주의 대법원은 각 주 헌법의 해석자이며, 동일주 내에서 제정법과 보통법이 상충하는 경우에도 심판권을 갖고 있다.

미국 연방헌법과 주 헌법은 국회양원의원 가운데 3분의 2의 찬성으로 수정될 수 있지만, 연방헌법은 전체 주의 4분의 3의 찬성으로 비준되는 경성(硬性) 헌법이다. 미국헌법은 수정되었다 하여 이미 제정된 헌법을 삭제하지 않고 그대로 둔 채 수정조항을 덧붙인다. 미국의 '권리장전' 내용으로 1791년 12월 15일 연방의회에서 비준되었다. 예를 들어 수정헌법 제12조는 헌법 제 2 조 제 1 항을 수정한 것이다. 수정헌법 제 1 조에서 제10조까지는 새로운 조항이 제정되면 옛조항은 효력을 상실한다. 연방수정헌법 제 1 조는 "연방의회가… 언론·출판의 자유를 제한하거나 국민들이 평화적으로 집회할 권리와 불만의 구제를 정부에 청원할 권리를 제한하는 법률을 제정할 수 없다"고 규정하여 언론자유의 기본권적 성격을 명문화하고 있다. 또 제 4 조에는 부당한 수색과 체포의 금지, 제 5 조에는 대배심의 고발이나 기소에 의한 6개월 이상 징역금고형 등 중죄심리, 제 6 조에는 형사소추에서의 배심에 의한 신속한 공개재판권, 제 7 조에는 분쟁가액 20달러 초과분에 대한 배심의 심리권 유보, 제11조에는 연방사법권의 각 주 주민에 대한 판례법(보통법)과 형평법상의 소송적용배제, 제14조에는 각 주정부에 의한 미국 국민의 특권제한입법 제정이나

1) 자세한 것은 D. R. Pember, 앞의 책, pp. 1～13을 참조할 것.

시행의 금지 등을 규정하여 개인의 천부적인 인권을 최대한으로 보장하도록 정하고 있다.

⑵ 制 定 法

미국의 언론관계 각종 제정법은 연방의회를 비롯하여 각 주의회, 지방의회, 시의회 등 수많은 입법체가 작성한 법령의 집합체 속에 다수 포함되어 언론과 관련된 사회적 행동을 보호 또는 규제하는 강제력을 발휘하고 있다. 제정법에 의해 규제되는 언론관계 활동들로는 광고, 저작권, 전자매체, 음란표현물, 정부보유정보에 대한 접근과 이용 등을 들 수 있다. 각 주의 형법에는 음란표현물의 우송금지라든가 반사회적 행위를 금지하는 규정들이 포함되어 있다.

미국의 법전(法典)은 편(title) — 장(chapter) — 절(subchapter) — 부(part) — 소 부 (subpart) — 조(section) — 항(subsection) — 호(paragraph) — 목(subparagraph) — 소목(clause)으로 구성되어 있다. 이 중에서 장(chapter)은 대체로 특정의 개별법을 지칭하고 있다.

광고관련 제정법들은 주로 연방공정거래위원회(Federal Trade Commission)법에 규정되어 과장·허위광고를 규제하고 있다. 저작권법은 영국과 마찬가지로 인격권적 성격을 부인하고 재산권으로만 인정하여 오다가 1886년 유럽 여러 나라간에 체결된 문학 및 미술적 저작물의 보호에 관한 협약인 이른바 '베른협약'에 미국이 1989년 가입하면서 저작물의 인격권적 성격을 인정하는 대륙법계의 실정법에 접근하고 있다.

전자매체에 관한 법은 방송국이 공익우선의 취지에 따라 정치적 이익을 위해 사용되지 못하도록 규정하는 구체적인 법적 장치였던 1927년의 라디오법을 계승하여 개폐되거나 새로 제정되었다. 1934년 연방통신법은 미국 최고의 전자매체관리기구로서 연방통신위원회(FCC)의 설립근거법이며 의견의 다양성에 입각하여 방송매체는 상반되는 견해에 대해 동등시간을 배려할 것을 주된 내용으로 하여 여러 차례 법규정을 개폐함으로써 방송스펙트럼이 공익을 위해 이용되도록 규정하고 있다.

공공방송사업법은 교양·교육·문화적 목적의 방송매체사용에서 공중의 이익을 증진시키고 공익과 부합되도록 방송이 아닌 텔리커뮤니케이션 기술발전을 촉진시키는 데 필요한 연방정부의 정책보완, 보조, 지원사업에 관한 여러가지 법조항들을 담고 있다.

"컴퓨터관련 데이터보호법(Computer Matching and Data Protection Act of 1988)"은 컴퓨터가 전자메시지 체계로서의 수요가 급증하고 장·단기정보를 복합적으로 동시에 이용할 수 있게 된 정보화사회의 요구에 의해 최근 제정된 법이다. 이 법은 컴퓨터를 이용하여 공개된 자료의 비밀보전과 순수성을 보장하기 위한 방안으로 연방기관으로서 데이터 보전위원회(Data Integrity Boards)를 설치하기 위해 미국공법 100－503호로 제정된 법이다.

신문보호법(Newspaper Preservation Act)은 1970년 법무장관에게 부과된 신문사 공동경영체제의 승인절차를 규정하고 지방도시에서 경쟁적인 신문구조를 유지하기 위해 만들어진 것이다. 미국법무성은 현재 독과점을 향해 지칠 줄 모르고 치닫는 현재의 신문경영체제를 수정하고 개혁하려는 공공의 요구를 반영하고 독과점금지법의 예외규정으로서 언론기관의 특권을 인정하려는 목적으로 이 법안을 제정하였다.

신문보호법은 ① 공동경영협정(joint operation agreement)을 합법화하고, ② 공동경영을 결정할 수 있는 지방신문의 자격을 완화했고, ③ 독과점금지법에서 금지한 가격담합, 이윤의 공동관리, 시장할당, 인쇄시설 및 배달조직의 공유 등을 신문산업에 예외적으로 인정했다.

정보자유법(또는 정보공개법 : Freedom of Information Act, FOIA)은[1] 미국 시민이 정부에 접근하여 자유롭게 정보를 이용할 수 있음을 인정하는 대전제 아래 정부가 합법적으로 정보공개를 거부할 수 있는 정보의 범위를 명확히 규정하고 있다. 또한 이 법에는 사법부가 정보공개를 거부한 행정기관을 실질적으로 가려내고 판단하여 해당 행정기관에 당해 정보의 제출을 명령할 수 있으며, 공개거부 공무원 개인에 대한 처벌권까지 명시하고 있다.

정보공개 제외대상도 비교적 명확하게 규정하여 놓았는데 ① 공개시 명백한 위험이 예상되는 국가안보관련 정보, ② 일반공중에는 별 관심이 없을 사소한 인사관행, ③ 다른 연방법률에 의거하여 비밀이 유지되어야 하는 정보, ④ 고객명단과 제조비법(祕法) 등의 상업적 비밀, ⑤ 의사결정을 위해 부

1) 이 책에서는 앞으로 우리나라의 법률명칭과 혼동되지 않도록 정보공개법으로 해석하여 쓸 것이다.

서간에 교류되는 서류, ⑥ 개인의 프라이버시관련 정보, ⑦ 강제집행절차와 관련된 법무관계서류, ⑧ 은행이나 기타 연방차원의 재무규제기구가 작성한 은행보고서, ⑨ 개인회사가 운영하는 유정(油井)이나 가스정(井) 관련정보 등을 들고 있다.

그 밖에도 언론관계법 가운데 연방의회를 통과한 많은 법들 속에 언론관계규정들이 들어 있다. 예컨대 반트러스트법에는 신문기업 소유관련 규정이 있다.

형법의 일부를 이루고 있는 음란물법은 현재 미 형법 제1460조에서 제1469조에 이르는 10개조로 이루어져 있다. 이 조문의 첫째인 제1460조는 음란물의 판매를 의도한 보유 및 판매에 대한 조항이고 제1461조는 음란물 또는 범죄사주물의 우송금지에 관한 조항이고 제1462조는 음란물의 수입과 운송을 금지하는 조항이며 제1463조는 포장지 또는 봉투에 저속한 표현물 우송에 대한 처벌조항이다. 제1464조는 음란언어를 방송한 죄를 규정하고 있고 제1465조는 판매용 또는 보급용으로 음란물을 운송한 죄의 처벌조항이다. 그 밖에 음란물의 판매 또는 양도사업자에 대한 벌칙조항과 유선텔레비전 또는 유료텔레비전을 통해 음란물을 보급한 자에 대한 처벌조항 등을 담고 있다.

정보원(源) 비닉을 규정한 방패법(Shield Law)은 메릴랜드주, 앨라바마주 등의 주법으로 규정된 제정법들인데 2000년 2월 현재 50개주 중 31개주가 정보원비닉을 언론인의 배타적 특권으로 인정하고 있다.

미국의 방송관련법은 별도로 독립되어 있지 않다. 기본적으로는 주간교역(州間交易)을 허용하는 법률제정권한을 의회에 부여하고 있는 미 헌법이 방송과 관련된 기본근간이 된다고 할 수 있다. 방송규제법률의 등장은 방송의 출현에 따라 형성되어 왔는데 헌법상의 권한부여에 따라 연방의회는 주(州) 경계를 넘는 사업들을 규제할 수 있게 되었고 연방대법원은 전기통신에도 '교역'이란 개념을 적용함으로써 무선통신을 대표적인 대상으로 하여 전연방적인 규제를 가하고 있다. 왜냐하면 무선통신은 성격상 주별 개별적 규제가 아닌 연방정부차원의 총체적 규제가 필요하기 때문이다.

구체적인 관련 법률로는 1910년 무선선박통신법(Wireless Ship Act of 1910) 이후 1912년 무선통신법(Radio Act of 1912), 1927년 무선통신법(Radio Act of 1927)을 제정하였다. 그 후 1927년 법을 근간으로 하여 "1934년

통신법(Communication Act of 1934)"을 제정하여 오늘에 이르고 있다. 이 법을 중심으로 "1962년 통신위성법(Communications Satellite Act of 1962)," "1984년 케이블 통신정책법(Cable Communication Policy Act of 1984)," "1996년 텔리커뮤니케이션법(The Telecommunication Act of 1996)" 등이 방송관련법으로 적용되고 있다. 그러나 보다 구체적인 규제사항은 1934년 통신법이 권한을 부여해 준 FCC가 제정한 규칙들에 대부분 포함되어 있다. FCC 규칙은 방송의 허가로부터 운영과 관련된 제반사항을 모두 다루고 있어 사실상의 미국 방송규제의 실권은 FCC에 있음을 보여 준다.

(3) 行政法規

독립행정기관이 작성한 규칙이나 결정도 최근 수십년간 언론법의 주요법원(source)이 되고 있다. 독립행정기관은 입법기관에 의해 정부기관의 특정활동을 감독하기 위해 조직되는 연방통신위원회(FCC) 등을 말하고 이들 기관들이 제정하는 규칙들은 언론법의 일부로 인정된다. 다만 이들 기관이 자율적으로 규정한 조항들이 의회가 인정하는 범위를 초과하거나 의회가 제정한 법률에 위반될 때는 효력발생이 정지되거나 법률적 효력을 잃게 된다.

FCC의 내규 가운데 이제는 폐지된 형평의 원칙은 법령의 위임에 따라 분쟁을 평결하는 법적 유효성을 갖추고 있었다. 연방공정거래위원회(FTC)의 규정에는 광고에 대한 규제조항이 있고 증권거래위원회(SEC)는 증권매매를 위해 등록된 법인의 커뮤니케이션 관련사항을 통제하는 규정이 있다. 연방선거관리위원회(FEC)는 정치적 선거운동의 기부행위와 경비에 관한 규정이 있고 전국노동관계평의회(NLRB) 규정에는 노동자와 경영자간의 커뮤니케이션 문제를 규율하는 조항이 있으며 저작권로열티심판원(CRT)의 규정은 저작권 소유자에 대한 이용수수료 분배규정이 포함되어 있다. 이와 같은 독립행정기관의 규칙들은 미국의 경우에는 언론관계법으로서의 기능을 충분히 감당하고 있다.

연방의회는 이들 독립행정기관들에게 두 가지 유형의 법적 권한을 부여하고 있다. 첫째는 규칙제정권을 부여함으로써 행정절차를 통해 시행규칙과 규정들을 제정할 수 있게 하고 있다. 둘째로 독립행정기관들은 상업적 경쟁사업자, 공중 또는 해당기관에 의해 제기되는 불만을 처리할 수 있는 권한이 부여되어 있어 분쟁당자사들의 의견을 청취할 수 있다. 독립적인 행정기관들은 연방기구들로서 그 규칙과 결정은 연방법원에 의해 판결된다.

(4) 執行命令

대통령을 비롯하여 정부 각 부처의 장은 연방법이나 주법상의 업무집행을 위해 법률을 제정할 수 있다. 특히 대통령은 미국 헌법 제2조에 규정한 직무집행의 선서("나는 성실히 미국대통령의 직무를 수행하기 위해 최선의 능력을 경주하며 미국 헌법을 지지·옹호하고 방위할 것을 엄숙히 선서한다")에 의거하여 주요 공직자의 임명, 시행령의 제정 등을 행할 수 있고 법률안의 공포권도 가진다.

언론법에 관한 대통령의 영향력은 연방법원 판사임명권이다. 특히 대법원 판사의 임명권은 수정헌법 제1조의 해석을 통해 언론법제의 풍토에 직접 작용할 만큼 막강한 것이다. 집행명령의 성격을 띤 언론관계법원(source) 가운데는 절차를 규정하는 것들이 있다. 정보공개법(Freedom of Information Act; FOIA)을 시행하는 데 따른 기록물의 공개절차에 관한 연방규정이나 인사기록에서의 개인기록에 대한 사생활보호 연방규정 등이 바로 그러한 것들에 속한다.

(5) 普通法(Common Law)

미국의 건국 초기에는 가장 중요한 법원(source)이 판례법(일명 보통법)이었고 현재도 계속하여 판례축적이 이뤄지고 있다. 미국의 보통법(판례법)은 영국의 보통법(판례법)으로부터 파생했다. 그러나 미국 연방대법원은 미국 연방의 판례법은 없다고 판결할 정도로 그 사례는 극히 미미한 정도이지만 각 주에서는 자체의 사법적 전통을 가지고 있다.

보통법은 판례법이라고도 불리는 판례구속의 원칙으로 인하여 법의 안정성과 예측가능성을 장점으로 하고 있음은 주지의 사실이지만 보통법은 판사에 의한 법의 해석과 수정이 이루어지기 때문에 환경변화에 유연한 적응력도 가지고 있다.

미국의 재판관은 보통법에 의거하여 하나의 사건을 5가지 방법 가운데 한 가지 방법을 선택하여 처리할 수 있다. 첫째 판례를 직접 적용하는 방법,

둘째 현재상황에 맞춰 판례를 수정하는 방법, 셋째 한 사건을 이전의 사법적 전통과 구별되는 새로운 소송사건과 차별화하여 새로운 판례를 만드는 방법, 넷째 앞의 판례를 더 이상 적절하지 않다고 규정하여 뒤엎는 방법, 다섯째 판례를 무시하는 방법 등이다. 대부분의 경우 판례에 구속되어 판결이 내려지지만 때로는 판례를 뒤엎는 판결이 내려지기도 하나 상급심 재판에서는 판례구속성이 강한 보수적 법원(源)이 곧 보통법이다.

보통법은 헌법이나 제정법의 우위를 인정하면서도 해당규정을 적용할 수 없을 경우 재판에 자주 도입된다. 입법기관에서는 때때로 보통법에 의거하여 확립된 판례를 법전화(codification)하기도 한다. 미국 언론관계법은 대체로 판례상태로 남아 법전화될 때까지는 상당한 기간이 필요하다. 왜냐하면 미국이라는 나라가 불과 200~300년의 역사에도 불구하고 수많은 판례를 축적하고 있고 사람들의 생활에서 관례와 풍습이 차지하는 비중이 높을 뿐 아니라 국토가 방대하고 지방별 분권과 자치가 활발하기 때문에 연방정부나 주정부의 입법활동이 다양한 삶을 규정하기가 매우 어렵다는 이유 때문이다.

미국의 언론관계판례들을 대거 수록하고 있는 Gillmor와 Barron의 *Mass Communication Law : Cases and Comment*[1]에는 모두 9개 부문으로 나누어 판례들을 정리하고 있다. ① 수정헌법 제1조가 언론에 미치는 영향일반, ② 명예훼손관련 판례, ③ 프라이버시와 언론, ④ 언론인의 특권과 관련된 판례, ⑤ 행정부와 의회에의 접근권, ⑥ 법정절차에의 접근 : 자유언론과 공정한 재판의 갈등, ⑦ 인쇄매체에 대한 공중의 접근권, ⑧ 광고, 언론경영, 노동법, 저작권법, 정치운동, 복권, 학생, 음란표현물관련 판례, ⑨ 라디오 · 텔레비전의 규제와 관련된 제문제들이 그 책의 주요 목차이다.

(6) 衡平法(Law of Equity)

형평법은 역사적으로 볼 때 보통법과 밀접한 관련이 있다. 형평법은 법원으로 하여금 무엇이 공정하고 정당한 것인가를 취사 선택할 수 있는 기준을 제공한다.

미국의 사법실무에서는 개인적 상해를 입힌 가해자에게 금전적 보상을

1) University of Minnesota의 언론학 교수인 Gillmor와 George Washington University의 법학 교수인 Barron의 공저인 이 책은 1969년 초판이 나온 이래 계속 수정 · 보완되어 판을 거듭하고 있는 미국 언론법제의 대표적인 교과서 가운데 하나이다.

하도록 명령하는 시정적 정의(corrective justice)의 실현을 위한 방안의 하나로 채택되었는데 그 후 미국 언론관계법에도 전수되었다.

당초 영국에서의 소송당사자는 국왕에게 신의 사랑과 자비를 청원할 수 있다는 뜻으로 형평법을 받아들였다.

형평법은 보통법에 비해 융통성이 많고 금전적 보상보다는 예방적이고 교정적인 작용이 더 많이 인정되어 미국 연방이나 대부분의 주에서 형평법을 법원(source)으로 채택했다. 형평법을 취급하는 법정은 보통법에 의거하여 판결하는 법정과 동일하지만 배심원의 활동은 배제된다. 형평법정의 판사는 판례구속의 원칙을 고려해야 하지만 공정하고 적절하다고 믿는 판결을 내리기 위해 본질적 문제를 심사숙고해야 한다. 형평법은 그것이 제공하는 예방의 가능성 때문에 언론관계법제에서는 상당한 중요성을 갖는다. 판사는 형평법에 따라 기사의 공표를 중지할 수 있으며 국가안보를 심각하게 위협할 수 있는 언론행위를 제어할 수 있다.

3. 美國의 司法制度

52개의 서로 다른 사법체계를 갖춘 미국에서 언론관계법들을 모두 이해하는 것은 어려운 일이지만 사법체계에 대한 명확한 이해는 연방정부와 컬럼비아 특별구 및 50개 주 법의 복잡한 법률체계를 자유롭게 넘나드는 미국 언론을 알기 위한 지름길이다.

미국의 언론관련 소송은 모두 3심제인데, 제 1 심 법원은 주정부의 사실심 재판소(trial court)와 연방정부의 지방법원(district court)이다. 제 2 심 법원은 주의 중간단계의 항소법원(intermediate appellate court)과 연방의 13개 순회고등법원인데 제 2 심에서는 제 1 심 법원의 심리절차가 정당한가, 법을 바르게 적용했는가를 심리한다. 제 3 심은 주의 최종항소법원(final appellate court)과 연방대법원인데 주법이 연방법과 상충되지 않는 한 주법에 의한 최종심은 주 대법원인 최종항소법원에서 행하고 아주 예외적으로 연방법적 문제와의 관련이 있는 사건들만 연방대법원에서 심리된다.

다시 말해 연방사법제도는 연방정부의 지방법원 → 연방고등법원(13개의 순회법원) → 연방대법원으로 이루어져 있다는 말이다. 이 가운데 연방고등법원은 모두 13개 중 11개가 각 주와 직할령을 나누어 관할하고 있다. 제12순회법원은 워싱턴 특별구를 위한 순회고등법원으로 연방 커뮤니케이션위원회의 결정에 불복항소한 사건을 심리한다. 제13순회고등법원은 특허분쟁이나 상표권분쟁 등 특수목적의 항소사건을 처리하기 위해 1982년 의회가 법정한 법원으로 미국전역을 관할구역으로 한다. 연방대법원은 9명의 대법관(그 중 1명은 대법원장)으로 구성되어 있는데 과반수의 찬성으로 판결한다.

한편 각 주(州)의 사법제도는 대체로 3심제도이나 각 주마다 다른 정도가 매우 심하다. 주 사법제도의 전형적인 구조는 사실심(trial court) → 중간항소심(intermediate appellate court) → 최종항소심(final appellate court)으로 이루어져 있다. 그러나 캘리포니아 주의 사법제도는 사실심 법원(municipal and justice courts) → 고등법원(superior courts) → 지역항소법원(district courts of appeals) → 주 대법원(supreme court of California)으로 이루어져 부분적으로는 4심제까지 있다. 주 최고법원의 판결 가운데서도 미국 연방대법원이 제한된 경우이기는 하나 사건이송명령서(writ of certiorari)를 발부하면 그 사건은 연방대법원에서 선택적으로 다루어지는 경우도 있다.

제 4 절 英國의 言論關係法[1]

1. 槪　　要

영국의 언론법은 영국사회에서 역사적으로 전개된 여러가지 언론현상을 고무 또는 촉진하고, 언론활동에 필요한 각종 질서를 규정하기 위해 생성되었다. 영국의 언론법은 지금 세계인구의 3분의 1에 해당하는 많은 나라의 사람들에게 영미법 모국의 언론법이라는 데서 그 독특한 법적 형태(legal style)를 찾을 수 있다. 즉 영국의 언론법에는 영미법계에 속하는 나라들의 법률들이 가지는 특수성과 언론법이 법체계 속에서 가지는 특이성과 결합되어 영국적인 전통의 뿌리를 내리고 있다.

1) 영국의 언론관계법은 「세계언론법」(한국언론연구원 편, 1995) 중 박지동 교수(광주대)가 집필한 것을 저자의 동의를 얻어 대체로 전재한 것이다.

영국 언론법도 인류생활의 발전과정에 따라 그 내용이 풍부해져 왔다. 그 중에는 법에 의해 언론자유를 지키는 일, 언론자유가 인간의 권리 가운데서 차지하는 비중을 규정하고 위치나 서열을 부여하는 일 그리고 언론자유와 상충되는 다른 법익과의 균형유지에 관한 일 등을 포함하고 있다.

2. 單一憲法 없이 必要에 따라 立法 및 改廢

그러나 영국 언론법은 대륙법계와 크게 다르다. 즉 성문법주의를 채택하고 있는 대륙법계의 언론법들은 헌법을 최상위의 언론법으로 하여 구체적인 입법행위가 이루어지고 시행명령들이 제정되는 형태이지만 영국법은 단일의 헌법전을 갖추지 않은 채 각 시대의 필요에 따라 의회가 입법화하는 각종의 법률들이 언제나 개폐될 수 있다는 점에서 특이하다. 따라서 영국 언론법은 영국의 실질적 헌법으로 간주되어질 수 있는 수많은 흠정(欽定) 문서 그리고 왕권과의 타협문서와 입법상 필요에 의해 제정된 일반 언론법 및 법에 의한 원칙(The Rule of Law)을 규정하는 제 원칙으로 구성되어 있다.

영국 헌법의 법원(source)은 헌법 자체 및 개정헌법, 헌법적 중요성을 취급하는 의회법, 헌법을 해석하는 사법적 결정판례 등을 들 수 있다. 법의 원천이란 법적 규칙에 강제력을 부과하는 규율의 공식적 근원을 뜻한다. 법의 원천은 논리적 규정에 덧붙여 개인이나 사회가 시대적으로 당면하고 있는 현실적 요구에 대해 판례를 근거로 법을 제정하거나 채택하여 사람들에게 적용시켜 현실을 인식시킬 수 있다.

영국 언론법의 종류는 ① 헌법이라고 할 수 있는 수많은 제정법과 헌법적 관행, ② 특정대신이나 정부기관이 의회에서 부여한 입법권에 의거하여 제정한 법률 즉 의회법, ③ 사법부의 판례법으로서 보통법과 의회법을 해설한 법원의 결정문 등이 있다. 의회법과 판례법은 1973년부터 유럽공동체법과의 관련성에 대해 유럽공동체를 관할하는 유럽법원(European Court of Justice)의 법령화를 거쳐야 한다. 언론법규의 또 다른 원천으로는 사회적 상업적 관습 가운데 사법적 결정에 의거하여 강제력을 부여받고 있는 행위규칙으로서 관습(custom)도 포함된다. 현대에 들어서는 새로운 관습법이 인정되는 것은 특정의 지역에 국한되므로 관습이 언론법의 주요한 원천이 되는 경우는 드물다.

3. 英國言論法의 法源(source)別 分類

(1) 憲法的 文書

영국의 언론관계법들은 중요한 헌법적 문서들에 산재되어 있다. 이것들 가운데 중요한 '헌법적 문서'로서는 마그나 카르타(1215년), 권리청원(1628년), 인신보호법(1679년), 권리장전(1689년), 왕위계승법(Act of Settlement, 1700년), 스코틀랜드 연합법(1707년), 국회법(1911년), 최고재판소법(1925년), 웨스트민스터법(1931년), 대신법(1937년), 선거법(1949년), 귀족법(1963년) 등을 들 수 있다.

그러나 영국 언론관계법의 명확한 윤곽을 파악하기 위해서는 이들 헌법적 문서들에 의한 판례 및 헌법적 관행(constitutional convention)을 기초로 하여 인권의 성곽을 구축하고자 동원된 각종의 성문법과 형평법, 판례법 등을 포괄적으로 이해해야 한다.

주요한 헌법적 문서들을 중심으로 언론관계법들을 살펴보면 다음과 같다.

1) 마그나 카르타

봉건제적인 교권우위사회에서 영국의 남작들은 왕권을 신장하려는 존왕(King John)의 시도를 저지하기 위해 상인세력과 제휴했다. 영국 남작들과 도시상인세력의 합작에 굴복하여 존왕이 이들에게 교부한 특허장이 오늘날 인권과 자유의 상징으로 불려지는 1215년의 대헌장(Magna Carta)이다. 엄격하게 말하자면 마그나 카르타는 지배세력간에 봉건제도의 온존을 상호인정한 타협문서이지만 역사발전을 통한 사회경제사적 의미에서 보면 자본주의의 맹아가 귀족과 도시상인 및 성직자라는 상호모순된 사회의 제세력을 한쪽으로 하고 전제군주를 다른 한쪽으로 하는 지배세력간의 투쟁으로부터 파생된 반사적 이익이라고 해석할 수 있다.

이 헌장의 주지(主旨)는 영국 왕권의 영속성 보장과 영국법의 역사적 계속성을 인정하고 자유인으로서 신체적 자유를 규정하여 인권개념의 생성기반을 마련했다는 점 등이다.

2) 권리청원(Petition of Right)

의회를 통과한 법안은 아니지만 청원의 형식으로 의회의 태도에 근거하여 중산층의 보편적 자유권에 관한 주장들을 담고 있다. 이 청원의 주요 내용은 의회의 동의를 받지 않은 세금부과의 금지, 신체의 자유에 대한 자의적인 규제의 금지, 평화시에 군법적용의 배제, 민간인 숙소에서의 군인숙박금지 등이었다.

3) 인신보호법

인신보호법은 인신구속의 적부(適否)를 심사하기 위하여 구금자를 법원 또는 법관 앞에 출두시킬 것을 명령하는 인신보호영장 발급과 관련된 의회의 제정법으로서 헌법의 일부라 할 수 있다. 이 법은 영국법이 법의 지배(the Rule of Law)를 주요 원리로 삼아 모든 권력이 기본적인 정의원칙, 도덕원칙, 공정절차의 원칙 등에 구속되어야 하는 법치주의적 법률정서의 표현이다. 또한 이 법은 인간의 존엄과 가치에 관한 존경을 담고 있어 영국 언론관계법의 토대이며 영국적 자유주의의 대전제가 된다.

4) 권리장전(Bill of Rights)

명예혁명에 의해 실각된 제임스 2세의 장녀 메리와 그의 남편 윌리암스는 임시의회인 국민협의회(Convention Parliament)를 소집하여 권리선언을 채택하고, 이의 수락을 조건으로 메리와 윌리암스를 국왕에 공동추대할 것을 결의하게 했다. 이 권리선언이 국왕 취임 후 권리장전으로 성립·승인되었으며 '국민의 권리 및 자유를 선언하고 왕위계승을 정하는 법률'로서 헌법 일부가 되었다.

이들 헌법적 문서들에 언론관계를 직접 보장하거나 규율하는 규정은 보이지 않지만 자유의 범위확대와 언론자유의 밀접한 관계를 고려할 때 언론관계법으로서 영국법상 주요한 지위를 가지는 것으로 보겠다. 또한 이들 문서들은 영국 언론관계법의 법원(source)으로서 헌법적 성질을 갖춘 법률이라고 말할 수 있다.

(2) 普通法(判例法 : Common Law)

영국법은 법의 지배를 기본원리로 하고 있는데 대륙 특히 프랑스 법과 비교하여 법의 구체화작업이 입법행위에 의하지 아니하고 법원의 판결에 의해 결정된다고 볼 수 있다. 법원은 모든 사람의 법적 권리나 책임을 결정해 주는 판례법주의를 채택하고 있다.

영국 언론법의 발달은 판사의 판결에 의한 판례법에 기초한다. 따라서 영국 언론관계법은 '판례로부터 다른 판례로의 추론과정'을 거치면서 발전된 것을 입법기술적으로 다듬은 행위에 불과하다고 말할 수 있다.

물론 영국의 언론관계법은 무수히 새로 제정되는데 이것은 법의 규율 또는 법적 지배라는 영국법의 대원칙이 제정법이 아니라 판례법에 의하여 규제되고 있기 때문이다. 법률가가 새로운 법률문제를 판단하게 되었을 때 대부분 판례로부터 법적 원칙을 도출해 내고 이 원칙을 새로운 문제에 대입하여 유추하거나 확대 또는 축소하며 반대해석을 하는 방법으로 문제를 해결하는 것이 상례이다. 다만 판례법을 보충하거나 일부 수정하기 위해서나 복잡하고 산만한 판례를 체계적으로 정리하고 법적 명료성을 갖추게 하기 위해 성문의 제정법이 만들어진다.

(3) 衡平法(Equity Law)

영국의 언론관계법은 명확한 체계를 갖춘 대륙의 공법과는 달리 '법의 지배'라는 원리에 따라 국민들의 일반적인 의사가 판례에 의해 그 존재를 확인하게 되는 보통법의 전통 아래에 있다. 보통법(Common Law)의 전통을 보충하는 것은 1873년과 1875년의 사법부법(Judicature Acts)에 의해 그 공평한 적용을 담보케 된 형평법(Equity Law)이다.

형평법은 재판관에게 허용된 일종의 자유재량권으로 판례구속적인 보통법(Common Law)의 엄격한 적용을 수정·완화하여 법적 실천의 안정성을 도모하는 영국법의 독특한 형식이다. 형평법의 장점은 일반적·추상적인 법규정의 일률적 적용으로 야기되는 구체적 타당성의 결여를 재판관이 형평이라는 저울대를 이용하여 교정함으로써 법적 가치의 핵심이며 법의 목적인 정의(正義)의 실현에 다가서게 하는 것이다. 그 단점으로는 형평법의 과도한 적용이 재판관의 자의적 심판으로 법의 안정성을 침해하여 영국법의 대원칙인 '법의 지배'를 약화시킬 우려가 있다는 것이다. 보통법의 탄력성 상실을 보충하기 위해 영국왕은 재판소에 위임한 것 외에 그가 보유하고 있는 고유의 재판권을 행사하여 형평법재판소(Court of Chancery)를 구성함으로써 형평법이 보통법에 우선하는 지위를 누리도록 했다. 오늘날도 동일한 법원에 의해 형평법은 성문법과 함께 재판관의 판결기준이 되고 있다.

(4) 制定法(Statute)

과학기술의 발전과 새로운 사회적 관계의 진전은 실로 방대한 실정법의 제정을 통하여 '법과 질서'를 유지하지 않을 수 없게 만들었다. 영국의 입법은 대체로 영국대장성(Treasury)산하 의회청(Office of Parliamentary)소속 변호사들이 기초한다.

이는 입법권과 행정권이 통합된 모습을 보여 주고 있는 것이지만 실제로 제정법을 재판의 준거로 사용하는가의 여부는 재판관에 달려 있고 상세한 입법에도 불구하고 때로는 재판관이 해당법률의 적용을 보통법에 근거하여 거부하는 경우도 적지 않다. 따라서 영국법의 본질이나 내용을 제정법 속에서 찾는 것은 무의미한 일이며 법원에 의해 재판에 적용되어야 비로소 법으로 인정되는 특성을 가지고 있다.

제 1 차 세계대전 이후 많은 제정법들이 나타났으나 법원에 의해 채택되지 않고 사장되거나 폐지된 경우가 흔하다. 어떻든 오늘날 의회가 제정한 제정법이 보통법이나 형평법보다 우월적인 지위를 가지고, 법원(法源)의 제1순위임은 틀림없으나 영국법의 역사적 계속성을 천명하고 있는 판례법은 구체적 타당성을 여전히 보유하고 있다.

1881년 "신문중상 및 등록에 관한 법률"의 제정 이래 언론출판 및 방송 등 미디어의 활동과 관련하여 영국의회가 입법한 주요 언론관계법률들 가운데 현재 발효중인 것들을 중심으로 살펴보면 다음과 같다.

1) 출판과 인쇄에 대한 일반규정

영국에서는 신문과 출판에 관한 단일법이 없고 명예훼손법, 공직자비밀유지법 등 여러 법에서 언론에 관해 일부만이 다루어지고 있다. 이들 법에서 언론관련 부분과 관련 판례를 통한 신문·출판에 적용되는 것을 보면 다음과 같다.

영국에서의 출판과 인쇄에 대한 일반규정을 살펴보면 신문발행과 인쇄인의 관계를 중심으로 벌칙과 광고, 사법절차에 대한 '발행 및 출판에 대한 규정'과 신문의 재산권자, 편집인과 언론인의 관계 및 언론의 특권과 책임 등에 대한 '신문 및 정기간행물에 대한 규정'으로 크게 나눠진다.

발행 및 출판에 대한 규정은 ① 발행인과 저술인·인쇄인의 관계, ② 법정모독처벌법에 의거한 엄중책임의 규칙, ③ 신문광고의 허용기준, ④ 법정문제 보도절차 등을 규정하고 있다.

신문 및 정기간행물에 대한 규정은 ① 신문사의 소유권과 신문사 등록, ② 신문소유자·편집인·저널리스트의 지위와 상호관계, ③ 언론기관의 특권과 책임 등에 관한 규정들을 담고 있다.

출판과 인쇄에 대한 일반규정은 여러 개의 제정법들 속에 산재되어 있는 것을 신문·출판 인쇄 등 언론에 적용되는 조항만을 모은 것이다. 예컨대 우편을 통한 도서의 송부나 음란물우송 등은 우편법에, 저작권관련 사항은 저작권법에, 선거에서의 정치선전에 대해서는 선거법에, 광고물의 전시에 대해서는 공중보건법 중 도시계획규정편에 규정되어 있다. 공장관련 사항은 작업장의 건강과 안전에 관한 법에, 식품광고에 관한 사항은 식품법에 규정되어 있고, 문서나 구두에 의한 명예훼손문제는 명예훼손법에, 음란출판물은 음란출판물법과 형법의 일부인 음란물규정편에, 전기통신용역관련 사항은 전기통신법이나 방송법에, 노동조합과 관련된 사항은 노동법에 실정법으로 규정되어 있다.

2) 명예훼손법

명예훼손법은 서면이나 구두 기타 범의(犯意)를 가지고 행한 명예훼손과 관련된 수정법률로서 1952년에 제정되었는데 이 법은 방송을 통한 의사표명에도 확대적용시키기 위하여 1888년 명예훼손 수정법(Law of Libel Amendment : 1888년)을 개정한 것이다.

3) 음란물출판법

음란물출판법은 과거 형법 속에 포함되었던 음란물의 출판에 관련된 법률을 수정하고 문학작품을 보호하며 도색물에 관한 단속법규를 강화하기 위하여 1959년 제정되었다가 1964년 일부 개정된 것이다. 1959년 음란물출판법은 ① 음란물의 심사, ② 음란물의 공표금지, ③ 수색 및 압수권, ④ 공익을 위한 방어권, ⑤ 법의 명칭, 발효일자 및 적용지역에 대해 규정하고 있고, 1964년 법은 영리를 목적으로 한 음란물의 공표 및 제작의 예방을 강화하기 위하여 1959년 법을 크게 수정한 것이다.

4) 공직자비밀유지법

1989년의 공직자비밀유지법(Official Secrets Act)은 언론에 대한 정보공개의 범위를 제한하는 규정을 담고 있으며 1911년 제정된 공직자비밀유지법을 1920년과 1939년에 다소 수정한 후 시대적 요구에 따라 재정비한 것이다. 국가기밀법과 같은 범주에 속하는 정보공개법안은 여러 차례 시안이 마련된 바 있으나 대영제국의 법으로서 제정되지는 못하고 있다. 다만 지방정부에서 정보접근법(ATIA : Access to Information Act)이 제정되어 공중의 정보접근권을 인정하고 있는데 정보공개법의 청구사항이 약 15개 항목이고 그 청구내용의 해당 여부 판단권은 담당관에게 주어져 있다.

5) 데이터보호법

데이터보호법은 컴퓨터 데이터와 같이 기계적으로 처리된 개인정보의 용도에 대한 규정과 컴퓨터 정보의 제공을 규제하기 위하여 1984년에 제정된 법이다. 이 법은 ① 자료공개와 관련한 주요 용어의 정의, ② 데이터보호의 원칙, ③ 데이터등록공무원과 데이터보호법원의 설치, ④ 데이터이용자와 컴퓨터사무실의 등록, ⑤ 미등록상태로 개인데이터를 보유하는 것을 금지하는 규정, ⑥ 등기신청과 등록사항의 변경, ⑦ 등록사항의 접수와 거부 및 갱신, ⑧ 등록의 감독, ⑨ 컴퓨터 등록청의 결정에 대한 항소권, ⑩ 데이터주체의 권리, ⑪ 데이터보호법의 적용 제외대상 등을 상세하게 규정한 전문 총 5부 43개조 및 부속법령 4개장으로 구성되어 있다.

이 데이터보호법은 법령의 명칭으로 볼 때는 정보공개를 규제하는 입법인 것처럼 오해될 수 있으나 개인정보의 부당한 공개에 대해서는 철저하게 규제하되 데이터의 주체가 된 개인관련 데이터에 대한 접근권을 보장하고 개인데이터라 하더라도 국가안보, 범죄와 과세, 보건과 사회사업, 재정용역, 사법적 지명권과 법률전문가의 특권, 임금대장과 은행계정, 가족관계 데이터 등에 대해서는 데이터주체의 접근권을 일정범위 내에서 제한함으로써 사생활의 보호와 그에 대립되는 개인적 권리의 조화 및 공익적 요구를 조정하여 법의 지배를 정당화하는 데 많은 배려를 하고 있다.

6) 통신·방송관계법

영국의 방송법은 여러 차례의 개정으로 새로운 규정들을 보완하여 왔다. 현행 방송·통신 통합법은 2003년에 이르러 마련되었다. 그 전까지 1990년 방송법은 1949년부터 1967년까지 여러 차례 개정된 바 있는 무선전신법 및 해상방송법(1967년)을 개정하고, 1984년 전기통신법에 의거하여 방송연결체계를 운영하는 사업자에게 부여된 등급허가를 폐지하는 규정들을 담고 있다.

영국의 방송계는 전통적으로 그들의 의무는 사회적인 봉사에 있으며 궁극적으로는 의회를 통해 국민들에게 책임을 진다는 원칙을 따르고 있다. 영국 전체의 TV와 라디오부문을 책임지는 기구는 TV 및 라디오방송업무를 담당하는 영국방송공사(BBC)와 2003년 영국의 커뮤니케이션법에 따라 조직된 소통청(Office of Communications)이 있다.

2003년 영국 커뮤니케이션법(Communications Act 2003)은 영국의 방송과 통신의 융합을 종합적으로 규율하고, 영국의 미디어집단간 상업적 경쟁력을 증진시키기 위한 제도적 장치라고 할 수 있다 이 법에 따라 더 많은 외국자본이 영국의 미디어를 소유할 수 있게 되고, 디지털시대에 발맞추어 라디오, TV와 신문 간의 통합이 촉진될 것으로 기대된다. 이 법에 따라 새로 조직되는 소통청(OFCOM : Office of Communications)은 방송과 통신을 망라하는 강력한 규제기구(super regulator)로 기존의 5개 기구를 통폐합한 것이다. 방송과 통신의 각 매체별로 분화된 규제기구였던 5개 기구는 방송표준위원회(The Broadcasting Standards Commission), 독립TV위원회(The Independent Television Commission), 통신청(Oftel : The Office of Telecommunications), 라디오청(RA : The Radio Authority), 라디오통신청(The Radiocommunications Agency) 등이다.

이 기구의 법적 임무는 산업적·법 절차적인 모든 제도를 통괄하고, 경쟁의 촉진을 통해 시민과 소비자의 이익을 증진하면서 유해하고 저속한 자료로부터 소비자를 보호하는 것이다.

주요 임무는 방송·통신미디어의 면허권의 행사, 연구의 집행, 윤리강령과 지침의 창안, 불만의 처리, 경쟁의 조사 및 자문활동 등을 행한다.

소통청의 업무 중에서 가장 독특하고 중요한 것은 심의(consultation) 업무이다. 올바른 증거에 기초하여 올바른 결정을 내리는 방법의 하나로 이 기구의 행하는 심의절차는 다음과 같다.

심의는 시청과 반론을 요구하는 문서를 공표하는 것으로부터 시작한다. 문서가 길고 복잡하면, 이 청이 이를 평이한 영어로 바꾼다. 그리고 10주간에 걸쳐 당해 이해관계자(회사 또는 조직)가 10주간 그 문서를 읽고 그들의 반론을 제출케 한다. 그 후 10주일이 지나면, 이 청은 웹 사이트에 모든 반론을 공개한다. 이를 근거로 심의조정이 종료되면, 소통청은 반론요약문을 준비해서 다른 정책결정의 기초로 활용한다.

프로그램 불만처리는 프로그램에 관한 시청자의 특정한 불만을 조사하는 일을 말하는데, 소통청이 불만을 제기받으면 우선 방송국에 대해 프로그램의 복사본제출을 요구하고 그 프로그램이 방송강령을 위반했는지를 조사한다. 또한 방송사업자에게도 불만에 대한 반론을 제출하도록 요구한다. 그 후에 이 청은 그 방송불만을 인용(認容) 또는 거부하거나 제 3 의 해결방안을 대안으로 제시할 수 있다.

소통청이 가진 가장 중요한 권능은 면허권이다. 이 청은 전자스펙트럼의 관리를 맡아 TV와 라디오방송, 이동전화송수신, 사적 커뮤니케이션 네트워크 등의 사용에 관한 면허를 행한다. 면허절차는 다양하다. 일부 면허는 수의계약으로 면허료 등을 납부케 하지만, 때로는 입찰절차를 거치기도 한다. 지금까지의 면허절차는 이전의 규제기관이 행하던 체계를 그대로 따르고 있지만, 앞으로는 이 청이 스스로 그 절차를 변경할 수도 있다.

방송광고에 대한 관리는 영국의 광고산업에 관한 종합관리기구인 광고기준관리국(The Advertising Standards Authority)이 맡고 있다. ASA는 독립적인 규제기구로 국고가 아니라 광고산업으로부터의 부담금으로 운영되는 자율규제체계이다. 규제의 목표는 광고가 합법적이고, 품위를 지키며, 정직하고 신뢰할 수 있도록 행해지게 하는 일이다.

그리고 국제법규 중 "TV 방송에 관한 EC지침(European Community Directives on Television Broadcasting)"과 유럽의 "국경을 초월하는 TV에 관한 유럽협약(Council of Europe Convention on Transfrontier Television, 1989년)"의 규제를 받고 있다.

영국법제 중 언론관계법에는 두 가지 특징이 있다. 첫째는 영국 언론관계법은 대체로 스코틀랜드, 웨일즈, 북아일랜드 등의 지방에 그대로 적용되는 경우가 적고 특히 스코틀랜드법은 로마법을 계수(繼受)한 대륙법에 가까워 법체계상으로 뚜렷이 구별된다는 점이다. 둘째는 제정법의 지위가 판례구속의 원칙을 특징으로 하는 판례법주의에 의해 제약받고 있으므로 제정법이 결코 법의 지배를 관철하는 유일무이한 도구는 되지 못한다는 점이다.

(5) 英國의 司法制度

오늘날 영국의 법은 성문법(=제정법, statute), 보통법(Common Law : 관습법과 판례법으로 구성), 유럽공동체법(EU Law)로 구성되어 있다. 성문법에는 의회제정법, 성령(省令=order), 조례(by-law)가 있다.

영국의 법체계는 4대 지역(England, Wales, Northern Ireland, Scotland)이 각각 다르지만, 특히 Scotland법은 다른 3대 지역과도 아주 다르다. 각 지역은 모두 형법과 민법이 각기 다르지만, 현대의 성문법은 전영국에 적용되는 것이 많다.

1) 영국법원은 대체로 3심제라고 할 수 있지만 꼭 그렇지는 않다. 우리의 대법원에 해당하는 최고의 법원은 House of Lords(귀족원)이다. 법관은 영국 상원(귀족원)의 법률의원으로 구성되어 있다. 항소법원(Court of Appeals)은 우리의 고등법원으로서 하급심결정을 재심하지만, 유럽공동체법원과 최고법원의 결정을 준용하여 재판한다.

우리의 지방법원에 해당하는 법원은 High Court of Justice인데, 이 법원은 4개의 부가 있다. 4개의 부는 '여왕좌부(Queen's Bench Division)', '형평법재판부(Chancery Division)', 가족재판부(Family Division)', '치안재판소(Magistrates' Court)'이다. 이 중에서 '여왕좌부'는 보통법에서 발달해 온 계약, 불법행위, 해상문제와 해사사건을 다루기 위해 해사법정과 상사법정을 설치하고 있으며, 보통법에 따른 형사사건도 관할한다. 또한 앞으로 설명할 하급법원(Inferior Courts)이 발급하는 체포영장이나 수색영장 등의 재심도 담당한다. 부장은 Chief Justice of England이다. '형평법재판부(Chancery Division)'는 물권법, 회사법, 지적재산권법 등 주로 형평의 잣대로 재판해 온 분야와 유언장검증(Probate), 현(縣)의 법원(County Court)이 행한 파산사건의 상소를 관할한다. 부장은 Lord Chancellor이다.

'가족재판부(Family Division)'는 가족과 관련된 문제의 소송과 유언장 검증 사건의 일부, 다툼이 있는 복잡한 이혼사건 및 이에 수반하는 부양, 자녀의 보호 등의 사항, 친생자확인, 혼인의 효력, 실종선고, 입양, 후견, 미성년자의 혼인승낙, 부부간의 재산분쟁해결과 현의 법원이나 치안법원(Magistrates' Court)의 가사사건에 대한 상소심을 관할한다. 부장은 President of the

Family Division이라고 부른다.

치안법원은 중세 이래로 치안업무와 관련된 사건을 재판한다.

High Court의 재판관은 중세 이래의 전통에 따라 각지를 '순회재판(Assize)'을 행한다.

2) 재판관할권의 제한 여부를 중심으로 보면, 법원은 상위법원(Superior Court)과 하위법원(Inferior Courts)으로도 나뉜다. 전자는 일반적 관할권을 갖고 사물이나 소송가액(訴訟價額) 등에 제한이 없는 법원이고, 후자는 일반적 관할권에 제한이 있는 법원이다. Superior Courts의 판결만이 판례법을 형성한다.

Superior Courts 중에서 1심 법원은 High Court와 Crown Court(형사재판소)이고 2심은 항소법원인데, 이 둘을 합쳐 최고재판소(Supreme Court of Judicature)라고 하며, 3심으로는 House of Lords가 있다. Superior Court는 잉글랜드와 웨일즈가 각각 런던에 하나씩 설치하고 있지만, 해당 각 지방을 순회하며 재판한다.

상소는 원칙적으로 한번이며, 두 번째의 상소는 재판소가 그 재량으로 예외적인 경우에만 인정한다. 최근에는 재판소의 업무가 번잡해져 칙령 또는 대법관(Lord Chancellor)의 지시에 따라 탄력적으로 재판을 위임하는 분야가 확대되고 있다.

영국에서는 재판관을 임명할 때, 대법관의 의견을 구한다. 대법관은 영국 사법제도의 최고지위에 있는 재판관이며, 유력한 각료의 한 명인 대신(大臣)이다. 그러나 대부분의 사건은 Inferior Courts가 처리하고 있다.

3) 민사재판소는 현의 법원과 치안법원의 2종류가 있다. 현의 재판소(County Court)는 소송가액이 일정액 이하인 민사사건을 다루는데, 잉글랜드와 웨일즈에서는 각 지역에서 월 1회 이상 개정(開定)한다. 현 법원의 재판관은 순회판사(Circuit Judge), Recorder(part time 재판관), 사건에 따라서는 보조재판관(Registrar) 등이 있다.

현 법원의 판결에 대해서는 항소법원에 상소할 수 있으나 경미한 사건은 현 법원 재판관의 허가가 필요하며, 파산사건 및 자녀의 후견에 관한 사건의 판결에 대한 상소는 지방법원(High Court)이 심리한다.

치안법원(Magistrates' Court)은 치안판사(Justice of the Peace=Magistrate)

로 구성되는 법원으로 판사는 시간제(part time)의 법률전문가가 아닌 사람도 가능하기 때문에 5년 이상 Barrister 또는 Solicitor의 지위에 있는 자 중에서 선출된 서기(Clerk)의 도움을 받는다. 대도시의 경우(16개)는 7년 이상 경력자를 유급으로 하여 전업(full time)의 치안판사 약 50명을 두고 있다.

가사심판의 심리는 치안판사 3명 이하로 법정을 구성하는데, 남성과 여성이 1명씩 포함되도록 해야 한다. 가사사건의 항소법원은 High Court의 Family Division이다.

4) High Court(지방법원)는 일반적 관할권을 가지는 일심재판소이지만, 약간의 사건에서는 상소심으로서의 관할권을 가지지만 그 활동은 대부분이 민사사건이다. 이 지방법원의 판결에 대해서는 항소법원(Court of Appeal)에 상소할 수 있다. 상소는 법률문제에 오류가 있을 때만 할 수 있지만, 오류 여부의 결정권은 재판관이 갖는다. 항소법원은 극히 한정된 예외 이외에는 상소사건만을 다루는 제 2 심 재판소이다. 이 법원은 오랫동안 민사사건의 상소만을 다루어 왔지만, 1966년에 형사항소법원(Court of Criminal Appeal)이 폐지된 이후부터는 형사사건의 상소도 다루게 되면서 민사부(Civil Division)와 형사부(Criminal Division)로 나뉘어졌다. 이 법원의 장은 대법관이지만, 재판은 담당하지 않는다. 사실상의 법원장은 기록책임관(Master of the Rolls)이다. 재판은 통상 3명의 재판관으로 구성된 합의체에서 행한다.

5) 항소법원의 판결에 불복할 때는 최종심인 House of Lords에 상소할 수 있으나 항소법원이나 대법원이 해당 사건에 중요한 법률문제가 포함되어 있다는 이유로 상소를 허가(leave)하는 경우에만 가능한데, 대부분의 허가는 항소법원이 결정한다. House of Lord는 항소법원의 상소, 지방법원의 특별항소(Leapfrog Appeal), 스코틀랜드의 최고재판소(Court of Session)와 북아일랜드의 최고재판소(Court of Appeal in Northern Ireland)로부터의 상소, 군사항소법원으로부터의 상소를 수리하지만, 그 수는 엄격히 제한되고 있다. 최종심법원의 재판에 법률가가 아닌 귀족은 관여하지 않는 것이 관례이다. 이 법원의 재판은 통상 5명의 재판관으로 구성된 합의체에서 행한다.

(6) 英國의 陪審制度

i) 형사소배심 과거에는 유·무죄 평결을 주로 했으나 현재는 다음

과 같다.

① 정식기소범죄　　모살(謀殺), 고살(故殺), 강간, 강도, 상해치사, 방화치사, 무모한 운전치사 등 중죄는 형사법원만이 심리할 수 있고, 피고인이 무죄를 주장하면 자동적으로 이 소배심에 회부된다.

② 약식기소범죄　　대부분의 교통법규위반과 단순폭행, 음주에 의한 질서위반, 유객행위, 자동차의 사용절도, 2천파운드 이하의(형사) 기물손괴 등은 치안판사법원만이 심리한다. 약식기소범죄는 배심하지 않고 치안판사 단독으로 재판한다.

③ 선택가능범죄　　정식기소범죄와 약식기소범죄를 제외한 모든 범죄는 형사법원이나 치안판사법원 어디에서도 심리할 수 있다. 예컨대 대부분의 절도, 중상해, 강제추행, 피해액 2천파운드 이상의 기물손괴, 약물범죄 등의 선택가능범죄는 피고인이 치안판사법원에서 재판을 받을 것인가 배심재판을 받을 것인가를 자유롭게 선택할 수 있지만, 치안판사법원은 피고인이 치안판사법원에 의한 심리를 희망해도 형사법원에서 심리하게 판단할 수도 있다.

ii) **민사배심**　　영국은 미국과 달리 민사사건은 거의 배심제를 행하지 않는다. 다만, 문서에 의한 명예훼손(libel), 구두명예훼손(slander), 무고, 불법구금, 사기소송은 배심재판을 요구할 수 있지만, 배심재판 여부는 법원이 결정한다. 최근 민사배심은 연간 10건 안팎로 극히 적다.

iii) **대 배 심**　　과거에는 기소 여부를 결정하는 제도였으나 현재는 치안판사법원에서의 충실한 심판과 사회적 병폐로 말미암아 1944년 이후 전국적으로 폐지되었다.

iv) **배심원의 자격과 역할**　　배심원이 될 수 있는 자는 13세 이후 계속하여 5년 이상 영국에 주소를 갖고 국가선거 및 지방선거의 선거인명부에 등록된 자로서 18세 이상 70세 이하의 자이다. 다만, 재판관 및 변호사, 경찰관 등 재판에 관여한 자, 성직자, 정신병자는 배심원의 자격이 없다. 또한 과거 5년 이상의 구금형에 처해진 자, 과거 10년 이내에 5년 미만의 구금형이나 보호관찰의 처우를 받은 자는 배심원의 자격이 없다.

법원에 제기된 고소에 대해 배심이 유·무죄를 답변하는 것이 일반평결이고, 재판관이 여러 논점에 대해 개별 질문을 하고 그 질문에 대해 배심에게 답변하는 것이 특별평결이다. 스코틀랜드에서는 처음부터 15명의 배심원 가운데 8명 이상의 다수결로 평결을 하는 제도를 실시했으나, 다른 지역에서는 오랫동안 전원일치를 원칙으로 하다가 1976년의 형사사법법에 의해 12명 가운데 10명 이상의 절대다수결제로 변경되었다. 다수판결에 의한 유죄판결의 비율은 10%정도이다. 배심이 무죄 또는 유죄의 평결을 내린 경우, 그 결정은 최종적인 것이고 재판관은 이를 번복할 수 없다. 물론 유죄평결에 대해 상소할 수 있으나, 무죄평결에 대해서는 극히 예외적인 경우에만 허용되고, 허용되어도 제 1 심의 무죄판결에는 영향이 없다.

⑺ 英國의 刑事訴追制度

수사권과 기소권이 경찰과 검찰에 각각 분리되어 있어 경찰은 검찰의 지휘를 받지 않고 수사를 하고, 검찰(Crown prosecution service)은 경찰의 수사결과에 따라 기소 여부의 판단과 기소절차를 담당한다. 스코틀랜드에서는 별도의 소추기관 및 법원을 가지고 있으나, 수사권과 기소권의 분리는 다른 지역과 마찬가지이다.

영국에는 우리나라와 같은 검찰청도 검사도 법무부도 없지만 다양한 형사사법기관들이 있다. 형사사법조정국(CJS : Criminal Justice System)은 국무부, 대법원부, 법무행정청의 3개 기관으로부터 담당자들을 파견받아 다양하게 분산되어 있는 형사사법기관간의 업무상 협력과 조정역할을 맡고 있다. 이들 3개 기관 가운데 국무부는 범죄수사, 범죄예방, 교도소운영, 보호관찰 및 피해자보호, 대법원부는 재판, 법무행정청은 기소 등을 분담하고 있다.

◇ 더 많은 관심을 가진 독자들을 위해 권고할 만한 문헌들

구병삭, 「신고판 신헌법원론」, 박영사, 1988.
심헌섭, 「법철학 I －법·도덕·힘－」, 법문사, 1989.
유일상, 「벌거벗긴 한국언론」, 문덕사, 1990.
이상윤, 英美法, 박영사, 2000.

이해창, 「한국신문사연구」, 성문사, 1971.

정재황, 「판례헌법」, 길안사, 1996.

최대권, 英美法, 동성사, 1986.

한국언론연구원 편, 「세계언론법(상·하)」, 한국언론연구원, 1995.

木下毅, 「アメリカ公法」, 有斐閣, 1993.

神戸史雄, 「イギリス憲法読本」, (株)ぎょうせい, 1982.

Abraham, Henry J., *The Judicial Process*, 6th ed.(New York : Oxford University Press, 1993).

Butler, W. E., *Anglo-American and Socialist Legal Systems*, 박홍규 역, 「자본주의 법과 사회주의법」, 일월서각, 1988.

Franklin, Marc A., *The Dynamics of American Law*(New York : Minnesota Foundation Press, 1969).

Gillmor, Donald M. & Jerome A. Barron, *Mass Communication Law : Cases and Comment*, 4th ed.(St. Paul, Minn. : West Publishing Co., 1984).

Pember, Don R., *Mass Media Law*(Madison, WI : Brown and Benchmark Publishers, 2003).

Youm, KyuHo, *Press Law in South Korea*(Ames : Iowa State University Press, 1996).

제 3 장

言論自由의 擴大深化過程

제 1 절 概 觀

1. 表現의 自由와 社會的 價値

인간이 각종의 상징을 통하여 자신의 마음이나 생각을 표현하는 것은 인간의 타고난 본성 가운데 하나이다. 자기표현 없이는 인간의 자주성을 외부로 드러낼 수 없으며 동시에 창조적 개성의 전개를 통해 사회를 생성·유지·변화·발전시킬 수 없기 때문이다. 따라서 자유로운 표현활동이 없다면 인간은 자주적일 수 없고, 사회적일 수 없으며, 정치적이 될 수도 없는 것이다. 인간의 존엄을 지키기 위한 자유, 사회를 통합시키기 위한 자유, 여론형성을 통한 정치적 선택의 자유는 모두 자유로운 표현활동에 기초한다. 표현의 자유 가운데 특히 언론자유의 보장이라는 방법적 기초 위에서만 사회적 의미의 자유가 실현될 수 있는 것이기 때문에 언론의 자유는 인권의 기본으로서 모든 자유의 전제요 보루인 것이다.

인간의 내면적 양심을 외부적으로 표출하는 자유가 억압받는 곳에서는 어떠한 직접적인 인격발현도 불가능하며 사회의 주인인 개개의 인간들에게 기본적으로 필요하고 유익한 다른 자유들의 발견을 어렵게 만들고 자유의 본질적 가치가 은폐될 수 있다. 그러니까 표현의 자유야말로 인간의 기본권이 발현되는 가장 뚜렷한 징표이며, 인간이 인간으로서의 존엄을 지켜 나가는 데 가장 중요한 가치중심이 된다는 말이다.

2. 表現의 自由가 가지는 社會的 機能

사회체제에서 표현의 자유가 가지는 기능을 잘 설명해 주고 있는 사람은 에머슨(Thomas Emerson)이다.

그는[1] 표현의 자유가 민주주의사회의 유지를 위한 필요불가결의 요소이며 현대사회가 직면하고 있는 자유에 대한 위협은 표현의 자유를 신장시킴으로써 보장될 수 있다고 주장한다. 이어서 그는 표현의 자유가 가진 사회적 기능으로서 ① 개인의 자기실현을 보장하는 수단, ② 진리발견을 위한 필수적인 과정, ③ 모든 사회구성원의 정책결정에의 참여기능, ④ 사회의 유지를 위한 안정과 변화간의 균형보장도구 등으로 설명하고 있다.

3. 表現의 自由의 發展過程

표현의 자유는 인간의 운명을 창조적으로 개척하려는 사람들의 능동적이고 적극적인 역할과 그것을 객관적 제약성의 수준에 묶어 두려는 세력들의 작용 사이에서 그 내용과 형식 및 본질과 현상간에 상당한 갈등을 빚으면서 오늘날의 언론자유로 발전해 왔다. 고대의 그리스·로마 시대에는 자유민에 대한 '의견교환의 자유'를 요구하는 수준이었지만, 동양의 전제군주제도하에서는 제도적 언로(言路)가 관심의 대상이었다.

15세기의 인쇄술 발달은 상징을 통한 여러가지 '표현의 자유'에 대한 관심을 불러왔고, 18~19세기에 이르러서는 이른바 언론기관 특히 신문의 '언론자유(프레스의 자유)'로 발전했으며 20세기에 이르러 영화·라디오·텔레비전을 비롯한 새로운 매스미디어의 출현은 정보와 사상을 자유롭게 탐색(취재)하고, 수령하고, 전달하기 위한 '정보의 자유'로 확대되었다. 그러나 정보의 빈부격차가 심화되고 정보와 언론이 새로운 권력의 핵심으로 부상되기 시작하면서 이제 표현의 자유는 커뮤니케이션의 권리를 평등하게 보장하는 것이 기

1) Thomas I. Emerson, *System of Freedom of Expression*(New York : Random House Inc., 1970), pp. 6~7.

본권 보장의 대의(大意)에 충실할 것이라는 뜻으로 재해석되기에 이른다.[1)]

말하자면 언론의 자유는 특정개인이 아니라 만인의 자유여야 하고, 소수의 자유가 아니라 다수의 자유여야 하며, 언론기관을 소유한 자들만의 권력으로 전화되어서는 오히려 인권을 억압할 우려가 있다는 점을 새로운 문제로 제기하는 상황에 이르렀다는 뜻이다.

결국 현대의 언론자유는 제도나 형식적으로 보아 보도기관의 자유로 이해되지만 내용면에서는 정보의 생산 및 유통과 관련된 사실적 주장 및 의견의 외부적 표출을 자유롭게 행할 수 있음을 뜻한다. 이와 같이 언론자유의 실질을 보장하려면 먼저 정보원천에의 자유로운 접근권을 비롯하여 공사(公私)의 사회집단에 대해 정보의 공개를 청구하거나, 정보원천에 대해 정보공개의무를 요구하는 알 권리 및 취재의 자유가 제도적으로 확보되어야만 한다.

문제는 바로 여기서부터 발생한다. 제도적으로 보장되는 언론기관의 자유로 인해 정보의 생산 및 유통 그리고 의견의 형성과 반영과정에서 필연적으로 강자와 약자가 생기게 된 것이다.

그 후 언론기관을 소유하고 통제하는 소수의 강자 앞에 언론기관을 소유할 능력이나 통제할 수단을 갖지 못한 다수의 약자들이 사인(私人)으로서 언론기관의 조명 앞에 자신의 사회적 평가와 신용은 물론 비밀스러운 사생활의 영역을 노출당해야만 하는 현실을 맞이하게 되었다.

언론을 둘러싼 이러한 불평등은 모든 인간이 날 때부터 자유롭고도 동등한 존엄성과 권리를 갖고 있음을 내부로부터 부인하는 논리적 오류에 직면하게 되며 언론자유라는 인권과 사생활 보장이라는 인권간의 상호모순을 야기시킨다. 기본권으로서의 언론자유가 다른 개인의 기본권인 명예를 훼손하거나 사생활을 침해하건, 또는 저작권을 도용하는 것은 개인이 마땅히 보존받아야 할 법익과의 충돌을 일으키게 되는바 언론의 윤리와 법제는 이제 이 서로 부딪치는 인권간의 조정기준을 정하고 인간의 존엄성과 행복추구권이 차별 없이 보장되도록 지혜들을 모아야 할 계제에 다다랐다.

1) Jean d'Arcy, "The Right to Communicate," *UNESCO Document, No. 36, Prepared for the International Commission for the Study of Communication Problems*, 1979, p. 3.

제 2 절 自由의 本質

1. 自由의 意味

자유라는 말의 의미는 말이 쓰이는 문맥이나 그것을 쓰는 사람에 따라 달라진다. 영어권에서는 자유라는 말이 공짜(free)와 같은 뜻으로 쓰여 교환가치에 비중을 두고 있지만 불어권에서는 화장실 등이 사용되지 않을 때 자유(libre)라는 말을 써서 사용가치에 비중을 두고 있는 것처럼 보인다.

정치적 의미에서 자유라는 용어를 사용하는 사람들은 진보적 자유라는 이름으로 원시적 자연생활에의 복귀를 생각하지만 사회적 의미에서 자유라는 용어를 사용하는 사람들은 낭만적 자유라는 이름으로 사회적 속박을 가져오는 질병, 기아, 위험, 무지, 미신으로부터의 자유를 염두에 둔다.

1860년대 미국의 남북전쟁 때 남북양군은 모두 자유를 위해 싸운다고 말했다. 그렇다면 어떤 한쪽은 거짓말을 하고 있다고 할 수도 있지만 쌍방은 모두 각자의 입장에서 진실을 말하고 있었다. 남부군은 연방정부의 간섭으로부터 주정부의 자유를 위해 싸웠고 북부군은 노예제도로부터 남부흑인들의 자유를 위해 싸웠다. 이 두 주장은 모두 진실이지만 링컨(Abraham Lincoln)의 지적처럼 동일한 말을 사용하면서도 동일한 것을 의미하지는 않는 말이 '자유'라는 말이다.[1)]

사람들이 사용하는 자유라는 말의 의미론적 다양성에 대해 예를 들어 본다.

① 허가 또는 금지에 대한 제한을 받지 않을 때－구체적으로 욕망이나 기분을 마음껏 만족시킬 기회를 느낄 때 '자유'라고 말한다.

② 좋지 않은 습관을 극복했을 때－끽연, 늦잠 등 습관이 극복되었을때 '자유'를 느낀다.

③ 속박하던 상태가 변하는 것을 경험할 때－민간인이 군징집에 면제되거나 제대할 때 '자유'를 느낀다.[2)]

이런 의미들은 대체로 언어분석에 기초하여 자유의 의지를 강조하고 자

1) Maurice Cranston, *Freedom－A New Analysis*, 황문수 역, 「자유란 무엇인가」, 1992, 20～21면.

2) 위의 책, 22～23면.

유의 능력부분을 과소평가하는 한계점이 있다.

2. 自由에 관한 理論과 學說

자유의 본질적 가치에 대해 선학들은 자발적이고 신중하게 숙고할 것을 요구한다.[1] 절대적 의미를 밝히는 것은 참으로 어려운 일이지만 대강을 말하자면 자유가 법적으로 갖는 의미와 사실적인 의미가 뚜렷이 구별된다는 점이다.[2]

법적으로 볼 때 자유는 직접 자유를 박탈할 때, 비로소 규정되는 권리적인 자유로서 그 자유를 행사할 수 있는 현실적인 제약조건을 제거한 아주 형식적인 의미로 쓰인다. 즉, 법적인 자유는 어떤 행위를 해도 좋다는 허가이며, 이 허가가 현실적인 능력과 일치하든 안하든 문제삼지 않는다. 이 때의 자유는 간섭이나 압제가 없는 것(freedom from～)에 한정되어 사용될 수밖에 없다.

한편 사실적인 자유는 하고 싶은 것을 할 수 있는 능력인바, 일반적으로 그 의지를 실현하는 데 필요한 수단을 갖고 있어야 효력을 발휘한다. 수단이나 능력을 갖추지 못한 상황에서 자유는 하나의 허상일 뿐이다. 그러나 능력은 자유의 필요조건일 뿐 그 본질은 아니다. 왜냐하면 능력이 없더라도 인간들은 자유를 인식할 수 있기 때문이다.

그래서 사실적인 자유는 의지에의 자유, 즉 해야 할 것을 의욕하는 자유와의 결합을 추구하게 된다. 의지의 자유는 우선 정신의 불완전성이나 정신의 노예적인 구속상태로부터 벗어나 이성의 지배를 받겠다는 욕구라 할 수 있다.

시민사회로 이행하면서 자유란 대체로 모든 비자연적인 억압으로부터 벗어나서 인간의 본질을 방해나 강제 없이 행사하는 것으로 보는 소극적 입장이 널리 선전되었다. 그러나 현실적으로 자유는 행위의 목적과 조건에 따라서 다양한 의미를 가진다.

시민사회의 수립에 필요한 논리의 축적에 이바지했던 많은 철학자들의

1) G. W. Leibniz, *Nouveaux Essais*, Ⅱ. 21, §8.
2) Michel Gourinat, *De la Philosophie*, 3rd ed., Librairie Hachette, 1969, 송영진 역, 「철학의 단계적 이해」, 서광사, 1986, 184～185면.

논변은 주로 '~으로부터의 자유'에서 출발하였지만 칸트와 헤겔에 이르러 '필연성의 인식'으로 정리된 후 능력의 측면에 주목하게 된다.

(1) 古典的 自由論

라이프니츠(G. W. Leibniz, 1646~1716)는 "인간이 거대한 정열에 사로잡혀 있을 때 결코 자유로운 정신을 갖지 않는다. 왜냐하면 이 때 사람들은 해야 할 것을 하는 의지, 즉 숙고된 의지를 가질 수 없기 때문"[1] 이라고 설명한다. 이 말은 곧 인간이 참으로 자유롭기 위해서는 본능, 정열, 욕망과 같은 내면적이고 심리적인 구속으로부터 벗어나 의지를 자신의 고유한 운동으로 이끌어가는 자발성을 가져야 한다는 뜻이다.

라이프니츠의 주장에 대해 구리나(Michel Gourinat)는 의지의 자유란 감성적 동기로부터 의지가 독립하는 것으로 요약했다.[2] 이어서 그는 의지를 오성(entendement; understanding)과의 관계에서 고찰하여 자유의 지성적인 활동을 결정론과 대립시킨 후, 자유는 반드시 이성적으로 숙고되어야 한다는 점을 강조한다.[3]

의지의 자유라는 측면에서 볼 때 인간의 자유는 숙고에 달려있는만큼 자유 중에서도 행동의 자유는 과학적인 인식에 의해서만 더욱 증대된다고 하겠다. 따라서 가장 높은 단계의 자유는 의지가 인간의 사유(思惟) 가운데서 한껏 고양되어 의지 자신의 목적에 내재적인 보편성을 부여할 수 있는 이성적 수준까지 발전할 때에야 비로소 나타나게 되는 것이다.

홉스(Thomas Hobbes, 1588~1679)는 '외적 장애가 없는 것'을 자유로 보았으며 로크(John Locke, 1632~1704)도 '신법(神法)과 같은 자연법 이외의 어떤 외적 강요도 받지 않는 것'을 자유라고 보았다.[4]

루소(Jean-Jacque Rousseau, 1712~1778)는 사회계약설을 주장하는 논리적 근거의 하나로 이성적인 인간의 자유의지에 의한 합의를 가정하였다. 여기서 루소는 '자기지배의 정당성'을 자유로 보았다.[5]

칸트(Immanuel Kant, 1724~1804)는 자유를 인간의 의지와 관련시켜 소

---

1) G. W. Leibniz, *Nouveaux Essais*, II. 21, §8.
2) M. Gourinat, 앞의 책, pp. 207~208.
3) M. Gourinat, 앞의 책, pp. 210~215.
4) 內井惣七, 「自由の法則, 利害の論理」, ミネルヴアル書房, 1988, 12面(46~51面).
5) 內井惣七, 위의 책, 101~103面.

극적 개념과 적극적 개념으로 나누었다. 그에 의하면 소극적 자유란 인간이 자연계를 지배하는 인과율로부터 독립하는 것이며 적극적 자유란 자기의 의지를 지배하기 위한 주관적 법칙을 결정하는 것으로 분석한 후, 이 두 가지 측면이 필연적으로 일치하게 된다고 생각했다.[1] 그가 주장하는 자유론의 핵심은 인간이 도덕법칙에 순종하는 것이라고 할 수 있고 자유는 정신의 현실과 일치한다는 것이다(자유＝정신). 그 밖의 사상가들이 생각한 자유를 몇 가지만 들어본다.

네덜란드 철학자 스피노자(Baruch Spinoza, 1632～1677)는 "자유로운 인간은 이성의 명령에만 따라서 사는 사람이다"라고 말했다. 한편 스코틀랜드 태생의 흄(David Hume, 1711～1776)은 자유가 의지의 결정에 따라 행동하는 힘이라고 밝혀 자유를 향유할 수 있는 능력에 대한 관심을 환기해 주었다.

밀(J. S. Mill, 1806～1873)은 표현의 자유를 절대적으로 옹호하였으나 자유의 본질에 대해서는 좀더 직접적인 언급을 회피하고 자유가 진리의 발전과 인류의 정신적 행복을 위한 기초를 이루는 것이라는 공리주의적 전제만을 반복한다. 그래서 밀의 자유론에서 전개되는 모든 논의는 개인의 다양성과 다양한 이상추구를 최대한으로 보장함으로써 인류사회를 공리주의적으로 구성하게 하는 관념적인 지도원리를 담고 있다.[2]

⑵ 헤겔의 自由觀

한편 헤겔(Georg Wilhelm Friedrich Hegel, 1770～1831)은 필연성을 보증(인식)하는 것을 자유라고 말한다. 말하자면 그는 자유란 객관적으로 존재하는 보편적인 것을 이성적인 의지로써 자각하여 만인의 자유와 공동생활을 지탱케 하는 인륜적인 실체라고 파악했다.[3] 또한 헤겔은 법을 자유로운 의지의 현존재로서 실재하는 자유의 형식으로 보았다. 루소와 칸트는 자유를 실재하는 것으로 보지 않고 실현되어야 할 이상으로 요청하는 데 그치고 있는 바, 루소와 칸트의 자유에 대한 관념은 한 개인의 독자적인 자의(恣意)를 절대화하여 주관적인 지평에 그치는 것이라고 하겠다.

1) 內井惣七, 위의 책, 149～154面.
2) 山下重一,「J. S. ミルの政治思想」, 木鐸社, 1976.
3) G. W. F, Hegel, *Grundlinien der Philosophie des Rechts*, 임석진 역,「법철학 I」, 지식산업사, 1989, 78～95면.

결국 헤겔의 자유론의 핵심은 대자화(對自化) 필연성의 자유이다(개인에게 필연성이 현재화되어 나타났을 때). 곧 자연 및 사회의 법칙을 인식하는 정도에 따라 인간은 자유로울 수 있다고 보는 점이 그 특징이라고 할 수 있을 것이다.[1] 대자화 필연성이란 객관세계의 발전지향성을 필연적인 것으로 인식하는 것을 말한다.

'즉자(卽自), 대자(對自), 즉자대자(卽自對自)'는 헤겔 변증법의 근본개념이다. 즉자 「an sich(독), en-soi(불)」란 미발전의 상태 즉 잠재적인 상태를 가리키며 자기자신에 대한 반성적 관계가 아직 발현되지 않은 무자각상태를 말한다. 즉자는 다른 것과 교섭하여 자신의 자립성을 상실하면서 대자〔für sich(독), pour-soi(불)〕로 발전한다. 대자란 발전의 상태, 즉 현재적인 상태로서 주관과 객관의 통일과 일치를 목표로 한 즉자대자를 향한다. 즉자대자(an und für sich)란 즉자와 대자의 대립을 지양한 새로운 것으로 해결된 상태인바, 주객의 일치이며 합리적인 진리를 뜻한다.

⑶ 맑스主義者의 自由論과 批判

맑스주의자의 자유론은 헤겔의 논리인 '자유와 필연성의 변증법'에 그 근원을 두고 있다. 이들은 인간이 의식적으로 자연과 사회에 노동을 가하여 그것을 변혁시켜갈 때 자유로운 주체가 될 수 있지만 처음부터 인간은 자유로운 존재가 아니라고 본다.

엥겔스(F. Engels)는 "자유란 자연법칙의 필연성에 대한 인식을 기초로 인간들이 일정한 목적을 갖고 자연법칙을 계획적으로 지배하는 것"이라고 주장하면서 자연법칙으로부터의 가상적인 독립과 같은 관념을 철저히 배격하였다.[2]

한 마디로 요약하면 맑스주의자들의 자유관은 생산과 관련한 인간의 해방을 자유라고 본다(자유=해방). 즉 인간의 (생산)능력발전과 인간성(주체의 자주성)의 결합에 따라 새로운 가치창출에 방해가 되는 것을 제거하는 것이 자유라고 하겠으므로 자유의 가장 두드러진 장애물은 임금노동상황이다. 따라서 완전한 자유는 자본주의적 생산양식이 폐지될 때만 실현된다.[3]

---

1) 上妻精外, 윤길순 역, 「헤겔 법철학입문」, 중원문화, 1988, 71~72면.
2) F. Engels, 「반뒤링론」, 이성과 현실사, 1989, 156~163면.
3) K. Marx, *German Ideology*, 제1권과 제4권.

그래서 자유는 집단적인 것이지 개인적으로는 무의미한 것이다. 즉 자유는 ① 집단적 통제가 가능한 공동체의 구현과, ② 다양한 개성과 개인자유의 발전이라는 두 가지 갈등을 변증법적으로 조화·극복해야 한다. Marx(Karl, 1818~1883)는 위의 ①, ② 사이에 갈등이 분명히 있다고 보는 것을 공상이라고 간주하고 있다. 그래서 그는 자본주의사회에서는 경제적 자유와 사회적 자유의 결합을 과소평가하거나 심지어 모독한다고 본다. Marx 스스로는 '개인의 자유'에 대해 가치를 부여하고 있음에도 불구하고 '유태인문제에 대하여'에서 자유에 대한 권리를 이기주의와 사적 소유에 관련된 것으로 보았고 자유경쟁을 '자본의 지배'와 동시에 '개인적 자유의 가장 완전한 박탈'에 기초하고 있기 때문에 제한적이라고 본다.

Bottomore는 ① 자본주의적 자유, ② 사적 소유, ③ 이기주의 사이에는 근본적으로 아무런 연관이 없다고 비판한다. 경제적 경쟁이나 교환관계도 원래는 이해관계자의 자유와 모순이 없는 것이지만 때때로 자본주의적 자유는 어떤 자유(예를 들면 재산축적)에는 좀더 관대하고, 어떤 자유(예를 들면 공정한 분배)에는 지나치게 제한적이라고 보는 것이 옳다.[1)]

(4) 自由와 法의 關係

주어진 특정사회에서 자아의식의 어느 지점까지 자유가 이르렀는가를 분명하게 밝혀 주는 것은 바로 법이다. 고대의 법에서 근대의 법에 이르기까지 자유는 계속해서 법적 진보를 계속하여 오늘날 자유를 인간의 보편적인 본성으로까지 만들어온 공로가 있다.

고대의 법은 자유를 제한된 범위에서나마 구체적으로 현실적으로 표현했지만, 근대법은 자유를 추상적이고 보편적인 방식으로 정의함으로써 자유의 한계를 함축하고 있다.[2)] 법 안에서의 자유가 보편적인 자유가 되기 위해서는 다양한 부정과 모순의 변증법적 과정을 거쳐 매개되어야 한다. 그래서 자유는 사회의 역사와 마찬가지로 개인적인 의식 속에서도 계속해서 다양한 형태를 취하게 되고, 그 결과 그만큼 다양한 형태의 법이 나온다. 그러나 이렇게 산출된 법들은 서로 충돌하지 않을 수 없다. 왜냐하면 개인적인 의식, 가

1) Tom Bottomore, 임석진 편, 「마르크스 사상사전」, 청아출판사, 1988, 600~601면.
2) M. Gourinat, 앞의 책, pp. 227~228.

족, 경제사회, 국가 등의 법은 동일선상에 존재하는만큼 같은 지점에 끼어들 수 있고 때로는 서로 갈등을 일으킬 수 있기 때문이다.[1] 요약하자면 개인적·도덕적 관점에서의 자유의식은 정치적·역사적 행위의 견고한 필연성을 무시하며 정치적 관점에서의 자유의식도 동기와 결과, 행위와 영향, 주·객관적 구분을 무시하기 때문에 자유에 관한 여러가지 법들의 충돌이 불가피하다는 뜻이다.[2]

제 3 절 言論自由의 擴大와 深化過程 — 英·美를 中心으로

1. 中世의 暗黑과 言論自由의 黎明

중세유럽에서는 교황의 사상독점으로 인해 언론의 자유가 극도로 제한되어 있었다. 16세기 무렵까지 교황에 대한 비난은 물론이고, 국왕에 대해서도 비판할 수가 없었다. 이 금지규범을 위반했을 경우에는 신성모독이나 국왕모독의 죄로 엄벌에 처했다.

영국에서는 왕이 죽거나 다치는 것을 머릿속으로 상상한 것만으로도 국가반역죄로 다스렸기 때문에 사람들은 자기의 생각은 표현하기는 커녕 내면적 양심의 자유마저도 누릴 수가 없었다.

영국의 절대군주인 헨리 8세는 1538년 국왕을 비판하거나 정부관리에 대한 비판을 금지하기 위하여 출판물에 대한 사전검열법을 만들고 여러가지 이단사상과 잘못된 의견을 처벌하였다. 이 때 만들어진 법은 절대왕정의 통치에 대한 일체의 비판을 정치선동으로 몰아 정치선동적 명예훼손(seditious libel)으로 처벌하였는데, 1649년에는 시민사회의 출현을 봉쇄하는 통치구조로서 한몫을 단단히 했다.

이 법으로 말미암아 정부비판이나 부패한 관리에 대한 공격은 "진실이 크면 클수록 죄도 더욱 크다(The greater the truth, the greater the libel)"라는 말까지 낳았으나 자유경제정책의 논리적 확장은 "진리가 누구에게도 독점되어서는 안 된다"는 일반의 여론을 더욱 설득력 있게 만들어 갔다.

1) G. W. F. Hegel, 앞의 책, p. 30(pp. 87~88).
2) M. Gourinat, 앞의 책, p. 239.

18세기 영국에서는 공직자에 대한 비난을 명예훼손으로 몰아 체포·투옥하는 일이 많았다. 「옵서버(*The Observer*)」라는 잡지를 발행하던 터친(John Tutchin)은 "정부가 부패한 관리를 기용하고 있으며 프랑스의 황금이 국가지도자들에 대한 뇌물이 되고 있다"[1]는 기사를 실었다.

법원은 터친을 필자가 아니라 발행인으로서 재판에 회부하여 유죄언도를 내렸다. 당시 재판장인 홀트(John Holt)는 다음과 같이 '정치선동적 명예훼손'을 정의하면서 터친에게 유죄판결을 내렸다.

"이 명예훼손은 직접 정부의 체면을 손상시킨 것이 아니라 정부가 부패한 자들에 의해 잘못 관리되고 있다는 점을 공격한 것이다. 부패한 관리가 행정업무에 종사한다는 말은 확실히 정부를 비난하는 것이다. 국민들이 정부가 나쁜 견해를 갖고 있는 사람을 고용하고 있다는 이유로 비난한다면 어떤 정부도 유지될 수 없다. 모든 정부에게는 국민들이 정부에 대해 호감을 갖는 것이 필수적이기 때문이다. 어떤 정부에게나 정부의 운영에 관한 증오감을 불러일으킬 소지가 있는 글을 공표하는 것은 가장 나쁜 짓이다."[2]

2. 英國의 政治煽動的 名譽毁損法 運用事例

1801년 영국의 한 철학자는 영국왕정을 비판하였다 하여 그가 소속된 철학회로부터 제명당한 이래 "언론의 자유는 사람들이 숨쉬는 공기 같은 것이며 언론의 자유가 없다면 살 수조차 없다"는 휘그당(자유당)의 선전구호에도 불구하고 사법적 통제는 잦았다. 왕자의 방탕함을 공격한 시민이 2년 징역에 1천파운드의 벌금을 물었으며(1812년), 신문지에 대한 우편세의 증가가 여러 신문사들의 경영을 압박했다.

의회는 정부의 언론단속에 맞서 싸웠으나 명예훼손의 죄목으로 투옥당하는 사례는 빈발하였다. 1819년 토리당(호헌동지회)은 왕권을 부정하거나 정치선동적인 출판물을 탄압할 목적으로 헌법협회를 만들었지만, 법원은 출판행위에 대한 이 협회의 활동까지도 받아들이지 않았다. 의회는 정부와 헌법제도에 대한 증오와 경멸감을 불러일으킬 수 있는 인쇄물을 단속하기 위한

1) Louis Edward Ingelbart, *Press Freedom*(New York : Green Press, 1987), pp. 74~75.
2) 위의 책, p. 75.

법률까지 통과시켰다. 1807년부터 1821년까지 영국에서 정치선동적 명예훼손혐의로 1백1건의 기소사건이 발생했는데, 그 대부분이 영국 왕정과 입헌군주제에 대한 비판활동이었다.

정치선동적 명예훼손에 더하여 영국교회를 비난하는 신성모독적 명예훼손(blasphemous libel)[1] 도 자유언론을 탄압하는 중요한 장치의 하나였다. 1827년에는 상인인 쿡(Samuel Cook)이 '장관들은 국민들을 굶주리게 하는 데 기여하는 자들'이라는 비난을 상점의 유리창에 붙여 놓았다는 이유로 처벌받았다. 1843년에 이르러 공표행위가 공익성을 갖고 있을 때는 개인적 명예훼손으로부터 면책된다는 법이 제정됨으로써 영국에서의 정치선동적 명예훼손죄는 그 힘이 약화된다. 1855년에는 상업신문의 경영에 족쇄가 되었던 신문우편세도 폐지된다.

영국에서 19세기 내내 기승을 부리던 정치적 성격을 띤 명예훼손소송은 1950년대에 이르러 대부분 사라지게 되는데 이에는 신문언론에 대한 자율규제기구인 신문평의회의 제도적 정착이 중요한 역할을 한 것으로 평가된다. 아울러 비판이 진실하고 공공적인 성격을 띠고 행해졌을 때 죄가 되지 않는다는 판례가 축적됨으로써 미국에서 확립된 진실하고 선량한 동기와 정당한 목적을 가진 언론은 자유를 누린다는 원칙과 더불어 공직자의 공무수행과 관련된 비판은 정치선동적 명예훼손의 죄로부터 해방되었다.

국가의 이익에 위해(危害)를 가하는 언론이나 선량한 풍속을 타락시키는 음란한 표현에 대해서는 더 정교한 규제의 원칙이 정립되어 제재를 받게 되었지만 언론자유의 인정범위에 대한 논란은 계속되었다. 명백하고 현존하는 위험이 없는 경우에 국익을 빙자한 언론자유의 통제는 위헌이라는 판결이 나왔고 사회적 가치가 없는 외설물에 대해 언론자유를 주장할 수 없다는 판결도 뒤따랐다.

3. 植民地 美國에서의 '젱거' 事件 — 진실한 批判은 自由言論

근 3백년 전 봉건제도와 절대왕정에 맞서 싸우면서 시민계급들은 도처에

---

1) 이 죄는 보통법상의 경범죄 가운데 하나이다. 이 죄는 본래 인심(人心)을 신으로부터 등지게 할 목적으로 공공연하게 성경이나 교회를 모독하는 행위를 다스리는 조항이었다.

서 언론의 자유를 쟁취해갔다. 특히 미국에서는 터친 사건 이후 수립된 정치선동적 명예훼손의 논리가 식민지통치에 그대로 접목되었다.

「뉴욕 위클리 저널(*The New York Weekly Journal*)」의 발행인 젱거(John Peter Zenger) 사건 역시 영국에서 터친이 겪은 것과 비슷한 사건이다.[1)]

1734년 젱거는 그의 신문에 정부의 조치를 공격하는 기고자의 글을 실었다는 이유로 체포·구속되었다. 당시 「뉴욕 위클리 저널」은 미국에서 발행된 최초의 정치중립적인 신문이었는데, 기사의 대부분은 당시의 저명한 변호사인 제임스 알렉산더(James Alexander)와 모리스(Lewis Morris)가 썼으나 독일계 미국이민인 젱거만 투옥된 것이다. 젱거는 언론사라기보다 상업적 인쇄소를 경영하는 사람이었는데도 뉴욕지역에서 젱거와 쌍벽을 이루던 경쟁관계의 인쇄업자인 브랫포드(William Bradford)의 비난만을 증거로 인정하고 형사범으로 구속했다. 법원은 젱거에게 매우 높은 보석금을 요구해 석방될 수 없었다.

젱거가 출판물에 의한 정치선동적 명예훼손혐의로 구속된 것은 뉴욕주지사인 코스비(Cosby)가 뉴욕주민의 이익보다는 자신의 배를 채우는 데 급급한 관리로 착복한 돈의 일부를 런던에 상납하는 식민지의 전형적인 부패관리였다는 기사를 실었기 때문이다. 젱거가 발행하던 신문은 이러한 배덕행위를 비난하고 주지사가 시민대표와의 권력남용문제에 대한 법정싸움을 벌이고 있지만, 권력을 자의적으로 행사하는 것은 오히려 반역자라는 요지의 논평을 실었었다.

이 신문의 대표적인 기고자의 한 사람인 제임스 알렉산더 변호사는 이렇게 말했다.

"언론의 자유는 악덕 주지사의 행위를 노출시킬지도 모른다는 이유에서든 선량한 주지사의 인격을 비방할지도 모른다는 우려에서든 결코 제한되어서는 안 된다. 비방과 거짓말이 창궐하게 하고, 위대하고 선량한 공직자의 인격이 역시 널리 퍼지게 하라. 그러면 우리는 언론자유로부터 손해보다는 더 많은 이익을 얻게 될 것이다. 악덕주지사에 대한 비난에 재갈을 물리고 통제하거나 위협하며 심지어 창피를 주어서 언론을 제한해 봤자 그것은 일시적인 효과밖에 얻지 못한다."

---

1) Leonard W. Levy, *Emergence of a Free Press*(New York : Oxford University Press, 1985), pp. 119～143.

진실에 기초한 언론비판이 법적인 자유를 확보해가는 이정표로서의 젱거 사건의 사법적 절차는 다음의 4단계로 진행되었다.

제 1 단계로 뉴욕 주하원이 젱거의 기소에 반대하는 입장을 취하자 코스비 주지사는 왕립 시의회가 이 사건을 취급하도록 한다. 당시 영국 식민지치하의 미국에서는 의회주의에 대한 믿음이 확고해서 법원의 영장발부까지도 국민대표기구의 동의가 필요했던 듯하다.

제 2 단계로 뉴욕 대법원의 대배심들은 젱거에 대한 고소·고발이 무효라고 평결했다.

제 3 단계로 검찰책임자가 젱거와 젱거의 변호사인 알렉산더와 모리스 변호사의 관계에 대한 정보를 제출하여 변호인기피신청을 내게 된다.

제 4 단계로 그래서 젱거는 앤드류 해밀튼(Andrew Hamilton)을 비롯한 다른 변호인을 선임했다. 해밀튼 변호사는 배심원들로 하여금 신문에 실린 내용이 진실하다면 명예훼손이 될 수 없다는 판결을 이끌어 냄으로써 진실을 공표했더라도 정부를 비난하는 것을 처벌해온 영국판례법의 전통을 다시 한 번 궁지에 몰아넣었다.

특히 주목할 만한 것은 젱거에 대한 구속영장에 실린 범죄혐의이다. 즉 젱거는 뉴욕의 주민들 가운데 분파와 소란을 조장하고 폐하의 정부를 멸시하는 마음을 갖게 하여 평화를 깨뜨리는 죄를 공표했다는 것이었다. 젱거 사건은 결국 오랜 봉건적 언론관이 신대륙에서 차츰차츰 무너지기 시작함을 보여주는 것으로 정부관리에 대한 공개비판이 진실한 내용일 경우에는 명예훼손이 되지 않는다는 판결을 받아 냄으로써 지금으로서는 금석지감이 새롭지만 자유언론의 새로운 이정표를 수립한 중요한 법정투쟁의 하나였던 것이다.

1735년 젱거의 신문에 실렸던 알렉산더(James Alexander) 변호사의 글은 "명예훼손의 법조문 때문에 사람들이 처벌의 위협이나 처벌당할 위험 없이 정치적이거나 종교적인 문제에 관해 공중에게 자신의 감정을 자유롭게 말하는 것을 억제해서는 안 되며, 자유언론은 모든 사람이 이와 같은 감정을 전달할 수 있는 자유"라고 쓰고 있다.

그의 논평은 "공중에게 영향을 미칠 수 있는 일들은 반드시 알려져야 하겠지만, 공중에게 반드시 알려지지 말아야 할 것도 있다. 공적인 사악함을 적발하는 것은 모든 시민의 의무이며 그에 대한 정보를 나누는 것은 공익에 속하는 것이기 때문에 젱거사건이 명예훼손으로 간주되어서는 안 된다."

같은 해 티모디(Lewis Timothy)는 「사우스 캐롤라이나 가제트(*South Carolina Gazette*)」에 다음과 같은 논평을 실었다.

"언론의 자유는 부패하고 사악한 주지사의 목을 매달아 버릴 수 있는 가장 불행한 천벌이다. 이와 같은 자유가 공격받거나 방해되거나 없어진다면, 우리 모두는 노예상태에 처하게 되고 동료시민들을 파멸로 이끌 것이다. 나는 자유를 가장한 나라에서 언론의 자유에 어떤 제한이 가해지는 것은 볼 수도 없으며, 신성모독이나 반역의 글이라 하더라도 인간으로부터 그것을 제한할 충분히 정당한 이유가 무엇인지 도저히 알 수 없다."

언론의 자유는 이처럼 정부와 관리 등 공권력의 남용과 맞붙어 싸우면서 수많은 사람들이 감옥에 가고, 그 중에는 젱거처럼 인쇄소 사장의 신분으로 막대한 채무를 지면서 옥사해 가는 가운데 획득된 것이다. 따라서 언론의 자유는 입헌적인 민주주의정부와는 분리할 수 없는 존재인 것이다. 자유언론은 중세시대에 교황권과 맞붙어 신성모독을 감수하며 종교의 자유를 얻어 냈고, 절대주의시대에는 권력의 핵심세력 및 그것을 떠받들고 있는 부패관리들과 맞서 입헌민주주의를 쟁취했기 때문이다.

그런 의미에서 젱거는 직접 집필할 수 있는 능력을 갖춘 지식인이 아니었음에도 불구하고 "진실은 명예훼손에 대한 방어자이며 진리가 명예훼손을 이긴다"는 이념을 이끌어 낸 자유언론왕국의 공신인 것이다.

'옵서버'의 '터친'이 공직자에 대한 명예훼손으로 유죄언도를 받아 가면서도 꿋꿋하게 지킨 공직에 대한 비판의 언론자유는 마침내 「뉴욕위클리저널」의 발행인 '젱거'와 그를 돕는 자유주의적 논객들의 도움으로 마침내 진실성을 갖춘 공권력비판은 명예훼손에 해당하지 않는다는 새로운 판단을 도출시켰다.

4. 美合衆國에서의 政治煽動과 自由言論間의 葛藤調停 — 해밀튼原則[1)]

19세기 초엽은 미국에서 연방주의자와 주정부분리주의자들 간에 언론을

1) 앞의 책, pp. 220～281.

동원한 선전전이 치열했던 시기였다. 자유언론은 프랑스의 시민혁명과 미국의 독립으로 일단 승리를 거두었지만, 정파간의 분열은 언론을 통한 자기선전과 정적(政敵) 비난으로 이어져 권력으로 하여금 언론에 대한 규제의 가능성을 다시 모색하게 만들었다. 사실의 진실성 여부는 검증하기가 쉽지만, 의견이나 주장의 진실성은 각자의 시각차이일 수도 있기 때문이다.

각 주법에 언론자유조항이 앞다투어 들어갔지만, 정치적 선동을 빙자한 명예훼손보도가 자유언론의 왕국에서 얼마만큼 보호받을 수 있는가 하는 새로운 문제가 제기된 것이다.

하원의원 캐벌(Sumuel Cabell)은 1797년 그의 선거구민에게 연방정부를 비방하는 서한을 보냈다고 하여 연방정부수립 후 최초의 정치선동적 명예훼손혐의로 기소되었다. 제퍼슨(Jefferson)과 매디슨(Madison)은 이것이 법률을 악용하여 정치인의 자유로운 언론활동을 탄압하는 일이라고 비난했고, 버지니아 하원도 대배심이 잘못을 저질렀다고 비난하자 재판에 회부되지 않고 유야무야되고 말았다.

캘린더(James Callender)는 워싱톤 대통령과 아담스 대통령을 '겁쟁이며 돈만 아는 타락한(漢)'이라고 욕했다. 특히 아담스에 대해서는 가난한 자의 피로 그의 손은 피비린내가 나고 있는 중상모략꾼이며, 그의 공직은 방탕하고 낭비적인 고리대금업자의 무대가 되고 있을 뿐 아니라, 이 나라를 프랑스와의 전쟁으로 몰아넣는 고단수의 선동꾼이라고 비난했지만 비난받은 쪽에서는 캐벌사건에 짓눌려 대꾸조차 않았다.

언론인으로서 정치선동적 명예훼손법위반으로 기소된 사람은 「보스톤 독립신문(*Boston Independent Chronicle*)」의 편집인인 토마스 아담스(Thomas Adams)였다. 그는 1798년 연방주의자들을 공격하면서도 미국연방정부를 비방하고자 하는 지향이 없으므로 무죄라고 주장했지만, 메사추세츠 주 당국은 그를 처벌하고자 시도했다. 불행인지 다행인지 그는 질병 때문에 판결에 회부되지 않은 채 죽었다.

연방주의자인 국회의원 알렌(John Allen)의 이야기를 들어 보자.

"정치선동법이 필요한 나라가 있다면 바로 이 나라다. 국민 여러분! 이 나라 일부 언론은 각계각층 국민의 대표자인 국회의원에 대해서 부끄럽기 짝이 없는 거짓말을 공표함으로써 연방정부를 전복 또는 파괴하려고 하고 있으며… 자유정부와 천부의 자유 및 복지제도에 대해서도 적대적이니 이 어찌 슬픈 일이 아니겠으며 사람들이 반정부폭동을 일으키도록 교사하고 있으니 어떻게 해야 좋습니까?" 하는 데 덧붙여 "신은 우리로 하여금 공중에게 구역질을 일으키게 하는 자유, 거짓과 증오의 홍수로부터 우리들을 해방시킬 자유를 주었습니다"라고 말했다. 당시의 정치논쟁은 가히 치열의 극을 달리는 듯했던 것이다.

이러한 사상적 혼란 속에서 정치선동을 규제하기 위한 법은 진실성이 검증되기 어려운 많은 주장들을 법정으로 끌고 가는 바람에 수정헌법 제 1 조(연방정부는 언론을 제한하는 입법을 할 수 없다는 조항)는 한 동안 많은 사람들을 투옥하고 린치를 가하는 현실을 다스리는 데 아무 도움이 되지 못했다.

1797년에 만들어진 정치선동규제법(The Alien and Sedition Act)은 바로 수정헌법 제 1 조의 영광을 가린 최대의 악법이었다. 이 법은 연방주의자인 제 2 대 아담스 대통령(1797~1801)이 그의 정적인 제퍼슨과 민주공화주의자의 정부비방에 재갈을 물리기 위한 악법이었다. 제퍼슨이 대통령에 당선된 후 이 법에 의한 언론탄압은 줄어들었지만, 이 악법은 오히려 제퍼슨 대통령의 재임중 '크로스웰(Harry Croswell) 사건'에 적용되었으나 이 사건은 이 법 아래 얻어 낸 자유언론의 귀중한 승리의 하나로 기록되었다.

1804년에 「WASP(*White Anglo-Saxon and Protestant*)」이라는 연방당신문의 발행인 겸 편집인인 크로스웰이 제퍼슨을 인신공격하는 기사를 실었다 하여 당시의 대통령인 제퍼슨에 대한 명예훼손혐의로 기소되었다. 크로스웰의 신문에는 현직 대통령인 제퍼슨이 친구를 매수하여 전직 대통령인 연방주의자 워싱톤을 강도이고 반역자이며 위증자라고 욕하며 아담스를 백발의 선동꾼이라고 비난하게 했다는 것과 그가 잘 알고 있는 사람들의 개인적 인격을 광범위하게 모독하게 했다는 기사가 실렸다.

크로스웰의 공소장에는 제퍼슨이라는 사람은 "사악하고 극악무도한 성품과 타락한 심보따리의 악질적이고 정치선동적인 사람(크로스웰 자신의 말을 재사용하여)으로서 제퍼슨을 믿을 수 없고 존경할 수 없으며, 미국 사람들의 애정을 누릴 수 없는 사람이라고 표현하여 뉴욕시민들과 미국인들의 제퍼슨에 대한 복종과 충성심을 따돌리는 기사를 씀으로써 간악하고 악의적으로 평화를 파괴한 자"라고 하는 공소사실이 기재되었다.

이 엄청난 국가원수모독사건의 변호를 맡은 변호사는 해밀튼(Alexander Hamilton)이었다. 해밀튼은 또 다른 해밀튼(Andrew Hamilton) 변호사가 젱거 사건에서 동원했던 논리를 동원하여 "언론의 자유는 정부, 행정관료 또는 개인을 중상한다 할지라도 진실한 것을 '선량한 동기(with good motives)에서, 정당한 목적(for justiable ends)을 갖고' 공표할 수 있는 권리를 갖는 데 있다"고 주장했다.

뉴욕주 대법원은 이 변론을 받아들이지 않았지만, 이 사건 이후 미국의 많은 주에서는 언론자유조항에 이 개념을 받아들여 입법상의 원칙으로 삼았다. 오늘날 '해밀튼원칙'은 곧 '선량한 동기에서 정당한 목적을 갖고 공표된 진실한 내용의 비판은 죄가 되지 않는다'는 법이론으로 일반화되어 언론자유의 내재적 한계를 명시하는 중요한 개념이 되었다.

뉴욕주에서는 1805년 이 원칙을 주법으로 채택하였으며, 1964년까지는 미국 명예훼손법의 골간을 이루었다.

19세기 들어 미국에서 이처럼 자유언론이 자리잡혀 간 것과는 달리 영국을 비롯한 유럽각국에서는 정치적 이유 때문에 여러 사람이 정치선동적 명예훼손의 죄목으로 투옥되는 일이 많았다.

제 4 절 現行法上 基本權으로서의 言論自由

1. 槪 況

오늘날의 민주주의국가들은 1789년 프랑스 인권선언의 정신을 자기 나라의 헌법 속에 구체화하여 언론의 자유와 인격권의 보호를 규정하고 있다. 또한 국제연합총회의 결의를 비롯하여 국제법상으로도 이를 승인하여 두 개의 기본권을 보장하는 제도적 장치를 마련하고 있다.

전통적인 법제에 따르면 언론의 자유는 국가권력으로부터 자유로울 수 있는 기본권이고, 초국가적인 천부인권으로서 자유권의 핵심이다. 또한 언론의 자유는 주관적인 공권으로서의 진정한 기본권이다. 말하자면 언론의 자유는 고립된 개인의 권리가 아니라 타인과 결부된 개인의 기본권이기 때문에

개인은 언론의 자유를 위해서 국가에 대해서도 부작위(不作爲)나 작위(作爲)를 요청할 권리가 있다.[1)]

언론과 출판의 자유가 가진 현대적 의의는 크게 세 가지로 정리할 수 있다.[2)]

첫째, 사상과 의견을 자유로이 발표함으로써 개개인이 인간으로서의 존엄과 가치를 유지하고, 자유로운 인격발전을 이룩함과 동시에 민주주의의 원리를 유지·발전시킨다는 데에 이 자유의 존재가치가 있다. 인간의 내면적 작용을 의미하는 양심과 사상의 자유가 보장된다고 할지라도 그것을 외부로 표현하는 자유가 보장되지 아니하면 사회에 아무런 영향을 끼칠 수 없고, 또 타인으로부터 비판을 받아 자기의 사상을 더욱 발전시킬 수도 없다. 그러한 의미에서 표현의 자유는 양심과 사상의 자유의 연장선상에 있다.

둘째, 민주시민으로서 국정에 참여하고, 개인의 인격을 계발하며 인간다운 생활을 영위하는 데 필요한 합리적인 사상 또는 의견의 형정을 위해서는 국가나 사회로부터 그에 필요한 정보를 광범하게 수집할 수 있고, 이를 가능하게 하는 정보원(情報源)에 대한 접근권이 반드시 보장되어야 한다.

셋째, 민주정치체제는 정치적 사상의 자유로운 형성과 그 전달에 의하여 비로소 가능하기 때문에, 그러한 정치사상을 구체적으로 실현하는 데 필요한 자유로운 사상전달의 수단과 기회가 보장되어야 한다. 더욱이 정부에 유리한 언론은 헌법이 보장하지 않더라도 당연히 인정될 것이기 때문에, 헌법에서 보장되어야 할 표현의 자유는 특히 정부나 권력을 비판하는 내용의 표현이 아닐 수 없다.

2. 精神的 自由로서의 言論自由

언론의 자유는 내용면에서 정신적 자유의 하나로 본다. 정신적 자유라는 더 큰 범주의 자유 가운데서 언론의 자유는 양심의 자유, 신앙과 종교의 자유, 학문과 예술의 자유와 밀접한 관련을 가진다. 언론표현의 자유는 곧 인간 내심의 자유들을 외부로 표출하는 자유이기 때문에 뒤에 열거한 세 가지 자

1) 김철수, 「헌법학신론」, 박영사, 1988, 176~178면.
2) 권영성, 「전정판 헌법학원론」, 법문사, 1986, 425~426면 요약.

유와 안팎을 이룬다는 뜻이다.

정신적 자유는 물질적 자유와 대비된다. 이 둘을 서로 연관된 것으로 볼 것인가 아니면 분리된 것으로 볼 것인가는 언론철학이 답해야 할 세계관의 문제이지만, 인간의 의식발전과 경제·사회적 변화는 인간생활의 모든 영역에서 자유의 확대와 억압의 축소를 요구하고 있는 것이 현실이다.

시장경제사회에서 물질부문에서의 자유는 생산수단의 자유로운 사적(私的) 소유를 기초로 하여 자유로운 시장경쟁, 영업의 자유, 재산권의 보장을 거쳐 소유권불가침설에 이르기까지 확대되었다. 그러나 정신활동의 자유는 구체제(ancient regime)을 전복하는 수준에서 끝나고, 인간생활의 발전법칙에 적합한 자유로운 표현의 차원까지는 진전되지 못하고 있다.

인간이 누리는 자유가 이처럼 물질부문과 정신활동의 두 측면에서 서로 다른 수준에 놓이게 된 배경에는 의식을 물질과의 영원한 대치관계로만 파악하고, 그 대립물이 전화되어 통합되는 인간사회의 발전과정을 해명하지 않은 채, 인간으로 하여금 인식의 계기를 제공하는 실천적 활동을 인식 자체와 분리시키고 노동을 인간의 정신과 무관한 것으로 주입시켜 온 의식과 교육탓일 것이다.

우리는 흔히 인간정신과 물질의 본질적인 연관(聯關)을 확실하게 파악하지 못하고, 인간활동의 산물에 대해서도 표피에 나타난 원인—결과의 관계만을 파악하고 설명하는 데 익숙해져 있다. 이처럼 시민적 자유가 표면적으로 물질부문과 정신활동에서 서로 분리된 것처럼 보이는 것은 시민사회를 창조하는 일을 주도적으로 수행하였으며, 또 마침내 시민사회의 주역이 된 시민계급(부르주아지)이 시장경제사회의 지배계급으로 새롭게 자리를 잡아 가면서 그들의 이해와 밀착된 물질부문의 자유확대에 몰두해 온 결과일 것이다.

이를 더욱 쉽게 말하면 모든 인간의 자유는 의지와 능력이 합쳐져야 향유되는 것인 만큼 자유롭고 싶다는 정신적 의욕만으로 자유가 확보되지 못하듯이 자유로울 수 있는 물질적 능력만으로도 자유가 보장되는 것은 아니라는 뜻이다.[1)]

다음으로 언론의 자유는 집회·결사의 자유와 분리·대비된다. 헌법 제21조 제1항에 규정된 언론·출판의 자유와 집회·결사의 자유는 헌법상의

1) 유일상, 「언론윤리법제론」, 아침, 1992, 143～146면.

보장형식이나 기능의 측면에서는 공통점이 많다. 집회·결사의 자유는 다수인의 공동행동이나 집합적 활동을 전제로 하기 때문에 정치적 자유의 하나로 간주되지만, 언론의 자유는 집회·결사의 자유에 비해 더 비정치적인 자유로 해석되는 것이 통설이다.

그러면 이제 정신적 자유 가운데 언론표현의 자유와 관련된 내면적 정신활동의 자유들에 대하여 좀더 살펴보기로 하자.

양심의 자유(우리나라 헌법 제19조)는 자연인으로서의 사람이 내면적인 사상과 양심을 외부에 표명하도록 강제당하지 아니할 자유 및 양심에 반하여 행동을 강제당하지 아니할 자유를 말하는 것으로 정신적 자유의 근원으로 보는 것이 통설이다. 그러나 우리나라 헌법에는 사상의 자유를 특기하지 않은 것으로 보아 양심의 자유는 사상의 자유를 당연히 포함하고 있다고 하겠다.[1)]

언론인의 경우에 양심의 자유는 개인의 세계관과 사상의식으로서 그 외부적 표현인 보도논평 및 프로그램 편성·제작활동에 커다란 영향을 미친다. 프랑스와 독일의 노동조합법 및 언론관계법에 언론인의 양심권조항 및 신조보호조항이 있는 것은 이들 나라가 언론자유의 근원으로부터 자유를 보장하려는 제도적 장치를 갖추려는 것으로 볼 수 있다.

종교의 자유 역시 정신적 자유권의 하나로 중세교회의 권위와 결합된 국가권력으로부터의 압력과 싸워서 획득한 기본권으로서 인류의 귀중한 문화유산이라 할 수 있다. 우리 헌법은 종교의 자유를 양심이나 사상의 자유와 분리규정하고 있으나(헌법 제20조), 종교적 자유의 내용은 역시 양심의 자유와 일맥상통하는 것이다. 우리 헌법학자들의 통설은 종교의 자유가 신앙의 자유, 종교적 행위의 자유 및 종교적 집회·결사의 자유 등 3요소를 내용으로 하고 있다고 본다.[2)] 신앙이라 함은 신과 피안(彼岸)에 대한 내적 확신인데, 신앙의 자유에는 신앙과 불신앙의 자유가 모두 포함되고 신앙대상의 자유로운 선택을 보증하는 것인 만큼 자연과 과학에 대한 믿음이나 사회적 신념, 세계관 등과는 구별되는 것으로 본다.

법제적 해석은 이런 의미에서 지나친 축소해석을 우려하게 한다. 근본문제를 따져 보면 종교가 사고의 기준을 제공하고 자유와 정의, 진리와 순결

---

1) 김철수·한동섭·문홍주·구병삭·박일경·권영성·김현규 등의 견해.
2) 김철수, 앞의 책, 304~305면.

같은 인류의 고귀한 지향가치를 담은 양심의 그릇인 점을 고려할 때, 종교의 등급을 정하거나 죽은 신과 살아 있는 신의 기준을 정하는 등 정신적 자유의 본질과 한계를 규정하는 일은 오히려 종교적 자유가 아닌 것이다.

학문과 예술의 자유(헌법 제22조 제1항)도 언론자유의 원천으로서 언론자유와 밀접한 상호관련을 맺고 있다. 학문의 자유는 국민 모두가 그 향유주체로서 진실(역사적인 것이든, 과학적인 것이든)을 찾고 진리를 추구하는 데 필요불가결한 것이다.

학문의 자유가 포괄하는 정신활동의 영역에는 연구과제의 선택이나 연구방법과 이론구성, 연구과정 및 연구결과의 발표와 교수의 자유 등이 있겠다. 연구발표란 연구된 정신적 축적물(성과)을 외부로 표출하는 표현의 자유와 관련이 있으며, 교수의 자유는 대학의 자유를 구성하는 한 요소로서 언론의 관심을 얻을 때 표현의 자유 영역 내로 포섭될 수 있는 부분이다.

예술의 자유는 아름다움과 더러움을 구분하고 미(美)를 추구하는 자유로서 예술창작을 위한 절대적 자유, 예술작품의 전시와 같은 상대적 자유, 예술적 결사의 자유 등을 그 요소로 한다. 이 자유는 성표현물의 가치를 결정하는 데서 특별히 중요한 배려를 받는다.

3. 言論自由의 限界

오늘날 모든 정신적 자유의 외부적 경계면을 이루는 언론·출판의 자유는 자본주의적인 미디어시장구조 및 독과점과 기업집중을 거듭하는 정보산업조직의 활동으로 인해 그 고유한 목표와 지향을 잃고 자본의 통제에 예속되지 않을 수 없는 상황에 이르렀다.

매스미디어의 기술적 발달은 더욱 방대한 자본력을 필요로 하게 되었고, "자본의 생존기법은 투자자본의 성과를 극대화하기 위해 최적규모의 경제를 확보하고 효율성을 높혀 시장을 지배할 수 있는 힘을 갖도록 촉구하여"[1] 미디어기업체마저도 시장지배력 확보경쟁에서 치열성을 고조시킨 결과로 언론자유는 마침내 소수의 언론독점자본 수중에 떨어지고 마는 사태가 벌어졌다.

1) William L. Thorp and Walter F. Crowder, "The Structure of Industry," *Monograph* 27 (Washington D. C. : Temporary National Committee, Government Price Office, 1941), Part I, Chap. 2, pp. 19~57.

언론시장의 소수독점이 전개되는 현재상황에서 이제는 정신적 자유로서의 언론자유가 재산권행사의 자유 및 언론영업의 자유와 직접적인 관련을 맺고 있음을 인정해야 한다. 미디어기업의 입장에서 보면, 기업존립의 제1차적인 문제들이 언론기업의 공공성보다도 더 심각한 문제로 떠오르게 된다. 언론기업이 직면하게 되는 주요한 문제들을 요약해 보면 다음과 같다.

첫째, 언론기업의 영업자유라는 실질과 언론종사자의 정신적 자유라는 형식이 갈등을 일으켜 서로 조화되지 않을 때는 곧잘 노사문제를 야기하게 된다는 점이다.

"언론기업 내의 노사관계는 일반적인 노사관계의 법리가 제1차적으로는 통용될 수도 있다고 하지만, 언론기업에서는 그 특수성을 고려하지 않을 수 없다."[1)]

언론기업의 영리추구는 말릴 수 없는 일이지만, 언론노동자들이 정신적 자유권을 확보하기 위해 편집권의 독립을 요구하는 추세도 돌려 놓을 수 없는 시대의 흐름이다. 미디어가 다룰 내용의 독자적 결정권을 피고용자에게 맡기는 것이 현행법의 테두리 내에서는 법제화되기 어렵다 하더라도 언론인 개개인의 양심을 인정하는 언론기업주라면, 노·사협약을 통해 기본적 인권의 하나인 정신적 자유권을 승인하고 일정 정도의 편집권독립을 허용하는 것이 바람직한 일일 것이다.

둘째, 언론기관이나 언론인은 언론사업을 영위하는 과정에서 개인의 명예나 프라이버시 등 인격권을 침해할 가능성이 높다는 점이다.

명예를 가질 수 있는 자격자는 16세기 경이라면 영국 국왕 정도였지만, 오늘날은 개인이나 단체를 막론하고 그 내·외부적 가치와 사회적 평가는 물론 때때로 개인이 가지는 주관적인 평가 내지 명예감정까지도 사법적 보호의 대상이 되어야 한다고 주장하는 경우가 많다.

그러므로 언론의 자유가 확대된 만큼 타인의 인격권과 충돌할 기회가 증가한 셈이 된다. 또한 사람들은 개인적으로 자신의 사생활을 소중히 간직하고, 타인으로부터 동떨어져 '혼자 있을 수 있는 권리(right to be let alone)' 및 '자기와 관련된 정보를 적극적으로 통제할 수 있는 권리'를 갖고 있음에도 불구하고 언론은 정보화사회라는 구실로 개인의 사적 영역을 침해하고, 언론기

1) 한상범, 「기본적 인권」, 정음사, 1985, 151면.

업의 상업적 요구에 맞춰 개인생활을 영리획득의 수단으로 이용할 개연성 또한 높다.

4. 言論自由의 法的 性格

언론자유의 성격을 법제적 측면에서 보면 ① 국가권력으로부터의 방어권적 성격과, ② 인간의 의지를 실현하는 데 필요한 주관적 공권의 성격을 동시에 가지며, ③ 위의 양자를 통합시킨 객관적인 규범의 성격을 갖는다.

국가권력으로부터의 방어권적 성격은 언론자유를 국가의 장애・구속・강압과 같은 방해를 받지 않고 행사할 수 있는 소극적・수동적인 단계의 자유(freedom from～)에 머무르게 한다. 그러나 자신의 의지를 실현하기 위한 표현의 자유는 하고 싶은 것을 할 수 있는 적극적・능동적 단계(freedom for～)에까지 이르러야 비로소 사회적으로 의미 있는 하나의 자유가 되는 것이다. 그래서 헌법은 위의 두 측면을 결합하여야 비로소 실효성을 갖춘 현실적인 규정이라고 할 수 있다.

언론자유의 법적 성격에 관해 통일적 학설이 정리될 때까지 학설은 대체로 ① 개인적 자유권설, ② 사회적 청구권설, ③ 제도적 보장설, ④ 물질적 기초 보장설(Marx주의 언론자유학설), ⑤ 커뮤니케이션의 권리설 등의 개념형성・분화 및 통합과정을 거치고 있다. 이를 상술(詳述)하면 다음과 같다.

(1) 個人的 自由權說

언론의 자유는 국민개개인의 입장에서 볼 때 국가공권력의 방해를 받지 않고 자신의 내면을 자유롭게 드러내거나 드러내지 않을 수 있는 자유를 뜻하므로, 소극적인 입장에서 언론의 자유는 시민의 대국가적 방어권이라고 보는 학설이다.

이 학설은 밀턴(J. Milton, 1608～1674)의 「*Areopagitica*」에서 주장되는 대단히 고전적인 언론자유관인데, 특히 '사상의 자유공개시장론'과 '선악의 자율조정론'을 중요한 논점으로 제시한다.[1)]

1) John Milton, *Areopagitica and of Education*(Oxford : Clarendon Press, 1973).

(2) 社會的 請求權說

언론의 자유란 사회적 효용에 근거하여 개인의 인격적 발전을 도모하고, 정치적 의사형성을 통해 민주주의적 질서를 유지하는 데 필요한 정보를 수집·청구하는 권리에 해당하는 것이다. 이 권리는 사회적 유용성과 효용을 갖추고 있기 때문에 국민들은 국가에 대해 언론자유의 적극적 보장을 청구할 수 있다고 본다.

이 학설은 특히 밀(J. S. Mill, 1806∼1873)의 공리주의적 견해에 따라 언론의 자유를 해석한다. 말하자면 언론자유의 중요성을 평가할 때, 표현되는 어떤 의견의 정당성을 진리성에 부합하는 정도로 따지지 말고 여론형성작용과 같은 사회적 효용성의 견지에서 살펴보아야 한다는 것이다.[1)]

(3) 制度的 保障說

이 학설은 언론의 자유가 민주주의적 정치과정의 하나로서 사회적 효용을 가질 뿐만 아니라 더 나아가 공적 책임에 근거하여 국민주권을 지키는 입장에서 정치적·제도적으로 보호되는 자유라고 보는데, 이 견해는 미국계와 독일계로 대별된다. 이 학설은 학자들 사이에서 제도적 보장의 대상을 여론이라고 보는 견해(김철수·박일경)와 기본권의 집단적 행사라고 보는 견해(권영성)로 나누어지고 있다.[2)]

미국의 Meiklejohn은 개인의 인격성을 바탕으로 국민주권의 실현을 위한 제도적인 장치로서 헌법상 언론의 자유가 보호되고 있다는 논지를 폈다.[3)] 이것은 그 동안 독일계 이론에서 '언론의 공적 과업' 수행을 위한 언론산업의 공공독점논리를 개진하는 근거가 되었던 독일형 제도적 보장설과 논리적 전제가 다르다는 데서 주목할 만한 것이다.

(4) 物質的 基礎保障說

언론자유는 사회집단의 구성원들이 골고루 그것을 향유할 수 있는 물질적 조건을 제공받을 때 현실성을 갖게 된다는 측면이 없지 않다.

---

1) J. S. Mill, *On Liberty*(New York : Liberal Arts Press, 1956), Chapter Ⅱ.
2) 김계환, 「전정판 헌법학강의」, 박영사, 1988, 384면.
3) A. Meiklejohn, *Political Freedom*(New York : Oxford University Press, 1965).

Marx주의자들은 이 물질적 조건이라는 구체적인 상황 속에서 서로 다른 개인이나 집단 또는 사회제도가 상대의 방해를 받지 않고 자유롭게 표현활동을 할 수 있으려면 서로 다른 개인·집단·사회제도간에 언론자유를 향유할 수 있는 물질적 기반이 평등하게 확보되어야 한다고 주장한다. 이들은 언론자유가 부르주아만이 아니라 프롤레타리아에게도 똑같은 물질적 조건을 제공함으로써 보장되는 것이라고 본다.[1)]

사회주의국가들은 일찍부터 자본주의사회의 언론자유란 소수부르주아만의 자유이기 때문에 언론기관의 자본의존을 타파하고 노동계급들이 진정한 언론자유를 누리게 하려면, 신문·라디오·TV 등을 이용하여 정보의 광범한 전파를 할 수 있도록 물질적 기반을 마련해 주어야 한다는 점을 강조하고 있다.[2)]

이들 나라에서는 개별적 인간에게 주어지는 언론자유보다 사회집단의 구성원들에게 언론자유를 보장하기 위한 물질적 조건을 제공함으로써 언론자유를 향유할 수 있는 능력의 계속적인 개선에 관심을 기울인다. 따라서 사회주의국가의 언론자유는 자유에 대한 전체성 또는 일반성을 준봉(遵奉)한다고 하겠다.

(5) 커뮤니케이션의 權利說

커뮤니케이션 기술발전으로 언론자유란 인간상호간의 쌍방향적 의사소통을 가능하게 하는 여러가지 성격의 권리를 종합하여 설명하여야 된다. 현대사회의 제 상황 아래서 모든 인간들의 평등한 언론권을 보장하기 위해 그 개념설정을 새롭게 해야 한다는 이론이 Jean d'Arcy에 의해 커뮤니케이션의 권리개념(right to communicate)으로 등장하기 시작했다.[3)]

이 개념이 주창된 후 1971년에 정부기관으로는 처음으로 캐나다 통신위원회가 커뮤니케이션권리의 내용을 추출하여 국가정책에 반영하였다.

이어 H. Kato도 사회책임론적 시각에서 커뮤니케이션의 권리를 ① right to communicate : 협의의 커뮤니케이션의 권리(언론의 자유, 정보의 자유, 출판의 자유 등), ② right not to communicate : 묵비권, 비밀은닉권, ③ right to be communicated : 알 권리, 액세스권 등, ④ right not to be communicated :

1) D. S. Mehta, *Mass Media in the USSR*(Moscow : Progress Publishers, 1987), pp. 11～13.
2) 위의 책, 같은 곳.
3) Jean d'Arcy, "The Right to Communicate," *UNESCO DOC, No. 36*, 1979, pp. 1～3.

〈그림 3-1〉

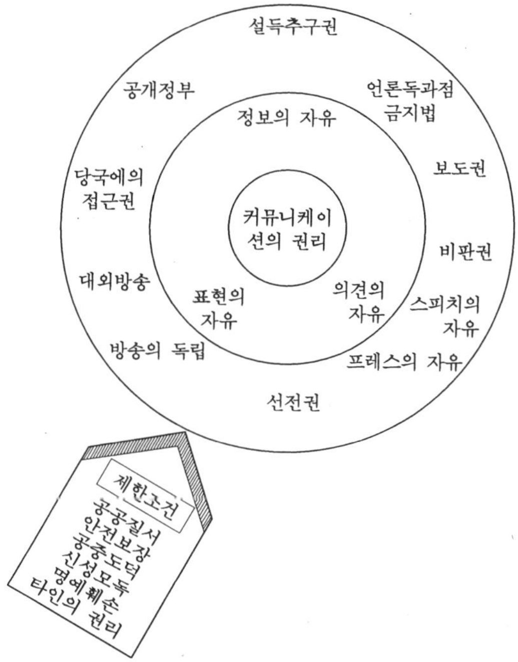

정보선택권 등으로 내용을 구분한 바 있다.

저자가 커뮤니케이션의 송수신주체를 고려하면서 이 구분보다 더욱 알기 쉽게 커뮤니케이션의 권리를 분해해 보면 ① right to speak : 협의의 언론자유, 말할 권리, ② right not to speak : 묵비권, 비밀은닉권, ③ right to hear : 청문권, 들을 권리, 알 권리, 액세스권, ④ right not to hear : 정보선택권, 구독(시청취) 거부권 등으로도 나눌 수 있다.

한편 D. Fisher는[1] 커뮤니케이션의 권리를 "개인이 인간으로서의 존엄성에 기초하여 갖고 있는 기본적 · 절대적 인권의 하나"로 규정하여 커뮤니케이션의 권리주체를 개인, 특히 인간의 심층심리 내부에 두고 있는데, 그의 개념을 설명하면 다음과 같다.

D. Fisher는 커뮤니케이션의 권리를 개개인의 제 1 차적인 권리로 보고, 이 개념의 중심으로부터 제 2 차적 자유인 의견의 자유, 표현의 자유, 정보의

1) D. Fisher "The Right to Communicate : Toward a Definition," *UNESCO Document, No. 37, Prepared for the International Commission for the Study of Communication Problems*, 1979.

자유가 발생하는데, 이 자유들은 반드시 절대적인 자유가 아닐 수 있다고 한다. 이 제 2 차적 자유를 개인이 확실하게 행사할 수 있도록 담보해 주는 것은 사회적 · 제도적인 보충권(entitlements)인데, 이 가운데는 스피치의 자유, 프레스의 자유, 방송의 독립을 비롯하여 접근권, 언론독과점 금지법규 등 정치적·경제적 제도의 보충이 포함된다는 것이다.

적어도 다섯 가지 정도의 분류체계로 우리는 언론자유에 대한 과거로부터의 제 학설과 서로 다른 사회체제에서의 각각 다른〔各異〕 해석들을 살펴보았다. 현재 우리나라에서는 언론자유가 제도적으로 보장되어 있다는 학설을 통설로 받아들이고 있다.

(6) 小結과 私見

언론자유의 진가(眞價)는 '진실한 정보의 자유로운 생산과 개인이나 집단 상호간의 평등한 유통(교류)'에 있다. 그 이유는 진실한 정보에 바탕하여 형성된 의견만이 참다운 여론을 만들어 내어 민주주의의 발전에 이바지할 수 있고, 정보와 의견을 전담하는 전문적인 언론기관의 신뢰성을 높여 언론자유가 모든 사람들의 인권을 신장시키고 인간의 존엄성을 실현시킬 수 있을 것이기 때문이다.

진실한 정보를 생산하자면 정보전달자는 정보수집 · 가공과 처리 · 정보전달의 각 단계마다 충분한 주의를 기울여 정확한 인식과 가장 적합한 언어(상징)의 선택을 통해 최대한의 완전한 전달이 이루어지도록 모든 능력을 쏟아부어야 한다.

그는 먼저 정보의 원천에 용감하게 접근하여야 하고, 국민의 관심이 쏠려지는 공공적인 정보의 원천에 대해서는 국민을 대신하여 정보공개를 요구할 권리가 있음을 깨달아야 한다.

그가 수집한 정보는 자신이나 자기회사, 자기와 이해관련을 갖는 단체, 광고주나 그 정보를 통해 상업적 이익을 얻게 될 소수가 아니라 다수의 공중들에게 이익이 될 수 있도록 가공 · 처리하되 정보의 대상이 된 제 3 의 개인이 그 존엄성을 침해받지 않도록 배려해야 한다. 정보의 전달과정에서도 취재된 기사가 편향된 제목을 갖거나 왜곡보도되는지를 점검하기 위해 게이트키핑의 전과정에 걸쳐 주의 깊게 감시할 책임이 언론인들에게는 하나의 의무로 되어 있다. 본문정보의 진실성이 잘못 뽑아진 제목 때문에 훼손되는 경우가 언론실무에서는 비일비재하지만, 이것이 타인의 명예나 신용에 손상을 입혔을 때 면책의 사유로 정당화될 수 없는 것이다.

시미즈(清水英夫) 교수는 "언론매체가 자본주의적 경쟁을 치른 결과로… 언론자유는 일반대중에게 거의 무의미한 개념조작이 되었고… 대중적 표현수단으로서 본래의 의미가 남아 있는 것은 집회·결사·시위 등의 삐라살포, 스티커부착 등이 고작이어서 삐라나 팜플릿이 겨우 빈민언론(poor people's press)이라고 불려진다"고 한다.[1] 그는 현대의 이와 같은 정보환경 가운데 새로 생긴 표현자유의 이념으로 알 권리, 액세스권 등은 청구권적 특색과 사회권적 기본권으로서의 성격을 가지며 정보공개제와 공정성 원칙의 도입 등을 가능하게 하는 논거도 제공하지만, 한편으로는 프라이버시권에 대한 고려도 필요하다는 견해를 밝히고 있다.[2]

시미즈의 의견을 참고해 볼 때도 정보의 자유로운 생산과 유통을 위해서는 정보원천에의 접근권과 알 권리의 적극적인 신장이 필연이라고 하겠다. 다시 말해 오늘날의 자본주의적 언론환경 아래서 모든 국민의 자유롭고도 평등한 인권보장을 위해서는 언론자유의 진정성(眞正性)이 보장되어야 할 것인바, 그 구체적 장치로서 액세스권과 알 권리 등의 사회적·제도적 보충권(entitlements)이 확보되어야 한다는 뜻이다.

제 5 절 現代社會와 表現의 自由

1. 傳統的 意味에서의 表現自由

(1) 意 義

표현의 자유란 전통적으로 사람들이 말하고 싶은 것을 자기가 생각하는 방식대로 제한 없이 표시하는 것으로서, 특히 국가로부터의 부당한 제한을 받지 않는 것을 의미한다. 그래서 전통적인 표현의 자유론은 국가에 의한 제한으로부터 그 자유를 옹호하는 일보다 국가에 의한 간섭이나 억압으로부터

1) 清水英夫, 「言論法硏究 2」, 學陽書房, 1987, 10~11面.
2) 위의 책, 11面.

그 자유를 어떻게 지킬 것인가라고 하는 주제를 중심으로 전개되어 왔다.

이와 같은 논의는 서구의 근대화과정에서 인권의 신장과 더불어 제기된 여러 가지 문제와 유사한 역사적 배경을 가진다. 표현과 관련된 자유는 영국에서 1649년 인민협약(Agreement of the people)을 통해 선언된 후 1695년의 검열법폐지로 확립되었고, 미국에서는 1779년의 버지니아권리장전을 거쳐 1791년의 미연방수정헌법 제 1 조를 통해 법제화되었으며, 프랑스에서는 1789년의 인권선언을 통해 규정되었다.

표현의 자유는 인권보장이라는 신념의 발현으로서 절대왕정의 전제권력에 의한 자유억압이라는 현실에 대항하여 국가의 억압이나 간섭을 받지 않고 천부의 인권을 누리는 것으로 국가에 대한 국민의 방어권이라는 의미가 짙게 묻어 있다. 사실 인권보장의 문제는 무엇보다도 국가권력에 의한 인권침해의 배제(排除)에 있었으므로 국가로부터의 자유를 확보하는 데에 관심이 모아지는 것은 당연한 일이었다.

천부의 인권인 표현의 자유는 따라서 국가의 불개입을 전제로 한 방해배제의 소극적 자유를 보장하는 것으로 인정되었고, 거기서 인권보장을 위한 국가의 역할은 국민의 자유로운 표현을 보장하기 위한 권력의 불간섭이라고 하는 소극적인 역할에 한정되어 국가가 그러한 역할을 잘 지키면 표현의 자유가 보장되는 것이고, 이를 중핵으로 하는 인권보장의 과제는 잘 해결되리라고 생각해 왔던 것이다. 실제로 매스미디어가 충분히 발달되지 않았던 시대에 가두에서 연설을 하거나 전단(傳單) 등을 뿌려서 의사를 교환하던 시대에 표현의 자유는 발신자의 자유로만 인식되었으므로, 국가의 간섭이나 억압을 제거만 하면 표현의 자유가 충분히 확보될 수 있을 것으로 생각했던 것이다.

⑵ 傳統的 意味를 둘러싼 問題들

전통적 의미에서는 표현의 자유가 국가와 국민의 대항이라는 도식을 염두에 두고 있으므로, 국가에 의한 표현자유의 제한으로부터 국민의 자유를 옹호하기 위해 관심을 돌려야 할 문제들이 다음의 여러 방면으로부터 제기되었다.

① 공권력이 발표될 내용을 미리 심사하여 부적당하다고 인정될 때에는 그 표현을 금지하는 사전검열제도──사전검열은 표현을 완전히 금지 또는 억압함으로써 표현의 자유에 치명적인 손상을 입히고, 인간의 정신을 질식시

킬 수 있기 때문에 이를 막아야 한다. 이 사전검열은 꼭 과거의 유물만이 아니다. 최근 국외에서 제작된 다량의 미디어 콘텐츠를 국내에 반입하지 못하도록 저지하거나 위성기술을 이용한 수신(시청취)을 방해 또는 금지하는 것도 일종의 변형된 검열이므로 여전히 현재적인 문제가 될 수 있다.

② 권력을 담당하는 자에 대한 비판을 금지하는 무기로 사용되는 명예훼손의 법제 — 명예훼손의 처벌이나 손해배상은 근세 이래 명예의 향유주체가 국왕에서 귀족으로, 다음에는 공직자와 유명인사로 확대되었지만, 개인의 평등성을 제도적 기반으로 하는 현대의 민주주의사회에서 명예훼손의 책임추궁제도는 주로 법률적 구조(救助) 제도를 이용할 수 있는 실력자들만이 독점적으로 남용될 우려가 있기 때문에 여전히 현재적인 문제이기도 하다.

③ 기존의 체제와 권력자에 대해 불온한 태도를 취하는 반체제적인 표현활동을 치안문란이나 사회적 선동 등의 죄로 처벌하는 공안관련법제 — 공안관련법제가 표현의 자유와 충돌하는 것은 우리나라의 국가보안법을 비롯하여 집권자에 반대하는 사상의 표현과 지배이데올로기에 대항하는 학술활동 및 자신의 행동에 대해 정의감을 확신하는 양심범에 대한 처벌 등이 무리하게 시도되기 때문이다.

④ 전시(戰時)에 적국을 이롭게 할 목적으로 국가의 기밀을 탐지하여 통보하는 것을 처벌하는 방첩(防諜) 관련법제 — 방첩관련법제가 오해받는 것은 냉전체제의 붕괴로 적국의 개념이 희박해지고 국제협력이 더욱 강화되는 추세에서 열전(熱戰)과 냉전의 유물인 스파이개념이 선진국의 경우에도 국제정치권력이나 국내정당 간의 문제뿐만 아니라 국부(國富)를 생산하는 산업활동에까지 확장되어 적용되기 때문이다.

⑤ 성적인 표현을 공공질서의 문란대상으로 보아 처벌하는 음란물규제의 법제 — 음란물규제가 우려되는 것은 음란물의 판단대상이 가지는 음란성과 예술성의 대립뿐만 아니라, 한 사회의 성적 표현의 자기 결정권이 지역사회나 소속공동체가 공유하는 가치관에 따른다는 점을 부정하고 성적 취향을 금욕지상주의시대의 공서양속(公序良俗)에 묶어 두려고 시도하기 때문이다.

위의 다섯 가지 주된 관심 이외에도 표현의 자유를 압박할 수 있는 몇 가지 제한들이 현대사회의 특수한 환경 속에서 제기되고 있다.

⑥ 교통질서유지, 자연의 풍치와 건축물의 미관(美觀) 등의 관리와 보호

라는 겉보기에 가치중립적인 목적을 내세우며 실제로는 일정한 의미 있는 메시지를 가진 가두연설이나 시위행진, 전단의 배포나 포스터의 첨부 등 대중적인 표현활동을 규제하는 법률──도로교통법이나 옥외광고물단속법제나 자율규제기구를 동원한 규격 외의 광고물제한 등은 곡선적인 방법으로 공안관련법제를 우회하면서 언론표현의 자유를 억압할 수 있다.

⑦ 매스미디어의 취재나 보도활동에 대해 공정한 재판이나 신속한 수사에 방해가 된다는 이유로 가해지는 각종의 제한──법정취재의 제한, 취재원 공개의 강제, 재판이나 수사의 증거에 사용할 목적으로 취재자료를 압수하거나 제출을 명하는 것, 공무원의 내부부패고발 등에 대해 비밀누설죄로 처벌을 위협하는 것 또는 언론인이 취재원과 밀착하여 제공받은 가치 있는 정보의 입수 등에 대해 비밀누설의 교사죄 등으로 다스려 취재행위를 규제하려고 시도한다.

위에 열거한 여러 가지 문제들은 전통적인 표현의 자유론이 풀어야 할 숙제이지만, 현대사회에서도 여전히 발생하므로 현대사회의 구조와 급변하는 상황을 이해하지 않고는 그 해결책이 모색되지 않는다.

2. 表現自由의 理論轉換

(1) 旣存學說의 理解

많은 사상가들과 법률가들은 표현자유의 의의에 대해서 여러 가지 학설들을 내놓고 있다.

우리나라에서는 헌법학자들이 제시한 표현의 자유론이 주로 언론계와 언론학계에 원용되어 검토되고 있는데, 이를 약술해 보면 다음과 같다.

첫째, 표현의 자유란 인간내심(內心)의 자유가 구체적인 행위로서 표현된 외면적 정신활동의 자유라고 보고, 그 초점을 언론출판의 자유와 집회·결사에 두는 견해이다.[1] 표현의 자유는 '인간이 가진 가장 귀중한 권리'의 하나로서 1789년 프랑스인권선언에 명시된 이래 민주주의의 생명선으로 여겨지고 있으며, 다른 권리와 자유의 기초 내지 모체인 동시에 민주정치과정에서 반드시 보장되어야 할 불가결한 조건이다.

1) 구병삭, 「신고판 신헌법원론」, 박영사, 1988, 413면.

그렇지만 현대사회에서 전달기술과 표현매체의 비약적인 발전에 따라 오히려 인간의 자유의지는 주관적으로 축소되었고, 매체산업의 집중과 독점에 의해 자유의지의 객관적 발현이 제한될 수 있다. 미디어의 발달과 정보화사회의 진전속도에 따라 외향적 정신활동의 범위, 개념, 성격 등이 크게 변하고 있으므로, 표현자유의 한계는 개별사회의 발전수준이나 주체의 역량에 따라 국가나 사회별로 각각 다를 수 있다.

둘째, 표현의 자유를 사상·의견의 발표를 위한 언론·출판의 자유로 국한하는 견해이다.[1] 이 견해를 제시하는 학자는 표현의 자유가 정신적·정치적·사회적 자유의 중핵인 것으로 본다. 언뜻 생각하면 표현(expression)은 개인이 자신의 내면에 가지고 있는 의미와 정보를 '외부적으로 표현하는 명시적인 행위(overt behavior)'로서 인간존재의 본질을 이루는 활동이기 때문에 반드시 정치적·사회적 자유여야 한다고 전제하는 것이 오히려 인간의 본질을 외부로부터 방해하는 것을 용인하고, 정치적 커뮤니케이션과 사회적 여론의 틀 안에서 이를 논의해야 하는 것으로 보일 수도 있다. 그러나 실(實)은 전달, 설득, 공감을 주요 목적으로 하는 커뮤니케이션의 표현행위는 그 자체가 상대의 존재를 인정하고 타인과의 관계를 포용하기 때문에 사회적인 행위이고, 따라서 정신활동의 자유를 사회적으로 보장받기 위해서는 정치적 원리와 정치과정에 대한 이해를 해야 하는 것이다.

셋째, 표현의 자유를 정신활동의 자유 내지 정신적 표현의 자유로 보고, 이 자유를 직접적인 인격발현을 목적으로 하는 활동에 국한하여 이해하는 견해이다.[2] 이 견해에 의하면 표현의 내용은 주로 상상 또는 의견이고, 표현의 행위는 작위적(적극적), 부작위적(소극적) 활동을 포함한다. 그래서 표현의 자유는 소극적으로 일정한 내용의 표현을 강제당하지 않을 자유와 적극적으로 자기의 특수한 의사를 외부로 표현하는 자유를 뜻한다. 즉 종교·양심·사상·학문과 예술 등 인간의 내면적 정신작용을 외부적으로 표현하는 자유는 언론·출판·집회·결사와 같은 외부적인 행동으로 표현되기 때문에 표현의 자유는 정신적 자유의 연장선상에 있으며, 현대의 대중민주주의 정치과정에서 필수불가결한 정치적 자유라고 하였다. 이 견해에 따를 때, 표현의 자

1) 권영성, 「전정판 헌법학원론」, 법문사, 1986, 424면.
2) 김철수, 「헌법학신론」, 박영사, 314면.

유는 소극적으로 일정한 내용의 표현을 강제당하지 않을 자유와 적극적으로 자기의 특수한 의사를 외부로 표현하는 자유의 두 가지 유형으로 구별될 수 있다.

그러나 이처럼 정신을 물질이나 육체와 대립하는 실존(實存)으로 이해하게 되면, 영리적인 광고 등은 정신활동의 자유라고 볼 수 없고 물질경제적 자유에서 논의되어야 할 문제이지 표현의 자유에 포함시킬 수 없다는 결론이 나오게 된다.

저자의 사견(私見)으로는 표현이란 인간의 내면인 뇌수에 간직되어 있는 것 가운데 일부를 의도적으로 또는 반(半) 의식적이거나 무의식중에 때로는 실수로 말, 글 또는 각종의 상징을 통해 외부에 표출하는 것이므로, 표현자유의 내용 중에는 사상과 의견뿐만 아니라 정보 또는 지식 등이 포함되어야 한다고 본다. 그래야 비로소 알 권리와 정보의 자유(freedom of information)는 표현의 자유 속에 포섭될 수 있으며, 이 자유의 확보를 바탕으로 하여 현대의 대중민주주의사회가 필요로 하는 여론의 자유로운 형성에 대한 이해가 가능할 것이다. 이렇게 볼 때, 표현의 자유에 대한 새로운 시각은 이미 표현된 언론·사상의 범위를 넘어 새로운 이론과 관점을 요구한다고 하겠다.

(2) 변모하는 社會環境과 새 理論의 展開

일찍부터 표현자유의 필요성은 사상의 자유공개시장을 통한 진실의 발견과 민주주의사회의 절차상 필요에 따른 여론형성의 요구에서 제기되었다. 그러나 현대사회에서는 표현미디어의 시장구조와 민주주의 정치과정의 절차 변화에 이어 급속한 사회변화가 일어나고 있기 때문에 표현의 자유에 관한 이론은 아래와 같은 필요성에 따라 그 내용을 유연화하지 않을 수 없게 되었다.

첫째, 사상의 자유시장이 구조변화를 일으키고 있다. 전통적인 이론에서는 국가의 제한만 없으면 그 '자유시장'이 물질부문에서처럼 자율적으로 작동될 것으로 기대했다. 사상의 자유시장에서 국가는 더 선호하는 사상적·정신적 가치가 따로 없고 오로지 여러 가지 가치 중에서의 선택과 판단은 개인에게 맡겨진 것으로 가정했지만, 국가는 물론이고 정부차원에서도 더 우선하는 사상과 가치가 있으며 일정한 물질적 재산이 없는 자는 자신의 사상이나 정신을 공개시장에 내놓을 수 없다. 특히 자본주의의 발전과 함께 진행되는 기술혁신은 시장규모를 확대하여 시장진입에 필요한 재산적 기초는 더욱 증대했고, 사상의 시장에 진입할 수 있는 사람의 수는 극히 소수에 불과해졌다. 현실사회에서 누구나 평등하게 사상의 시장에 진입하는 것은 불가능하다는 말이다.

충분한 재산이 없어서 사상의 시장에 진입할 수 없는 사람들은 자신들끼리도 이해가 달라서 분열되어 있고, 재산의 불평등이 사상과 표현의 자유시장에서도 불평등을 만들어 내기 때문에 이제 국가는 전통적인 불간섭보다 사상의 자유시장을 형성하는 조건을 확보해 주어야 하는 상황에 처하게 되었다. 그러니까 사상의 자유시장도 구조가 크게 변해 국가가 불간섭하는 것을 금과옥조(金科玉條)라고 말할 수는 없는 시대가 된 것이다.

둘째, 국가가 자본주의경제의 발전에 따라 필연적으로 수반되는 실업이나 빈곤의 문제에 대비하는 과정에서 기능이 확대된 결과로 수많은 정보가 국가에 독점되고 있는 점이다. 현대정치에서 인권의 실현과 확보를 국가의 책무로 하는 복지국가론은 '사회권'이라는 새로운 권리개념을 만들고, 국가로 하여금 이 권리를 적극적으로 보장하기 위해 지금까지 신성불가침으로 여겨오던 경제활동에 대해서도 공공의 복지를 위한 제한을 해야 하게 되었다.

국가가 공공복지의 증진을 위한 임무를 적절하고도 능률적으로 수행하기 위해서는 사회적으로 필요한 정보의 수집과 분석을 필요로 하기 때문에 필연적으로 정보가 국가로 집중되어 축적되고 정보의 가치가 더욱 높아지게 되었다. 현재 국가는 최대의 정보보유자가 되었고, 이 경향은 앞으로도 불가피하게 계속되어 정보의 최대·최강의 송신자라는 지위를 계속적으로 누리게 될 것이다. 하지만 민주주의의 진전에 따라 국민이 국정에 능동적으로 참여하기 위해서는 국정과 각종 시책에 관하여 충분한 정보가 있어야 하므로, 국민들은 최대의 정보보유자인 국가를 향하여 정보의 제공을 요구하지 않을 수 없다.

이러한 상황에서 언론과 정보의 시장으로부터 국가나 정부를 배제하려는 생각은 사실상 공허한 것이다. 국가가 보유하고 있는 다량의 정보를 시장 밖에 방치하는 것은 사상의 자유시장, 이를테면 언론과 정보가 교류하는 시장의 기능을 마비시킬 수 있다. 한편으로 국가가 가장 중요한 송신자로 등장한 현실을 뽐내면서 국민의 통제를 받지 않게 될 때 국민은 국가의 정보에 의해 일방적인 조종을 받게 되어 민주주의도 허울뿐인 상태에 이를 수 있다.

그래서 현대사회에서는 국가를 사상과 의견의 공개시장 또는 언론과 정보의 시장으로부터 배제시키기보다는 시장의 기능을 충분히 활성화하기 위해 국가가 보유하고 있는 정보를 적극적으로 시장에 공급하게 하고, 이 정보에 기초하여 국민의 표현자유를 보장하는 방법으로 송신자로서의 정부활동을 국민다수를 위해 통제할 수 있는 장치가 오히려 필요해졌다.

셋째, 매스미디어기술의 발전에 따라 거대한 매스미디어가 등장하여 정보송신자의 지위를 독점하고, 사상과 정보유통의 과정을 지배하는 상황이 발생한 것이다. 또한 소수의 송신자와 대다수의 수신자가 분리되면서 송·수신자의 지위가 분화되는 언론정보시장의 고정화가 진행됨으로써 대다수의 수신자는 정보발신과 유통과정에서 소외된다. 매스미디어는 여론의 형성과정에서 개인과 결코 비교할 수 없는 큰 영향력을 가지고 있는데, 자본주의경제제도의 특성에 딱 들어맞게 소수자본가가 대규모의 매스미디어를 독차지하고, 다수의 국민들은 소외되어 있는 것이 현실이다. 그러니까 오늘날 표현의 자유는 실질적으로 경제적인 힘의 크기에 좌우되는 상태이다.

이 상태에서 국가로부터 제한을 받지 않는 표현의 자유라는 말은 국가가 언론정보의 자유를 소극적으로 보호하라는 뜻으로 해석할 수 있지만, 이 말 역시 국가가 언론정보시장의 현실을 지나치게 단순화하여 파악한 것이다. 국가가 이와 같은 방식으로 언론정보시장에 대처하는 것은 표현의 자유가 사실상 미디어를 소유한 자에게만 있음을 인정하는 것이 된다. 그렇게 되면 표현의 자유는 매스미디어를 소유한 사람들이 바라는 사상이나 의견을 그들이 소유하고 있는 매스미디어를 통해 표현하는 것을 국가가 제한하지 않고 보장해주는 것이므로, 현실적으로는 표현할 기회의 불평등을 방치할 뿐만 아니라 소수의 매스미디어소유자가 그것을 소유하지 않는 다수(多數)가 표현할 기회를 제한하는 권리를 주는 것이 된다.

넷째, 미디어와 관련된 과학기술의 발전은 국가주권을 횡단하면서 표현의 자유를 전지구적인 차원으로 확대하고 있는 점이다. 최근에 자원의 유한성을 근거로 하여 방송은 공공성을 추구하도록 요구받아 왔지만, 새로운 방송기술환경이 방송과 통신을 하나로 묶어 가고 있다. 방송이 수신자와 공개적인 관계를 유지하고 방송내용에서의 표준화를 추구해 왔다면, 통신은 수신자들간의 비밀성을 유지하고 그 내용에서는 다양화를 추구해 왔다고 할 수 있다. 그런데 고도의 과학기술을 동원한 국제미디어의 등장은 정보의 개인적 자유와 정보의 국가주권 간에 논쟁을 불러 일으켰고, 국제미디어자본의 다국적화(多國籍化) 추세 속에서 전세계의 다양한 문화가 그 독특성과 고유성을 잃어 가고 있다. 그러니까 자본의 국제적 제휴와 더불어 미디어내용물의 국제적인 유통은 표현의 자유를 위한 언론정보의 시장을 국가통제권 밖으로 밀어 내고 있다는 말이다.

새로운 미디어기술에 따라 미디어의 이용이 지리적·국가적 제약을 받지 않고 이루어질 때, 정보전달은 국가라는 통치기구에 의해 제한을 받지 않고 상호관련된 강력한 국제정보망을 구축하여 거대한 지구촌을 하나의 정보교류 단위로 만들고 있다.

국제적인 거대자본에 의한 매스미디어시장의 지배는 국가에 의한 표현자유의 보장정책을 무력화시키고 있다. 특히 미국에 본사를 둔 매스미디어 독점자본들은 세계의 정보와 문화를 독점하고 획일화하여 서구문화에 의한 세계문화의 지배를 관철할 수 있게 되었으므로, 이제 국가는 언론정보정책을 일국(一國) 단위로부터 적어도 문화권단위, 예컨대 한자문화권의 결속이라든지, 동양문화권의 결속이라는 수준으로까지 관점을 전환해야 할 시점에 이르렀다.

(3) 表現自由의 認識範圍와 그 意義

표현의 자유는 커뮤니케이션의 본질과 밀접한 관계가 있다. 커뮤니케이션을 정보의 수집·가공·전달·수령과 같은 진행과정으로 파악할 때, 표현의 자유는 모든 정신활동의 전제가 되는 원시기본권(原始基本權)으로서 적극적·능동적·통일적인 이해를 요구하는 더욱 폭넓은 의미를 띄게 된다. 그러나 앞서 살펴보았듯이 고전적으로는 표현의 자유를 의견과 사상을 표현하고 그것을 방해 없이 전파하는 자유, 즉 발표의 자유와 전달의 자유에만 국한시켜 소극적인 해석을 하는 데 그쳐 왔다. 따라서 표현의 자유에 포함되는 구체적 자유의 내용들은 커뮤니케이션을 상호작용적이고 동태적인 과정으로 파악하느냐, 아니면 단지 단선적이고 목적지향적인 정태적 현상만으로 파악하느냐에 따라 달라질 수 있다.

또한 표현의 자유는 사회체제와도 관련이 크기 때문에 "사유재산제하의 자본주의체제에서는 재산권 및 영업의 자유와도 직업적인 관련이 있다."[1] 언론기업의 자유로운 활동이 법적으로 보장되어 있고, 기업으로서의 존립이 언론기관의 제 1 차적인 관심이 될 수밖에 없는 만큼 국민의 표현활동을 제도적으로 집약하는 언론기관의 활동을 상업적 자유로 한정하고 표현의 자유로부터 언론정보의 자유만을 떼어 내서 언론정보의 자유만 순수한 정신활동의 자유로 한정해서 생각할 수는 없는 일이다.

실무적인 편의상 미국의 법원에서는 정신적인 자유와 경제적 자유를 엄격하게 구별하여 표현의 자유가 다른 여러 가지 사회적 이익과 충돌하게 될 때, 상대가 공공의 복지라고 하더라도 개인의 기본권과 이를 '사후적으로 비교형량하는 원칙(Ad Hoc Balance Test)'을 여러 판례를 통해 밝혀 놓고 있다.[2] 이 원칙은 표현의 자유가 사회체제에서 떠맡고 있는 기능을 체제유지의 입장에서 재구성한 것으로 표현의 자유를 자본주의 경제질서에 따라 민주주의사회를 유지하는 범위 내의 것으로 다시 규정하게 한다. 그리고 표현의 자유를 이 범위내에서 보호하는 이른바 '이중기준의 원칙(principle of the double standard)'을 정립하여 이 자유가 여러 가지 시민적 자유 가운데서 물질적·경제적 자유보다 상대적으로 '우월한 지위'를 갖는다는 논리를 보충했다. 그리하여 미국을 비롯한 많은 서방국가들에서는 표현의 자유가 다른 자유와 구별되는 특수한 권리로 부각되기에 이른 것이다.

3. 表現自由의 具體的 內容

표현의 자유는 ① 표현행위의 내용과 범위, ② 사회의식의 발전방향과 속도, ③ 표현의 자유의 법적 성격규정, ④ 국가의 법기술적 능력 등에 따라 여러 나라에서 그 합법적 보장의 정도가 크게 다르다.[3] 언론・출판의 자유는 이러한 표현의 자유 가운데 일부분이다.

1) 한상범, 「기본적 인권」, 정음사, 1985, 151면.

2) 비교형량의 원칙은 구체적으로 개개의 사건에서 표현의 자유에 의해 얻어지는 이익・가치・사회적 효용과 그 자유의 제한에 의해 얻어지는 그것들을 비교형량하여 표현의 자유에 대한 규제 폭과 방법을 결정하는 방법으로 미국대법원이 기본권의 갈등을 해결하는 판례에서 자주 사용하고 있다.

3) 여기서부터 우리는 표현의 자유를 언론・출판의 자유로 제한해서 사용하기로 한다. 따라서 앞으로의 논의에서 집회와 결사의 자유 및 정당과 선거운동 등과 같은 정치적 표현의 자유는 제외된다.

언론・출판의 자유의 구체적 내용에 관해서는 ① 의사표현행위에 국한시키는 견해, ② 의사전달과 전파의 자유 및 의사수령의 자유, ③ 정보의 자유, ④ 신문・통신 등 언론보도기관의 자유, ⑤ 도서출판의 자유, ⑥ 방송・방영의 자유를 일부 또는 모두 포함한다는 견해 등 다양한 의견이 있다.

그리고 나아가 표현자유의 수신자를 고려하고 역할교대를 상정(想定)하여 ① 알 권리, ② 정보접근권이나 정보청구권 등의 액세스권, ③ 반론권이나 정정보도권, ④ 매스미디어소유의 독과점금지장치 등에 더하여 비판권까지 포함된다.

각국의 언론정보법제는 그 내용을 구체적으로 규정하는 장치를 갖춘 것도 있고, 법해석에 맡겨 놓은 경우도 있다. 그러나 우리나라 헌법에서는 표현자유의 내용에 대한 상세한 규정 대신에 언론・출판의 자유와 집회・결사의 자유만을 규정하고 있다. 언론・출판의 자유를 자세히 나누어 살펴보면 다음과 같다.

(1) 意見表現의 自由

의견표현이라 함은 각종의 기호로써 매체를 통해 행하는 사상 내지 의견의 외부적 표출을 통칭한다. 여기서 말하는 의견표현은 사실의 단순한 고지(告知)가 아니라, 어떠한 사실・행동・상황 등에 따른 가치판단의 결과를 외부에 표명하는 것을 말한다. 그렇지만 엄격하게 말해 가치판단행위가 없는 단순한 사실의 고지와 가치판단을 동반할 행위를 구별하는 것은 어려운 일이다.

또한 표현행위는 의미를 지닌 상징적 행위, 동작, 구두적 표현, 문자와 상형 등 모든 기호사용행위를 포함한다. 미국에서는 '상징적 표현행위'[1]도 언론표현에 포함시켜 그 자유를 보장한 판결을 내린 바 있다.

우리나라에서는 아직 상징적 표현의 개념이 학술적으로 또는 판례상으로 명확히 정립되어 있지 않으나 항의표시의 흑색리본착용, 피켓팅 등의 행위에 비추어 표현의 자유에 대한 헌법적 보장에는 상징적 표현도 포함되어야 할 것이다.[2]

---

1) 상징적 표현행위는 일정한 사상・의견을 언어와 문자로 표현하지 아니하고, 비언어적인 방법으로 표현하는 non-verbal communication을 뜻한다.

2) 구병삭, 앞의 책, 420면.

(2) 意見의 傳達과 傳播의 自由

의견의 전달과 전파란 개인의 지각작용에 의해 일단 형성된 의견을 특정인에게 전하거나 불특정다수에게 퍼뜨리는 자유를 말한다. 여기에 대해서도 의견의 발표를 사실보도와 구별하는 경우와 이를 포함시키는 경우가 있는데,[1] 전달과 전파의 자유란 자유롭게 말하고 글을 써서 알릴 수 있는 자유와 기호나 상징을 사용하여 의견을 전달하고 전파하는 자유를 마땅히 포함한다.

우리나라 헌법 제21조 제 1 항은 언론 · 출판의 자유를 보장하고 있다. 전달과 전파의 전 단계인 사상과 의견의 자유로운 표현과 마찬가지로 국가권력은 사상 · 의견의 전달을 억제하거나 배제할 수 없다. 특히 언론기관의 집중과 독점에 대항하여 일반국민이나 독자 · 시청자들이 자신들의 의견을 전달하거나 전파하기 위하여 언론기관에 대해 적극적인 요구(후술하는 액세스권 : right to access 및 반론권 등)를 하는 것도 이에 당연히 포함된다.[2]

(3) 情報의 自由(The freedom of information)

현대적 의미에서 언론의 자유는 정보유통과정과 관련된 모든 자유를 표현의 자유에 포함시킨다. 따라서 정보의 자유는 언론자유의 핵심으로 이해되고 있다. 이러한 이해는 사람들의 인식이 커뮤니케이션의 전과정을 종합적으로 보장하는 자유가 아닌 한 표현의 자유가 총체적으로 확보되기 어렵다는 데까지 높아졌고, 그 사회적 공감대가 크게 확대된 결과에 따라 표현의 핵심인 정보의 자유에 언론자유의 비중을 무겁게 두는 것이다.

정보의 생산 및 유통과정과 관련하여 발생하는 법적 관계를 정리하면 다음 〈그림 3-2〉와 같다.[3] 정보의 자유는 정보유통의 자유와 알 권리로 크게 나누어 설명할 수 있다.

1) 정보의 유통을 위한 자유

자유로운 커뮤니케이션활동을 위해서는 무엇보다도 먼저 정보가 원활하

---

1) 김기범 · 권영성 교수는 사실보도와 의견발표가 실제상 구별하기 어렵기 때문에 양자를 포함시켜 보아야 한다고 생각하며, 김철수 교수는 원칙적으로 구별된다는 견해를 갖고 있는 듯하다. 김철수, 앞의 책, 320면.

2) 동지 : 권영성, 앞의 책, 430면.

3) 이 표는 奧平康弘 · 杉原表雄 編, 「憲法學」(東京 : 有斐閣, 1976)을 참조하여 저자가 개작한 것이다.

〈표 3-2〉 정보유통의 자유와 권리[1)]

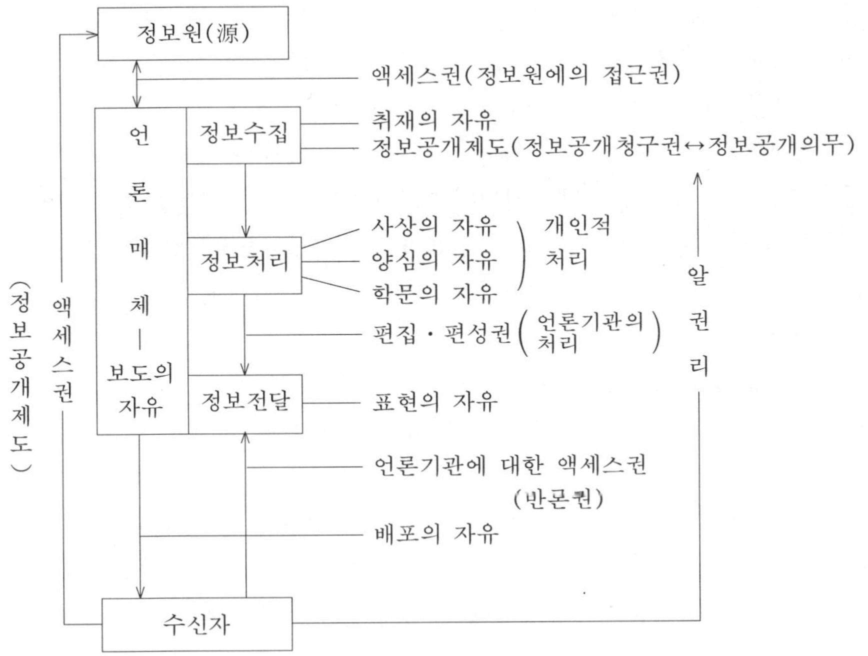

게 유통되어야 한다. 정보유통의 자유는 정보의 공급 · 전달 · 수요의 주체들이 일정한 의무 · 허용 · 방임 · 금지의 규범적 요구를 받아들여야 확보될 수 있다. 예컨대 정보의 공급자는 정보수요자가 필요로 하는 정보를 공급할 의무가 있고, 정보의 수요자는 자신이 원하는 정보를 자유로이 입수할 수 있어야만 한다.

또한 정보공급과 정보수요를 현실적으로 매개하는 정보전달자는 정보처리과정과 관련하여 〈그림 3-2〉에서 보듯이 정보수집 · 가공과 처리, 정보전달 등의 자유를 가져야 한다. 정보수집이 자유롭자면 정보의 원천(source)에 자유롭게 접근하여 취재할 수 있어야 하고, 공공적인 정보원은 적극적으로 정보공개의 의무를 져야만 한다.

정보의 가공과 처리가 자유롭자면 공공적 정보의 취사선택에서부터 처리

1) 보도를 위한 취재에 해당하는 영어는 news gathering이라 하여 보도기관이 뉴스의 소재가 될 만한 자료를 수집하는 행위를 일컫고 있고, 중국어로는 채방(採訪)이라 하는데, 이는 취재원을 탐방하여 뉴스거리를 수집하고 선별하는 일들을 말한다. 우리가 쓰는 취재라는 말은 일본어의 용례(用例)와 같다.

된 정보의 외부적 표현에 이르기까지, 다시 말해 게이트키핑(gatekeeping)에서부터 말과 글을 통한 표현행동에 이르기까지의 모든 과정이 자유로와야 한다. 그러자면 정보전달자는 자유가 함축하고 있는 필연성을 재인식하고 실천할 수 있는 끊임없는 자기수련이 있어야 하겠다.

정보전달의 자유는 전통적인 의미에서 당연해 보이지만, 기업집중과 독점이 언론산업에까지 팽배해지면서 자본력이 뒤쳐진 정보공급·전달자는 자신들이 전달하고자 하는 정보를 수용자의 필요를 충족시킬 수 있을 만큼 공급할 수 있는 자유를 잃어버렸기 때문에 국민의 입장에서 보면 더욱 적극적인 보장대책이 필요해졌다.

2) 알 권리

정보의 자유를 더욱 적극적으로 보장하기 위한 능동적 언론자유의 개념 중에 알 권리(right to know)가 포함된다. 알 권리는 국민 누구나 모든 정보원으로부터 정보를 수집할 수 있는 권리로서, 개인일 경우에는 공사의 사회집단에 대해 정보공개를 청구할 수 있는 권리를 뜻하고, 제도적으로는 언론기관이 다른 공사(公私)의 사회집단에 대해 정보의 공개를 청구할 권리 및 취재의 자유를 의미한다.[1)]

알 권리는 생성하는 기본권 내지 새로운 기본권으로서 지금까지 생존권과 자유권으로 나뉘었던 기본권 2분론을 뛰어 넘어 인간의 존엄성을 실현하는 포괄적 기본권의 하나로 우리나라에서는 헌법 제10조에 의해 보장되는 것으로 인정하고 있다.[2)] 또한 알 권리는 자주적 인간의 행복추구를 의한 전제조건의 수준으로 끌어 올려짐으로써 생활권 내지 참정권적 의미를 갖게 된 언론자유의 한 내용으로 이해되고 있다.[3)]

우리나라 헌법재판소는 알 권리가 언론기관이 수신자인 일반대중의 요구에 따라서 정보의 원천에 대해 정보공개를 요구할 수 있는 기본권이라고 판정했다.[4)] 해석컨대 알 권리는 지금까지 언론기관에 제도적으로 위임되었던 언론의 자유가 매체집중의 결과로 특정소수를 대변하는 자유로 바뀐 데 대한 반발을 인정한 것이라고 하겠다.

---

1) 권영성, 앞의 책, 432면.
2) 강경근, 「헌법학」, 법문사, 1997, 690면.
3) 허영, 「헌법이론과 헌법(중)」, 박영사, 1992, 379면.
4) 헌재 1989. 9. 4. 선고, 88헌마22 결정.

알 권리를 헌법에 규정하고 있는 독일은 기본법(우리의 헌법에 해당) 제 5 조(1949년)에 모든 국민이 누구든지 말·글·그림으로 자유롭게 의사를 표현하고 유포하며 일반적으로 접근할 수 있는 정보원으로부터 방해 없이 알 권리, 즉 법문을 직역하면 정보를 입수할 권리(right to obtain information)가 있음을 명시했고, 판례는 정부의 일방적인 홍보활동이 국민의 알 권리를 침해할 수 있다는 점까지 주목했다.[1] 알 권리에 대한 자세한 논의는 언론자유의 보충적 권리부분에서 후술하겠다.

(4) 액세스權과 反論權

액세스권(Right of Access)의 개념은 매우 다양하다. 액세스권은 ① 매스미디어에 의한 시민의 권리, ② 매스미디어에 대한 시민의 비판요구, ③ 매스미디어에 대한 시민의 참가, ④ 시민에게 공개된 매스미디어의 기본이념, ⑤ 매스미디어에 접근할 권리, ⑥ 알 권리, 프라이버시와 더불어 '알리지 않을 권리', '알려져야 할 권리', ⑦ 매체에 대한 접근이용권 등으로 표현된다.[2] 액세스권은 국민과 국가 간에 발생하는 문제가 아니고 국민과 언론매체 사이에서 생기는 문제로 국민의 매스미디어에 대한 권리이다. 요약컨대 액세스권이란 광의(廣義)로는 구체적으로 자신의 의사표현을 위해 매스미디어를 이용할 수 있는 매스미디어접근권과, 협의(狹義)로는 자기와 관계가 있는 보도에 대해 반론 내지 해명의 기회를 요구할 수 있는 반론권 내지 해명권 등을 그 내용으로 한다.

그 헌법적 근거는 ① 알 권리와 마찬가지로 헌법 제21조 제 1 항(언론·출판의 자유), 제10조 및 제34조 제 1 항에서 찾아진다는 견해(권영성, 1999년),[3] ② 언론·출판자유의 객관적 가치질서로서의 성격에서 찾아야 한다고 하여 헌법 제21조 제 1 항이라는 견해(허영,[4] 강경근[5]), ③ 헌법 제21조 제 4 항에서 찾아야 한다는 견해(구병삭, 1988년)[6] 등이 있다.

1) 서독연방헌법재판소의 1977년 한 판례는 정부의 홍보활동이 국민의 의견형성의 자유와 정보공개과정에 부당한 영향을 끼칠 수 있고, 선거 때의 정부홍보는 모든 정당이 가지고 있는 기회균등의 원리를 침해하여 여당에 유리한 편파적인 언론표현이 될 수 있음을 지적했다.
2) 구병삭, 「증보 헌법학 Ⅰ(총론·인권)」, 박영사, 1988, 588면.
3) 권영성, 앞의 책, 448면.
4) 허영, 「전정증보판 헌법이론과 헌법」, 박영사, 1992, 387면.
5) 강경근, 앞의 책, 732면.
6) 구병삭, 「신고판 신헌법원론」, 박영사, 1988, 432면.

액세스권의 내용으로는 의견광고권, 독자투고권, 한국의 언론관계법에 규정된 '반론보도청구권'(언론중재법 제16조, 방송법 제91조)과 '추후보도청구권'(언론중재법 제17조, 방송법 제91조 제 8 항) 등이 있다.

액세스권은 언론기관이 가지는 보도의 자유와 마찬가지로 헌법적 보호를 받는 것이기 때문에 두 기본권이 상호 충돌을 일으킬 때는 이를 해결하기 위해서 이익형량이 불가피하다. 이에 대해 인격적 가치의 침해에 대한 반론권과 해명권이 우선적으로 보호되어야 한다는 학설[1]과 액세스권의 범위확장을 우려하면서 보도의 자유가 우선이라는 견해[2]가 대립한다.

그러므로 액세스권에 대해서는 당해 매체가 취급하지 않았음에도 불구하고 논쟁이 되는 공적 쟁점에 대한 발언을 희망하는 개인이나 단체에 대해 시간과 지면을 제공하도록 규정하는 광의(廣義)로 해석할 것이 아니라, 공중에게 논쟁이 되는 의제를 제공한 매체에 한해 제한적 액세스권으로서 반론권으로 간주하는 것이 공중의 액세스권과 미디어내용규제라는 언론자유의 억압가능성간의 갈등을 미연에 피할 수 있다.[3]

반론권(right of reply)이란 특정의 언론보도에 대한 불만을 제기하는 자가 특정언론에 대하여 제기하는 미디어접근이용권의 하나로 매스미디어에 접근해 매스미디어를 이용할 수 있는 권리이므로 액세스권에 포함된다.

반론권 내지 반론보도청구권이란 정기간행물이나 방송 등으로 공표된 사실적 주장에 의해 피해를 입은 자가 발행인이나 편집자에 대해 피해를 입었다는 주장을 게재하여 줄 것을 요구할 수 있는 권리를 말한다.[4] 반론권은 보도에 관계된 자의 인격을 자유롭게 발현하고, 그것이 보호하는 이익에 도움이 되는 동시에 객관적으로 진실에 부합하는 보도 또는 국민의 자기통치에 필요한 공공의 이익에 기여하게 하므로 반론권의 보호법익은 피해당사자의 인격권은 물론이고 언론의 자유까지 포함하는 것이다.[5]

---

1) 허영, 「한국헌법론」, 박영사, 1998, 524면.

2) B. Schmidt, *Freedom of the Press v. Public Access*, Praeger, 1976, pp. 15~16.

3) J. Barron, "The Right of Reply to the Media in the United States-Resistance and Resurgence," *Hastings Communications and Entertainment Law Journal*, Vol. 15, 1992, p. 2.

4) 권영성, 「신판 헌법학원론」, 법문사, 1999, 448~449면.

5) 안용교, "ACCESS권 — MASS MEDIA에 대한 ACCESS권을 중심으로," 목촌김도창선생화갑기념논문집 「현대공법의 이론」, 1982, 138면.

Barron은 반론권의 의의가 언론기관으로부터 정보와 의견 또는 사상을 받기만 하는 국민의 지위에서 그것을 보내는 능력을 가진 국민의 지위로 복권하는 데 있다고 보고 있다.[1)]

살피건대 반론권제도는 언론피해의 단순한 구제에 바탕을 두고 있는 것이 아니라 그것이 존재함으로 인하여 언론매체의 권력화를 방지하여 자의적인 출판이나 방송을 자제하게 할 수 있을 것이라는 믿음에 그 바탕을 두고 있다.

액세스권과 반론권에 대한 좀더 집중적인 논의는 후술하겠다.

⑸ 言論報道機關의 自由

언론보도기관의 자유란 의견과 사상, 그리고 그것들의 형성에 필요한 인지요소인 정보를 전달하는 사회적 제도로서의 보도기관이 매스미디어를 통해 수집·가공·처리된 내용을 전달하는 자유를 말한다. 말하자면 신문·통신·방송·방영의 자유를 구체적으로 가리킨다.

신문을 비롯한 각종 매체의 언론보도활동은 원칙적으로 자유이나, 그것의 전달내용이 허위사실일 경우 또는 국가기밀이거나 사회적 규범의 용인범위를 넘어설 경우에도 무제한적으로 인정되는 것은 아니다. 또한 언론보도기관의 자유에 상업화된 언론기관이 기업의 사적(私的) 이익을 극대화하려는 시도를 한다거나, 언론보도기관 종사자 개개인이 자신의 이기적 욕심을 최대한 충족시키려고 시도하는 것은 포함될 수 없다.

언론보도기관의 합목적적 활동인 언론보도의 자유를 둘러싸고 언론보도기관이 겪게 되는 내적 갈등으로는 편집(편성)권의 독립과 언론보도기업의 영업활동의 자유이다. 각각의 언론보도기관은 이 내부적 갈등을 조정함으로써 존립할 수 있지만, 자본주의체제의 모든 기업들이 보편적으로 갖고 있는 영업의 자유에 견주어 그 특수성이 두드러진 언론보도활동의 자유가 영업의 자유보다 경시되어서도 안 된다. 다시 말해 언론경영권의 일부분인 인사권과 재정권을 내세워 언론종사자의 편집(편성) 활동을 억압하는 것은 결국 언론보도기관의 자유를 억누르는 행위이며, 또한 언론보도종사자들도 노동조건개선이나 급여인상 등을 지나치게 요구하는 등 자신들의 이기적 욕심을 관철시키

1) J. Barron, 앞의 책, p. 3.

고자 하는 것은 노동조합활동의 자유라고 할지언정 언론보도기관의 자유에 포함시킬 수는 없다는 뜻이다.

언론보도기관의 자유라 하더라도 각 매체의 특수성에 비추어 그 자유의 구체적인 내용은 매체마다 다르다. 즉 거의 무제한적인 용지생산과 풍부한 인쇄시설로 제작이 가능한 신문의 경우에 언론보도기관의 자유는 신문발행의 자유, 신문배포의 자유를 당연히 포함하는 것이지만, 국경선을 넘나들며 정보의 수집·가공과 처리·전달을 담당해야 하는 통신의 경우에도 신문의 경우와 똑같은 언론보도기관의 자유가 있다고 말할 수는 없다.

매체별 언론보도기관의 자유는 방송과 텔레비전의 경우에 다른 매체와 더욱 분명하게 구별되어진다. 아직은 희소자원인 전파의 관리와 스펙트럼의 관리를 위해 방송국설립의 자유를 신문발행의 자유에 유비추리(類比推理)하여 언론보도기관의 자유라고 하는 것은 매체의 특수성을 무시하고 현실의 차이를 정확하게 인식하지 못한 무지의 결과이기 때문에 정당화될 수 없다. 다만, 언론보도기관의 자유에 포함되는 방송·방영의 자유는 방송사 내에서의 표현과 정보전달행위의 자유를 뜻하는 것인 만큼 방송편성에 간섭하거나 방송내용을 불합리하게 규제하는 것을 금지하고 있는데, 이는 상당부분 정당화될 수 있다.

(6) 言論報道의 自由

신문매체에 적용시켜 보도의 자유를 그 흐름에 따라 구체화해 보면 취재의 자유, 발행의 자유, 배포의 자유 등으로 나눌 수 있고, 이 자유가 보장되어야 보도의 진실성과 논평의 공정성이 확보된다.

취재의 자유란 알 권리를 가진 국민으로부터의 수탁(受託)을 규범적인 근거로 하여 언론인이 정보의 원천에 자유롭게 접근하고 강압이나 위협 없이 정보를 발굴할 수 있는 자유를 말한다.

발행의 자유는 능동적 언론인의 정신적 창작을 복제에 의하여 일정량만큼 증가시킬 수 있는 자유와 언론기업내부에서의 정신적 창작 자체의 자유라는 두 측면의 자유를 포함한다고 볼 수 있다. 그러므로 발행의 자유는 언론기업의 내부적 자유로서 언론기업주가 가진 사유재산의 자유로운 행사를 우선적으로 보호할 것인가, 또는 개별 언론인의 정신적 창작을 수준높게 유지하는 양심의 자유를 기본적으로 우선 보호할 것인가라는 미묘한 갈등 사이에서 조절되어야 마땅하다.

배포의 자유는 원하는 사람 누구에게나 일정액의 구독료를 대가로 신문을 배부·전달할 수 있는 자유를 말한다. 이 취재의 자유와 배포의 자유는 모두 언론의 외부환경과의 관계에서 발생하는 자유라고 하겠지만, 발행의 자유는 성문법이나 관습법상의 보장이 있다 하더라도 신문제작과정에 있어서 외부적 자유와 함께 언론기업내부 문제와도 더욱 밀접한 관련이 있는 자유이다.

제 6 절 言論機關內部의 言論自由 — 新聞編輯權概念의 生成과 進化

1. 內部的 言論自由의 現實

(1) 內部的 言論自由

고전적 언론자유의 이념과 사상의 공개시장론(公開市場論)이 세상을 풍미하던 시대에는 희망하는 사람이면 누구든 신문을 운영할 수 있을 정도로 필자 한 사람 내지 몇몇 사람의 소규모 자본투자만으로도 신문이 발행되고 배포될 수 있었다. 이 때 신문의 사회적·법적 책임과 경영의 문제는 그들 자신의 판단으로 그들에게만 부담되었다. 당시의 신문편집과 발행은 발행인·편집인이 동일인이거나 또는 주역과 보조자의 관계에서 이루어지는 것이었기 때문에 신문내부의 언론자유는 사적(私的) 수준에서 논의될 수는 있었겠지만, 발행의 권한은 신문의 외부에서 볼 때 편집의 권한과 동일한 것으로까지 인식될 수 있었다.

그러나 매체기술의 발달과 매체운용 설비의 개선에 막대한 자본력이 소요되고, 경영과 편집의 실무가 분리되면서부터 지면작성과 편집에 대한 권리의 요구가 나타나기 시작했다. 그러니까 편집권은 현대사회의 여러 가지 독특한 상황이 빚어 낸 특수한 의식으로 사회환경의 변화에 민감하게 반응하면서 진화가 계속되고 있는 잠정적 개념이라고 볼 수도 있을 것이다. 즉 신문의 대기업화, 방송매체의 출현과 막대한 미디어자본투자에 따른 대규모의 미디어조직은 자본투자가에 전적으로 귀속되었던 업무상의 권한과 책임들이 자본가로부터 운영책임자인 발행자나 편집인을 거쳐 취재, 집필, 편집을 담당하는 전문직 언론인에게로 분할·귀속되든가 공유되어야 할 문제로 언론내부의 사정이 바뀐 것이다.

(2) 編輯組織과 內部的 自由

편집조직에서의 업무분장의 문제는 언론기업내부에서의 업무를 둘러싼 인사권과 예산권이라는 두 개의 권능과 분리시켜 생각할 수 없다. 인사권과 예산권은 본질적으로 기업의 경영권에 속하고, 자본주측의 의지가 직접적으로 투영되는 부분이다. 신문의 경우에 취재와 집필 또는 편집의 구체적 업무내용 결정은 그 업무와 관련된 조직의 운영을 책임지는 편집간부인선의 권한 또는 취재와 보도에 종사하거나 편집에 종사하는 사람의 충원권한과 같은 인사문제는 물론 편집부문의 업무집행을 위한 예산 등 자금문제, 이를테면 편집에 종사하는 여러 수준의 인사와 편집부의 사업예산 결정 등과 밀접한 관계를 맺고 있는 것이다. 따라서 언론내부의 언론자유는 그 주체인 언론인의 인사권, 편집에 참여하는 언론인의 위계질서와 신문내용을 결정하는 자금문제를 한 덩어리로 하여 사회 제 세력(諸勢力)의 힘과 내·외부적 관계 등에 의해 그 보장의 정도가 결정되어질 것이다.

2. 編輯權과 言論內部의 問題

(1) 編輯權의 槪念과 關聯要素

신문기업에서 편집권의 문제가 특별한 사회적 쟁점으로 제기된 것은 일본이 제2차 세계대전에 패전한 직후이다. 방송에서의 편성권문제는 일본방송에서의 노동조합운동과 밀접한 관련이 있으므로 신문편집권문제에 비해 아직은 그렇게 많은 이론이 정리되지 않고 있다.

'신문의 편집권이란 신문지면작성을 둘러싼 제반 권리의 문제, 즉 신문의 지면을 어떤 방법으로 결정할 것인가에 관한 권위와 능력'[1]으로 정의된다.

1) 이 정의는 1948.3.16. 일본신문협회가 미점령당국 신문과장 Imboden의 지도를 받아 발표한 성명의 일부 중 '편집권의 내용'과 같은 것이다. 그러나 우리나라에서 편집권개념의 형성과 진화과정은 일본의 영향을 많이 받았으므로 잠정적으로 이 정의를 기초로 하여 논의를 전개하겠다.

1948년 3월에 일본신문협회가 "편집권이란 신문의 편집방침을 결정시행하고 보도의 진실, 평론의 공정 및 공표방법의 적정성을 유지하는 등, 신문편집에 필요한 일체의 관리를 행하는 권능"이라고 정의한 후 일본에 이어 우리나라에서도 언론계에서 자주 쓰이는 용어 가운데 하나가 되었다.

일본신문협회는 '신문편집권의 확보에 관한 성명'을 발표하면서 신문편집권의 개념을 이처럼 정의하고, 이 성명에 부기(附記)된 해설을 통해 편집권은 구체적인 지면제작 이외에 기구의 결정, 인원의 배치, 이와 관련된 경리적 조치 등도 포함된다고 설명했다. 또한 편집권의 행사는 경영관리자 및 그의 위탁을 받은 편집관리자에 의해 행사된다고 규정한 후 그에 대한 일체의 간섭을 없애며, 편집내용을 이유로 한 방해자를 편집권의 침해자로 간주한다고 선언했다. 이어 이 성명은 "신문의 경영관리자와 편집관리자는 항상 편집권 확보에 필요한 수단을 강구함과 동시에 개인과 단체, 외부와 내부를 가리지 않고 모든 것에 대해 편집권을 수호할 의무가 있다"고 밝히고 있다.

이 정의는 경영자의 입장에서 보면 전통적으로 외부적인 규제로부터 신문편집의 자유를 어떻게 확보할 것인가 하는 문제를 제기하겠지만, 이 개념에 반대하는 언론노동자의 입장에서 생각하면 편집권을 빙자하여 피고용상태의 언론인을 해고를 할 수 있는 강력한 무기도 될 수 있기 때문에 언론인이 신문사내부에서 지면편집의 기능적 자유를 어떻게 가질 것인가 하는 문제를 제기할 수 있다.

경영자측이 편집권을 독점하는 데 대한 비판은 자본가측이 매스미디어 노동자를 해고한다는 위협 속에 편집내용을 간섭할 것이라는 우려에서 비롯된다. 편집권이라는 용어를 빌미로 기사내용을 사전규제하는 것은 국민의 알 권리를 침해하는 것으로서 일본헌법 제21조에 의한 기본권을 제약할 수 있는 위헌의 소지를 안고 있다고도 주장할 수 있지만, 시장경제원리에 의한 경제체제의 작동을 규정하고 있는 헌법정신에 비추어 편집권은 당연히 경영책임자에게 있다고 생각할 수도 있다. 따라서 편집권의 정의(定義)에 관한 쟁점은 누구가 편집방침이나 그에 따른 구체적인 편집결정권을 갖는가 하는 것은 아무래도 조직내부의 문제, 즉 언론사의 내부문제라고 하겠다.[1)]

1) 松井茂記, 「マス・メディア法入門」, 日本評論社, 1994, 254～255面.

현재 편집권의 상태는 크게 세 가지 유형으로 나눌 수 있다.[1)]

첫째는 신문소유자가 신문편집권을 독점하는 경우이다. 이 유형은 미국의 신문에서 매우 흔한 방식인데, 일본신문협회의 편집권이 이 계열에 속한다.

둘째 유형은 편집권의 분리방식에는 소유와 경영의 분리(미국), 주식신탁제도(미국의 Hearst계 신문사), 프랑스의 경영관리회사(Le Figaro) 등이 있고, 경영과 편집의 분리는 영국의 인디펜던트(The Independent)와 편집위원제(director system)를 정착시킨 옵서버(The Observer) 등이 있다. 독일에서는 일반종업원과 편집부문종사자를 분리시켜 경영조직법상 성향사업장에서의 경영자의 성향보호 의무조항과 노동조합과 편집의 분리 등이 있다.

셋째 유형은 종업원지주제를 통한 편집권에의 참가(프랑스의 비영리회사인 르 몽드기자회), 언론인의 편집방침 결정에의 참가(독일의 편집강령), 언론인의 인사권에의 참가(독일의 편집강령), 노동조합의 참가〔영국의 클로스드 숍제(closed shop)〕 등이 있다.

현재 각국은 편집권에 대해 경영권의 단일한 독점을 인정하지 않고 있으며, 위에 열거한 제 2 의 유형인 편집권의 분리방식과 제 3 의 유형인 편집권에의 참가방식을 고려하고 있다. 그러니까 여러 나라에서는 언론기업내부에서 민주적인 절차로 자유계약의 원칙에 따른 편집강령의 제정협상이 활발히 진행되고 있는 것이다.

편성권은 편성을 실시하는 권한을 말한다. 편성이란 방송프로그램의 내용, 길이, 배열 등을 법규에 따라 기획하고 결정하여 실시하는 일이다. 편성권의 구체적인 내용은 프로그램의 예산장악과 실시, 프로그램의 결정과 선전, 이윤과 시청률의 확보 및 프로그램의 완전한 송출과 보존이라고 할 수 있다.[2)] 일본방송협회 노동조합(NHK勞組)에서는 편성권이라는 용어를 쓰고 있지 않지만, '내부적 방송의 자유'에 관하여 제안을 계속하고 있다.

편집강령은 편집자의 언론자유와 경영자의 영업자유가 충돌할 때 그것을 조정할 수 있는 범위를 정할 수 있고, 기본적으로는 언론기관의 상품성과 언론성 간의 모순을 조정할 수 있는 도구를 마련할 수 있다. 여기서 중요한 문제는 첫째로 경영의 큰 틀 가운데서 어떤 형태로 편집자의 활동의 자유나 표

1) 石村善治 編, 「現代マスコミ法入門」, 法律文化社, 1993, 189~191面.
2) 稻田植輝, 「最新放送メディア入門」, 社會評論社, 1998, 156~157面.

현의 자유를 취할 것인가 하는 문제와 상품성과 언론성의 조정내용을 국가의 법에 의할 것인가, 아니면 당사자간의 자율적인 협약에 맡길 것인가에 대한 답을 찾을 것을 요구한다는 점이다.[1)]

(2) 編輯權의 範圍

편집권의 범위는 크게 나누어 대외관계와 내부질서로 구분할 수 있다.

1) 편집권의 대외관계

편집권의 대외관계로는 독자들의 액세스권, 반론권보장의 문제와 언론내부의 자율규제기구나 언론외부의 평의기구(press council) 등을 들 수 있다. 거기다가 최근에는 독자집단의 조직화·활성화에 의한 진정한 언론민주화의 요구가 덧붙여져 반론권, 액세스권 등 독자들이 요구하는 권리주장까지도 편집권의 내용을 결정하는 변인들로서 새로운 의미를 갖게 되기도 한다.

편집권과 관련된 외부요소를 자세히 살피다 보면 언론사와 독자가 커뮤니케이션의 권리를 어떻게 보장할 것인가 하는 문제와 언론사가 자율적인 신문규제기관의 활동성과를 어떻게 평가하고 얼마까지 수용할 것인가 하는 문제들이 제기될 수 있다.

첫째, 언론과 독자의 커뮤니케이트권(right to communicate) 공유는 표현의 자유를 구성하는 중요한 요소들로 손꼽히는 독자가 관심을 갖거나 상당한 이해가 걸려 있는 문제에 대한 알 권리, 독자가 신문지면을 사용하여 자기의 의견을 적극적으로 알릴 권리와 언론으로 인해 자신이 지킬 것을 부당하게 침해당한 사람들에 대한 반론권의 인정, 사적인 정보를 매스미디어의 공표행위로부터 개인의 사생활과 관련하여 알려지지 않을 권리(隱私權=right of privacy) 등을 언론기관이 어떻게 평가하고 얼마만큼 받아들이는가에 달려 있다.

둘째, 자율적인 신문규제기관의 활동은 신문평의기구나 옴부즈맨 같은 기구가 신문의 보도내용에 대해 비판하거나 독자의 고정(苦情)이나 불만을 제기받아 기사내용을 심사하고 일정한 재정(裁定)의 절차를 거쳐 정정(訂正)기사의 게재를 요구하는 것 등을 들 수 있을 것이다. 그 밖에도 신문의 편집권은 국가의 법적·사법적·행정적 대응은 물론 압력단체나 광고주로부터의 간섭이나 청원에 의해서도 영향을 받는다.

---

1) 石村善治 編, 앞의 책, 191~192面.

2) 편집권의 내부문제

편집권의 내부문제는 소유와 경영의 분리, 경영과 편집의 분리, 언론인 자신의 도덕적 능력과 신조·양심의 보호, 일반 노동자종업원과 편집권의 상호관계, 노동조합과 편집권의 상호관계 등을 들 수 있고, 더욱 구체적으로 편집권을 독립시키거나 공유하기 위해서는 종업원지주제의 실시, 비(非)간부 언론인의 편성정책 결정에의 참가, 언론종사자의 인사권과 예산권에의 참가, 노동조합이 주도하는 노·사 협의방식의 단체협약 등을 들 수 있다.[1] 이 가운데서 특히 독일이나 일본에서는 단체협약의 하나로 편집강령이나 편집규약을 제정하고 있거나 추진하고 있는 경우가 많다.

경영권으로부터의 편집권분화가 하나의 시대적 요청으로 바뀌게 된 배경에는 시장경제제도 하에서 매스미디어가 떠맡고 있는 광고기능과 그 관할권에 관한 신문경영인의 요구가 상충되자, 이 상호모순의 극복과정에서 언론기관내부에서 신문경영진과 신문제작진 사이에 대결과 타협의 국면이 필요하다는 점도 있다. 하지만 편집권분화의 문제는 무엇보다도 지면내용의 결정에 대한 전문직 언론인의 주체적 요구가 있었던 점이 가장 주목할 만한 부분이다.

선진국의 경우를 보면 편집권의 독립과 언론내부의 자유를 요구하는 언론인에 대해 발행인은 신문운영의 주체로서 신문의 존립을 가능하게 해야 한다는 논리를 내세워 이를 수락하지 않다가 언론인의 전문직업화가 진전되고, 언론인단체와 언론관계 노동조합이 활성화된 결과 언론기관을 소유구조와 경영구조 및 전문구조로 이원화하는 것을 인정하지 않을 수 없게 되었다. 이와 함께 경영권으로부터 편집권이 분화하여 독립하거나 편집권을 공유하는 방안 및 두 개의 상이한 구조 사이에 발생가능한 갈등의 조정방안이 여러 각도에서 검토되기에 이른 것이다.

언론노동자가 편집권의 독립을 위해 노동조합을 중심으로 공동의 투쟁을 벌여 가면서 언론노동자들은 계급적인 사회의식이 형성되었고, 노동자의 단결정신도 새로이 각성되었다. 이 각성되고 진보된 사회의식에 따라, 특히 기자 집단에서는 다수언론인의 공동행위에 의해 지면이 구성되고 있기 때문에 비교적 소수의 경영인이나 발행인으로부터의 신문제작에 대한 사적 간섭을 배제하기 위하여 제도적 장치가 마련되어야 한다는 주장을 강력하게 제기했

1) 廣岡知男, "經營權と編集權,"「新聞硏究」, 1971年 11月號, 日本新聞協會.

다. 많은 우여곡절 끝에 언론기관을 둘러싼 사회의 여러 세력과 개인들은 매체에 게재할 내용에 대한 관할권의 한계를 규정하거나 그와 관련된 논의를 계속하고 있다.

편집권독립개념의 생성과 발전은 이처럼 언론인의 전문직화와 화이트컬러 노동조합운동의 발전에 따른 필연적 소산이다. 이 개념은 국가에 따라 여러 가지 다른 용어로 쓰이고 있는데, 영미의 '언론기관 내의 파트너십(partnership)', '편집지침', 프랑스의 '편집정책결정권', 독일의 '내적 언론자유', 스웨덴의 '공동결정행위',[1] 우리나라에서 최근 자주 등장하는 언론기관의 '내부민주화' 등이 구체적으로 지칭하는 실체의 내용은 대개가 편집권의 독립과 관련된 문제들로 채워져 있다.

3. 內部的 自由와 編輯權槪念의 由來

(1) 內部的 自由와 社會意識

언론기관내부에서의 언론자유나 신문편집권을 둘러싼 논의주제들은 모두 사회적 의식의 일종이다. 그러므로 이 논의들은 언론기관에 종사하는 언론인의 현실적 조건과 의식을 반영하지 않을 수 없다. 언론의 내부적 자유와 그에 관련된 편집권의 문제는 언론인의 의식과 사회적 환경의 여건변화에 따라 사람마다 달리 인식될 수 있으므로, 그 관련개념들을 일률적으로 정의하기는 매우 어려운 일이다.

신문의 내부적 자유는 그 보장내용이나 보장정도가 시공간적(時空間的)으로 다양하기 때문에 이 논의의 본질에 접근하기 위해서는 한 사회의 역사적 경험과 언론계 내·외부에서 활동하는 사회 제(諸)집단의 움직임을 면밀하게 관찰할 수 있는 시각을 가져야 한다.

언론자유는 인간의 감각적 경험을 표현하고 이성의 힘을 빌려 논리적 추론을 가능하게 하는 전제조건이지만 그 보장은 현대사회의 언론환경에 의해 상당부분 굴절될 수밖에 없었다. 언론기관 내부에서 언론자유를 확보하려는 논의는 현대사회의 특이한 조건과 환경 속에서 그 굴절을 바로잡고 언론계

1) Karel Doehring *et al.*, *Pressfreiheit und Innere Struktur von Presseunternehmen in Westlichen Democratien*(Berlin : Duncker & Humbolt, 1974), pp. 11∼12.

내·외부를 막론하고 언론과 관련된 각종 이해집단이 대화를 통해 서로의 양보와 타협을 이끌어 낼 때, 더욱 활성화될 수 있다.

현재 내부적 언론자유와 편집권에 관해 몇 가지 견해들이 피력되고 있다.

그 하나는 내부적 자유나 편집권에 대한 논의와 주장은 다른 재화나 용역을 생산하는 기업에 있어서처럼 소유권과 경영권의 갈등에서 유래된 것[1]인 만큼 자본의 신문제작에 대한 직접적인 간섭만 없으면 그 독립성의 확보가 가능하다고 믿는 견해이다. 다른 하나는 소유와 경영의 상호의존성을 인정하되 편집부문에 대해서는 이들 두 사회집단으로부터 자유로운 결정을 내리는 전문가집단으로 인정하는 견해이다.[2]

언론인들의 견해가 집약된 후자의 견해에 따르면 신문기업 내의 기사제작공정인 게이트키핑(gate-keeping)과 같은 내부조정이 갈등 없이 이루어진 다음에, 기사가 산출(產出)되는 과정의 경험이 축적되어야 내부적 자유 또는 편집권의 독립이 이루어질 수 있다고 본다. 그러나 이런 견해들은 언론의 자유가 현대의 미디어환경에 의해 왜곡되어진 것을 그대로 인정하자는 전제 하에서 논지를 전개하고 있기 때문에 내부적 자유의 제도화를 위한 논리로는 많은 한계가 있다.

(2) 內部的 自由와 編輯權

편집권은 언론의 자유를 적극적으로 보장받기 위한 국민들의 요구를 근거로 하여 진화를 계속하면서 형성되어 가는 개념이나, 우리나라의 경우 아직 법적 장치에 의거한 제도적 보장책은 마련되지 않고 있다. 그러나 우리 사회의 민주화진전과 더불어 언론계가 그 자유와 자율을 폭넓게 보장해 줄 것을 요청하고 있으며, 기자단체들이 편집권의 독립과 자유를 확보하기 위해 힘을 모으고, 그 힘을 단계적으로 행사하기에 이른 오늘날 편집권의 귀속주체에 대한 논리적 판단과 추론은 미룰 수 없는 과제가 되었다.

언론의 자유는 정신적 자유의 요체로 인간 스스로가 자기의 미래를 자율적으로 결정할 수 있는 능력을 갖고 있다는 인간적 본질의 외부적 표현이라고 할 수 있다. 따라서 이 개념은 넓은 의미로 볼 때 표현의 자유 전반을 총

1) 편집의 경영으로부터의 독립을 내세우는 견해가 바로 그 대표적인 예이다. 자세한 것은 관훈클럽, 「신문연구」 1963년 여름호, 22~66면을 참조할 것.

2) 최근의 많은 편집권논리들이 이와 같은 견해를 나타내고 있다.

칭한 개념이지만, 현대에 이르러 인쇄·출판·방송을 동원한 언어매개적 표현에 그 관심을 집중하게 되었다. 이 가운데 특히 보도의 자유는 모든 나라의 신문과 방송부문에 종사하는 많은 사람들의 직업적 양심과 관련되어 그 의미가 강조되고 있다.

(3) 編輯權의 內容

여러 가지 내·외부 환경의 영향을 받아 편집권의 개념은 불명확하지만, 일본의 유래를 훑어보면 편집권의 내용은 지면작성권, 개별 기사취급결정권, 광고취급결정권 등이다.

첫째, 지면작성권은 편집권의 중핵인 편집방침의 결정권을 뜻하며, 이 권한이 누구에게 속하는가에 따라 편집권의 독립정도가 정해진다. 편집방침 결정의 대상이 되는 것은 ① 사시, 편집강령 등 신문사의 성격과 관련된 기본방침, ② 장기적인 성격을 지닌 보도대상에 대한 논조와 시각 등 신문편집상의 장기방침, ③ 매일 매일의 지면작성을 위한 개별 지면방침 등이다.

둘째, 개별 기사취급결정권은 편집방침에 따라 신문을 제작함에 있어 특정의 기사에 대한 게재여부결정, 기사를 취급에서의 지면배치와 지면구성 등과 관련된 권능이다. 예컨대 이 권한이 경영책임자에게 있다면 특정의 직·간접적 경영이해와 관련하여 어떤 개별 기사에 대해 지면게재나 삭제를 요구할 수도 있을 것이다.

셋째, 광고취급결정권은 ① 신문의 전체지면 가운데서 광고게재를 위하여 얼마만큼의 지면을 할당할 것인가 하는 문제, ② 특정내용과 방향을 가진 광고의 게재 여부를 결정하는 권한을 말한다. 특히 시장경제질서 하에서 광고가 대량생산과 대량소비를 매개하는 중요한 기능을 갖고 있는 것은 틀림없지만, 의견광고의 경우에서 보듯이 광고주가 사실상 신문의 특정지면을 매입하여 특정의견을 선전할 수 있기 때문에 광고취급결정권도 공정언론실현의 중요한 요소가 된다. 의견광고의 무제한적 허용을 결정한 신문은 자본력의 적나라(赤裸裸)한 지배에 따라 특정지면에 대해서는 다른 정보와 의견의 자유로운 공표를 억제하게 된다. 따라서 광고취급결정권은 개별 기사취급결정권이나 지면작성권 못지않게 편집권의 중요한 요소를 이룬다.

4. 先進國의 編輯權意識과 그 歸屬事例

(1) 英 國

영국에서는 현재 법률이나 계약으로 명확한 보장이 있는 것은 아니나 편집책임자(editor)의 자유가 비교적 폭넓게 인정되어 있는 것처럼 보인다. 즉 편집자는 통상적으로 특정지면을 자율적 판단으로 채울 수 있다는 뜻이다. 그러나 광고면편집의 정책결정은 신문기업의 이윤동기에 달려 있어서 편집책임자가 자율적인 편집예산권을 가질 만큼 편집의 자율성이 보장된 것은 아니다. 따라서 영국 언론노동조합의 더욱 큰 전략적 목표는 자본주로부터 자율적 예산편성권을 얻어내 편집권독립의 구체적 담보를 확보하는 데 있다.

영국언론의 편집권독립은 영국신문의 소유권집중과 이에 대응하는 노동조합의 즐기찬 투쟁의 변증법적인 발전과정으로 이해할 수 있다. 인쇄·식자(植字)노동자를 중심으로 발족한 인쇄노동조합과 영국 언론인노동조합연맹(NUJ : The National Union of Journalists)은 1960년대에 언론인 100%의 가입을 운동목표로 삼아 가면서 폭넓은 대중적 지지기반을 확보하였다. 1974년에는 클로우즈드 숍(cloesd shop)제[1]의 부활로 편집국간부도 노동조합에서 제명되면 신문기업을 떠나야 하기 때문에 노동조합의 편집에 대한 영향력은 크게 증대했다.[2]

1) 왕립위원회의 언론소유구조와 뉴스독점가능성 조사

신문기업의 자본주와 언론인 간의 갈등을 조정하기 위해 의회는 한 단계 높은 통합방안을 모색하고 있다. 즉 의회는 편집권의 진정한 독립(자본주는 물론 노동조합으로부터도)을 위해 깊이 있는 연구의 길을 터놓고 좀더 자유로운 분위기에서 그 방안을 찾게 하고 있다. 3차례에 걸쳐 의회 내에 설치되었던 '언론에 관한 왕립위원회(Royal Commission on the Press)'는 신문소유의 집중화가 진전함에 따라 의견의 자유로운 표명이 위축될 가능성이 있음을 시인

1) 노동조합제도는 크게 나누어 open shop, union shop, closed shop으로 대별한다. closed shop은 신규채용이나 결원보충을 막론하고 사용자는 조합원 중에서 고용해야 하는 노동조합제도이다. 이 제는 조합가입이 고용의 전제조건이 되는 제도로서 조합이 노동공급을 통제할 수 있어 임금 등을 올릴 수 있다. 그러므로 이 제도는 조합을 강화하는 가장 강력한 조합원확보제도이므로 미국의 경우에 Taft Hartley법(1947)에 따라 이 제도가 불법화되었다가 건축법(1959)에 따라 건축노동자에게만 다시 합법화되었다.

2) Royal Commission on the Press, 3rd ed., *Final Reports*(1974~1977), Chapter 17, U.K. London.

하고, 뉴스의 정확한 보도를 위한 구체적인 방안을 수차례에 걸쳐 조사·연구한 바 있다.

1947년 설치되었던 제 1 차 언론왕립위원회는 2 년여에 걸친 조사연구 끝에 "신문계 전체로 보아 신문의 주요 부문별로 현재의 소유집중 정도는 의견의 자유로운 표명과 뉴스의 정확한 보도를 저해하거나 공중의 최상의 이익에 반할 만큼 크지 않다"는 결론을 내렸다.[1)]

그러나 1956년 신문용지에 대한 통제조치가 전면적으로 해제되면서 신문업계의 경쟁이 치열해진 결과 1961년에는 '뉴스 크로니클(News Chronicle)', '더 스타(The Star)' 등 17개 신문이 폐간되고, 지방조간지 28개 신문 중 7개가 줄어들어 톰슨(Thomson)경(卿) 등의 신문재벌이 다수의 신문을 인수하는 사태가 벌어졌다. 이에 따라 사회적 의견공급이 획일화가 증대되고, 독자의 뉴스선택범위를 좁힐 잠재적 위험이 있다는 비판이 일어났다.

그래서 1961년의 제 2 차 왕립위원회는 "일간 전국지와 일요전국지의 선택범위는 아직 상당히 넓지만, 소유의 집중이 계속되면 획일화라는 잠재적 위협이 뒤따를 것이다"라고 우려하면서도 "신문의 편집책임자에게 얼마만큼의 자유를 줄 것인가 하는 것은 그 소유자의 의도에 달려 있기 때문에 경영과 편집의 책임을 강제적으로 분리하는 것은 불가능하다"고 보았다.[2)]

한편 1974년의 제 3 차 왕립위원회는 신문의 독점·집중화가 심화되는 것을 억제하는 방법으로 신문의 소유관계를 공표한 의무를 부여하고, 기업가로부터 편집의 독립성을 보장할 제도를 마련할 것을 권고하였다.

이 위원회의 보고서는 편집책임자의 기본권리로서 다음과 같은 권리를 들었다.[3)]

① 경영진상부로부터 제공된 기사를 거부할 권리
② 합리적·경제적 배려를 거쳐 확정된 편집방침의 범위 내에서 신문의 내용을 결정할 권리
③ 편집예산의 범위 내에서 비용을 할당할 수 있는 권리
④ 탐색보도를 지시·추진할 권리
⑤ 편집방침에 관한 자문을 거부할 권리

1) Royal Commision on the Press, 1st ed., *Reports*(1947～1949), Clause 672.
2) Roya Commission on the Press, 2nd ed., *Reports*(1961～1962), Clause 31, 32, 329, 330.
3) Royal Commission on the Press, 3rd ed., *Reports*(1974～1977), Clause 14.

⑥ 소속신문사의 그룹이나 동일사의 다른 부문을 비판할 권리
⑦ 편집방침의 범위 내에서 특정 문제에 대한 태도나 의견을 변경할 권리
⑧ 기자의 임명 또는 해고시 고용계약조건을 회사의 소정방침 내에서 결정할 수 있는 권리
⑨ 기자에게 취급기사를 할당할 권리

그러나 위원회의 보고서는 편집권의 독립성을 확보할 수 있는 구체적 방안을 제시하지 않았고, 다만 기업주, 언론사경영진, 노동조합, 편집간부나 기자들 간의 관계와 지위를 설정시켜 주는 약 9개 항의 권고안을 제시하였을 뿐이다.[1)]

2) '더 타임스'와 '옵서버'의 편집권독립

이 나라에서 신문편집권의 독립이 획기적으로 진행된 신문사로는 '더 타임스'(The Times)와 '옵서버'(The Observer)였다. 이 신문들은 신문경영이 어려워지면서 신문기업의 소유권이 양도되는 과정에서 회사의 정관(定款) 변경을 통해 편집권의 독립을 보장하는 구체적인 방안이 마련되었고, 이에 따라 편집국장의 권한범위도 기존의 여러 가지 제안들을 토대로 상세하게 규정되었다. 그렇지만 이 두 신문사에서 경영자와 편집국장의 권한범위를 조정하고, 경영주(사주)의 지시를 받고 있는 경영진으로부터 편집권의 독립을 확실히 지속적으로 보장해 줄 확실한 담보장치는 갖추기 어렵다.[2)]

'더 타임스'는 편집국장이 지면의 정치논조관리권, 언론인의 채용 · 이동 · 해고 등 신문내용의 지배를 위한 권한을 인정받게 되었으며, '옵서버'는 편집국장을 임명할 때, 이사회의 과반수찬성을 조건으로 하되 편집국장은 예산범위 내에서 언론인의 채용 · 이동 · 해고 등 신문지면관리를 위한 인사운영권을 편집국장에게 맡기도록 하고 있다.[3)]

i) '더 타임스'의 사례　　이 신문은 1785년 상인출신의 월터(John Walter)가 창간한 '데일리 유니버설 레지스터(The Daily Universal Register)'가 1788년 '더 타임스(The Times)'로 개칭된 후 오늘에 이르러 세계적인 권위지의 하나로 인정받고 있다. 1998년의 '영국신문 공사(公査) 기구(ABC of U. K.)'

---

1) 日本新聞協會 編, 「新聞の編集權」, 1985, 22～23面.
2) 阪田秀, "'英タイセセズとオブザーバーの定款に見る'編集の獨立の保障措置," 日本新聞協會 研究所年報 第4號, 1981, 95～97面.
3) 阪田秀, 위의 책, 같은 面.

의 조사자료에 따르면 신문발행부수가 약 75만부를 조금 넘어 발행부수로 영국 제 6 위의 일간지이다.

이 신문의 창간초기 목표는 "시대의 기록, 모든 종류의 정보에 대한 충실한 기록자로서 불편부당한 신문"이었으나 재정형편상 정부보조도 받았고, 선정주의에도 물든 적도 있었다. 19세기에는 영국중산층의 여론을 대표하는 자유주의성향의 신문이었으나 20세기 초엽에 경영위기에 빠져 노스클리프(Northcliff)경에게 넘어 갔으며, 그 후 수차례 신문사주가 바뀌었다.

1970년대 이후에는 재정문제·노사문제 등으로 곤란을 겪으며 논조가 우경화되자 한때 100만부에 이르던 발행부수가 30만부로 급감(急減)했다가 차츰 부수가 늘었다. 1967년 경영위기로 캐나다신문왕 톰슨(Thomson)에게 매각되면서 영국정부는 해외언론재벌의 영국신문 소유로부터 편집의 독립성을 확보하는 문제를 검토하였다. 톰슨재단측에서는 재단의 이권에 영향을 주는 사건까지도 솔직하게 보도할 수 있음을 확약하고, 편집국장에게 신문편집과 관련된 완전한 책임을 부여할 것을 약속했으므로 정부는 소유권양도가 공공의 이익에 반하지 않는다고 판단했다.

톰슨경의 소유 아래 이 신문의 지면은 크게 바뀌었고 발행부수도 40만부로 다소 늘어났지만, 경영상태는 호전되지 않아 신기술도입과 합리화를 둘러싼 노사분쟁이 야기되어 1978년부터 약 1년간 휴간했다.

1981년 2월에는 호주출신의 미국국적 신문재벌인 머독(Murdoch)에 '더 타임스' 계열사 모두가 양도되었다. 머독은 연성뉴스(soft news) 중심의 편집방침을 채택하고, 신문제작에도 일반 사기업의 관리방식을 도입하려 하면서 이 신문의 전통적인 품위보존과 편집권문제가 사회적 관심사로 비화되어 의회에서까지 격론이 벌어졌다.

이에 통상대신은 머독이 '더 타임스' 그룹을 인수하는 조건으로 ① '더 타임스' 계열사 신문을 각각 별개의 신문으로 취급하여 발행하고, ② 12명의 이사 중 4명은 중립적인 전국적 인물로 선임하며, ③ 지면작성과 뉴스보도에 대한 편집국장의 관리권·직원인사권 등을 받아들이도록 요구하자 머독은 이를 수락했다. 또한 머독은 전국언론인연맹(NUJ)과도 협상하여 이사회에 언론인대표를 참가시키는 문제까지 협정을 맺게 되어 편집권의 상당한 독립을 인정했다. 현재 머독은 영국 전체신문발행부수의 1/4을 차지하는 신문재벌의 위치를 지키고 있다.

ii) '옵서버'의 사례　　'옵서버'는 1791년 창간된 영국의 대표적인 일요고급지이다. 한때는 약 120만부까지 발행되었으나, 현재 공식적으로 조사된 발행부수는 40만부를 조금 넘는다. 이 신문도 20세기 초엽에 '더 타임스'를 인수했던 노스클리프경에게 넘어갔다가 1911년 애스터(Aster)가(家)가 소유하게 되면서부터 영국정계에서 상당한 영향력이 있는 고급지의 지위를 확립했다.

그러나 1976년 경영상태가 악화되어 보유주식의 90%를 미국의 석유자본인 아틀란틱 리치필드(Athlantic Richfield)사에 양도했지만, 노사분규가 발생하여 1981년에는 글라스고 해럴드(Glasgow Herald)계의 신문재벌에 병합되었다. 이 신문재벌은 아프리카를 중심으로 한 다국적기업이어서 아프리카 문제보도에 완전하고 독립적인 평판을 유지해 온 '옵서버'가 편집의 독립성을 확보하고, 자유로운 언론활동을 할 수 있는가 하는 기본적인 의문에 부딪치게 되었다.

공정거래법에 의한 독점·합병위원회에서는 3개월에 걸친 심사를 거쳐 경영에 대한 편집권독립의 담보장치로서 독립적인 이사선임제도와 편집국장에 대한 광범한 편집권한의 부여를 조건으로 기업병합을 승인하였다. 그러나 '옵서버'지의 편집국장과 언론인들은 정부기관이 신문사의 내부절차나 제도에 조건을 부쳐 기업병합을 승인하는 것은 언론자유에 나쁜 선례를 남기는 것이라고 반발하면서 노·사협상을 통해 결정된 바에 따라 당사자간에 자율적인 교섭으로 병합 여부를 결정하는 것을 인가의 조건으로 정하도록 통상대신에 요구했다. 통상대신은 이 요구를 받아들여 당사자간에 성립된 합의내용을 조건으로 하여 병합을 인가했다. 이 조건에 근거한 '옵서버'의 정관에는 다음 사항이 명시되어 있다.

① 독립이사회제도를 두어 5명의 독립이사에게 특별주(배당의 분배, 잔여재산의 지급을 수령할 권리는 없지만, 주주총회에서 독립이사 해임결의에 관한 투표권을 갖는)를 발행하고, 주주총회와 이사회에 참가할 권리를 갖게 한다.

② 편집국장의 임면은 이사회의 권한이지만 독립이사 과반수의 찬성을 조건으로 하고, 편집국장과 이사진 간의 분쟁은 독립이사회의 합의에 따르도록 최종적인 결정을 맡긴다.

③ 편집국장은 이사회가 결정하는 타당한 예산의 범위 내에서 언론인의 채용, 이동, 해고 및 지면관리권을 가진다. 언론인에 대한 지시는 편집국장 또는 그 대행자가 행한다.[1)]

(2) 美 國

미국의 신문사는 오랜 사기업적 전통을 갖고 있고, 이윤동기에 의해 발전을 거듭해 오늘에 이르렀다. 미국에서 신문사주의 이익은 폭넓게 보장되었으며, 편집권은 언론인의 분화된 직업적 권리로 인정받지 못했다. 신문의 지면제작을 둘러싸고 발행되는 발행자와 편집인 간의 이견(異見)은 궁극적으로 발행자의 결정으로 끝난다. 따라서 미국언론에서는 편집권보다는 편집지침(editorial direction)이라는 용어가 더 적합하고 일반적이었다.

그러나 미국에서도 편집의 자율성에 대한 실무상의 존중은 전통적으로 인정되어 오고 있다. 미국의 학계를 비롯하여 많은 지식인 · 언론인들은 매스미디어의 내용이 소수의 자본가에 의해 좌우되어 대중의 신뢰를 잃어 가고 있다는 비판을 활발하게 전개하고 있다. 쉴러(H. Schiller) 같은 학자가 그 대표격이다.

아직도 경영진 중에는 편집권의 독립이 편집국 내 위계질서의 교란과 같은 편집국의 무정부화를 초래한다고 우려하는 사람이 많지만, 점차 언론인들은 독립된 편집권에의 능동적 참가가 직업생활에의 충실을 기약할 수 있다는 각성을 하기 시작했다.

미국의 언론기업에서 편집지침이나 편집권의 귀속주체가 누구며, 편집권의 독립가능성 등에 대한 의식이 박약했던 것은 신문사의 운영에서 일반기자와 편집책임자, 발행자 간에 어느 정도 정보와 의견의 자유로운 교류가 있어 왔고, 비교적 자유로운 분위기 속에서 언론종사자 상호간의 신뢰와 이해가 두터웠기 때문이다.

그러나 1970년대 미국언론은 월남전 개입비판에 대하여 당시의 에그뉴(Agnew) 부통령은 극소수 동부의 지식인에 지배된 '뉴욕타임스', '워싱턴 포스트', 3대 네트워크 방송사가 반전분자들의 집단이라고 공격한 데서부터 편집권독립의 의식이 싹터서 신문계에서의 구체적인 요구로까지 발전하지는 못

1) 위의 책, 같은 面.

했지만, 노동조합운동의 진전과 더불어 언론계 전반에서 편집권독립의 문제가 관심을 모으게 되기에 이르렀다. 언론기업에서 발행인의 권한은 일반적으로 인정되지만, 발행기자가 기자·편집자를 포함한 피고용자의 노동기본권까지를 제약할 수는 없다는 의식이 확산되고 있는 것만은 사실이다.[1)]

현재의 미국법에 따르면 노조측이 편집권의 독립을 확보하겠다고 결정한다면 유니온숍[2)]제를 받아들인 언론기업의 경우에 조합원인 언론인은 노조의 결정에 따르지 않을 수 없다.[3)] 현재까지 언론기업주와 노동조합은 전통적으로 인정한 광범위한 자유의 토대 위에서 상호간 힘의 균형을 이루고 있다.[4)] 그렇지만 신문기업의 사내구조가 기술혁신이나 기타 외부의 충격에 따라 변경되고 있으므로 미국신문계에서도 편집권요구가 확산될 것으로 보인다.

(3) 프 랑 스

프랑스에서는 제 2 차 세계대전 후 언론기업의 소유권과 편집권의 상호관계에 관한 몇 가지 입법이 시도되고 편집권의 독립을 위한 활발한 실험이 계속되었다.[5)] 일찍이 드골(Chales Andrē Joseph Marie de Gaule, 1890～1970년)의 임시정부는 독일점령치하에서 프랑스의 유력신문들이 그 사주(社主)의 압력과 지시에 따라 나치스에 협력했던 불행한 과거의 유산을 청산하겠다는 차원에서 신문업계에 대한 일대 개혁을 단행했다.

---

1) 伊藤愼一, "アメリカの編集權論爭,"「新聞研究」, 第224號(1970年 3月號), 66～68面.

2) Union shop제도는 사용자가 노동조합원과 비조합원을 가리지 않고 채용할 수 있으나, 일단 채용 후에는 일정한 수습기간이 지나 정식종업원이 되면 반드시 조합에 가입해야 하는 제도이다. 만약 조합이 제명하거나 당사자가 노동조합에 가입을 거부하면 해고된다. 그러나 오늘날의 현실에서는 조합이 제명했다고 해서 회사가 해고를 실시하지는 않으며, 종업원이 정규직이 되면 자동적으로 조합원이 되는 제도로 수정·시행되고 있다. 미국의 Taft Hartley법은 특별한 경우를 제외하고 조합에서 제명된 종업원을 해고하지 않아도 되도록 규정하고 있다.

3) Buckley v. American Federation of Television and Radio Artists, 496 F.2d 305(2d. Cir. 1974).

4) 矢島八洲夫, "勞動組合と報道の客觀性－美國新聞界, 最近の論爭に思う," 總合ジャーナリズム研究 第21號, 1966, 21面.

5) 프랑스에서는 1935년 3월 29일 공포된 노동법에 의하여 양심조항(clause de conscience)을 규정하고, 기자의 정치적 신조를 존중한 전통을 이어받아 1944년 8월 16일 드골장군의 임시정부가 발한 '프랑스신문의 조직에 관한 명령'은 신문의 정권으로부터의 독립을 강조하고 있다. 이 나라에서 언론기관의 소유권을 극단적인 영리추구나 재계의 압력으로부터 다소나마 끌어 내리고자 하는 노력을 1936년 인민전선내각에서도 시도되었다. 그러나 "동일인이 소유할 수 있는 일간지는 1개지에 한한다"고 하여 신문기업의 소유권제한을 통한 신문의 다양성을 확보하려는 시도가 특히 드골에 이르러 구체화되었다.

첫째는 나치점령시대에도 신문의 발행을 계속하며 프랑스정신을 타락시켰던 많은 신문을 발매금지시키거나 접수하여 레지스탕스출신의 양심세력들에게 신문운영을 맡겼다.

둘째는 신문기업 주식취득에 있어서 실명제를 확립하고 자금출처를 밝히도록 하며, 동일인이 소유할 수 있는 일간신문의 수를 1개로 제한했다.

제 2 차 대전 이후 프랑스신문의 경영자와 발행인들은 사실상 개인자본을 투자하지 않고도 신문발행의 전권(全權)을 취할 수 있었기 때문에 기자집단도 지면제작능력이라는 지적 재능에 따른 신문참가권을 내세워 자본에 의한 물적 소유권에의 참가와 편집권의 독립을 요구하기에 이르렀다. 이 요구는 곧 편집권이 자본으로부터 독립하여 실제적으로 신문의 내용을 제작하는 사람, 즉 편집책임자를 포함한 기자집단에 주어져야 한다는 뜻으로 받아들여졌다. 이것은 프랑스해방 당시의 입법자들이 신문기업의 영리우선주의를 청산하고, 신문을 사회의 공기(公器)로 자리매김하는 것을 제도적으로 보장해 줄 이상주의적 개혁의지의 표출이라고 하겠다.

편집권독립을 위한 제도적 장치가 구체적으로 마련된 것은 1951년 '르몽드'(Le Monde) 사장 겸 주필인 뵈브 메리(Beuve-Méry)의 일시 해임사건[1] 당시 기자집단이 무력한 방관자임을 중단하고, 회사의 경영진에 대해 그들의 일상적 업무, 집단적 정신, 창조적 능력으로 구성된 '정신적 소유권'의 확립을 보장한 데서 비롯되었다. '르몽드' 기자들에 동조하는 지식인들은 물적(物的) 자본에 대비되는 '능력(能力) 자본'이라는 개념과 물질적 자본에 대비되는 '정신적 자본'이라는 개념으로 편집권의 독립추구를 지지했다. '르몽드' 경영진은 뵈브 메리사장이 프랑스의 외교정책을 반대한 이유로 해임이라는 극한 조치를 취했으나, 기자집단의 단결된 힘으로 현직에 복직될 수 있었다. 이 때부터 '르몽드' 기자회는 사운(社運)을 좌우하는 중요 사항의 결정에 '정신적 소유권'을 가진 기자집단의 참가를 정당화할 수 있게 되었다.

'르몽드'지는 1944년 드골의 협조로 뵈브메리(Hubert Beuve-Méry)가 주도하여 창간했다. '르몽드'의 뉴스와 논평은 프랑스는 물론이고 세계의 여론에 큰 영향을 미친다. 이 신문은 사실의 단순한 열거보다는 분석에, 속보성보

1) Beuve-Méry는 전쟁 전에 Le Temps지의 기자로 있다가 전쟁중에는 직접 총을 들고 대독(對獨) 게릴라전인 레지스탕스대열에 참가했다. '르몽드사장에 재임중에도 그는 나토정책에서 비동맹중립을 지킬 것을 요구하면서 당시의 프랑스외교정책을 정면으로 비판했다.

다는 보도의 완전성에 역점을 두고, 특히 세련된 문장으로 기사를 쓰고 있으나 사진은 거의 사용하지 않는다.

'르몽드' 기자집단은 해임된 사장을 복직시키는 과정에서 형성된 개념인 정신적 소유권을 바탕으로 기자협회(Société des Redacteurs, Société des Journalistes)라는 지주회사를 조직하고 유한회사인 '르몽드'사의 주식증자과정에 개입하여 당초에는 총 주식의 28%를 소유함으로써 편집권의 최종적인 귀속주체인 자본까지도 공유할 수 있게 되었다.[1)]

프랑스회사법에서는 유한회사의 경우, 회사의 운명이 걸려 있는 중요한 사항의 결정시 자본금의 4분의 3 이상의 다수표결이 필요하도록 되어 있어 기자협회는 자본금의 4분의 1 이상을 소유하여 대주주의 소유권행사를 제한할 수 있는 소수자거부권을 확보하였다. 따라서 기자협회는 발행책임사원인 사장과 주필의 선임, 정책상의 기본적 지침결정권 등에 있어서 아주 효율적인 동의권을 갖추게 된 것이다. 그러나 일상적인 지면구성과 제작은 기자의 양심에 어긋나지 않는 한 편집책임자의 명령과 위계질서에 따라 무리없이 수행되고 있다.

'르 몽드' 기자협회가 지주회사를 설립한 이후 1968년에는 관리직협회와 일반직원협회가 각각 지주회사를 설립하여 주주권을 행사하게 되었고, 비편집부문의 중역까지도 회사에 대한 기여도를 배려하여 주식을 배정받았다. 이때부터 1982년과 1985년 증자 때까지 기자협회 지주회사의 주식소유지분은 개인 대주주의 주식소유 지분과 동률을 유지하고 있다. 1982년의 증자시에는 창업공로자인 뵈브 메리 전임사장과 1979년 처음으로 사장후보직선제에 의해 선출되었던 앙드레 로랑(André Laurens) 신임사장에게도 주식을 배분하였고, 1985년에는 독자회(讀者會)까지도 주식을 소유하도록 공개하여 편집권독립을 위한 신문자본의 분산이라는 확실한 담보장치를 마련하였다.

1985년 11월 증자 이후 '르 몽드'의 주식분포비율은 개인주주(주로 전직사장) 14명 35%, 기자협회 35%, 관리직협회 4.4% , 일반직원협회 3.1% 등 종업원지주회사의 3개 법인이 42.6%를 보유하고, 현직사장이 9.6%, 외부출자자로 독자회가 12.4%를 각각 보유하고 있다. 다만, 인쇄공노동조합에 가입해 있는 공무국사원들은 상급노동조합의 방침에 따라 자본참여를 계속 거절

1) Jean Schwoebel, *La pouvoir et l'argent*(Paris : 1972).

하고 있다. 사원들이 소유하는 주식은 개인상속이 금지되어 있다. 기자협회 1년차 기자는 1주이고, 매년 한 주씩 비율을 높여 10년차 기자는 10주 등의 비율로 주식을 차등하여 소유하지만, 퇴직시에는 지주회사에 되팔고 퇴사하도록 규정하고 있다. 사원은 주식배당은 받지만 각 부문별 지주회사가 주식을 관리하고 있는 점이 특색이다.

1999년 1월의 주주총회에서는 67.6%의 지지를 얻어 경제학자로 소프트웨어 사장출신인 레스부르느(Jacque Lesbourne, 62세)가 사장에 선출되어 경영합리화를 모색하였다.

'르몽드' 모델의 이상을 언론기업의 보편적인 현실에 대입시켜 편집권의 독립을 이루어 낼 수 있을지는 미지수이다.

한편 프랑스의 모든 기자집단과 언론기업종사자가 '르몽드'사의 종업원지주회사와 같은 방식으로 언론기업의 소유권에 참가하는 것을 승인하지 않고 있다. 프랑스 노조총연맹(CGT) 산하의 전국기자조합(SNJ)과는 달리 인쇄노동조합(Syndicat du Livre)만은 노동자가 동시에 자본의 공동소유자가 되는 것은 불가능하다는 주장을 내세으면서 '르몽드'와 같은 기자협회운동은 노동자의 연대를 좀먹는 악질적 개량주의라고 비난하고 있으며, 신문제작에 참여하는 동료노동자인 육체노동자를 제외시킨 엘리트주의에 빠져 있다고 규정하고 적대시하고 있다.[1)]

그럼에도 불구하고 어느 정당에도 속해 있지 않은 프랑스최대의 기자단체인 전국기자조합(SNJ)은 기자협회운동이 노동자로서의 생활조건향상이라는 물적 이익의 실현을 제 1 의 임무로 삼고 있는 기자노동조합의 임무와 상충되지 않는다고 본다.[2)] 기자협회운동은 언론인으로서의 직무상 독립과 존엄을 지키고 정신적 가치를 지닌 윤리적 이익을 확보하는 것을 목적으로 하므로, 오히려 원리상으로 볼 때 노동조합과 보완적·연대적 관계가 성립될 수 있기 때문이라는 것이다.

기자협회의 소유권참가가 편집책임자의 선임권과 기본적 편집방침결정권에의 참가를 더욱 확실하게 담보해 주는 것임은 말할 필요도 없지만, 원리상

1) Dridi Laroussi, "Syndicalisme," *Universitê de Paris II-Institut Français de Presse,* Rapport de recherche, Deuxiéme Partie, 1979, pp. 30~34.

2) C. G. T., "La Presse Patronale d'entreprise, Contribution a I'ētude de la Politique d'intégration patronale," *Centre Confédêral d'ētude Economique,* C. G. T., 1977.

으로나 현실적으로 아직 몇 가지 비판의 표적이 되는 것은 부인할 수 없다. 그 가운데 가장 분명한 논리를 내세우는 롤랑 케이롤(Roland Cayrol)의 비판을 소개하면 다음과 같다.[1)]

첫째, 기자협회가 언론기업소유권의 절대성에 도전하는 장치로서 기자의 언론기업에 대한 공동소유권을 확보하려는 것은 언론자본을 기자의 윤리적 이해에만 관련시키는 것이다. 언론기업에 대한 사유재산권의 절대성을 보도 공공서비스보다 낮은 가치로 평가하고, 그에 대한 공감대를 확산하려면 양심조항과 같은 윤리적 목표 이상의 현실논리를 보완할 필요가 절실하기 때문이다.

둘째, 기자집단은 공동소유에 참가하고 있지만, 경영손실의 위험을 인수할 의사나 능력이 있는지 의심스럽다는 것이다. 경영경험과 사업감각이 결여된 기자집단이 대폭적인 공동소유권을 가졌을 때 기업을 비약시킬 모험을 감행하거나, 경영위기를 돌파할 능력이 있을까 하는 우려를 하지 않을 수 없다.

셋째, 프랑스 전체기자의 수준이 모두 '르몽드'처럼 높지 않아 기자협회의 경영권참가가 인정되면, 소유자로서의 이익을 선행시킨 이기적인 동업조합이라는 변형이 나타나 오히려 보도의 질을 떨어뜨리지 않을까 하는 우려도 있다.

그러나 여러 가지 비판은 기자집단이 자율적이고 능동적인 의사결정주체로서 윤리적 무장, 전문가적 능력의 향상 및 사회 전체의 언론인에 대한 평가수준의 향상이 이루어지면 해결될 수 있는 문제들이다. 또 만약에 노동조합 자체가 신문기업을 운영할 수 있는 충분한 자본력을 갖출 때, 노동조합의 자주관리(自主管理)도 전혀 배제할 수 없는 일이며, 이러한 자주관리가 신문경영을 크게 개선할 가능성도 있는 것이다.

(4) 獨 逸

독일은 1937년 신문법을 통해 신문내용과 지면제작에 영향을 줄 수 있는 모든 외부적 압력, 즉 경제적 이익이나 권력의 간섭으로부터 편집의 독립을 보장하는 내적 언론자유의 장치를 법적으로 마련하였다. 그럼에도 불구하

1) R. Cayrol, "La Presse Écrite et Audiovisuelle," *Presse Universitaire de France*(Paris : 1973).

고 나치스의 독재와 패전의 충격으로 언론자유의 보장은 지체되었다. 그러다가 1960년대 들어 언론자유에 대한 논의는 주로 언론기관내부에 있어서 언론인의 권한문제, 특히 편집스탭의 권리를 뜻하는 언론내부의 자유에 초점을 맞추게 되었다.

김경근 교수는[1] 내적 자유란 언론매체가 공적 사명과 규범적 기능을 발휘함에 있어서 단체나 개인적 성격을 띤 모든 것들의 간섭으로부터 해방되는 것을 의미하며, 내적 언론자유의 본질을 더욱 폭넓게 규정한다. 즉 그는 편집권이 언론매체경영인, 광고주, 압력단체, 특혜수혜자, 특정개인, 산하집중기업, 원료공급원 등 대체로 사적(개인적) 성격을 갖춘 세력의 영향권으로부터 분리·독립되는 것을 내적 언론자유라고 정의한다. 다시 말해 언론매체의 소유자 또는 경영진이나 발행인으로부터 편집권이 본질적으로 독립하는 것을 뜻한다. 그러나 언론매체의 상업주의적 지향이 남아 있는 사회에서는 현실적으로 미디어소유자가 편집권을 간섭함으로써 언론의 내부적 자유에 필연적인 한계를 그어 공정보도의 실현을 어렵게 할 수 있다.

내적 자유는 언론이 보도와 논평을 통해 여론형성에 참가함에 있어 공공적 사명을 부담할 것을 요청하게 되었다. 이 요청에 따르면 언론인의 보도·논평과 같은 정신적 활동에 있어서는 신문사 내에서도 상대적 독립성을 허용해야 한다는 것이다.

언론인의 내부적 독립은 편집권을 둘러싼 언론기관의 내부적 권한을 어떻게 적극적으로 보장받느냐에 달려 있다. 내부적 권한은 곧 편집방침결정권의 분배와 결정에의 참가, 언론인의 개인적 신조보호, 인사권에의 참가, 예산결정권에의 참가 등을 들 수 있다.[2]

이를 살펴보면 첫째, 현재의 독일에서는 편집방침결정권이 편집강령에 의해 대체적으로 각 신문사가 발행자(경영자)에게 맡기고 있고, 일상적인 신문제작권은 편집책임자(편집국장)에게 주어져 있다. 대부분의 편집강령은 편집국장의 책임 하에 기자들이 자율적으로 신문을 제작할 수 있고, 특히 중요한 문제에 관해서만 경영자와 상호협의하게 되어 있으나, 이와 별도로 언론인이 선출한 편집협의회, 편집위원회 등이 편집국장의 자문에 응하여 조언자

1) 김경근, 「언론현상과 언론정책」, 법문사, 1984, 227면.

2) H. D. Fisher, R. Molenveld, I. Petzke und H. W. Wolter, "Innere Pressfreiheit in Europa," *Nomos Verlaggesellschaft*, Baden-Baden, 1975.

역할을 한다.

둘째, 언론인은 개인적 신조를 지켜 갈 권리가 주어져 있다. 1922년 독일신문협회와 신문사용자협회가 체결한 독일 신문노동협의회 협정에는 발행자가 신문의 정치적 신조를 근본적으로 변경할 경우, 언론인은 업무를 중단할 수 있고, 업무중단시에도 계약기간만료까지는 급여취득의 권리가 있음을 규정하였다. 1926년 신문산업의 노사협약에서도 발행인은 편집자들의 양심을 강제할 수 없다고 규정하였다. 이 규정은 전문직언론인의 신분보장과 경제적 이익보장이라는 차원에서 받아들여졌으나, 1960년대 들어 편집권독립의 구성요소로 인정되어 각 사의 편집강령에 언론인이 자기 신조에 반(反)하는 기사 작성을 거부할 수 있는 권리로 구체화되었다.

셋째, 인사권에의 참여는 대부분 신문사의 편집강령에 채택되어 편집간부임명시 편집국장의 동의권을 인정하고 있다. 또 편집책임자는 발행인이 임명하나 미리 편집국 부장단, 편집위원회 등의 동의를 얻어야 하고, 3분의 2 이상이 반대하는 경우에는 임명권을 행사할 수 없도록 규정하고 있다. 1960년 이후 신문발행인과 언론인단체 간의 협약에서 언론인측은 편집책임자나 부장 등 편집간부의 임명에 거부권 등을 삽입한 공동결정권을 주장했다. 그러나 사용자측은 편집책임자들이 언론인들의 의향에 따라 좌우되면 책임 있는 공적 결정을 할 수 없다는 반론을 제기하고, 언론인측의 권한으로서 편집방침결정에의 협의권정도를 허용하겠다고 했으나 합의에 도달하지 못했다.

넷째, 연방언론총괄법은 신문의 기본적인 편집방향에 영향을 미칠 수 있는 경제적 사안이라면, 편집자대표회의가 기초자료의 제출을 요구하고 청문회를 개최할 권리를 가진다고 규정하고 있으므로 예산결정권에의 소극적 참가는 어느 정도 가능하게 되어 있다.

한편 독일의 경영조직법은 노동자가 경영협의회(Betriebstrat)를 통해 경영과 인사에 참여할 수 있도록 규정하고 있으나(동법 제118조), 이른바 성향사업장(Tendenzbetrieb)과 종교단체에서는 그 특수성을 인정하여 이 규정의 적용을 제한하고 있다. 노동자의 참가권이 제한되는 성향사업장에서는 언론기관 · 정당 · 노동조합과 사용자단체 · 자선단체 · 교육단체 · 학술단체 · 예술단체 등이 포함된다(동법 제118조 제1항 제2호).[1] 그래서 내적 언론자유를

1) 하경효, "언론기관에서의 경영참가와 보도의 공정성," 송종태 편저, 「민주화시대의 노사관

보장하려는 입법운동에도 불구하고 내적 언론자유는 각 언론사별로 발행인진영과 편집진영이 편집강령(규약)의 형태로 지키고 있는 약속의 하나라고 할 수 있겠다.

즉 편집권독립과 언론인의 권리보장을 목표로 한 많은 논의가 계속되고 있지만, 현실적으로는 편집강령의 형태로 발행자에 의해 주어지고 있을 뿐이어서 아직껏 편집권은 발행자의 권능에 귀속하는 것이고, 매일 매일의 집필·편집활동만이 언론인의 기능으로 보장되고 있다고 하겠다.

(5) 스 웨 덴

스웨덴언론인들은 신문기업의 토대인 소유권문제에 도전하지 않고도 직접 편집최고책임자의 선임에 참가함으로써 편집권에 영향을 미칠 수 있을 것으로 보고 있다. 스웨덴의 신문기업은 사유, 공유, 재단소유를 막론하고 소유자의 대표기관인 경영이사회가 최고의사결정기관이 된다. 편집책임자는 바로 최고결정기관인 경영이사회가 임명하도록 규정되어 있다.[1)]

그러나 1970년대 들어 직원대표의 경영참가가 법적으로 의무화된 결과 경영이사회에는 소유자대표와 함께 노동조합대표도 반드시 참가하게 되어 있다. 스웨덴 3대 신문의 하나인 '다겐스 니헤테르'(Dagens Nyheter : 영어로는 'The Daily News')[2)]의 경우, 경영이사회는 12명으로 구성되어 있고, 이 중 10명은 소유자측이, 2명은 직원측이 선임한 사람들이다. 이들 12명의 이사들이 사장을 선임하지만, 기자조합은 편집책임자의 선출권을 갖고 있다. 사장과 편집책임자(주필)는 대등한 관계에서 일상적인 업무협조를 하며, 사장이 편집부문에 대해 가진 유일한 권한은 광고와 편집국에 할당된 지면의 양을 결정하는 것뿐이다.

이 회사의 편집책임자(주필) 선임방법은 사내인사 중에서의 직선제(1974년), 사내외인사 중에서 널리 인재를 공모하여 선출하는 방식(1980년)을 거

계」, 법문사, 1992, 186~191면.

1) 편집책임자는 바로 최고결정기관인 경영이사회가 임명하도록 규정되어 있다. 위의 책, 314~316면.

2) 이 신문은 Rudolf Wall이 1864년에 창간한 스웨덴의 대표적인 신문으로 조간이며, 자유당의 정책을 지지한다. 이 신문은 363,000부를 발행하여 스웨덴 최대신문이고, 독자는 900,000명에 이른다. 2004년에 전통적인 대판신문(74.9cm×59.7cm)에서 Tabloid로 판형을 바꿨다. 이 나라의 신문기업도 다른 서방국가에서처럼 신문소유의 집중화와 사업규모의 대형화가 뚜렷하다.

쳐 1982년과 1985년에는 단독후보에 대한 신임투표의 방법을 채택하였다. 또한 1977년부터 공동결정법의 발효로 신문사 내 주요 보직기자에 대한 인사추천권이 입법화되기도 했다.

이처럼 스웨덴의 기자조합은 1970년대 이래 소유자의 성역인 편집수뇌 임명권에 참여하게 되었고, 기자조합대표가 교섭권, 협의권에 그치지 않고 편집수뇌의 선임에 있어서 실질적인 결정권을 갖게 됨으로써 편집권의 완전독립을 위한 담보를 갖추게 되었다.

(6) 日　本

일본에서의 신문편집권은 1946년 6월 14일 미 점령군총사령부(GHQ)가 "신문발행업무에 관한 모든 권한이 경영자에게 있는 만큼 신문의 편집관리자는 기자들에게 모든 필요한 수단을 행사하면서 편집권을 확보하라"고 지시한 이래 전적으로 경영자에게 귀속하는 권리로 인정되어 왔다. 물론 일본신문노조연합체인 〈신문단일〉(新聞單一)에서는 "자본가측이 말하는 소위 '편집권'을 용인하는 것은 신문노동자의 생활권을 모두 포기하는 것"이라는 반론이 개진되고, 신문법제연구회가 '편집자치' 이념을 제시한 후 활발한 논의에 부쳐졌다.

일본에서 편집권문제의 커다란 선회가 있게 된 것은 1977년 '마이니찌신문'이 편집강령 속에 민주적 경영방법과 의사결정과정에의 언론인참가를 강조하게 되면서부터이다. 이 편집강령에는 두 가지의 새롭고 독특한 규정이 들어 있다.

그 첫째는 언론인이 자신의 양심 또는 내부적 신념에 반하여 행동을 강요받아서는 안 된다는 '양심조항'이다. 둘째로는 편집의사결정은 편집부문 각 부서에서 선출된 20명의 위원으로 구성된 편집위원회가 맡기로 한다는 것이다. 이와 같은 규정들은 언론의 내적 자유를 크게 진척시키고, 소위 '편집권'에 의해 제한되었던 언론인의 권리를 되찾는 데 이바지할 상당한 진보의 징표이기는 하다.[1)]

'마이니찌신문(每日新聞)'의 고무적인 사태에도 불구하고 일본에서는 편

---

1) K. Nordenstreng, and H. Topuz, *Journalist : Status, Right and Responsibilities*(Prague : I. O. J., 1989), pp. 88～89.

집권의 분산이 이루어지지 않아 아직껏 편집권은 사주(社主)의 권한이 명백하게 규정되어 있지 않기 때문에 언론인들은 언론노동자연맹회원의 자격으로 자신들의 권리를 스스로 방어하지 않으면 안 되는 형편이다.[1]

일본에서 신문편집권의 독립이 지연되고 오히려 경영주의 편집권확보가 관철되고 있는 것은 일차적으로 미 점령군공보행정담당 장교들의 언론통제 내지는 조정의 흔적이 아직도 언론인들의 의식을 떠나지 않고 있기 때문이다.[2] 크게 보아 일본의 언론구도는 전후 세계체제의 영향을 받아 미국식으로 재편되었고, 언론기관은 정부와 지배집단의 압력에 굴복하여 기업 자체의 부(富)를 축적하는 데 급급했다.

이러한 조건들은 결국 일본언론으로 하여금 민주적인 언론활동을 억압하고, 세계평화와 민주주의를 향한 언론의 큰 역할을 포기하게 만들어 편집권 독립을 비롯한 일본언론문화의 수준을 여러 나라에 비해 크게 뒤떨어지게 만들었다.[3]

5. 우리의 現實과 私見

(1) 우리의 現實

우리나라에서는 오랫동안 독재정권의 폭압과 언론인회유 및 분단체제라는 특수상황에 기인하여 편집권독립의 의지가 표면화되지 않았다. 뿐만 아니라 편집권이라는 용어 자체도 신문의 편집방침결정에 대한 종업원참여의 배제 및 언론노동자가 갖는 노동권의 제한을 실질적 내용으로 하는 일본에서의 개념정의를[4] 차용한 까닭이 보태져서 편집권을 정신적 창작업무와 물질적 소유욕구 간의 관계를 조정하여 언론사주와 개별 언론인이 공유하는 권리라는 인식이 희박했던 것이 사실이다.

그러다가 1987년의 민주화운동을 거치면서 각 언론사에 조직되기 시작한 언론사노동조합들이 편집권독립규정, 편집·보도책임자의 선출방법, 보도

---

1) 위의 책, p. 89.
2) 김정기, "일본에서의 편집권형성과 미점령당국의 역할," 팽원순 교수 회갑기념논문집 「현대사회와 언론의 자유」, 나남, 1989, 147~149면.
3) K. Nordenstreng *et al.*, 앞의 책, p. 90.
4) 유일상, 「언론윤리법제론」, 아침, 1994, 206면.

쇄신을 위한 기구의 조직과 관련된 단체협약을 준비하였다.[1)]

(2) 私　見

우리나라의 현행 노동법체제 아래서 언론사노동조합이 언론기관의 특수한 노동과정에서 요구되는 자율성과 창조성을 발현할 수 있는 조건의 확보를 위한 투쟁을 용인할 근거는 확실하지 않고, 아직까지 편집권의 귀속주체에 대한 개념도 통일되어 있지 않으며, 언론노동자의 편집권공유에 관련된 노동법과 민사법상의 책임한계를 가린 판결도 없었고, 법이론도 정비되지 않아 편집권에 대한 논의는 아직 불분명한 형편이다.

이를테면 언론기업의 소유자는 편집권행사에 따른 지면구성의 결과에 대한 제1차적 법률책임이 자신에게 돌아오는 만큼 체계적인 지휘·감독권을 행사해야 한다고 주장하지만, 언론노동자들은 선진이론들에 근거하여 편집권의 언론인귀속 또는 편집권의 공유를 주장하고 있고, 편집강령이나 편성규약에 대한 쌍방간의 합의는 지연되고 있다.

그러나 좀더 낙관적으로 보면 우리나라에서도 편집권의 독립은 전도가 밝은 것으로 볼 수 있다. 편집권독립이 언론의 내부적 자유를 확보하려는 장치라는 데 뜻을 같이 하는 언론인이 증가했고, 발행인들이 수차례의 독재정권과 야합했던 권언유착의 불행한 과거를 자정(自淨)해야 할 시점에 이르렀다는 견해도 상당히 폭넓게 확산되었기 때문이다.

이제 우리 언론인들이 개인의 가치를 충실히 하면서 현행 언론체계의 과감한 개혁에 힘을 합치고 권위주의적인 언론계내부질서를 민주적인 방향으로 고쳐 나간다면, 머지않아 언론인의 정신적 창작자유인 동시에 국민들의 요구에 부합하는 민주주의적 자유언론의 기본틀을 언론사내부에서도 확보할 수 있을 것이다.

1) 류한호, "내적 언론자유의 권리와 실천," 성균관대학교 박사학위논문, 1993, 150~157면.

◇더 많은 관심을 가진 독자들을 위해 권고할 만한 문헌들

강경근,「헌법학」, 법문사, 1997.

권영성,「전정판 헌법학원론」, 법문사, 1986.

김철수,「헌법학신론」, 박영사, 1988.

구병삭,「증보 헌법학 I(총론·인권)」, 박영사, 1988.

김동민 편저,「언론법제의 이론과 현실」, 한나래, 1993.

김정기, "일본에서의 편집권형성과 미 점령당국의 역할," 팽원순 교수 회갑기념논문집「현대사회와 언론의 자유」, 나남, 1989.

안용교, "액세스권의 형성배경과 전개,"「고시연구」1982년 3월호.

원우현, "액세스권의 현대적 의의와 그 행사,"「언론중재」겨울호, 1983.

유일상,「언론정보윤리론」, 아침, 2001.

유한호, "내적 언론자유의 이론과 실천," 성균관대 박사학위논문, 1993.

이관기,「알 권리와 프라이버시」, 한국교육문화원, 1993.

하경효, "언론기관에서의 경영참가와 보도의 공정성," 송종래 편저,「민주화시대의 노사관계」, 법문사, 1992.

한상범,「기본적 인권」, 정음사, 1985.

허영,「헌법이론과 헌법(중)」, 1992.

堀部政男,「プライバシーと高度情報化社會」, 신구현 역, 청림출판사, 1995.

內井惣七,「自由の法則, 利害の論理」, ミネルヴァ書房, 1988.

山下重一,「J. S. ミルの政治思想」, 木鐸社, 1976.

上妻精 外, 윤길순 역,「헤겔 법철학입문」, 중원문화, 1988.

日本新聞協會 編,「新聞の編集權」, 1986.

長谷部恭男,「テレビの 憲法理論」, 弘文堂, 1992.

松井茂記,「マス・メディア法入門」, 日本評論社, 1994.

石村善治 編,「現代マスコミ法入門」, 法律文化社, 1993.

稻田植輝,「最新放送メディア入門」, 社會評論社, 1998.

廣岡知男, "經營權と編集權," 新聞硏究 1971年 11月號, 日本新聞協會.

伊藤愼一, "アメリカの編集權論爭," 新聞硏究 第224號(1970年 3月號).

矢島八洲夫, "勞動組合と報道の客觀性－美國新聞界, 最近の論爭に思ブ," 總合ジャ

ーナリズム研究 第21號, 1966.

Barron, Jerome A., *Freedom of the Press of Whom?*, 김병국 역, 「누구를 위한 언론자유인가?」, 고시원, 1989.

Bottomore, Tom, 임석진 편, 「마르크스 사상사전」, 청아출판사, 1988.

Cranston, Maurice, *Freedom— A New Analysis*, 황문수 역, 「자유란 무엇인가」, 문예출판사, 1992.

Doehring, Karel *et al., Pressfreiheit und Innere Struktur von Presseunternehmen in Westlichen Democratien*(Berlin : Dunker & Humbolt, 1974).

Emerson, Thomas I., *System of Freedom of Expression*(New York : Random House Inc., 1970).

Emery, Michael C. and Ted Smythe, *Reading in Mass Communication : Concepts and Issues in Mass Media*(Dubuque, Iowa : Um C. Brown Co. Publishers, 1974).

Engels, F., 「반뒤링론」, 이성과 현실사, 1989.

Fisher, H. D., Molrnveld R., Petzke I. und Wolter H. W., *Innere Pressfreiheit in Europa, Nomos, Verlaggesellschaft*, Baden-Baden, 1975.

Gourinat, Michél, *De la Philosophie, Librairie Hachette*, 3rd ed., 1969, 송영진 역, 「철학의 단계적 이해」, 서광사, 1986.

Hegel G. W. F., *Grundlinien der Philosophie des Rechts*, 임석진 역, 「법철학 I」, 지식산업사, 1989.

Ingelbart, Louis Edward, *Press Freedom*(New York : Green Press, 1987).

Levy, Leonard W., *Emergence of a Free Press*(New York : Oxford University Press, 1985).

Marx, K., *German Ideology*, 제 1 권과 제 4 권.

Metha, D. S., *Mass Media in the USSR*(Moscow : Progress Publishers, 1987).

Nordenstreng K. and Topuz H., *Journalist : Status, Rights and Responsibilities* (Prague : I. O. J., 1989).

Schwoebel, Jean, *La Pouvoir et l'argent*(Paris : 1972).

Westin, A. F., *Privacy and Freedom*(New York : Atheneum, 1967).

Schmidt, Benno, *Freedom of the Prees v. Public Access,* Praeger, 1976.

제 4 장

表現의 自由를 補充하는 權利와 制度

시민의 개인적 기본권보장을 사상적 지향의 주요과제로 삼고 있는 '자유' 민주주의국가에서 원하는 사람은 타인의 인권을 침해하지 않는 한 누구든지 자기의 사상·양심·능력·지식 들을 많은 사람들에게 제시할 수 있는 자유가 있고, 동시에 스스로 감추고 싶은 것은 누구에게도 강제공개당하지 않아야 할 자유가 있다. 그러나 현대사회에서는 표현의 자유가 대체로 언론기관에 제도적으로 보장되어 소수의 신문사업체와 방송사업체가 보도를 농단(壟斷; 이익이나 권리를 독차지함, 독점(monopoly)의 중국식 표현)한 결과, 다수의 시민들은 자신들의 이익과 필요, 관심과 희망에 부합되는 정보에 대한 욕구를 민주적인 방법으로 얻을 수 있게끔 제도화할 것을 요구하기에 이르렀다. 사실상 국민 개개인의 언론활동을 대행해야 하는 언론기관은 보도활동을 중심으로 광범위한 자유를 누려왔다. 언론보도는 그래서 공공의 신탁에 의한 것으로 인정되고 있다.

언론보도는 신속하게 진실을 전달하는 것을 목적으로 하는 일종의 공표행위(publishment)이다. 좋은 언론보도는 쾌속성(快速性)과 진실성(眞實性)을 조화하면서 각종 매체를 통하여 실제상황(reality)을 정확하게 묘사·설명하고, 독자들의 필요와 이익을 만족시켜 주어야 하는 것이다. 그러나 좋은 언론보도는 그렇게 쉬운 일이 아니다.

언론인이 보도를 위해 주제를 선택하고 자료와 정보를 입수하여 분석하는 과정에서부터 하나의 보도가 객관적인 공표물로 매체를 통해 수용자들에게 전달될 때까지 언론인은 많은 사람들을 만나고, 생각하고, 판단하고, 추론하고, 때로는 토론을 통해 진실인식에 대한 검토를 하게 된다. 그런데 문제는 언론보도와 관련된 많은 사람들의 사상과 양심, 지식과 인식을 포함한 의식 수준이 천차만별이고, 사회적 경험을 전달하는 언어의 의미에 대한 해석이 다양하다는 점이다.[1] 그 때문에 취재보도자에게는 진위(眞僞)·정사(正邪)를 파악할 수 있는 판단력이 더없이 필요하고, 전달자로서 전달의 의도가 선의여야 하고, 그 결과가 공공의 이익에 속해야 하는가를 항상 자문하여 합법적임은 물론 윤리적으로도 긍정적인 답을 갖고 있어야 한다.

제 1 절 取材의 自由와 情報源祕匿

1. 取材自由의 意義

현대적 의미의 언론자유는 그 핵심이 정보의 자유이다. 역사적으로 보아 고대 그리스·로마 시대의 언론자유는 자유로운 의견을 갖는 자유였고, 16세기경부터는 인쇄술의 발달과 발맞춘 내부적 의견의 외부적 표출에 대한 제한으로부터 표현의 자유를 확보하는 것이었다. 그러나 19세기에는 언론제도의 확립을 통해 언론기관의 자유인 프레스의 자유로 그 무게중심이 옮겨졌고, 20세기에 들어서는 매스미디어가 각종의 지식과 각양의 사상을 자유롭게 탐색하고, 교환하고, 전달하고, 수령하는 정보의 자유로 언론자유의 핵심이 드러나고 있는 실정이다.[2] 그러니까 오늘날의 언론자유는 정보유통과 관련된 모든 자유를 말하는바, 정보의 공급·전달·수요의 주체들이 서로 상대방의 자율성을 존중하면서 많은 사람들의 평화와 행복을 위해 정보를 공유하는 언론평등의 과정에서 요구되는 기본권이라 하겠다.

그러므로 오늘날의 언론자유는 정보를 중심으로 하여 그것을 알 권리, 말할 권리 및 비닉권(祕匿權)과 정보선택권의 4개 부문으로 이루어진 총체적·

1) 유일상, "취재관행과 명예훼손," 「취재와 명예훼손」, 한국외대 국제커뮤니케이션 연구소, 1996, 3면.

2) J. D'Arcy, "The Right to Communicate," *UNESCO Document, No. 36, Prepared for the International Commission for the Study of Communication Problems,* 1979, pp. 3~4.

교호적(交互的) 자유권을 전일적(全一的)으로 파악할 수 있는 시각이 있어야 그 개념을 잘 이해할 수 있다.

정보를 언론자유의 핵심으로 놓고 볼 때 정보의 원천과 정보의 수령자 사이에 제 1 차적인 접촉이 일어나는 현상을 취재라고 할 수 있다. 그러므로 취재의 자유는 언론보도를 자유롭게 행하기 위한 조건이라 하겠다. 언론매체는 언론의 자유를 실현하는 핵심적 수단이므로, 언론매체의 자유는 정보와 지식, 사상과 의견을 불특정 다수인에게 방해 없이 전달할 수 있는 자유이다.

취재란 보도기사든 학술논문이든 수필이나 소설이든 간에 그 재료를 찾아 내어 음미한 다음, 그 재료에 시선을 집중시키고 시간과 노력을 투입하여 이모저모 살펴보는 일이라고 할 수 있다.[1] 빈약한 재료나 부적절한 정보를 가지고는 좋은 문장을 쓸 수 없듯이 보도기사라는 결과물의 사회적 가치 여부는 취재의 세련성을 비롯한 기술과도 밀접한 관련이 있다. 각종 보도활동에 종사하는 언론인들은 경험으로부터 축적된 직관력으로 정보의 원천에 접근하여 재료를 채집한 후 이를 사회적으로 유의미한 제 2 차적 정보로 가공하는 사람들이다. 따라서 유능한 언론인은 수많은 재료정보 가운데서 필요한 정보를 효율적으로 입수하는 기술과 수완이 뛰어난 사람이어야 한다.

보도업무의 진행과정으로 보아 취재는 그 결과물인 보도를 위해서 필수불가결한 원인행위가 된다. 이 인과관계는 형식상 분리되어 있는 듯 보이지만 사실관계에서 내용이 하나이다. 그러니까 보도활동의 주체인 언론기관과 기자는 자신들이 접근가능한 환경에서 전개되는 수많은 정보 가운데서 자신들의 시간과 노력을 집중하는바, 구태여 보도에 사용하지 않는 정보의 취재를 할 까닭이 없으므로 취재와 보도는 분리할 수 없는 연속적 행위로 보아야 한다. 그래서 대체로 언론계와 학계의 입장은 취재의 자유를 보도의 자유와 마찬가지로 폭넓게 인정하자는 것이다. 그러나 법원의 견해는 취재가 보도의 준비행위 내지 사전행위에 지나지 않기 때문에 보도의 자유와 같은 수준에서의 헌법적 보장이 어렵다는 것이다.

---

1) 加藤秀俊,「取材學」, 中央公論社, 1981, 6～9面.

2. 取材自由의 性格

취재의 자유는 누구든지 자기가 필요로 하는 정보를 자유로이 수집할 수 있는 자유이다. 그러나 현대사회의 특수한 사정에 따라 제도적으로 언론의 자유를 수탁한 기구는 언론기관이므로 취재의 자유는 이 기관이 정보의 원천에 자유롭게 접근하여 취재할 수 있어야 한다는 뜻이며, 특히 공공적인 정보원에 대해서는 더욱 적극적으로 정보공개의 의무를 이행하도록 요구할 수 있는 자유라는 뜻도 가지고 있다. 또한 취재의 자유는 알 권리의 실효성을 충족시키기 위해 언론기관이나 언론인이 공사(公私)의 사회집단에 대하여 사회의 관심과 이해가 걸려 있는 정보를 발굴할 수 있도록 보장하는 성격을 가지며, 정보수용자의 공익을 합리적으로 판단하면서 그에 상당한 방법을 개발할 수 있는 자유까지를 포함하는 것이다.

다시 말하면 취재의 자유는 국민 개개인이 정보의 원천에 직접 접근하여 일상생활정보나 정치·행정·경제 등과 관련된 중요 정보를 선택·입수하고, 그 정보를 자신과 사회의 기능적 요구에 맞추어 가공하는 것이 어려운 우리의 상황에서 정보의 전문가인 언론기관이 국민을 대신하여 알 권리, 알릴 권리, 들을 권리, 말할 권리, 정보비닉권과 정보선택권을 행사케 해 주는 표현의 자유 가운데 하나로 보장하는 것이 바람직한 일이라 하겠다. 그러나 취재의 자유는 국민의 알 권리에 봉사할 구체적인 필요가 있을 때에 한해 언론·출판의 자유에 포함될 수 있겠지만, 국민의 알 권리와 직접적인 관련이 적은 개인의 사생활이나 인간의 존엄성을 고려하여 취재대상이 될 수 없는 것에 대해서는 인정되지 않는다고 하겠다.

표현의 자유를 둘러싼 현대사회상황을 감안하여 취재자유의 구체적인 내포를 분류하면, 다음의 4가지 권리를 들 수 있겠다.

1) 정보제공권

매스미디어가 가진 보도의 자유를 보장하고 유지하는 법적 권리로 누구든지 언론기관에 정보를 제공할 수 있는 권리를 말한다.

2) 정보수집권(좁은 의미의 취재의 자유)

공권력의 간섭을 받지 않고 정보를 수집하는 자유 내지 권리를 말한다.

3) 정보공개청구권

정부나 영향력 있는 사회단체에 대하여 국민에게 필요한 정보를 공개하도록 요구할 수 있는 권리를 말한다.

4) 정보수령권(좁은 의미의 알 권리)

공권력의 방해를 받지 않고 송신자가 발신하는 정보를 수령할 수 있는 권리를 말한다.

이 4개 권리들은 서로 분리된 것일 수도 있지만, 정보수집권만 하더라도 정보공개청구권과 밀접한 관련이 있다. 앞의 2)의 정보수집권은 취재활동이 공권력의 방해를 받지 않아야 한다는 자유권적 측면과 공권력에 대해 필요한 정보를 청구해야 한다는 청구권적 측면이 강조되는 3)의 정보공개청구권을 포함하는 경우가 많아 자유권과 청구권을 결합한 것으로 이해될 수 있다.

안용교 교수는 정보청구권이 구체적으로 국민에게 필요한 이유를 다음과 같이 들고 있다.

① 사상의 자유공개시장을 가정하는 언론・출판의 자유는 발신자와 수신자의 동질성을 전제하지만, 현대사회에서는 집중화・독과점화・계열화된 언론기업의 존재와 소집단 이기주의의 수단으로 전락한 자율규제로 말미암아 사상의 자유로운 유통이 더욱 어려워졌다는 점, ② 복지국가를 지향하는 이데올로기 또는 체제방어의 메커니즘이 작동함으로써 국가기밀을 이유로 정부기관으로부터 정보전달의 축소현상이 나타나고 있는 점, ③ 의회가 다원화된 국민의 다양한 의사를 반영하지 못하고, 현대국가기능의 증대에 부응할 수 있는 능력이 약화된 점 때문이라고 하겠다.[1)]

일반국민의 정보수령권은 정보제공권과 한짝을 이루는 것으로 알 권리의 출발점이다. 정보수집권과 정보청구권과 함께 일반국민에게 정보의 수령권이 필요한 이유는 ① 표현의 자유를 더욱 가치 있고 실효성 있는 것으로 만들기 위하여, ② 정치・사회적으로 쟁점이 분분하고, 정책결정을 위해 전문가의 도움에 크게 의존해야 하는 현대사회에 알맞는 참여민주주의의 전제를 확보하기 위하여, ③ 건전한 정부를 위한 피드백(feed-back) 작용을 활성화하기 위하여, ④ 공공정보의 공개원칙을 수호함으로써 공개정치를 지향하고 국민이 국가기밀의 위험성을 자율적으로 감시・통제하기 위하여 등이라고

1) 안용교, "언론・출판의 자유의 내용," 「고시계」 1984년 8월호, 149~150면.

하겠다.[1)]

3. 取材自由에 관한 美國法規와 그 批評

미국의 대법원판례들은 정보취재를 위한 교도소접근권과 비밀정보원(sources)의 보호와 관련하여 언론인들에게 일반공중에 우선할 만큼 정부기관에 접근할 권리가 있음을 부정하고, 수정헌법 제 1 조의 권리가 일반공중과 언론 모두에게 동등한 정도로 보장되고 있다는 입장을 취하고 있다.[2)]

수정헌법 제 1 조에 의한 언론인의 자유로서의 알 권리는 엄밀하게 말해 정부가 시행하고 있는 업무에 관한 공중들의 알 권리를 의미하는 것이고 많은 판례에서 이 용어가 긍정적으로 사용되는 것으로 나타나지만, 알 권리에 대해 법적으로 엄밀한 개념정의는 이루어지지 않고 있다. 다만, 미국에서는 영미판례법(common law)상의 공공기록물을 점검할 수 있는 권리를 유추해석하여 알 권리라고 부른다는 것이다.

정치이론상 민주주의는 충분한 정보를 가진 시민을 필요로 하므로 공무원이 무슨 업무를 수행하고 있는지 알 권리가 있고, 그렇지 않으면 시민은 정부의 질에 대한 현명한 판단을 할 수 없다는 것이 미국 언론법상의 통설이다.[3)]

이에 따라 미국 연방법원은 다른 시민이 향유하는 범위 내에서만 언론기관의 취재원에 대한 접근권을 인정하고, 언론인이라 하여 특별히 범죄수사 또는 재난장면에 접근할 헌법적 권리가 있음을 인정하지 않을 뿐만 아니라, 피고인의 공정한 재판을 담보하는 데 필요하다면 정보에의 참가 및 공표권이 제한될 수 있다는 판례를 다수의견으로 유지하고 있다.[4)]

한편 연방하급심은 수정헌법 제 1 조에 따라 공무원이 특정 기자나 특정 매체에 대해 자의적으로 또는 차별적으로 뉴스에의 접근을 거부하지 못하도록 금지하고 있으며, 공적 관리시설에 대한 접근 여부에 대해서는 공무원의 판단을 수용하는 추세이다. 다만, 공공기록물에 대한 접근은 정보공개법

1) 헌재 1991. 5. 13. 선고, 90헌마133 결정, 「헌재판례집 Ⅲ」, 234면 이하 참조.
2) K. R. Middleton & B. F. Chamberlin, *The Law of Public Communication,* Longman, 1991, p. 486.
3) J. Murray, *The Media Law Dictionary*(New York : University Press of America, 1978), pp. 92～93.
4) Branzburg vs. Hayes, 408 U. S. 665, 684～685(1972).

(FOIA)의 규정에 따라 전연방적 차원에서 공개적이고 평등하게 헌법상의 보장을 받고 있다.

1896년 Maryland주를 시작으로 하여 약 30여개 주에서는 취재원비닉법(Shield Laws)을 제정하여 취재의 자유 가운데 일부분을 보호하고 있는 형편이지만, 그 헌법적 효력이 전면적으로 검증된 것은 아니다.[1] 그러니까 각 주의 취재원비닉법간에는 일관성이 결여되어 있고, 법원의 선택범위를 극도로 좁혀 놓은 법개념 정의상의 문제가 있으며, 기자가 청문한 것이 아니라 단지 기자라고 말하는 사람만을 보호하는 법이어서 이따금 법원은 이 규정들이 언론인에게 법적인 특권을 부여하여 사법절차에 개입하는 것으로 간주하고 법의 유용성을 인정하지 않으려고 한다.[2]

연방의회가 1980년 사생활보호법을 입법하기 전에 이미 법원은 언론기관이 수정헌법 제1조나 제4조를 내세워 언론업무상의 취재결과물(work products : 기자수첩, 현상하지 않은 필름, 방영에서 제외된 장면)이나 공식적인 기록물(documentary material : 정부공문서, 원고)에 대한 압수수색과 기자실이나 기자의 가택수색을 거부할 수 없다는 판단을 내렸다.[3] 연방수정헌법 제4 조(1791년)는 "부당한 수색과 체포에 대하여 국민의 신체, 가택, 서류 및 재산의 안전을 보장받는 국민의 권리는 침해할 수 없다. 모든 영장은 정당한 이유가 있어야 하고, 선거 또는 확약에 의하여 지지받아야 하며, 특히 수색장소와 체포대상자 또는 압수대상 물품명을 반드시 기재하여야 한다"고 규정하고 있다.

정보검색 당국이 기자들의 취재원비닉을 해제하려면 법원으로부터 압류영장(subpoena)[4]을 발부받아야 한다. 그러자면 기자의 취재결과물 또는 기타 기록자료들을 찾으려는 경찰측과 이를 피하려는 언론기관과의 실갱이가 예상되기도 한다.

압류영장발급 규정에는 언론기관이라 하여 예외를 인정하지 않고 경찰이

---

1) D. R. Pember, *Mass Media Law*, 4th ed.(Dubuque, Iowa : Wm. C. Brown Publishers, 1987), pp. 334~338.

2) 위의 책, pp. 342~343.

3) 연방대법원판례 Zurcher vs. Stanford Daily, 436 U. S. 547(1978)과 주 지방법원판례 Reiss vs. Harris, No. 72434(Idoho District Court, Ada County, 1980).

4) S. H. Gifis, *Law Dictionary*, 3rd ed., Barron's Educational Series Inc., 1991, p. 470. 법원의 권위에 따라 증인을 법정에 출석시키거나 서류제출을 명령하기 위해 발부하는 영장인데, 이 영장에 불응할 때는 법정모독죄로 처벌받게 될 수 있다.

판단하여 해당 기자가 범죄를 저질렀다고 믿을 경우, 자료를 압수하지 않으면 제 3 자에게 해악(害惡)을 끼칠 이유가 있다고 볼 경우, 경찰이 보기에 영장이 발부되면 오히려 해당 자료가 멸실될 것으로 우려될 경우에는 판사로부터 압수수색영장(Search Warrant)[1]을 발부받아 자료를 수색 · 압수할 수 있다.[2]

4. 取材自由와 關聯된 日本判例와 그 評釋

(1) 이시이(石井) 記者 事件의 判例와 그 評釋

일본의 한 판례는 언론의 자유가 남용될 가능성을 우려하여 취재의 자유에 대한 헌법적 보장을 주저한다. 즉 "표현의 자유는 일반인에게도 평등하게 보장되어야 한다는 점에서 취재의 자유에 따라 신문기자들에게 취재원비닉권을 포함한 언론의 자유를 특별히 보장하는 것을 부인하였다."[3]

이 판례는 '아사히(朝日) 신문 이시이(石井) 기자' 사건으로 통칭되는 일본형사소송법 제161조 위반의 확정판결이었다.

사건의 요지는 다음과 같다.

아사히신문의 이시이기자는 1949년 4월 한 지방세무서 공무원이 수뢰혐의로 체포되었다는 기사를 보도하였다. 수사당국은 내부자가 수사상 비밀을 기자에게 제공하였다는 혐의가 있으므로 이시이기자에게 증언을 요구했으나 기자는 취재원비닉이라는 윤리적 책임을 이유로 거부했다.

검찰은 법원에 기자를 증인으로 소환할 것을 요구하여 받아들여졌다. 법원에 출정한 이시이는 법정에서도 선서와 증언을 거부하자 검찰측은 이시이기자를 증언 및 선서거부의 이유로 기소하여 최고재판소에 이르기까지 법정싸움을 벌인 결과, 이시이기자는 유죄가 확정되어 벌금 3 천 엔의 형을 받았다.

일본대법원(최고재판소)은 "신문기자 역시 법원이 특별히 정한 경우를 제외하고는 일반국민에게 부과된 증언의무를 지켜야 한다"고 판단하였다. 즉 증인으로서 법정에 출두하여 증언하는 것은 그 증인 개인으로 보면 커다란 희생을 강요하는 것이다. 개인적인 도덕관념에서 비밀로 해 두고 싶은 일이

1) 이상도 편, 「제 4 판 영미법사전」, 청림출판사, 1994, 521면. 이 영장은 수색과 압류의 권한을 포함하는 법관의 명령이다.

2) H. L. Zuckman *et al.*, *Mass Communication Law in A Nutshell*(St. Paul, Minn. : West Publishing Co., 1988), pp. 311～318.

3) 日本最高裁 大判 昭和 27年 8月 6日, 昭和 25年(あ) 第2505號(1952).

라고 생각하지만, 어쩔 수 없이 증언해야 할 경우도 있어 증언의 결과로 타인의 적의(敵意)·불신·원한을 살 때도 있다. 그래도 증언을 필요로 하는 구체적 사건에서 증인에게 이러한 희생을 강요하는 근거는 실험적 진실의 발견에 의해 법의 적정을 실현하는 것이 사법재판의 사명이고, 증인의 증언을 강요하는 것은 그 사명을 달성하는 데 불가결한 조치이기 때문이다. 따라서 일반국민의 증언의무는 국민이 사법재판의 적정한 행사에 협력하는 중대한 의무라고 해야 한다. …(형사소송법 예외규정의 적용대상이 아닌) 신문기자에게 취재원에 대한 증언거절권을 인정할 것인지의 여부(與否)는 입법정책상 고려할 여지가 있는 문제이다. … 변호인이 주장하는 바 논지는 "언론기관이 영리목적의 사기업인 동시에 사회의 공기(公器)이고 헌법상 보장된 언론의 자유는 취재방법의 자유를 인정하는 것이며, 취재의 자유를 유지하기 위해서는 취재원(取材源) 비닉을 위한 증언거부가 정당한 이유를 갖는다"는 것이다. 그러나 최고재판소는 "헌법상의 언론자유보장은 일반인 누구에게나 평등한 것이며, 신문기자들에게만 특별히 보장할 수 없다. … 헌법의 규정은 공공의 복지에 반하지 않는 한도에서 말하고 싶은 것은 말해야만 한다는 것이지만, 아직 말하고 싶은 것의 내용도 정하지 않은 상태에서 그 내용을 만들어 내기 위한 취재에 관련된 취재원에 대해 공공복지를 위해 가장 중대한 사법권의 공정한 발동에 필요불가결한 증언의무를 희생하며 증언거부권까지도 보장할 수 있다는 주장은 이유 없다" 하여 변호사측의 상고를 기각하였다.

이 판례가 나온 1952년의 일본언론에서 취재의 자유는 언론보도의 자유에 포함될 수 없는 것이 분명하나, 최근의 판례들은 취재자유의 보장 없이 보도의 자유는 형해화(形骸化)될 수밖에 없다는 학계의 비판을 수용하여 취재자유를 상당 정도 인정하는 추세가 늘고 있다.

그러나 우리나라에서는 언론법제를 전공한 고 팽원순 교수(한양대)가 이 판례를 수록한 문헌이 발행된 때인 소화 53년(1978년)에 최고재판소 확정판결이 내려진 것으로 오인하여[1] 일본의 최고재판소가 취재의 자유를 법적인 권리로 인정하지 않는 입장을 기본적으로 견지하는 것으로 소개하고 있다.[2]

1) 팽원순, 「현대신문방송론」, 범우사, 1989, 53면.
2) 팽원순, 「언론법제신론」, 나남, 1989, 129~130면 중 "일본 최고재판소가 1978년 판결에서 … 법적인 권리로 인정하지 않았다," "최고재는 그 이후 그 입장을 기본적으로 바꾸지 않고 있다"의 각주로 일본신문협회, 「法과 新聞」, 1972, 10~12面을 들고 있다.

그러나 이는 1952년에 내려진 확정판결에 대한 하나의 평석일 뿐이다. 그래서 팽 교수가 "일본의 판례는 보도의 자유에 취재의 자유가 포함되지 않는다"고 한 것은 과도한 일반화로 인한 논증부족의 오류라고 하겠다.

(2) 하까다 역(博多驛) TV필름 提出命令事件 判例와 그 評釋

하까다 역(博多驛) TV필름 제출명령사건은 일본에서 처음으로 국민의 알 권리에 주목한 판례이다. 일본대법원의 이 사건판례에 따르면 "언론기관의 보도는 민주주의사회에서 국민이 국정에 관여하는 데 중요한 판단자료를 제공하고 국민의 '알 권리'에 봉사하는 것"이며, 그래서 "언론기관의 보도가 올바른 내용을 갖기 위해서는 보도의 자유와 함께 취재의 자유도 헌법 제21조의 정신에 비추어 충분히 존중할 가치가 있는 것"이라는 점을 분명히 하고 있다.[1] 이것이 이시이 기자 사건판례보다 더 최근의 판례이다. 이 판례는 취재원의 비닉에 대해 법과 윤리 간의 사실상 관계로 '동화의 준칙'[2]이 실효성을 갖고 있음을 보여 주는 것이다.

'하까다 역 TV필름 제출명령사건'의 개요는 다음과 같다.[3]

1967년 1월 월남전쟁의 와중에서 미해군의 원자력항공모함인 엔터프라이즈(Enterprise)함의 사세보(佐世保) 입항을 저지하려는 전학련(全學聯) 소속 대학생 약 300여 명이 하까다 역에서 하차(下車)하자, 경찰은 기동대원을 출동시켜 역의 출입구를 봉쇄하고 개개인의 소지품을 검사하는 등의 방법으로 실력행사에 나섰다. 기동대의 불법행위에 항의하여 학생들이 역구내로부터 나가기를 거부하자 기동대원들은 학생들을 무리하게 연행하여 학생 4명을 공무집행방해죄로 체포, 그 중 1명을 기소했다. 이 학생의 변호인은 경찰측의 과잉진압으로 학생이 오히려 피해자라는 입장에서 경찰간부 등을 검찰에 고소했으나, 검찰은 이에 대해 불기소처분을 내렸다. 변호사측은 부심판청구(付審判請求)[4]로 경찰측과 맞서게 되었다.

---

1) 日本 最高裁 第1小法決 昭和 44年 11月 26日, 昭和 44年(ち) 第59號, 1969.

2) '동화의 준칙'은 법과 윤리가 서로 충돌하지 않으면서 윤리적 요청을 법적 수단으로 보충해 주어야 한다는 원칙이다. 이 원칙에 따르면 법은 도덕에 동화되어야 한다. 이 때 언론법제는 언론윤리의 모든 영역을 흡수하여 법적 제재로서 보호해야 한다는 의미로 해석된다. 반대개념으로는 '독립의 준칙'이 있다. 자세한 것은 유일상, 「언론윤리법제론」, 아침, 1994, 25~26면을 참조할 것.

3) 片野 勸, 「マスコミ裁判(戰後編)」, 幸洋出版, 1983, 121~125面.

4) 부심판청구(付審判請求)는 공무원의 직권남용죄 등을 검찰이 기소하지 않을 경우 고소 또는

검찰은 1969년 6월 NHK 후쿠오카방송국을 포함한 서일본(西日本) TV 방송 4사에 대하여 미방영(未放映)된 것을 포함, 당시 사건의 TV 취재필름을 증거사진으로 제출하라는 명령을 내려 주도록 법원에 청구하였다.

1심과 2심 법원은 TV 4사에 대해 필름제출명령을 내렸으나 TV 4사는 "보도와 취재활동에 두려움을 줄 수 있다"는 이유로 제출을 거부하고, 그 해 8월 대법원(최고재판소)에 TV필름제출명령의 취소를 구하는 특별항고를 제기했다. 그 주된 이유로서 보도의 자유는 국민의 알 권리와 표리일체를 이루는 것으로 공기(公器)인 보도기관의 자유는 표현의 자유의 한 형태로 헌법상 보장하고 있는바, 보도기관의 활동은 취재·편집·보도의 3가지로 구분되지만 보도의 자유를 확보하기 위해서는 뉴스원에 접근하여 취재할 수 있는 자유가 있어야 한다는 점을 들었다.[1)]

이에 대해 일본 대법원(최고재판소)은 1969년 11월 26일 "보도의 자유는 헌법 제21조에서 보장하는 표현의 자유로 보장되어야 하고, 보도를 위한 취재의 자유도 충분히 존중되어야 한다.… 보도기관에는 국민의 알 권리에 기초한 취재의 자유가 있다는 점을 인정한 다음, 공정한 형사재판을 실현하는 것이 국가의 기본적인 요청이므로 이를 보장하기 위해 취재의 자유가 어느 정도 제약을 받게 되어도 어쩔 수 없다"[2)]는 요지의 한정합헌판결을 내렸던 것이다. 그러나 이 판결은 실질적으로 취재의 자유가 공정한 재판이라고 하는 헌법적 가치와 동렬로 헌법적 보장을 받게 되었다는 것을 인정한 점에서 주목할 만한 것이다.[3)]

한편 매스컴이 보도의 자유와 취재의 자유라는 이름으로 인권을 무시하고 언론기관 그 자체가 초법적이고 폭력적인 힘을 사용하는 데 대해 경계심을 갖고 있는 사람들은 권력에 대한 비판 이외의 언론자유를 법적으로 강력하게 규제해 줄 것을 요구한다. 더욱 근본적으로 시민권을 확보하려는 사람들의 입장에서 보면 언론자유의 범위를 확대해석하는 것을 반대할 수 있고,

---

고발인이 지방재판소에 불복을 신립하는 것으로 우리나라 형사소송법상의 재정신청(裁定申請)과 유사하다. 다만, 우리나라에서는 불기소처분을 내린 검사가 소속된 고등검찰청에 대응한 고등법원에 재정신청을 할 수 있으며, 검찰청법에 따라 그 검사가 소속된 고등검찰청에 항고할 수 있고, 그래도 항고기각처분이 내려졌을 때는 검찰총장에게 재항고할 수 있다(이재상, 「형사소송법」, 박영사, 1992, 318~320면 참조).

1) 片野 勸, 앞의 책, 122~123面.

2) 最高裁 大法廷 決定 昭和 44年 11月 26日, 昭和 44(し) 68.

3) 淸水英夫, 「言論法硏究2」, 學陽書房, 1987, 97~98面.

취재대상자인 일반시민에 비해 언론기관이 더 많은 언론자유를 갖게 될 때 개인의 인권이 억압될 수 있으며, 강제상황에서의 인터뷰수용 등 언론자유의 불평등성이 야기될 소지가 없는 것은 아니다.[1)]

그러나 취재자인 언론인과 취재대상자인 시민간의 관계를 영원한 대치관계로 파악하지 않고 현대사회의 전문적 요구라는 특수성에 따라 언론기관이 시민의 정보획득권을 제도적으로 신탁하고 있음을 감안하면, 취재의 자유는 취재원의 비닉이라든가 교도소취재의 경우에서 특수한 몇 가지 사정을 제외하고는 더욱 폭넓게 인정해야 국민의 알 권리에 더욱 이바지할 수 있다[2)]는 견해도 만만치 않다.

(3) 言論의 取材와 軍의 對決 — 미국의 그레나다 侵攻事件과 뉴스報道管制

레이건행정부는 1983년 미군의 그레나다(Grenada) 침공작전 때 관련뉴스의 보도관제를 명령했다. 침공관련뉴스의 48시간 보도관제는 매우 심각한 사전검열행위인데, 약 400명 가량의 기자들이 취재금지를 당했을 뿐만 아니라 근접한 섬에까지 쫓아가 미군침공을 취재하려고 시도하는 기자들에게 군인들은 위협사격을 가했다. 국방부는 그레나다 작전을 성공적으로 수행하기 위해서 48시간 동안의 보도관제 및 언론인 접근통제가 필수적이며, 그것은 기자들의 안전을 위한 조치라고 강변했다.

군부측의 이러한 주장은 언론인들의 비웃음거리가 되었다. 미국언론은 1848년의 멕시코전쟁 때부터 종군기자를 파견했고, 두 차례의 세계대전과 한국전쟁, 베트남전쟁 등을 소정의 검열에 동의하면서 취재하여 전투상황보도를 특종으로 끌어올린 전통이 있고, 또 종군취재활동은 언론의 당연한 권리로 인식되었던 것이다. 기자들은 1944년 노르망디상륙작전에도 참가했는데, 이 작전은 역사상 매우 비밀스럽게 실행된 작전이었던 것이다.

그레나다 작전에서 미국행정부가 언론을 강력하게 통제한 것은 베트남전쟁에서와 같은 군사정보의 과잉유출이 전황을 불리하게 할 수 있을지도 모른다는 우려 때문이기도 하지만, CIA, 국무부, 국방부로 이어지는 미국의 국방과 외교전략이 제3세계 각국은 물론 미국민들로부터도 불신을 받고 있는 탓

1) 小林宏誌, 「人權の敵マスコミ」, MBC 21, 1994, 62～63面.
2) 木下毅, 「アメリカ公法」, 有斐閣, 1993, 178～195面.

이기도 하다.

그레나다 작전 초기상황에서 언론통제조치를 위해 와인버거(Caspar Weinberger) 국방장관은 시들(Winant Sidle) 예비역 중장에게 군대와 언론의 협동위원회를 조직할 것을 제안했다. 시들 위원회(Sidle panel)는 소수의 공동기자단(a pool of reporters)만이 비밀분쟁 · 공개분쟁 등 앞으로 발생할 모든 분쟁에 동반취재한 후 언론사들이 이 정보를 나눌 것을 권장했다. 물론 공동기자단은 정보를 독점하고 국민의 알 권리를 중간에서 차단할 우려 때문에 언론민주화에 역행하는 것이다.

그러나 1984년에 정부의 권고로 결성된 공동기자단은 1986년 미 공군의 리비아 공습에 종군했는데, 이 기자단은 8명의 취재기자와 사진기자로 구성된 취재팀이었다. 이들은 지중해상의 미 해군 항공모함으로부터 폭격임무를 마치고 돌아오는 조종사들과 기타 작전관련요원들을 현장취재할 수 있었다. 이들은 미 국방성이 작성하고 미국 신문발행인협회(ANPA: 현 NAA)와 신문편집인협회(ASNE)가 승인한 보도지침(guideline)에 따라 국방부의 신원조회를 거친(pentagon-accredited) 기자들이었다. 이들은 국방부가 '보도가능한 자료'라고 규정한 것만을 보도할 수 있었으며 국방부가 규정한 기본방침을 위반했을 경우에는 군당국이 기자들의 취재활동을 중지시킬 수 있었는데, 취재보도금지사항에는 적군의 규모 등이 포함되었다.[1)]

제 2 절 取材의 自由와 取材源(情報源)의 保護

오늘날의 언론자유는 정보유통과 관련된 모든 자유를 가장 중요하게 말하는바, 정보의 공급 · 전달 · 수요의 주체들이 서로 상대방의 자율성을 존중하면서 많은 사람의 평화와 행복을 위해 정보를 공유하는 언론평등의 과정에서 필요한 기본권이다. 그러므로 이 자유에는 국민의 알 권리와 취재원(정보원) 비닉의 자유도 포함되어야 한다. 정보원비닉은 언론인이 정보의 원천에 자유롭게 접근하여 취재를 할 수 있는 자유인 동시에 내부제보자보호법(예를 들어 미국의 방패법(Shield law) 등)과 같은 취재원보호제도의 정착이 미흡한

1) 유일상, 기획연재 "언론과 인권 ⑧,"「신문과 방송」 1994년 3월호, 한국언론연구원, 102면.

나라들에서는 언론인들에게 법과 도덕 사이에서 이율배반적 선택을 해야 하는 사례까지 흔하다.

우리나라는 정보원비닉의 윤리법제적 상황이 일본과 비슷하다. 한편 다수 주에서의 실정법은 물론 보통법(common law)의 전통에 따라 미국에서는 정보원보호를 위한 정보원비닉권이 상당 정도 보장되어 있다. 언론인의 양식에 근거하여 이루어진 윤리적 판단에 따른 정보원비닉과 그에 따른 법적 책임의 문제들을 살펴보자.

1. 美國의 言論法制와 判例

(1) 實定法上의 情報源祕匿과 言論人의 對處

미국 언론기관은 정보를 수집·공표하는 독립적 기구임에도 불구하고 비밀정보원을 대라는 정부의 요구를 거절하여 기자가 감옥행을 택한 경우가 최근 들어 종종 발생하고 있다. 그 첫번째 사례는 1958년 뉴욕 헤럴드 트리뷴(*The New York Herald Tribune*) 지의 여기자였다. 그녀는 방송비평 칼럼기사에서 CBS 프로그램에 등장하는 여배우 Garland가 너무 뚱뚱하여 다음 프로그램에서는 빠지게 되었다고 썼으나, 이 사실을 발설(發說)한 그 방송국 중역의 성명확인을 거부했다. 그래서 그는 10일간 투옥되었다.

비밀정보원문제는 대체로 교도소접근권이나 재판절차와 관계된 것들인데, 최근의 대표적인 사례는 다음과 같다.[1)]

① B. Karem(KMOL-TV 기자, 1990년) — 수감중인 피고인과의 인터뷰를 주선한 자의 성명확인을 거부하여 14일간 투옥

② T. Roche(*Staurt News* 기자, 1993년) — 아동보호에 관한 법원명령이 들어 있는 편지봉투를 제공한 자의 성명확인거부로 18일간 투옥

③ L. Abraham(*The Tribune Chronicle* 기자, 1994년) — 권력남용혐의로 기소된 기술직공무원과의 인터뷰에 대한 대배심(grand jury) 앞에서의 증언거부로 22일간 투옥

④ J. Lenhart(*Houston Chronicle* 기자, 1995년) — 경찰발포사건에서의 비밀심문에 관해 발설한 대배심원의 성명공표거부로 투옥

1) Don. R. Pember, 앞의 책, p. 325.

언론인이 취재원의 비닉을 생명처럼 중시하는 것은 언론보도의 생명인 정보의 원천이 취재원이기 때문이다. 기자를 증인으로 법정에 출석시키기 위해 발부하는 소환영장(subpoena)에 응하지 않을 때, 법정모독죄로 처벌받는 위험을 감수하면서까지 미국 언론인들은 취재원비닉의 약속을 지키고 있다. 그러나 취재원비닉특권이 전국적 범위에서 헌법상의 자유로 인정받고 있는 것은 아니다.[1)]

진술한 바 있듯이 1896년 Maryland 주를 시작으로 하여 지금은 모두 31개 주가 주법으로 취재원비닉법(일명 방패법 : Shield laws)을 가지고 있어서 취재의 자유 가운데 일부분이 보호받고 있기는 하다. 31개 주는 앨라바마, 알래스카, 아리조나, 아칸소, 캘리포니아, 콜로라도, 델라웨어, 조지아, 일리노이, 인디애나, 켄터키, 루이지애나, 메릴랜드, 미시간, 미네소타, 몬타나, 네브라스카, 네바다, 뉴저지, 뉴멕시코, 뉴욕, 노스다코다, 오하이오, 오클라호마, 오레곤, 펜실배니아, 로드아일랜드, 사우스캐롤라이나, 테네시 주, 워싱턴 D.C. 등이다.

그러나 각 주의 취재원비닉법 상호간에는 일관성이 결여되어 있고 법원의 선택범위를 극도로 좁혀 놓은 법개념 정의상의 문제가 있으며, 기자가 취재한 내용의 보호가 아니라 단지 기자라고 말하는 사람만을 보호하는 법이어서 이따금 법원은 이 규정들이 언론인에게만 법적인 특권을 부여하여 사법절차에 개입하는 것으로 간주하는 등 법의 유용성을 인정하지 않으려고 한다.[2)] 각 주의 실정법과 판례들을 집적하여 연방차원에서는 정보공개법(FOIA)과 정부일조법(政府日照法 : Government in the Sunshine Act, 약칭 GSA)도 제정되어 있다. GSA는 열린 정부의 확립을 목표로 먼저 행정부의 심의과정을 공개하여 정부 각 부문에 대한 공중의 감시를 보장하려는 법이다.[3)]

(2) 情報源祕匿의 合憲性與否에 관한 判例

법적인 의미에서 미국의 경우에도 취재원비닉의 자유는 당연히 언론자유에 포함되는 것이라고는 할 수 없다.[4)] 취재원비닉의 합헌성 여부를 둘러싼

1) S. H. Gifis, *Law Dictionary*, 3rd ed., Barron's Educational Series Inc., 1991, p. 470.
2) Don. R. Pember, 앞의 책, p. 345.
3) 松尾 直,「情報法とプライバシー權」, 文眞堂, 1995, 28～29面.
4) 강경근,「헌법학」, 법문사, 1997, 688면.

미국 대법원의 입장은 1972년의 Branzburg vs. Hayes 사건에서 다수결 5 : 4에 의한 합헌성부인판결에 잘 나타나고 있다.[1)]

이 사건은 정보원비닉의 합헌성을 부인한 가장 최근 판례인데, 그 개요와 판례에 나타난 법리들을 살펴보면 다음과 같다.

통칭 Branzburg vs. Hayes 사건판례라고 불려지는 이 판례는 서로 다른 3개 사건의 연방대법원 판결로 구성되어 있다.

1) Paul Branzburg는 루이빌 쿠리어 저널(*Louisville Courier Journal*)의 기자인데, 1971년 켄터키 지역의 마약과 마약장사꾼관련 기사 2건을 게재한 후 대배심[2)]으로부터 이와 관련된 증언요청을 받았으나 거절했다.

2) Paul Pappas는 매사추세츠 주의 한 TV국 기자였는데, 1970년 7월 '검은 표범단(Black Panthers : 미국 흑인과격파 무장단체)' 본부에서 취재차 3시간 동안 지내면서 보고 들은 것과 관련하여 대배심의 소환을 받았다.[3)]

3) Earl Caldwell은 뉴욕타임즈 기자였는데, 캘리포니아주 오클랜드지역의 검은 표범단활동을 조사하는 대배심에의 출두요청을 받았다. 그는 흑인으로서 검은 표범단 간부들의 신임을 받고 있었으며, 그들의 활동에 대해 민첩하게 탐지한 기사를 계속하여 보도해 왔다.

위 3사건의 판결과정을 살펴보면 Branzburg와 Pappas는 하급심으로부터 기자들에게는 증언거부의 특권이 헌법상 보장된 권리가 아니라는 판결을 받았다. 한편 Caldwell은 제 9 순회 고등법원에서 대배심의 강제출두요청이 수정헌법상 보장된 공중의 알 권리를 손상시킬 수 있다는 판단을 받았지만, 정부는 이 특권을 인정하지 않고 그에게 증인으로서의 강제출석을 요구하는 상고를 제기하였다.[4)]

연방대법원은 이 3건의 사건을 병합심리하면서 사실상 3가지의 의견으로 크게 갈렸다. 5 : 4의 다수결로 취재원비닉의 헌법적 특권은 인정받지 못했으나 법정의견을 작성한 화이트(Byron R. White) 판사진영에 버거(Warren E. Burger) 대법원장, 블랙먼(Harry A. Blackmun), 렌퀴스트(William H. Renquist)

1) Branzburg vs. Hayes, 408 U. S. 655(1972).
2) 대배심(grand jury)은 수정헌법 제 6 조에 의거하여 형사처벌할 피의자의 유·무죄를 재판하는 권리를 갖고 있다(판사의 독단을 견제하는 기능을 가짐).
3) The Supreme Judicial Court of Massachusetts, 266, N. E. 2d. 297(1970).
4) Caldwell vs. U. S., 434 F. 2d 1081(9th Cir. 1970).

판사 등 4명만이 참가했고, 파웰(Lewis F. Powell, Jr.)은 동의의견(concurring opinion)으로 별도의 이유 있는 찬성표를 던졌다. 스튜어트(Potter Stewart), 브래넌(William J. Brennan, Jr.), 마샬(Thurgood Marshall)은 절대적 표현의 자유론을 견지하는 더글라스(William O. Douglas) 판사와 의견을 같이하여 취재원비닉의 헌법상 특권을 지지하는 소수반대의견(dissenting opinion)을 냈다.[1)]

White 대법관이 작성한 판결문(법정의견)의 요지는 다음과 같이 기자에게는 대배심 증언을 거부할 헌법상 특권(취재원비닉권)이 당연히 보장되지 않는다는 것이었다.[2)]

첫째, 기자라고 해서 다른 시민에게 금지되어 있는 것 이상으로 정보원 접근의 특권을 인정할 수는 없다. 그 이유는 대배심의 범죄수사가 시민의 생명·재산의 보장과 국가안보를 위해 절대적으로 필요한 기능이기 때문이다.[3)]

둘째, 기자를 대배심의 증인으로 조사하는 것이 취재원비닉에 따라 얻게 될 보도의 기능을 위축시키고 정보의 흐름을 막는다는 주장에 대해 살펴보면, 범죄원에 접근했던 기자가 증언을 기피함으로써 수사를 곤란하게 하면 오히려 범죄행위를 고무하는 것이어서 반공익적 행위가 된다.[4)]

셋째, 기자와 취재원의 개인적 약속이 모든 공익에 앞서서는 안 되며, 기자의 증언이 대배심의 명령에 의한 것과 같이 국가목적달성에 필수적이고 압도적인 것일 경우 취재원을 밝혀야 한다.[5)]

넷째, 법원은 기자와 정보제공자 사이를 이간시키지 않도록 유의해야 하며, 따라서 대법원은 각 주의 법원이 각 주의 헌법에 따라 보도자의 특권을 부분적이든 전체적이든 용인하는 것을 막을 수는 없다.[6)]

이 법정의견에 Powell 판사는 동의의견으로 "기자들의 자유로운 취재특권 및 범죄행위와 관련된 모든 시민의 증언의무 사이에 적절한 균형을 사건별(case-by-case)로 판단하는 것이 헌법적인 이익과 사회적인 이익을 조정할 수 있다"는 점을 덧붙였다.

그러나 반대의견을 낸 진영에서는 "언론의 자유에는 취재원비닉을 포함

1) Harvey L. Zuckman *et al.*, 앞의 책, pp. 297~298.
2) Donald M. Gillmor and Jerome A. Barron, 앞의 책, pp. 379~390.
3) 앞의 책, pp. 384~385.
4) 앞의 책, p. 386.
5) 앞의 책, pp. 387~388.
6) 앞의 책, p. 389.

한 뉴스수집의 자유가 포함되는 것이고 언론인이 정보제공자와 서로 믿고서 정보를 주고 받은 처지에 일방을 당혹스럽게 하여 취재원으로부터 다시 정보를 입수할 수 없게 된다"는 점을 강조하였다.[1)]

Stewart, Brennan과 Marshall 판사는 뉴스의 수집권이란 기자와 정보원간의 비밀관계의 권리라는 점을 밝히고, ① 보도자는 뉴스를 수집하기 위해 정보원을 필요로 하고, ② 정보원과의 비밀약속은 정보제공자의 성명 또는 기타 커뮤니케이션의 여러 국면을 포함하여 취재관계의 창조와 유지에 필수적이며, ③ 제약 없는 증언의무의 부과는 취재원의 정보제공을 억제하고 기자의 정보수집과 정보표현활동을 위축할 것이라는 이유로 정보원비닉을 인정하였다. 특히 이들은 미국현행법상의 증인소환결정에 의거하여 기자들이 비밀정보원을 공개당하게 되면 증언을 거절했다는 이유로 처벌을 받거나 자신의 직업윤리를 위반하고 기자로서의 수완을 손상받게 되는 불이익들 가운데서 어느 것을 선택할 것인가 하는 문제만 남게 되므로, 취재원비닉은 아주 필수적이고 압도적인 공익의 요구가 있을 때에만 인정될 뿐 이들 사건에는 해당되지 않는다는 의견을 피력했다.[2)]

Douglas 판사는 이 소수의견에 동조하여 언론의 주된 임무는 막강해진 정부권력을 감시하고, 사회병리를 파악하는 데 있음을 다시 한번 환기시켰다.[3)]

이 판결 이후에도 각 주 하급심의 판례는 통일되지 않았으나 연방법무성은 정부기관이 언론인을 소환하거나 언론인이 소유한 문서 또는 녹취물 등을 압수해야 할 시간과 방법 등을 명시한 지침을 마련하여 공공의 이익을 보장하고 효율적인 법집행도 가능하게 하여 정부기관과 언론기관 사이의 형평을 유지케 하려고 노력하고 있다.

보도의 자유와 공정한 법집행의 이중적 필요를 두루 충족시키기 위해 검사들은 가능한 한 언론기관 이외의 기관들로부터 정보를 입수하려고 노력해야 하고, 기자에 대한 소환장을 청구하기 전에 언론이 입수한 자료를 공유할 수 있게 언론인과 협의하도록 오히려 검사들을 교육하고 있다.[4)]

---

1) 앞의 책, pp. 391～396.
2) 앞의 책, pp. 391～392.
3) 앞의 책, pp. 394～396.
4) Don. R. Pember, 앞의 책, pp. 344～345.

2. 日本과 유럽 一部國家의 取材源保護와 關聯된 言論法制

일본의 판례는 취재의 자유를 인정하면서도 재판의 공정성과 관련하여 언론의 자유가 남용될 가능성을 우려하면서 헌법상의 보장을 주저한다. 자세한 것은 이 절의 취재자유와 관련된 일본의 대표적인 판례인 이시이(石井) 기자 사건과 하까다 역(博多驛) TV필름 제출명령사건을 참조하기 바란다.

영국의 신문언론법은 제 3 장 신문의 특권과 감독권 중 취재원의 공표조항(제1070조)을 두었다.

법조문에 의하면 "법원은 취재원의 공표를 명할 수 없다. 취재원의 공표를 거절했다는 이유로 기자를 기소할 수 없다. 그렇지 않을 경우, 법원은 취재원의 공표가 사회정의나 국가안전보장, 사회질서의 수호에 필요하다는 것을 증명해야 한다"고 규정함으로써 취재원의 비닉 여부는 거의 전적으로 언론의 판단에 귀속되는 것이라는 점을 인정하고 이를 합법적으로 존중하고 있다.

독일 기본법(헌법) 제74조 제 1 항은 형사소송에 있어서 "신문종사자의 진술거부권은 재판절차의 범주에 속한다"고 규정하고 있다. 또 형사소송법 제53조(직업적 사유에 따른 증언거부권)의 제 1 항 제 5 호에 의거하여 증언거부권을 인정받고 있다. 제 1 항에는 제 1 호에 성직자, 제 2 호에 피의자의 변호인, 제 3 호에 회계사 · 의사 등 제 3a 호에 상담소 임직원, 제 4 호에 연방 하원 의원·주 하원 등의 증언거부권을 인정하고 있다. 이어 제 5 호는 '정기간행물이나 방송물의 준비 · 제작 또는 배포에 직업상 협력하거나 협력했던 자는 저자, 기고자, 분담금제공자와 자료제공자의 신상 및 그들의 활동과 관련된 정보'에 대해 증언을 거부할 수 있는 권한을 주고 있다.[1)]

독일 연방 헌법재판소도 증언거부권에 관한 규정이 본질상 소송법상의 증거조사권을 구성하는 요소라고 보고 있어 취재원비닉을 위한 증언거부권을 제한하는 주법이 제정될 수도 없을 만큼 합헌성을 인정하고 있다.[2)]

---

1) 1988. 5. 17.자 최종개정(연방관보 제 1 부, 606면), 한국언론연구원 편, 「세계의 언론법(상)」, 1995, 730면을 참조할 것.

2) B. Kompetenz Verf GE 36, 193 독일연방 헌법재판소, 1973. 11. 28. 결정.

3. 言論倫理綱領의 規定과 取材源의 保護

미국에서의 언론실무경험을 검토해 보고 나면 언론보도와 관련된 취재원의 공개주의와 비밀주의는 각각의 장단점이 있기 때문에 미국의 관습은 어떤 하나를 우선시하지 않고, 이른바 상호보충성의 원칙을 적용하고 있다고 볼 수 있다.

취재원비밀주의의 논리로서 자주 거론되는바, 어떤 정보는 취재원을 비닉해 주지 않으면 결코 얻을 수 없는 것들이라고 한다. 그 중 몇 가지 예를 들어 보겠다.

우드워드(B. Woodward)와 번스타인(C. Bernstein)은 'Deep Throat'라고 명명된 한 익명의 내부제보자로부터 닉슨대통령이 저지른 워터게이트도청사건의 전모를 취재하여 워싱턴포스트를 세계적인 신문사로 성장시켰다.

1981년에도 *Los Angeles Herald Examiner*의 파르(Farr) 기자는 찰스 맨슨(Charles Manson) 일가가 엘리자베스 테일러를 포함한 유명인사들의 암살계획을 갖고 있다고 보도한 기사의 취재원 확인요청을 거부하다가 47일 동안이나 투옥되었다.[1)]

취재원공개원칙이 우선이라고 주장하는 대표적인 학자는 케어리(James Carey) 일리노이대 언론대학장이다. 그는 "모든 취재원을 공개하는 것이 원칙이며, 꼭 필요하다는 조건이 갖춰졌을 때에 한하여 예외를 인정해야 한다"고 주장했다.[2)]

사실 취재원비닉을 우선하게 되면 ① 언론이 취재원에게 이용당하거나, ② 출처확인을 게을리하여 언론기관의 신뢰성을 떨어뜨릴 수 있고, ③ 명예훼손소송에서는 취재원확인이 없을 때 법관의 증거채택에서 보도내용 그 자체도 배제될 가능성이 크다.

따라서 취재원공개와 취재원비닉은 법률상의 미묘한 관계를 차치하고서도 언론윤리원칙으로서 언론인과 취재원의 현실적 이해관계를 충분히 고려하여 어느 것을 우선할지 언론윤리강령 속에 밝혀 두는 것이 언론인들의 직업

---

1) Editor & Publishers, "Jail Threat Ends for Reporter Farr," 26 Dec. 1981, p. 9.

2) James Carey, "A plea for the University Tradition," *Presidential Address to the Association for Education in Journalism*(Seattle, Washington : 13 Aug. 1978).

윤리를 확실하게 담보할 수 있는 방법이 되고 있다.

미국의 경우에 모든 전국규모 언론기관이나 단체는 언론윤리강령에서 이 점을 잘 밝혀 두고 있다. 미국 · 영국 · 우리나라의 순으로 언론윤리강령의 취재원보호와 관련된 규정들에 대해 예를 들어 보자.

• AP통신사 편집책임자(APME) 윤리강령(가맹신문사와 스태프를 위한 방침) '책임' 항 — 뉴스의 원천은 공개하지 말아야 할 분명한 이유가 없는 한 공개해야 한다. 정보원의 비밀을 보호해야 할 필요가 있을 때에는 그 이유를 설명해야 한다.

• 시그마 델타 카이(SDX) 윤리강령 '윤리' 항 5호 — 언론인은 정보원의 비밀보호를 보도자의 윤리로 승인한다.

• 미국 신문편집인협회(ASNE) 윤리강령 제 6 조의 '공정한 업무(Fair Play)' — 뉴스원의 비닉을 서약한 경우에는 어떠한 희생(at all costs)을 치르더라도 지켜야 하므로 가볍게 약속해서는 안 된다. 비밀을 지켜야 할 분명하고 긴박한(pressing) 필요가 없는 한 정보원은 밝혀야 한다.

• 라디오 텔레비전 보도국장협의회(RTNDA) 방송보도강령 제 4 항 — 방송언론인들은 … 정보와 그 제공자를 보호해야 할 언론윤리를 숙지해야 하고, 공익을 해치지 않는 한 확고하게 지켜야 한다.

• 시카고 선 타임즈와 시카고 데일리 뉴스의 직업윤리준칙 '공정한 의무' 항 3호 — 특히 논쟁적인 문제와 관련된 기사에서 익명의 인용은 독자들이 뉴스원비닉의 이유를 분명하게 알 수 있지 않는 한 가급적 피해야 한다.

• 루이빌 쿠리어 저널과 루이빌 타임즈의 무기명 취재원관련 정책지침 3항 — 비밀리에 정보를 제공하려는 사람들은 만일 자기 이름이 공개되면 용기를 내지 못하므로 주의해야 한다.

• 워싱턴 포스트 윤리강령[1] '정보원 귀속' 항 — 이 신문은 취재원의 안전에 위협이 없는 한 모든 정보에 대한 출처를 밝히기로 약속한다. 뉴스원의 신원보호가 필요하다고 동의했을 때는 이 신문 외부의 누구에게도 이를 알리지 말아야 한다. 기자는 출처를 밝히지 않기로 한 정보를 취득하기 전에 우선 먼저 반드시 취재원공개가 가능한 정보를 획득하기 위해 모든 노력을 기

1) 워싱턴 포스트 윤리강령은 워터게이트 사건 보도 당시의 편집책임자인 Bradlee의 주도로 제정되었다. Benjamin C. Bradlee, "Standards and Ethics," Webb. R. A.(ed.), *Washington Post Deskbook on Style*(New York : McGraw-Hill, 1978).

울여야 한다. 만일 정보원공개가 가능한 정보의 입수가 어려울 때는 또 다른 곳의 취재원을 찾아야 하지만, 이마저 불가능한 경우에는 그 정보원에게 정보원공개가 불가능한 명시적인 이유를 물어 보고 기사에 그 이유를 포함시켜야 한다(이하 생략).

• NBC 뉴스업무지침 — 뉴스출처의 공개요구를 거절할 경우에 직원은 재판에 회부되거나 투옥 · 벌금 등을 각오해야 한다. 이 때 뉴스출처공개 여부는 방송사와 관계 없이 개인의 판단에 따른다. 그러나 언론에서의 오랜 관행이고 NBC도 지지하는바, 만일 기자가 출처공개를 거부할 때 방송사는 모든 법률적 절차를 전적으로 지원한다. 이 지원에는 NBC 경영진에 의한 보도관련 지도와 법률부서의 법적 지도가 포함된다. 만일 직원이 회사로부터의 법률지원을 거부한다면, 그가 필요로 하는 법적 후원경비를 회사가 부담한다.

• 영국의 언론불만처리위원회(PCC) 강령 제17항 — 언론인은 비밀정보원의 보호를 위한 도덕적 의무를 진다.

다음은 우리나라의 언론윤리강령들을 살펴보자.

• 우리나라의 신문윤리강령 실천요강 제 5 조(취재원의 명시와 보호)

— 일반적인 취재원을 빙자하여 보도해서는 안 된다. 그러나 기자가 취재원의 비보도요청에 동의한 경우, 이를 보도해서는 안 된다.

① 취재원의 명시와 익명조건 — 기자는 취재원이나 출처를 가능한 한 밝혀야 한다. 다만, 공익을 위해 부득이 필요한 경우나 보도가치가 우선하는 경우, 취재원이 요청하는 익명을 받아들일 수 있다. 이 경우 취재원이 익명을 요청하는 이유, 그의 소속기관, 일반적 직위 등을 밝히도록 노력해야 한다.

② 취재원의 비보도약속 — 기자가 취재원의 신원이나 내용의 비보도요청에 동의한 경우, 취재원이 비윤리적 행위 또는 불법행위의 당사자인 경우를 제외하고는 보도해서는 안 된다.

③ 취재원보호 — 기자는 취재원의 안전이 위태롭거나 부당하게 불이익을 받을 위협이 있는 경우 그 신원을 밝혀서는 안 된다.

• 경향신문 기자윤리강령 실천요강 2의 라항

— 보도는 취재원의 공개를 원칙으로 한다. 다만, 출처를 밝힐 수 없는 경우, 그 정보는 신뢰성이 있어야 하며, 취재원의 비공개약속은 준수한다.

• 동아일보 기자윤리강령 실천요강 3항 취재원의 보호

① 취재원의 공개로 그의 안전이 위협받지 않는 한 취재원을 밝히는 것을 원칙으로 한다.

② 다만, 해당 정보를 입수할 수 있는 다른 현실적인 방법이 없고, 그 정보 또는 배경설명이 신뢰할 수 있으며, 뉴스가치가 있다고 판단될 때에 한해 취재원을 익명으로 할 수 있다.

③ 취재원을 공개하지 않기로 결정했을 때에는 동아일보사 밖의 어느 누구에게도 그의 신분을 밝히지 않으며, 신분을 밝힐 수 없는 이유를 가능한 한 기사에 덧붙인다.

• MBC 방송강령 프로그램기준 Ⅱ. 보도프로그램기준 1의 (6)항

'취재원의 공개와 보호'

…MBC는 취재원을 공개함으로써 정보제공자의 신변에 위험이 초래되지 않는 한 보도의 공신력을 높이기 위해 가능한 한 취재원을 밝히는 것을 원칙으로 한다. 그러나 회사가 정보제공자의 신원을 보호하기로 결정하면 MBC 외부의 아무에게도 그 신원을 밝히지 않는다.

• KBS 방송강령 제30항

-우리는 취재원의 비밀을 보장했을 경우, 공개하지 않는다는 직업윤리를 존중한다. 그러나 절실한 필요가 없는 한 경솔하게 비밀보장을 약속하지 않는다.

• 한겨레신문 윤리강령 5. 취재원의 보호

-우리는 기사의 출처를 밝히지 않기로 한 약속을 반드시 지키며, 기사 내용을 제공한 사람을 보호한다.

제 3 절 알 權利의 理論과 實際

1. 概念定義와 그 生成過程

알 권리는 모든 정보의 원천으로부터 일반적 정보를 수집할 수 있는 권리를 뜻한다. 이 권리는 정보를 중심으로 하여 표현의 자유를 구성하고 있는 것이 특징이다.

알 권리의 헌법적 근거에 대해서는 우리 헌법이 알 권리를 헌법에 명문화하지 않았기 때문에 헌법 제21조에 의한 표현의 자유에서 찾는 견해(권영성·안용교 교수)와 헌법 제10조의 인간의 존엄과 가치로부터 찾는 견해(김철수 교수), 헌법적 가치 자체에 대한 회의(최대권 교수) 등 국내학설은 다양하다. 다양한 학설을 검토한 강경근 교수는 알 권리가 생성하는 기본권, 새로운 기본권으로서 지금까지 자유권과 생존권으로 나뉘었던 기본권이분론을 지양하고, 헌법 제10조에 의거하여 인간의 존엄성을 실현하는 포괄적 기본권의 하나라고 설명하고 있다.[1)]

우리 헌법재판소는 이 권리가 언론기관이 수신자인 일반대중의 요구에 따라 정보의 원천에 대해 정보의 공개를 요구할 수 있는 기본권으로 본다.[2)] 그러니까 알 권리는 국민 개개인이 자신들의 이해와 관련 있는 기관에 대해 정보공개를 청구할 수 있는 권리를 의미하고, 언론기관의 경우에는 국민의 요구를 기초로 특히 국정이나 각종 행정과 관련된 정보공개를 요구하는 권리라고 하겠다.

또 다른 한 결정에 따르면[3)] "알 권리는 기본권보장의 법리에 의하여 그 실현을 위한 법률적 보장으로 구체화되어 있지 않다고 하더라도 헌법 제21조에 의하여 직접 보장될 수 있는 것"으로 보고 있다. 즉 이 판례는 알 권리의 성격이 표현의 자유와 표리일체의 관계에 있는 자유권적 기본권인 동시에 청구권적 기본권임을 인정하는 것이다. 논리적 문맥에서 사회환경에 대한 정보에 대한 알 권리를 하나의 유개념(類概念)으로 볼 때, 그에 대한 정보의 취재와 수집은 알 권리의 종(種) 개념으로서 헌법상의 자유권이자 청구권이 될 수 있다고 하겠다.

그러므로 알 권리는 언론기관이 적극적으로 취재와 보도를 행함으로써 모든 시민이 국정 또는 지방자치에 민주적으로 참여하는 데 필요한 중요 판단자료를 제공하는 활동을 포함하는 것이다. 또한 알 권리는 지금까지 언론기관에 제도적으로 보장되었다고 믿어 왔던 언론의 자유가 매체집중의 결과로 특정소수를 대변하는 자유가 될 수 있음에 주목하면서, 그것을 '자주적 인간의 행복 추구를 위한 전제조건의 수준으로 끌어올려 생활권 내지 참정권의 의미

1) 강경근, 「헌법학」, 법문사, 1997, 690면.
2) 헌재 1989. 9. 4. 선고, 88헌마22 결정.
3) 헌재 1991. 5. 13. 선고, 90헌마133 결정.

를 갖게 만드는 언론자유의 한 내용'[1]이 되게 했다.

그러나 알 권리의 내용은 추상적이기 때문에 사법상의 구제가 가능한 구체적인 청구권이 되기 위해서는 법률적인 제도화가 필요하다.[2] 이 제도화가 이른바 정보공개제도이다.

언론의 자유가 대체로 언론기관을 중심으로 한 송신자측의 자유를 설명해 왔는 데 비해, 알 권리는 수신자인 일반대중의 자유를 시초로 하여 언론기관이 정보의 원천에 대해 정보공개를 요구하는 권리까지를 포함하여 언론자유의 범위를 넓혔다.

"모든 정보원을 차단하고 봉쇄함으로써 보도기관은 물론 일반국민에게도 일체 정보를 주지 않는 조치는 '알 권리'를 침해하는 위헌이다. 그러나 또 한편 '정보의 자유' 내지 '알 권리'를 근거로 해서 국가기관에게 모든 정보의 공개를 요구하는 것은 허용되지 않는다."[3]

우리나라 헌법은 구체적으로 알 권리를 규정하고 있지 않다(독일은 헌법인 본 기본법 제5조(1949년)에 알 권리를 규정하고 있음). 헌법 제21조 제4항은 언론에 의해 명예나 권리를 침해받은 사람을 특정하여 반론권과 같은 액세스권만을 인정하고 있으므로, 알 권리는 헌법 제10조에 근거한 포괄적 기본권의 중요한 내포(內包)로 인정할 수 있을 것이다.

그러나 알 권리의 근거는 반드시 헌법에서 찾지 않아도 된다. 건전한 상식만으로도 우리는 인간다운 삶을 영위하기 위해서 개인적으로 세계와 국가, 공동체와 사회에서 벌어지고 있는 일들을 알아야 한다. 대의민주정치제도하에서는 선거권을 요식행위화하여 국민들을 중우(衆愚)의 수중에 버려 두지 않기 위해서도 정부의 활동에 대해서 국민들이 충분히 알아야 한다는 점을 부인할 수 없다.

특히 오늘날은 정보와 지식은 물론 의견이나 사상, 심지어는 오락까지도 대량생산할 수 있는 미디어(언론) 기업체가 출현하여 다수 사람들의 문화적 기준이나 사회적 의식마저도 좌우할 수 있게 된 만큼 정보의 과잉공급 내지 반강제적 공급으로부터 알 권리의 공정성을 보장하는 것은 매우 중요한 사회문제가 된다.

1) 허영, 「헌법이론과 헌법(중)」, 박영사, 1992, 379면.
2) 濱田純一, 「情報法」, 有斐閣, 1993, 157面.
3) 허영, 앞의 책, 379~380면.

정부정보의 공개요구에 앞서 우리 언론이 염두에 두어야 할 것은 바로 정부의 홍보활동이 정보의 홍수사태를 초래할 수 있고, 그 많은 정보에 대한 충분한 식별력을 갖추지 않는 한 언론이 공공의 이익이나 개인의 인간적 존엄성을 고양하는 데 걸림돌이 될 수도 있다는 점이다. 정부는 불가피한 사유가 있을 때 공익을 위하여 정보공개를 하지 않을 수도 있지만, 정부의 홍보활동이 역사적·이론적으로 민주주의에 고유한 것은 결코 아니다.

2. 實定法規와 判例

세계의 여러가지 인권선언 가운데 언론자유에 대한 언급은 1789년 프랑스 인권선언에서 모든 시민이 자유로이 발언하고 기술하고 인쇄할 수 있음을 규정하기 시작하여(제11조) 1948년 12월 10일 유엔총회가 결의한 세계인권선언에서 "모든 사람은 … 정보와 사상을 추구하고 받고 나누어 가질 자유를 포함한다(this right includes … to seek, receive and impart information and ideas)"로 발전해 오고 있다.

헌법상 알 권리를 규정하고 있는 나라는 독일이다. 본기본법 제 5 조(1949년)는 "누구든지(구두·문자 및 도형으로 자유롭게 의사를 표현하며 유포하고) 일반적으로 접근할 수 있는 정보원으로부터 방해 없이 정보를 입수할 권리를 갖는다"고 명시하고 있다.

이 헌법의 규정에 따라 1977년 서독 연방헌법재판소는 정부의 일방적 홍보활동이 국민의 알 권리를 침해할 수 있는 가능성을 주목하고 그 한계를 판시했다.

그 첫째는 정부의 홍보활동이라는 형태의 정보공급이 국민의 의견형성의 자유와 정보공개과정에의 부당한 영향으로 작용해서는 안 되는 만큼 정부홍보는 가장 중립적이어야 한다는 것, 둘째로 선거 때의 정부홍보는 자칫하면 모든 정당이 갖고 있는 기회균등의 원리를 침해하고 선거에 편파적인(여당에 유리한) 영향을 줄 수 있으므로 선거시 홍보활동에는 한계가 있다는 점을 밝힌 것이다.

또한 독일의 신문출판법제는 국민의 알 권리에 대응하는 언론기관의 알릴 권리를 규정하여 알 권리가 취재의 자유를 보장하고, 공권력의 취재거부에 맞서 정부정보의 공개를 요구하는 보도기관의 활동으로서 합헌·합법적임을 주지시키는 역할을 하고 있다.

알 권리가 일반시민단체나 언론인들에 의해 유행처럼 번져 가자,[1] 미국에서도 연방정보자유법(FOIA : Freedom of Information Act로 약칭되는데, 이 책에서는 앞으로 우리나라의 법제와 맞추어 정보공개법이라고 하겠음)이 1966년 제정되었다. 이 법은 겉보기에는 1946년의 행정절차법(APA)을 개정한 것이나, 시민 누구나가 연방정부기관이 보유하고 있는 공문서의 공개를 청구할 수 있는 권리가 있음을 규정한 것이어서 "미국법제사상 알 권리를 청구권적 인권으로 인정하여 적극적으로 보장한 획기적인 법인 것이다."[2]

미국 외에도 스웨덴은 프레스자유법에 더해 정보공개와 알 권리의 보호를 위한 선구적인 법제를 갖추었고, 프랑스도 오래 전에 공문서공개법제를 확립했다. 우리나라에서도 구 언론기본법에 정보청구권을 규정한 일이 있다.

그러나 법상 예외규정으로 ① 정보의 제공으로 인하여 진행중인 직무의 합리적 수행이 좌절 또는 위태롭게 될 때, ② 비밀보호에 관한 법령규정에 위배될 때, ③ 더 중요한 공익 또는 보호할 사익이 명백히 침해될 때 정보제공의무를 갖지 않게 했기 때문에 "언론기본법 발효기간중 정부정보를 청구한 사례가 한 건도 없어서 실효성을 기대하기 어려운 조항이었던 것이다."[3]

알 권리는 정보의 원천이 되는 상대방 개인보다 사회적·국가적 이익의 장벽에 부딪칠 때 그 한계가 있으나, 행정부의 자의와 행정편의에 의한 국정의 비공개제도는 바람직하지 못하다. 그런 의미에서 공직자윤리법을 비롯하여 공인의 재산공개와 같은 시사적 문제도 부패차단의 제도적 장치를 마련하고, 정치활동의 공정성을 확보하기 위한 방법으로서의 타당성과 국민의 요구에 부응하는 알 권리의 행사문제로서도 정당성을 갖는다고 하겠다.

제 4 절 情報公開制度

현대사회에서 알 권리의 실질적 수탁자인 언론기관은 국민(독자와 시청

1) 미국에서 이 말을 처음으로 쓴 언론인은 AP 통신 사장이었던 쿠퍼(Kent Cooper)였다.
2) 팽원순, 「개정판 매스커뮤니케이션 법제이론」, 법문사, 1988, 289~290면.
3) 위의 책, 300면.

자)의 이름으로 정보의 원천에 접근한다. 따라서 알 권리는 취재현장에서 국가기밀이나 상업적 비밀의 공개와 그 정보제공자의 보호라는 두 가지 명암(明暗)을 동반하게 된다. 이것은 공적 토론에 부쳐질 만한 가치가 있는 정보의 완전한 공개와 함께 합리적인 이유로 공개를 원하지 않는 정보제공자의 비닉이라는 두 가지 요구를 만족시켜야 한다는 뜻이다. 이 두 가지 요구의 조정과 통일은 쉬운 일이 결코 아니지만, 정보의 공개를 원칙으로 하되 필요 최소한의 정보를 비공개하는 제도적 장치를 만들고 정보공개제도의 합리적 정착을 모색하는 것이 중요한 과제이다.

1. 알 權利로서의 情報公開制度

정보공개제도는 헌법에 근거하는 알 권리를 실현하기 위한 장치이다. 이 제도는 정보사회가 필요로 하는 각종 정보의 자유로운 유통을 가속화하고, 정치과정에의 국민참여를 활성화함으로써 헌법의 요구를 법률에 의해 보장하는 것이다. 즉 법에 의해 정보공개청구권을 실현시킴으로써 '이론·판례에서 입법으로' 정보사회가 필요로 하는 법적 대응을 하는 것이라고 볼 수 있다.[1)]

정보공개청구권은 국민이 국가권력으로부터 방해받지 않으면서 정보를 수집하고, 그 침해배제를 요구하는 소극적인 방어권임과 동시에 적극적으로 국가기관이 보유한 정보의 공개를 청구할 수 있게 하는 이행청구의 실현권리이다.[2)]

"정보공개청구권은 정보(사상 또는 의견)의 자유가 그 자유로운 표현과 전파라는 의사표현권 내지 정보전달권 외에 그 형성 및 자유로운 접근·수집·판단 등 정보흐름의 모든 과정을 포함(헌결 88헌마22)하는 자유로 인식될 때 인정 가능하다. 즉 일반적으로 접근할 수 있는 정보원으로부터 방해받지 않고 '알 권리'라는 용어(독일 기본법 제5조 제1항 제1문)도 두지 않는 우리 헌법하에서도 국민은 헌법 제10조 및 제21조의 표현자유를 근거로 정보의 수집을 위하여 국가에 적극적인 정보공개의무를 지울 수 있는 권리를 지닐 수 있

1) 김철수 "정보공개법과 사생활비밀보호법 서설,"「정보의 수집·관리와 사생활보호 공법연구」특별호, 한국공법학회, 1989. 12, 13~14면.

2) 강경근,「헌법학」, 법문사, 1997, 689면.

다는 것이다."[1)]

우리나라의 판례는 다음과 같이 정보공개청구권의 인정에 대해 매우 적극적이다.

1) 국민은 국가기관이 보관하고 있는 문서 중 기밀에 관한 사항 등 특별한 경우 이외에는 국가기관이 보관하고 있는 문서의 열람과 복사를 청구할 수 있다.[2)]

2) 알 권리는 헌법 제21조의 언론 내지 표현자유에 당연히 포함된다고 하면서 헌법해석상의 직접적 권리로 이를 인정하였다. '언론출판의 자유에서 파생하는 알 권리, 즉 정보에의 접근·수집·처리의 자유의 핵심이며 … 국민의 정부에 대한 일반적 정보공개를 구할 권리(청구권적 기본권)이다.[3)]

3) "확정된 형사소송기록 열람복사신청에 대해 현행실정법상 명문규정이 없다는 이유만으로 접수조차 거부하면서 행한 복사거부행위는 헌법 제21조상의 기본권인 알 권리 침해행위이다."[4)]

4) "정부공문서규정에 대해서도 열람·복사를 청구할 수 있다."[5)]

5) "군사상의 기밀은 비공지(非公知)의 사실로서 적법절차에 따라 군사기밀로서의 표지를 갖추고, 그 누설이 국가의 안전보장에 명백한 위험을 초래한다고 할 만큼의 실질가치를 지닌 경우에 한하여 인정되는 것이다. …군사기밀의 범위는 국민의 표현의 자유 내지 알 권리의 대상영역을 가능한 한 최대한 넓혀 줄 수 있도록 필요한 최소한도에 한정되어야 한다."[6)]

우리나라에서 정보공개제도가 법정된 것은 구 언론기본법(1980년 12월 신군부가 국가보위입법회의에서 제정한 법률)이었다. 이 법에는 신문·통신의 발행인 또는 방송국의 장이나 그 대리인의 청구가 있을 경우에는 공익사항에 관한 정보를 제공해야 한다는 규정이 있었다(제 6 조 언론의 정보청구권). 그러나 그 혁명입법이 제 6 공화국에 들어서면서 폐지되고, '정기간행물의 등록 등에 관한 법률'과 '방송법'으로 분화되면서 이 규정은 사라지고 말았다. 그 이

1) 위의 책, 같은 곳.
2) 서울고판 1988. 7. 6. 선고, 88구1334.
3) 헌재 1989. 9. 4. 선고, 88헌마22 결정(이에 대해 한병채, 최광률 재판관은 소수반대의견을 냈다).
4) 헌재 1991. 5. 13. 선고, 90헌마133 결정(반대의견 : 최광률 재판관 있음).
5) 대판 1989. 10. 24. 선고, 88누9312.
6) 헌재 1992. 2. 25. 선고, 89헌가104 결정.

유로는 정보청구권자가 언론기관에 한정되고, 비공개사유의 포괄적 광범성 등으로 법에 의한 정보청구가 한 건도 없었던 점이 주로 꼽힌다.

제 6 공화국에 들어서면서 사회의 민주화에 대한 요구와 사회구조의 변혁에 따른 정보요구가 점증하고, 판례들도 정보공개청구권을 알 권리로 인정하는 양적 증가가 현저해져서 정보공개법의 현실화가 재촉되었다.

2. 우리나라의 情報公開法

우리나라의 정보공개법은 '공공기관의 정보공개에 관한 법률'로 1996년 12월 30일 공포(법률 제5242호)되었다. 이 법은 총칙, 정보공개청구권자 및 비공개대상정보, 정보공개의 절차, 불복구제절차, 보칙 등 5장 24개조와 부칙으로 구성되어 있다.

그러나 정보공개법이 제정되었다는 것만으로 반드시 알 권리가 구체화되었다고 볼 수는 없는 것이고, 법의 성패는 시간이 경과한 후에야 판정할 수 있다.[1] 더구나 행정부의 관행으로 굳어진 비밀주의와 행정편의주의가 우리 사회에 팽배하고, 법상의 적용제외대상 정보는 지나치게 포괄적이고 막연하다. 정보공개절차에서도 공개 여부의 결정기간이 길다. 정보의 신선도를 고려하지 않고 있기 때문이다. 이런 여러가지 사정으로 인해서 알 권리의 실효성 확보에는 상당한 문제가 있을 것이다.

정보공개법의 주요 규정들의 요지와 문제점들을 지적하면 다음과 같다. 정보공개법 제 1 장은 법의 제정목적, 이 법에서 사용하는 용어의 정의, 정보공개의 원칙, 적용범위, 공공기관의 의무 등을 규정하고 있다.

이 법은 공공기관이 보유·관리하고 있는 정보의 공개의무와 국민의 정보공개청구에 관하여 필요한 사항을 정함으로써 국민의 알 권리를 보장하고, 국정에 대한 국민의 참여와 국정운영의 투명성확보를 목적으로 하고 있다(제 1 조). 이 법에서 말하는 정보는 공공기관이 직무상 작성 또는 취득하여 관리하고 있는 문서·도면·사진·필름·테이프·슬라이드 및 컴퓨터에 의해 처리되는 매체 등에 기록된 사항들이어서 공공기관이 관리하는 모든 물적 자료를 포함하고 있다. 공개란 정보를 열람하거나 사본 등을 교부하는 것을 말한다.

1) 방석호, 「미디어법학」, 법문사, 1995, 103~104면.

공공기관은 보유정보의 공개의무가 있고, 공개에 필요한 정보관리체계를 갖춰야 할 의무도 있다(제 5 조).

제 2 장은 정보공개청구권자 및 비공개대상정보에 대하여 규정하고 있다. 정보청구권자는 모든 국민이고(제 6 조), 비공개대상정보는 모두 8 개 항으로 되어 있는데(제 7 조), 이것들이 일반적으로 타당하고 적합한 내용의 법제인지 검토해 보자.

① 법령에 의해 비밀 또는 비공개사항으로 규정된 정보 — 다른 법률에 의해 비밀로 지정된 것을 그대로 인정하는 규정으로서 실질적으로는 비밀보호법이 될 우려도 있다.

② 국가안보 · 통일 · 국방 · 외교관계 등 국가의 중대한 이익을 해칠 우려가 있는 정보 — 국가의 중대한 이익을 해칠 우려의 판단자가 공공기관에 종사하는 광의의 공무원이므로 국가이익을 정부의 이익으로만 한정해서 판단함으로써 언론기관의 입장에서 보면 공공기관이 독선적으로 정보의 가치판단을 했다고 볼 수 있고, 결과적으로 언론의 정부비판을 차단하는 부작용을 낳을 수 있다.

③ 국민의 생명 · 신체 및 재산의 보호 기타 공공의 안전과 이익을 현저히 해칠 우려가 있는 정보 — 공익판단의 문제뿐만 아니라 '현저성'과 '우려' 같은 불확정법률개념을 사용하여 자의적으로 정보공개를 거부할 빌미를 제공할 수 있다. ②항과 관련하여 명백하고(인과관계) 현존하는(시간 · 장소 등) 위험이 없는 한 어떤 정보를 정보공개대상으로부터 제외하는 것은 부당하다. 백보를 양보하더라도 위험이 중대하고도 개연성이 높은 경우(grave and probable danger)가 아닌 '현저한 위해의 우려' 수준에서 정보를 비공개하는 것은 정보공개법의 실효성에 의문을 던지게 한다.

이에 대해 성낙인 교수는 "기타 공공의 안전과 이익에 현저한 우려를 줄 수 있는 부분은 사익보호의 측면도 강하기 때문에 이를 삭제하는 것이 바람직하다"고 보고 있다.[1]

④ 진행중인 재판관련정보와 범죄예방, 수사, 공소의 제기와 유지, 형의 집행, 교정, 보안처분에 관한 사항 중 공개될 경우 형사피고인의 공정한 재판을 해칠 만한 상당이유가 있는 정보 — 비밀유지의 필요성은 인정되지만 비밀

1) 성낙인, "정보공개법상 비공개정보의 범위," 법률신문 제2390호, 13면.

을 유지해야 할 필요최소한의 범위내에서만 정보공개대상에서 제외해야 마땅하다. 예컨대 강제집행절차를 명백하게 방해할 수 있는 경우, 공정한 재판을 방해하거나 공평한 법집행을 일탈할 목적이 명백한 경우, 개인의 사생활을 부당하게 침해할 것이 명백한 경우, 공개될 때 특정개인의 생명이나 신체적 안전을 위협할 개연성이 높은 정보 등으로 한정하여 정보공개대상에서 제외하는 것이 더 바람직하다는 뜻이다.

⑤ 감사 · 감독 · 검사 · 시험 · 규제, 입찰계약, 기술개발, 인사관리, 의사결정과정 또는 내부검토과정에 있는 사항은 비공개가 당연하다.

⑥ 정보에 포함된 내용 중 특정인임을 식별할 수 있는 이름 · 주민등록번호 등 개인관련정보 — 비밀유지의 필요성은 인정되지만 일반공중의 관심이 큰 공공기관내부의 상위보직자관련정보는 예외로 하는 것이 나을 것이다.[1)]

⑦ 영업상 비밀 — 당사자가 비밀을 전제로 하여 공공기관에 제공한 영업정보 및 금융정보 등으로 명시할 필요가 있다.

⑧ 부동산투기 · 매점매석 등 특정인에게 이익 또는 불이익을 줄 우려가 있다고 인정되는 정보 — 당연히 제외되는 것이지만, 이 조항이 없더라도 ⑦항에 포함하여 회사간의 경쟁에서 부당한 이익 또는 불이익을 줄 것이 명백한 정보로 법의 효과를 확보할 수 있다. "부동산투기 등의 부정적 용어는 애매모호한 비규범적 개념의 사용이라는 지적도 있다."[2)]

기타의 조항은 평석을 생략한다.

3. 美國의 情報公開規定과 解釋

미국의 정보공개법(Freedom of Information Act)은 연방법률 제 5 편 제 552장으로 1966년 제정된 후 몇 차례 개정되었다.[3)] 1966년의 법에서는 대통령의 행정명령을 통해 국가안보의 이름으로 어떤 문서라도 공개대상정보로부터 제외시키는 분류가 가능하여 어떤 법원도 문서의 분류에 대해 도전할 수

1) 경실련, 민변, 민교협, 기자협회, 「정보공개법 제정방향에 대한 토론회 자료집」(미출간), 1996. 10. 22, 53면(유일상 의견).

2) 위의 자료, 56면(강경근 의견).

3) 이 법의 모체는 1946년 제정된 행정절차법이었으나, 적용제외조항이 막연하여 정부가 법을 남용한 폐단이 있어 새로 제정되었다. 영어를 직역하면 정보자유법이겠으나, 의미를 포착하면 정보공개법이 더 적합할 것 같다.

없었고, 분류된 문서가 국가안보와 밀접한 것인지(sensitive) 또는 관련된 것(related to)인지조차 사법적 검토를 할 수 없었다.[1] 특히 닉슨대통령재임 중 행정부는 이 예외조항을 남용하였기 때문에 1974년 연방의회는 이 법을 개정하여 정부에서 비밀로 분류한 문서가 정당하게 분류되었는지를 심사할 수 있는 권한을 법원에 부여하였다. 이 법은 정보의 공개, 행정기관의 규칙·의견·명령·기록과 절차에 관하여 규정하고 있는데, a항이 공개가능정보에 관하여 규정하고, b항은 정보공개대상에서 제외되는 9종의 정보에 대하여 열거·설명하고 있다.

정보공개제외대상이 되는 정보로는 ① 국가안보, ② 내부인사자료, ③ 다른 법규의 특별규정에 의한 정보, ④ 영업비밀, ⑤ 부처간의 업무서류 및 소송서류, ⑥ 개인의 은사권(隱私權 : Privacy) 관련정보, ⑦ 법집행문서, ⑧ 금융기관감독자료, ⑨ 지질학자료 등이 열거되고 있다.

이를 좀더 자세히 살펴보면 다음과 같다.

① 국방 또는 외교정책상의 이익을 위해 대통령의 명령에 따라 비밀로 지정된 것—i) 국방·외교정책상의 이해에서 대통령의 행정명령(executive order)으로 정한 기준에 따라 비밀취급이 특정된 것, ii) 그러한 대통령명령에 따라 사실상 비밀로 분류될 만한 적실성을 갖춘 것(1974년 개정/포드의 거부권행사/의회재의결과정 거침)

② 오로지 행정기관 내부직원에 관한 규칙 및 관행과 관련된 사항

③ 실정법에 의거하여 공개가 특별히 면제된 사항—단서를 붙여 다만 i) 그 실정법(that such statute)에 따라 당해사항의 비공개에 대한 재량처분의 여지가 없는 사항, 또는 ii) 비공개를 위한 특별기준의 제시 또는 비공개에 대한 특정참고자료의 제시가 있는 경우에 한한다(1978년 개정).

④ 제 3 자로부터 지득한 상거래상의 비밀 또는 재무상의 정보로서 비닉특권이 주어졌거나 비밀취급된 사항

⑤ 행정소송에서 당해소송당사자인 행정기관 이외의 제 3 자가 법률에 의해 이용할 수 없는 행정기관 상호간의 또는 행정기관 내부의 각서나 서신

⑥ 공개될 때에는 명백하게 개인의 사생활을 침해하게 될 인사 및 의료관계서류 및 그와 유사한 서류철

1) Epstein vs. Roser, 296 F. Supp., 214(1969).

⑦ 법률에 따라 행정기관 이외의 당사자가 이용할 수 없는 법집행목적(law enforcement purposes)의 수집조사자료 — 법집행목적으로 수집된 조사기록으로서 그 기록의 지출이 i) 법집행의 절차를 방해하는 경우, 비밀정보원(confidential source)의 정체를 공개할 경우 및 범죄수사과정상 형사법을 집행하는 기관이 수집한 기록 또는 국가안전보장을 위해 적법한 정보조사활동을 수행하는 기관(agency)이 수집한 기록 가운데서 비밀정보원이 제공한 비밀정보를 공개하는 경우, ii) 수사방법과 수사절차를 공개하게 되는 경우, iii) 법집행자의 생명 또는 신체의 안전을 위협하는 경우에는 공개하지 않는다(1978년 개정).

⑧ 금융기관을 규율·감독하는 행정기관이 당해 행정기관이나 그 대행자가 사용하기 위해 작성한 검사·운영상황보고서 및 그에 포함되거나 관련되는 사항

⑨ 유정(油井) 등 지질학 및 지구물리학상의 정보나 자료

이 가운데 ①의 국가안보와 관련된 정보는 i) 대통령령이 정하는 기준에 따라 국방 또는 외교정책상 특히 비밀로 붙여져야 할 정보로서, ii) 대통령령에 따라 사실상 비밀로 정당하게 분류된(in fact properly classified) 정보라는 두 가지 요건을 충족시켜야 한다. 말할 것도 없이 이 규정은 국가안보에 손해를 야기할 정보의 공개를 막을 것을 목적으로 하지만 정당하게 비밀로 분류된 정보에 한하는 것이다.

대통령령에 의해 규정된 용어인 1급 비밀, 2급 비밀, 3급 비밀로 분류되어 공식적인 검인이 있는 월남전 때의 펜타곤비밀문서 같은 1급 비밀서류는 이 규정에 의한 비밀문서에 속하는 것이다.

그러나 행정부의 이러한 분류가 언론기관에게도 자동적으로 적용되어 보도하지 말아야 할 정보가 되는 것은 아니다. 미국의 현행 정보공개법은 국가기밀의 분류에 대한 주장의 정당성을 정부가 판단할 의무가 있음을 포괄적으로 분명하게 밝히는 의미에서 '사실상 정당하게 분류된(in fact properly classified) 정보'라는 점을 추가하고 있는 것이다.

정부는 이 예외규정의 요구를 충족시키기 위하여 '사실상 정당하게' 분류된 정보란 대통령령이 정하는 절차적인 기준과 실질적인 기준이라는 두 가지 기준에 따라 정당하게 분류되어야 한다는 점을 대통령령 제12356호를 통해 명시하고 있다. 이 대통령령에 따르면 특정의 정보가 국가안보에 손해를 야

기할 상당성(reasonably)이 있는 경우에 공개를 보류할 수 있다. 또 이 대통령령은 행정기관이 특정 문서를 분류할 때 공익을 고려할 것을 요구하지 않고 있다. 이 때문에 법원은 행정기관과 언론기관 사이에 공익판단에 대한 이의가 제기되면 분류가 정당하였는지를 판단할 때 행정기관의 전문가에게 판단을 맡기는 경우가 흔하다.

대통령령은 불법, 비능률, 행정적 과오를 감추거나, 일개 개인, 조직이나 기관을 당황하게 하는 일을 막거나, 경쟁을 억제하거나, 국가안보의 이익보호에 필요하지도 않은 정보의 공개를 억제 또는 지연시킬 목적으로 특정의 정보를 비밀로 분류하는 것을 금지하고 있다.

어떤 한 문서의 몇 쪽이 정당하게 비밀로 분류되었다고 하더라도 나머지의 민감하지 않은 사항들마저 비공개되어서는 안 되기 때문에 소송이 제기될 경우, 법원은 역사적 기록물을 포함하여 비밀분류관서의 자료들을 조사할 수도 있다.

따라서 정부관서가 특정 정보를 비밀로 분류하여 언론에 공표하지 않고자 할 때는 비밀로 분류된 각개 서류의 비밀취급을 정당화하기 위해 필요한 경우에는 각 단어·문장·구와 절 등의 공표금지에 대해서도 정당화할 수 있어야 한다. 단지 국방성이나 국무성이 보유하고 있는 정보를 1급 비밀, 2급 비밀, 3급 비밀 등으로 분류한다고 해서 정당하게 분류된 비밀정보라고 할 수 없는 것이다.

행정부서의 비밀분류작업은 분류자의 재량범위를 벗어난 과잉분류로 인해 다음 둘 중 하나의 오류를 범할 가능성이 상존하고 있다. 하나는 중요한 기밀문서를 기밀문서로 분류하지 못할 가능성이고, 다른 하나는 기밀문서가 되지 말아야 할 문서를 기밀로 분류하는 경우이다. 그렇지만 일반인들은 기밀로 분류된 정보일 경우, 그것의 과잉분류 여부에 대해서는 알 길이 막막하기 때문에 분류의 정당성 여부에 대해 법원의 판단을 요구하고 있다.

법원은 법규정이 명령규범(must)이 아니라 허용규범(may)이기 때문에 대통령령으로 정한 기준에 대한 판단보다는 기준적용의 정당성판단을 선호하는 편이다. 예를 들자면 의회가 의도한 대로 정보공개대상에서 제외되는 정보에 대한 근원적 판단을 시도하는 경우[1)]는 극히 드물고, 관련정보에 대한

1) Browde vs. Navy, 713 F. 2d 864(1983).

전문성이 부족하다는 겸양으로 정보분류에 대한 가치판단을 회피하는[1] 경우가 많다.

지금까지 정보공개법의 규정을 요약해서 행정법규와 함께 법원의 판례에 의한 해석을 덧붙였다. 취재의 자유와 알 권리에 관련된 가장 대표적인 미국 판례는 1971년의 국방성 문서(Pentagon Papers) 보도사건이다. 이 사건에 대해 상세한 것은 제 8 장 '국가안보와 언론의 자유'를 참고하기 바란다.

한편 일본에서는 중앙정부급의 정보공개법은 제정되지 않고 있으나 지방자치단체별로 정보공개에 관한 조례가 우리나라처럼 제정되어 있다. 중앙정부단위의 정보공개제도가 실현되는 것을 막는 가장 큰 장벽은 관료들의 저항이 의외로 강경하기 때문이지만, 1997년 현재 법의 요강이 행정개혁위원회에 의해 마련되어 있고[2] 알 권리와의 조화를 검토하는 논의가 활발하여 머지않아 법제화가 가능할 것으로 보인다.

제 5 절 액세스權과 反論權의 具體化

1. 액세스權

(1) 액세스權의 概念

액세스권(Right of Access)은 여러가지 의미로 쓰인다.

가장 넓은 뜻으로 액세스권이란 매스미디어로부터 떨어져 있는 시민들이 자기의사를 표명하기 위하여 매스미디어에 접근・이용하는 권리(매체이용권)를 말한다. 가장 좁은 의미로는 매스미디어에 의해 자기명예를 훼손당한 사람이 해당매체를 상대로 반론이나 변명을 공식적으로 요구하는 권리(협의의 반론권)를 말하기도 한다.

언론의 거대기업화와 언론기업의 소수독점화를 주목했던 Barron은 언론의 향유주체인 다수대중이 미디어의 이용으로부터 소외되고 수동적인 위치로 전락한 데다 일방적 전달과 정보획일화로 치닫는 미국의 언론환경에서 '사상

---

1) Knopf vs. Colby, 502 F. 2d 136(1975).

2) 자세한 것은 鶴岡憲一・淺岡美惠, 「日本の情報公開法」, 花傳社, 1997을 참조할 것.

의 자유롭고도 공개적인 시장'이 환상임을 깨달았다는 것이다.[1] 그래서 대체로 사람들은 Barron이 1967년 액세스권을 처음으로 주장하고, 종래의 전통적인 자본주의 헌법이론에 대해 재검토한 계기를 마련한 것으로 평가한다.[2]

누구든지 살펴보면 매스미디어가 취급하는 정보와 지식, 사상이나 의견 등은 모든 국민의 다양한 목소리가 아님을 알 수 있다. 매스미디어의 배후에서 막강한 대자본들은 이제 언론자유마저 독점하게 된 시대가 되었다.

정보의 실수요자인 국민대중들은 정보공급자인 언론인이 공급하는 정보 그 이상을 필요로 하고 있지만, 현대의 미디어산업은 공급정보의 생산원가범위 내에서만 정보와 의견을 제공할 뿐이며, 특히 정보에 대한 해석이나 의견 전달에 있어서는 언론기업의 사적(私的) 이익과 손익계산을 하지 않을 수 없다. 언론기업의 이러한 정보공급한계를 극복하기 위해서는 미디어에 대한 자유로운 접근과 적절한 이용기회의 확보가 보장돼야 한다.

우리 헌법은 언론의 자유를 규정한 제21조의 제 4 항에 "언론·출판은 타인의 명예나 권리 또는 공중도덕이나 사회윤리를 침해해서는 아니 된다. 언론·출판이 타인의 명예나 권리를 침해한 때에는 이에 대한 피해의 배상을 청구할 수 있다"는 조항을 두어 반론권으로서의 액세스권 및 언론피해에 대한 배상청구권을 명확하게 인정하고 있다.[3]

입법으로도 각종 선거법에서 미디어접근이용권을 규정하고 있고 언론중재 및 피해구제 등에 관한 법률(제14조～제17조) 및 방송법(제91조)에는 반론보도청구권은 물론 정정보도청구권까지 규정되어 있다. 이것들 역시 언론에 의한 국민의 인권침해를 회복시키기 위해 미디어를 이용할 수 있는 보충권을 제도화한 것으로 볼 수 있다.

의견광고의 경우에는 명문규정이 없으나 민법상 계약자유의 원칙에 따라 매스미디어의 결정권이 우세하다고 하겠지만, 의견광고의 게재요구를 거절할 때 공공성과 합리성에 기초한 정당한 거절이유가 부족하면 위헌이 될 수도 있다.

그 밖에도 민법에는 명예훼손의 경우의 특칙(제764조)을 두어 "타인의

---

1) Michael C. Emery and Ted Smythe, *Readings in Mass Communication : Concepts and Issues in Mass Media*(Dubuque, Iowa : Um C. Brown Co. Publishers, 1974), p. 10.

2) 원우현, "액세스권의 현대적 의의와 그 행사,"「언론중재」1983년 겨울호, 1983, 50면.

3) 안용교, "액세스권의 형성배경과 전개,"「고시연구」1982년 3월호, 28면.

명예를 훼손한 자에 대하여는 법원은 피해자의 청구에 의하여… 명예회복에 적당한 처분을 명할 수 있다"고 규정하여 사실상 액세스권의 내용인 반박·반론·변명의 권리를 인정하고 있다.

⑵ 액세스權과 反論權理論 및 우리나라의 主要判例

Schmidt는 액세스권에 다음과 같은 여러 가지 권리가 포함되어 있음을 주목한다.

1) 명예훼손을 당한 사람들은 그 석명(vindication)을 위한 소송을 제기하고, 그 소송결과를 공표하여 명예훼손적인 언론행위에 대한 피해구제를 받을 권리가 있다.

2) 정치적 공직후보자는 영미의 경우에 동일공직에 출마한 다른 후보자에게 적용되는 것과 동일한 요율(料率)로 동일한 매체를 이용할 권리가 있다.

3) 특정집단이나 특정주장을 가진 사람들은 자신에 대한 당초의 반대주장에 대응하여 특정의 공표행위에 대해 자신들의 견해를 제시할 권리가 있다.

4) 자신의 정직성이나 고결성(integrity)을 공격 또는 비판받거나 허위로 보도한 언론기관에 대해서는 당해 매체에 자신의 주장을 반론하여 공표할 권리가 있다.

5) 특정의 시장에서 특정광고주제에 관하여 효율적인 커뮤니케이션을 행하기 위해 독점권을 행사할 수 있는 어떤 매체에도 광고할 권리가 있다.

6) 어떤 매체라도 동일한 재화(財貨), 용역, 사상에 대하여 또는 어떤 종류의 광고든 간에 선착순원칙으로 광고할 권리가 있다.

7) 누구든지 무료로 법원이나 공무원이 결정하는 실질적으로 공적 중요성이 있는 사안, 어떤 매체가 뉴스로 보도하려고 취재 또는 광고하려는 사안, 그 매체가 논평 또는 뉴스로 보도하거나 광고한 사안에 대해서는 무료로 당해 사안에 대한 견해를 공표할 권리가 있다.

이 때문에 Schmidt는 액세스권의 확대해석이 언론의 자유를 제약할 수 있음을 우려한다.[1] 액세스권은 국가와 국민 간에 발생하는 것이 아니지만, 언론기관이 가지는 보도의 자유와 마찬가지로 헌법적 보호를 받는 것이기 때문에 두 기본권이 상호 충돌을 일으킬 때는 이를 해결하기 위해서 이익형량이

1) B. Schmidt, 앞의 책, 같은 면.

불가피하다. 이에 대해 인격적 가치의 침해에 대한 반론권 및 해명권이 우선적으로 보호되어야 하는지, 보도의 자유가 우선하는지에 대해 학설은 대립하고 있다.

그러므로 액세스권은 당해 매체가 취급하지 않았음에도 불구하고 논쟁이 되는 공적 쟁점에 대한 발언을 희망하는 개인이나 단체에 대해 시간과 지면을 제공하도록 규정하는 광의(廣義)로 해석할 것이 아니라, 공중에게 논쟁이 되는 의제를 제공한 매체에 한해 제한적인 액세스권인 반론권에 국한하는 것이 공중의 액세스권과 미디어내용규제라는 언론자유의 억압가능성 간의 갈등을 미연에 피할 수 있다고[1] 봄이 타당하다.

일찍이 1989년에 우리 헌법재판소는 반론권의 헌법적 근거로 인격권 및 사생활의 비밀과 자유를 꼽았다.[2] 이 결정에서 헌법재판소는 '정기간행물등록 등에 관한 법률'과 '방송법'에 규정된 '정정보도청구권'을 반론권으로 해석하고, 보도의 자유와 반론권의 충돌을 규범조화적 해석의 원칙으로 해결하였다. 또한 헌법재판소는 반론권을 인정하는 근거로 ① 언론에 의해 피해를 당한 자가 보도된 사실에 대해 반박할 기회를 허용하여 인격권을 보호하는 것과, ② 공정한 여론형성에 참여할 자유나 객관적 질서로서의 언론제도를 보장한다는 두 가지 이유를 들고, 반론권제도와 언론자유의 관계가 단순히 제도의 평면적 비교나 판단보다 기본권간의 조화라는 전체적인 관점에서 평가되어야 한다고 설명했다.

좁은 의미의 액세스권은 자기와 관계된 보도에 의해 명예나 인격을 침해당했다고 주장하는 자에 의한 반론 내지 해명요구와 석명(釋明)의 권리를 말하지만, 넓은 의미로는 언론매체접근이용권을 말한다. 액세스권 중에서 가장 대표적인 것이 반론권이다.

김종서(1994년)는 국민의 액세스권을 더욱 확대해야 한다는 취지에서 헌법재판소의 이 결정이 반론권을 언론에 의한 피해를 구제한다는 차원에서 반론권을 규정하여 일반 국민의 액세스권보장보다는 언론자유를 사후적·교정적으로 보장하는 권리에 불과하다는 비판적 견해를 제시한다.[3] 그래서 그는

1) B. Jerome, "The Right of Reply to the Media in the United States — Resistance and Resurgence," *Hastings Communications and Entertainment Law Journal*, Vol. 15, 1992, p. 2.

2) 헌재 1991. 9. 16. 선고, 89헌마165 결정.

3) 김종서, "정정보도청구제도의 문제점과 대안," 헌법논총 제 5 집, 1994, 5 면.

헌법재판소의 반론권근거 제시가 반론권제도의 본래 취지를 잘못 이해한 것으로 본다. 즉 반론권의 원래 취지가 고전적 언론자유이론의 뒷받침을 받아 거의 무제한적인 자유를 누리던 언론매체의 영향력 아래에서 자신의 정당한 의사를 표명할 방법을 상실한 일반 개개인에게 언론매체의 표현에 의하여 왜곡된 자신의 의사를 바로 그 매체를 통해 표명할 수 있는 기회를 보장하는 데 있다는 것이다.[1)]

안용교 교수는 반론권이 보도에 관계된 자의 인격을 자유롭게 발현하고, 그것이 보호하는 이익에 도움이 되는 동시에 객관적으로 진실에 부합하는 보도 또는 국민의 자기통치에 필요한 공공의 이익에 기여하게 하므로, 반론권의 보호법익은 피해당사자의 인격권은 물론이고 언론의 자유까지 포함하는 것이라고 설명한다.[2)]

반론보도청구권을 인격권침해에 대한 구제수단이라고 보는 박용상 판사는 반론권이 언론의 보도대상이 된 개개인에게 당해 언론매체를 이용하여 자신의 말을 할 수 있는 권리를 인정한다는 점에서 악세스권이론을 제한적으로 받아들인 것이라고 해석하고, 반론권이 언론의 자유와 밀접한 관련이 있음을 주목한다.[3)]

그러니까 반론권을 언론자유와 내부적 모순관계로 보는 것은 반론권제도를 정착시키기 위해 강력한 외부의 힘을 끌어 들이든가, 이 모순관계의 해결을 위해 언론자유와 반론권의 대결관계를 조장할 수 있으므로 언론자유와 반론권에 대한 개념 간에 올바른 관계를 설정하는 것은 법과 제도의 해석상 매우 중요하다는 말이다.

반론권의 이러한 취지에 비추어 김종서 교수는 그 인정 여부를 언론피해의 구제라는 단선적 논리에서 결정짓지 말고, 누구의 언론자유가 최우선적으로 고려되어야 하는가 하는 언론자유의 궁극적 주체를 포괄하는 관점을 가질 것을 제안한다.[4)] "언론의 자유란 언론기업의 보도의 자유만을 의미하는 것이 아니고 국민의 언론의 자유도 포함하는 것이라고 할 것인즉, 개인이든 단체

1) 김종서, 위의 글, 같은 면.
2) 안용교, "ACCESS권—MASS MEDIA에 대한 ACCESS권을 중심으로," 목촌김도창선생화갑기념논문집「현대공법의 이론」, 1982, 138면.
3) 박용상, "정정보도청구권제도의 일반적 고찰,"「언론중재」 1989년 가을호, 언론중재위원회, 1989, 54면.
4) 김종서, 앞의 글, 5~6면.

이든 공익의 장에서 동등하게 표현할 수 있는 기회를 부여받을 권리를 갖는다. 언론의 자유는 시민들의 자유도 포함하는 것이므로 언론매체에 대한 자유로운 접근(access)과 말할 수 있는 권리는 어떤 형태의 통로로든 개방되어야 한다."[1] 언론매체가 말 그대로 '매체'(media)라고 한다면 언론자유의 궁극적 주체는 일반 국민이 될 수밖에 없고, 양자의 이익형량에서 승리자는 이미 결정되어 있기 때문이다.[2]

Barron은 반론권이 언론기관으로부터 정보와 의견 또는 사상을 받기만 하는 국민의 지위에서 그것을 보내는 능력을 가진 국민의 지위를 앙양하는데 그 의의가 있다고 보고 있다.[3]

살피건대 반론권제도는 언론피해의 단순한 구제에 바탕을 두고 있는 것이 아니라, 그것이 존재함으로 인하여 언론매체의 권력화를 방지하여 자의적인 출판·방송을 자제하게 할 수 있을 것이라는 믿음에 바탕을 두고 있다. 반론권과 정정보도청구권이 혼용되던 1991년에 이미 우리 헌법재판소도 이미 "정정보도청구권은 … 언론보도의 객관성을 향상시켜 제도로서의 언론보장을 더욱 충실하게 할 수도 있을 것이라는 취지 아래 제정된 것"이라고 하여 이 점을 이미 지적하였다.[4]

위헌시비에 휩싸여 있지만 한국의 언론관계법에는 '정정보도청구권'(언론중재 및 피해구제 등에 관한 법률 제14조～제15조), '반론보도청구권'(위 언론중재법 제16조, 방송법 제91조)과 '추후보도청구권'(언론중재법 제17조, 방송법 제91조 제 8 항) 등이 규정되어 있다. 그리고 이 세 가지 청구권에 의한 분쟁을 조정·중재하고, 언론침해사항을 심의하게 하기 위해 언론중재위원회를 두고 손해배상을 포함하여 재판상 화해의 효력을 가지는 조정을 하도록 규정하고 있으며(언론중재법 제18조～제23조), 정정보도청구와 손해배상의 분쟁을 중재하는 기능을 부여하고 중재결정이 확정판결과 동일한 효력을 가지게 하고 있다(언론중재법 제24조와 제25조). 중재부의 종국적 결정에 따르기로 당사자 쌍방이 합의하지 않은 경우에는 정정보도 등의 청구소송을 제기할 수 있고(언

1) 김성남, "언론중재제도의 법적 고찰,"「언론중재」1989년 가을호, 언론중재위원회, 1989, 13면.
2) 김종서, 앞의 글, 6 면.
3) J. Barron, 앞의 책, p. 3.
4) 헌재 1991. 9. 16. 선고, 89헌마165 결정.

론중재법 제26조～제28조), 이 소송들은 다른 재판에 우선하여 신속히 처리하게 하고 있다(언론중재법 제29조).

법문으로 보면 정정보도청구는 민법 제764조에 의한 채권해결이나 그 행사를 위한 임의적 절차로서의 권리행사에 영향을 미치지 아니 한다(법 제26조 제4항).[1)]

(3) 美國에서의 액세스權 理論과 判例

미국의 경우에는 자유언론의 오랜 전통에 대한 방어의식이 남아 있고, 액세스권의 실현을 위해서 국가권력의 적극적인 개입을 불가피하게 함으로써 편집권이 제약받게 된다는 우려 때문에 배런의 합법정당한 주장에도 불구하고 액세스권은 여전히 논쟁의 대상이다. 브랜다이스(Brandeis) 판사의 표현을 빌려 "언론의 자유는 정치적 진실의 발견과 확산을 위해 존재하는 것"으로 본 배런은 "언론의 자유가 국민이 민주질서 하에서 자치적 구성원으로 참여하는 데 필요한 정보를 가질 수 있도록 보장하려면… 신문과 방송을 통하여 공중이 여러 측면의 의견에 접근할 수 있어야 한다"고 말한다.[2)]

또한 그는 "미국의 언론기관 소유주들이 시청자나 독자들의 수준 높은 욕구를 받아들여 융통성 있게 액세스권의 존재를 인정하려 들지 않는 것은 물론 오히려 신문사측의 사적인 결정을 선택할 자유, 표현의 자유, 편집재량권의 행사 또는 기타 매혹적인 문구를 사용하여 미화하고 있다"고 지적한다.[3)]

신문사측의 액세스권시행 회피 움직임에 대해 좀더 온건한 접근방식을 제안하는 바디키안(Bagdikian)은 "언론매체가 대중의 신뢰와 긴급한 사회적 욕구에 부응하기 위해 신문에서는 ① 전문가들 자신의 6～7가지 견해를 실을 완전한 지면을 제공할 것, ② 한 지면은 독자투고란에 할당할 것, ③ 언론사의 판단이나 업무집행에 대한 공중의 반응을 조사하기 위해 분쟁해결자와 민원조사자를 임명할 것, ④ 지역사회대표로 구성된 지방언론위원회를 구성하여 매월 발행인들과 토론회를 가질 것" 등을 주장하고 있다.[4)]

---

1) 반론보도청구권 역시 민법 제764조에 의한 절차의 하나로 간주된다.

2) Jerome A. Barron, *Freedom of the press of whom?*, 김병국 역, 「누구를 위한 언론자유인가?」, 고시원, 1989, 28면.

3) 위의 책, 25～38면.

4) Bagdikian, "Right of Access : A Modest Proposal," *Columbia Journalism Review*, Vol. 8, 1969, p. 10.

매체에의 접근이용권을 부정하는 미국 대법원 판례 가운데 대표적인 것으로 ① BEM(Business Excutives' Move for Vietnam Peace : 베트남평화를 위한 경영자운동) 대 FCC 사건 판결, ② 토닐로(Tornillo) 대 마이애미헤럴드(*Miami Herald*) 사건의 판결이 있다.

첫째, BEM 대 FCC 사건개요는 다음과 같다. 민간단체인 BEM은 워싱턴 소재 WTOP 라디오방송국에 1분짜리 고지방송으로 반전의견광고를 할 수 있는 시간판매를 요구했다. 방송국이 이를 거절하자 1970년 1월 FCC에 수정헌법 제1조의 권리침해 및 형평의 원칙위반으로 방송국을 제소했으나 FCC는 BEM의 요구를 거절했다.

FCC는 WTOP 방송사가 제출한 증거에 따라 공중의 중요 관심사인 미국의 월남참전문제에 대해 방송국은 비판적 견해의 방송을 포함한 완전하고 공평한 취재보도를 했으므로, 반전광고의 시간판매요청을 수락하든 거절하든 그것은 방송국의 재량이므로 헌법상의 액세스권주장을 받아들일 수 없다고 평결했다. 그러나 워싱턴 D.C.의 항소법원은 BEM의 불복이유를 받아들여 2 : 1의 다수결로 유료광고방송 전면거부가 수정헌법 제1조에 반한다고 판시했다[1](Business Executives' Move for Vietnam Peace vs. FCC, 450F. 2d 642, D. C. Cir. 1971).

그 후 항소법원의 판결은 미국 연방대법원에서 다시 파기되었는데, 그 이유는 방송사업자가 의견광고의 수락 여부에 대한 결정권을 가지고 있기 때문이라는 것이었다. 이 판결은 시청자의 권리가 방송사업자의 권리보다 중요한 공정성원칙이 방송평성권을 약간 침해하더라도 언론자유의 폭을 넓히는 것으로 본 레드라이온방송사 사건 판례를 뒤집은 역사적인 것이었다.[2]

그러나 의견광고에의 접근권을 부인한 이 판결에 대해 길모어(Gillmor)와 배런(Barron)은 방송국의 의견광고에 대한 사적 검열가능성과 의견광고시간의 강자독점을 인정한 점, 매체수가 절대부족한 특수상황에서 공중에게 중요한 문제에 대한 자유로운 접근의 정도 해석을 방송국에 맡긴 점 등을 비판하면서 뉴욕타임즈 대 설리번 사건(NYT vs. Sullivan, 376 U.S. 254, 1964) 이래 기정사실화된 의견광고를 통한 미디어접근이용권을 공중파를 통한 전달매체

1) D. M. Gillmor and J. A. Barron, *Mass Communication Law : Cases and Comment*, 3rd ed. (St. Paul, Minn. : West Publishing Co., 1979), p. 816.

2) Red Lion Broadcasting Co. v. FCC, 395 U. S. 367(1969).

인 방송매체가 부정하고 나선 점에 우려를 표명했다.[1)]

둘째, 토닐로 대 마이애미헤럴드 사건은 플로리다주 선거법상 보장된 반론권으로서의 액세스권을 제 1 심 법원이 수정헌법 제 1 조와 배치된 위헌이라고 판결하자 여러 차례의 법리논쟁을 거쳐 연방대법원이 이를 재확인한 것이다.[2)]

널리 알려졌다시피 미국의 법은 50개의 주법과 1개의 연방법이 상호작용을 해온 결과 플로리다라는 1개 주에서 유효한 주법상의 이 규정은 약 반세기가 지나도록 일반의 관심을 끌지 못했으나, 1972년 민주당 하원의원 후보지명전에 출마한 토닐로(Pat Tornillo)에 의해 법정문제화되어 그 합헌성을 검증받게 되었던바, 전술한 것처럼 그 위헌성이 연방대법원에 의해 확인되었다.

버거(Burger) 대법원장이 직접 작성한 판결문을 정치적 공직에 입후보한 사람이 자신의 성격과 공식적 이력에 대해 비판한 신문사에 대해 반박을 위한 동일지면의 무료제공을 규정한 플로리다 주법이 위헌이라는 판단을 내리고, 그 이유로서 신문발행인은 수정헌법 제 1 조에 의거하여 정부의 간섭이나 명령에 따르지 않고 지면을 결정할 권리를 가지고 있으므로 의견광고의 게재여부 판단도 당연히 당해 신문사에 주어져 있음을 확인했다.

연방대법원은 특히 의견광고권이 방송언론과 신문매체에 차별적으로 적용된다는 견해를 덧붙여 수정헌법 제 1 조가 보호하려는 언론자유의 내용이 매체에 따라 각각 다름을 밝혀 주었다. 자세한 것은 이 책 제 9 장 의견광고와 표현의 자유를 참고하기 바란다.

한편 액세스권의 또 다른 설명으로 공중에게 유용한 정보에의 접근을 뜻하는 경우가 있다. 그러나 통상적으로 공정한 재판을 받을 권리를 침해하는 일, 비밀을 요하는 공직자의 회합을 취재하거나 사적 단체의 모임을 공개하는 일, 공중의 상당한 관심이 있을 때, 교도소방문취재를 할 수 있으나 합당한 통고를 하지 않고 느닷없이 교도소수감상황을 취재보도하는 일 등은 결코 공중에게 유익한 것이 아니기 때문에 자제하는 것이 마땅한데, 이것이 바로 접근권의 내재적 한계라고 볼 수 있다. 여기에 대해서는 취재의 자유부분에서 상술한 바 있다.

---

1) 앞의 책, pp. 823~827.

2) Miami Herald Publishing Co. vs. Tornillo, 418 U. S. 241, 1974.

2. 알 權利와 액세스權과의 關係

정부와 사회의 동향에 대한 국민의 알 권리는 동시에 정보의 원천에 접근할 권리의 보장을 요청하고 있다. 즉 일반국민들은 정보가 있는 곳에 접근하여 정보를 얻거나 정보제공을 요구하며, 나아가 자기의사의 표명, 반론과 해명기회제공의 요청을 할 수 있고, 정보송수신의 광장으로 언론기관을 이용할 수 있는 구체적 권리가 곧 액세스권(right to access)이다.

알 권리가 국가에 대한 국민의 권리로서 매스미디어에 제도적으로 위탁되어 있다고 한다면, 액세스권은 알 권리의 수탁을 근거로 국민들이 매스미디어에 접근하여 필요한 정보를 얻고, 매스미디어를 정보송수신의 광장으로 이용할 수 있는 국민의 권리라는 점에서 알 권리와 액세스권은 한짝이다. 그러나 액세스권을 구체적으로 보장한다는 명분으로 자칫 잘못하여 이 권리를 헌법상의 기본권으로 인정하게 되면 언론·출판의 자유에 대해 정부가 개입할 수 있는 길을 열어 주게 되어 언론기관의 내부적 자유를 억압하고 언론종사자의 편집권독립을 가로막을 수 있는 위험이 있다.[1]

국민의 국가에 대한 알 권리가 국민의 매스미디어에 대한 액세스권으로 변화되는 과정에서 지혜를 가지고 살펴보아야 할 부분의 하나가 바로 이 점이다. 이 위험을 막아 내는 범위내에서 액세스권은 그 실질을 확보하기 위하여 국민들이 평등하게 매스미디어를 이용할 수 있는 여건을 조성하고 보도기관의 공공성을 확보하며, 나아가 책임 있게 진실을 보도할 수 있는 조건을 마련하고 반론·반박권과 해명권 등을 제도적으로 보장하는 국가의 의무를 요구하는 것으로 논의되어야 한다.[2]

그러니까 액세스권은 헌법상의 암묵적 프로그램으로 언론자유의 본질적 내용을 고려하여 판단할 수 있어야 하는 것이지, 실정법만능주의에 빠져버리면 오히려 언론의 자율성을 허물어뜨리게 될 수 있음을 늘 주의해야 한다. 건전한 액세스권은 언론기관이 국민들의 신탁을 근거로 자유롭게 정보를 취재·보도하는 것이어야 하기 때문에 공권력의 힘을 빌어 그 자신이 표현의 주체인 매스미디어의 자율성을 억누르면서까지 법적 보장을 꾀하면 오히려

1) 안용교, 앞의 책, 150면.
2) 앞의 책, 150면.

언론·출판의 자유의 본질적 내용을 침해하거나 훼손할 수도 있다는 점에 유의해야 한다는 말이다.

제6절 小結 및 私見

세계각국의 법규들은 다소 차이가 있지만 취재원비닉의 합법성과 정당성을 인정하고 있고, 많은 윤리강령 등은 취재원보호가 기자의 직업적 고결성을 유지하는 도덕률임을 직·간접으로 확인하고 있다. "기자가 취재원과 호혜적인 관계를 가지는 것은 직업적 필요에 따른 것으로 이해되지만, 취재원과 성적인 관계를 가질 정도로 밀착되거나 엄청난 물질적 보상을 대가로 취재원과 거래하는 행위는 비난받아 마땅한 일이다."[1] 그러나 기자가 취재원을 적으로 삼는 것은 취재원을 친구로 대하는 것과 마찬가지로 옳은 일이 아니다. 기자가 취재원과의 관계를 유지하는 데서 특별히 공정해야 할 부분은 바로 취재원비닉요구 조건부정보의 입수와 그와 관련된 약속들이다.

취재원이 비닉을 요구하는 이유는 여러가지가 있지만, 그들의 모든 요구를 들어 주는 것이 공익은 아니므로 기자는 함부로 약속하지 말아야 한다. 취재원비닉의 약속에 앞서 기자는 취재원이 공개되었을 때, 취재원이 당하게 될 불이익 등을 면밀하게 검토해야 한다.

어떤 개인이나 조직 또는 집단의 내부정보를 입수하려면 내부제보자의 협조가 필요불가결한 것이지만, 우리나라의 경우에는 지나친 연고주의관습과 내부제보자보호를 위한 법제도적 장치의 불비로 정보제공자의 사기가 위축되기 쉽다. 직장 내의 소집단적 이기주의나 관료주의적인 분위기는 특정행위가 대다수 공중의 이익과 배치된 때에도 언론에 정보를 제공하는 사람을 배덕자로 매도하는 경우가 있으며, 언론기관에 협조한 사람이 직장을 잃거나 신체적인 상해를 입을 우려가 다른 어느 나라보다 더 큰 것이 현실이다.

공공에게 필요한 정보는 그 자체로 공중에게 공개되어야 마땅한 것임에도 불구하고 공공적 비밀의 영역이 허다한 사회에서 취재원공개를 조건으로 하는 정보만을 보도하겠다는 것은 관급(官給) 기사나 홍보성기사의 게재만을 요

1) "Reporter Linked to a Senator's Gifts," *New York Times*, 28 Aug. 1977.

구하는 것과 조금도 다름없이 독자나 시청자에 대한 책임을 회피하는 것이 된다.

알 권리의 수탁자인 언론인과 위탁자인 국민으로서 취재원이 가진 기본권이 평등하게 보호받고 지극한 예외를 제외하고는 취재원공개가 당연한 사회가 되고자 한다면, ① 공익과 관련된 취재원의 정보제공행위를 보호하는 법규가 있어야 하고, ② 취재원이 되어 정보를 제공한 사람들이 보복당하지 않을 만큼 공개사회의 제반관행이 확립되어야 한다. 그렇지 않은 한 취재원 비닉 여부에 대한 정당성 판단은 어디까지나 건전한 공중의 몫으로 남을 수밖에 없다.

따라서 기자들은 결정적인 정보를 수집하기 위하여 취재원비닉조건에 동의해야만 하는 것이 우리 사회의 경우 아직도 기자들의 엄연한 업무여건임을 인정해야만 한다. 아직 다툼이 있었던 것은 아니지만, 취재원비닉행위는 '형법상으로도 사회상규에 위배되지 아니한 행위'[1]로서 형법 제20조에 의한 정당화사유의 하나에 해당하여 실질적 위법성이 없다고 볼 수 있는 것이다.

결국 우리 사회의 제반조건을 고려할 때 취재원비닉은 공정하게 사유(思惟)하는 평균인이 건전한 사회생활을 하면서 원칙적으로 옳다고 승인하는 취재원보호방법의 하나일 수 있다.

그러나 언론인들은 그 자신의 판단에 따라 취재원공개와 비닉 여부를 더욱 신중하게 판단해야 한다. 언론보도의 신뢰성을 높이고 동시에 취재원의 인권을 존중하면서 적극적으로 공공의 알 권리를 위해 정보의 정확하고 신속한 수집·가공·전달에 힘써야 하는 것은 언론자유가 언론과 국가의 양자관계로부터 시민－언론－국가의 3원관계로 인식되고 있는 현대사회의 강력한 요구이기도 하기 때문이다.

1) 김일수, 「제 5 판 새로 쓴 형법총론」, 박영사, 1997, 314～315면.

◇더 많은 관심을 가진 독자들을 위해 권고할 만한 문헌들

강경근, 「헌법학」, 법문사, 1997.

경실련, 민변, 민교협, 기자협회, 「정보공개법 제정방향에 대한 토론회 자료집」(미출간), 1996. 10. 22.

김철수, "정보공개법과 사생활비밀보호법 서설," 「정보의 수집·관리와 사생활보호 공법연구」 특별호, 한국공법학회, 1989. 12.

방석호, 「미디어법학」, 법문사, 1995.

유일상, "취재관행과 명예훼손," 「취재와 명예훼손」, 한국외대 국제커뮤니케이션 연구소, 1996.

팽원순, 「언론법제신론」, 나남, 1989.

———, 「현대 신문방송론」, 범우사, 1989.

加藤秀雄, 「取材學」, 中央公論社, 1981.

松尾 直, 「情報法とプライバシー權」, 文眞堂, 1995.

片野 勸, 「マスコミ裁判(戰後編)」, 幸洋出版, 1983.

浜田純一, 「情報法」, 有斐閣, 1993.

堀部政男 外, 「情報公開・プライバシーの比較法」, 日本評論社, 1996.

松井茂記, 「情報公開法」(第2版), 有斐閣, 2003.

宇賀克也, 「ケースブッス情報公開法」, 有斐閣, 2002.

———, 「情報公開法・情報公開條例」, 有斐閣, 2001.

———, 「情報公開の理論と實務」, 有斐閣, 2005.

松田政行, 「よくわかる個人情報保護法」, 日本工業新聞社, 2004.

State of Oregon Department of Justice, *Attorney General's Public Records and Meeting Manual,* 2001.

Webb, R. A.(ed.), *Washington Post Deskbook on Style*(New York : McGrow-Hill, 1978).

제 5 장

自由言論과 名譽毁損

제 1 절 槪 觀

1. 言論自由와 個人의 人權

모든 언론행위는 자유로와야 하지만 발신자와 수신자 쌍방의 인권 및 관련된 제 3 자의 인권을 침해해서는 안 된다. 말하자면 언론은 모든 국민에게 중요한 의사표현수단이고, 정치생활과 사회생활의 방법적 기초가 되므로 언론의 자유는 기본권의 핵심으로 인정되지만 언론자유를 비빌 언덕으로 삼아 타인의 명예나 권리를 침해하지는 말아야 한다는 말이다.

우리나라 현행헌법에서는 언론이 타인의 명예나 권리를 침해했을 때 피해자의 청구에 의해 그 피해를 배상하도록 정하고 있다(헌법 제21조 제 4 항에 의거). 그러나 언론이 과학기술의 발달에 의해 고도화하고, 언론기업이 상업세력의 수중에 장악된 오늘날 개인의 명예나 사생활의 침해가 사회문제화되면서 '언론과 인권'이라는 쌍방관계가 새로운 구도로 떠오르게 되었다.

시미즈(淸水英夫)[1]는 "'언론과 인권'이라는 표현이 마치 매스컴은 인권의 바깥에서 활동하고 있는 것으로 인정될 우려가 있음"을 지적하면서 "언론활동도 기본권이고 명예권이나 사생활권도 기본권인 만큼 본질적으로 이것을 '인권 대 인권의 모순'으로 이해되어야 한다"고 말한다.

1) 淸水英夫 編, 「マスコミと人權」, 三省堂, 1987, 1~2面.

사실 오늘날의 언론환경 아래서 언론기관을 소유한 사람이나 언론기관에 종사하는 사람은 일반인에 비해 더 많은 언권(言權)을 가지고 있다. 특히 발행부수가 많고 열독률이 높은 인쇄매체 및 시청취율이 높은 전파매체의 영향력은 막강하여 그 어떤 개인도 대적하기 어려운 힘의 원천이 되었다.

언론이 전하는 말·표정·기호 등은 개인의 그것에 비해 월등한 전파력을 갖고 있다. 더욱 두려운 것은 대개의 언론이 개인보다 공신력이 큰 것처럼 느껴진다는 점이다. 그래서 언론의 고의 또는 과실로 인한 사인(私人)의 인격권침해는 "칼에 맞아 죽은 사람보다 혀에 맞아 죽은 사람이 더 많다"[1]는 옛말의 의미심장함을 다시 되새기게까지 한다.

자본주의사회에서 대부분의 언론활동은 영리활동과 분리되는 것이 아니기 때문에 언론이 사인(私人)의 인격권을 침해했을 때는 언론의 사회윤리성에 대해서만 비판할 것이 아니라 영리성의 기준도 어느 정도 도입하여 그 책임을 물을 필요가 있다. 판매부수경쟁이나 시청률경쟁에 급급한 오늘날의 언론활동은 언론기업의 영리도모를 위해 선정주의를 부추기고 흥미본위로 지면이나 화면을 만들어 버림으로써 언론자유의 본령을 넘게 되는 경우가 흔하기 때문이다.

상업주의언론에 대한 비판이 고조되고 불신감이 높아지면, 언론자유 그 자체에 대해서도 일반의 부정적·회의적 의견이 비등하게 되어 마침내 언론자유가 다시금 전체주의적인 통제의 위협을 받게 될 염려까지 생기게 된다.

시미즈는 미국의 유수한 여론조사기관이 조사한 바를 인용하여 이러한 염려를 보탠다. "로퍼(Roper)가 조사한 바에 의하면 미국국민 5명 중 1명꼴로 수정헌법 제1조에 의한 언론자유 특별대우부분이 삭제되기를 바란다는 것이며, 타임즈 미러(*Times Mirror*) 지와 갤럽(Gallup)의 공동조사에서도 국민 3명 중 1명꼴로 언론에 대해 부정적인 견해를 갖고 있다는 결과가 나왔다는 것이다. 이에 충격을 받은 전문언론인협회 시그마델타카이(SDX)는 신문·잡지·방송에 의견광고를 내어 언론(프레스) 옹호의 캠페인을 벌이기까지 했다고 한다."[2]

미국에서는 1970년대 후반부터 시민들의 언론기업비판이 강해졌으며, 명

1) 성경 외경 집회서 28장 18절.
2) 清水英夫 編, 앞의 책, 2~3面.

예훼손을 둘러싼 사법적 다툼에서도 1964년 이래 확립된 '현실적 악의'의 원고측 입증책임원칙과 더불어 알 권리개념의 등장 이래 '매스컴의 수신자주권론'이 강력하게 제기되고 있다.

일본에서도 매스컴수용자를 커뮤니케이션의 주체로 인식하고, 쌍방향적 커뮤니케이션환경하에서 취재・보도의 대상자에게 주어진 권리에 대한 각성이 일어났다. 1987년 도쿄변호사회 인권옹호위원회는 산하에 '보도와 인권에 관한 부회(部會)'를 두고, '취재대상자의 권리(초안)'를 제안했다. 주요 제안내용은 다음과 같다.

① 취재대상자의 사생활과 명예는 개인의 존엄에 기초한 기본적 인권이라는 인식이 매우 부족하므로 이를 고양할 필요를 느낄 것, ② 취재대상자의 권리를 구체적으로 명시하여 취재자의 자제를 촉구하는 동시에 인권침해를 당한 사람들과 손을 맞잡고 그 회복을 위해 노력할 것, ③ 권력에 의한 보도관제를 미연에 방지하기 위해 숙고할 것 등이다.[1)]

이 초안은 이미 같은 해 3월 20일 도쿄변호사회 인권옹호부회가 주최한 심포지엄 "표현의 자유－사진주간지－프라이버시" 석상에서 배포되었는데, 그 요지는 "모든 사람들은 헌법상 행복추구권이 보장돼 있으므로 어떠한 개인도 사생활의 평온을 침해받지 않을 권리가 있으며, 위법적인 방법의 취재를 거부하고 취재중지를 요구할 권리가 있다"는 것이다.

우리나라에서도 제 6 공화국에 들어 언론자유화정책이 시행된 이후 우후죽순처럼 늘어난 언론 때문에 손해를 입은 사람이 늘어나면서 언론피해를 회복하기 위한 시민들의 자구활동 및 자율적인 언론감시활동이 시작되었다.

정진석 교수는 언론피해를 회복하기 위한 시민의식의 변화로 말미암아 1980년대 들어 언론침해를 구제할 수 있는 법적・제도적 장치가 마련되고, 대중매체환경을 개선하기 위한 언론수용자운동이 활성화되었다고 보고 있다.[2)] 양삼승 판사의 분석에 의하면 1981년 3월 31일부터 1991년 10월 31일까지 모두 854건의 정정보도청구 사건이 언론중재위원회에 접수되었는데, 그 중 약 77%가 개인의 명예와 사생활을 침해한 것으로 나타났다.[3)]

1) 「創」 1987年 6月號, 東京, 80～83面.

2) 정진석, "언론침해구제현실과 수용자운동," 「언론중재」 1991년 겨울호, 언론중재위원회, 1991, 11～13면.

3) 양삼승, "중재사례로 본 언론침해실태," 「언론중재」 1991년 겨울호, 언론중재위원회, 1991,

그러나 이것은 빙산의 일각에 불과하다. 일개 개인이 막강한 언론기관을 상대로 시비를 가리는 것은 엄두도 나지 않는 일일 뿐만 아니라, 이미 보도된 사실 그 자체가 개인에게는 일정한 피해를 주었고, 그것을 재론한다는 것 자체가 사생활의 평온을 다시 한번 뒤흔들 수 있기 때문에 쉽사리 반론보도 또는 정정보도청구를 비롯한 피해회복조치를 강구하지 않는다는 점을 살펴야 한다. 그러므로 여느 범죄에 있어서와 마찬가지로 언론인이 가진 펜의 폭력도 위법행위의 발생을 사전예방하는 게 더욱 중요한 것이다. 다만, 사전예방이라고 하여 공공이 알아야 할 가치가 있는 사안에 대해 정부관계자가 사권(私權)을 내세워 저지한다거나, 과도한 기밀주의에 의존해 온 관료제의 유물을 간직하려는 입장에서 취재거부를 해도 좋다는 뜻은 아니다.

2. 두 가지 人權의 葛藤

언론의 자유와 사적(私的) 인권의 보호를 다룰 때 주의할 점은 둘 중 어느 것도 경시되거나 중시되어서는 안 된다는 점이다. 시미즈는 도쿄변호사회의 초안을 보면서 다음과 같은 인상을 밝혔다.

"첫째, 언론의 자유와 취재대상자의 권리 사이에 균형감각이 있어야 한다. 매스컴이 사회의 리더십을 장악하고 있어서 그 위력이 강대하게 느껴지지만, 매스컴은 본래 '유리성(城)'처럼 취약한 것이다. 공권력이든 사권력이든 간에 법률이라는 국가권력의 사회적 실력을 빌려 표현의 자유를 규제하려 들면, 상당할 정도로 자유언론에 위축효과(chilling effect)를 가져올 수도 있다는 점을 유념해야 한다.

둘째, 취재대상자의 권리를 주장함에 있어서 '모든 개인'을 강조하게 되면, 결국 시민의 알 권리는 입지가 줄어든다. 시민의 알 권리는 공무원이나 저명인사의 명예나 프라이버시에 우선하는 경우가 많고, 이들의 특수한 이익은 공공의 이익에 비해 경시되어 마땅하다는 점이다. 공인이 정보공개제도를 반대하고, 프라이버시 보호제도에 찬성하는 것은 바로 이런 경우를 말하는 것이다.

셋째, 명예나 인격권을 보호하기 위해 사실에 명백하게 반하고, 공공의 이해와 관련된 사실이 아니며, 회복곤란한 손해를 줄 것이 명백한 보도일 때,

---

23~25면.

취재대상자가 법원에 금지명령(禁止命令)을 청구할 권리가 있는가 없는가 하는 점이다.

일본 대법원(최고재판소)은 1986년의 한 판결에서(北方저널 사건) 사법에 의한 표현의 사전금지(事前禁止 : 일본어로는 差止)는 헌법상 금지된 사전검열이 아니므로 법원으로부터 가처분권을 얻으면 가능한 일이라고 판시한 바 있다. 그러나 언론은 신선도가 생명이지만 시기를 놓친 구제는 전혀 의미가 없기 때문에 인격권을 보호하기 위한 금지명령청구라 하더라도 자칫하면 표현의 사전억제수단이 될 수 있다. 이 때문에 금지명령청구권의 범위를 인격권의 적정범위내로 제한해서 확대해석되는 일이 없도록 해야만 언론의 자유와 취재대상자의 인권이 다같이 보장될 수 있는 것이다."[1]

3. 言論自由와 基本權의 衝突

언론의 자유라는 기본권과 개인의 명예 또는 사생활이라는 기본권의 충돌은 이해관계의 쌍방이 모두 기본권의 주체일 뿐만 아니라, 기본권 그 자체는 사생활영역에서도 존중되어야 하는 객관적 가치질서를 뜻하기 때문에 이따금 기본권의 다툼으로 발전하는 경우가 있다. 이 때 이해관계의 당사자가 각각 자기의 이익을 위해서 주장하는 기본권 상호간에는 이른바 '상충(相衝)의 관계'가 성립된다.[2]

기본권의 주체가 국가권력에 대하여 기본권을 주장할 때 이를 기본권의 경쟁이라고 부르는 반면, 원칙적으로 기본권의 대사인적(對私人的) 효력이 발생하는 기본권 상호간의 관계인 기본권의 상충은 국가권력에 그 조정역을 맡기게 된다. 국가권력은 이해관계의 당사자인 한쪽의 기본권주체가 기본권의 효력을 주장하게 되면, 쌍방의 기본권당사자가 주장하는 기본권의 내용과 효력을 충분히 존중하면서 합헌적인 해결책을 찾아야 한다. 기본권간의 상충으로 야기된 문제는 '사후의 이익형량(ad hoc balancing)'에 의해 해결되는 것이 오늘날 추세이다.

그러나 이익형량에 관한 법이론을 적용하여 상충하는 기본권 가운데 어

1) 淸水英夫, 앞의 책, 5~9面.
2) 허영, 앞의 책, 108면.

느 하나의 효력의 우열(優劣)을 결정할 때, 그것의 헌법적 가치질서에 대한 형성기능을 고려하면 몇 가지 전제조건이 있다. 그 첫째는 무제한한 기본권을 고집하지 말아야 하는 것이고, 둘째 기본권 상호간에도 일정한 위계질서가 있다는 가설을 받아들여야 하는 것이다.[1)]

전자에 따르면 기본권이란 그 본질상 타인과 공존하기 위한 행동양식을 뜻하기 때문에 타인의 기본권을 침해하지 않는 범위 내에서만 법적 보호를 받을 수 있다는 인식이 전제되어야 하는 것이다.[2)]

즉 모든 기본권의 주체에게 균등하게 기본권을 누릴 수 있게 하려고 제정된 '일반법률'을 위반한 경우에는 기본권의 구체적인 보호범위를 벗어난 것으로 볼 수 있다. 예컨대 언론의 자유를 내세워 형법에 규정된 타인의 명예를 훼손하거나 사생활을 침해하는 것이나 민법에 규정된 것처럼 언론이 고의 또는 과실로 타인에게 손해를 가했을 경우에는 기본권의 충돌에 따른 이익형량을 측정할 수 없다는 뜻이다.

후자에 따르면 기본권 가운데서도 '인간의 존엄성'이 기본권의 가치핵심이며, 이 모든 기본권행사의 전제인 생명권(Lebensrecht)이 다른 기본권보다 앞서는 등 제한적이기는 하지만 기본권 상호간에도 일정한 위계질서가 있다고 볼 수 있다.[3)] 따라서 일반법률에 정해져 있지 않다고 하더라도 자유언론의 보충권인 적정수준의 알 권리와 접근권은 인간의 존엄성을 위해 포괄적으로 보장되는 기본권이므로, 다른 기본권과 충돌할 때 이익형량에 의해 규범조화적 해결책을 찾을 수 있다는 뜻이다.

위에서 우리는 언론자유와 상충하는 기본권 및 다른 사적(私的) 인권과의 관계를 살펴보았다. 이제 주로 실정(實定)의 일반법률과 상충하여 사인(私人)의 인권을 침해한 언론의 사법적 책임을 중심으로 법리(法理)와 판례들을 살펴가기로 하자.

---

1) 앞의 책, 109~111면.
2) 앞의 책, 111면.
3) 앞의 책, 111~112면.

제 2 절 言論에 의한 私人의 人格權侵害

1. 名譽權侵害와 私生活侵害

언론이 사인(私人)의 인격권을 침해할 가능성이 있는 부분은 개인의 명예와 사생활이다. 언론활동이란 취재하는 쪽과 취재당하는 쪽이 있는 행위이기 때문에 쌍방간에는 인간의 기본권보호를 위한 적절한 협조가 있어야 한다. 취재하는 쪽이 언론기관임을 내세워 오만하거나 취재당하는 쪽이 개인 또는 집단의 이기심이나 힘을 앞세워 대항할 때 분쟁의 발생은 필연적이다.

언론의 사회적 소유가 어려운 현실 아래서 분쟁을 미연에 방지하려면, 언론에 대한 국민들의 이해와 국민의 인권에 대한 언론의 보호가 필요하다. 그러나 언론이 취재대상자를 기사(記事) 생산을 위한 도구로 보거나, 쌍무적 협동의 필연성을 인정하는 전략적 대상으로 이해하는 한 언론의 자유와 사적 인권 간의 갈등은 불가피한 일이다.

언론기관이 사실을 찾아 내고 의견을 얻어 내는 과정에서 사실을 오인하거나 의견을 왜곡하여 개인의 명예나 사생활을 침해했을 경우, 침해당한 개인이 '울며 겨자 먹기'식으로 피해를 삭히지 않는 한 분쟁은 필연적이라는 뜻이다.

2. 名譽毁損

언론의 사적 인권침해 가운데 대표적인 것은 명예와 프라이버시에 관한 것이다. 우리나라 민·형법은 타인의 명예를 훼손했을 때는 형사처벌을 받아야 하고, 동시에 고의 또는 과실로 인한 위법행위로 타인의 명예를 해치거나 정신적 고통을 주었을 때, 재산상 또는 재산 이외의 손해를 배상하도록 규정하고 있다.

형사책임은 응보적 정의(retributive justice)의 관념에 따라 불법행위자의 처벌을 통해 죄에 대한 응보(應報)를 함으로써 미래의 해악발생을 미연에 방지하는 것이다. 민사책임은 시정적 정의(corrective justice)의 관념에 따라 피해자에게 발생한 손해를 갚게 하여 이미 성립된 해악의 결과를 회복하고 사

후적으로나마 가해자와 피해자 간의 공평한 부담을 도모하게 하는 것이다.[1]

명예에 대한 해석은 민법이나 형법에서 조금씩 다르게 나타나고 있는데, 형사상으로는 현실적으로 사회적 평가가 저하·훼손되었다는 결과의 발생을 요건으로 하지 않고 사회적 평가를 해칠 우려가 있는 상태를 발생시키는 것만으로도 명예훼손죄가 성립된다. 예를 들어 신문이 타인의 명예를 훼손시키는 기사를 게재하여 공중이 이것을 읽을 만한 상태에 두거나, 방송을 송출하여 공중이 이것을 들을 만한 상태가 되었으면 유죄가 된다.

우리나라의 명예훼손죄는 그 처벌기준이 일본과 조금 다르다. 우리나라 형법에서는 명예훼손의 내용이 사실인가 허위의 사실인가에 따라 형의 경중이 달라지지만(형법 제307조 제1항과 제2항), 일본 형법은 사실유무를 불문하고 동일한 죄를 구성하는 것으로 규정하고 있다(일본형법 제230조). 또한 우리 형법은 출판물에 대한 명예훼손죄를 가중처벌하는 규정이 특이하다(형법 제390조).

민법상의 명예훼손은 우리가 일제치하에 있던 명치(明治) 39년의 판례를 준용하고 있다. '명치 39년의 판례'[2]는 일본민법 제710조에서 말하는 명예란 각인(各人)이 그 품성, 덕성, 명성, 신용 등에 관해 사람들로부터 받아야 마땅하다고 볼 수 있는 사회적(객관적) 평가를 말하고 있다. 또 '소화(昭和) 45년(1970年)의 판례'[3]는 일본민법 제723조에서 말하는 보호받을 수 있는 명예란 사회적 명예이며, 자기자신의 인격적 가치에 관하여 가지고 있는 주관적 평가(즉 명예감정)는 포함되지 않는다고 판시함으로써 사법적 보호의 대상이 되는 명예는 개인에 대한 객관적인 평가에 있다고 보았다.

두 나라의 민법은 고의 또는 과실 모두를 결과주의적으로 따져 명예훼손의 가해자에게 민사상의 책임을 지운다. 여기서 명예를 훼손하였다는 것은 '사람에 대하여 사회적 평가를 저하시킨 행위'를 하였다는 뜻이다. 명예훼손과 언론자유의 관계에 대해서는 이 장의 제3절을 참조하기 바란다.

---

1) 정의관의 유형에 대해서는 유일상, 「개정증보판 공정보도의 사회윤리학」, 일월서각, 1988, 62~66면을 참조할 것.

2) 日本大審院 明治 39年 2月 19日 判決, 「民錄」, 12輯, 226項.

3) 日本最高裁 昭和 45年 12月 18日 判決, 「民集」 24卷 13號, 2151面.

3. 私生活權(프라이버시權)과 그 侵害

(1) 憲法上의 規定

우리 헌법에는 "모든 국민은 사생활의 비밀과 자유를 침해받지 아니한다(헌법 제17조)"는 규정과 "모든 국민은 인간으로서의 존엄과 가치를 가지며 행복을 추구할 권리를 가진다. 국가는 개인이 가지는 불가침의 기본적 인권을 확인하고 이를 보장할 의무를 진다(헌법 제10조)"는 규정이 있다. 이것은 우리 헌법이 국민의 기본권으로 '사생활권'과 '인간의 존엄성'을 보장하는 근거가 된다. 이에 기초하여 국민들은 누구나 개인의 사생활을 함부로 공개당하지 아니하고 남에게 침해당하지 아니할 자유가 있어서 '사생활의 부당공개배제청구권'과 '자기정보통제권'을 요구할 수 있게 되는 것이다. 언론과 관련하여 볼 때 언론의 자유 역시 "타인의 권리를 침해해서는 안 되며 타인에게 피해를 주었을 때는 배상책임이 있으므로(헌법 제21조 제 4 항)," 언론자유를 내세워 개인의 사생활을 침해하는 것은 타인의 기본권을 침해하는 일이 된다.

여기서 헌법상의 기본권은 상호경쟁 및 상호충돌관계에 직면하게 된다. 기본권간의 상호경쟁과 상호충돌은 그 개념을 구별하여 사용하는 것이 원칙이다. 기본권간의 상호경쟁이란 "동일한 기본권주체가 자기의 일정한 행위를 보호받기 위하여 동시에 여러 기본권의 효력을 주장할 때 성립"한다.[1)]

기본권간의 상호충돌〔相衝〕은 "서로 다른 기본권주체들간에 각각의 개별기본권주체가 상호 어긋나는 이익·목적을 지닌 각각의 기본권보호를 국가에 대하여 요구하는 경우에 나타나는 국가와 다수기본권과의 관계"이다.[2)]

기본권의 상호경쟁은 대(對)국가적 효력의 의미를 갖는 것으로 기본권을 주장하는 기본적 주체와 기본권을 제한하는 공권력간의 기본권우열에 대한 다툼이므로 기본권의 효력이 강화하는 방향으로 해결책을 모색하는 것이 바람직하다.

개인의 사생활권과 언론의 자유는 서로 다른 기본권주체일 경우에는 상호충돌을 야기할 가능성이 크다. 그러나 일반법률에 규정되어 있지 않다고 하더라도 언론기관에 의한 사인(私人)의 권익침해를 막아 주기 위하여 언론

---

1) 허영, 「전정증보중판 헌법이론과 헌법(중)」, 박영사, 1992, 104면.
2) 강경근, 「헌법학」, 법문사, 1997, 374면.

과 그에 노출된 사인(私人)의 기본권을 충분히 인식함으로써 쌍방 기본권의 합헌적인 보호를 모색해야 한다.

(2) 私生活權의 意義

사생활권은 다른 사람에게 알리고 싶지 않은 개인사생활을 향유할 수 있는 권리이다. 사람들은 누구나 자기만의 삶의 고유한 영역을 갖고 싶어하며, 그것이 남에게 공개되거나 침해당하는 것을 원치 않는다. 이것이 곧 사생활권의 구체적인 내용이다.

사생활권은 영어로 프라이버시권(right of privacy), 일어로는 내비권(內祕權)으로 쓴 적이 있지만, 중국에서는 거의 통일적으로 은사권(隱私權)이라고 부르고 있다.

미국에서 프라이버시권의 개념이 등장한 것은 황색저널리즘(Yellow journalism)의 선정주의(煽情主義)가 극성을 부리던 19세기 말엽이었다. 당시 미국동부의 보스톤지역에서 제지사업으로 성공하여 상당한 사회적 지위를 가지고 있었던 워렌(Samuel D. Warren)이란 사람의 사생활이 선정적인 신문의 표적이 되었다. 그의 괴로움을 방어해 준 법률적 조력자 가운데 한 사람인 브랜다이스(Louis S. Brandeis) 변호사는 그와 공동명의로 법률잡지인 「*Harvard Law Review*」에 "프라이버시의 권리(The Right of Privacy)"라는 제목의 논문을 발표했다. 이 논문에는 당시의 재판관인 쿨리(Thomas M. Cooley)가 사용한 "혼자 있을 수 있는 권리(right to be let alone)"라는 개념이 인용되었는데, 이후 이 개념이 프라이버시의 권리, 즉 이 책에서 말하는 사생활권의 정의로서 자리를 잡게 되었다.[1)]

현대정보사회에 들어서면서 사생활의 권리는 개인생활의 평온을 유지하고, 자기의 비밀을 남들로부터 지키면서 행복을 추구해 가는 삶의 기본권으로 부각되기 시작했다. 즉 사생활의 권리도 다른 권리와 마찬가지로 외부로부터 자유로울 수 있는 사생활의 권리라고 하는 소극적·수동적인 차원으로부터 '자기와 관련된 정보를 자기 스스로가 통제할 수 있는 권리'라는 적극적·능동적인 차원으로 그 개념의 요구범위가 확대되고 있다.

그래서 오늘날의 적극적·능동적인 사생활권은 여러가지 현실적인 상황

1) 堀部政男, 「プライバシノと高度情報化社會」, 1988, 신구현 역, 청림출판사, 1995, 39~41면.

속에서 자신과 관련된 정보를 언제, 어떻게, 누구와 어느 정도 커뮤니케이트할까를 결정하는 권리를 뜻하게 되었다.[1] 이 권리는 ① 타인이 자기의 아이디어·성명·초상 기타 신분의 징표를 취득·이용하는 정도, ② 자신 또는 자신이 개인적으로 책임지고 있는 사람에 관한 정보를 취득·공개하는 정도, ③ 자기의 생활영역 및 자기가 선택한 활동을 물리적으로 침범하는 정도 등을 개개인이 스스로 결정하고 통제할 수 있는 법적인 의미를 가진다.[2]

⑶ 私生活權의 法的 性格

헌법 제17조에 규정된 '사생활의 비밀과 자유'는 구체적으로 '사생활의 비밀'과 '사생활의 자유'로 나눌 수 있다. 사생활의 비밀은 본인의 의사에 반하여 타인에게 알려지지 않도록 '나만의 영역'을 간직할 수 있는 권리이고, 사생활의 자유는 사생활의 설계 및 그 내용에 대해 외부로부터의 간섭을 받지 아니할 권리라고 할 수 있다.[3] 그러므로 우리나라 헌법상의 사생활권은 헌법 제17조에 의해서 소극적인 측면과 자기정보결정권(통제권)과 같은 적극적인 측면을 함께 보장받고 있고, 헌법 제10조에 의하여 '인간의 존엄성'과 '행복추구권'에 직결되는 기본권으로 승인되고 있다고 하겠다. 이 권리는 ① 살아 있는 사람, 즉 자연인(自然人)의 권리이며, ② 일종의 인격권인 동시에, ③ 타인에게 양도할 수 없는 일신전속적 권리라는 법적 성격을 갖는다.

⑷ 私生活權의 侵害

사생활의 침해는 사생활을 부당하게 공개함으로써 이루어진다. 사생활권의 침해유형에 대해서는 많은 논란이 있으나 대체로 프로서(William L. Prosser)가 열거한 아래의 4가지 유형으로 대별할 수 있다.[4]

① 개인의 성명 등을 영리의 목적으로 이용하는 행위(appropriation of name or likeness)

② 개인적 평온을 침해하는 행위(intrusion upon an individual solitude)

---

1) 김철수, 「신고판 헌법학신론」, 박영사, 1988, 286면에서는 우리 헌법상 사생활권이 헌법 제10조에 포섭되어 보장되고 있다고 본다.

2) A. F. Westin, *Privacy and Freedom*(New York : Atheneum, 1967), p. 7.

3) 허영, 「헌법이론과 헌법(중)」, 박영사, 1992, 213면.

4) William L. Prosser, "Privacy," *California Law Review*, Vol. 48, pp. 383~423.

③ 개인의 사적 정보를 공표하는 것(public disclosure of private facts)

④ 공중을 오해하도록 유도하는 허보(虛報) 행위(false light in the public eye)

현재 미국의 사생활법은 위의 4가지 유형에 초점을 맞춰 그와 관련된 불법행위로부터 개인의 사생활을 보호하려는 법규들을 마련하고 있으나, 약 4개주가 그나마 이 권리를 인정하고 있다고 하니 이 권리는 개념생성 100주년을 맞이했으면서도 아직 법제도적 보장이 미흡했던 만큼[1] 다른 기본권과의 상충문제가 많았던 것으로 볼 수 있겠다.

우리나라에서도 사생활의 일부에 대해서 차츰 그 제도적 보장을 모색하고 있다. 최근 개인정보보호법(공공기관의 개인정보보호에 관한 법률, 1994년 1월 7일 법률 제4734호)이 제정되어 공공기관이 컴퓨터에 의해 처리하는 개인정보로부터 사생활을 보호하는 규정은 마련되어 있으나, 민간부문에서 사생활권의 보호를 위한 법제는 아직 없다.

또한 형법상 규정된 사생활비밀보호의 대표적인 조항으로는 비밀침해죄(형법 제316조)가 있다. 이 죄목은 구 형법의 신서개피죄(信書開披罪)를 대체하여 현대사회의 제반상황에 맞게 보강한 것인데, 크게 '편지 등의 개봉에 의한 비밀침해죄(제316조 제1항)'와 '봉함된 편지 또는 특수매체기록의 내용을 기술적 수단으로서 알아낸 비밀침해죄(제316조 제2항)'로 나누어져 있다.

헌법적으로 사생활침해로 간주될 수 있는 요건으로는 현재의 형법상 보장 여부를 떠나 ① 공개된 내용이 사생활의 사실 또는 사실로 보여질 우려가 있는 것, ② 일반인의 감수성을 기준으로 하여 당사자의 입장에서 공개를 원하지 않는다고 인정될 때, ③ 일반사람들이 그 때까지 알고 있지 않은 것으로 공개에 의해 당사자에게 실제로 불쾌감을 주거나 불안한 생각을 갖게 하는 것이 공개되었을 때, ④ 명예와 신용과 같은 다른 법익을 침해하는 것 등을 들 수 있다.

(5) 私生活侵害의 假想事例와 外國判例

언론기관이 취재의 자유를 내세워 타인의 봉함된 우편물을 뜯어 보거나 비밀장치된 컴퓨터 디스켓의 내용물을 알아 내는 것은 형법상 처벌의 대상이 될 가능성이 큰 만큼 기본권의 갈등(상호충돌)이 큰 것이다. 그러나 대화의

---

1) Don R. Pember, 앞의 책, pp. 218～219.

비밀을 녹음·녹화 특히 도청 또는 도촬(盜撮)하는 행위는 취재의 필요를 위해 부득이할 경우를 제외하고는 헌법상 보장된 언론자유와의 다툼을 야기할 수 있다.

이 책의 다른 부분과 중복되지 않는 하나의 일본판례가 있어 여기에 소개한다. 이 판례의 대상사건은 세칭 '경도부학련사건(京都府學聯事件)'으로 불리는데, 일본대법원은 경찰관의 위법상황채증을 위한 촬영이 위헌이라고 판결했다. 즉 1969년 12월 24일 일본최고재판소(대법원)는 데모행진의 위법상황을 촬영하고 있던 경찰관의 직무집행을 방해했다는 이유로 체포된 피고인이 자기의 정당성을 주장하기 위해 초상권을 주장하는 데 대해 판단을 내렸다. 세칭 경도부학련사건(京都府學聯事件)에서 데모채증용 사진의 촬영을 맡았던 경찰관은 전치 1주일의 상해를 입었다. 일본 대법원은 "… 누구든지 자신의 동의 없이 '함부로 그 용모·자태를 촬영당하지 않을 자유'를 향유하고 있다 … 이것을 초상권이라고 칭할 것인가를 별문제로 하고 … 경찰관이 특별한 이유가 없는 데도 개인의 용모를 촬영하는 것은 헌법의 취지를 위반한 것이다"라고 판시하였다. 또한 일본대법원은 촬영당하는 본인의 동의 없이 재판관의 영장 없이 경찰관이 촬영할 수 있는 경우는 ① 현재 범행이 진행중이거나 범행이 있었던 직후라고 인정되는 경우로서, ② 증거보전의 필요성 및 긴급성을 띠고 있으며, ③ 그 촬영이 일반적으로 허용되는 한도를 넘지 아니하는 상당한 방법으로 행해졌을 때에 한한다는 세 가지 요건을 제시하였다. 이 판결 이후 일본의 하급심판결은 초상권이란 용어를 회피하면서 '함부로 용모·자태를 촬영당하지 않을 자유'라는 말을 사용하여 사진을 찍는 것을 부당한 촬영방법이라고 판단하고 있다.[1)]

⑹ 名譽毁損과 私生活侵害의 差異點

명예훼손과 사생활침해는 그 행위특성상 유사한 점도 있지만 다음의 몇 가지 측면에서 차이가 크다.

첫째, 사법적 보호법익으로서 사회적 평가가 차지하는 비중이 각각 다르다. 전자는 사회적 평가를 저하시키거나 저하시킬 우려가 있는 행위를 뜻하나, 후자는 사회적 평가와 상관없이 사회적 명성이나 인망·덕망도 포함하는

1) 김동철, 앞의 책, 272~274면.

것으로 보아야 할 것이다.

둘째, 본인의 의사와 처벌과의 관계가 다르다. 명예는 객관적으로 존재하고 본인의 의사에 반하여 처벌하지 않도록 규정하고 있으나, 사생활권침해의 여부는 본인의 의사와 승락 여부에 따라 불법행위의 성립이 좌우된다.

셋째, 진실성의 증명이 사법적 책임의 관건이 되는가 아닌가 하는 점에서 큰 차이가 있다. 전자는 사실의 적시(摘示)가 공공의 이해와 관련하여 공익을 도모하는 것일 때 진실성증명이 있으면 위법성이 조각되어 면책되나, 후자는 진실성증명과 상관없이 침해의 정도가 문제된다.

넷째, 법적 장치가 있고 없음에서 큰 차이가 있다. 전자는 민·형사상 충분히 그 책임을 질 수 있도록 규정하고 있으나, 후자는 헌법존중적 차원에서는 불법이나 형법상으로는 비밀의 침해나 업무상 비밀누설의 경우에만 불법행위를 구성할 뿐이며, 그 밖에도 사생활의 평온을 무수히 해치는 행위에 대한 책임을 명시하지 않고 있다.

제3절 名譽毁損에 대한 言論의 責任

1. 言論行爲와 倫理法制的 責任間의 關係

어떤 특정한 언론행위가 부도덕하고, 또 죄가 되며, 누가 어떤 책임을 져야 하는지를 판별하기에 간편한 도형을 그려 보면 〈그림 5-1〉과 같다.

1) 〈그림 5-1〉에서 규범문이란 주로 명령·허용·금지·방임 등의 제규칙을 말하는데, 구체적으로 특정의 윤리도덕규범내용, 윤리강령의 규정, 법조문 등을 들 수 있다.

2) 행위자는 언론활동을 행하는 언론기관, 즉 언론사의 사주와 언론인 개인 또는 발화자(發話者)나 커뮤니케이터를 말한다.

3) 주관적 구성요건이란 행위자 개인의 주관적·심리적 대응관계를 말하고 있다. 고의·과실·목적·경향·의사 등이 이에 해당한다.

형법에서의 구성요건이란 형법상 금지 또는 명령되어 있는 행위가 무엇인가를 추상적·일반적으로 기술해 놓은 것을 말하는데, 불법의 선별기능, 사

〈그림 5-1〉 언론행위와 책임

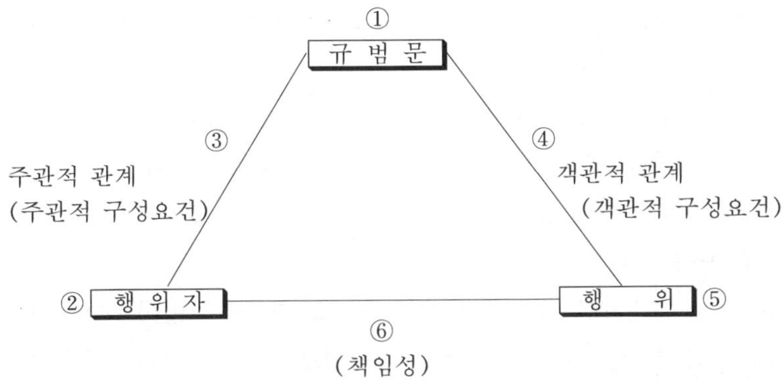

회적으로 유해하고 벌을 받아 마땅한 것이 무엇인지를 교시해 주는 정향기능, 특정 행위가 위법하다는 추단을 해 주는 징표(徵表) 기능이 있다.[1)]

이 가운데서 주관적 구성요건이란 행위자의 주관적 태도와 연관된 기술(記述)을 말하는데, 고의 · 과실 · 목적 · 경향 · 표현 · 의사 등 내부적 · 심리적 요인들을 포함한다. 규범에는 주관적 구성요건에 해당하는 규범문구가 들어 있어야 현실적 작용성이 높아지는데, 형법에는 이 점이 명시되어 있다.[2)]

4) 객관적 구성요건이란 법조문과 행위 간의 관계를 나타낸다. 구성요건의 개념을 형법학에 도입한 벨링(Beling)은 구성요건을 '실정법상 확정적으로 표지화(標識化)된 범죄행위의 유형'으로 보았는데, 이것은 범죄행위가 어떤 것인지 윤곽을 그려 준다는 의미가 있다.

벨링의 구성요건개념이 가진 특징인 '가치중립성과 주관적 · 정신적 요소의 배제'[3)]는 형법조문과 행위 간의 관계를 나타내 주는바, 벨링의 구성요건 개념 가운데 객관성에 관한 명제가 행위자의 의사방향이 불법을 구성하는 주요요소가 됨을 간과했다는 공격을 받았음에도[4)] 불구하고 규범과 행위의 객관적 관계를 이해하는 데는 상당한 장점이 있다.

5) 행위란 명시적으로 표출된 행동으로서의 구체적인 언론활동을 말하는

1) 김일수, 「형법학원론(총칙강의)」, 박영사, 1988, 234~236면.
2) 황산덕 교수는 광의와 협의로 나누고, 광의로는 구성요건해당성 · 위법성 · 책임을 모두 합한 것으로, 협의는 많은 학설대립이 있다고 설명한다. 황산덕, 「제 4 정판 형법총론」, 법문사, 1970, 75~81면.
3) Beling, *Die Lehre vom Verbrechen*, 1906, p. 110.
4) 김일수, 앞의 책, 242~245면.

바, 행위는 법조문과 객관적·외면적 대응관계에 있다.

6) 책임성이란 행위자가 특정한 행위에 대해 책임을 질 수 있는 능력이 있는가를 말한다. 심신박약자·정신병자의 언론활동이 타인에게 인격적 침해를 주었다 하더라도 이를 책임질 수 없을 때는 처벌불능이 되는 경우도 있다.

어떤 언론활동이 표출된 경우, 그 책임은 행위자에게 있다. 그 행위자가 심신박약의 상태나 궁핍한 상태, 양심표명을 강제당하는 상태에서는 그 정도의 차이에 따라 모든 책임을 질 수 없다.

또한 언론기관처럼 자본주가 따로 있고, 전문경영인이 그의 재산을 신의성실하게 지켜 주는 범위에서 전문편집인이 언론인을 지휘·감독하는 사용자의 입장에 선 경우에 특정 언론활동에 대한 책임은 타인을 사용하여 언론활동에 종사하게 한 자, 또는 타인의 언론활동을 감독한 자에게 제1차적 책임이 있다(민법 제756조 제1항·제2항). 사용자 또는 감독자가 피고용자에 대해 구상권을 행사하는 것은 제2차적인 문제이다(민법 제756조 제3항).

어떤 행위를 이 도형에 대입해 보면 부도덕한 언론행위가 어떤 것이며, 불법적인 언론활동이 어떤 것인지 제3자적 입장에서 평가할 수 있을 것이다. 도덕적인 규범문의 경우에 특정언론이 주관적 관계에서 어떤 의도를 가지고 타인의 인격을 침해했을 경우는 물론이지만, 주의의무를 다하지 않고 책임 있는 활동을 가볍게 무시하거나 실수로 그와 같은 일을 저질렀을 때 심신박약의 상태 또는 심신상실의 상태가 아닌 한 도덕적인 책임을 져야 함을 알 수 있다.

또한 법적 규범문의 경우에 형법상의 규정을 위반하여 타인의 인격에 손상을 가했을 경우, 고의나 비방목적이 있었으면 그 일을 행한 언론인은 처벌받아야 마땅한 것이다. 이처럼 구체적인 한 행위가 하나의 형벌규범(형법각조)의 구성요건을 실현하여 처벌받아야 할 전제를 충족시킨 경우, 이를 구성요건해당성이라고 부른다. 주·객관적 구성요건해당성을 기초로 하여 인간의 행위가 법질서 전체에 객관적으로 모순충돌하게 되면, 이를 위법성이라고 부른다. 이 위법성은 규범문(형법조문)과 행위자, 규범문과 행위 전체가 정면배치되는 이른바 규범침해의 당연한 귀결이 된다.[1] 여기에 비난가능성을 받아들일 수 있는 전제조건인 책임성이 결합될 때 형사책임·민사책임·도덕적

1) 김일수, 앞의 책, 465~466면.

책임의 수준이 각각 결정되는 것이다.

2. 刑事法的 責任

⑴ 實定法의 規定槪觀

우리나라 형법에서 언론이 타인의 명예를 훼손하였을 때, 사인(私人)간의 명예훼손에 비해 무거운 처벌을 받게 된다. 그 이유는 개인과 개인 간의 명예훼손은 전문(傳聞)의 범위가 제한적인 데 비해, 출판물을 통한 타인의 명예훼손은 사회적 공연성의 정도, 즉 사회적으로 전파될 가능성의 정도가 커지고 피해의 범위가 시·공간적으로 확대되기 때문이다. 출판물에 의한 명예훼손죄의 적용은 비방의 목적으로 행해졌을 때에 한하고, 사실의 진위 여부에 따라 형량에 차이가 있다. 다만, 사실을 적시하였을 때는 비방의 목적이 없는 것으로 보게 되고, 진실성과 공익성이 있으면 위법성이 조각(阻却)되어 처벌받지 아니한다.

또한 우리 형법상 '명예훼손죄'는 구체적인 사실적시의 여부에 따라 명예훼손(libel)과 모욕(insult)을 나누고도 있다.

형법 제33장 명예에 관한 죄

제307조 공연성 여부와 사실성 여부에 따라 범죄정도를 구분하고 있음.

제308조 피해자의 생사(生死)를 기준으로 사자(死者)의 명예는 허위사실일 때에 한해 처벌함.

제309조 출판물에 의한 명예훼손의 경우 '비방의 목적'을 추가하고 형량을 높임.

제310조 사실성과 공익성 검증에 의거하여 위법성을 조각함.

제311조 구체적 사실적시가 없는 경우의 모욕죄 규정.

제312조 친고죄(제308조와 제311조의 경우)와 반의사불벌죄(제307조의 경우)를 구분함.

김일수 교수는 명예에 관한 죄를 〈그림 5-2〉와 같이 도해하고 있다.

〈그림 5-2〉 명예에 관한 죄

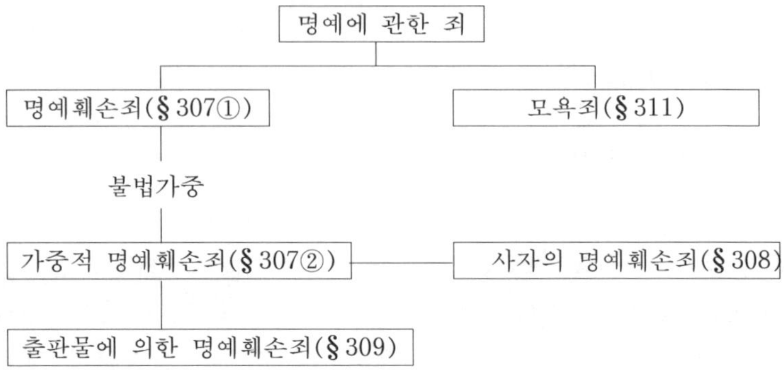

• 현행법구조

형법 제33장 명예에 관한 죄

제307조(명예훼손) ① 공연히 사실을 적시하여 사람의 명예를 훼손한 자는 2년 이하의 징역이나 금고 또는 5백만원 이하의 벌금에 처한다.

② 공연히 허위의 사실을 적시하여 사람의 명예를 훼손한 자는 5년 이하의 징역 또는 10년 이하의 자격정지 또는 1천만원 이하의 벌금에 처한다.

제308조(死者의 명예훼손) 공연히 허위의 사실을 적시하여 사자의 명예를 훼손한 자는 2년 이하의 징역이나 금고 또는 5백만원 이하의 벌금에 처한다.

제309조(출판물 등에 의한 명예훼손) ① 사람을 비방할 목적으로 신문, 잡지 또는 라디오 기타 출판물에 의하여 제307조 제1항(사실적시의 명예훼손)의 죄를 범한 자는 3년 이하의 징역이나 금고 또는 7백만원 이하의 벌금에 처한다.

② 전항의 방법으로 제307조 제2항(허위사실적시의 명예훼손)의 죄를 범한 자는 7년 이하의 징역 또는 10년 이하의 자격정지 또는 1천5백만원 이하의 벌금에 처한다.

제310조(위법성 조각) 제307조 제1항(사실적시의 명예훼손)의 행위가 진실한 사실로서 오로지 공공의 이익에 관한 때에는 처벌하지 아니한다.

제311조(모욕) 공연히 사람을 모욕한 자는 1년 이하의 징역이나 금고 또는 2백만원 이하의 벌금에 처한다.

제312조(고소와 피해자의 의사) ① 제308조(사자의 명예훼손)와 전조(모욕)의 죄는 고소가 있어야 논한다.

② 제307조(명예훼손)의 죄는 피해자의 명시한 의사에 반하여 논할 수 없다.

(2) 名譽毁損罪의 客觀的 構成要件

1) 명예훼손

형법 제33장 명예에 관한 죄는 모두 6개 조문으로 되어 있고, 제307조(명예훼손)를 기본으로 하여 법 적용의 특례와 위법성의 조각(阻却)을 규정하고 있다. 이 죄는 인격체의 명예를 보호함으로써 개인의 사회적 평가를 유지·존속시키는 데 매우 큰 의미를 가지고 있다.

이 죄의 구성요건 가운데 가장 핵심적인 위법성요소는 공연성(公然性)이다. 즉 공연성이 있으면 행위내용의 사실성 여부에 따라 양형(量刑)의 경중은 있겠으나, 사실 여부를 불문하고 범죄를 구성한다(형법 제307조). 공연성이란 '불특정 또는 다수인이 인식할 수 있는 상태'로 학설이 통일되고 있다.[1] 명예훼손의 내용이 포함된 말이나 글을 보통 사람에게 적시한 경우에는 그 자체로서 적시된 사실이 외부에 공표되는 것이므로, 그 때부터 전파가능성을 따져 공연성 여부를 판단한다. 기자에게 사실을 적시한 경우에는 보도되어야만 적시된 사실이 외부에 공표된 것으로 보며, 취재상태에서는 기사화하지 않았으면 전파가능성이 없다고 보아 공연성이 없는 것으로 본다.[2]

불특정이란 행위시에 상대방이 구체적으로 있지 않다는 뜻이 아니라, 상대방이 특수한 관계로 한정된 범위에 속하는 사람이 아니라는 뜻이다. 다수인도 단순한 복수가 아니라, 상당한 다수임을 요하는 것으로 이해된다.[3]

그러나 죽은 사람인 경우에는 허위의 사실을 적시했을 때만 처벌하며(형법 제308조), 출판물에 의한 명예훼손(형법 제309조)의 경우에는 비방의 목적이 추가된다. 또한 출판물의 광보성과 장기보존성에 따른 법익침해의 범위가 심대하므로 형을 가중하고 있다.

공연성의 의미를 지나치게 확대해석하는 '전파성의 이론'은 2005년의 대법원판례에까지 일관되게 나타나고 있지만,[4] 학계는 이 이론이 부당하다는 데 뜻을 같이하고 있다.[5] 전파성이론은 '인식할 수 있는 상태'의 의미에 관

1) 김종원, 유기천, 황산덕, 서일교, 정영석, 대판 1960. 11. 26; 진규호, 「형법각론」, 대왕사, 1987, 190~191면.
2) 대판 2000. 5. 16. 선고, 99도5622.
3) 강구진, 김종원, 명현식, 서일교, 유기천, 정성근, 정영석, 진규호, 황산덕, 이재상.
4) 대판 1998. 9. 8. 선고, 98도1949; 대판 2005. 5. 16. 선고, 99도5622.
5) 김일수, 앞의 책, 152면.

하여 개별적으로 특정한 1인에게 사실을 적시하였더라도 그가 순차로 연속하여 불특정 또는 다수인에게 전파할 가능성만 있으면 공연성을 인정하는 것이다. 그러나 '전파성의 이론'은 공연성의 의미를 지나치게 확대해석할 수 있고, 범죄의 성립 여부를 커뮤니케이션 수신자의 의사에 맡기게 되는 것이므로 불합리하다. 또한 명백해야 할 범죄의 성립 여부가 불확정·불안정하게 되어 죄형법정주의의 취지에 어긋난다. 사실은 하나이지만 해석은 사람마다 제각각 다르게 할 수 있기 때문에 자칫 이 이론을 개인에게 적용하면 '위험한 경향'까지도 금지할 수도 있어 표현의 자유를 지나치게 제한할 수도 있다.

그러나 기자에게 사실을 적시한 경우에는 취재한 상태에서 아직 기사화하여 보도하지 않았다면 전파가능성이 없으므로 공연성이 없다는 입장을 앞의 2005년 대법원판례가 밝혀 주고 있어 특히 주목할 만하다.

명예훼손의 죄는 적시된 사실이 진실로서 오로지 공공의 이익에 관한 때에는 처벌하지 아니한다(형법 제310조, 위법성의 조각).

적시란 명예훼손적인 사실을 외부사회에 표시·주장·발설·전달하는 일체의 행위를 말한다. 적시의 방법은 구두·문서·도화 기타 무엇이든지 좋으나 사람에 대한 사실을 적시할 때는 적시된 사실과 관련된 피해자가 특정될 수 있을 정도로 구체적인 표시가 필요하다. 다만, 이름을 명기하지 않았더라도 그 대상이 누구인가를 특정할 수 있는 경우에는 사실의 적시가 된다.[1)]

피해자를 특정했지만 구체적인 사실적시가 없을 때는 모욕죄가 성립되며(형법 제311조), 이 죄 역시 공연성을 위법성의 중핵으로 하는 점에서는 명예훼손죄와 같다. 명예에 관한 죄는 피해자의 의사를 충분히 존중하여 반의사불벌죄(反意思不罰罪)로 다스린다(형법 제312조 제2항). 특히 사자(死者)의 명예훼손(형법 제308조)과 모욕죄(형법 제310조)는 고소가 있어야 논한다(형법 제312조 제1항).

2) 출판물에 의한 명예훼손

일본형법에서는 출판물에 의한 명예훼손을 일반적인 명예훼손과 구별하지 않으며 적시사실의 진위 여부에 대해서도 불문하지만(제230조), 공공의 이해에 관한 사실의 경우에 그 목적이 오로지 공익을 도모하기 위한 것으로 인정되고 진실된 것으로 증명될 만할 때는 처벌하지 아니한다(제230조의 2). 또

1) 앞의 책, 152~153면.

한 일본형법은 사자(死者)의 명예훼손, 모욕 등을 포함하여 이 모두를 친고죄로 정하고 있으나(제232조), 우리나라 형법은 사자의 명예훼손과 모욕죄의 경우만 친고죄로 하고(한국 형법 제312조 제 1 항), 명예훼손죄는 반의사불벌죄로 구분하고 있음(한국 형법 제312조 제 2 항)이 다른 점이다.

우리나라처럼 비방의 목적을 출판된 내용 중에서 찾아 내고 공연성의 거대한 영향력만을 들어 출판물에 의한 명예훼손을 가중처벌하는 것은 일본뿐만 아니라 어느 서방에서도 찾아보기 힘든 낡은 법이므로 폐지하는 것이 더욱 바람직한 일이다. 또 사람들의 행위는 그 동기가 매우 복잡하므로 언론활동의 주요 동기가 공공의 이익을 위해 행한 것이라면 다소의 사적(私的) 이익이 혼합되어도 위법성을 조각하는 것이 마땅하다.

대체로 미국의 경우에 명예훼손이 성립되는 3대 요건(객관적 구성요건)은 명성의 실추(defamation), 피해자의 신분확인(identification), 공표(publication) 등이다. 자세한 것은 제 4 절에서 다각도로 검토될 것이다.

(3) 主觀的 構成要件으로서의 故意 또는 目的과 過失

우리 형법은 법규정에 특별한 규정이 없는 한[1] 과실범은[2] 처벌하지 않으므로 명예훼손의 죄는 고의로 저지른 범죄만을 처벌한다. 특히 과도한 고의로서의 목적범을 엄중하게 처벌한다(형법 제309조, 출판물에 의한 명예훼손의 죄). 고의(故意)는 행위자의 정신적이고 주관적인 태도의 일종인데, 객관적인 범죄구성요건을 알고 있으면서〔知的 要素〕, 그것을 실현하려는 의사〔意的 要素〕를 가진 행위를 말한다.

고의의 지적 요소는 인식을 뜻한다. 인식이란 객관적인 사실을 구체적으로 이해 또는 평가하는 것인데, 전문가의 수준일 필요는 없고 일반 사회의 보통사람 수준이면 충분하다.

고의의 의적 요소는 의사를 뜻한다. 의사란 범죄를 구성하는 요건의 실현을 위한 희망이나 의욕을 말한다. 즉 행위의 의사가 항상 무조건적이고 확정적이어야 하는데, 이것은 그래야만 구성요건실현을 지향하고 있기 때문이다. 고의의 의적 요소인 의사는 고의의 지적 요소인 인식에 의존한다. 구성요

1) 형법 제14조는 정상의 주의를 태만히 하여 죄의 성립요소인 사실을 인식하지 못한 행위를 했을 때 법률에 특별한 규정이 있는 경우에만 처벌하도록 규정하고 있다.

2) 과실범은 사회생활상 요구되는 주의의무를 위반하여 범죄를 구성한 자이다.

〈그림 5-3〉 고의와 과실의 정도

1. 지적 요소	2. 의적 요소
① 확실성	㉮ 의욕적 의사
② 개연성	㉯ 단순의사
③ 충분한 가능성〈고의〉	㉰ 감수의사
④ 가능성 〈과실〉	㉱ 감수의사조차 없음
⑤ 가능성의 인식조차 없음	
3. 정도의 구분	
1) 의도적 고의	①②③+㉮
2) 지정(知情) 고의	①+㉮㉯㉰
3) 미필적 고의	③+㉰
4) 인식 있는 과실	③+㉱, ④+㉱, ④+㉰
5) 인식 없는 과실	⑤+㉱

건의 객관적 표지(標識)를 인식하는 사람만이 그것을 실현할 의욕을 가질 수 있기 때문이다. 이처럼 인식과 의사 사이에는 필연적으로 상관관계가 존재한다고 본다.[1]

고의의 종류를 구별할 때 인식은 확실성·개연성·충분한 가능성의 3개 차원으로 나눌 수 있고, 의사는 의욕적 의사·단순의사·감수의사의 3개 차원으로 나눌 수 있다. 인식과 의사의 이 3개 차원들을 결합하여 고의를 의도적 고의·지정(知情) 고의·미필적 고의로 나눌 수 있다.[2]

객관적인 구성요건에 대한 인식(지적 요소)과 의사(의적 요소)의 결합에 의해 주관적인 구성요건들을 고의 또는 과실로 나누고, 규범문(법조문)과 충돌하는 정도를 구분해 보면 〈그림 5-3〉과 같다. 〈그림 5-3〉에 따라 고의와 과실의 정도를 상술하면 다음과 같다.

1) 고의의 종류

i) 의도적 고의 계획을 실현하려는 의사가 있는 행위. 지적 요소는 확실성이건 개연성이건 진지한 가능성이건 불문하나, 의적 요소만은 최강도의 의욕을 가진 행위, 본의와 같은 뜻이며 내심의 것인 동기와는 구별된다. 최강도의 고의 또는 제 1 급의 직접고의라고도 하며, 일상용어로는 '악의'라는 말이 해당된다.

---

1) 김일수, 「새로 쓴 형법총론」, 박영사, 1997, 177면.

2) 위의 책, 178~182면.

ii) 지정(知情) 고의(=직접고의) 행위자가 일정한 사정의 존재 또는 결과발생을 확실한 것으로 인식하고 있지만, 의적 요소는 의욕적 의사, 단순의사, 감수의사를 모두 포함하는 고의로 '제 2 급 직접고의'라고도 한다. 일상용어로는 '그 정(情)을 알면서', '일부러', '짐짓'과 같은 표현이 이에 해당한다.

iii) 미필적 고의 행위자가 구성요건의 실현을 충분히 가능한 것으로 인식하고, 그것을 감수할 의사를 표명한 경우의 고의이다. 인식의 정도가 매우 저급하고 의사단계도 고의를 성립시키는 정도가 가장 약하지만, 그 결과발생을 감수할 의사를 가진 경우를 말한다. 미필적 고의는 인식 있는 과실(단순한 가능성을 인식하고 감수의사조차 없는 경우)과는 주의 깊게 구별해야 한다. 일상용어로는 "그럴 수 있을거야, 그러면 어때! 그러나 아무래도 좋아"라고 말하는 정도는 미필적 고의다.

미필저 고의와 (인식 있는) 과실 간에는 법률실무적으로도 구별하기가 상당히 어렵다. 객관적 구성요건(규범문의 요구를 위반하는 것)의 실현을 충분히 고려하였으면 고의의 지적 요소를 충족시킨 셈이지만, 고의의 의적 요소에 대하여는 결과발생을 직접 바라지 않은 경우 과실로도 볼 수 있다. 그래서 인식 있는 과실과 미필적 고의는 우리 형법상 여러가지 학설이 대립되고 있다.[1)]

2) 목 적[2)]

목적은 행위자의 행위의사를 더욱 상세하게 규정하여 주는 특별한 주관적 불법요소이다. 목적이란 행위자의 주관적 목적이 고의의 구성요건대상인 객관적 구성요소를 넘어 더욱 광범위한 효과를 미치도록 되어 있는 범죄구성요건을 말한다. 다시 말해 목적 내지 의도는 객관적 요소의 인식범위를 초과하는 의식형태이므로 목적범죄를 '초과된 내적 경향을 가진 범죄'라고도 부른다.

출판물에 의한 명예훼손죄에서 말하는 비방의 목적을 가진 행위자라 함은 행위자의 구성요건적 행위 자체로서 직접 야기되고, 부가적 결과의 발생을 위해 다른 별개의 행위를 필요로 하지 않는 단축된 결과범을 지칭하여 범죄에 대한 확정적 인식만을 필요로 할 뿐 다른 별개의 행위에 대한 추가를 요하지 않는다.

---

1) 김일수, 위의 책, 181~187면.
2) 위의 책, 215~216면.

무고죄의 경우처럼 '타인으로 하여금 형사처분 또는 징계처분을 받게 할 목적'이라는 행위자 또는 제3자의 별개행위가 필요한 목적범은 불완전한 2행위범(二行爲犯)이라고 한다. 그러므로 무고의 목적은 비방의 목적에 비해 훨씬 구체적이다.

3) 과실의 종류

i) 인식 있는 과실 법적 구성요건의 실현가능성을 인식하였을 뿐만 아니라 그에 요구되는 주의의무를 위반했지만, 자신의 경우에는 구성요건이 실현되지 않을 것으로 믿는 경우를 뜻한다. 형법 제14조에는 인식 없는 과실만 명문으로 규정했으나, 법리상 인식 있는 과실을 당연히 포함하고 있다. 인식 있는 과실은 ① 충분한 가능성과 감수의사조차 없는 단계, ② 단순한 가능성과 감수의사조차 없는 단계, 및 ③ 단순한 가능성과 감수의사 등 3경우 모두 성립한다. 일상용어로는 "그럴지도 모르지. 그러나 설마 그럴 리야 있을까"라고 말하는 정도가 인식 있는 과실이다. 미필적 고의와 인식 있는 과실의 차이는 미필적 고의가 자기행위의 결과로 손해발생이 있을지도 모른다는 것을 인식하면서 감히 가해행위를 하는 것이고, 인식 있는 과실은 보통의 사정하에서 인정한 손해발생을 인식했지만 자기의 통제기술 등으로 그러한 손해를 피할 수 있다고 믿은 경우이다.

ii) 인식 없는 과실 주의의무를 위반하여 법적 구성요건의 실현가능성을 인식하지 못한 경우(형법 제14조), 범죄에 대한 지적 요소가 흠결(欠缺)되어 법적 구성요건의 실현을 의욕할 수도 없었음, 즉 범죄의 가능성을 인식조차 하지 않았고(지적 요소면), 감수의사조차 없는 단계(의적 요소면)이다.

민법상 손해배상책임이 발생하는 고의 또는 과실 가운데 미필적 고의와 인식 있는 과실은 조금 차이가 있다. 미필적 고의는 자기행위의 결과로 손해배상이 있을지도 모른다는 것을 인식하면서 감히 가해행위를 하는 것이고, 인식 있는 과실은 보통의 사정하에서 일정한 손해의 발생을 인식했지만 자기의 통제능력이나 기술 등으로 그런 손해를 피할 수 있다고 믿은 경우를 뜻한다.

미국판례에 나타난 '현실적 악의'란 고의와 과실의 중간정도인바, 법이론적으로 지적 요소는 ①, ②, ③으로 하나 의적 요소는 ㉰와 ㉱의 중간정도로 볼 수 있는 반면, 그것이 행태적으로 표현되었을 때라고 할 수 있겠다.[1)]

1) 김일수, 위의 책, 263면.

(4) 構成要件全般에 관한 論議

우리나라 언론과 인권의 최대쟁점은 '출판물에 의한 명예훼손(형법 제309조)'인데, 그 주요 법리 및 그 책임을 살펴보기로 한다.

첫째, 출판물이라 함은 신문·잡지·라디오·TV·영화·컴퓨터통신망 등을 말한다. 단순한 프린트나 복사물은 해당되지 않으나, 인쇄된 것은 출판물에 해당한다. 출판물에 의한 명예훼손은 출판물 자체가 사회적으로 전파가능성이 높으므로 '공연히 사실을 적시할 것'을 구성요건으로 하는 일반적인 명예훼손(제307조 제 1 항)에 비해 형량이 무겁다. 출판물은 다수인이 보고 들을 수 있는 높은 전파성과 신뢰성 및 장기간의 보존가능성 등으로 피해자의 법익을 침해하는 정도가 크기 때문에 형법 제307조에 비해 가중처벌을 하고 있다.[1] 이 죄의 성립은 불특정 또는 다수인이 인식할 수 있는 상태면 족하고, 그것이 도달했거나 피전달자가 인식했다는 것을 요건으로 하지는 않는다.[2]

우리나라 형법상 명예에 관한 죄의 처벌은 외국과 다른 점이 더러 있다. 예컨대 영미의 경우에는 매스미디어 등을 통해 어느 정도 계속적으로 타인의 명예를 훼손하는 것을 "libel"로 보고, 말·음성·기호·표정 등으로 일시적인 명예훼손을 하면 "slander"로 구분하고 있다. 우리나라에서는 구체적인 사실의 적시여부를 놓고 명예훼손과 모욕을 구분하고 있으므로 출판물에 의한 명예훼손죄도 반드시 구체적 사실의 적시를 요건으로 하고 있다.

둘째, 비방의 목적이 있어야 처벌된다. 목적이란 특별한 주관적 불법요소의 하나로 객관적 인식범위를 넘어서는 의식형태로서의 초과된 내적 경향을 말한다.[3] 목적은 고의에 비해 더욱 분명한 의도가 있다는 뜻이므로 피해자가 언론의 비방목적이 있음을 주장하거나 정황증거를 내세우는 것만으로는 부족하다.

비방의 목적이란 사람의 명예를 훼손시키기 위해 인격적 평가를 저하시키려는 지나친 의도이다. 그런데 판례는 비방의 목적이 별개의 다른 행위를 위한 목적을 요구하지 못하고 있기 때문에 그 여부를 출판물의 내용에서 찾

1) 대법원의 최근 판례도 이러한 입장이다. 대판 1998. 10. 9. 선고, 97도158.
2) 이재상, 「형법각론」, 박영사, 1990, 192면.
3) 김일수, 앞의 책, 419~421면.

고 있다.[1] 그래서 출판물의 어떤 표현이 개인적 명예훼손의 대상이 되는 내용이면 비방할 목적이 있는 것으로 본다.[2]

셋째, 타인을 이용하여 범행을 실행하도록 한 '간접정범(間接正犯)'[3]에 대해서도 처벌한다. 정보원천이 되는 쪽에서 사정을 잘 모르는 기자에게 허위기사를 제공하여 신문·잡지·방송 등에 보도케 한 경우, 출판물에 의한 명예훼손을 교사했다는 점이 인정된다는 뜻이다.

넷째, 일반적인 명예훼손죄는 타인의 명예를 손상시켰다 할지라도 적시된 사실이 진실할 때에는 위법성이 조각(阻却)되어 이를 벌할 수 없게 된다(형법 제310조). 적시사실의 '진실성 검증'은 자유로운 비판활동을 주요한 행동규범으로 삼는 언론의 자유를 보장하기 위해 반드시 필요한 것이다. '진실성검증'은 중요한 부분이 진실과 합치되는 것으로 충분하며, 세부적으로 다소 틀리거나 과장된 표현은 무방하다.[4]

'진실성 검증'은 일반적인 명예훼손 중 사실적인 것을 규정한 형법 제307조 제 1 항의 가중적 구성요건으로 이루어진 출판물에 의한 명예훼손죄를 일반적인 명예훼손죄(제307조 제 1 항)로 환원시켰을 때 필요한 것이지, 출판물을 통해 비방의 목적을 갖고 행한 명예훼손행위의 위법성을 조각하는 사유는 되지 않는다.[5] '진실성 검증'은 진실이 아니더라도 진실이라고 믿을 만한 상당한 이유가 있었을 경우 위법성을 조각하는 '상당이유론(일본)'[6] 및 진실에 대해 경망스럽게 무시한 경우가 아닌 한 면책된다는 '현실적 악의론(미국)'[7]과 그 입증책임의 원고측전환 등과 같은 궤도에서 우리나라도 신속한 보도를 생명으로 하는 언론의 특성으로 미루어 사실확인을 위해 상당한 노력을 했을

1) 서울형지판 1966. 12. 23. 선고, 64고17239.
2) 대판 1983. 6. 14. 선고, 82도744.
3) 간접정범이란 형법상 책임을 질 수 없는 자 또는 자유로운 의사결정에 따라 행동할 수 없는 자를 수단으로 이용하여 범죄를 야기시킨 범인을 말한다. 구체적인 예를 들면 ① 수단으로 이용된 인물이 책임능력이 없는 경우, ② 이용당한 자가 책임성을 부정할 사정이 있는 경우(강제 또는 강박 등), ③ 이용된 인물이 고의 또는 목적 등의 주관적 의식을 하지 못하고 있는 경우, ④ 이용당한 자가 범죄구성요건을 갖추지 못한 행동을 하는 것을 역으로 이용한 경우 등이다.
4) 대판 1996. 8. 23. 선고, 94도3191; 대판 2002. 2. 25. 선고, 98도2188.
5) 대판 1986. 10. 14. 선고, 86도1603.
6) 最大判 昭和 44. 6. 25, 「刑集」 23卷 7號, 975面. 월간 펜(Pen) 사건(1983. 6. 10)에서 "創價學會長의 여성관계는 공공의 관심사이며, 기사는 진실이라고 믿을 상당한 이유가 있다"는 재확인판결이 있었다.
7) New York Times Co. vs. Sullivan, 376 U. S. 254(1964).

때, 또는 행위자가 그 사실을 진실한 것으로 믿었고 그 믿음에 상당한 이유가 있을 때에는 처벌하지 않는다.[1] 진실성검증을 위한 상당이유의 판단시점은 행위자의 공표시점이다.[2]

다섯째, 명예훼손죄의 위법성조각사유로 '공익성 검증'이 추가된다. '진실한 사실로서 오로지 공공의 이익에 관한 것일 때'에는 위법성이 조각된다. 단순히 진실한 사실만을 가지고도 위법성을 조각할 때는 사생활의 평온을 유지하기 위해 감추어야 할 부분도 함부로 공개되어야 하므로 진실성 검증에 덧붙여 공익성검증도 요구한다. 공익성이 검증되면 비방의 목적도 부인된다. 국가·사회 또는 다수인 일반의 이익을 위한 출판보도활동은 진실일 때 처벌되지 않아야 마땅하기 때문이다.

형법 제310조의 위법성조각요건인 진실성과 공익성(공공성)의 부존재에 관한 입증책임은 검사에 있다.[3]

공익성검증의 연장으로 공적 인물에 대한 명예훼손의 위법성판단에서 사인(私人)에 비해 진실이라고 믿을 만한 상당한 이유의 범위를 넓혀 주고 규제를 완화함으로써 언론자유를 폭넓게 인정하는 판례가 최근 등장했다. 특히 시간과 싸우는 신문보도에 오류를 수반하는 표현의 불가피성을 인정하고 허위임을 알았거나 진실이라고 믿을 만한 정당한 이유가 없는 때에 한해 허위보도의 책임을 진다는 판결[4]이 나오고, 이후의 대법원판례는 공인과 일반 사인(私人)을 구별하여 심사하는 입장으로 바뀌었다.[5] 이는 우리 대법원도 미국의 현실적 악의와 관련된 판례처럼 주관적 방면에서 서로 접근하고 있는 것으로 보여지는 징후(徵候)라고 하겠다.

외국 판례들을 통해 '진실성검증'이 명예훼손죄의 위법성을 조각해 온 역사적 흐름을 이 책의 다른 부분에서 자세히 언급하고 있지만, 연대순으로 다시 정리하면 다음과 같다. 이 흐름에 따라 우리 형법상 '출판물에 의한 명예훼손죄'의 폐지 또는 대체가 실현된다면, 자유언론의 폭을 넓히기 위해 시사하는 바가 크다는 것을 잘 알 수 있을 것이다.

---

1) 대판 1996. 8. 23. 선고, 94도3191; 대판 2002. 2. 25. 선고, 98도2188.
2) 대판 1996. 8. 20. 선고, 94다29928.
3) 김일수, 「형법각론」, 박영사, 2004, 196면.
4) 헌재 1999. 6. 24. 선고, 97헌마265; 대판 2002. 1. 22. 선고, 2000다37254.
5) 대판 2003. 7. 8. 선고, 2002다64384; 대판 2003. 7. 22. 선고, 2002다62494.

1) 영국에서 18세기까지 정부에 대한 비판행위는 진실의 정도가 높을수록 명예훼손의 정도가 높다는 이유로 처벌했다(1704년 Tuchin 사건은 진실이더라도 정부관리를 비판하는 것을 처벌했음).

2) 미국에서 1735년 비판이 진실이면 무죄라는 판례가 나타났다(John P. Zenger 사건 : 뉴욕 주지사의 실정(失政) 비판).

3) 미국에서 1798년 정치선동금지법을 제정하여 '진실이면 무죄'가 된다는 판례법의 예외규정으로 거짓으로서 비방적이고 악의에 찬 비판에 대해 유죄를 인정하게 했다.

4) 미국에서 1804년 진실이고 선량한 동기와 정당한 목적을 가진 언론출판행위에 대한 면책원칙을 확립했다(H. Croswell 사건). 19세기 들어 민사상 명예훼손의 경우에 진실증명의 기본적인 변호요건으로서 진실은 선량한 동기와 정당한 목적을 가지고 공표되어야 한다는 요구조건이 추가되었다(언론이 원본(original record)과 부합된다고 해서 낡은 기록을 재출판하는 것도 정당화될 수 없으므로 진실증명+선량한 동기+정당한 목적은 언론자유를 보장하기 위해 오랫동안 유지된 판례가 되었음).

5) 1964년의 뉴욕타임즈 대 설리번 사건은[1] 공표내용이 공공성에 관련된 것일 때, 진실에 대해 경망스럽게(reckless) 무시한 경우가 아닌 한 표현의 자유를 인정하는 판례의 신기원이 되었다. 언론자유에 대한 제한이 크게 완화되었다.

6) 1969년 일본 최고재판소도 진실성검증은 진실이 아니더라도 진실이라고 믿을 만한 상당한 이유가 있었을 경우, 위법성을 조각한다는 '상당이유론'을 채택했다.[2]

3. 民事的 責任

(1) 民法의 該當規定

우리나라의 민법에 의하면 명예훼손이 고의 또는 과실로 이루어졌을 경우에 손해배상뿐만 아니라, 명예회복에 적당한 원상회복조치의 의무까지 부

1) NYT Co. vs. Sullivan, 376 U.S. 254(1964).
2) 最大判 昭和 44. 6. 25,「刑集」, 23卷 7號, p. 975.

담해야 한다.[1)]

즉 민법은 고의 또는 과실로 인한 위법행위로 타인에게 손해를 입혔을 때 그 손해를 배상할 책임을 지웠고(민법 제750조), 재산 이외의 손해로 타인의 신체·자유·명예를 해(害)하거나 기타 정신상 고통을 가했을 때 배상하도록 했으며(민법 제751조), 사용자 또는 그 사무를 감독하는 자는 지도배상책임(민법 제756조)을 지도록 규정하고 있다. 민법상의 관계조항은 다음과 같다.

• 민법상의 불법행위책임

제750조(불법행위의 내용) 고의 또는 과실로 인한 위법행위로 타인에게 손해를 가한 자는 그 손해를 배상할 책임이 있다.

제751조(재산 이외의 손해의 배상) ① 타인의 신체자유 또는 명예를 해하거나 기타 정신상 고통을 가한 자는 재산 이외의 손해에 대해서도 배상할 책임이 있다.

② 법원은 전항의 손해배상을 정기금채무로 지급할 것을 명할 수 있고 그 이행을 확보하기 위하여 상당한 담보의 제공을 명할 수 있다.

제756조(사용자의 배상책임) ① 타인을 사용하여 어느 사무에 종사하게 한 자는 사용자가 그 사무집행에 관하여 제 3 자에게 가한 손해를 배상할 책임이 있다. 그러나 사용자가 피용자의 선임 및 그 사무감독에 상당한 주의를 하여도 손해가 있을 경우에는 그러하지 아니하다.

② 사용자에 갈음하여 그 사무를 감독하는 자도 전항의 책임이 있다.

③ 전 2 항의 경우에 사용자 또는 감독자는 피용자에 대하여 구상권을 행사할 수 있다.

제764조(명예훼손의 경우의 특칙) 타인의 명예를 훼손한 자에 대하여는 법원은 피해자의 청구에 의하여 손해배상에 갈음하거나 손해배상과 함께 명예회복에 적당한 처분을 명할 수 있다.

(2) 論　議

외국 특히 서방국가의 경우에 명예훼손에 대한 가장 일반적인 구제방법은 자본주의사회의 특성대로 민사상의 손해배상이 되겠으나, 우리나라의 법률문화는 아직 봉건유제를 청산하지 않은 채 소송 자체를 비도덕적인 것으로

1) 민법상 명예훼손은 불법행위에 해당한다. 불법행위에 대한 민사책임은 형사책임과 완전히 분리된다. 저자의 입장에서 우리나라 민법상 불법행위에 대한 연구는 매우 어렵다. 자세한 것은 이은영, 「개정판 채권각론」, 박영사, 1997의 제 5 장 불법행위책임법을 참조할 것.

간주하거나 손해배상을 명예와 금전의 교환으로 보아 민사적인 구제의 문제를 경시하는 경향이 강하다. 또 출판물에 의한 명예훼손의 위자료는 당사자의 지위, 직업, 자산, 가해의 동기, 양태, 전파범위 등을 고려하여 공평하게 산정되어야 하는데, 판례들은 아직 소액위자료를 부담시키고 있는 것도 명예훼손문제를 법정으로 끌어오지 못하게 하는 이유의 하나가 될 것이다.[1] 더욱 문제가 되는 것은 막강한 언론기관에 견주어 볼 때 명예훼손을 당한 개인이 너무 왜소하고 무력하며, 법정소송을 위해서는 언론중재위원회의 준사법적 중재과정을 거치는 등 절차가 복잡하기 때문이다.

1) 고의 또는 과실의 증명

명예훼손소송에서 승소하려면 피고의 고의 또는 과실을 입증되어야 한다. 고의란 행위자가 불법인 줄 알면서〔知的 要素〕 그것을 실현하려는 의사를 가진〔意的 要素〕 행위이다. 불법인 줄 알았는지의 여부는 일반경험적인 지식을 기초로 하여 그 결과발생의 가능성을 인식할 수 있었느냐를 따지는 것이고, 실현의사는 행위의 목적성정도에 따라 불법행위를 감수할 의사가 있었는가를 살핀다. 형법상 비방의 목적을 구성요건으로 명예훼손죄가 성립되었다면, 민법상 불법행위를 고의로 저지른 것이 된다.

과실은 고의에 비해 밝혀 내기가 좀더 어렵다. 책임의 입증이란 행위자가 책임이 있거나 책임을 져야 할 행동기준으로부터 이탈되었음을 증명하는 것이다. 매스미디어와 관련된 소송에서 명예를 훼손당한 원고쪽에서는 기자나 편집제작자들이 주의의무를 다하지 않았다는 증거를 제시해야 그 증명이 된다.

미국에서는 대체로 공인에 대하여 언론사쪽 책임의 기준으로 '현실적 악의'의 법리를 채용하여 왔고, 사인(私人)에 대하여는 부주의(negligence)를 그 척도로 삼아 왔다.[2] '현실적 악의'의 법리는 전술한 바와 같이 NYT vs. Sullivan사건 이후 공인의 범위를 공무원에서 공적 인물로 확대한 후 언론이 공표한 내용이 공공적 관심사를 갖는가의 여부에 따라 법리적용의 한계를 정착시켜 왔고, 여러 나라에 전파되어 소송절차상 언론자유의 영역을 넓혀 왔다.

사인(私人)에 대한 과실의 기준인 언론의 '주의의무'는 언론인의 직무상 과실을 측량하는 척도에 대한 관심을 불러 왔는데, '언론인이 언론윤리강령상

1) 팽원순, 「매스커뮤니케이션 법제이론」, 법문사, 1986, 174~175면.

2) W. M. Prosser, *Law of Torts*, 4th ed.(St. Paul, Minn. : West Publishing Co., 1971), pp. 143~149.

의 업무기준에 따라 내부적 업무활동을 수행해 왔다면 주의의무를 다한 것'으로 볼 수 있다. 물론 이 때 언론인에게 도덕기준과 법적 의무를 혼동케 할 우려가 있기는 하다.

실제로 언론이 '주의의무'를 다했는가의 문제는 언론인의 '직무상 과실'을 어떤 잣대로 측량할 것인가에 대한 논란을 불러 왔다. 사이먼(Simon)에 의하면 "이 잣대로서 언론윤리강령상의 기준이 비록 도덕적 의무와 법적 의무를 혼동케 하거나 또는 원칙이나 사명의 공표를 형식화시킬 우려가 있음에도 불구하고 언론계내부의 업무활동에 접근하는 공통적인 장을 마련하기 때문에 언론기관 쪽에서 보면 매우 유리하다"는 것이다.[1)]

2) 불법행위의 성립 여부

민법 제750조에 의한 불법행위가 성립되기 위해서는 ① 고의 또는 과실, ② 위법성, ③ 책임능력, ④ 손해의 발생, ⑤ 가해행위와 손해배상 간의 인과관계 등의 요건이 성립되어야 한다.

우리나라의 언론관계 민사판례 가운데는 "보도사실이 진실은 아니더라도 언론이 사실확인을 위해 상당한 노력을 했을 때는 명예훼손의 불법행위책임이 면제된다"는 판결[2)]이 있고, "진실 아닌 소문을 기사화하여 미혼여성의 명예를 훼손시킨 경우에는 손해배상책임이 있음"을 인정했다.[3)]

최근 언론계내부에서 일고 있는 편집권독립 내지 편성권자율화는 명예훼손과 같은 불법행위의 손해배상에서 언론계내부의 법적 책임논란과 구상권문제를 야기시킨다. 언론기업에 고용된 언론인이 고의 또는 과실로 타인에게 손해를 가했을 때 그 일차적 책임은 언론기업주, 편집간부에게 있고, 내부적 구상권 행사를 통해 책임을 불법행위자에게 전환시킬 수 있기 때문에 편집권 등의 독립은 이와 같은 사정으로 인해 적지 않은 한계가 있다.

명예훼손의 경우에 민법은 특칙을 두어 손해배상 외에도 필요한 적당한 처분을 법원이 명할 수 있도록 정하고 있는데, 그 대표적인 것이 우리나라 언론관계법에 규정되어 있는 반론권이다.

반론권은 명예훼손을 당한 피해자가 명예훼손적 내용을 공표한 미디어를

1) T. F. Simon, "Libel as malpractice : Media Ethics and the Standard of Care," *Fordham Law Review* 53, 1984, p. 449.
2) 이의향 씨 대 동아일보 사건, 1984. 4. 11; 서울민지판, 82가합4734.
3) 김성희 씨 대 동아일보 사건, 1989. 7. 25.

통해 자신이 주장하는 반박내용, 해명이나 정정 등을 할 수 있는 권리를 말한다. 반론권은 액세스권의 구체적 표현으로서 이미 프랑스에서 1822년 이후 실정법상의 권리로서의 지위를 획득했다.

우리나라의 구 언론기본법은 정정보도청구권이라는 이름으로 이 권리를 도입했는데, 이 법이 폐기되면서 그 틀을 이어받은 정기간행물의 등록 등에 관한 법률과 방송법에 규정되어 있다가 "언론중재 및 피해구제 등에 관한 법률"의 여러 규정들로 오늘에 이른다. 우리나라의 반론권은 사실보도에 한정해 이를 인정하여 왔다. 그 이유는 비판이나 논평기능의 위축을 완화하려는 의도를 담고 있는 것으로 풀이된다. 반론보도에 대해서는 이 책 제10장에서 좀더 자세히 다루고 있다.

그 외의 처분들을 보면 다음의 예와 같다.

1) 사죄광고는 타인의 명예를 훼손시킨 미디어가 법원의 명령에 의하여 광고의 형태로 피해자의 명예회복을 도모하는 방법이다.

일본에서는 사죄광고가 법원이 내리는 가장 일반적인 처분이라고 하나 양심의 자유를 침해할 수 있다는 지적도 있다.

우리나라 헌법재판소는 "사죄광고가 가해자에게 양심표명을 강제하거나 굴욕감수를 강요하는 만큼 명예회복에 유일무이한 수단이 아니라면 불필요하게 국민의 기본권을 제한하는 것"[1] 이라고 판시하였다.

하급심에서는 저작물의 내용을 무단발췌하여 운동권학생 권모양의 성폭행피해과정을 선정적으로 기사화한 잡지사에 대하여 저자의 저작권침해 및 명예훼손에 대한 사죄문게재를 명한 확정판결이 있다.[2]

2) 금지(禁止) 명령은 명예훼손적 표현이 계속되는 것을 억제하기 위해 피해자가 법원에 요청하여 신문의 발행이나 방송의 송출을 중단시키는 방법(민사소송법 제714조)이다. 가처분의 목적은 현상의 변경으로 당사자의 권리를 실행하지 못하게 하거나, 이를 실행함에 있어 현저히 곤란해질 염려가 있을 때 그 우려를 차단하는 것이다.

이 방법은 비록 사법에 의한 것이기는 하나 언론자유를 사전억제할 우려가 있기 때문에 미국의 경우에는 매우 어렵고, 구미각국에서도 엄격한 심사

---

1) 헌재 1991. 4. 1. 선고, 89헌마160 결정(김성희 씨 사건).

2) 서울민지판 1991. 1. 17. 선고, 90가합15896(제13부 판결).

를 한다.

예컨대 영국에서는 형평법에 의한 명예훼손의 구제수단으로 원고에게 명백하게 해악을 끼친 것일 때, 또한 가해자가 공표를 계속할 우려가 있을 때에 한해서 금지명령을 인정하고 있다.

최근 일본에서는 사법적 가처분에 의한 금지명령이 검열은 아니며, 표현내용이 허위이고 공익목적이 없음이 명백하여 피해자가 중대하고도 현저하게 명예를 회복하기 어려운 손해를 입을 우려가 있을 때 예외적으로 유지명령이 허용된다는 판결이 있었다.[1)]

1970년대의 한 판결인 '에로스+학살'이라는 영화에서 과장과 왜곡으로 자신의 명예가 심히 훼손되었다고 주장하는 피해자의 금지명령가처분신청을 조심스럽게 받아들인 적이 있다.[2)]

최근에는 '홋뽀(北方) 저널 사건'에서 사법적 가처분에 의한 금지명령은 검열에 해당되지 않으며, 이 사건처럼 표현내용이 진실이 아니고 공익을 도모할 목적이 없음이 명백하고, 피해자가 중대하고도 현저하게 명예를 회복하기 어려운 손해를 입을 우려가 있을 때 예외적으로 금지명령이 허용된다는 최고재판소판결이 있었다.[3)] 즉 위법으로 타인의 명예를 침해하는 자는 인격권으로서의 명예권에 기초하여 가해자에 대해 현실적으로 행해지고 있는 침해행위를 배제하거나 또는 장래에 생길 수 있는 침해를 예방하기 위해 침해행위의 금지를 청구할 수 있기 때문이다.[4)]

3) 취소의 방법은 명예훼손의 가해자가 당초의 공표와 같은 방법으로 취소를 하게 되면 불완전하지만, 명예훼손으로 인한 피해를 어느 정도 복구할 수 있기는 하다.

그러나 이 때 취소는 즉각적이고 무조건적이어야 하며, 기왕의 명예훼손을 합리화하려는 변명이나 해명 등 어떤 시도를 해서도 안 된다. 오보의 경우에는 겸손한 태도로 즉각적인 취소를 통해 피해자의 심리적 평온을 빨리 회복시켜 주는 것이 공적 책임을 가진 언론의 바람직한 자세라 하겠다.

---

1) 東京地裁 昭和 45. 3. 14, 「判例時報」 586號, 41面; 東京高裁 昭和 45. 4. 13, 「判例時報」 587號, 31面.

2) 東京地裁 昭和 45. 3. 14, 「判例時報」 586號, 41面; 東京高裁 昭和 45. 4. 13, 「判例時報」 587號, 31面.

3) 清水英夫, 「言論法硏究 2」, 學陽書房, 1987, 56～70面.

4) 最大判 大法廷判決 昭和 61. 6. 16, 昭和 56(オ) 609, 民集 40卷 4號 872頁.

노르웨이 신문윤리강령은 이 점에서 언론인들이 수준 높은 도덕성을 천명하고 있는바, 다시 한번 인용하면 "오보가 이미 공표되었을 경우… 가능한 한 신속히 피해자에게 반론지면을 할애해 주어야 하며… 피해자의 반론이 게재된 뒤에 신문사측에서 반론문과 관련된 논설이나 논평기사를 게재하여서는 아니 된다"는 것이다. 이와 같은 일은 오보로 인한 명예훼손을 취소함으로써 피해자에게 인격권 침해를 복구할 수 있게 해 주는 윤리기준이 일반국민이나 언론 모두에게 인권의식을 높일 수 있는 장치로 작동할 것이란 점에서 주목할 만한 것이다.

제 4 절 美國의 最近判例로 본 名譽毁損의 責任

1. '現實的 惡意' 理論의 成立

(1) 뉴욕타임즈 대 설리번 事件[1]

1) 사건개요

뉴욕타임즈는 1960년 3월 29일자에 "그들의 비등하는 목소리에 귀를 기울이라(Heed Their Rising Voices)"는 전면광고를 실었다. 이 광고의 광고문안 말미에는 루즈벨트 대통령의 미망인을 포함한 64명의 저명인사 이름이 열거되고, 광고주로서 이 사건의 피고가 된 4명의 인사를 포함하여 20명의 이름과 그 밑에 '마틴루터 킹 지원 및 남부자유투쟁위원회'와 단체의 임원 이름이 적혀 있었다. 광고내용은 남부에서의 인권운동지원자금 모금과 당시 위증죄로 피소된 킹목사의 변호사비용 조달을 위한 모금안내였다. 이 광고문의 일부가[2] 공직자의 명예를 훼손했다고 앨라바마주 몽고메리시 행정관인 설리번이 뉴욕타임즈와 4명의 광고의뢰인을 제소했다.

---

1) New York Times vs. Sullivan 376 U.S. 254(1964).

2) 광고문안 중에는 당시 남부의 흑인민권운동탄압사례가 나온다. 이 사례에는 몽고메리시의 경찰이 앨라바마주립대학 학생들의 흑인민권운동 지지데모를 막기 위해 학교식당문을 잠그고 학생들을 굶겼다는 내용과 킹목사가 일곱 번이나 경찰에 체포된 기록이 있다는 내용이 들어 있었다. 이에 대해 몽고메리시의 City Commissioner(시의원 겸 경찰책임자)인 설리번은 광고내용 중 식당문을 닫은 적이 없고, 킹목사는 일곱 번이 아니라 네 번만 체포되었다고 주장하면서 50만 달러의 손해배상을 청구했다.

2) 사건경과

① 설리번은 앨라바마주법에 따라 광고의 공개적인 취소를 요구, ② 뉴욕타임즈는 광고주가 모두 유명인사로 광고내용의 사실확인이 불필요했고 광고를 취소할 이유가 없다고 주장, ③ 소송을 접수한 제 1 심(몽고메리 순회재판소)은 뉴욕타임즈의 불법을 인정하고 50만 달러의 손해배상을 지불하라고 판결, ④ 앨라바마주 최고재판소는 수정헌법 제 1 조가 명예훼손적인 표현의 자유를 보호하지 않는다는 이유를 들어 제 1 심 판결지지(1962년), ⑤ 뉴욕타임즈가 불복하여 연방대법원에 상고하자 연방대법원은 만장일치로 뉴욕타임즈의 면책을 인정(1964년, 판결문대표작성자 브레넌(Brennan) 판사, 블랙, 더글라스 판사 찬성)하였다.

3) 판결요지

① 공적 문제에 관한 표현의 자유를 개인의 명예에 비해 폭넓게 인정함—공무원의 직무와 관련된 사항은 신랄하게 공격할 수 있다.

② 자유로운 토론에는 오류가 불가피하다—반드시 진실일 것을 요구한다면, 국민에게 자기검열을 강요하는 것이다. 오류는 토론을 위해 숨쉴 공간(breathing space)이다.[1)]

③ 자유로운 토론은 민주주의의 기본원리이다—공직자의 공무수행에 관한 자유로운 공개토론은 미국정치형태의 기본이다.

④ 현실적 악의가 없는 언론행위는 처벌할 수 없다—비판받는 공직자가 비판자인 언론에게 현실적 악의가 있음을 증명하지 못하는 한 명예훼손은 성립될 수 없다.[2)]

4) 판결의 의의

첫째, 명예훼손과 수정헌법 제 1 조의 관계를 명확히 하여 표현의 자유의 영역범위이론 또는 표현자유의 남용론을 극복했다.

둘째, '현실적 악의'라는 새로운 법이론을 수립했다—공직자는 자신을 비판하는 말과 글이 비록 사실과 다를지라도 그것이 현실적 악의를 갖고 행해졌다는 점을 입증해야 한다. 여기서 말하는 현실적 악의가 성립하려면 ①

---

1) 1798년 정치비방죄법(Sedition Act) 논쟁에서 매디슨(J. Madison)은 정부나 공무원에 대한 비판을 범죄로 규정한 동법을 위헌이라고 주장하면서 검열권은 정부에 대해 국민이 갖는 것이라고 하였다.

2) 현실적 악의의 거증책임은 손해배상을 청구한 원고에게 있다.

원고는 피고가 허위를 인식했음을 증명해야 하고, ② 피고인비판자의 경망스러움을 입증해야 한다는 뜻이다.

셋째, 현실적 악의의 입증책임을 원고(소송제기자)에게 전환시켰다.

넷째, 수정헌법 제 1 조의 조정기준으로서 민주주의이념과 표현자유의 중요성을 본질형태대로 강조했다 — 명백하고도 현존하는 위험의 원칙이나 비교형량과 같은 중도적 태도를 포기했다.

다섯째, 비판자들의 자기검열권을 부인하고, 비판자들의 조금 잘못된 말과 글까지도 헌법상 보호된다고 강조했다.

여섯째, 의견광고에 대해 처음으로 수정헌법 제 1 조에 의한 사법적 보호를 천명했다.

(2) 개리슨 대 루이지애나주 事件[1)]

1) 사건개요[2)]

① 루이지애나주 지방검사인 개리슨은 기자회견을 자청하여 지방법원판사 8명과 그들의 재판활동을 비난하는 성명서를 발표했다. 그는 판사들이 무능하고 게으르며, 지나치게 긴 휴가를 취함으로써 미결사건이 폭주하고 있을 뿐 아니라 자신의 바가지술집 단속 같은 악을 소탕하려는 업무도 판사들의 거부로 방해받고 있다고 주장했다.

② 판사들은 개리슨검사를 형법상의 명예훼손죄로 고소했고 루이지애나 지방법원과 최고법원은 모두 개리슨의 유죄를 인정했으나, 개리슨은 주법이 표현의 자유를 규정한 수정헌법 제 1 조에 저촉된다고 주장하여 연방대법원에 항소했다.

2) 판결요지

연방대법원은 뉴욕타임즈 대 설리번사건의 판례를 원용하여 자유로운 토론에는 필연적으로 오류가 있기 마련이지만 오류의 개연성을 고도로 인식할 수 있어야 현실적 악의로 볼 수 있는바, 고소인들은 현실적 악의를 증명하지 못하므로 개리슨의 언설(言說)은 헌법상 표현의 자유에 해당한다고 판결했다.

---

1) Garrison vs. Louisiana, 379 U.S. 64(1964).

2) D. Gillmor and J. Barron, 앞의 책, pp. 252∼257.

3) 판결문의 주요 논지

① 정직한 언설(utterance)은 비록 부정확하더라도 자유언론의 권리에 해당하지만, 공직자에 대해 고의로, 숙고하여 거짓말을 공표하는 것, 즉 고의로 거짓말을 하거나 진실에 대해 경망스럽게 무시하는 진술을 하는 것은 헌법상 보호를 받을 수 없다.[1)]

② 객관적인 평판을 포함하여 공직자에 대한 정보의 자유로운 흐름을 보장하는 것은 공익을 보호하는 주요한 장치가 된다. 따라서 특정한 공직에 알맞는 공직자의 모습을 거론하는 것은 정당한 일이다.

③ 공직자에 대한 거짓진술의 거증책임은 고소인(또는 원고)에게 있으며, 거짓진술이라 하여 악의여부를 검증하지 않고 처벌하도록 한 루이지애나주법은 위헌이다.

④ 거짓진술은 그 현실적 악의여부가 검증돼야 하고, 또한 악의가 검증되지 않았을 때는 그 진술을 진실이라고 믿게 된 합리적인 이유가 있어야 한다. 그런데 이것은 보통 정도의 주의를 가진 사람이 정당하고 공평한 이유를 댈 수 있을 정도의 믿음으로 족한 것이다.

요약하면 현실적 악의란 ① 오류발생의 개연성을 고도로 인식한 것〔知情〕에, ② 진실에 대한 경망스러운 무시행위를 합친 것〔不注意〕이라고 보았다.

(3) 聖아만트新聞社 대 톰슨事件

연방대법원은 1968년 성아만트(St. Amant) 신문사 대 톰슨(Thompson) 사건[2)]의 판례를 통해 경망스러운 행동에 대한 설리번 사건 이래의 법률적 해석을 재확인했다.

보안관인 톰슨은 대통령후보의 선거운동과 관련하여(사실은 톰슨이 꾸며낸 이야기를 신문사가 보도함) 명예훼손죄로 신문사를 제소했는데, 최종심인 연방대법원의 화이트(B. White) 판사는 “명예훼손사건의 피고(언론기관)가 공

1) 판결은 수정헌법채택 당시에도 오늘날처럼 정치적 목적으로 공인을 괴롭히고 정부전복을 효율적으로 선동하며 앞뒤를 가리지 않고 거짓말을 해대는 비양심적인 사람들이 있었지만, 그들의 행동을 합헌적인 것으로 보호하지 않았음을 지적하고 있다.

2) 현실적 악의 없음을 증명하여 형사책임을 면하려면 보통 정도의 주의력을 기울였을 때, 그 주장이 거짓이라는 것을 알아차릴 수 없었던 것으로 족하다. 그러나 발설자 스스로가 발설내용의 진실성여부에 대해 의문을 가질 경우, 그것은 경망스러운 진실무시(reckless disregard of truth)로서 책임을 져야 한다. St. Amant v. Thompson, 390 U. S. 727(1968).

표한 내용이 진실이라고 믿었다는 점을 검증함으로써 면책되는 것이 아니라 신의성실하게 공표되었는지를 판단받아야 한다"고 판결했다. 말하자면 언론기관이 진실이라고 믿었더라도 신의성실하지 않은 의도를 가지고 공표하였다면 역으로 책임을 추궁할 수도 있을 것이다.

화이트 판사는 이에 덧붙여 "신의성실의 선언만으로 설득력이 없으며, 지어낸 이야기나 상상의 산물 또는 증명할 수 없는 익명의 전화제보 등을 기사화한 것은 설득력을 가질 수 없다"고 보았다. 즉 거짓정보에 대해 사실을 오인(착오)한 신문사는 책임을 져야 한다는 것이다.

이 판례를 통해 경망스러운 진실무시행위의 범위가 다시금 확인되는데, 발표자의 진실성 또는 그 발표의 정확성에 의심을 품을 만한 분명한 이유가 있을 때 경망성이 성립된다고 하겠다. 따라서 그는 경망한 행동이란 피고인이 자신의 공표행위에 대한 진실성에 관하여 심각한 의문(회의)을 마음 속에 품었는지에 대한 충분한 증거가 있을 때 입증된다고 강조했다.

2. '現實的 惡意' 理論에서의 公人의 範圍

앞에서 살폈듯이 뉴욕타임즈 대 설리번 사건은 공직자의 직무와 관련된 비판이 수정헌법 제 1 조에 따른 합헌성을 갖는다는 점을 인정한 판례를 남겼다. 이후 판례들은 공직자 및 공적인 관심사의 범위를 판정했다. 먼저 공직자의 범위를 어떻게 판정하고 있는지를 살펴보자.

(1) 로젠블랫 대 베어 事件

1966년 로젠블랫 대 베어 사건[1)]에서 연방대법원의 브레넌(Brennan) 판사는 공직자란 최소한 정부업무수행의 실질적 책임을 맡고 있거나 통제권을 가진 공무원의 위계구조에 소속되어 있는 자 또는 대중들로부터 그러한 구조 속에 포함된 것으로 간주된 사람을 지칭했다고 해석했다.

판례는 베어(전직 공무원)가 로젠블랫(칼럼니스트)의 칼럼이 발표될 때 공무원의 직에 있지는 않았지만 공익과의 관련이 여전히 크고, 따라서 그에

1) Rosenblatt vs. Baer, 383 U.S. 75(1966); D. Gillmor and J. Barron, 앞의 책, pp. 255~257.

대한 비판은 정부공무원비판과 같은 것으로 보아 합헌적이라고 본 것이다. 나아가 정부비판은 헌법상 보장된 자유토론의 핵심이며, 정부 자체에 대한 비판이 처벌되면 안 되듯이 정부의 운영책임을 맡은 공직자에 대한 비판도 처벌되어서는 안 되며, 마땅히 자유로워야 한다는 판결을 내렸다.

로젠블랫을 제소하면서 원고 베어가 취할 수 있는 길은 ① 자신이 입은 명예나 평판의 손상으로 인한 실질적 손해를 증명하거나, ② 뉴욕타임즈 대 설리번 사건의 판례에 따라 자신이 '공직자' 범위를 벗어난다는 것을 인정받아야 하는 양자택일뿐이었다. 그런데 판결은 베어를 '공적인 중요 인물'로 보아 원고패소판결을 내린 것이다.[1]

⑵ 타임社 대 힐 事件

그러나 1967년의 타임사(Time Inc.) 대 힐(Hill) 사건[2]의 판례에서 공직자의 범위는 공적 인물(public figure)로까지 광범위하게 해석되기에 이르렀다. 이 사건의 판례는 현실적 악의의 적용범위를 공직자가 아닌 사인(私人)의 프라이버시 침해문제에까지 넓힘으로써 자유로운 토론의 범위를 확대했다. 즉 판례는 사인이라 하더라도 공적인 관심의 표적이 되었으면 공직자의 개념범위를 적용한 공적 인물로 보아 언론자유의 범위를 넓혔다는 뜻이다.

대법원은 허보(false light)라 하더라도 개인이든 공인이든 원고는 공공의 이익과 관계되는 문제일 경우, 피고의 현실적 악의 여부를 입증하여야 피고의 책임을 물을 수 있다고 판결했다.

허보란 ① 기본적인 사실을 허구화하거나 배경사실을 재구성하여 사생활을 침해하거나, ② 타인의 이름이나 사진을 상황 외에 사용함으로써 사생활을 침해하는 보도를 말한다.[3] 서로 다른 상황에서 뉴스사진을 재사용하는 것

1) 다만, 더글라스 판사는 이 사건에서 공직자 여부의 판단보다 로젠블랫의 칼럼내용이 '공적 문제'인가를 가려내는 것이 더 중요하다는 의견을 피력했다.

2) Time Inc. vs. Hill, 385 U.S. 374(1967).
「타임」지 그룹의 「라이프」지가 세 명의 탈주범에게 19시간이나 인질로 잡혀 있었던 한 가족의 실기소설을 사진과 함께 다르게 묘사하여 피소된 사건임. 「라이프」지의 사진 중에는 탈주범들이 힐씨 가족을 구타하고 힐씨의 딸이 탈주범을 물어뜯는 장면이 있었으나 사실은 그런 일이 없었고 무엇보다도 힐씨 가족들은 사건 자체에 대한 언론보도를 기피했었다. 이 사건에서 뉴욕주법원은 피해자가족의 사생활권을 침해했다는 이유로 힐씨 가족에게 승소판결을 내렸으나 연방대법원은 다수의견으로 현실적 악의가 입증되지 않는 한, 사회생활에 필요한 폭넓은 관심사를 이유로 표현의 자유를 사생활권에 우선하는 확정판결을 내렸다.

3) John Murray, *The Media Law Dictionary*, University Press of America, 1978, p. 38.

은 원래의 사진과 서로 다른 인상을 만들어 냄으로써 허보가 될 수 있다. 대법원은 이 경우에 허구화가 공적 인물과 관련하여 그의 의무나 책임을 판단하는 데 사용됐다면, 경망스러운 무시행위라고 볼 수 없다고 본 것이다.

브레넌(Brennan) 판사는 5 : 4의 다수결로 결정된 판결문(법정의견)에서 '연방헌법의 언론자유보장은 정치문제에 관한 표현의 자유뿐만 아니라 사회생활에 필요한 폭넓은 관심사에 대한 표현의 자유를 포함하는 것이므로 현실적 악의의 입증이 없는 한 수정헌법 제1조의 위반이 아니라고 밝혔다. 즉 언론보도는 대중의 관심도에 비추어 판단해야 한다는 것이었다. 또한 대법원 판결은 뉴욕주법원이 「라이프」지가 상업적 목적으로 Hill씨의 이름과 사진을 사용했다고 보아 금전적 손해배상을 판결한 것을 파기하여 환송했다.[1)]

(3) 커티스出版社 대 버트 事件

1967년의 커티스 출판사(Curtis Publishing Co.) 대 버트(Butt) 사건에서 대법원은 버트라는 대학체육부 감독까지도 공적인 인물에 포함시켰다. 사건개요와 판례요지는 다음과 같다.[2)]

1) 사건개요

커티스 출판사그룹의 「새터데이 이브닝 포스트(*Saturday Evening Post*)」는 당시 조지아대학의 체육부감독인 버트와 앨라바마 축구코치인 브라이언트(P. B. Bryant)가 부정한 수단으로 두 학교 간의 축구경기승부를 조작했을지 모른다는 허위기사를 게재하여 버트에 의해 민·형사적 위법으로 피소됐다.

대법원은 커티스 그룹의 유죄를 인정했지만 이 판결에서 중요한 것은 공직자의 범위를 공적 인물에까지 확장하고, 그러나 공무원이 아닌 공적 인물(제한적 공인)에 대해서는 어느 정도의 면책필요성을 인정했다는 점이다.

2) 판결요지

「새터데이 이브닝 포스트」는 이 사건이 긴급뉴스가 아니었으므로 기사화 이전에 정보의 사실 여부에 대한 철저한 조사를 했어야 함에도 불구하고 초보

1) 최근 한국언론연구원이 펴낸 「세계언론판례총람」, 1998, 490면에는 연방대법원이 "본인의 동의 없이 악의로 사생활을 보도하는 것은 프라이버시침해에 해당한다"고 판시하였다고 밝히고 있으나, 이것은 사실오인이다. 그 책, 490~491면의 사실개요는 뉴욕주법원(하급심)의 판결요지이다.

2) Curtis Publishing Co. vs. Butt, 388 U. S. 130, 1967; D. Gillmor and J. Barron, 앞의 책, pp. 257~263.

적인 심사조차 무시했다.

첫째, 정보제공자 버네트(Burnett)는 부정수표 혐의로 유죄언도를 받아 집행유예상태에 있었는바, 그의 진술 외에는 사실을 인정할 만한 아무런 독립증거가 없음에도 불구하고 기사를 작성·배포했다. 둘째, 기사작성자는 축구전문가가 아님에도 불구하고 버네트의 구두정보 제공만을 받아들였을 뿐, 어떤 스포츠관계자와도 정부의 사실 여부를 협의·검토한 사실이 없었다. 이것은 정보의 정확성 여부에 대한 발행자의 세심한 검토의무를 게을리한 것이다.

'발행자의 세심한 검토의무(prudent publishers' test)'란 발행인은 정보원의 신뢰도, 정보원의 성격, 정보원 명시에 대해 동의 여부, 정보원 개인언설의 정확성 등을 검토하는 등 세심한 주의력을 가지고 공표사실을 살펴야 한다는 뜻이다.

대법원은 「새터데이 이브닝 포스트」 소유주인 커티스 출판그룹이 '발행자의 세심한 검토의무'를 게을리하여 버트 등에게 불법행위를 했으므로 버트에게 민사상의 손해배상조로 6만 달러와 형사상의 배상금(징벌적 손해배상) 40만 달러 및 브라이언트의 손해(별도소송에서 약 30만 달러 정도를 산출)를 각각 배상하도록 판결했다. 말하자면 대법원은 버트가 공인이기는 하지만, 제한적이므로 언론기관의 보도에서 제한적인 공인에 대한 주의의무를 위반하였다고 본 것이다.

3. 公的인 關心事로의 焦點轉換

커티스 출판사 대 버트 사건의 판결 이후 공적 인물의 범위는 크게 확대되었다. 공공안전위원회 위원선거에 출마한 경찰관과 소방관,[1)] 농구단의 수석감독,[2)] 유명한 경마조련사,[3)] 정당요원과 선거구대의원,[4)] 노동조합가입을 거부하는 우편배달부,[5)] 인터뷰와 기자회견을 요청하여 자신을 공개한 150만

1) Tilton vs. Coules Pub. Co., 76 Wash. 2d 707, 459 p. 2d 8(1969).
2) Grayson vs. Curtis Pub. Co., 72 Wash. 2d 999, 436 p. 2d 756(1967).
3) Lloyds vs. UPI Inc., 63 Misc. 2d 421, 311 N.Y.S. 2d 373(1970).
4) Arber vs. Stahlin, 10 Mich. App. 181, 159 N.W. 2d 154(1968).
5) Old Dominion Branch No. 496, Nat. Ass'n of Letters Carriers, AFL-CIO vs. Austin, 418 U. S. 264(1974).

달러의 우편절도범,[1] 은퇴한 프로농구선수,[2] 연방교도소 탈주범[3]까지도 공적 인물의 범위에 포함시킴으로써 공직자의 업무를 염두에 두고 전개된 표현의 자유보호문제는 오히려 언론자유의 윤리법제적 문제를 재검토하는 실마리를 제공했다.

(1) 로젠블룸 대 메트로미디어 事件[4]

1971년의 로젠블룸(Rosenbloom) 대 메트로미디어(Metromedia) 사건에서 대법원은 공적인 관심의 대상이 된 출판업자도 공적 인물로 간주함으로써 공적·일반적 관심을 불러일으킨 사건의 경우에 관심의 주체가 유명인이든, 이름 없는 사람이든 헌법상으로 모든 토론과 커뮤니케이션의 자유가 보장된다고 판결했다. 이 사건의 내용 및 판결경위를 요약하면 다음과 같다.

1) 사건개요

① 음란물을 제작·배포하여 체포·수사를 받은 출판업자(로젠블룸)는 메트로미디어 라디오 방송국이 허위사실을 적시하여 자신의 명예를 훼손했다고 주장했다. 로젠블룸은 음란물처벌조례 위반혐의로 체포·수색 및 조사를 받았으나 무죄를 선고받자 자신의 사건을 보도한 방송국을 고소했다.

② 방송국측은 수정헌법 제 1 조와 뉴욕타임즈 대 설리번 사건의 판례에 비추어 면책된다고 맞섰다.

2) 판결요지

① 브레넌 판사는 공무원, 공적 인물의 범위를 공적인 관심의 대상이 된 출판업자에까지 확대하였다.

② 경망스러운 행위의 해석을 덧붙여 언론이 발표한 내용의 진실 여부에 대해 상당한 의심을 품고 있었다는 충분한 증거를 고소인이 제시할 수 있을 때로 보았다.

3) 판결의 주요 논지

① 공적인 관심의 초점은 관련자의 행위, 행위의 내용, 효과, 중요성에

---

1) Tripoli vs. Boston Herald Traveler Corp., 359 Mass. 150, 268 N.E. 2d 350(1971).
2) Time Inc. vs. Johnson, 448 F. 2d 378(4th Cir. 1971).
3) McFarland vs. Hearst Corp., 332 F. Supp. 746(D. C. Md 1971).
4) Rosenbloom vs. Metromedia, 403 U. S. 29(1971); D. Gillmor and J. Barron, 앞의 책, pp. 264～268.

집중되는 것이지, 사건관계자가 무명인사인지 저명한(또는 악명 높은) 인사인지를 불문한다. 즉 공중의 주요 관심사란 사건관계자의 지명도가 높고 낮은데 있는 것이 아니라 사건 자체의 성질에 있다.

② 하급심은 방송사가 로젠블룸의 영업을 음란서적출판업으로 규정함으로써 명예를 훼손시켰다고 보았으나, 방송사가 그 보도의 진실성에 대해 상당한 의심을 품고 있었다는 증거를 발견할 수 없다.

③ 사사로운 개인도 공공적 관심의 대상이 된 경우에 공중의 원초적 관심은 그 사건 속에 있기 때문에 그 개인이 원하지 않는다고 해서 갑자기 문제를 축소해서는 안 된다.

4) 판결의의

언론기관의 보도활동과 관련하여 명예훼손의 위법성범위를 줄이고 면책범위를 넓혔으나, 개인의 프라이버시를 보호해야 할 새로운 문제를 제기했다.

4. 公的 人物의 範圍縮小와 採證法則 變更傾向

1970년대 들어 지나치게 확대된 현실적 악의의 법리와 공적 인물의 범위확장은 다시금 명예훼손 피해당사자의 인간적 존엄을 크게 손상시키고 언론의 자유를 무분별하게 보호하는 결과를 초래했다. 특히 수사식 보도(investigative journalism)가 성행하면서 언론에 대한 과보호(過保護)가 명예훼손소송의 무모한 급증을 불러일으켰고, 언론인들의 피소도 줄을 이었다. 그래서 법원판례도 이러한 현실을 반영하여 조금씩 변경되었다.

(1) 거츠 대 로버트 웰치(言論社) 事件

현실적 악의의 범위를 한정하는 판례는 1974년의 거츠(Gertz) 대 로버트 웰치(Robert Welch) 사건[1]을 전환점으로 해서 크게 늘었다.

1) 사건개요

1968년 시카고에서 넬슨(Nelson)이라는 흑인청년이 백인경찰 누시오(Nuccio)에 의해 사살되었다. 검찰이 누시오경찰관을 살인죄로 기소하였음은

1) Gertz vs. Robert Welch Inc., 418 U. S. 323(1974); Harvey L. Zuckman *et al., Mass Communication Law in a nutshell,* 3rd ed.(St. Paul, Minnesota : West Publishing Co., 1988), pp. 86～90.

물론이다. 피살된 넬슨의 가족은 거츠(Gertz) 변호사를 선임하여 민사상의 손해배상소송을 제기했다. 그러자 로버트 웰치사 계열의 월간지인 「*American Opinion*」은 1969년 3월호에 정규기고가가 작성한 "조작 : Richard Nuccio와 경찰에 대한 전쟁"이라는 기사를 게재했다. 이 기사에는 거츠 변호사가 우리말로 하면 '빨갱이 단체의 두목급 공산주의자'이고 경찰관에 대한 민사소송제소는 원고가 경찰에 대한 불신감을 조장하기 위한 목적을 갖고 있다는 등의 주장이 들어 있었다. 물론 이 주장내용은 모두 사실이 아니었다.

2) 판결내용

연방대법원의 5 : 4 다수결판결을 주도한 포웰(Powell) 판사는 언론기관이 공직자나 공적 인물이 아닌 개인에 대해 명예훼손적인 허위사실을 공표했을 때, 피해를 입은 개인이 위 사실에 대한 대항적 언론행위를 할 수 있는 기회가 적음을 주목했다. 고소인인 거츠변호사는 언론사에 대해 '무기대등의 원칙'을 위반했음을 지적했기 때문이다.

언론기관이 사적 개인에게 명예를 훼손할 만한 허위사실을 공표했을 때 그것을 정정할 기회가 없는 것은 사실이지만, 언론(발행인이나 방송자)에 자기주장의 정확성을 보증할 책임을 지우는 것은 과도한 자기검열(intolerable selfcensorship)이 되기 때문에 사적 개인의 손해에 대해 상당한 책임을 지되 언론기관이 허위사실을 인지했거나 진실에 대해 경망스러운 무시행위를 했을 때는 불법행위가 된다는 것이다. 포웰의 판결요지는 다음과 같다.

3) 판결요지

① 고소인(피해자)이 공적 인물이라면 피고측(언론)의 허위사실의 인지 또는 진실에 대한 경망스러운 무시를 입증하지 못하는 한 사실적 손해배상을 제한받게 된다. 여기서 말하는 사실상의 손해는 법원이 통상적으로 인정하는 불법행위인 금전상의 손실만을 뜻하지는 않는다. 그러나 거츠 변호사는 소송의 대리인일 뿐 전적으로 공적인물은 아니다(제한적 공인이다).

② 개인은 이론적으로 의도하지 않고도 공적 인물이 될 수 있지만, 진실로 자신이 원하지 않는 공적 인물의 출현은 생각하기 어렵다. 개인은 의도적으로 특정한 공적 논쟁에 끼어들어 어떤 쟁점에서는 제한된 범위 안에서 공적 인물이 되어 명성 또는 악명을 얻을 수는 있다. 그러나 특정인이 지역사회 내에서 일반적인 명성이나 악명에 대한 명백한 증거가 없고, 사회문제에

깊이 개입하지 않았으면 그 개인은 그의 모든 생활에서 공적인 성격을 갖는 것으로 간주할 수 없다. 다시 말해 공적 인물의 범위는 어떤 개인이 명예훼손을 일으킬 만한 특정논쟁에 참가한 성격과 정도를 고려하여 더욱 상황으로 축소하는 것이 바람직하다는 뜻이다.

포웰판사의 법정의견에 대해 뉴욕타임즈 대 설리번 사건판결을 주도했던 브레넌판사는 물론 화이트판사까지도 현실적 악의의 법리를 축소적용하는 데 대해 반대하는 소수의견을 냈다. 의견은 진실 여부의 판단이 불가능하고 허위의 의견은 존재하지 않으므로 의견에 대해서 명예훼손의 책임을 물을 수 없다는 것이다.

이와 같이 사실과 의견의 이분법은 어떤 표현이 사실인가 의견인가의 여부를 객관적 증거의 기초 위에서 허위 또는 진실로 증명될 수 있는가라는 구분이 적절한 것이기 때문에 한계가 있다. 그래서 연방대법원은 다른 사건에서 이 이분법 대신에 '사실과 비사실'(fact and non-fact)의 이분법으로 잘못된 사실을 언급하거나 암시하는 의견진술은 의견이라고 하더라도 명예훼손이 된다고 보았다.[1]

(2) 타임社 대 파이어스톤 事件

한편 1976년의 타임(Time)사 대 파이어스톤(Firestone) 사건[2]은 거츠 사건의 판례를 재적용하여 공인의 범위를 축소시켰으며, '현실적 악의'의 법리를 일부 배척하는 6 : 3의 다수결판결을 내려 버거(Burger) 코트의 보수성을 드러냈다.[3]

렌퀴스트(Rehnquist) 판사가 심리했던 이 사건의 경과와 판결요지를 살펴보면 다음과 같다.

1) 사건경과

① 미국내 유수의 재벌 2세인 러셀 파이어스톤은 매리 앨리스 파이어스톤과 1961년 결혼했으나, 1964년부터 별거하게 되자 부인 메리가 별거유지수당 청구소송을 제기했다. 이에 남편 러셀은 부인의 잔인한 성격과 간통을

---

1) Milkovich v. Lorain Journal Co., 497 U. S. 1(1990).

2) Time Inc. vs. Firestone, 424 U. S. 448(1976); H. Zuckman *et al.*, 같은 책, pp. 93~95.

3) Burger Court란 1969년 닉슨 행정부에 의해 진보적인 Warren에 뒤이어 보수파인 Burger가 연방대법원장에 취임, 연방대법원의 다수파를 점하게 되면서 붙여진 명칭이다.

이유로 이혼소송을 제기[1] 이혼을 허락받고 동시에 처의 사망 또는 재혼시까지의 별거수당 월 3,000달러의 지급을 판결했다.

② 타임지는 이 사실을 취재하여 재판내용을 보도하면서 부인인 메리가 신경정신증세가 있다는 남편측의 1심 주장을 덧붙였다.

③ 타임(Time)지는 메리 파이어스톤부인으로부터 자신의 명예를 훼손했다는 이유로 고소를 당하자 메리부인이 공적 인물이며(커티스 대 버트 사건 및 뉴욕타임즈 대 설리번 사건판례를 제시하면서), 기사는 사법절차에 관련된 보도로서 명예훼손적인 허위사실 또는 부정확한 내용이 있다 하더라도 현실적 악의가 없었으므로 자사의 공표행위는 면책된다고 주장했다.

④ 법원은 타임사의 주장을 기각하고 수정헌법 제 1 조와 제14조의 목적에 한정해서 사용할 공적 인물의 범위가 거츠 사건판례에서처럼 축소되어야 한다고 판결했다.

2) 판결요지

① 고소인 메리는 주거지인 팜 비치 이외의 사교계에서는 저명인사가 아니며, 자신의 사건해결을 위해 영향력을 행사하려는 방편으로 특정논쟁의 와중에 자신을 밀어넣지 않았다. 또한 이혼문제는 중요한 사회적 관심사가 아니다.

② 본건에서 사법적 절차에 호소하는 것은 법정을 통해 자신의 이익을 방어하려는 아주 현실적인 의도라고 볼 수 있다.

③ 사실에 대한 부정확하고 명예훼손적인 보도는 수정헌법에 의한 보호대상에서 제외되며, 언론기관의 이익을 보호하는 '현실적 악의에서 제외되는 과실의 허용기준'은 거츠 사건판례의 준용으로도 충분하다고 하겠다.

④ 연방대법원은 언론사의 과실이 입증될 때 개인적 굴욕, 정신적인 고뇌와 고통 등 헌법에 따라 보호받아야 할 평판을 해친 손상을 배상하라는 판정을 하게 된다.

⑤ 타임사가 제시한 증거를 살피건대 타임사는 부분적인 과실이 있으므로 당연히 그 책임을 져야 한다.

⑥ 파이어스톤부인은 공인이 아니기 때문에 현실적 악의를 요건으로 하

1) 이 이혼소송은 플로리다주의 부호의 이혼소송이라는 흥미 외에 이혼사유를 폭로하기 위해 상대방의 부정을 폭로하는 내용 중 온갖 해괴한 성유희 이야기가 담겨져 관련보도는 도색잡지를 방불케 했다고 한다.

는 실리번사건판례를 적용할 수 없다.

거츠 사건 이후 현실적 악의의 법리를 일부 배척하고 공적 인물의 범위를 축소시킨 판례들은 1979년까지 유지되었으나, 1979년 이후 다시 개인의 명예에 따른 이익과 현실적 악의의 법리를 동시에 인정하는 방안들에 대한 사법적 검토가 일기 시작했다.

(3) 허버트 대 랜도 事件

이 사건은 월남전에 참가했던 예비역대령인 허버트(Herbert)가 CBS에서 제작한 TV다큐멘터리가 자신의 명예를 훼손했다고 하여 원작기사를 게재한 잡지사(*Atlantic Monthly*)와 담당프로듀서 랜도(Lando)를 상대로 제기한 손해배상소송사건이다.[1)]

이 사건에서 원고는 피고의 현실적 악의 여부를 증명하기 위해서 원고측이 피고(언론인)의 정신상태와 의도, 제작진 상호간의 비공식적인 대화와 정보원과의 비공식적 대화 등을 조사할 수 있다는 대법원의 다수의견을 판결로 얻어 냈다.

다시 말해 명예훼손사건의 허버트 예비역대령은 언론인이 현실적 악의를 갖고 보도했는지를 가리기 위해 언론의 게이트키핑 업무과정을 정밀하게 조사할 권리를 부여한 것이다. 이 판결은 사법절차가 편집·편성과정에 개입함으로써 언론에 대한 엄청난 감시·감독을 가능하게 하지만, 명예를 훼손당한 공적 인물에게 언론인의 현실적 악의를 확인하는 수단을 명시했다는 점에서 중요한 의미를 지닌다.

이 판결을 둘러싼 언론의 관심은 지대하여 ABC방송에서는 법원의 공식발표가 있기 48시간 전부터 언론에 흘러 나온 사실들을 보도했고, 뉴욕타임즈의 전무이사인 구데일(Goodale)은 이 판결에 대해 논평하면서 뉴스편집실의 업무절차는 대법원의 판결절차처럼 비밀이 보장되지 않으면 안 된다고 주장했다.

뉴욕타임즈 대 설리번 사건을 판결했던 브레넌판사는 이 판결에서 소수반대의견을 제출했다. 그는 현실적 악의의 법리는 언론인이 주관적인 태도에 명예훼손의 실질적인 책임을 부담시키면서, 동시에 그 태도에 대한 가장 직

1) 441 U. S. 153(1979), 73 F. R. D. 387(S. D. N.Y. 1977).

접적인 채증(採證)을 금지하는 것은 변칙적이기 때문에 언론인의 심리상태를 조사하는 것을 허용하되 원고는 문제가 된 언론의 공표행위가 거짓이라는 것을 판사에게 설득할 수 있을 때에 한해 보도를 둘러싼 대화상황을 조사할 수 있다는 제한적인 입장을 취했다. 그의 의견은 버거(Burger) 대법원장이 주도한 연방대법원의 보수적인 경향을 고려할 때 합리적인 균형감각을 갖춘 것으로 평가되며, 1964년 자신이 판결한 현실적 악의의 법리를 지켜가기 위한 최소한의 타협이라고 할 수 있을 것이다.[1)]

언론기관측의 입장을 대변하는 마샬(Thurgood Marshall) 판사도 이 판결이 공공문제에 관한 탐사보도를 크게 위축시키고, 현재의 언론보호법규 조항(예컨대 shield laws)을 위협할 것으로 우려하는 의견을 내놓았다.

위에서 살펴보았듯이 현실적 악의의 법리는 논의의 대상이 된 공적 인물을 공적인 관심을 끌 만한 사람에게까지 확대시켰으나, 최근에 이르러서는 개인의 사생활 보호와 반론행위의 기회불평등을 고려하여 오히려 축소되기 시작했다. 또한 허버트 대 랜도의 사건에서는 현실적 악의의 검증을 위해 명예훼손제소자의 편집과정조사권까지를 승인하여 언론자유에 대한 사법권의 개입을 가능하게 할 판결까지 나오게 됐다. 이러한 일련의 보수적인 판결들은 미연방대법원이 언론에 대해 일반적으로 갖고 있는 비호의적 편견을 드러내는 것으로 볼 수 있고,[2)] 버거 코트의 뒤를 이은 렌퀴스트 대법원장 재직중에도 이러한 경향이 답습되고 있는 것으로 보인다.

5. '現實的 惡意'(主觀的 構成要件의 方向에서) 法理의 定着

(1) 샤론 대 타임 事件의 下級審 判例

1984년 제기된 샤론(Ariel Sharon) 대 타임 사건에서도 현실적 악의의 법리와의 거증책임소재에 대한 판단은 그대로 유지되고 있다.

타임 지는 이스라엘국방상을 역임한 아리엘 샤론이 1982년의 레바논 침공시 200여 명의 회교도 학살을 승인했다고 보도했으나 샤론은 보도사실이 허위이며, 이로 인해 자신의 명예가 훼손되었다고 주장하면서 5,000만 달러

1) D. Gillmor and J. Barron, 앞의 책, pp. 303~310.
2) 팽원순, 「매스커뮤니케이션 법제이론」, 법문사, 1988, 198~199면.

의 명예훼손청구소송을 제기했다.

이 소송에서 하급심은 문제의 기사가 비방적이고 허위임을 인정했으나, 원고인 샤론이 타임지의 현실적 악의를 입증하지는 못했기 때문에 타임지의 면책을 인정했다.

그러나 법원은 타임지가 상당한 정도의 확인도 없이 허위사실을 보도한 데 대해 경고를 내린 셈이며, 샤론이 금전적 보상을 얻기 위해서가 아니라 언론의 무분별한 보도행위로 인한 인권침해에 대해 주의를 환기시킨 것만으로도 만족을 표시했다는 점에 비추어 볼 때 언론의 질적 수준을 고양하는 자율적 품격도야가 변함 없이 중요하다는 점을 알 수 있다.

(2) 웨스트모어랜드 대 CBS(放送社) 事件에서의 合議解決

1984년 주월 미군사령관을 역임한 웨스트모어랜드(Westmoreland) 장군은 CBS 방송이 90분짜리 월남전 특집물 방송에서 자신의 명예를 훼손했다며, 불법행위로 인한 손해배상을 청구하는 소송을 제기했다.

웨스트모어랜드 장군은 CBS의 허위보도로 인한 자신의 명예훼손에 대해 사상최고액인 1억 2,000만 달러의 손해배상을 청구했다. 약 18주일에 걸친 심리가 진행된 후에 웨스트모어랜드 장군은 CBS 방송과의 합의에 의해 소를 취하했다.

CBS는 웨스트모어랜드 장군이 월남에서의 한 보고에서 적의 숫자가 50만명인 데도 불구하고 30만명으로 줄이고 월남에 침투한 월맹군병력관계 정보를 보도한 것은 사실이나, 웨스트모어랜드 장군이 임무수행중 비애국적이었음을 지적한 것은 아니라고 해명했다. 한편 웨스트모어랜드 장군은 CBS가 국가이익과 관련된 복잡한 문제인 월남전관련 사건을 다룰 권리가 있음을 존중한다고 밝혔다.[1)]

사건은 언론에게 부주의한 언론보도가 개인의 명예를 크게 손상시킬 수 있다는 교훈을 가르쳐 준 한편, 피해당사자라고 주장하는 공적 인물의 입장에서도 언론의 현실적 악의를 입증하지 못하면 연방대법원의 보수적인 분위기 아래서도 승소의 확정판결을 얻기 어렵다는 점을 말해 준 셈이다.

---

1) *International Herald Tribune*, 19. February 1985.

⑶ 現實的 惡意의 原告側 立證責任定着

1) 보스사 대 소비자연맹 사건

1984년의 보스(Bose)사 대 소비자연맹 사건에서 대법원은 6 : 3의 다수결로 '현실적 악의'에 대해 원고측입증이 없으면 소비자연맹이 다소 부정확한 표현을 썼다고 해서 유죄라고 볼 수 없다는 판결을 내린 것이다.[1)]

2) 팔웰 목사 사건

1987년 팔웰(J. Falwell)이라는 침례교목사는 성인용 잡지 허슬러(Hustler)의 소유주이고, 잡지발행인인 플린트(L. Flynt)를 상대로 4,500만 달러의 손해배상청구소송을 제기했다. 소송의 요지는 주류광고에 자신의 이름을 도용하고, 음란한 단어를 자주 사용함으로써 사생활을 침해하고 명예훼손과 마찬가지로 의도적으로 정신적 고통을 주었다고 주장했다.

사실심의 판결은 비록 광고문안에서 목사를 구체적으로 지칭하지 않았기 때문에 사생활침해는 인정하지 않았지만, 정신적 고통에 대해서는 20만 달러의 손해배상을 하도록 판결하면서 '현실적 악의'를 유추적용하고 입증책임을 원고측에 맡겼다.[2)]

제2심 법원에서 피고인 허슬러사는 명예훼손판례에 따라 현실적 악의기준을 적용해야 한다고 주장했지만, 광고문안인 패러디는 구체적 사실을 적시하지 않은 의견에 불과하므로 현실적 악의의 기준을 적용하는 명예감정의 침해라고 보지 않았다.

연방대법원도 이 패러디광고에서 제2심 법원판결과 마찬가지로 현실적 악의기준의 적용을 받아들이지 않았다. 대법원은 팔웰의 주장을 받아들이면 언론의 위축효과와 자기통제를 강화할 우려가 있음을 살펴 프라이버시의 침해에 따른 위자료의 배상마저 기각했다.[3)]

⑷ 自由言論의 責任

뉴욕타임즈 대 설리번 사건이 언론자유의 범위를 확장하는 언론법제상의 새로운 이정표를 세운 이래 근 4반세기가 흘렀다. 약 1세대에 걸쳐 진행되었

1) Bose Corporation vs. Consumers Union, 466 U. S. 485(1984).
2) Falwell vs. Flynt, 797 F. 2d 1270(1986).
3) Hustler Magarine v. Falwell 485 U. S. 46(1988).

던 '현실적 악의'의 법리에 대한 사법적 공방은 이 법리의 안정화로 결론을 맺게 된 것이다. 우여곡절은 있었겠지만 진보적 판례와 보수적 판례가 뒤섞여 혼전을 거듭하던 수차례의 공방은 사회발전에 따른 법리의 적응을 위해 필요한 최소한의 의견분화와 그 통합조정의 과정이었다고 하겠다.

이제는 자유언론과 사회적 책임 간의 관계에 대해서도 심사숙고를 해볼 차례가 된 셈이다. 뉴욕타임즈 대 설리번 사건에 대한 가장 맹렬하면서도 사려 깊은 공격은 대법원판사 화이트에 의해 전개되었다.

그는 "뉴욕타임즈 사건은 두 가지 악덕을 편드는 것이었다. 첫째, 공무원과 공적 사건에 관한 정보의 유통을 거짓정보에 의해 오염시켰으며, 아직까지도 오염시키고 있다. 둘째, 공격받은 원고(공직자 등)의 평판과 직업생활에 대해서도 사실조사를 위해 합리적인 노력을 기울였더라면 피할 수 있었던 허위 때문에 파괴될 수도 있다"고 말한다.[1)]

그의 지적을 반추할 것도 없이 우리는 언론자유가 강자의 억압이나 술수에 대항해야 하는 것과 마찬가지로 개인의 인격을 침해하지 않고 인간적 존엄을 존중해야 한다는 점을 다시 한번 깨달아야 할 것이다.

◇더 많은 관심을 가진 독자들을 위해 권고할 만한 문헌들

김일수, 「새로 쓴 형법총론」, 박영사, 1996.

———, 「새로 쓴 형법각론」, 박영사, 1996.

박용상, 「언론과 개인법익」, 조선일보사, 1997.

이은영, 「개정판 채권각론」, 박영사, 1997.

이재상, 「형법각론」, 박영사, 1990.

———, 「형사소송법」, 박영사, 1992.

정진석, "언론침해구제현실과 수용자 운동," 「언론중재」 1991년 겨울호, 언론중재위원회.

1) 472 U. S. 749, 105 S. et. 2939, 2948~54, 86 L. Ed. 2d 593, 606~612(1985).

총무처 편,「축조해설 개인정보보호법」, 총무처, 1994.
표성수,「언론과 명예훼손」, 육법사, 1997.
堀部政男,「アクセス權と何か―マス・メディアと言論の自由」, 岩波新書, 1978.
小林宏誌,「人權の 敵, マスコミ」, MBC 21, 1994.
淸水英夫 編,「マスコミと人權」, 三省堂, 1987.
———,「法とマス・コミュニケーション」, 社會思想社, 1976.
片野 勸,「マスコミ 裁判」, 幸洋出版, 1983.
淺野 健一,「マスコミ 報道の犯罪」, 講談社, 1996.

奧平康弘,「ジャーナリズムと法」, 新世社, 1997.
立山紘毅,「現代メディア法硏究」, 日本評論社, 1996.

제 6 장

公正한 權力과 言論의 自由

제 1 절 公正한 裁判과 個人의 人權

1. 法廷報道와 法廷公開

(1) 法廷報道의 意義

법정보도는 법원이 소송절차상 필요한 심리와 판결을 행하는 장소인 법정에 대하여 직·간접으로 취재한 내용을 미디어에 의해 공표하는 보도행위이다. 법정에서 행해지는 민사의 구술변론과 형사사건의 공판절차는 원칙적으로 공개법정에서 행해지는 것이므로 특별한 사정이 없는 한 재판은 일반인에게 공개되어야 하고, 보도 역시 뉴스가치의 정도에 따라 자유롭게 이루어져야만 한다.

우리나라에서는 최근 전직 두 대통령, 현직 대통령의 아들, 정·관계의 거물과 재벌그룹의 총수 등을 포함한 수많은 저명인사가 사법적 심판을 받게 되면서부터 법정공개와 공정재판의 연관관계에 대한 관심이 고조되고 있다. 이 관심은 한편으로 왜곡된 역사를 바로 세우고 부정부패를 바로잡아 나라의 체통을 확립하려는 논점과 모든 국민들이 공정한 재판을 받아 법 앞에 평등한 대우를 받아야 한다는 논점 및 언론기관의 취재활동범위에 관한 논의 등 적어도 세 갈래의 언론윤리법제적 문제로 정리될 수 있을 것이다. 또한 이 논의는 국민의 알 권리를 근거로 한 취재자와 취재대상자의 불행한 관계에서 출발하여 언론보도가 가진 국민의 국정참여에 필요한 중요 판단자료의 제공기능과 취재대상자 개인의 인간적 존엄을 유린할 가능성에 대한 사회적 관념 간의 갈등을 풀 수 있는 논리 및 법률적 경험들에 대한 검토를 필요로 한다.

사실상 법원은 어느 나라를 막론하고 법정을 통제하여 공정한 재판을 이끌 책임이 있기 때문에, 이에 방해가 되는 개인을 법정모독으로 제재할 권한을 갖고 있다.

형사적인 법정모독은 형사처벌을 면치 못할 것이고 법정내의 과격취재도 법원의 판단에 따라 그 한계가 정해지기는 하지만, 언론기관은 오히려 형사재판의 공개와 일반대중의 형사재판참관권을 이유로 법원에 맞설 수 있다.

그러나 언론은 과격취재로 시청률제고와 판매부수확장이라는 자사의 이익을 취하면서 취재당하는 사람, 즉 피의자에게 지나친 고통을 가할 수 있다는 점에서 공익과 사익간의 갈등에 대한 해답도 필요하다. 또한 우리나라에서는 특히 사법당국과 행정부가 관료권위주의적 국가체제 아래서 한 동안 언론을 시녀로 거느리던 시대가 있었지만, 최근 들어 언론이 수단방법을 가리지 않고 취재경쟁을 벌이고 도청(盜聽)이나 도촬(盜撮)을 마다하지 않음으로써 언론자유에 대한 혐오감마저 들게 하는 반전된 언론상황에서 언론의 법정보도에는 많은 국민이 납득할 수 있는 어떤 기준이 분명히 필요하다.

특히 오늘날 우리 사회에서 벌어지고 있는 유명인사 사법처리에 쏠리는 사회적 관심은 언론으로 하여금 과격취재를 불가피하게 만들고 있음에도 주목하면서, 그것이 언론자유라는 이름으로 취재당하는 개인의 인권을 아랑곳하지 않음으로써 야기할 직·간접적인 인권침해의 가능성을 점검해 보는 것은 의미 있는 일이다.

(2) 法廷公開의 範圍

법원은 피의자의 유죄나 피고인의 민사적 불법행위 여부를 확정하고, 그에 필요한 증거를 인정 또는 부인하는 일체의 공판활동을 행한다. 이것은 법원이 피고사건에 대하여 심리·재판하고, 또 당사자가 변론을 행하는 절차를 밟아 나가는 것을 뜻한다. 이 법정절차의 기본은 그 첫째가 공개주의를 지키는 것이다.

공개주의는 국민 누구나 방청인으로서 공판절차에 참여할 수 있다는 추상적 가능성을 구체적으로 보장하는 것이 그 내용이라 하겠다. 물론 여기서 말하는 국민 누구나는 개개의 국민 각자를 뜻하는 것이 아니고, 공판기일과 장소에 대한 충분한 정보의 입수가능성과 관심을 가진 사람의 공판정 출입을 보장하는 것을 말한다.

공개되지 않고 비밀로 행해지는 재판에서는 추상적인 법리에 대해 누구나 수긍할 수 있는 구체적인 증거자료가 제시되기 어려우며 사법부의 재판독점이 전횡으로 흐를 우려도 없지 않다. 그래서 우리 헌법은 공개재판을 받을 권리를 기본적 인권으로 보장하고 있으며(헌법 제27조 3항), 법원에 대해서도 모든 국민에게 다시 재판공개의 원칙을 천명하고 있다(제109조).[1] 이에 따라 법원조직법은 재판의 심리와 판결을 공개한다는 점을 명백히 하고 있다(동법 제57조).

재판공개의 이론적 근거는 법원의 심판절차를 국민의 감시 아래 둠으로써 재판의 공정을 보장하고, 재판에 대한 국민의 신뢰를 유지하는 것이라고 하겠다. 특히 형사사건의 경우에는 재판진행과정과 결과에 관심을 갖고 있거나 이해관계가 있는 사람이 있기 때문에 공적인 관심의 대상이 될 뿐만 아니라, 재판의 공개는 판결만으로 끝날 수 없는 공중들의 정서를 순화해 주는 역할(카타르시스 기능)까지 맡아 사회적인 의미를 지니는 만큼 사회 전체의 입장에서도 이해할 만한 점이 많다.

수년 전 우리나라에서는 국민 모두가 관심을 가질 만한 사건으로 전직 대통령에 대한 공개재판이 진행되었다. 전직 대통령은 한때 이 나라의 최고 통치자로서 "헌법을 준수하고 국가를 보위하며 조국의 평화적 통일과 국민의 자유와 복리의 증진 및 민족문화의 창달에 노력하여 대통령으로서의 직책을 성실히 수행할 것을 엄숙히 선언"했던 사람들이다(헌법 제69조에 의거하여). 그들이 형사범죄의 피의자가 되어 법정에 설 만큼 엄청난 비리사건의 전모에 대해서 국민들은 법에 정해진 대로 공정한 재판과 보통사람에게와 마찬가지의 처벌이 내려질 것인지를 알고 싶고, 이를 통해 정의가 무엇인지를 체감하려고 했을 것이다. 가능하다면 더 많은 국민들이 재판방청을 원했을 것이지만, 여러가지 제약으로 그들에 대한 심리와 처벌의 결정과정을 직접 지켜 볼

1) 김철수, 「헌법학신론」, 박영사, 1988, 63~64면, 387~390면(헌법 제27조 제 3 항은 문면만으로 볼 때 형사피고인만의 권리인 것처럼 규정하고 있으나 헌법 제109조가 공개재판권(right of public trial)을 재확인하고 있다).

수는 없었다. 이 때 언론은 재판내용을 충분히 보도하여 간접적으로나마 처벌과정 결정에 국민의 참여를 활성화시키는 몫을 맡는데, 이것은 민주주의의 발전을 위해 좋은 일이다.

그러나 재판의 공개주의가 재판에 대한 국민의 통제기능을 표현하고 국민의 신뢰를 유지하는 장점이 있기는 하지만, 이 원칙도 모든 재판에서 절대적으로 보장되어야 하는 원칙은 아니다.[1)]

헌법 제109조 단서와 법원조직법 제57조 제 1 항 단서는 같은 뜻으로 "심리는 국가의 안전보장 또는 안녕질서를 방해하거나 선량한 풍속을 해할 염려가 있을 때에 법원의 결정으로 공개하지 아니할 수 있다"고 규정하고 있다. 물론 심리와 별도로 판결의 선고는 반드시 공개해야 하지만, 법정공개원칙의 적용이 제외되는 경우는 다음의 세 가지가 있다.[2)]

첫째, 방청인의 특정과 방청인의 수를 제한하는 방법이다. 법정의 질서유지를 위하여 특정인의 방청을 허용하지 않는다고 해서 공개주의에 위반되는 것은 아니다. 또한 법정의 크기에 따라 방청인의 수를 제한할 수밖에 없는 경우도 있다.

법원조직법에 의거한 방청 및 촬영에 관한 규칙에는 재판장이 법정질서를 유지하기 위하여 필요하다고 인정될 때는 방청석의 수에 따라 방청권을 발행하게 하고, 그 소지자에 한해 방청을 허용할 수 있도록 정하고 있다(동 규칙 제 2 조). 또 법정경위로 하여금 방청인의 의복 또는 소지품을 검사하게 하고, 위험물 기타 법정에서 소지함이 부적합하다고 인정되는 물품을 가진 자의 입정도 금하고 있다. 이 휴대금지물품 중에는 촬영이나 녹음과 관련된 도구도 포함되는 것으로 보고 있어 앞으로 더 많은 논의가 필요하다.

둘째, 특수사건의 경우에는 비공개할 수 있다. 즉 사건의 내용이 국가의 안전보장 또는 안녕질서를 방해하거나 선량한 풍속을 해할 염려가 있는 때에는 심리를 공개하지 않을 수 있다.

셋째, 재판장은 특정인에 대한 퇴정명령을 내릴 수 있다. 방청 및 촬영에 관한 규칙에는 "…안전한 자세로 정숙하지 아니하고 소란을 피우거나 함부로 이석을 하는 자에 대하여 퇴정을 명할 수 있다(동 규칙 제 3 조)"고 규정하고

---

1) 이재상, 「전정판 형사소송법」, 박영사, 1992, 392~393면.
2) 위의 책, 393~394면.

있다.

우리나라의 현행법제로 볼 때 법정공개의 의미가 법정에서의 사진촬영과 녹음·녹화 등 보도활동의 자유로까지 당연히 연장된다고 볼 수는 없다. 촬영과 녹음을 통한 법정공개를 간접공개(mittelbare öffentlichkeit)라고 하는데, 이 간접공개는 법관에게도 여론의 압력을 받게 할 우려가 있고 피고인의 사회복귀를 방해하며 피의자의 인격권을 침해할 가능성도 크다. 그래서 이재상 교수는 법정에서의 보도를 위한 사진촬영과 녹음은 원칙적으로 피고인의 동의가 있어야 한다고 주장한다.[1)]

실정법을 열거해볼 때 우리나라 법원조직법은 "누구든지 법정 안에서는 재판장의 허가 없이 녹화·촬영·중계방송 등의 행위를 하지 못한다(동법 제59조)"고 규정하고 있다. 법정에서의 방청 및 촬영 등에 관한 규칙도 "법원조직법 제59조의 규정에 의한 허가를 받고자 하는 자는 녹화·촬영·중계방송 등의 목적·종류·대상·시간 및 소속기관명 또는 성명을 명시한 신청서를 재판기일 전날까지 제출하여야 한다. 재판장은 피고인의 동의가 있는 때에 한하여 신청에 대한 허가를 할 수 있다. 다만, 피고인의 동의여부에 불구하고 촬영 등 행위를 허가함이 공공의 이익을 위하여 상당하다고 인정되는 경우에는 그러하지 아니하다(동 규칙 제 4 조)"고 규정하고 있다.

따라서 재판의 공개여부와 공개정도는 피고인의 동의에 의하여 제 1 차적으로 결정되고, 피고인 개인의 인권과 공공의 이익과의 갈등에 대해서는 재판장이 판단하도록 정하고 있음을 알 수 있다. 그렇다면 언론의 자유는 중요한 시국사건이나 공중들의 관심이 집중된 사건의 재판과정에서 제외되어도 어쩔 수 없는가라는 문제가 발생하게 된다. 이와 같은 문제의 발생과 관련하여 외국의 경험들을 좀더 살펴보자.

2. 自由言論과 公正裁判의 葛藤과 接點

(1) 葛藤의 內容

우리나라의 사법제도는 형사절차에서 대체로 대륙법계를 따르고 있기 때문에 미국에서처럼 배심원에 의한 평결의 문제는 야기되지 않는다. 그러나

1) 위의 책, 393~394면.

미국수정헌법 제6조는 모든 형사소추의 피고인에게 공평한 배심(impartial jury)에 의하여 신속하고 공정한 재판을 받을 권리가 있음을 인정하고, 피고인 자신에게 불리한 증인과의 법정대결은 물론 자신에게 유리한 증인을 확보하기 위해 피고인도 강제절차를 취할 수 있도록 규정하고 있다.

이 규정에 따라 사실심(trial)에서 형사피고인들은 판사들에 앞서 배심원들로 하여금 법정에 제출되는 제반 증거능력을 검토할 수 있게 한 법규정을 최대한 이용하여 피의사실로부터 빠져 나가려는 시도를 한다. 그래서 판사들은 증거로 채택되지 않은 채 심리하기 이전에 공표된 정보가 배심원에게 예단을 갖게 하는 편견(prejudicial bias)을 줄 수 있다고 보고 있다. 심리하기 전의 공표물로는 범죄의 자백, 형사수사기록, 경찰조사의 결과, 성격결함보고서 등의 관련기록물을 지칭할 수 있다. 경멸적인 별명, 잘못된 여론조사, 이웃사람이나 수사요원의 의견공표도 심리 이전의 공표행위로 본다. 판사들은 배심원에 대한 공동체의 압력에 대해서도 주의를 기울이고 있으며, 법정에서의 질서유지가 피고의 인권을 담보하는 요체라고 하겠다.

우리나라에서는 법원이 검찰과 변호사(피고인)가 제시한 증거를 검토하고 범법사실이 자행되었는지에 대해서는 법률적인 훈련을 받은 판사에게 맡겨 판단해 왔다. 그러나 미국에서는 범법 여부를 일반대중들로부터 무작위 추출된 배심원에 맡기고 있기 때문에 우리나라에 비해 미국에서의 공정한 재판은 수사나 기소단계, 법정심리단계마다 언론보도가 매우 중요한 변인으로 작용하게 된다.

사회적 성격이 미국의 그것에 닮아 가고 있는 오늘날의 우리나라에서 대규모 정치경제적 사건은 전국민을 배심원으로 하고 있다고 볼 수 있는바, 언론보도가 공정재판에 미치는 영향은 심대하다.

최근에 우리 사회에서 수사기관의 피의사실 공표의 허용요건과 판단기준을 둘러싸고 공정한 재판과 국민들의 알 권리 사이에서 발생하는 갈등조정의 기준을 제시하는 대법원의 판결이 있었다.[1)]

이 판례의 요지는 수사기관의 피의사실공표 허용에 관한 합법적 요건과 판단기준을 제시하고, 구체적으로 어떤 경우에 검사의 피의사실 공표가 위법한 것인가를 밝히고 있다.

---

1) 대판 2001. 11. 30. 선고, 2000다68474.

판결요지를 정리하면 다음과 같다.

1) 국민들은 사회에서 발생하는 범죄에 관한 알 권리를 가지고 있고 수사기관이 피의사실에 관하여 발표하는 것은 알 권리를 충족하기 위한 방법의 하나이지만, 헌법 제27조 제 4 항은 형사피고인에 대한 무죄추정의 원칙을 천명하고 있다. 형법 제126조는 범죄수사자가 직무수행중 알게 된 피의사실을 공판청구 전에 공표하는 행위를 범죄로 규정하고 있으며, 형사소송법 제198조는 수사관계자의 비밀엄수와 피의자 또는 다른 사람의 인권을 존중하여야 한다고 규정하고 있다.

수사기관의 피의사실 공표는 공권력의 수사결과이므로 국민들에게 그 내용이 진실이라는 믿음을 강하게 주며, 피의자나 피해자 나아가 그 주변인물들에 대하여는 치명적인 피해를 줄 수도 있으므로 수사기관의 발표는 원칙적으로 일반국민들이 갖는 정당한 관심사에 관해 객관적이고 충분한 증거 자료를 바탕으로 한 사실에 한정해야 한다. 발표자는 정당한 목적으로 수사결과를 발표할 수 있는 권한을 가진 자이고, 발표는 공식절차에 따라야 하며, 무죄추정의 원칙에 반하여 유죄를 속단하게 하거나 추측 또는 예단의 우려가 있는 표현을 피하는 등 그 내용이나 표현 방법에 대하여도 유념해야 한다.

수사기관의 피의사실 공표에 관한 위법성조각의 여부를 판단할 때는 공표목적의 공익성, 공표내용의 공공성, 공표의 필요성, 공표사실의 객관성 및 정확성, 공표의 절차와 형식 및 표현방법, 피의사실의 공표로 인하여 생기는 피(被) 침해이익의 성질과 내용 등을 종합적으로 참작하여야 한다. 이 판결은 대법원의 1999년 판결[1]을 재확인한 것으로 수사기관의 피의사실 공표와 언론취재의 구체적 기준을 법적으로 정해 주었다는 데 큰 의미가 있다.

2) 특히 현행범으로 체포된 지역폭력배가 피해자와의 대질심문에서까지 범행사실을 완강하게 부인하고 있는데, 구속영장이 발부되기도 전에 담당검사가 피해자진술의 신빙성에 대한 충분한 검토 없이 10여 명의 법조기자에게 사건내용을 설명하고 수사기록을 열람하게 한 것에 대해, 피해자의 진술 외에는 직접증거가 없고 피의자가 피의사실을 부인하고 있어 보강수사가 필요한 상황이고, 피의내용을 국민들에게 급히 알릴 필요성이 있다고 보기 어려운 데도 검사가 마치 피의자의 범행이 확정된 듯한 표현을 사용하여 검찰청

1) 대판 1999. 1. 26. 선고, 97다10215; 선고, 97다10222.

내부절차를 밟지도 않고 각 언론사기자들에게 언론보도가 전제되는 상태에서 피의사실을 공표하면 명예훼손의 위법성이 조각되지 않는다고 판시했다.

다음으로 형사재판의 공정성을 보장하고 국민의 이해와 관심을 대변하는 언론의 자유를 동시에 보장하는 방법으로서 법원은 어떤 원칙들을 판례로써 축적해 가고 있는지 미국의 사례를 중심으로 정리해 보기로 한다.

(2) 葛藤의 事例 — 美國의 '심슨' 事件과 言論의 商業主義弊害

1995년 미국에서 진행된 O. J. 심슨(Simpson) 살인사건의 재판은 선정성으로 달아오른 희대의 공개재판이었다. 3개의 케이블방송은 심슨 재판을 생중계하기에 열을 올렸으며, 신문·방송·TV 등 모든 매체가 앞다투어 이 재판을 미국전역의 구경거리로 만들었다.

1월의 재판개시 이후 법정전문채널인 CTN(Court Television Network)은 그렇다 치더라도 뉴스전문 CNN과 오락물전문인 ETV 등 3개 채널이 이 재판을 법정생중계하는 등 야단법석을 떨었다. 그래서 심슨재판은 공개재판이라는 이름으로 진행된 여론재판이 되고 말았다. 심슨은 미국인들이 가장 애호하는 미식축구 프로팀의 흑인선수로 명성을 떨치다가 은퇴하여 광고모델과 영화출연 등으로 많은 팬을 확보하고 있으니 공적 인물(public figure)일 것이고, 피살된 금발의 백인부인에 대한 애증과 연애담은 사람들의 구경거리가 되기에 충분했을 것이다.[1)]

언론기관들은 이 공개재판을 이용하여 시청률을 올리고 발행부수를 늘리는 장사의 호기(好機)로 삼아 뉴스가치를 요리했으므로, 이 재판의 심리는 독자나 시청자에게 더할 수 없는 오락물이 되었을 것이다. 심슨의 전처인 니콜과 그의 친구가 로스앤젤레스의 자택현관 앞에서 목이 베인 참혹한 시체로 발견된 것은 1994년 6월, 목격자는 없었지만 피로 물든 장갑과 혈흔 등 정황증거로 보아 O. J. 심슨은 살인혐의를 받아 마땅했고, 그에 대한 수배령 또한 당연한 것이었다. 그는 체포를 피하려고 승용차에 탑승하여 자신의 머리에 총을 들이 댄 채 질주했다. 경찰차들이 바짝 뒤쫓는 광경을 공중촬영하고 주요 TV방송사가 정규프로그램을 중단하면서까지 이 사건을 생중계했던 것만으로도 이 사건은 이미 공중의 관심사였다.

1) 東京新聞, 1995. 4. 4.

심슨 재판으로 CNN(뉴스전문케이블)은 재판기간중 전에 비해 거의 5배의 시청률을 기록했으며, 기자들은 자신이 취재한 내용이 방영되지 않는다고 불평할 정도로 대성황이었다. '전세계에서 법이 시행되는 방법을 중계하는 것'을 모토로 운영되는 CTN(법정전문케이블)도 약 3배의 시청자수증가를 보였다. ETV(오락전문케이블)는 방영 3주 전에야 이 사건에 접했지만, 시청자들에게 봉사해야 한다는 점을 깨닫고 재판마다 따라다닌 결과 회사측의 은폐에도 불구하고 평균시청률이 4배 이상 증가한 것으로 관측되고 있다.[1)]

결과적으로 볼 때 심슨 재판은 시청자들에게 성공적인 흥행이 되기는 했지만, 최소한도의 실체적 진실을 밝히려는 이토(Ito) 판사는 재판의 진행기간중에 '법정에서의 카메라추방안'을 내놓았다가 언론자유의 침해라는 TV사의 총공세에 밀려 재판의 공정성에 심각한 의혹을 남기는 판결을 내리고 말았다.

심슨은 재력을 총동원하여 유능한 변호사를 자신의 변호사로 선임하고, "의심스러울 때는 벌하지 않는다"는 재판원칙을 내세우며 배심원의 마음을 혼란스럽게 하였다. 즉 심슨의 변호사들은 불리한 증거를 숨기고 증인을 매수한 후, 선서를 토대로 거짓말을 번복하지 못하도록 옥죔으로써 실체적 진실보다는 재판진행과정의 적정절차만을 효율적으로 운영하여 유능한 법률기능사의 전형을 보여 주었다.

즉 공개재판이라는 이름으로 심슨의 변호사들은 피살된 부인의 가족이나 친구들이 알코올중독자 또는 마약중독자라는 점을 공개하고, 피해자의 포르노 출연경력 등 사건과는 직접적인 인과관계가 없는 사실들을 들추어 냈다. 또한 법률전문가들의 사생활도 마구 공개했는바, 담당판사의 신경쇠약치료경력, 저명변호사의 부인학대습관, 미모의 여성 주임검사가 혼자 아이를 키우는 어머니로서 재판 때문에 집에 돌아가지 못해 전남편으로부터 친권위양소송을 당한 것 등이 그것이다.

배심원의 건전한 판단을 흐리게 함으로써 과다한 자기방어를 도모하려는 심슨을 위해서 변호사는 최선을 다하고 있지만, 언론마저 덩달아 국민의 알 권리를 담보로 심슨의 살인사건재판에서 실체적 진실을 밝혀 낼 수 없게 만들어 버렸다.

언론기관, 특히 텔레비전사의 치열한 상업적 경쟁이 만들어 낸 거대한

1) *The New York Times,* 2. Oct. 1995.

거품이 공중들에게 물줄기를 찾지 못하게 해 버린 후, 심슨재판으로 호황을 누렸던 케이블TV는 먹이를 찾는 야수떼처럼 또 다른 사건사냥에 나서고 있는 게 오늘날 세계 초일류국인 미국 미디어의 현주소이다.

3. 美國의 關聯判例

판사들은 법정내의 언론활동을 통제할 수 있는 권한이 있다. 이 권한은 증인이나 증거에 대한 편견을 차단하여 공정한 재판을 담보하는 판사의 직무이다. 그 중에서도 법정내 카메라사용은 사법부와 언론이 그 허용범위를 놓고 항상 의견을 달리하는 쟁점이다.[1)]

그 가운데 1960년대 말에는 법원관계자들의 언론에 대한 발설을 제한하는 사법적 명령들이 나타났고, 특히 Sheppard사건 이후 더욱 잦아졌다.

(1) Sheppard 대 Maxwell 事件[2)]

Sheppard박사는 1954년 매스매디어의 집중포화를 받아 임신한 부인을 살해한 흉악범으로 체포되었다. Sheppard는 부인의 살해사실을 경찰에 신고하였으나, 몇 차례의 진술이 서로 엇갈리는 데다 수사관의 거짓말탐지기 검사 요구를 거부하는 등 수사에 비협조적이라는 점이 보도되자 지방신문들이 사설과 기사로 일제히 Sheppard를 살인자로 몰아붙였다. 이어 재판과정에서도 법정은 신문·방송사의 기자들에 파묻혀 피고인·검사·변호사·증인·배심원 모두가 언론보도에 휩쓸린 결과 피고인에게는 유죄판결이 내려졌다.

이 때까지 배심원이 유죄를 평결할 때 예단을 갖고 행해진 언론보도의 영향을 받았을 경우에는 원칙적으로 피고인측에서 배심원이 영향을 받았다는 것을 증명할 필요가 있었다.

그러나 연방대법원은 이 사건에서 '반복적으로 또한 심층적으로(repeatedly and in depth)' 보도가 행해졌을 때는 현실의 불공정을 피고측에서 입증하는 것이 무척 어렵다고 하면서 하급심의 유죄판결을 파기한 것이다.

이 사건의 판결은 공정한 재판을 행하기 위해서 사실심을 행하는 법원이

---

1) K. R. Middleton and Bill F. Chamberlin, *The Law of Public Communication*(New Yor : Longman, 1991), pp. 408~421.

2) Sheppard vs. Maxwell, 384 U. S. 333(1966).

어떠한 조치를 취할 수 있는가에 대하여 ① 피고인이 명백한 예단(보도를 포함)에 의해 권리침해를 받았거나 불이익을 당했을 경우, 법정에 입정하는 언론의 수를 제한할 수 있다. ② 법원은 증인을 격리할 수 있다. ③ 법원은 "경찰 또는 쌍방의 증인, 변호사가 언론을 이용하여 뉴스기사·정보·잡담을 공표하는 것을 통제하기 위해 노력할 필요가 있다"는 점을 언급하고 있다. 특히 ③항의 내용에 관하여는 다시금 구체적으로 "법원은 언론에 대하여 기사의 정확성을 기하도록 경고하거나, 심리중에 제출된 자료에 관해서 발표하지 않도록 주의를 줄 수 있는 동시에 변호사·당사자·증인·법원직원의 법정 외 발언에 관해서도 금지할 만한 것이 있다"는 점을 지적한다.

이 판결은 또한 공정한 재판을 실현하기 위해서는 소송의 연기, 관할지의 변경, 배심의 격리 또는 재심 등의 방법을 고려할 만하다고 주장한다.[1)]

(2) Nebraska 州 新聞協會 事件[2)]

언론보도가 공정한 재판을 위해 어느 정도까지 규제될 수 있는가에 대한 연방대법원의 판단이 1976년 네브래스카(Nebraska) 주 신문협회 사건에서 분명하게 나타났다.

이 사건은 네브래스카주의 소읍에서 발생한 일가족 6 명의 살인사건 용의자를 체포하기 위한 수사진행과정이 신문·방송에 보도되면서부터 법정관련 보도를 둘러싸고 언론기관과 피고인 및 법률가들 사이에 벌어진 법리논쟁이 주류를 이룬다. 사건이 발생한 소읍은 인구가 고작 850명에 불과하였기 때문에 익명성이 거의 보장되지 않는 곳인데, 신문·방송은 용의자가 살인혐의로 수감된 사실을 대대적으로 보도하였다. 보도내용 중에는 용의자가 이웃사람들과 수사관에게 자백한 내용 등이 포함되었기 때문에 변호인과 검찰측은 배심원의 공평성을 저해할 '명백하고도 현존하는 위험이 있음'을 염려하게 되었다.

변호인과 검찰측의 요구를 받은 예심판사는 사건수사와 재판에 관련된 사람들에게 함구명령을 내리고, 언론인들에게도 네브래스카변호사와 언론기관 간에 자율적으로 채택한 윤리지침에 의거하여 자백과 관련된 보도나 유·

1) 16 L. Ed. 2d 600, pp. 618~621.
2) Nebraska Press Association vs. Stuart, 427 U. S. 539(1976).

무죄와 관련된 의견 및 수집된 증거에 대해서 배심원의 공평성을 해친다는 이유로 배심이 확정될 때까지 함구명령(Gag Order)을 내렸다.

주 지방법원의 Stuart 판사는 예심판사의 명령을 지지하였다. 네브래스카 주 신문협회는 이에 불복하여 항소를 했지만, 주 대법원 역시 스튜어트 판사의 판결을 지지하였다. 이 때까지 하급심판결이유의 요지는 언론이 사건과 관련된 증언과 증거를 자세히 보도할 경우, 그 보도에 영향을 받아 이미 용의자가 유죄라고 판단하는 사람들이 많아져서 공평한 배심원을 확보할 수 없다는 것이었다.[1)]

네브래스카주의 배심원은 사건관할 군(County)에서 뽑게 되어 있으나, 그 군에서 중립적인 배심원을 뽑을 수 없다고 판단되면 인접한 다른 군으로 재판을 이송할 수 있다. 그러나 이 때는 재판이 지연되어 신속한 형사재판을 받아야 할 인권이 침해될 수 있다. 또한 네브래스카 주법상 재판은 6개월 내에 끝내도록 규정되어 있었다. 따라서 이러한 여러가지 상황을 고려할 때, 주 대법원은 관련자 함구명령과 보도유예요구가 정당하다는 판단이었다.[2)]

주 대법원은 주 신문협회의 독촉과 특히 몇몇 개 주의 항소법원(여기서는 네브래스카주 대법원)의 판결을 감독하는 연방대법원 Blackmun 판사로부터 언론의 자유는 하루하루가 갈수록 새로워져 다시는 돌이킬 수 없는 것이 되기 때문에 지체없이 판결을 내리라는 지시를 받으며(1975. 11. 13), 1975년 11월 25일 5 : 2의 다수결로 위와 같이 하급심판결을 지지하였다.

그러나 연방대법원은 하급심의 함구명령이 연방헌법에 보장된 언론자유를 침해하는 것이라는 판결을 내렸다. 판결이유는 함구명령이 보도의 사전억제에 해당하기 때문에 공정한 배심원의 선출이 어렵다는 이유만으로 공중이 관심을 갖고 있는 사건의 증언과 증거에 대한 보도를 금지하는 것은 과잉금지원칙에 어긋나 수정헌법 제1조를 위반한 것이라는 것이다.

Burger 대법원장이 작성한 법정의견서(대법원의 다수의견을 나타내는 opinion of court)에는 자유언론의 보장이 공정재판과 똑같이 중요한 국민의 기본권이지만, 사건의 내용이 보도되었다고 해서 모든 사람이 범죄사실의 법적

1) H. L. Zuckman *et al.*, *Mass Communication Law in a Nutshell*, 3rd ed.(St. Paul, Minn. : West Publishing Co., 1988), pp. 228～233.

2) Donald M. Gillmor, and Jerome A. Barron, *Mass Communication Law : Cases and Comment*, 4th ed.(St. Paul, Minn. : West Publishing Co., 1984), pp. 503～505.

판단에 커다란 영향을 받는 것은 아닌 만큼(공정보도를 위협하는 악의 엄중성이 그렇게 크지는 않으므로) 언론보도에 대한 사전억제는 지나치다고 보았다.[1] 또한 대법원은 법원이 사전억제명령을 내릴 권한은 있다고 인정하면서도 재판부가 재판심리 이전의 뉴스보도가 가진 성격과 범위, 수정헌법 제 6 조의 인권을 보장하는 대안적 방법에 대한 검토 및 사전억제명령의 효율성 여부에 대해 충분히 고려해야 한다는 점도 함께 지적하였다.[2]

나아가 연방대법원은 법에 의해 특별한 보호규정이 없는 한 재판관련 보도를 행한 매체에 대하여 강력한 정부이익이 없을 경우에는 처벌할 수 없다는 판결을 내려 법정절차에 대한 뉴스보도의 공표범위를 더욱 넓혀 주었다.[3]

이어 연방대법원은 형사법정에 대한 공개권이 있음을 인정하였고, 공중과 언론은 각 주가 비공개시에 가장 중요한 이익이 있음을 증명하지 않는 한 재판을 방청할 권리가 있음을 밝혔다.[4]

이 외에도 연방대법원은 몇 가지 판례를 통하여 법정심리절차는 중요하고도 근본적인 비공개사유가 없는 한 공개되어야 하며, 법정절차에 대해 자동적인 비공개를 규정한 법규는 위헌이라는 입장에 서 있다. 따라서 하급심판사들은 반드시 필요한 경우가 아닌 한 심리를 비공개로 진행할 수 없으며, 전통적으로 비공개재판이었던 청소년범죄까지도 최근 들어 때때로 공개재판이 되고 있다.

(3) 法廷內의 카메라 搬入

오늘날의 미국에서 컬럼비아 특별구의 연방법원 및 9 개 주(인디애나, 루이지애나, 미시간, 미시시피, 미주리, 사우스 캐롤라이나, 사우스 다코타, 버몬트, 버지니아)에서는 모든 사법적 심리과정에 카메라휴대가 불가능하다(1984년 현재).

델라웨어, 아이다호, 일리노이, 캔자스, 메인, 미네소타, 네브래스카, 뉴욕, 노스 다코타, 오레곤, 텍사스, 와이오밍 등 12개 주에서는 녹음장비와 카메라의 휴대가 제 2 심 법정에서만 허용되고 있다. 그 외의 29개 주에서는 녹

1) MED. L. RPTR. 1059, 427 U. S. 539, 96 S. ct. 2791, 49 L. Ed. 2d 683(1976).
2) Lankmark Communication Inc. vs. Virginia, 435 U. S. 829(1978).
3) Richmond Newspaper vs. Virginia, 448 U. S. 555(1980).
4) Don. R. Pember, *Mass media Law*, 4th ed.(Dubuque, lowa : Wm. C. Brown Publishers, 1987), pp. 387-391.

음장비와 카메라 등의 법정반입이 제 1 심에서부터 자유롭다.[1] 이것은 1976년 단지 2개 주에서만 녹음·녹화장비와 카메라 등의 반입이 허용되었던 데 비해 매우 급속하게 재판공개범위가 확대된 것을 보여 주고 있다.

연방대법원도 재판과정에서 기자들이 녹음장비와 카메라를 사용하는 것만으로 공정한 재판을 받을 권리가 있는 피의자의 기본권을 합헌적으로 박탈한다고 볼 수 없다는 판결을 내린 바 있다.[2] 따라서 피고인이 법정내 카메라사용을 저지하거나 녹화 또는 녹음된 심리에서의 유죄결정을 뒤엎기 위해서는 피고인측에서 뉴스취재용 장비의 사용이 공정한 심리와 재판을 방해하거나 방해했다는 특정증거를 제출해야만 한다.

이처럼 자유언론과 공정재판의 문제는 언론이나 재판부 모두에게 예민한 것이지만, 정의와 형평을 세우기 위해 노력하는 사법부의 민감한 메커니즘에 대해 뉴스를 제공하라고 극성스럽게 요구하는 맹목적인 언론이 되어서는 안 된다.

동시에 사법부도 민주주의수행에 절대적으로 필요한 정보제공에 진력하는 언론기관의 노력을 방해해서는 안 된다. 요약해 보면 언론과 사법부가 서로의 중차대한 공적 역할을 인정하고 합의점을 모색하고 있는 것이 오늘날 미국 전자저널리즘의 현실이라 하겠다.

4. 日本의 關聯判例

일본은 우리나라와 같이 대륙법계의 법체계를 따르고 있는 나라로 배심원의 유·무죄결정절차가 없이 재판의 심리가 진행된다.

일본에서는 "법정 등의 질서유지에 관한 법률"에 따라 법정내 사진촬영이 아직도 제한되고 있고, 판례도 법정질서를 자유언론에 선행시키고 있다. 즉 '북해(北海) 타임즈' 사건의 항고심과 일본대법원(최고재판소) 판결은 법정내의 사진촬영을 제한하거나 금지하는 것이 헌법 제21조의 언론자유와 배치되지 않는다는 점을 분명히 했다.

항소심은 ① 신문사사진기자가 "공판이 개시된 이후에는 사진촬영이 허

1) Richard P. Lindsey, "An Assessment of the use of cameran in state and Federal Courts," 18 *Georgia Law Review,* Vol. 389, 1984.

2) Chandler vs. Florida, 101 S. ct. 802(1981).

용되지 않는다"는 재판관의 고지를 충분히 이해했음에도 불구하고 재판장의 제지에 따르지 않고 사진을 촬영한 것은 재판소가 법정내에서 질서유지를 위해 내린 조치에 불복한 것이고, ② 소위 보도의 자유는 헌법 제21조에 규정된 표현의 자유에 속하는 것이나 사진촬영은 취재행위의 하나로 보도를 위한 준비행위일 뿐 보도행위 그 자체는 아니다. 또한 사진촬영을 하지 않는다고 해서 재판의 보도가 불가능한 것은 아니기 때문에 사진촬영을 제한 또는 금지하는 것은 헌법위반이 아니라고 판단하였다.[1)]

일본대법원에서도 신문이 진실을 보도하는 것은 헌법 제21조가 인정하는 표현의 자유에 속하며, 또 그를 위한 취재활동도 인정되어야 한다는 것은 말할 필요도 없지만, 그 자유도 무제한적인 것은 아니고 비록 그렇더라도 공판정의 상황을 일반에게 보도하기 위한 취재활동에서 그 활동이 공판정에서의 재판질서를 이지럽혀 피고인 및 기타 소송관계인의 정당한 이익을 부당하게 해칠 만한 것은 본디부터 허용되지 않는 것[2)]이라고 판결하였다.

이 두 판결은 법정공개와 사진촬영여부에 대한 판단권한을 재판장에게 맡긴 일본법원의 형사소송규칙의 합헌성을 확인하는 것이었고, 그 이후 40여년이 지난 오늘날까지도 일본에서는 여전히 유효하다.

5. 小結 및 私見

모든 국민이 공개재판을 받는 것은 밀실심리에 의해 부당하게 인권이 침해되지 않게 하고, 모든 국민이 법 앞에 평등함을 보여 주기 위한 것이다. 그러므로 재판과정은 공개되어 마땅하지만 문제는 언론보도기관이 재판과정에서 총체적 진실을 전달하지 못하고, 줄기보다는 가지를 전하고, 현상을 본질에 우선하여 다룰 때에는 오히려 국민들의 알 권리도 침해되고, 피의자의 인권도 침해될 뿐이다.

언론에 대한 법정공개에서 주의할 점들로는 첫째, 언론의 법정보도가 재판의 심리를 국민의 감시 아래 두겠다는 취지인 만큼 심리과정을 중심으로 취재보도해야 하고, 심리의 내용이나 본질로부터 멀리 떨어진 주변이나 외곽

1) 札幌高裁決定 昭和 28年 第1號, 昭和 29年 2月 15日 기각판결문 요지.
2) 最高裁 大法廷決定 昭和 29年 第1號, 昭和 33年 2月 17日 기각확정판결 요지.

을 맴돌아서는 안 된다는 점이다.

심슨 사건에서처럼 언론이 공개법정을 상업이익의 도구로 사용하면, 배심원의 유·무죄평결보다는 흑백간의 인종갈등이라는 미묘한 부작용을 부각시킬 수도 있다.

둘째, 우리나라의 최근의 정치적 대사건은 법률과 양심과 정치가 결합된 문제인 만큼 언론의 보도는 법의 본질을 이루는 정의와 평등의 대원칙에 따라 더 많은 사람의 인권을 보호하는 방향에서 공익 여부를 판단해야 한다.

언론은 현대사회에서 공중들이 관심을 가지는 사회환경의 취재와 보도를 통해 공중들의 알 권리를 대행하여 개개인이 다할 수 없는 언론자유를 보장받게 하는 사회적 제도이다. 따라서 언론은 법원의 공개재판원칙이 지켜지는가를 주시하고, 공개재판에 참가하여 사건·사고의 사법적 처리과정을 공중들에게 전해 줄 의무를 맡고 있고, 국민대다수는 재판절차와 과정 및 결과에 대해 언론을 통한 간접적 방청을 하는 가운데 '죄와 벌'의 의미를 재확인하게 된다.

따라서 공정한 재판과 자유로운 언론은 그 경중을 따질 수 없을 만큼 모두 중요한 기본적 인권이다. 그렇지만 이 두 가지 기본권은 법원의 과도한 위엄과 언론의 지나친 상업성 때문에 사회적으로 충돌하는 경우가 많았고, 서로 조화를 이루어야 할 두 제도(법원과 언론)가 더 높은 권위에 의해 그 갈등을 해소해야 하는 경우가 동서고금을 막론하고 허다하였다.

피의자의 인권을 보호하는 변호사의 입장에서 보면 형벌권을 실현하기 위한 법원의 조치와 공공의 알 권리를 충족시켜야 하는 언론의 요구에 따라 피의자 개인의 자유와 권리가 '적절한 절차에 의한 정의(正義)'의 정도를 지나치게 추월하여 억압당하고 있다고 여겨지는 경우가 적지 않다.

이처럼 법정공개와 공개재판 및 그 보도는 법원·피의자와 변호사 및 언론과 공중의 이익이 대립되는 경우가 많다. 거기다 최근 우리나라에서 모든 국민의 관심이 집중된 정치적 대사건은 범죄성뿐만 아니라 '역사 바로세우기'에서 '정의실현'이라는 사회적 본질의 문제까지 내포하고 있어 우리에게 보도의 공정성에 대한 총체적 지혜의 결집을 요구하고 있는 실정이다.

신속한 보도가 공정한 보도를 내재적으로 제한하듯이 신속한 재판도 실체적 진실의 발견을 제한하여 공정한 재판을 현실적으로 위협하는 경우가 있다. 실제로 실체적 진실의 발견을 위해 수사를 무한히 확대하여 재판을 계속하는 것은 신속한 재판을 제약할 수 있기 때문에 적정한 절차에 의한 실체적 진실발견을 목적으로 하는 형사소송의 정신에 따라 언론보도는 신속하고도 공정한 재판이 가능하도록 협조해야 마땅하다. 신속하고도 공정한 재판을 위해 '신속하지 않은 적정한 절차'와 '적정한 절차가 아닌 신속'을 모두 경계하되 언론보도는 적정절차에 의한 신속한 실체진실의 발견을 도모하는 형사소송의 목적을 인정하면서 재판과 심리에 협조하여야 한다는 말이다.

이를 위해 법원·변호사·언론이 서로 상대방의 자율성을 존중하는 바탕위에서 가칭 '법정보도의 지침'을 제정할 필요가 있다. 이 지침은 법원이 여론에 의해 심리와 재판을 방해받지 않고 형사소송의 목적을 실현할 수 있는 판단을 할 수 있는 여건을 마련할 수 있다. 또한 이 지침은 변호사의 도움을 통해 피의자의 인권을 최대한 보장하는 동시에 언론보도가 얄팍한 상업주의에 따라 자사(自社)의 이익을 극대화하는 선정성의 늪에 빠지지 않게 도와줄 수 있을 것이다. 따라서 이 지침에는 형사법정에서 공표되어야 마땅한 정보와 비공개되는 정보에 대한 규정, 녹음기와 촬영장비의 법정반입에 관한 기준 및 법정보도의 3주체 간에 지침의 해석이 틀릴 때의 조정방법 등을 포함시키는 게 좋을 것이다.

법정보도지침이 법원·변호사·언론 간의 자유롭고도 활발한 토론에 의해 좀더 실효적인 것으로 마련될 때, 국민들의 기본권은 더욱 보장될 것이며, 사람들의 합리적 판단수준은 더욱 높아져 건전한 민주주의사회의 바탕이 튼튼하게 갖춰질 수 있을 것이다. 이 자주적이고 창조적인 작업이 효율적으로 마무리되면 언론계와 사법부와 변호사 개개인들은 정의와 인권을 둘러싼 소모적인 논쟁을 줄이고, 각 개인의 기본적 인권을 신장할 수 있는 협조체제를 구축할 수 있을 것이다. 이 때 법원은 취재를 제한하는 명령이나 비공개심리의 횟수를 줄이거나 없앨 수 있고, 변호사나 언론은 자신의 이익을 위해 신속한 실체적 진실의 발견을 지연시킬 명분을 잃게 되어 결국 공정한 재판과 자유언론은 동시에 실현될 수도 있을 것이다.

제 2 절 公正한 選擧와 言論活動

언론은 현대민주주의사회의 각종 선거에서 위력적인 활동을 하고 있다. 미국에서는 언론이 선거운동에서 얼마만한 영향을 미치는지에 대해서 1940년대부터 많은 연구가 있어 왔다. 1940년대와 1950년대에는 언론이 선거에 제한된 영향을 미친다고 이해되었으나 최근의 연구는 언론, 특히 텔레비전방송이 정치적 정보와 영향의 매개체로서 실질적인 힘이 있음을 인정하고 있다.[1)] 뿐만 아니라 한정된 자원으로서의 방송매체는 후보자가 누구인가를 인식하는 선거초기단계에 유권자에게 상당한 영향을 미친다. 특히 방송매체를 통해 대중적 지명도를 이미 획득한 방송인과 연예인의 정치무대 진출이 빈번해진 오늘날에 있어서 방송의 영향력은 프로그램의 내용에 국한된 범위를 넘는다는 점을 유념해야 한다.[2)]

후보자와 유권자는 여러가지 이유로 방송을 이용하지만, 선거기에 즈음하면 후보자는 방송을 이용하여 자신의 득표를 촉진하려 들고 유권자는 대체로 자신의 정보추구욕구, 오락이나 소일 또는 현실도피나 대리만족 등의 이유로 방송을 이용한다. 그런데 후보자와 유권자의 방송이용은 그 지향이 다르다고 하더라도 후보자의 방송출현과 유권자의 시청취행위가 만나는 접점에서 일정한 커뮤니케이션효과를 일으키고, 이것이 유권자의 투표행위결정에 영향을 미치는 것은 부인 못할 사실이다.

어떻든 후보자가 방송을 이용하여 자신의 당선을 도모한다면 일종의 선거운동이라 할 수 있고, 유권자의 입장에서는 국민주권적 입장에서의 정치참여를 위한 하나의 커뮤니케이션행위이다. 그러므로 선거공간에서의 방송은 특정후보자에게 유리하게 작용하지 않도록 제 3 자적인 입장에서의 공정한 관리를 받아야 하고, 이를 위해 공정한 규칙의 확립이 필요하다.

우리나라에서 이 규칙은 대체로 통합선거법(공직선거 및 선거부정방지법,

---

1) G. J. O'Keefe and L. E. Atwood, "Communication and Election Campaigns," in D. D. Nimmo & K. R. Sanders(ed.), *Handbook of Political Communication*(Calif. : Sage Publication, Beverly Hills, 1981), pp. 329~331.

2) T. E. Patterson, *The Mass Media Election : How Americans Choose Their President*(New York : Praeger, 1980).

1994년 3월 16일 법률 제4739호)에 각종규범의 형태로 존재하고 있다. 이 법은 제정당시 본문 277개조에 부칙 11개조로 구성되어 있었다. 그러나 대규모 유세중심의 대통령선거분위기를 전환해야 한다는 명분으로 선거에서의 언론매체활용도를 높이기 위해 이 법이 대폭 개정되면서(1997년 11월 14일 법률 제5412호), 언론관련조항이 크게 늘어 모두 27개조나 된다. 이 조항들의 요지를 간추리면서 일본과 미국의 관계법규들을 비교하면 다음과 같다.

우리나라의 통합선거법과 유사한 일본의 법은 공직선거법이고, 미국의 법은 연방커뮤니케이션법 제315조와 그에 근거한 연방커뮤니케이션위원회(FCC)의 결정 및 판례들이다. 우리나라와 일본의 판례는 법문의 해석임에 비해, 미국의 판례는 전례구속성을 특징으로 하는 보통법(common law)의 전통에 따라 판례 자체가 이미 강력한 법적 효과를 갖게 되기 때문에 비교의 대상을 위와 같이 정할 수 있겠다.

1. 選擧報道

(1) 言論機關의 公正報道義務(통합선거법 제 8 조, 이하 '동법'으로 지칭하겠음)

언론기관의 보도·논평이나 대담·토론을 방송·보도하는 경우에는 공정해야 한다는 규정이다.

일본의 법에는 이와 같은 의무규정 대신에 인기투표의 공표금지규정을 제외하고는 법정조건을 갖춘 신문·잡지 등의 선거관련보도와 평론을 자유롭게 할 수 있도록 보장하고 있다. 다만, 허위의 사항을 기재하거나 사실을 왜곡하여 기재하는 등 표현의 자유를 남용하여 선거의 공정을 해쳐서는 안 된다고 규정하고 있다(일본의 법 제148조).

미국의 경우에는 신문의 선거보도는 거의 자유롭게 보장되어 있고, 방송이용에서는 보도의 경우에 한해 동등시간의무 규정의 예외를 인정하고 있다. 즉 커뮤니케이션법 제315조에 의한 '동등시간의무' 규정의 철저한 적용은 방송시간의 수학적 균등을 이루기 위해 정부당국이 지나치게 개입하여 언론의 자유를 침해하고, 활발한 토론공간을 축소시킬 수 있기 때문에 의회는 1959년 '동등시간' 원칙의 적용을 배제하는 단서조항을 법 제315조 (a)에 추가하였다. 이 단서조항에 따르면 다음의 경우에 후보자가 방송에 출현(appearance)했다고 하더라도 방송국은 동등시간의무의 부담으로부터 면제된다.

① 선의의 뉴스캐스트

② 선의의 뉴스인터뷰

③ 선의의 뉴스기록물(당해 다큐멘타리의 제시가 우발적인 경우)

④ 뉴스사건에 대한 선의의 현장취재(전당대회나 정치활동에 등장하여 우발적으로 출현한 경우)

또 이 추가규정에는 또한 "방송국의 뉴스캐스트, 뉴스인터뷰, 뉴스기록물, 뉴스사건의 현장취재 등에 부과된 공공이익을 위해 합당한 기회제공의 의무를 경감하는 것으로 간주되어서는 안 된다"는 점을 명기하여 방송언론의 공적 사명을 충실히 담보해 놓고 있다. 이 추가규정은 FCC가 커뮤니케이션법 제315조를 엄격하게 적용하여 방송시간의 수학적 균등을 이루는 데 치중한 나머지 질적 균형을 경시하지 않도록 하기 위해 의회가 FCC 내규였던 형평의 원칙(fairness doctrine)을 이루는 '개인공격의 원칙(personal attack rule)'[1]의 예외조항 가운데 일부를 커뮤니케이션법에 수용하여 법제화한 것이다. 이것은 법 제315조의 동등기회(equal opportunity)의 부여의무에다 '형평의 원칙'이 가진 합리적인 질적 균형의 부여를 합친 뜻으로 공직후보자에 대한 선거방송에서의 합당한 기회(reasonable opportunity) 제공을 의무화하고 있는 것이다.

'개인공격의 원칙'이란 공공적 문제로서 논란의 대상이 되는 현안문제에 연루되어 개인적인 공격을 받은 사람이 방송설비를 이용하여 적절한 방어를 하고자 할 때 적용되는 '형평원칙'의 한 양상이다. 그러나 1987년 FCC가 '형평원칙'을 폐기하면서 이 원칙의 의미는 퇴색되었다.[2]

그러나 선의의 뉴스캐스트, 선의의 뉴스인터뷰 또는 선의의 뉴스사건(news event)에 대한 현장취재(on-the-spot coverage) 등에 관해서는 의회가

1) 47 C. F. R. §73(1920). 이 규칙은 공공에게 중요한 논쟁적 문제의 제시에 수반하는 개인공격의 경우에 방송국이 부담하여야 할 의무에서 면제되는 대상으로서 선의의 보도프로그램 등을 들고 있다.

2) 형평의 원칙은 FCC 내규로서 1949년부터 1987년 여름까지 시행되었으나, 미국 커뮤니케이션법 제315조(a)에 의거 방송국은 공중에게 중요한 논쟁적인 문제에 대해 합당한 기회를 제공해야 할 의무를 지도록 규정되었기 때문에 여전히 유효하다. 그러나 Personal Attack Rule은 '형평의 원칙'의 한 측면이기 때문에 그 원칙 자체가 폐기처분됨으로써 규칙의 계속적용이 논리적 구속력을 많이 잃었다. 자세한 것은 Judilh Lichtenberg(ed.), *Democracy and the Mass Media*(New York : Cambridge Univ. Press, 1990)를 참조할 것.

오히려 '동등시간의무'가 적용되지 않는 예외로 법제화시켜 놓았다. 이 예외조항은 형평원칙이 폐기된 오늘날에 와서 역설적으로 방송국의 편성권을 보호해 주는 장치의 하나가 되었다. 이 규정은 FCC가 법 제315조에 의한 '후보자의 방송이용원칙'을 엄격하게 적용할 때, 모든 프로그램의 제작과 관련된 실무판단에서 방송국들이 공중의 관심이 크고 중요한 사안들마저 법규저촉을 우려한 나머지 무시하거나 기피할지도 모르는 부작용에 대비하여 뉴스보도와 논평활동을 원만하게 수행하도록 보장해 주는 대단히 합리적인 담보가 되고 있다.

커뮤니케이션법 제315조의 예외규정을 적용받는 4가지 방송포맷(format) 가운데 뉴스캐스트, 뉴스인터뷰 또는 뉴스기록물 제작은 방송국의 직접적인 편성권범위 내에 속하기 때문에 입법부는 여기에 선의(bona fide)라는 개념을 덧붙여 놓음으로써 방송국의 행동을 제한하는 의미를 띠게 하면서, 후보자가 자신의 부당한 이익을 얻기 위해 방송에 '출현'할 수 없도록 제도적인 장치를 갖추었다.

예를 들어 어떤 뉴스프로그램에 한 후보자가 출현하여 다른 후보를 압도하는 방송을 하도록 어떤 방송국이 허용했다면 이는 '선의'가 아니며, 따라서 규정상 예외로서의 혜택을 받지 못하게 된다. 미국의 사법실무에서 예외는 보통법의 전통 때문에 매우 엄격하게 해석한다.

(2) 美國 FCC의 '善意의 뉴스 事件' 判定事例

위의 예외규정 중 네 번째 선의의 뉴스사건(bona fide news event)이란 선의 여부를 누가 누구의 그것을 판단해야 하는지 애매한 점이 있다. 즉 '선의의 뉴스사건'인지 아닌지를 방송국이 주관적으로 결정하면 되는 것인지, 그렇지 않으면 FCC가 그 여부를 객관적으로 판단하는 데 따를 것인지에 대한 충분한 판례가 축적되어 있지 않다. 몇 가지 평결과 판례를 들어 보면 다음과 같다.

1) 1964년의 FCC의 평결은 "방송국의 단순한 주관적 판단만으로 'bona fide news event' 여부를 결정지을 수 없고 FCC가 후보자 등장이 출현의 핵심적인 부분(integral part)인지 또는 뉴스사건에의 단순우발적인 출현인가에 대해 객관적인 기준을 갖고 판단해야 한다"는 것이었다(CBS Inc., F.C.C. 395,

1964). 물론 단순우발적인 출현은 선의(bona fide)이기 때문에 불법행위가 아니다.

2) FCC는 1975년 이전의 평결을 변경하여 "방송국은 토론회(debate)와 기자회견의 보도에 한해 선의(bona fide) 여부를 주관적으로 판단하여 동등시간원칙의 적용을 배제할 수 있다"고 하였다. "방송국이 신의성실(good faith)에 기초하여 어떤 토론회와 기자회견이 충분한 뉴스가치를 가지고 있다고 볼 때, 이러한 항목(item)은 그 특수성에 비추어 동등시간원칙의 적용을 배제할 수 있다"고 본다. 즉 정치적 공직에 출마한 유자격 후보자의 기자회견과 토론을 생방송으로 완전하게 진행하고 방송국이나 후보자가 어떤 지원이나 통제도 하지 않은 경우, 이를 선의의 뉴스 사건(bona fide news event)으로 취급하였다.

CBS와 Aspen 연구소는 비방송단체가 후원하는 대통령의 기자회견을 중계하는 것이 '동등시간의무 규정'의 적용을 받지 않고 합법적으로 진행될 수 있는지를 질의했다. 이에 대해 FCC는 1964년 선거 당시 대통령의 기자회견을 선의의 뉴스사건에서 제외시키고 '동등시간규정'의 예외조항 적용을 배제했던 평결[1]을 뒤엎었다. 즉 FCC는 대통령을 포함한 정치적 공직후보자의 '기자회견이나 토론회가 완전하게(in their entirety) 재방송된 경우'는 선의의 현장취재보도이기 때문에 동등기회를 부여하지 않아도 된다고 판단한 것이다.[2]

3) 방송국은 특정후보를 유리하게 할 목적이 없을 때에 한해 토론회를 주최할 수 있다. 또한 FCC는 당초에 행사 후 24시간 이내에 현장취재형식의 방송을 해야 하는 것으로 해석하던 전례를 완화하고, 방송국이 신의성실하게 결정했을 경우에는 다소의 지연방송도 상당한 최근사건(reasonably recent events)으로 볼 수 있다고 평결하여 방송의 자율성을 인정해 주었다.[3] FCC의 이와 같은 평결에 대해서 법원도 의견 없이 이를 전폭적으로 지지했다.[4]

다만, FCC와 법원의 이러한 평석은 유권자들에게 영향을 미치는 사안에 대하여 해당업무와 관련된 현직공무원이 참여하는 토론회, 기자회견과 연설

---

1) CBS. 40. F. C. C. 395(1964).
2) Petitions of Aspen Institute and CBS, 55 F. C. C. 2d. 697(1975).
3) Henry Geller, 95 F. C. C. 2d 1236(1983).
4) League of Women Voters vs. F. C. C., 731 F. 2d 995, D. C. Cir(1984).

회라면 방송국이 이를 주관할 수 없다는 뜻으로 해석되며,[1] 그렇지 않은 경우는 토론회 등의 현장취재방송이 방송국의 자유재량행위에 속한다고 볼 수 있다는 말이다.

2. 選擧放送審議委員會의 設置(동법 제 8 조의 2)

통합선거법은 방송법의 규정에 의해 설치된 방송위원회에 선거방송의 공정성을 유지하기 위하여 선거일 4개월 전까지 선거방송심의위원회의 설치를 규정하고 있다(동 제 1 항). 이 위원회는 선거방송의 공정성 여부를 조사하고, 선거방송의 내용이 공정하지 않을 때 시정 및 제재조치를 정하여 방송위원회에 통보해야 하며, 방송위원회는 해당 방송사가 통보받은 조치를 취하도록 명령하도록 규정하고 있다(동 제 5 항). 그러나 이와 유사한 규정은 일본이나 미국의 법에서 그 예를 찾아보기 어렵다. 방송의 습관적인 편파성이 정치선거에 임박하여 기승을 부린 것은 사실이라고 하더라도 이와 같은 특별한 법정위원회의 설치는 방송의 자율성을 침해하고, 자유로운 보도방송에다 방송 외부의 개입을 합법화하는 것으로 볼 수 있다.

3. 選擧報道의 反論報道請求(동법 제 8 조의 3)

선거일 3개월 전부터 선거일까지 방송공표로 말미암아 인신공격 · 정책의 왜곡선전 등으로 피해를 받은 후보자는 사실인지후 48시간 이내에 반론보도의 방송을 서면으로 청구할 수 있다(동 제 1 항). 반론보도는 24시간 이내에 무료로 공표하되 명백히 사실에 반하거나 상업적 광고목적일 때는 방송거부를 할 수 있고(동 제 2 항), 후보자측과 방송사간에 협의가 이루어지지 않을 경우 방송심의위원회에 회부하면 48시간 이내에 심의 · 결정을 내리도록 정하고 있다(동 제 3 항).

일본의 법에는 이와 유사한 규정이 전혀 없다.

미국의 경우에도 보도방송에 대해서는 규정이나 평결이 없으나 FCC는 정치평론인 경우에 한하여 유자격후보자 모두에게 합당한 기회의 제공을 요

1) King Broadcasting Co., 69 R. R. 2d 1017(1991).

구하고 있다.

FCC는 1981년 방송사가 합법적인 유자격후보자를 지지 또는 반대하는 논평을 했을 때, 그 날짜와 시간을 논평 후 24시간 이내에 다른 후보자에게 통지하여 상대후보자와 대변인이 합당한 기회(reasonable opportunity)를 가질 수 있도록 원고 또는 테이프를 제공하여야 한다는 규칙을 정했다. 이는 정치평론에 관한 동등시간이용의 특례를 정교하게 가다듬은 것이다(FCC Rule 47 C. F. R. §73. 1930, 1981). 이 규칙에 따르면 특정후보를 지지하는 정치적 논평이 투표 72시간 전에 행해질 때, 다른 후보자가 그에 대한 반론을 제시할 합당한 기회를 갖도록 하기 위해 방송실시 이전에 관련자료를 다른 후보자에게 송부해야 한다. 그러나 이 특례조항은 시채(市債) 발행문제와 국민투표 찬반논평 등 후보자가 출마한 당해공직과 관련 없는 문제에 대한 논평에는 적용되지 않는다.[1)]

정치적 논평에 관련된 FCC의 규칙은 방송국 소유주나 경영자의 의견표시에만 적용되고 있지만, 미국정치계의 보수적인 분위기가 우세하는 한 FCC는 의회의 눈치를 보아가며 적절한 시기에 개인공격규칙과 함께 이 규칙(후보자간 합당한 기회제공의 의무)을 폐기할지도 모른다.[2)]

4. 選擧廣告

선거광고는 신문광고(법 제69조)와 방송광고(법 제70조)로 나누어 규정하고 있다.

일본의 법에서는 방송광고가 규정되어 있지 않은 것으로 보아 방송광고는 불가능할 것으로 생각된다. 신문광고에 대하여는 각급선거별로 광고횟수의 상한이 규정되어 있다.

미국의 경우에는 선거방송의 광고에도 동등한 기회의 제공을 FCC 규정 속에 담고 있다(47 C. F. R. §73, 1940(e)).

정치적 후보자가 방송시설을 이용하여 정치광고를 할 경우, 연방단위의 예비선거는 선거일 직전 45일 동안, 기타의 총선이나 특별선거인 경우에는

1) Harvey L. Zuckman *et al.*, 앞의 책, p. 452.
2) Marvin R. Bensman, *Broadcast/Cable Regulation*(Lanham, MD : University Press of America, 1990), pp. 102~104.

선거일 직전 60일 동안 방송국은 후보자들에게 최저단위요율(lowest unit charge)을 적용하여야 한다. 이 규정이 개정되기 전에는 일률적으로 연방공직후보자나 주공직후보자를 막론하고 상업광고자에게 제시된 광고요금보다 높은 요율을 적용시키지 못하도록 했다. 그 의도는 선거운동기간중 정치후보자의 광고이용 필요에 따른 방송국의 과다한 이익취득을 막으려는 데 있었다.

그러나 개정법은 선거 전 일정기간 동안 정치적 공직후보자에게 가장 유리한 요율을 적용받는 상업광고주에게와 같은 요율을 적용시킴으로써 상업광고주와의 비교성 기준(comparability)에 대한 특례를 마련하였다. 그렇게 함으로써 법은 정치광고에 상업광고와의 비교성기준을 지키도록 선거기간별 특례를 인정하는 광고요율의 이중기준을 갖춘 것이다.

비교성기준과 최저단위요율기준의 구체적인 차이점을 보면 다음 예와 같다. 즉 비교성기준에 의하면 어느 광고주가 1개년 계획의 광고시간을 구입했을 때, 정상요율이 1광고시간단위당 10불이지만 6불로 할인해 준다고 하면 정치후보자도 1년단위의 광고계약을 체결하고 광고시간을 구입했을 경우에만 6불의 요율을 적용시킨다는 뜻이다. 그러나 최저단위요율에 따르면 예비선거 직전 45일 또는 총선이나 특별선거(보궐선거 등) 직전 60일의 기간 동안에 후보자가 단 1단위의 시간을 구입했더라도 6불의 요율을 적용시킨다는 뜻이다.

그러므로 최저단위요율 조항은 최다시청시간대(prime-time) 광고에도 정치적 공직후보자에게 최저할인요금을 적용케 하는 광고료부담의 우대조항이다. 그러나 이 요율의 적용대상자는 후보자 본인에 한하고 대변인에게는 적용되지 않는다.[1)]

FCC 규정의 실무적 적용은 A. Martin-Trigona와 WBBM-TV국 간의 분쟁에 잘 나타나 있다.

사건은 WBBM-TV국이 시카고시장에 출마한 민주당후보 A. Martin-Trigona의 30분 내지 1시간에 걸친 최다시청시간대 프로그램시간의 판매요구를 거절함으로써 발단되었다. WBBM-TV국은 A. Martin-Trigona의 요구를 거절하는 대신 비최다시청시간대(non prime-time) 5분과 최다시청시간대의 단순고지방송(spot announcement) 시간만을 제공하겠다고 제안했다.

1) Political Primer, 100 F. C. C. 2d 1476(1984).

그러나 A. Martin-Trigona는 단순고지방송만으로 후보자가 어떤 쟁점에 관해 자신의 지적인 주장(intelligent statement)을 다할 수 없다고 주장하면서 방송국이 선거운동을 위해 단순고지(spots)를 이용하려는 후보자와 더 많은 시간량을 이용하려는 자를 부당하게 차별대우한다는 불평이유를 적시했다. 또한 그는 FCC의 준입법(準立法)이 최저단위광고요율을 적용토록 규정하고 있는바, '도달가능한 시청자에 대한 최저단위요율(lowest rate per unit of audience reached)'은 최다시청시간대에도 그대로 적용되어야 한다는 논리를 펴면서 방송국은 최혜광고주(most favored advertiser)에게 적용되는 광고요율로 자신에게 최다시청대의 충분한 시간을 판매해야 한다고 주장했다.

이에 대해 FCC는 정치후보자라고 하더라도 자신이 원하는 시간이라 하여 광고요율이 가장 높은 특정광고시간대의 30분 블럭을 특정 요율로 이용할 수 있도록 방송국에 요구할 수는 없다고 평결했다.

한편 Zapple 원칙은 방송이용비용과 관련하여 마련된 준동등기회원칙(quasi-equal opportunity doctrine)이다. 이 원칙은 후보자 본인뿐만 아니라 후보자의 지지자 또는 대변인에 적용되는 원칙으로 한 방송국이 특정후보측 지지자 또는 대변인에게 적용시킨 요율과 비등한 요율로 비등한 시간(comparable time)을 제공해야 한다는 원칙이지,[1] 모든 방송, 모든 정당과 모든 후보자에게 일률적으로 적용되는 원칙은 아니다.

이 원칙에 따르면 방송국은 비주류후보자(fringe candidate)나 군소정당에게는 준동등기회에 준하는 방송시간의 제공을 불허할 수도 있고(First Report, Docket No. 19260, 36 F.C.C. 2d 40, 1972), 선거운동기간 외에는 적용조차 않을 수 있다. 무엇보다 Zapple 원칙은 동등기회부여원칙(Equal Opportunities Doctrine)과 상호배타적(mutually exclusive)이라는 특징이 있다. 예를 들면 합법적인 유자격 후보자가 그의 지지자와 함께 방송에 등장했다면, 후보자의 동등시간원칙을 적용한 이용행위로 보아야 하는 것이지 Zapple 원칙에 의한 방송이용으로 보지는 않는다는 점을 유의해야 한다.

1) Letter to Nicholas Zapple, 23 F. C. C. 2d 707(1970).

5. 放送演說

우리나라의 통합방송법에는 정견발표를 위하여 선거운동기간중에 후보자와 그의 연설원이 유료로 방송시설을 이용할 수 있도록 규정하고 있다(동법 제71조). 이 방송연설의 횟수는 각급공직자의 선거별로 다르지만, 모든 후보자에게 방송시간대와 방송권역 등을 고려하여 공평하게 대우하도록 의무규정을 두고 있다(동법 제71조 제 9 항~제11항).

또한 방송사가 자체부담으로 후보자의 연설방송을 허용할 수 있되, 모든 후보자에게 어떤 후보자라도 스스로 포기하지 않는 한 공평하게 실시해 주도록 규정한 조항도 있다(동법 제72조).

일본의 법에는 정견방송규정(제150조)이 있다. 정견방송은 후보자를 낸 정당에게 선거기간중 일본방송협회(NHK)와 일본방송사업자를 통해 무료로 실시하도록 규정하고 있다. 이 규정에는 일본선거제도에 근거하여(비례대표제 등) 정당의 후보자수에 따라 시행령으로 정한 동등시간을 정견방송으로 이용할 수 있도록 하고 있다.

미국의 법에서는 방송내용에 대한 규제가 아예 불가능하다. 방송국은 방송자료에 관해 어떤 검열권도 가질 수 없도록 규정되어 있다(법 제315조 제 9 항). 따라서 공직후보자로서 합법적인 자격을 갖춘 자(legally qualified candidate)는 후보직무와 관련된 것이든 아니든, 자료가 비방적이든 명예훼손적이든 이를 불문하고 방송을 이용하여 자유롭게 말할 수 있다. 이 규정의 입법의도는 후보자가 정견이든 경력사실이든 간에 다른 사람이나 단체의 속박으로부터 자유롭게 방송시설을 이용하여 자유롭게 말할 수 있게 하려는 데 있다.

선거방송의 자유를 보장한 대표적인 판례로 미국대법원은 방송국이 후보자의 방송이용으로 인하여 야기되는 명예훼손과 모욕에 대하여 면책된다고 보고, 어느 개인 또는 정부도 이 자유에 대한 대항활동을 할 수 없다고 판결한 것을 들 수 있다. 이 판결은 헌법적으로 후보자의 자유로운 방송연설을 보장하고, 방송국으로 하여금 정치방송내용에 대한 사법적 부담을 덜어 주는 의미를 지닌다.

연방대법원은 이 판결에서[1] 연방 커뮤니케이션법 제315조가 라디오와

1) Farmers Educational and Cooperative Union vs. WDAY, Inc., 360 U. S. 525, 79 S. ct. 1302.

TV에 의한 정치토론을 촉진하기 위해 제정되었다는 점을 인정하였다. 아울러 연방대법원은 5 : 4의 근소한 다수결로 방송사는 정치방송을 균등하게 제공할 의무가 있고, 정치방송검열권은 갖지 않았기 때문에 방송사의 명예훼손 책임보다는 언론활동의 면책특권을 보호해 주는 것이 우선이라고 판단했던 것이다.[1)]

6. 그 밖의 選擧放送關聯規定

우리나라와 일본의 선거법에는 경력방송규정이 있다. 우리나라 법에는 한국방송공사(KBS)가 방송사부담으로 각급선거에서 후보자별로 매회 2분 이내로 주요 경력을 방송하도록 규정하고 있고, 각급선거별로 그 횟수를 달리 정해 놓고 있으며, 모든 후보자에게 공평해야 할 의무를 부과하고 있다(동법 제73조). 그리고 KBS 이외의 방송사는 자사 부담으로 후보자경력방송을 실시할 수 있도록 하고 있다(동법 제74조).

일본의 법에는 방송에 의한 선거운동의 일환으로 경력방송을 인정하고, 일본방송협회(NHK)가 자사의 규정에 따라 경력방송을 각급선거별로 일정횟수씩 방송할 수 있도록 정해 두고 있다(법 제151조).

통합선거법에 규정된 언론관계규정들은 그 밖에도 상당히 많다.

후보자를 초청하여 대담회와 토론회를 개최하는 데 관한 규정(법 제81조) 및 TV방송국·라디오 방송국·종합유선방송국·일반 일간신문사 등의 언론기관이 후보자를 초청하여 대담·토론회를 개최하는 데 관한 규정(법 제82조)이 있고, KBS와 MBC 등 두 개의 공영방송사가 대통령선거에서 각각 3회 이상의 대담·토론회를 개최해야 하는 데 관한 규정(법 제82조의 2)이 마련되어 있다.

또한 연구소·향우회·산악회 등 사조직을 통한 선거운동의 금지를 규정한 조항이 있고(제89조의 2), 탈법방법에 의한 문서·도화의 배부와 게시 등을 선거일 180일 전부터 금지하는 규정(제93조), 방송·신문·통신·잡지 기타의 간행물에 목적을 가진 허위논평과 보도를 금지하는 규정(제96조)도 있

3L. Ed. 2d. 1407(1959).

1) 자세한 것은 유일상, 「사람과 방송」, 청년사, 1996, 183~185면을 참조할 것.

고, 방송 · 신문의 불법이용을 제한하는 규정(제97조)도 마련되어 있다.

또한 선거기간 개시일부터 선거일의 투표마감시각까지 선거에 관하여 정당에 대한 지지도와 당선인을 예상하게 하는 여론조사의 결과를 공표할 수 없도록 규정(제108조)하고 있는 것도 특징이다.

벌칙 가운데 약 7개 조항이 언론활동과 직·간접적으로 관련된 것들이다. 즉 방송 · 신문 등의 불법이용을 위한 매수죄(제235조), 투표의 비밀침해죄(제241조), 허위사실공표죄(제250조), 후보자비방죄(제251조), 방송 · 신문 등 부정이용죄(제252조), 선거운동기간위반죄(제254조), 각종 제한규정위반죄(제256조) 등이 그것이다.

7. 小結 및 私見

대중민주주의제도에서 언론매체가 선거활동의 중요한 수단이며, 선거운동의 기본적인 매개물임은 말할 나위도 없다. 호별방문과 같은 제 1 차적인 선거운동이 그 오용을 이유로 금지되어 있는 상황에서 신문과 방송은 가장 유용한 선거운동수단이 된다. 신문은 사적 소유와 개인적 통제의 성격이 강하지만, 특히 방송은 공공소유인 전파(電波)를 사용하면서 그 막강한 전파력(傳播力)으로 인하여 일시에 수많은 사람들에게 정보와 의견을 전달한다. 그래서 중앙의 방송매체는 전국규모의 공직선거에서 후보자와 전국유권자 간의 간접적 대화를 위해서 가장 효율적인 도구가 되므로 각 후보자들에게 자유롭고도 공평한 이용이 가능하도록 해야 할 것이다.

선거의 과열과 선거민의 미혹을 우려한 우리나라 선거법은 방송매체이용규제를 완화하는 데서 더 나아가 방송만이 선거를 좌우하지 못하도록 법규가 재정비되어야 한다.

법규재정비의 방향으로는 ① 신문의 선거보도는 더욱 자유롭게 하도록 하고, ② 방송은 정치적 프로그램이든 비정치적 프로그램이든 간에 후보자가 입후보사실을 공개한 시점으로부터 방송을 정치선거에 이용한 것으로 간주하여 경쟁후보자에게도 '동등한 방송이용기회'를 부여하도록 한다. ③ 정치적 프로그램의 내용규제는 폐지하고 각 방송국의 편성권을 존중하되, 무책임한 중상모략과 같은 명백한 불법행위에 대해서만 형법으로 규제한다. ④ 정치광고는 전반적으로 허용하되 일부 재력가만이 정치광고를 독점하지 못하도록 해서 각 후보자가 동등한 정치광고의 기회를 갖도록 보장한다. ⑤ 방송뉴스·토론과 대담·기자회견 등은 각 후보자에게 편향되지 않도록 일반적인 지침만을 정하고, 각 방송국이 이들 프로그램의 후보자간 균형을 유지하는 자율적인 기준을 마련하도록 하여 방송의 자유를 최대한 보호한다.

그렇게 하기 위해서는 ① 각급선거에서 후보자 각자가 표현의 자유를 최대한 갖도록 보장함으로써 언론기관의 거대화와 특정재력가의 언론독점이 가능한 상황에서 일어날 수 있는 지배이데올로기의 강화와 지배세력의 전체주의적 공고화를 막아야 한다.

② 각급선거에서 방송출현이나 방송이용이 잦은 사람들이 그렇지 못한 사람들보다 선거에서 유리한 대우를 받거나 돈이 선거를 좌우하지 못하도록 동등한 정치광고기회를 제공해야 한다.

③ 각 방송국은 특정출연자나 특정정치인이 선거를 사물화(私物化)하거나 금품수수나 향응 등의 제공으로 방송을 자신에게 유리하게 동원할 수 있는 소지를 없애는 견제와 균형의 운영구조를 갖춘다.

④ 방송국은 방송보도의 경우에 뉴스가치를 판단하는 기자들의 양심이 왜곡되지 않도록 보호함으로써 중요하고도 의미 있는 정치적 사건이 선거보도로 오해되지 않게 해야 한다.

⑤ 선거기간중 후보자가 등장하는 토론회와 인터뷰는 가능한 한 방송국이 아닌 제 3 의 사회단체가 주관하게 하고, 방송국은 신의성실하게 취재하고 완전하게 중계함으로써 공정방송의 위치를 지켜야 한다.

◇ 더 많은 관심을 가진 독자들을 위해 권고할 만한 문헌들

유일상, 「사람과 방송」, 청년사, 1996.
이석선 편저, 「통합선거법」, 일신사, 1995.

이재상「전정판 형사소송법」, 박영사, 1992.

吉田善明外,「三訂版 公職選擧法の解說」, 一橋出版, 1997.

淸水英夫,「權力と マスコミ」, 學陽書房, 1974.

Lichtenberg, Judith(ed.), *Democracy and the Mass Media*(New York : Cambridge Univ. Press, 1990).

Nimmo, D. D. and K. R. Sanders(ed.), *Handbook of Political Communication* (Calif. : Sage Publication, Beverly Hills, 1981).

Patterson, T. E., *The Mass Media Election : How Americans Choose Their President*(New York : Praeger, 1980).

제 7 장

淫亂物의 規制와 表現의 自由

제 1 절 性表現物과 淫亂性

1. 性表現物의 價値와 規制基準

음란물은 사람들의 본능적 호기심을 자극하여 간단치 않은 사회적 흥미와 문제거리들을 양산해 내기 때문에 사회적 법익을 해치는 것으로 간주되어 자유언론의 보호대상에서 제외된다. 우리나라에서도 음란물은 규제되어 왔으나, 형사법적 영역의 규제가 일정한 기준 없이 일회적이거나 다른 의도들과 결합하는 경우가 있었던 한편으로 사회윤리영역의 성표현물 규제는 추상적인 수준에서 이루어져 왔던 바 사실이다.

1945년 이후 우리나라의 언론출판문화에는 미국의 대중문화가 복제 또는 번역의 형태로 전파되고 확산된 결과, 그 이전시대에 비해 성문화의 급격한 변동이 동반되었다. 성표현물 자체를 금기시했던 우리나라에서는 성표현물 가운데 음란표현물의 판단기준과 방법을 개발하고, 음란표현물의 등급을 정하는 등의 까다로운 문제에 대해 논의하는 자체가 점잖치 못하고 품위 없다는 선입견이 사회의 지배적인 여론이었다. 음란표현물의 기준선은 각개의 사회가 인정하는 성문제표현과 관련된 문화적 공리 또는 공중도덕이나 사회윤리에 따라 각각 다르다.

우리 선조들은 성을 은밀한 곳에 가두어 둔 채 지루한 삶의 단조로운 일상 속에서 성인(成人)들의 해학이나 골계(滑稽) 정도로 성의 표현물을 이용해 왔으나, '음란한 표현'들은 이제 대량복제기술의 도움으로 상업적 흥행물로 바뀌어 그 수용자를 무차별・불특정의 사람들로까지 확장하게 되면서 성문화가 은밀하고 소극적인 데서 개방되고 적극적인 것으로 커다란 선회를 하게 되었다. 이와 더불어 음란표현물의 사회적 파급효과와 개인의 심성에 미치는 영향들에 대한 공론(公論)이 형성되고, 매춘산업의 번성과 성범죄의 증가가 음란표현물과 인과관계 내지 상관관계가 있을 것이라는 추론 등이 제기되었다. 이에 따라 공공의 이익보호를 위해 음란표현물의 사회적 책임을 묻게 되고, 그 장단점 및 허용범위 내지 표현의 자유라는 범주 내에서 음란표현물의 기준을 어떻게 설정할 것인가를 둘러싸고 여러가지 문제가 대두되었다.

수많은 성표현물이 있지만 모든 성표현물을 음란물로 단정지을 수는 없으며, 성과 관련된 특정물품이 모든 사람에게 언제 어디서나 음란한 것이라고 말할 수는 없는 일이다. 일반적으로 성표현물은 성에 대한 환상을 심어주고 성욕을 과도하게 부추기지만, 성교육 또는 성적 장애의 치료효과 및 예술적 가치를 가질 수도 있다.

시대와 기준에 따라 차이는 있지만 춘화(pornography)란 명시적으로 음탕한(obscene or licentious) 성관계의 글이나 도형・영상 등 기타 표현물을 말한다. 춘화라고 하더라도 악성춘화(hardcore pornography)가 아닌 한 일률적인 규제를 하는 것은 바람직하지 못하다. 왜냐하면 춘화(pornography)란 것도 기본적으로는 성생활과 관련된 커뮤니케이션의 매개물이기 때문에 인간이 성적(性的) 존재인 한 분명하게 부정적인 효과만 갖는다고 말할 수는 없는 일이다.[1)]

혹자(惑者)들은 춘화에 의한 성적 커뮤니케이션(sexual communication)을 소비자의 필요라는 측면에서 기능적으로 이해해야 하며, 정신치료의 목적으로도 이용하는 만큼 과도한 규제는 춘화가 지닌 긍정적이고 도구적인 중요한 기능을 부정하는 단점이 있다는 지적도 하고 있다.[2)]

또 어떤 학자는 춘화가 가진 미적 기능과 예술적 측면을 강조하면서 성

1) J. H. Gagnon, *Human Sexualities*(Glenview, Illi. : Scott, Foresman, 1977), p. 357.

2) W. C. Wilson, "Can Pornography Contribute to the Prevention of Sexual Problems?" in C. B. Qualls, J. P. Wincze and D. H. Barlow(lds.), *The Prevention of Sexual Disorders : Issues and Approaches*(New York : Plenum, 1978), p. 176.

적인 흥미를 토대로 한 환상의 세계를 창조하는 예술적 자기표현의 형식인 춘화가 사회적으로 무해(無害)하며, 오히려 사람들의 성적 의지를 증진시키는 것은 개인의 원형적인 성충동을 공공연하게 대결시키는(public confrontation) 사회적 유용성이 있다고까지 주장한다.[1)]

한편 맑스주의자들은 춘화가 지배계급과 피지배계급 간의 불평등한 권력관계를 명백히 함으로써 피지배계급을 그 상태에 묶어 두는 지배계급의 이데올로기적 도구로 기능하고 있다고 주장한다.

McNall은[2)] 대부분의 사회에서 남성은 여성노동력을 통제하는 사회적 관계를 조직하고, 여성의 육체를 통해 아이들을 재생산한다고 보면서 춘화가 이 과정을 자연적이고 보편적인 질서인 양 신비화하고 영속화하는 역할을 담당한다고 주장한다. 또한 그는 춘화를 통해 성이 상품화되고 육체의 통제로부터 벗어나 소외된 채 거래되는 성의 상품성이 남성들로 하여금 모든 여성은 살 수 있다는 암시를 주지만, 자유로운 상거래에서 발생하는 고객의 책임은 배제시키고 있다고 본다. 특히 그는 춘화를 보는 행동에 익숙해지면 으레껏 춘화에 등장하는 여성의 포즈에 대해서는 책임을 추궁하면서도 춘화를 보는 사람에게 마땅히 돌려져야 할 책임은 면제함으로써 여성을 하나의 계급으로서 착취당하게 하고, 여성의 약을 올리는(provoking) 전반적인 사회체제를 정당화시켜 준다고 비판하고 있다.

사회학계의 연구들은 1960년대에서 1970년대 중반까지 대체로 춘화가 사회변화를 방해한다고 보아 왔다. 그러나 1970년대 중반부터 춘화가 한 문화 내에서의 새로운 관념개발에 기폭제가 될 수 있어서 사회변화와 일정한 관련성이 있음을 주장하는 견해가 나타났다. Zurcher와 Kirkpatrik은 1976년 춘화반대운동의 연구결과물에서 춘화반대는 중소도시 활동가들에 의해 좀더 관용적이고 범세계적인 도시사회 자체에 대한 저항기제로 작용하고 있다고 주장한다. 성표현물로 채워진 영화의 위험성에 관해 춘화반대운동가들의 의견은 춘화성을 띤 영화를 주요 구성부분으로 하는 주변문화(outside culture)를 가지고 사회변혁활동가들을 위협하는 데 대한 방어물로 성표현물을 이해해야 한다는 데로 모아지고 있다. 이제부터 춘화반대는 춘화에 의해 추진된 사

1) P. Micheson, *The Aesthetics of Pornography*(New York : Herder and Herder, 1971), p. 5.
2) Scott McNall, "Pornography : The Structure of Domination and the Mode of Reproduction," *Meetings of American Sociological Association,* San Francisco, 1982, pp. 21~22.

회변화를 정지시키려는 시도(試圖)로 보아야 한다는 뜻이기도 하다.[1] 이 책에서 춘화는 사회 일반의 용례(用例)에 따라 '포르노그래피'라는 외래어를 주로 사용하거나 음란(표현)물이라는 전문용어로도 바꿔 쓰는 경우가 많을 것이다.

2. 性表現物과 淫亂表現物의 意義

(1) 性表現物(sexual representation)

성표현물이란 인간의 성행동과 관련된 표현물 일체를 말한다. 즉 각 시대·각 사회의 문화적 흐름에 의존한 규범적인 판단이 내려지기 이전에 가치판단이 배제된 포괄적인 성표현물 그 자체로서 문자·그림·사진·영상·음향 등의 물체를 신문·잡지·라디오와 텔레비전·컴퓨터 프로그램 등에 의해 외부적으로 표출한 대상물 일체를 말한다. 이 개념에는 법적·도덕적으로 허용되는 것과 성을 표현한 예술품을 포함하며 우리 형법 제243조에 의거한 음란한 문서·도화·기타 물건을 망라한다. 이 개념의 일반성은 구체적으로 유형화된 것이든, 암시적이고 추상적인 것이든 간에 유형화 여부를 불문하고 모든 성적인 의미를 지닌 표현을 총칭하는 개념으로서 만화·기사·사진 등의 표현수단을 구별하지 않는다. 형법상의 범죄를 구성한다든지, 도덕정서나 사회윤리에 배치되는 반사회적 성표현물은 이 개념에 포함되는 것 가운데 특수한 것만이다.

(2) 淫亂表現物(pornography)

음란표현물, 즉 포르노그래피는 어원으로 볼 때 그리스말에서부터 창녀(pornoi)와 문서(graphos)의 합성어이다. 어원에는 이미 음란표현물이 인간을 단순히 성적 행위의 객체로 본다는 대상적 견해가 포함되어 있는 셈이다.

음란물은 각 사회·각 시대의 성과 관련된 도덕정서, 성풍속 및 음란표현물의 처벌에 의하여 보호되는 법익 등을 고려해 볼 때 사회적 가치가 미미하거나 전무하고, 인간의 성을 야수적 성욕의 연장선상에서 규정짓도록 할 수 있고, 또한 음탕하고 노골적이어서 정상적인 보통사람에게 성적 수치심을

1) L. A. Zurcher and G. R. Kirkpatrik, *Citizens for Decency : Antipornography Crusades as Status Defense*(Austin : University of Texas Press, 1976).

일으키게 하는 성표현물을 말한다. 또한 음란물은 음란성 여부에 대한 사법적 판정을 받았는지의 여부보다는 합리적으로 객관적인 가치판단에 의해 사회적 유해성의 개연성정도가 높은 성표현물들이다. 다시 말해 음란표현물은 음란성을 기준으로 한 가치판단결과이다. 그러나 음란성의 개념내용이 각 사회·각 시대는 물론 각 지역이나 각 세대에 따라서도 다양하고 모호하여 헌법적 판단에서 흔히 준용되는 명확성원칙을 위반한 것일 수도 있다.

음란표현물은 일정한 관리나 규제방식에 의해 표현의 자유도를 조정하는 기준이 있어 연성음란물(soft-core pornography)과 악성음란물(hard-core pornography)로 크게 나눠진다. 전자는 관리가 충분할 때 성인남녀는 자유롭게 이러한 성표현물을 제작·접촉할 수 있고, 노골적인 성행위의 묘사·서술·전파가 가능한 성표현물을 말한다. 이에는 ① 성행위 또는 성행위와 직·간접적으로 관련되고 성기노출이 포함된 비폭력적·비품위손상적인 성표현물, ② 성기노출이 없는 비폭력적·비품위손상적인 성표현물, ③ 나체표현물 등이 포함된다고 하겠다.

후자는 실질적으로 사회적 해악의 결과에 대한 개연도가 높은 성표현물이다. 이에는 ① 폭력적인 성표현물(sexually violent materials), ② 비폭력적이지만 인간의 지위를 저하시키고 품위를 손상시키며 여성을 남성의 부속물로 묘사하는 성표현물, ③ 아동을 성의 대상으로 한 아동 포르노그래피, ④ 수간(獸姦)·동성애·근친상간·혼음 등 성에 관한 일반인의 가치관과 대치되는 성표현물 등이 포함된다.

음란성개념의 구체적인 내용을 영미의 중요한 판례들에 따라 살펴보면 ① 도덕적인 개념에서 형법적인 개념으로, ② 추상적인 데서 구체적인 데로, ③ 규범적 차원에서 기술적(discriptive) 차원으로, ④ 예술성과의 병존에서 상호배척적인 개념으로 세분화되고 있는데, 그 주요 요소들을 열거하면 다음과 같다.

첫째 당시 지역사회의 기준(contemporary community standard)으로 보통사람(average person)의 입장에서, 둘째 전체로서의 내용을 고찰할 때, 셋째 성에 관한 묘사나 표현 등이 노골적인 불쾌감(patently offensiveness)을 띠며, 그 중심적인 경향이 독자로 하여금 호색적인 흥미(prurient interest)를 자아내거나 혐오감(repulsiveness)을 주는 것, 넷째 보상할 만한 사회적 가치가 전혀 없는 것(utterly without redeeming social value) 등이다.[1] '전혀'의 의미에 대해서는 논란이 있으므로 자세한 것은 후술(後述)하겠다.

3. 性表現物의 規制規範

(1) 性表現物 規制의 論據

미국 대법원 판사를 역임한 Brennan(1906~1997, 재임기간 1956~1990)에 따르면 "성은 모든 시대를 통하여 인류의 관심을 흡입하는 주제로서 이론(異論)이 있을 수 없었고, 이 위대하고 신비한 힘이 인간의 삶 속에서 개인적 흥미와 공적 관심을 동시에 불러일으키는 중요한 문제의 하나"[2]라고 한다. 이 주장에 반대할 사람은 아무도 없을 것이다. 그러나 최근 들어 성행위에 대한 명시적인 표현과 사진기술의 발전에 따른 여성묘사의 증가는 인간의 육체를 대상화하고, 인간을 그의 정신으로부터 분리시켜 물화(物化)한다는 우려를 야기시켰다. 더구나 매스미디어를 통해 대량복제·배포되는 다량의 포르노그래피가 성과 관련된 범죄의 발생과 유의미한 관계가 있다는 지적들이 공론화되면서[3] 성표현물의 활성화와 규제에 관한 공개적인 토론이 가속화되었다.

성표현물에 대해 미국과 같은 서방세계와 현격하게 다른 대응방식을 견지해 왔던 우리나라에서는 1945년 9월 미군의 진주와 함께 유입된 대중적 청년문화에 대한 거부감이 지배적인 성윤리와의 갈등을 증폭시키기에 충분하였다. 범람하는 성표현물에 대한 규제기준의 설정을 둘러싸고 '풍속을 해치는 죄'로 다스리려는 사람들과 성표현물에 내포된 예술성을 발현하고자 하는 사람들 사이에는 법정대리인을 중개로 한 공방전이 잦았다. 이 공방전에는 언론의 상업주의가 개입하여 대중들의 경박한 기호와 영합하면서 시정(市井)의 인기에 의해 성표현물에 대한 대응이 원칙 없이 이루어져 왔었다. 말하자면 우리나라에서의 성표현물의 허용기준과 금지기준은 우리 사회의 역사적·문화적 특수성 속에서 그 논거의 정당성을 찾아 내지 못한 채 때로는 막연하

1) 보상할 만한 사회적 가치란 문화적(Literal), 예술적(Aritistic), 정치적(Political), 과학적(Scientific) 가치 등을 말하는데, 이 가치의 검증을 약어로 LAPS Test라고도 한다.
2) Roth vs. United States, 354 U. S. 476, 1 Media L. Rep. 1375, 1379(1957).
3) "Pornography in U. S. Linked to Violence, Meese Panel Asserts," *New York Times*, 14. May 1986.

게, 때로는 군중적 분위기에 따라 논의되다가 흐지부지되고 말았다는 말이다. 따라서 음란물에 대한 판례도 상업적 가치로부터 자유로운 것은 흔치 않고 합리적인 규제기준이나 보편타당한 규범이론도 정립되지 않아 음란물에 대한 사회적 대응은 사실 그렇게 쉽지 않았다.

(2) 刑事法的 規制

성표현물에 대해 형사법과 구체적 사실 간의 상호관계에 따라 형사책임을 묻는 방법으로서 형법해석학, 범죄심리학, 형사정책학적인 접근이 필요하다. 형사법은 우리 형법의 경우 제22장 풍속을 해하는 죄 가운데 제243조(음화 등의 반포), 제244조(음화 등의 제조)를 비롯하여 특별법으로 공연법, 영화진흥법, 음반·비디오물 및 게임물에 관한 법률, 청소년보호법, 출판 및 인쇄진흥법, 옥외광고물 등 관리법, 관세법, 방송법 등에 산재하고 있다.

미국의 형사법으로는 미국 법전 제18편 제71호 법률인 미국 음란물법 제1461조 내지 제1465조까지를 들 수 있다. 물론 미국에도 연방 차원의 특별법들이 더러 있고, 주마다 다른 음란물 규제관련법규는 대단히 많다.

(3) 社會倫理에 의한 規制

사회윤리는 사회적 견지에서 본 인간의 도덕적 규범의 총체이다. 성표현과 관련된 사회윤리는 도덕의 발생이나 평가를 사회적 제약 밑에서 설명하는 바, 성적 정서와 성유희물의 표현에 대해서도 반드시 사회상황을 고려하여 규제 여부를 결정하도록 이끄는 지혜와 논리를 제공한다.

사회윤리의 측면에서 보면 ① 개별적 인간의 인격성 정도에 의해 표출되는 인간의 본능적인 이기주의 내지 야수적 성격, ② 인간의 사회성 정도에 의해 가늠되는 본능규제력을 가진 이성과 자기초월의 능력 및 타인의 필요를 이해하고, 자신의 이기주의를 억제하는 수준을 넘어 이타주의를 실천할 수 있는 성격을 결합할 수 있다[1]고 보아 성표현물의 음란성과 규제 여부를 판단하는 데 있어서 사회상황을 고려하는 정도가 크다. 오늘날의 윤리는 개인의 이성능력이 사회적 상황에 의해 굴절되는 경우를 폭넓게 인정하고 있으므로, 개인윤리의 영역은 극단적인 실존상황에 적용될 뿐 통상적인 성표현물의 평

1) 유일상, 「언론윤리법제론」, 아침, 1994, 95~99면.

가에 대해서는 사회윤리적 영역의 관점이 더욱 필요하다.

우리 헌법은 법학자들이 주장하는 막연성시비에도 불구하고 언론의 자유가 사회윤리를 침해해서는 안 된다(헌법 제21조)고 규정함으로써 언론매체를 통한 성표현물의 음란성 여부 판단에 형사법적 개입과 사회윤리적 개입을 동일수준에서 허용하고 있다. 이처럼 음란표현물의 판단에 사회윤리적 규제가 개입하게 되면, 형사법적용의 지나친 경성화(硬性化)를 막고 성표현물에 의한 일률적인 규제나 과도한 형사법적 개입을 방지할 수 있을 것이다.

사회윤리는 법적 규제처럼 그 한계를 구체적으로 제시하지 못하고 있지만, 공서양속(공연법)이나 미풍양속(영화법, 음반 및 비디오물에 관한 법률, 옥외광고물 등 관리법)을 해치는 이른바 사회적 이익침해행위에 대한 제재의 합법정당성을 지지하고 있다.

4. 性表現物規制에 대한 視角

(1) 保守主義的 立場

성표현물의 관리에 형법적 개입이 필요하다는 입장을 말한다. 이 입장의 유력한 세 가지 논거는 다음과 같다.[1] 첫째, 성표현물은 도덕성과 관계가 없으며, 대다수 일반인에게 혐오감과 불쾌감을 주므로 금지되어야 한다. 둘째, 포르노그래피 그 자체가 사회의 도덕적 합의를 위협하는 부도덕한 것이므로 금지되어야 한다. 셋째, 포르노그래피가 사회적으로 유해한 태도와 행동을 유발하므로 금지되어야 하는바, 강간을 부추기거나, 인간의 성행위를 비천한 것으로 격하시키거나, 인간이 가지고 있는 성적 수치심을 붕괴시킨다든가, 도덕적 타락과 퇴보를 통해 사회의 민주적 질서를 붕괴시킨다든가 하는 사회병리학적 견해 등에 의해 지지된다.

첫째의 논거가 개인의 주관적인 혐오감에 근거한 막연한 것으로 막무가내형 보수주의적 경향이라면, 둘째의 논거는 법과 사회윤리의 영역을 조화시키려는 책임강조의 자유주의적 경향이라고 할 수 있고, 셋째의 논거는 법의 사회적 영향력을 윤리의 현실적 작용력에 우선시키는 견해라고 해석할 수 있다.

---

1) F. Berger, "Pornography, Sex and Censorship," in *Pornography and Censorship,* edited by David Copp and S. Wendell(New York : Prometeus Book, 1983), p. 84.

⑵ 自由主義的 立場

사람들의 성에 대한 관심은 자연발생적이며 건전하고 바람직하기 때문에 사람들이 포르노그래피에 대해 관심을 갖는 것은 자연적이고 정당하며 유익한 것이다. 오히려 성표현을 억압하면 대리적인 성충동의 대행을 억제하게 되는 만큼 개인의 성적 자기결정권은 개인의 자유에 맡겨 두어야 한다는 입장이다.[1] 이 견해에 따르면 성도덕이나 성윤리 등의 모호한 개념을 사용하여 개인의 성적 자유를 제한하는 것은 도덕적인 이중성을 은폐하고, 한편으로는 언론과 표현의 자유를 검열하며, 다른 한편으로는 자유를 최상의 이념이라고 말하는 위선행위라고 비난할 수도 있을 것이다.

이 입장은 다시 급진개혁주의자와 진보개량주의자로 대별할 수 있겠다. 전자는 포르노그래피가 정당한 인간의 자연스러운 반응이며 사회병리를 해독시켜 주는바, 인간의 재생산을 가능케 하는 촉진제이고 건전한 도피처요 편리한 대리성경험을 제공하는 찬양받을 만한 기능을 갖고 있다고 주장한다.[2] 그러나 후자는 각국의 형사법영역에 투영되어 포르노그래피가 청소년의 정서에 유해한 영향을 미치며, 보고 싶지 않은 사람에게도 노출되어 혐오감을 갖게 하기 때문에 형법상 금지되어야 하지만, 성인에게는 경험적이고 구체적인 기준에 따르지 않는 한 원칙적으로 자유롭게 그 접촉과 이용이 허용되어야 한다는 주장을 편다.[3]

⑶ 페미니스트的 立場

포르노그래피가 여성의 지위를 저하시키고, 여성의 인격적 품위를 손상하며, 여성을 대상화하여 착취하기 때문에 금지되어야 한다는 입장이다.[4] 페미니스트의 견해는 첫째 어떤 유형의 검열도 반대한다는 반검열주의자(FACT : The Feminist Anti-Censorship Task Force)와 둘째 포르노그래피 그 자체를 반

---

1) R. S. Randall, *Freedom and Taboo—Pornography and Politics of a Self Divided*(Berkeley : University of California Press, 1989), p. 125.

2) H. M. Clor, *Obscenity and Public Morality—Censorship in a Liberal Socitey*(Chicago : The University of Chicago Press, 1969), pp. 276～277.

3) R. S. Randall, 앞의 책, p. 126.

4) B. M. Leiser, *Liberty, Justice and Morals*(New York : Mcmillan Publishing Co., 1986), p. 189.

대한다는 사람들(WAS : Woman Against Sex)로 대별된다. 전자는 여성의 권리가 여성해방을 위해 이용되어야 하는 만큼 제도화된 가부장제도의 유물로서 검열은 폐지되어야 하기 때문이라는 것이고, 후자는 가부장제 내에서 발생한 모든 성관계는 애당초 가부장적으로 형성된 성관계이므로 그 성을 대상화하는 포르노그래피는 여성종속을 통한 남녀평등의 억압장치로서 성차별을 조장하므로 없어져야 한다는 것이다.[1]

그러나 좀더 중립적인 입장에서 보면 '페미니스트적 입장은 여성비하와 포르노그래피를 동일시하고',[2] 인간의 성적 조화와 성표현의 자연성을 의도적으로 양단함으로써 음란표현물의 규제기준을 마련하려는 노력 자체의 의욕을 꺾을 수 있다는 점도 있다.

제 2 절 性表現規制에 대한 韓·美 兩國間 法規의 比較

1. 우리나라의 關聯法規와 그 解釋

우리 형법의 풍속에 관한 죄 가운데 제243조의 음화반포 규제와 제244조의 음화제조 규제는 성에 관한 표현의 자유를 어떤 형태로든 제한한다. 이와 같은 형태의 성표현물에 대한 법적 규제는 공중적 관심사에 대한 대응이라는 근거가 있으나, 그 입법근거가 일반인의 정상적인 성적 정서와 선량한 사회의 풍기를 해칠 가능성이 있는 것으로부터 사회질서를 지키고 최소한의 성도덕을 유지하려는 것을 목적으로 한다.[3] 이는 법규가 타인의 구체적인 법익을 지키기 위해 제정된 것이거나 타인의 권리침해를 구제할 목적을 가진 것이 아니고, 성적 범죄를 유발할 수 있는 주요한 원인을 차단하기 위한 것도 아니어서 자유언론이 요구하는 명확성의 원칙과 자주 배치되는 것은 말할

1) Wendy Stock, "Toward a Feminist Praxis of Sexuality," in *Sexual Liberals and the Attack on Feminism,* edited by D. Leidholdt and J. G. Raymond(New York : Pergamen Press, 1990), p. 148.

2) 페미니스트이론가들은 포르노그래피가 남성의 여성지배를 정당화하는 반영자이며 창조자라고 본다. S. Brownmiller, *Against Our Will : Men, Women and Rape*(New York : Simon & Schuster, 1975), p. 443 등 참조.

3) 권영성, 「신고 헌법학원론」, 법문사, 1981, 392면.

나위도 없다.

또한 우리가 살고 있는 현대사회가 지키려고 하는 성적 도덕과 성적 감정은 각각의 사회적 특성이나 지역에 따라 다르며, 시대적 상황에 따라 상당한 가변성을 가지는 것이기 때문에 무엇을 기준으로 음란성 여부를 판정할 것인지 문제가 많다. 이 문제들에 대한 정리된 의견은 판례들을 통해 자세히 살펴보기로 하고, 여기서는 법규의 내용과 학자들의 해석을 요약하여 정리한다.[1)]

우리 형법은 성범죄를 크게 두 개의 영역으로 나누어 인격적 자유의 침해와 풍속 등을 해치는 사회도덕적인 죄로 구분하고 있다.[2)]

개인의 성과 관계된 인격적 자유의 침해를 보호법익으로 하는 형사법적 영역에는 강간과 강제추행 등의 직접적인 성행위와 관련하여 '정조에 관한 죄'가 있지만, 간통, 공연음란물의 제조 · 반포 및 음행매개행위는 '풍속을 해하는 죄'에 해당되어 사회윤리영역이 일정 정도 개입하고 있다.

강간죄의 보호법익이 개인의 성적 자기결정권인 데 대해서 이의를 제기하지는 않지만 일부 법학자들은 '정조'라는 개념이 다소 막연하다는 주장을 내세운다. 그러나 정조가 개인의 가치관에 근거하여 형성된 문화의 반영인 것을 고려하면 사회윤리영역인 건전한 성생활의 보호를 법적으로 관철하려는 바, 법과 윤리의 동화준칙이 적용되고 있는 것처럼 보인다. 그러나 정조를 형사법적 영역에서 표방하는 성행위의 자기결정권과 동일시하는 것은 오히려 형사법적 영역에서 표방하는 개인의 자유에 대해 법적 개입을 불러올 수 있다. 이것은 오히려 법과 윤리의 독립준칙의 적용범위를 축소할 수 있다.

한편 음란표현물의 규제를 위한 입법은 사회윤리영역이라고 볼 수 있는 성도덕 또는 건전한 성적 풍속을 보호하고, 성생활과 성질서를 유지하려는 것을 목적으로 풍속사범처벌 규정에 담겨져 있다.

그래서 우리나라의 실정법은 음화 등의 반포 · 판매 · 임대 · 공연전시에 대한 처벌규정(형법 제243조)과 음화 등의 제조 · 소지 · 수입 · 수출에 대한 처벌규정(형법 제244조)의 2개 법조문 및 특별법상의 제 규정으로 구성되어 있다. 이를 상술하면 다음과 같다.

---

1) 법규의 내용과 해석은 주로 '김일수, 「새로 쓴 형법각론」, 박영사, 1997'을 참고하였다.
2) 황산덕, 「형법각론」, 법문사, 1970, 127~130면, 184~189면.

(1) 淫書 등의 頒布·販賣·賃貸·公然展示罪

음란한 문서·도화·기타 물건을 반포·판매 또는 임대하거나 공연히 전시함으로써 성립하는 범죄이다. 여기서 말하는 음란물은 성욕을 자극·흥분 또는 만족하게 할 일체의 물품을 말하는데, 음란성에 대한 신중한 판단이 없으면 선량한 성풍속의 보호라는 이름으로 추상적 위험범(危險犯)을 처벌한다는 오해를 받을 수 있다. 물론 음란한 문서와 그림이 자유롭게 반포되고 청소년들에게까지 무차별적으로 유통되면 성생활환경이 파괴되어 개인과 사회의 평온을 해치게 되지만, 무엇이 누구에게 얼마만큼 음란한 것인지 판단되고 어떤 사회적·인격적 해악을 끼치는지에 대해서는 심사숙고가 더없이 필요하다는 뜻이다.

이 죄의 핵심을 이루는 음란성의 문제는 후술하기로 하고, 그 구성요건에 해당하는 객관적 행위를 들면 반포·판매·임대·공연전시 등이고, 행위의 고의성이라는 주관적 구성요건도 충족되어야 범죄가 성립된다. 본죄의 객관적 행위의 요건을 이론적으로 해석하면 다음과 같다.

1) 반 포(頒布)[1)]

불특정 또는 다수인에 대하여 무상으로 교부하는 것을 말한다. 유상교부행위는 판매가 된다. 특정인에게만 교부한 것일지라도 불특정 또는 다수인에게 순차적으로 교부될 것이 예견되었다면 반포행위로 본다. 여기에서 말하는 교부는 현실적으로 상대방에게 도착되었음을 뜻하는 것이다. 단순히 우송하였으나 도달하지 않은 것은 현실적인 인도행위가 아니므로 반포죄를 구성하지 아니한다.

2) 판 매(販賣)

불특정 또는 다수인에게 반복적 의사를 갖고[2)] 유상양도하는 것을 말한다. 술값 대신 음란물을 주거나 잡지 등을 배부하는 것도 대가의 관계가 인정되면, 판매행위에 포함되고 수익유무와는 무관하다.[3)]

---

1) 이재상, 「형법각론」, 박영사, 1990, 587면.

2) 이재상 교수는 계속·반복의 의사가 있는 이상 1회의 판매로도 족하다고 해석하나(위의 책, 같은 곳), 김일수 교수는 일회적 행위이든 계속·반복적 행위이든 유상양도라고 본다(김일수, 앞의 책, 607~608면).

3) 김일수, 앞의 책, 608면.

3) 임 대(賃貸)

임대란 유상으로 대여하는 것을 말한다. 임대는 계속적인 영업이 아니다. 반포·판매·임대의 상대방은 본죄의 공범으로 처벌되지 않는다. 반포·판매·임대만을 특별히 처벌하는 것을 목적으로 하는 죄이기 때문이다.

4) 공연전시(公然展示)

불특정 또는 다수인이 관람할 수 있는 상태에 두는 것을 말하며,[1] 유상이건 무상이건 불문한다. 또 다수인에게 동시에 전시관람시키지 않더라도 순차적으로 관람하게 하여 다수인에게 미치게 하는 경우에도 전시죄가 성립한다. 영화를 상영하거나 녹음테이프를 재생하는 것도 공연전시에 해당한다. 이재상 교수의 해석에 따르면 친구 두 사람이 보는 앞에서 도색영화필름을 상영한 것은 공연전시행위에 해당하지 않지만, 김일수 교수의 해석에 따르면 공연전시죄에 해당된다.[2]

다만, 자기의 침실에 춘화를 첨부한 것도 물론 공연전시가 아니다.[3] 이 죄는 1년 이하의 징역 또는 500만원 이하의 벌금에 처한다(형법 제243조).

⑵ 淫書 등의 製造·所持·輸入·輸出罪

이 죄는 반포·판매·임대 또는 공연전시할 목적으로 음란물을 제조·소지·수입·수출함으로써 성립되는 범죄이다. 말하자면 반포·판매·임대 또는 공연전시 등의 예비행위를 차단하기 위한 조항이므로 범의(犯意)가 있어야 하는 목적범죄[4]이다. 범죄가 되는 행위는 물건을 만드는 것, 그 물건을 자기의 사실상 지배 아래 두는 것, 국외에서 국내로 그 물건을 반입하거나 그 반대로 반출하는 행위이다.

인터넷을 통해 타국에서 국내로 디지털화한 음란물을 받아 오는 행위(예컨대 www나 ftp를 이용해)는 가상공간(cyber space)에서 국경이라는 개념이 희박하므로 자료를 모두 받아 온 때, 즉 다운로드(download)가 완료된 때 죄를 범한 것이 된다. 반대로 인터넷을 통한 수출은 타국에서 다운로드가 완료

1) 이재상 교수의 해석이다. 김일수 교수는 다수인인 한 특정·불특정을 가리지 않기 때문에 명예훼손죄의 '공연성'과 의미가 다르다고 본다(김일수, 앞의 책, 608면).

2) 이재상, 앞의 책, 587~588면.

3) 정영석, 「형법각론」, 법문사, 1977, 182면.

4) 목적범이란 행위자의 목적이 죄의 객관적 구성요건을 과도하게 초과한 경우의 범죄를 말하는데, 자세한 것은 김일수, 「형법학원론」, 박영사, 1988, 419~421면을 참조할 것.

된 때 죄를 범한 것이 된다.[1)]

⑶ 刑法上 客觀的 構成要素로서의 淫亂物의 性格

1) 음란성의 판단대상이 되는 행위객체

음란성의 판단대상이 되는 행위객체는 음란한 성표현물을 담고 있는 문서나 도화·필름 기타 물건이다. 성표현물이란 인간의 성행동을 외부적으로 나타내는 것들이다. 성행동에는 인간의 생식과 종족번식을 지향하는 것 이외에도 성적 자극을 일으키는 개별적 행동, 양성간 행동 및 집단간 행동 등이 있다.[2)] 구체적인 성행동의 유형에는 개인의 자위행위, 양성간의 애무와 성교행위(이에는 구강성교와 계간(鷄姦)을 포함함), 동성성행위, 아동과의 성행위, 근친상간, 간통이나 강간 등이 있다. 음란성의 판단대상이 되는 성행위는 이 가운데 한 부분을 뜻하지 않고 전체적 고찰방법에 의하여 성표현물 전체가 음란하다는 것을 판단하는 것이며, 성행동의 구체적 유형이 합법적이냐 불법적이냐를 가리는 문제와는 별개의 판단인 것이다.

음란물의 성격에 관한 우리나라의 통설과 판례는 일제하의 판례를 답습한 전후의 일본판례(차탈레이부인 사건, 일본대법원 판결, 1952. 4. 1)의 영향을 받아 ① 수치심을 일으키는 것, ② 성적 흥분과 자극을 가져오는 것, ③ 선량한 성적 도의관념에 반하는 것이라고 정의하고 있다. 일본판례에 따르면 이 요건을 포함하였는지의 여부를 판단하는 기준은 ① '일반사회에서 행해지는 양식인 사회통념'에 따르되 이 통념을 넘어서는 원칙으로서, ② '성행위의 비공연성원칙'을 강조하고 있다.

우리나라 판례와 학설에 나타난 기준들은 대략 다음과 같다.[3)]

① 사회통념에 따라 객관적으로 판단해야 한다.

② 평균인(보통사람)의 표준주의에 입각해야 한다.

③ 작품전체의 가치를 평가하는 고찰방법에 따라야 한다.

④ 사실판단이 아니라 법적 가치판단이어야 한다.

⑤ 가치판단에서 전문가의 의견을 존중해야 한다.

이 가운데 좀더 설명이 필요한 부분을 보충한다.

---

1) 김일수, 앞의 책, 609～610면.

2) *The New Encyclopaedia Britanica*, Vol. 27(Chicago : The University of Chicago), p. 239.

3) 김일수, 앞의 책, 602～603면.

① 음란성의 판단기준이 되는 사람

음란성의 판단기준이 되는 사람은 보통인(평균인), 즉 통상의 성인이다. 따라서 도덕적으로 타락하여 수치심이 없거나 부끄러운 감정이 지나치게 예민한 자를 기준으로 하여 음란성을 판단해서는 안 된다.[1] 일본의 판례는 영문서적의 음란성은 영어를 읽는 평균인을 기준으로 판단해야 한다고 말한다.

그러나 음란성의 판단기준이 되는 사람들은 사회계층 · 세대 · 학력 · 직업 또는 각 가정의 전통 등에 따라 음란성을 판단하는 기준이 다른 데다 개인윤리와 사회윤리의 혼동이 뚜렷한 동양사회에서 성표현물의 음란성판단은 객관성을 잃기 쉬운 약점이 있다.

② 음란성과 예술성의 양립가능성 여부

형법상으로는 음란성이 예술성과 양립할 수 있는가에 대해 아무런 입장표명도 않고 있지만, 통설은 음란성이 과학성 · 예술성과 차원을 달리하는 관념이므로 과학작품 또는 예술작품이라고 하여 음란성이 당연히 부정되는 것은 아니라고 해석한다. 그러나 이재상 교수는 '학문과 예술을 음란문서라고 할 수 없으므로, 성에 대한 정확한 이해를 가능하게 하는 과학적인 저서나 교육서 및 고도의 예술성이 인정되는 예술작품의 음란성을 부정하면서'[2] 상대적 음란개념의 견해도 보충적으로 덧붙이고 있다.

상대적 음란성이란 문서의 음란성을 판단함에 있어서 문서의 내용 이외에 작자나 출판자의 의도, 광고 · 선전 · 판매의 방법, 독자의 상황 등을 고려하여 상대적으로 판단해야 한다는 이론이다. 이 이론에 따르면 음란성의 판단이 시대에 따라 변천할 수 있고, 그 판단이 전체적 고찰을 통하여 가능하다는 의미에서 상대적이라는 것이지만, 이 개념을 인정하면 문서나 도화의 음란성범위가 어디까지인가를 명시할 수 없다는 비판을 피하기 어렵다.[3]

김일수 교수는 형법상 음란물죄가 음란물이 갖는 사회적 유해의 위험성을 전제하고 출발한 것이므로, 사회적 약자(여성 · 청소년 · 특정 종교관이나 세계관을 가진 사람들)의 권익도 고려할 때 학문과 예술의 자유와 같이 무제한적 자유를 보장해서는 안 된다고 해석한다. 즉 다른 사람의 성적 수치심을 현저하게 해치거나 인간의 성적 품위를 저하시키는 것은 사회질서를 어지럽

1) 이재상, 앞의 책, 585면.
2) 이재상, 앞의 책, 585~586면. 동지 : 김종원공저, 서대교, 진일호, 황산덕.
3) 이재상, 앞의 책, 586면.

게 한다는 것이다.[1)]

이어 김 교수는 음란물을 형법적 음란물과 예술적 음란물로 나눈다. 여기서 형법적 음란물은 전체적 맥락에서 정신적·미적 의미의 관련성 없이 성을 일반인의 지배적 윤리의식에 현저히 반하여 노골적·원초적으로 묘사할 뿐만 아니라 (그것이) 공개되어 선량한 성풍속을 위태롭게 하는 것만을 지칭한다. 예술적 음란물이란 예술적 상상력에 의해 음란성이 예술적인 미로 승화되어 있고, 작품 전체를 위해 특정부분이 어떤 메시지를 담는 부분으로 쓰이고 있는 것이다. 이러한 것은 예술의 자유보장한계 내에 있으므로 형법적 음란물에서 제외된다고 설명하고 있다.[2)]

(4) 特別法에 의한 性表現物의 規制立法狀況

우리나라에서 성표현물을 규제하는 법률들로는 미성년자보호법을 비롯한 약 10여개의 특별법이 있다. 이것들은 헌법 제21조 제 4 항과 형법 제243조 및 제244조의 입법의도를 더욱 명확히 하기 위한 규정들을 그 중요한 구성부분으로 한다. 그것들을 열거하면 다음과 같다.

1) 공 연 법

공연법은 1961년 12월 31일 제정된 후 여러 차례에 걸쳐 부분 개정되다가 1999년 2월 8일 법률 제5924호로 전문이 개정되었다. 이 법은 음악·무용·연극·연예·국악·곡예 등 예술적 관람물 및 영화와 비디오물을 공중에게 실연에 의해 직접 관람케 하거나 상영하는 행위(상품판매 또는 선전에 부수한 공연은 제외함)에 있어서 예술의 자유를 보장하고 건전한 공연활동을 진흥하기 위해 제정되었다(공연법 제 1 조, 제 2 조).

이 법은 영상물등급위원회(이하 '영등위')의 확인에 의한 청소년유해공연물의 연소자(만 18세 미만) 관람금지, 영등위추천에 의한 외국인의 국내공연허용, 공연장의 등록, 공연장에 배치되는 무대예술전문인의 교육과 자격부여에 관한 사항 등을 규정하고 있다. 즉 공연물의 연소자관람가능 여부에 관한 영등위의 확인(제 5 조), 국익·국민감정·공서양속 및 대통령령에 의한 외국인의 공연제한(제 7 조), 문화관광부장관의 공연자지원과 공연장감독권(제10

1) 김일수, 앞의 책, 604면.
2) 김일수, 앞의 책, 606~607면.

조) 등이 그 주요 내용이다.

이 규정들은 형법 제243조의 공연전시(公然展示) 행위에 대한 금지규범을 공연예술(公演藝術) 전반에 끌어들임으로써 음란표현물의 규제범위를 확대하고 명확하지 않은 근거에 의하여 예술성과 음란성을 대립시킬 우려가 없지 않은데다 사전검열과의 관계, 범위와 그 합법성에 관한 많은 논란이 계속되고 있는 쟁점들이다.

2) 영화 및 비디오물의 진흥에 관한 법률

우리나라 최초의 영화법은 영화산업의 육성발전을 촉진하고 영화예술의 질적 향상을 도모하여 민족예술의 진흥에 기여함을 목적으로 1962년 1월 20일에 제정되었다. 이 법의 가장 큰 특징은 영화제작업과 수출입업(輸出入業)에 관한 등록제를 도입한 것이다. 그러나 이 법은 1966년 8월 3일과 1973년 2월 16일 두 차례의 전문개정과 수차례의 일부개정을 거치며 수차례의 위헌제청을 받는 등 현실적 갈등이 늘어나면서 시대조류에 맞춰 1995년 12월 30일 폐지되고, 같은 날 제정되어 1996년 7월 1일부터 시행한 영화진흥법으로 대체되었다.[1] 영화진흥법은 2006년 4월 28일 "영화 및 비디오물의 진흥에 관한 법률"의 제정에 따라 "음반·비디오물 및 게임물에 관한 법률"[2]과 함께 폐지되었다.

"영화 및 비디오물의 진흥에 관한 법률"(이하 '이 법')[3]은 영화법과 마찬가지로 공연법이나 방송법의 특별법적 성격을 띠고 있다. 이 법은 영화와 비디오물의 질적 향상을 도모하고, 영상산업의 진흥을 촉진함으로써 국민의 문화생활 향상과 민족문화의 창달에 이바지함을 목적으로 제정되었다. 이 법에는 제 2 장에 영화진흥 기본계획의 수립과 시행, 영화진흥위원회와 영화발전기금의 설치·운영, 영화업자의 신고, 광고선전의 제한, 상영등급의 분류와 한국영상자료원의 설치와 영화필름 등의 보존, 영화의 상영 등이 규정되어 있다. 이 법 제 3 장에는 비디어산업의 진흥, 비디오물의 등급분류, 비디오물의 영업신고·등록과 운영, 비디오물의 표시 및 광고, 비디오물의 제작 또는 배급업자의 등록취소 등 행정조치에 관하여 규정하고 있다. 제 4 장은 영상물등급위원회의 설치근거 규정이고, 그에 덧붙여 보칙과 벌칙 등 본문만 99개

1) 법률 제5129호(1995. 12. 30).
2) 법률 제5925호(1999. 2. 8).
3) 법률 제7943호(2006. 4. 28).

조에 이른다. 이 법과 관련이 깊은 타법으로는 공연법, 게임산업진흥에 관한 법률, 문화산업진흥기본법, 문화예술진흥법, 영상진흥기본법 등이 있다.

이 법에 따르면 영화(예고편 및 광고영화를 포함)는 그 상영 전에 영상물등급위원회(이하 '영등위')로부터 상영등급을 분류받지 않으면 상영할 수 없다. 다만, ① 대가를 받지 아니하고 18세 이상의 특정인들에 한하여 상영하는 소형단편영화, ② 영화진흥위원회가 추천하는 영화제에서 상영하는 영화, ③ 국제적 문화교류의 목적으로 상영하는 영화 등 문화관광부장관이 등급분류가 필요하지 않다고 인정하는 영화 등에 한해 등급분류의무가 면제된다.

영화의 상영등급은 ① '전체관람가'는 누구나 관람할 수 있는 영화이고, ② '12세관람가'는 12세 미만은 관람불가, ③ '15세관람가'는 15세 미만은 관람불가, ④ '청소년관람불가'는 18세 미만인 연소자 관람불가, ⑤ '제한상영가'는 상영 및 광고·선전에 일정한 제한이 필요한 영화 등으로 분류된다(제29조 제 2 항).

비디오물의 경우 ①～④의 등급분류는 영화와 같으나(제51조 제 3 항), 그 내용이 국가의 정체성을 현저히 손상시킬 우려가 있는 것, 미풍양속을 해칠 우려가 있는 것, 사회질서를 문란하게 할 우려가 있는 것은 영등위가 3 개월 이내의 기간을 정해 등급분류를 보류할 수 있다(제51조 제 4 항).

또한 영화상영관 경영자는 시설등록과 함께 당해 영화의 제목, 상영기간 등을 시장·군수·구청장에게 신고해야 하고, 시장·군수·구청장은 신고를 받은 영화 중에서 상영등급분류를 받지 않은 영화 등은 상영 금지 또는 정지시켜야 한다고 규정하고 있다(제41조～제42조).

영화 및 비디오물의 진흥에 관한 법률 가운데 비디오물에 관한 규정(제 3 장)은 비디오산업의 진흥, 비디오물의 등급분류, 비디오물의 제작·배급·시청제공 등 영업의 신고·등록·운영에 대해 규정하고 있다. 이 법 제 3 장은 1991년 6 월 제정된 "음반 및 비디오물에 관한 법률"을 계수하여 1999년 2 월 제정되었다가 여러 차례 개정된 "음반·비디오물 및 게임물에 관한 법률"이 2006년 4 월 28일 폐지되면서 신법(이 법)의 일부를 구성하게 된 법령 연혁을 갖고 있다.

이 법을 모법으로 하여 조직된 기구로 영상물등급위원회가 있다. 영등위의 설치목적은 영화 및 비디오물과 그 광고·선전물의 윤리성 및 공공성을 확보하고 청소년을 보호하는 데 있다(제71조). 이 위원회는 9명 이내의 위원(위원장・부위원장 포함)으로 구성된다. 위원은 그 임기가 3년이며 문화예술・영상물 등・청소년・법률・교육 및 언론 분야와 비영리단체 등에 종사한 전문성이 있는 유경험자 중에서 예술원회장이 추천하고 대통령이 위촉한다. 위원회의 운영에 국고보조금을 지원할 수 있다.

이와 같은 법제의 형성은 헌법재판소가 이전 법에 의한 공연윤리위원회의 위헌결정에 이어 영화상영등급분류제도에 대해 위헌결정을 내린 결과에 따라 언론자유의 폭을 넓히는 방향을 암시해 주고 있다.

그러나 상영등급을 분류하기 위한 영등위의 심사도 영화에 대한 검열로 볼 수 있으므로 영화가 언론・출판 개념의 내포라고 한다면, 헌법해석으로 보아 이따금 위헌논란의 소지가 있다. 영화의 검열에 대한 견해는 다음과 같이 학계나 법조계 모두 큰 차이가 있다.

i) 검열긍정설　　현실적으로 영화는 언론・출판매체의 하나임에 틀림없지만, ① 다른 매체에 비해 관람자에게 강한 자극과 영향력을 갖고 있을 뿐만 아니라, 청소년에 대한 영향력이 크고, 일단 발생한 해악(害惡)은 회복이 어렵고, 연예・오락의 수단으로서 큰 비중을 차지하고 있어 음란물규제의 필요성이 크다는 점, ② 대부분의 선진국에서도 어떤 형태로든 영화에 대한 사전제한을 수용하고 있으며, 미국처럼 표현의 자유에 대해 특별한 헌법적 보장을 하고, 이는 나라에서도 영화검열제를 위헌으로 보지 않는 점, ③ 검열금지를 절대적으로 해석하더라도 헌법규정의 충실한 문리해석에는 한계가 있고, 특히 방송국개설허가제의 불가피성에서 볼 수 있듯이 헌법 제21조 제2항의 허가금지규정을 절대적으로 해석하기보다 상대적으로 해석하더라도 잘못이 아니라는 점 등을 논거로 제시하며 영화검열을 긍정한다.[1]

ii) 검열부정설　　헌법재판소는 헌법 제21조 제2항이 "언론・출판의 자유에 대해 검열을 수단으로 한 제한만은 법률로서도 허용하지 않는다"고 판시했다.[2]

---

1) 허영, "헌법상 검열금지규정의 해석," 금랑김철수교수 정년기념논문집 「한국헌법학의 현황과 과제」, 박영사, 1998. 554면 이하.

2) 헌재 1996. 10. 4. 선고, 93헌가13, 91헌바10(병합) 결정/영화법 제12조 등에 대한 위헌제청 등.

영화사전심의제도와 영화등급부여제도 등 영화검열 사건의 헌재판례는 다음과 같다.

① 영화사전심의제도

a) 사건의 배경　　이 사건은 공연윤리위원회에 의한 영화사전심의제도를 규정한 구 영화법 제12조 등이 헌법상의 검열금지의 원칙에 위반되므로 위헌이라고 결정한 사건이다.

구 영화법[1995. 12. 30. 법률 제5129호로 폐지됨] 제12조 제 1 항과 제 2 항, 제13조 제 1 항 및 제32조 제 5 호는 영화상영 전에 공연윤리위원회의 사전심의를 받도록 하고, 이를 위반하면 2년 이하의 징역 또는 5백만원 이하의 벌금에 처하도록 규정하고 있었다.

헌법 제21조 제 1 항은 표현의 자유를 일반적으로 보장하고 있고, 제 2 항에서는 검열금지의 원칙을 명시하고 있다. 검열금지의 원칙이 이처럼 헌법에 명시된 것은 제 2 공화국헌법이 처음이었고, 제 3 공화국헌법에서는 검열금지의 원칙을 선언하면서도 영화나 연예에 대한 검열은 예외적으로 허용하였다. 제 4 · 5 공화국헌법에서는 검열금지의 원칙을 별도로 명시하지 않았지만, 현행헌법은 위 조항과 같이 검열금지의 원칙을 예외 없이 선언하고 있다.

검열금지의 원칙은 헌법규정의 명시유무를 불문하고 민주헌법에서는 언론자유의 본질적 내용을 이루는 것이다. 그러나 우리 사회는 언론자유의 헌법적 가치를 충분히 인식하지 못한 채 여러 법률에서 각종의 표현매체에 대한 검열을 허용하여 왔으며, 이러한 사정은 현행헌법이 시행된 1988년 이후에도 변함이 없었다.

이 결정은 93헌가13 사건과 91헌바10 사건을 병합한 것이었다. 93헌가13 사건은 신청인이 1992년 해직교사문제를 다룬 영화 “닫힌 교문을 열며”를 공연윤리위원회의 사전심의 없이 상영하여 서울형사지방법원에 구 영화법 위반으로 기소되자 동 법률조항이 헌법 제21조 제 2 항에 위반된다고 하여 위헌법률심판제청을 신청하고, 동 법원이 이를 받아들여 위헌법률심판을 제청한 사건이다. 91헌바10 사건은 청구인이 1989년 5·18 광주항쟁을 다룬 “오 꿈의 나라”라는 단편영화를 사전심의를 받지 않고 상영하여 같은 법원에서 구 영화법위반으로 100만원의 벌금을 선고받고 항소하면서 동 법원에 위 법률조항에 대하여 위헌법률심판제청을 신청하였으나 기각되자 헌법재판소에 헌법소원심판을 청구한 사건이다.

b) 결정의 주요 내용 헌법재판소는 다음과 같이 영화의 헌법적인 보장과 검열금지의 원칙을 언급한 다음 공연윤리위원회에 의한 영화의 사전심의를 규정한 구 영화법 해당 조항들이 위헌이라고 결정했다.

영화는 의사표현의 한 수단이므로 영화의 제작과 상영은 다른 의사표현 수단과 마찬가지로 언론・출판의 자유를 규정하고 있는 헌법 제21조 제 1 항의 보장을 받음은 물론 학문적 연구결과를 발표하는 수단이 되기도 하고, 예술표현의 수단이 되기도 하므로 그 제작과 상영은 학문・예술의 자유를 규정하고 있는 헌법 제22조 제 1 항에 의하여도 보장을 받는다.

헌법 제21조 제 2 항이 금하는 검열은 행정권이 주체가 되어 사상이나 의견 등이 발표되기 이전에 예방적 조치로서 그 내용을 심사・선별하여 발표를 사전에 억제하는, 즉 허가받지 아니한 것의 발표를 금지하는 제도를 뜻한다. 이러한 검열제가 허용될 경우에는 예술활동의 독창성과 창의성을 침해하여 정신생활에 미치는 위험이 크고 행정기관이 집권자에게 불리한 내용의 표현을 사전에 억제함으로써 이른바 관제의견이나 지배자에게 무해한 여론만 허용하는 결과를 초래할 염려가 있기 때문에 헌법이 직접 그 금지를 규정하고 있는 것이다.

언론・출판에 대한 검열금지의 규정은 비록 헌법 제37조 제 2 항이 국민의 자유와 권리를 국가안전보장・질서유지 또는 공공복리를 위하여 필요한 경우에 한하여 법률로써 제한할 수 있도록 규정하고 있지만, 언론・출판의 자유만큼은 검열을 수단으로 한 제한을 법률로써도 허용하지 않는다는 점을 밝힌 것이다. 헌법상 금지되는 검열은 의사표현의 발표 여부가 오로지 행정권의 허가에 달려 있는 사전심사만을 뜻하며, 그 요건으로 일반적으로 허가를 받기 위한 표현물의 제출의무, 행정권이 주체가 된 사전심사절차, 허가를 받지 아니한 의사표현의 금지 및 심사절차를 관철할 수 있는 강제수단 등이 존재하여야 한다.

구 영화법상 영화상영 전에 공연윤리위원회의 사전심의를 받을 의무를 부과하고 있는 점, 공연문화체육부장관이 동 위원회 위원을 위촉하며, 위원장은 심의결과를 장관에게 보고하여야 하고, 국가예산으로 공연윤리위원회의 운영을 보조할 수 있도록 하고 있으므로 공연윤리위원회가 실질적인 행정기관에 해당하는 점, 사전심의를 거치지 않은 모든 영화의 상영을 금지하고 있는 점 및 그 위반자에게 징역 또는 벌금에 처하도록 한 점 등은 모두 헌법상 금지되는 검열요건을 충족시키므로 위 법률조항은 위헌이다.

c) 사후경과 이 결정이 선고된 약 한 달 후인 1996년 10월 31일 헌법재판소는 사실상 동일한 헌법적 쟁점을 가지고 있었던 음반사전심의에 대한 위헌제청사건(94헌가6)에서도 위헌결정을 선고하였다. 이 사건은 가수인 신청인이 공연윤리위원회의 사전심의를 받지 않고 음반을 제작·배포한 혐의로 서울지방법원에 기소되어 재판계속중 음반에 대한 사전심의를 규정한 '음반 및 비디오물에 관한 법률(1995. 12. 6. 법률 제5016호로 전문개정되기 전의 것)'을 헌법위반이라고 주장하여 위헌법률심판제청을 신청하고, 동 법원이 이를 받아들여 위헌제청한 사건인데, 헌재는 앞의 영화사전심의에 대한 결정과 같은 이유로 전원일치의 위헌결정을 내렸다.

이 두 결정이 내려지자 사회여론은 찬반양론으로 양분되었다. 영화인들을 비롯한 문화계종사자들은 대체로 이 결정이 예술의 자유와 언론의 자유를 대폭 신장시킨 획기적인 결정이라고 크게 환영한 반면, 일부에서는 이 결정으로 음란과 폭력물을 제재할 수단이 없어져 음란물 제작·유통의 자유를 허용한 것이라는 비판도 제기하였다. 특히 영화나 음반의 음란표현에 대한 헌법재판소의 결정취지가 무엇이냐 하는 것에 논란이 집중되었다. 즉 앞으로 공연윤리위원회가 행정기관으로서의 성격을 벗어치우지 않는 한 음란영화의 등급판정은 계속하지만 부분삭제 또는 심의필거부를 하지 못하게 될 것이고, 청소년을 음란영화의 상영으로부터 보호하기 위해서 성인영화전용관을 설치할 수밖에 없을 것이라는 등 위헌결정의 취지에 대한 사회적 논의가 활발하였다.

d) 입법과 정책적 대응 이어 같은 해 말 국회 문화체육공보위원회에서는 영화진흥법 개정시에 완전등급제를 실시하여 '제한상영가' 등급판정을 받은 영화를 위한 성인전용관을 설치하자는 야당측 주장과 등급 외 판정을 받은 영화의 상영을 보류시키자는 여당측 주장이 맞서다가 결국에는 여당의 의견이 대폭 반영된 영화진흥법개정안이 1997년 4월 10일 국회본회의를 통과하여 같은 해 10월 10일부터 시행되었다.

이 헌재결정과 관련된 1997년 4월 개정 영화진흥법의 요지는 ① 먼저 사전심의제도를 상영등급부여제도로 대체하고, ② 상영등급을 4단계, 즉 모든 관람객이 관람할 수 있는 등급, 12세 미만의 관람불가 등급, 15세 미만의 관람불가 등급, 18세 미만의 관람불가 등급으로 구분하며, ③ '공연윤리위원회'를 '한국공연예술진흥협의회'로 명칭을 변경하고, 이 기구에 상영등급 부여권을 주었다.

② 영화등급분류제도와 영등위의 성격에 관한 위헌논쟁

a) 사건의 배경 신청인은 영화감독으로서 자신이 연출한 영화(제목 : 둘 하나 섹스)의 제작 · 배급사인 인디스토리의 대표로서 위 영화를 상영하기 위하여 영등위에 상영등급분류신청을 하였으나, 위원회는 이 영화의 음란성 등을 문제삼아 1999년 9월 상영등급분류를 보류했다. 이에 신청인은 영등위의 결정에 불복하여 행정소송을 제기하자 관할법원인 서울행정법원은 당해 사건을 심리하던 중 제청신청인의 위헌제청신청을 받아들여 헌재에 그 심판을 구하였다.

서울행정법원의 위헌법률심판 제청이유요지는 ① 영등위가 공연법에 의해 국가의 행정업무에 속하는 상영등급분류제도를 국가로부터 위임받아 그 임무를 수행하는 한 실질적인 검열기관인 행정기관의 지위에 있고, ② 상영등급분류보류제도는 이전에 위헌결정된 영화법상의 사전심의제도와 그 제도의 명칭 및 구체적인 제도의 운용실태에서만 약간의 차이가 있을 뿐, 그 실질은 동일한 것으로서 헌법이 금지한 사전검열제도에 해당한다는 것이다.

이해당사자인 문화관광부장관과 영등위의 의견은 대체로 일치했다. 그 요지는 ① 영등위가 각 전문분야별 순수민간인으로 구성된 기관 · 단체에서 선정한 사람을 대한민국예술원회장이 추천하여 대통령이 위촉하도록 하고 있어 위원회구성에 행정권이 영향을 미칠 여지가 없고, 공연법의 입법취지 및 법규정을 종합하여 해석할 때 영등위는 자율성이 보장된 민간기관으로 보아야 하고, ② 강학상 연극 · 영화의 사전심의는 언론 · 출판과는 다른 해석을 하고 있는바, 즉 연극 · 영화의 경우 대중성 · 오락성 · 직접성 때문에 질서유지를 위해 강력한 제한을 받는다고 보고 있으며, 당국의 일방적 · 강제적 사전검열제는 금지되지만 자율기구에 의한 사전심의제는 허용되며, ③ 영화의 상영으로 인한 실정법위반의 가능성을 사전에 방지하기 위해 위법행위 여부를 사전에 심의하는 것은 대부분의 국가가 인정하고 있다는 것이다.

b) 헌재의 결정 헌재는 2001년 8월 다시 영화진흥법(1999. 2. 8. 법률 제5929호로 전문개정된 것) 제21조 제4항에서 정하고 있는 영등위의 등급분류보류제도의 검열해당 여부 및 언론의 자유와 검열제도의 위헌성 여부에 대한 결정을 내렸다.[1] 5 : 2의 다수결인 이 결정의 요지는 다음과 같다.

① 언론·출판의 자유의 보호대상이 되는 의사표현 또는 전파의 매개체는 어떠한 형태이건 가능하므로, 담화·연설·토론·연극·방송·음악·영화·가요 등과 문서·소설·시가·도화·사진·조각·서화 등 모든 형상의 의사표현 또는 의사전파의 모든 매개체를 포함한다.

② 헌법 제21조 제2항이 정한 검열금지의 원칙은 그 명칭이나 형식과 관계 없이 실질적으로 행정권이 주체가 되어 사상이나 의견 등이 발표되기 이전에 예방적 조치로서 그 내용을 심사·선별하여 발표를 사전에 억제 내지 금지하는 제도를 의미하고, 이러한 사전검열은 법률로써도 불가능한 것으로서 절대적으로 금지된다.

③ 사전검열이 절대적으로 금지되는 이유는 이를 허용하면 예술활동의 독창성과 창의성을 침해하여 정신생활에 미치는 위험이 크고, 행정기관이 집권자에게 불리한 내용의 표현을 사전에 억제함으로써 이른바 관제의견이나 지배자에게 무해한 여론만이 허용되는 결과를 초래할 염려가 있기 때문이다.

④ 헌법에 의해 금지되는 검열의 요건으로는 일반적으로 허가를 받기 위한 표현물의 제출의무, 행정권이 주체가 된 사전심사절차, 허가를 받지 아니한 의사표현의 금지 및 심사절차를 관철할 수 있는 강제수단 등을 갖추어야 한다.

⑤ 영등위는 그 위원을 대통령이 위촉하고, 그 구성방법 및 절차에 관하여 필요한 사항을 대통령령으로 정하도록 하고 있으며, 국가예산으로 그 운영에 필요한 경비를 보조하게 하고 있는 점 등에 비추어 행정권이 심의기관의 구성에 지속적인 영향을 미칠 수 있고, 행정권이 주체가 되어 검열절차를 형성하고 있어 검열기관에 해당한다.

⑥ 등급분류보류제도는 영등위가 영화상영에 앞서 영화를 제출받아 그 심의 및 상영등급분류를 하되, 등급분류를 받지 않은 영화의 상영을 금지하고, 등급분류를 받지 않은 영화를 상영한 경우는 과태료, 상영금지명령에 이

1) 헌재 2001. 8. 30. 선고, 2000헌가9.

어 형벌까지 부과할 수 있도록 하며, 등급분류보류의 횟수제한이 없어 실질적으로 영등위의 허가를 받지 않는 한 영화를 통한 의사표현이 무한정 금지될 수 있으므로 이는 검열에 해당한다. 결론적으로 영등위의 등급분류보류제도는 우리 헌법이 절대적으로 금지하고 있는 사전검열에 해당하는 것으로서, 더 나아가 비례의 원칙이나 명확성의 원칙에 반하는지 여부를 살펴볼 필요도 없이 헌법에 위반된다.

소수반대의견으로 재판관 송인준은 ① 헌법이 보호하는 '언론·출판'에 해당되지 아니하는 표현은 검열금지로부터의 보호대상이 될 수도 없는바, 헌법상 보호되지 아니하는 표현을 여과하는 장치인 등급분류보류제도는 위헌이 아니다. ② 검열금지의 원칙을 절대적인 것으로 해석하는 것이 헌법의 문언에 충실한 것이지만, 영화는 시청각을 표현수단으로 하는 영상매체의 특수성에 따라 청소년보호 등을 위하여 상영 전에 심사·규제할 필요성이 크므로 영화의 사전검증은 인정되어야 한다. ③ 영등위위원은 전문분야별 순수 민간인으로 구성된 단체가 선정한 사람을 대한민국예술원회장이 추천하여 위촉되고, 행정부공무원이 당연직위원으로 위촉되지 아니하며, 문화관광부장관에 대한 심의결과 보고의무 및 문화관광부장관의 위원장·부위원장 승인제도를 두지 않을 뿐 아니라, 국고보조도 적은 액수에 불과하므로 독립된 민간 자율기관으로 보아야 한다고 주장했다.

또 다른 소수반대의견을 낸 재판관 주선회는 영등위는 공연윤리위원회와 한국공연예술진흥협의회를 검열기관으로 판정한 헌법재판소의 결정취지에 비추어 볼 때, 과거와 달리 문화관광부장관의 위원장·부위원장 승인제도와 문화관광부장관에 대한 심의결과 보고의무가 없고 그 구성이나 영화의 구체적인 심의에서 중요한 차이가 있으므로, 위 두 기구와는 달리 행정권으로부터 형식적·실질적으로 독립된 민간자율기관이라고 보아야 하는바, 행정권과 독립된 민간자율기관에 의한 영화의 사전심의는 헌법이 금지하지 않을 뿐 아니라 오히려 필요하다고 주장했다.

c) 입법과 정책적 대응　　문화관광부는 2002년 1월 20일 헌재의 잇따른 위헌결정을 받아들여 영화진흥법의 일부를 개정했다. 개정요지는 상영등급을 앞서 언급한 것처럼 5단계로 고치고 '제한상영가' 등급을 신설하면서, 이를 상영할 수 있는 제한상영관제도를 도입하는 것이었다. 이 개정은 이

전에 행하던 성과 폭력의 묘사가 지나친 영화의 등급분류를 보류하여 상영을 금지시키는 제도에 대신하여 '제한상영가' 등급을 신설하여 영화등급을 부여함으로써 위헌의 소지를 막고, 제한상영관에서만 이를 상영하게 하여 미성년인 청소년과 고등학생의 관람을 차단하는 정책을 채택한 것이다.

3) 청소년보호법

1997년 3월 7일 제정된 후 수차례 일부개정되고 있다. 이 법은 1961년 12월 미성년자보호를 목적으로 제정된 후 수차 개정된 미성년자보호법을 대체하여 음란·폭력성 유해매체물 또는 업소출입 등으로부터 18세 미만 청소년을 보호하는 것을 입법취지로서 밝히고 있다. 이 법은 국무총리 산하에 합의제행정기관으로 청소년보호위원회를 설치하고(제27조 내지 제33조),[1] 민법상 임의의 사단법인체였던 한국간행물윤리위원회를 법정단체화하여 각종 음란·폭력물로부터 청소년보호의 기능을 더욱 강력하게 맡도록 하고 있다(제45조). 아울러 이 법을 위반하여 이득을 취한 자에게 과징금을 부과하되, 그 징수금액을 청소년보호관련용도에만 국한하여 사용하도록 규정하고 있다(제49조).

이 법에 따라 청소년보호위원회의 심의·결정 등 규제대상에 포함되는 매체물은 ① "음반·비디오물 및 게임물에 관한 법률"에 의한 음반·비디오물 및 게임물, ② "공연법"과 "영화진흥법"에 의한 영화·연극·음악·무용 및 기타 오락적 관람물, ③ "전기통신사업법" 및 "전기통신기본법"에 의한 전기통신을 통한 부호·문언·음향 또는 영상정보, ④ "방송법"에 의한 방송프로그램(보도방송프로그램을 제외), ⑤ "정기간행물의 등록 등에 관한 법률"에 의한 일반일간신문(주로 정치·경제·사회에 관한 보도·논평 및 여론을 전파하는 신문 제외), 특수일간신문(경제·산업과학·종교분야 제외), 일반주간신문(정치·경제분야 제외), 특수주간신문(경제·산업·과학·시사·종교분야 제외), 잡지(정치·경제·산업·과학·시사·종교분야 제외) 및 기타 간행물과 동법규정 외의 간행물 중 만화·사진첩·화보류·소설 등의 도서류와 전자출판물 등, ⑥ "옥외광고물 등 관리법"에 의한 간판·입간판·벽보·전단 기타 유사한 상업광고선전물 및 위 규정들에 의한 각종 매체물에 수록·게제·

1) 당초에는 문화체육부장관 산하로 규정되었다가 1999년 2월 법 제27조의 개정으로 현재와 같이 관할이 바뀌었다.

전시 기타 방법으로 포함된 상업적 광고선전물, ⑦ 기타 청소년의 정신적·신체적 건강을 해칠 우려가 있다고 인정되는 매체물(제 7 조) 등으로 매우 광범위하다.

청소년유해매체물은 표시 · 포장 등의 의무(제14조 · 제15조)와 표시 · 포장의 훼손금지(제16조), 판매금지(제17조), 구분 · 격리(제18조), 방송시간이나 광고선전의 제한(제19조 · 제20조) 등의 의무가 부과된다.

이 위원회의 심의는 음란 · 퇴폐성, 폭력 · 잔인성, 성범죄와 유해약물, 반사회성 · 비윤리성, 청소년유해행위 등이다. 간행물의 광고심의 대상은 청소년에게 유해한 문구, 사진 · 그림, 청소년탈선조장, 청소년유해매체물 및 물건 및 "표시 · 광고의 공정화에 관한 법률"의 규정에 의한 부당한 표시 · 광고행위의 금지 등이다.

청소년유해방송인 경우에는 청소년보호법에 청소년보호 시청시간대를 두어 청소년유해방송물과 광고선전방송을 오후 1시부터 오후 10시까지 방송·방영하지 못하도록 규정하고 있다(제19조 및 동 시행령 제18조).

4) 출판 및 인쇄진흥법

"출판사 및 인쇄소의 등록 등에 관한 법률"과 "외국간행물 수입배포에 관한 법률"을 통합한 법률로 의원입법으로 추진되어 2002년 7월 국회를 통과, 그 6개월 후인 2003년 1월 시행되었는데, 출판사의 설립을 등록제에서 신고제로 바꾸고, 외국간행물 수입추천 수수료납부규정을 삭제하는 한편, 외국간행물 수입관련벌칙규정을 형벌에서 과태료로 대폭 완화했다. 또한 서점 등의 이익을 대변하여 정가판매를 의무화하여 발행 1년 이내 도서의 할인판매를 금지하고, 인터넷서점의 경우 할인폭을 10% 이내에서 허용했으며, 전자출판산업 육성을 위해 전자출판물의 개념을 규정했으며, 불법복제간행물 및 유해간행물에 대한 관할행정관청의 수거 · 폐기 명령권 및 그 불응자에 대한 직접 수거 · 폐기권 부여 등이 특징이다.

이 법의 규정에 따라 청소년보호법에 규정된 법정단체인 한국간행물윤리위원회의 소관부처는 다시 문화관광부가 되었다. 한국간행물윤리위원회는 음란한 내용을 노골적으로 묘사하여 사회의 건전한 성도덕을 뚜렷이 해치는 간행물의 유해성을 심의하고, 그 결과 청소년유해간행물로 결정한 때에는 그 사실을 지체없이 청소년보호위원회에 통보하여야 한다(제19조). 한국간행물

윤리위원회는 심의규정에 따라 ① 간행물의 음란성, 퇴폐성, 잔인성, 폭력성, 반사회성, 비윤리성의 양적·질적 정도와 전체에서 차지하는 비중을, ② 문학적, 예술적, 교육적, 의학적, 과학적 측면과 매체물의 특성을 고려하여, ③ 간행물의 성격과 영향, 내용과 주제, 전체적인 맥락 등을 종합고려하여, ④ 건전한 사회통념과 전통적 윤리관의 저해 여부를 판단한다. 청소년보호법의 규정에 의해 목적 등에 비추어 성인을 상대로 제작·발행되었지만, 그 매체물이 청소년에게 유통되는 것을 차단할 수 없는 매체물(법 제 8 조 제 5 항)에 대하여는 신청 또는 직권으로 구체적, 개별적으로 매체물을 심의하지 않고 포괄적으로 청소년유해매체물 여부를 결정한다(법 제 8 조 제 5 항). 국가는 예산의 범위안에서 한국간행물윤리위원회의 운영에 필요한 경비를 보조할 수 있다는 규정(청소년보호법 제45조 삭제)은 이 법으로 다시 대체되었으나(제21조), 영등위 등의 위헌성시비가 있어 그 위헌성 여부가 문제될 소지가 있다.

5) 옥외광고물 등 관리법

1990년 8월 1일 제정되었다. 이 법은 1962년 제정되어 여러 차례 개정되던 "광고물 등 단속법"을 전면개정하면서 법의 명칭을 변경한 것으로, 옥외광고물이 미관풍치(美觀風致)와 미풍양속(美風良俗)을 유지하고 공중에 대한 위해를 방지하여 건강하고 쾌적한 생활환경을 조성하는 것이 목적이다. 이 법에서는 ① 범죄행위를 정당화하거나 잔인하게 표현하는 것, ② 음란·퇴폐한 내용 등으로 미풍양속을 해칠 우려가 있는 것, ③ 청소년의 보호·선도에 우려가 있는 광고물 등의 표시 또는 설치를 금지하고 있다(제 5 조 제 2 항). 그러나 옥외광고물은 수용자가 어떤 경우에 광고물수용에 동의하는지 그 보장정도나 상황을 추정할 수 없고 특정광고물에 대한 청소년의 접근을 막는 것이 쉽지 않으므로, 대부분의 광고물이 그렇듯이 그 규제방법에 대한 세밀한 검토가 필요하다.

6) 관 세 법

1949년 11월 제정된 후 여러 차례의 일부개정과 1967년 11월과 2002년 12월의 전문개정이 있었다. 이 법에는 헌법질서를 문란하게 하거나 공공의 안녕질서 또는 풍속을 해치는 서적·간행물·도화·영화·음반·비디오물·조각물 기타 이에 준하는 물품의 수출입을 금지하고 있으며(제234조), 그 밀수출입에 대하여는 10년 이하의 징역 또는 2 천만원 이하의 벌금이라는 중죄

(제269조)를 규정하고 있다.

7) 방 송 법

제 5 공화국의 개혁입법이었던 언론기본법을 계승하여 1987년 11월 28일 제정된 후 두 차례 크게 개정된 바 있다. 그러나 1999년 12월 30일에는 사회여론의 요구와 기술발전속도에 발맞추어 방송관련법제 몇 가지를 통합하고, 좀더 선진적인 방송제도의 틀을 만들겠다는 취지에서 세칭 '통합' 방송법이 제정되었다.

이후 2002년 1월 12일 전면개정(법률 제613조)되었고, 운용과정에서 부분적인 개정이 뒤따르고 있다. 새 법은 방송이 건전한 가정생활과 아동 및 청소년의 선도에 기여하여야 하며, 음란·퇴폐·폭력을 조장하는 내용이어서는 안 된다는 규정을 종전 방송법으로부터 그대로 계수하고 있다(동법 제 5 조 세 6 항). 그러나 새 법에는 건전한 가정생활의 보호에 관한 사항(법 제33조 제 2 항 제 2 호), 아동 및 청소년의 보호와 건전한 인격형성에 관한 사항(법 제33조 제 2 항 제 3 호) 등이 필수적인 방송심의 규정사항으로 명기되어 있다. 한편 이 법은 아동과 청소년의 보호를 위해 방송프로그램의 등급을 분류하고 이를 방송중에 표시하여야 한다는 규정을 두고 있으며(법 제33조 제 3 항), 방송프로그램의 폭력성과 음란성의 등급을 분류하는 기준을 방송위원회규칙으로 정하여 공표하도록 하고, 방송매체와 방송분야별 특성 등을 고려하여 등급분류에 차등을 둘 수 있도록 명확하게 규정하고 있다(법 제33조 제 4 항).

이 법 제정 이전에 별도입법으로 존재하고 있었던 유선방송관리법과 종합유선방송법은 지상파방송과 달리 특수한 위치를 인정한 유선방송의 건전한 육성과 발전을 목적으로 1986년 12월 30일과 1991년 12월 31일에 각각 제정된 언론관계특별법이었다. 유선방송관리법은 공서양속을 문란하게 할 우려가 있는 내용의 송신을 금하였고(동법 제17조), 종합유선방송법은 종합유선방송위원회의 심의기준에 음란·퇴폐·폭력을 배제하고 공중도덕과 사회윤리를 신장하는 사항(동법 제41조)을 포함하도록 정하고 있었다.

이 법들과는 달리 신문매체의 경우에는 신문윤리위원회 파동을 거치면서 확립된 자율적인 규제가 음란표현물의 제작·배포 등에 대해서도 법적 제제로부터의 적절한 방위수단이 되고 있는 것이 현실이다. 그러나 언론윤리규정 대부분이 그렇듯이 규범의 의미가 명확하지 못하고 윤리규정의 위반자에 대한 처벌규정이 미약하거나 도덕적 강제력이 부족하여 자율규정을 위반한 경우에 기대되는 법적 효과의 실효성에 상당한 의문이 제기되고 있는 것이 미디어관리법제의 공통적인 취약점이다.

위에서 살펴본 바와 같이 우리나라의 성표현물에 대한 규제는 음란성의 실질적 내용에 대해서 형사법영역의 구체적인 기술을 보류하면서도 음란물의 제작·반포·판매 등을 규제하는 형법, 각종의 매체법, 청소년보호법 등의 법률에 의해서 형벌이나 등록취소 등의 조치를 받게 된다. 한편 미풍양속 등과 같은 사회윤리영역의 불명확한 용어를 사용하면서 공연법, 영화법, 방송법, 외국간행물수입배포에 관한 법률, 유선방송관리법, 종합유선방송법, 관세법 등에서는 성표현물 일반에 대한 법집행기관의 자의적인 규제와 법관의 개인적인 가치관이 그 불명확성을 확정하게 될 폐단이 예견되므로 법규에서는 더욱 신중한 용어사용이 필요하다.

특히 형법보다 형벌이 가중되는 미성년자보호법을 제외한 대부분의 특별법이 음란표현물의 내용을 확정하지 않고 있는 것은 고쳐져야 마땅하다. 또한 어느 장소에서나 누구에게도 보일 수 있는 옥외광고물 및 예고편 영화에서의 음란 또는 선정적인 내용에 대해서도 제한방법을 명시하고 규제정도를 더욱 강화하여 청소년보호의 입법취지를 충분히 관철시켜야 할 것이다.

2. 美國의 關聯法規와 理論構成 및 變遷過程

먼저 미국은 영국과 마찬가지로 전례구속성의 원칙이 주류를 이루는 보통법(common law)의 국가라는 점을 환기한다.

미국의 음란물규제는 성문제를 노골적으로 공개토론하거나 부각시키는 것을 혐오해 온 영미법계의 전통을 이어받아 음란물의 정확한 개념정의를 회피하고, 수정헌법 제1조와의 원초적인 길항(拮抗)관계로 말미암아 적어도 연방법의 차원으로까지 구체화되기 어려웠다. 미국에서의 음란물규제입법은 청교도적 엄격성을 띤 Anthony Comstock의 주창에 의해 제정된 영법형법규정들을 첫손으로 꼽는다.

미국형법전 제18편 제71장은 음란물(obscenic material)의 수입이나 우송을 금지하고, 그 위반자를 형사처벌하는 규정을 담고 있다. 이 장은 제1461

조에서부터 제1465조까지 5개 조로 구성되어 있는데, 이 가운데 앞의 3개 조(제1461조~제1463조)가 당초 1873년 Comstock에 의해 발의되었다.[1] 1873년 Comstock법이라고 명명되었던 미국 음란물법은 영국의 Hicklin 사건판례[2]와 함께 20세기 초반까지도 미국에서의 음란표현물을 규제하는 기준으로 별다른 이의 없이 받아들여졌다. Comstock이 이 법에 따라 우정청 산하기구인 뉴욕부도덕추방협회를 YMCA 뉴욕지부와 공동창설하여 운영하면서 폐기처분한 음란출판물은 약 160톤에 이르는데, 이는 한 칸에 60명의 승객이 탄 객차 60량 분량이나 되었다고 한다.[3] Hicklin 사건에서 확립된 Hicklin 원칙은 어떤 성표현물이 특별히 호색적인 소구(訴求)와 유혹적인 느낌에 민감한 사람들을 향하여 고립된(isolated) 문장의 사용에까지 적용되었다. 이 원칙은 어떤 성표현물의 부분적 음란성과 수용자의 성적 예민성을 모두 인정하는 판례법이 되이 성표현물의 우송을 광범하게 금지시키는 법적 실효성을 확보해 왔다.

그러나 미국 연방대법원은 1957년 'Roth 사건의 판결'[4]에서 고립된 몇 문장과 특별히 성적 감수성이 예민한 사람에 초점을 맞춘 Hicklin 원칙이 수정헌법 제 1 조와 제14조에 의해 보호받아야 할 정당하고도 진실한 표현물도 처벌하는 결과를 초래한다는 이유로 이 원칙의 폐기를 천명하였다. 이 때 법원이 선택한 기준은 보통사람에게 현재의 사회적 통념에 비추어 전체적인 줄거리가 음란할 때에만 헌법상 보호받지 못하는 성표현물이라는 것이었다. 이 판례에 대한 상술은 후술(後述)하기로 하고, 미국 음란물법의 각 규정과 주로 법원의 판단에 의하여 형성된 관련이론들을 정리하면 다음과 같다.

(1) 淫亂表現物 또는 犯罪誘發物品의 郵送禁止와 處罰

어떤 우체국이나 배달원을 통해서도 우송 또는 배달이 금지된 음란표현물 또는 범죄유발품은 다음과 같이 6가지 유형으로 구분한다.

① 음란물, 저속물, 호색물, 품위 없는(indecent) 물품, 추잡하고 혐오스러운 일체의 기사 · 인쇄물 · 작품 · 기구 기타 물체

② 낙태를 비롯하여 품위 없고 부도덕한 행위에 사용된 기사나 물체 및

1) D. R. Pember, *Mass Media Law*(Dubuque, Iowa : Wm. C. Brown Publishers, 1987), p. 412.
2) Regina vs. Hicklin, L. R. 3Q. B 360(1868).
3) F. Schauer, *The Law of obscenity,* 1976, p. 13.
4) Roth vs. U. S., 354 U. S. 476(1957).

그것을 기획・번안하는 행위

③ 타인으로 하여금 낙태를 실행하게 하거나 품위 없고 부도덕한 행위를 유발하기 위해 계산된 방법으로 광고를 하거나 묘사하는 일체의 기사・기구・물체・약품과 의료행위

④ 카드, 편지, 유인물, 서적, 팜플릿, 광고전단 등을 통해 위에 예시한 물체・기사・물건을 획득할 수 있는 정보를 제공하거나 물품을 제작할 수 있는 장소・방법・사람에 대한 정보를 제공하는 행위, 매춘이나 낙태를 조장하는 장소나 사람에 대한 정보제공행위 및 비밀유지 여하에 상관없이 낙태방법이나 낙태실행수단에 대한 정보를 제공하는 행위

⑤ 낙태의 실행을 비롯하여 부도덕한 행위를 유발할 가능성이나 실행방법 등에 대한 지식을 내포한 각종 형태의 기사・기구・물체・약 및 의료행위를 나타내는 모든 기록・문서・광고물의 도화

⑥ 타인으로 하여금 위와 관련된 기사・기구・물체・약・의약품을 사용하게 하거나 응용하게 유도 또는 자극하는 모든 표현물[1)]

또한 우송금지의 규정에도 불구하고 고의로 상기 물품을 우송하거나 특정인의 주소지에 인편으로 직접 전달하는 자 및 회람 또는 유포를 목적으로 상기 우편물을 절취하는 주범과 종범(從犯)은 모두 엄중한 유죄처벌을 받도록 정하고 있다.

또한 이 규정은 품위 없음을 뜻하는 indecent라는 용어의 개념을 확정하기 위하여 이 말이 방화・살인・암살 등을 유발할 우려가 있는 물품을 지칭하는 것이라고 덧붙여 법규제가 명확성원칙에 근거하고 있음을 밝히고 있다.

이 조항과 관련된 판례는 엄청난 분량이 축적되어 미국음란물법의 이론을 갱신하며 재구성을 거듭하게 하고 있으며, 보통법(판례법)과 실정법 간의 결합방안을 모색하는 자료로도 활용되고 있다.[2)] 예를 들어 이 법조항이 '대중의 도덕을 오염시키는 물품의 유포에 우체국을 이용하는 것을 금지할 목적으로 제정되었음'[3)]에도 불구하고 이 규정은 불법적 행동을 유발할 수 있는

1) U. S. Code 18, Chapter 71, §1461.

2) R. Grunes, "Obscenity Law and the Justice : Reversing Policy on the Supreme Court," 9 *Seton Hall Law Review* 403, 1978.

3) Swearingen vs. U. S., Kan. 1896, 16 s. ct. 562, 161 U. S. 446, 40. L.ed. 765.

범죄를 사전예방하는 데에 정부가 정당하게 개입할 수 있는 길을 열어 놓고 있는데,[1] 그 까닭은 음란성이 반사회적 성행위를 충동하고 범죄를 자극할 수 있기 때문이라는 것이다.[2]

영미법의 특성상 판례에 의해 구성된 것이기는 하나 저속물, 호색물, 품위 없는 물품, 추잡한 물품, 포르노그래피에 대한 개념정의도 법률용어의 개념적 명료성을 증진시키는 데 도움이 된다.

"저속물(lewd)이란 방탕하고 음탕한 행위 및 영상과 이를 시청함으로써 그에 노출된 사람들의 마음에 호색적이고 관능적인 욕망을 자극할 의도가 담겨 있는 물품을 의미한다.

호색물(lascivious)이란 음란보다는 좁은 개념이지만 부도덕하고, 불결하고, 저속하고, 오염되어 추잡하고 구역질나는 물품이라는 뜻을 내포하고 있다.

품위 없는(indecent) 물품이란 살인이나 암살을 조장하는 경향이 있는 물품을 말하고, 추잡한 물품(filthy)이란 도덕심을 타락시키고 품위를 저하시키는 불쾌하고 더러우며 저질스럽고 품위 없는 것으로 정의한다.

포르노그래피는 성적 호기심과 성적 욕구를 자극하는 것을 구체적 이익 대상으로 한 작업의 결과를 말한다."[3]

(2) 淫亂表現物의 輸入과 運送禁止 및 處罰

아래의 음란표현물은 미국과 미국의 사법적 관할권이 미치는 곳에서 속달운송사업자나 일반운송사업자를 이용하여 각 주 간의 상거래와 외국과의 무역을 목적으로 양도 또는 양수될 수 없다.

① 음란물, 저속물, 호색물 또는 추잡한 물품으로 된 서적, 팜플릿, 사진, 영화필름, 각종 서류, 편지 및 기타 인쇄되거나 저속한 성격을 가진 물품, ② 음란하고, 저속하고, 호색적이거나 추잡한 성격을 띤 축음기판, 전기식 녹음기류, 또는 위와 같은 성격의 음향을 만들어 낼 수 있는 기타의 물품, ③ 낙태 또는 다른 품위 없고 부도덕한 용도에 사용하도록 고안·처방·의도된 약, 의료기구, 기사 또는 기타의 물품 및 필기체 또는 인쇄된 각종 카드, 편

1) U. S. vs. Goldstein, D. C. Kan. 1976, 431 F. Supp. 974.
2) U. S. vs. Klaw, C. A. N. Y. 1965, 350 F. 2d 155.
3) D. M. Gillmor and J. A. Barron, *Mass Communication Law*, 3rd ed.(St. Paul, Minn. : West Publishing Co., 1979), pp. 543~588, 각 판례 재정리.

지, 간행물, 책자, 광고물 또는 위에 언급한 글·물건·기구들을 취득하거나 제조할 수 있는 장소, 방법, 사람, 수단에 대해 직·간접적인 정보를 제공하는 물품(음란물법 제1462조).

이 규정(음란물법 제1462조)은 우리나라와 달리 음란표현물의 인수자도 처벌하도록 규정하고 있다. 즉 속달운송사업자나 일반운송사업자로부터 불법 제작된 음란한 운송물품을 인수한 자도 상당한 중벌을 가하도록 벌칙을 강화해 놓았다(초범의 경우 5년 이하의 징역과 누범의 경우 10년 이하의 징역에 각 항 모두 벌금형 선택과 병과(併科) 가능).

이 규정에서 사용하는 처방은 '고안·처방·의도된'이라는 단어들과 함께 불법적인 피임이나 낙태를 목적으로 또는 품위 없고 부도덕적인 목적을 띤 글을 우송 또는 운송한 발신자의 주관적 경향을 의미하는 것이다.[1] 이 조항의 주요한 객관적 구성요소는 음란표현물을 상거래의 목적으로 운송수단을 이용하여 운송(배달)하는 것이다.

음란표현물에 대한 판결은 현재의 사회적 통념(contemporary community standard)에 근거하며, 상거래의 목적성 여부는 피의자의 고의성이 입증되었을 때이다. 고의성의 입증은 피의자가 물품의 일반적인 본질이나 개괄적 성격을 알고 있었는가에 달려 있다. 운송이란 발송자가 운반물품의 상차(上車) 또는 선적행위에 대한 지배권과 통제권을 가졌는가에 의해 판단하며,[2] 운송 모의에 참가한 미수범에 대해서도 고의성이 입증되면 처벌한다.[3] 현재의 사회적 통념이란 지역공동체가 음란표현물의 정의와 규정에 대한 판정척도를 갖는 것을 의미한다. 이 견해가 받아들여진 1973년 캘리포니아주의 Miller 사건[4]과 조지아주의 Paris Adult Theatre 대 Slaton 사건[5] 이후의 많은 판결은 전국적 기준(national standard)의 적용을 거부한 것으로 음란표현물 규제이론의 탄력화를 뜻하는 것이기도 하다.

(3) 封皮나 封套에 品位 없는 表現이 된 것의 郵送禁止와 處罰

법률에 의해 우송이 가능한 물건이지만, 그 봉투·겉표지·봉띠(Wrap-

1) U. S. vs. B&H Dist. Corp., D. C. Wis. 1974, 375. F. Supp. 136.
2) U. S. vs. Rubin, D. C. Cal. 1970, 312. F. Supp. 950.
3) U. S. vs. Mishkin, C. A. N. Y. 1963, 317. F. 2d 634.
4) Miller vs. California, 413 U. S. 15/93 S. ct. 2607, 37 L.Ed. 2d 419(1973).
5) Paris Adult Theatre *et al.* vs. Slaton, 413 U. S. 49/93 S.ct. 2628, 37 L.Ed. 2d 446(1973).

per)나 우편엽서물 위에다 품위 없고, 저속하고, 호색적이며 음란한 성격을 내포한 도형·별명·개념·말을 필기체·인쇄체로 쓰거나 날인하거나 각인했을 때는 우송불가물이 된다. 우송불가물은 우체국이나 우편집배원이 배달하지 못하며, 우정청의 규정에 따라 우편배달이 취소되어야 한다. 이 조항에 의해 우송불가물로 규정한 물품을 고의로 우송 또는 양도할 목적으로 기탁한 자 또는 위의 물품들을 회람 또는 배포하는 행위를 한 자 및 회람과 기탁업무에 동조할 목적을 가지고 고의로 이를 우편취득한 자는 누구를 막론하고 징역형 또는 벌금형의 선택 또는 신체형과 재산형(財産刑)의 병과를 받도록 규정하고 있다(음란물법 제1463조).

봉투란 편지가 담겨진 것으로 표면에 저속하거나 음란한 그림을 그려 놓거나 써 놓았을 때 내용여부에 관계 없이 그 봉투는 우송불가능이며, 이것을 우체통에 넣은 행위(기탁행위)도 유죄로 인정된다. 겉표지에는 출판물의 내용물과 같은 지질(紙質)이더라도 출판물의 겉페이지가 그 출판물을 감싸고 있는 것일 때도 포함되며, 도형에는 일반적인 그림은 물론 검은 봉투에 담긴 수금독촉장에 발송자가 흰 글씨로 수신인의 주소를 쓰고 저속한 표현을 썼을 때도 이 조항의 규제대상이 된다.

(4) 淫亂言語의 放送禁止 및 處罰

전파커뮤니케이션(radio communication)을 이용하여 음란하고, 품위 없고(indecent), 신성모독적인(profane) 언어를 유포한 자는 징역 또는 벌금형의 선택 또는 병과를 받는다(음란물법 제1464조). 이 조항은 1948년 6월 25일자의 음란물법 개정시 추가된 것으로 방송매체의 음란표현물에 대해 최고 2년 이하의 징역형을 선고할 수 있는 규정이다.

음란언어를 유포시키는 방송은 호색적 자극이 없더라도 FCC가 오후시간대의 방송용 프로그램으로서는 품위 없는 방송용 녹음으로 결정을 내렸다면 음란·저품위·신성모독의 방송언어 사용금지조항에 부합되는 것이고,[1] 상업방송에서 분노의 순간에 내뱉은 말이 전체적으로 호색성을 자극하거나 동물적인 정열을 야기시키는 것이 아니라면 음란표현물이 아니라고 본다.[2]

1) F. C. C. vs. Pacific Foundation, Dist. Col. 1978, 98 S.ct. 3026. 438 U. S. 726, 57 L.Ed. 2d 1073.

2) Gagliardo vs. U. S. C. A. Nev. 1966, 366 F.2d 720.

⑸ 販賣 또는 配布目的의 淫亂物運送禁止 및 處罰

1955년 5월 28일자로 개정된 미국의 음란물법에는 음란물의 판매와 배포를 금지하는 규정(동법 제1465조)이 새로 추가되었다.

"판매 또는 배포를 목적으로 주(州) 사이의 상거래나 대외무역에 의해 음란·저속·호색 또는 추잡한 서적, 팜플릿, 사진, 영화, 문서, 편지, 수기물(writing), 인쇄물, 음영물(silhouette), 도면, 그림, 영상, 방송, 녹음 테이프, 전기복사물이나 기타 음향을 만들어 낼 수 있는 물품, 또는 품위 없고(저속하고) 비도덕적인 성격의 기타 물품을 고의로(knowingly : 우리의 법률용어로 知情故意) 운송한 자는 누구든지 5천불 이하의 벌금형이나 5년 이하의 징역형 또는 이를 병과한 처벌을 받게 된다.

또한 위와 같은 출판물을 2부 이상 운송하거나, 위와 같은 성격을 가진 2개 이상의 물품을 운송하거나, 위의 음란출판물과 위에서 정한 기타의 음란성물품을 합쳐서 5개 이상 운송하였을 때는 판매 또는 배포의 목적을 가진 고의성이 있는 것으로 본다. 그러나 이 가정은 반박될 수 있다.

이 조항을 위반한 자에 대해 사법처리를 담당하는 법원은 형사처벌에 추가하여 피의자를 체포했을 때, 그가 소유하고 있거나 직접적인 감독 아래 있는 물품 가운데 위에 언급한 물품들이 있으면 이를 몰수하거나 폐기처분할 수 있다."

이 입법에 의한 판례 역시 이 규정의 명확성을 담보하는 유력한 이론들이 되고 있다. 이 조항에 따른 범죄의 주요 구성요소는 ① 상업적인 이익을 챙기고자 음란표현물을 운송하고, ② 판매 또는 배포의 목적을 가지는 것이다. 운송자의 처벌에는 송하인(consignor)과 수하인(consignee) 간의 계약내용 여하를 불문하고 음란물품의 기탁행위까지를 포함하여 처벌하도록 했으며,[1] 음란물로 추정되는 물품을 운송하도록 교사한 자도 처벌한다.[2]

이 조항에서 말하는 음란하고, 저속하고, 호색적이며 추잡한 서적이란 그 서적의 내용에 그와 같은 내용이 담겨져 있는 문고판본도 포함된다.[3] 또 이 조항에서 말하는 음란하고, 저속하고, 호색적이며 추잡한 영화로는 구강·항

1) U. S. vs. Wells, D. C. Del. 1959, 180 F. Supp. 707.
2) U. S. vs. Sherpix Inc., 1975, 512 F.2d 1361. 168. U. S. App. D. C. 121.
3) U. S. vs. Peisner, C. A. Md. 1962, 311 F.2d 94.

문 · 성기로 성교하는 남녀, 구강과 성기를 결합시킨 두 여성과 한 남성, 동성연애를 하는 여성들, 여러 형태의 구강성교와 항문성교로 동성연애를 하는 행위, 상대방에 대한 자위행위 등을 차례로 묘사하면서도 줄거리나 대화가 없는 영상필름이 포함된다.[1]

음란표현물 사건을 심리하는 미국의 지방법원은 증거의 채택과 배척을 결정하는 데 있어 광범위한 자유재량권을 가진다. 정부가 지역사회공동체의 기준이 되는 사회적 통념을 정하기 위해 전문가의 증언을 채택할 의무는 없지만, 변론을 위해서 피의자측은 전문가의 증언을 채택할 수 있다.[2]

최근까지 미연방 우정성은 이 법에 의한 법무성의 형사소추와는 별도로 우편물의 제거, 2종 우편물 인가취소, 상업적인 포르노그래피에 대한 배달거부 등 행정검열을 통해 우회적인 방법으로 음란표현물을 규제해 왔다. 특히 미 연방법전 제39편 제3008호에 따르면 판매목적으로 제공되는 성표현광고물이 선정적이거나 성적 도발을 야기한다고 믿어질 때, 이 성표현광고물을 수령한 개인은 우정장관(Post Master-General)에게 기배달(旣配達)된 주소지로 동종의 우편물을 발송하지 못하도록 우편발송자나 대리인에게 명령하달을 요구할 수 있다. 우정장관은 발송자에게 주의를 환기시킨 후에도 그 명령이 준수되지 않는다고 판단될 경우 법무장관에게 우정장관의 명령과 부합되는 연방법원의 명령을 구할 수 있고, 법원명령마저 위반하면 우송자에게는 법정모독죄가 적용될 수 있다는 법규정의 합헌성까지도 취득하였다.[3]

판례법의 전통 때문에 미국의 각종 법규들은 소송사건별로 상고되고, 연방대법원의 최종결정을 거쳐 합헌성을 인정받게 된다. 따라서 우정성의 간접적인 음란표현물 규제방법은 세관의 압수와 몰수라는 간접 검열방식과 함께 여전히 절차적 합헌성과 정당성을 확보하고 있는 것이다.

어느 나라를 막론하고 성표현물에 대한 형사소추의 위협은 음란표현물의 발생을 예방하고 억제하는 효과를 발휘하였지만, 법규의 공허하고 막연한 용어사용 때문에 일반형사범죄처럼 범죄의 실행 이전에 그 행동을 저지하는 사전경고의 역할을 충분히 감당하지 못했다. 이 기본적인 문제에 대해 미국의 법원은 전술한 Miller 사건을 통해 헌법상 보호받지 못할 음란표현물의 정의

1) U. S. vs. Bagnell, C. A. Fla. 1982, 679 F. 2d 826.
2) U. S. vs. Sherpix Inc., 1975, 512 F.2d 1361. U. S. App. D. C. 121.
3) Rown vs. U. S. Post Office Dept. 397 U. S. 728, 90 S. ct. 1484, 25 L.Ed. 2d. 736(1970).

를 내린 이래 새로운 입법들이 이 문제를 다소 완화해 줄 것으로 예측되나, 음란표현물의 음란성판정을 지방공동체의 통념에 맡김으로써 노골적이고 명백히 혐오적인 표현물에 대해서 오히려 주정부의 개입을 허용하게 되었다.[1)]

3. 要　約

한·미 두 나라의 음란물규제법규와 법해석 등을 비교·요약하면 다음과 같이 정리할 수 있다.

첫째, 우리나라의 음란물규제는 풍속사범단속이라는 기본취지를 담고 있기 때문에 음란성의 판단기준이 비교적 추상적이고 애매한 데 비해, 미국의 음란물규제는 특정한 성표현물의 이동경로를 봉쇄하는 방법을 사용함으로써 음란성의 본질시비에 소요되는 시간을 상당 정도 단축할 수 있었다.

둘째, 우리나라에서는 음란성의 판단기준이 되는 사람으로 통상의 성인을 꼽고 판단대상이 되는 객체는 성표현물을 담고 있는 문서나 도화 또는 기타 물건을 들며, 음란성이 예술성과 양립가능하다는 입장이다. 한편 미국의 대표적인 음란물규제입법인 미국음란물법은 음란표현물과 범죄유발물품의 범위를 비교적 상세하게 규정한 다음 그것의 우송금지, 수입과 우송금지, 봉띠나 봉투에 품위 없는 표현을 했을 때의 우송금지, 음란언어의 방송금지, 판매 또는 배포목적의 음란물운송금지 등을 명시하고 있다.

셋째, 음란물죄의 처벌에서 우리나라는 1년 이하의 징역이나 5백만원 이하의 벌금형을 선택적으로 적용할 수 있으나, 미국의 음란물법은 범죄행위의 유형에 따라 5년 이하의 징역이나 5천 달러 이하의 벌금형선택 또는 병과를 법정하고 있으며, 누범의 경우에는 10년 이하의 징역이나 1만 달러 이하의 벌금형선택 또는 병과를 명시하여 엄벌에 처하고 있다.

넷째, 우리나라의 경우에는 성표현물을 규제하는 입법들이 형법 제243조와 제244조 외에도 미성년자보호법, 공연법, 영화법, 음반 및 비디오물에 관한 법률, 옥외광고물 등 관리법, 관세법, 외국간행물배포에 관한 법률, 방송법, 출판사 및 인쇄소의 등록에 관한 법률, 청소년보호법 등 여러 개의 특별

---

1) H. L. Zuckman, M. J. Gaynes, ESQ., T. B. Carter & J. L. Dee, St. Paul, Minn., West Publishing Co., 1988, pp. 156～160.

법에 산재하고 있다. 미국의 경우 연방법에는 "아동보호와 음란표현물 규제에 관한 법"이 있고, 대체로 각 주법이 음란표현물에 대한 구체적인 판단과 법적 제재를 가하고 있으며, 연방음란물법 외에도 관련된 행정법, 집행명령, 판례법, 형평법 등 제 법원(諸法源)에 의해 음란한 표현들이 단속되고 있다.

제 3 절 性表現物의 淫亂性에 관한 判例比較와 評釋 — 韓·美 兩國을 中心으로

우리나라에서의 성적 표현활동은 뿌리 깊은 남존여비사상과 부부유별의 정신에 따라 비교적 억제되어 왔으나, 해방 이후 미국문화의 유입이 증가하면서 언어 · 도화 · 음향 · 동작의 여러가지 수단을 통해 사회각계에 자연스럽게 퍼져 나갔다. 그러나 성표현물 가운데 음란표현물의 범위를 비롯하여 그 규제와 활성화에 대한 논의는 사회윤리영역에서 이루어져 왔고, 형사법영역에서의 성표현물 논의구조는 그 자체가 수치스러운 것으로 여겨져 비교적 폐쇄적이었다. 따라서 성표현물에 관해 다수의 판례를 집적하고 있는 미국에 비해 각종 실정법의 존재에도 불구하고 판례를 축적할 기회를 갖지 못한 것이 해방 50년에 이른 우리나라 성표현물의 현주소이다.

이 책에서는 성표현물의 음란성 여부와 규제수준, 규제방법 등을 전수하는 데 많은 역할을 차지했던 미국의 음란물법판례들을 유형별로 나누어 상호 비교하겠다.

법률가는 선례를 존중하고 개혁을 회피하는 경향이 있어서 일단 채택된 판례가 특정한 법규의 표준적인 해석지침으로 안정화되는 경우가 어느 나라를 막론하고 흔하다.[1] 판례법(보통법 : common law)의 전통이 강한 미국은 더욱 판례의 힘이 강력하다.

하나의 판례는 개별적인 사건에 대한 특수한 판단이지만, 그 판례가 다른 사건에 원용되면서 일반적이고 보편적인 것으로 발전하게 되고 법적 사실들이 선행되어 결국 법의 변화를 가져온다. 우리나라는 1945년 이후에 경제구조 · 정치신념은 물론 사회적 관습이나 정의관념 등에 미국의 영향을 받아 많

1) 박홍규, 「비교법 — 법을 통한 세계여행」, 이론과 실천, 1993, 107～116면.

은 변화가 있었고, 윤리체계에도 많은 혼효(混淆)가 있어 성표현과 관련된 법제변화의 가능성도 상당히 커졌다. 성표현물의 규제기준이나 규제척도가 대중문화의 편성정책과 밀접한 관련을 가지고 있는 것을 감안하면, 우리나라의 음란표현물법제에 대한 이해는 대중문화에 심대한 영향을 지속적으로 발휘하고 있는 미국의 관련법제에 대한 이해가 상당한 도움을 줄 수 있을 것이다.

1. 淫亂物品의 性格

우리나라 판례는 음란한 물건의 성격을 규정하는 몇 가지 판례를 내놓고 있다. 1978년 대법원은 성기확대기구의 하나인 '해면체비대기'가 음란물건이 아니라고 판결하였는데, 그 요지는 해면체비대기가 그 구조와 작용방법으로 볼 때 남자의 성기(음경)를 확대하는 데 쓰려고 만든 도구(장치)로서 그 도구의 일부에 음경을 넣게는 되어 있으나 원통으로 되어 있어 음경을 연상케 하지 않고 그 전체에서 성에 연관된 어떤 뜻이 나온다고 볼 수 없으며, 그 기구 전체가 성욕을 자극·흥분 혹은 만족시키게 하는 음란물건이라고 할 수 없다는 것이다.[1)]

또 하나의 예는 대법원의 1987년 판례이다. 대법원은 타인이 제조한 섹스링(sex ring)을 피고인이 인수하여 행상 등에게 판매함으로써 음란한 물건을 판매하였다는 하급심의 공소사실을 파기환송하면서, 판결요지로 형법 제243조에 규정한 음란물이란 성욕을 자극하거나 흥분 또는 만족케 하는 물품으로서 일반인의 정상적인 성적 수치심을 해치고 선량한 도의관념에 반하는 것으로 보았다. 따라서 피고인이 섹스링을 판매한 사실의 심리만으로는 유죄를 단정할 수 없다고 판시한 것이다.[2)]

다만, 이들 기구들은 성을 표현한 것이 아니고 성행위를 위한 보조도구로 이용될 수 있는 것이므로 성표현물에서 제외되는 것들이기는 하다.

한편 미국의 판례에서도 이와 유사한 것이 발견되는데, 미국음란물법은 성과 관련된 기구·물체 및 정보제공까지를 포함하고 있기 때문에 그러할 수밖에 없다. 음란물의 수입과 운송을 규정한 미국음란물법 제1462조의 판례

1) 대판 1978. 11. 14. 선고, 78도2327(제 4 부 판결)/한국법사연구원 편저, 「체계 대법원 판례」, 법전출판사, 1992, 2356~2357면.

2) 대판 1987. 12. 22. 선고, 87도2331(제 2 부 판결)/위의 책, 2349~2350면.

가운데 "얇은 고무로 되어 있고 그 끝이 크고 두꺼운 성기확대기는 발기한 남성성기의 크기를 늘리기 위한 기구인데, 저속하고(indecent) 부도덕적인 용도로써 고안·처방된 것이므로 음란물의 운송을 금지한 동조항의 규제대상"[1] 이라고 판시하여 이 기구를 '호색적인 관심(prurient)'을 야기시키는 것으로 보았다.

그러나 여성성기를 자극하는 기구인 프렌치 티클러(French Ticklers)라는 고무기구에 대해서는 메릴란드주 지방법원이 남성성기확대기와는 달리 동일 법정의 동일판결이면서도 판매용 또는 배포용 음란물건으로 분류하지 않았다. 이 기구는 일반피임기구와 유사하지만 그 표면에 고무가 조금씩 튀어나온 것인데, 법원의 판단은 저속성(indecent character) 물품이 아니라는 것이다.[2]

미국의 두 판례는 페미니스트적 입장에서 볼 때, 남성위주의 지배질서를 정당화하고 여성을 남성의 성유희대상물로 종속시키는 성차별적 결정이라는 비난을 가할 수 있을 것이다. 페미니스트이론가들은 곧잘 포르노그래피가 반여성적 선전물이며, 여성의 은밀한 사적 부분(private parts)을 남성의 사유재산화하고, 강간과 같이 남성에 의한 물리적 지배의 촉매노릇을 한다고 주장한다.[3]

성기확대기에 관한 양국의 판례를 비교하건대 유사한 물품이 입법상황의 차이로 음란물로 분류되고 또는 제외되는 결과를 보였다. 많은 특별법에도 불구하고 음란물 규제입법은 빠져나갈 구멍이 많은 소쿠리를 연상케 한다.

한편 피임용 기구(콘돔)를 음란물로 보았던 커네니컷주법은 연방대법원이 위헌판결을 내려 줌으로써 부부의 성적 사생활보호 차원의 합헌성을 인정받기도 했다.[4]

2. 淫亂圖書 등 册子類의 性格과 淫亂性의 基準

형법상의 음란문서에는 소설·잡지·전단 등의 도서가 포함되고 도화에

1) U. S. vs. Gentile, D. C. Md 1962, 211 F. Supp. 383.
2) 앞의 판례와 동일.
3) N. L. Malamuth and V. Billings, *Why Pornography? Models of Functions and Effects,* J. O. C. Summer 1984, pp. 124～125.
4) Griswold vs. Connecticut, 381 U. S. 479(1965).

는 사진·그림 등이 해당되며, 기타 음란물건에는 영화·녹음물·비디오녹화물 등이 포함된다.

'고야의 나체화' 사건은 성냥갑에 스페인의 화가인 고야의 나체화를 부착하여 시중에 판매한 것으로 기소된 것인데, 대법원은 명화를 모독하고 음란물화한 것으로 보아 작품 자체는 예술작품이라고 하더라도 출판방법이나 광고, 독자층에 따라 상대적으로 음란물이 될 수 있다고 판단했다.[1]

도서 가운데 음란문서로 대법원의 심판을 받게 된 첫작품은 염재만이 쓴 소설 「반노(叛奴)」였다. 소설가 염재만은 1969년에 이 소설을 쓴 후 1970년 제 1 심에서 벌금 3만원의 유죄선고를 받고 항소하여 서울형사지법 항소심에서 무죄를 선고받았으나 검찰의 불복상고로 대법원의 심판을 받았는데, 1971년 8월 대법원은 무죄를 선고하고 사건을 제 2 심 법원에 되돌려 보냈다. 1973년 11월에 제 2 심은 다시 무죄를 선고했으나, 검사의 상고가 이어져 1975년 12월에야 대법원이 다시 무죄를 선고한 역사 깊은 내력이 있다.

이 사건의 검찰측 상고이유를 보면 「반노」의 일부기재사실에 대해 음란성이 없다고 판시한 제 2 심 결정은 법리를 오해하고 채증(採證)법칙을 위배했다는 것이었다. 검찰측은 항소심 판결에서 「반노」가 성에 대한 본능을 주제로 하나, 피고인의 성행위장면을 반복 묘사함으로써 성행위를 진력나게 하고 인간에 내재하는 성의 노예성에 항거하는 것이라는 피고측 주장을 받아들인데 불복한다. 검찰은 「반노」라는 작품(pp. 5~132)을 통해 작품 전체의 음란성여부를 살펴본바, 약간 바보스러운 남자와 줄기찬 성욕을 가진 여자의 성교장면을 집중묘사함에 있어 성교를 전후한 남녀의 감정과 그 발전상황 및 변태적이고 퇴폐적인 성교방법·체위·성교 후의 정황 등을 지나치게 자세히 묘사하여 독자들의 성욕을 자극하고 흥분케 할 가능성이 있고, 그 묘사가 일반인의 정상적인 성적 정서와 선량한 사회풍기를 침해할 가능성이 충분한바, 그 음란성 여부는 제조자의 주관적 의도나 작품주제와 관계 없이 그 작품자체로서 순객관적으로 판결해야 한다는 대법원의 판례를 참조하여 작품표현에 음란성이 있다고 항변했다.[2]

대법원은 제 1 심이 소설 「반노」에 대해 음란문서로 보고 이를 제조한 것

1) 대판 1970. 10. 3. 선고, 70도1879.
2) 한국법사연구원 편저, 앞의 책, 2355면 요약.

이라고 판시하면서, 직접적으로 성에 관한 노골적이고 구체적인 부분이 어떤 내용인지 확정하지 않아 범죄사실을 확인하지 않은 채 유죄를 선고했다. 제 2 심 역시 문서의 음란성에 관한 추상적인 판단으로 제 1 심 판결을 파기하고 무죄를 선고한 것은 모두 심리를 다하지 못하고 판결이유를 명시하지 아니한 위법이 있다는 것이다.[1] 재심에서도 항소심이 무죄를 선고하자 검찰이 불복하여 1975년에야 대법원에서 매듭을 진 이 사건의 최종판결요지는 다음과 같다.

대법원은 소설 「반노」의 해당 기재사실이 그 표현에 있어 과도하게 성욕을 자극시키거나 또는 정상적인 성적 정서를 크게 해칠 정도로 노골적이고 구체적인 묘사라고 볼 수 없고, 더욱이 그 전체적인 내용이 인간에 내재하는 향락적인 성욕에 반항함으로써 결국 그로부터 새로운 자아를 발견하는 과정으로 이끌어 매듭된 경우에는 음란한 작품이라고 단정할 수 없다는 것이다.[2]

1982년 대법원은 출판물인 '예법'과 '고위결혼'이란 책자에 수록된 구체적인 내용들이 음란성의 3요소를 뜻하는 ① 일반보통인의 성욕을 자극하며 성적 흥분을 유발하고, ② 정상적인 성적 수치심을 해하며, ③ 성적 도의관념에 반하는 것이라고 판시하였다. 책자의 음란성판단을 위해 법원이 특정한 부분은 '예법'이라는 책자에서 여자 누드모델이 여섯 가지 성교체위를 취하고 있는 원색사진, 12커트의 성교장면을 찍은 일본음화와 다섯 가지 종류의 특수한 성교체위를 수록한 것, '고위결혼'이란 책자에 여자의 국부애무장면, 각종 변태적 성교체위의 천연색사진, 승용차내 · 야외 등에서의 성교장면, 성교자세에 따라 여자의 질 속에 삽입된 남성성기의 모습을 그린 도화, 여성성기를 애무할 때의 여성표정을 담은 천연색사진, 48형태의 성교체위에 따른 남녀성기의 결합형태를 그린 도화, 비정상적 성교형태 등을 담은 사진 등을 수록한 것 등이다. 대법원은 이것들이 음란성의 3요소를 갖추고 있다고 판시하면서 피고측이 문화적 소산인 예술품으로 외설성이 없다든가, 또는 성교육을 위한 성계몽지도서로서 음화일 수 없다고 주장하는 것은 독단적인 주장으로 보아 배척하였다.[3]

---

1) 대판 1971. 8. 31. 선고, 71도1371(제 3 부 판결)/한국법사연구원 편저, 앞의 책, 2354~2355면.

2) 대판 1975. 12. 9. 선고, 74도976(제 2 부 판결)/앞의 책, 2355~2356면.

3) 대판 1982. 2. 9. 선고, 81도2281(제 1 부 판결).

우리 대법원은 1991년 발행정지명령을 받고도 이를 위반하여 1만부가 발매된 "월간 부부라이프" 1990년 10월호 사건에서 이 잡지 외에도 1989년 10월경부터 1990년 11월경까지 유사한 음란내용이 게재된 월간 부부라이프, 월간 명랑, 월간 러브다이제스트 등을 매월 각 4만부씩 발행한 피고인들에 대해 공소사실의 특정이 없다 하여 음란문서로서의 조건을 갖추었음에도 불구하고 심리미진과 채증법칙위반 또는 공소사실의 특정에 관한 법리오해(法理誤解)를 이유로 원심판결 전부를 파기하였다. 이 판결의 요지는 공소장의 공소사실이 법원의 심판대상을 한정하고 피고인의 방어범위를 특정하여 방어권을 보장하는 의미를 갖는 것이므로 범죄의 일시·장소와 방법을 명시하여 구성요건에 해당하는 구체적 사실을 특정하여야 음란도서의 제조 및 판매에 관한 죄의 행위객체인 당해 도서가 음란성 있는 도서에 해당하는지 알 수 있다는 것이다.[1] 이 판결은 음란도서의 음란성요건이 당해 도서의 구체적 기재나 표현 자체에 의해 충족여부가 가려져야 할 것이므로 다른 간행물과 같은 종류의 유사한 내용을 표현하는 것만으로는 어느 정도가 유사한 것인지 분명치 않다는 것인데 이는 형사소송절차상의 문제를 지적한 것이었다.

한편 대법원이 음란표현물의 내용을 직권으로 살핀 데 따르면 1990년 10월 1일경 제작된 월간 부부라이프 10월호에 '성교체위 10선'이란 글과 함께 전라 또는 반라의 여자가 성교장면을 연상케 하는 여러 가지 자세를 취하고 있는 사진, '부부여, 충만한 섹스데이트를'이란 글과 함께 남자가 여자의 유두를 빨고 있는 장면과 남녀의 성행위장면을 찍은 사진을 게재하고, '아들 낳는 성교체위법', '화려한 성관계의 컨트롤', '당신도 대물이 될 수 있다', '사랑을 위해 성의 노예가 되자', '흔들의자에서 즐기는 일본인들의 현란한 색정놀이' 등 제하의 각종 '외설기사'[2]를 게재하는 등 전반적으로 성관계를 노골적으로 묘사한 것들이라고 한다.

1991년에는 하급심이 공소사실을 특정하지 않아 대법원에서 파기환송된 음란도서판매죄의 또 다른 관련사건이 있었다. 판결요지는 전시(前示)한 사건에서와 같으나 월간지인 '걸', '포토스타' 등 22종 500권을 판매한 사건 가운데 '걸'과 '포토스타' 등 두 월간지에 대해서만 음란성의 요건사실을 비교적

1) 대판 1991. 9. 10. 선고, 91도 1550(제1부 판결).

2) 외설이라는 용어는 음란과 같은 뜻으로 일본의 법률서적에 자주 쓰이고 있으나, 우리말로는 흔하게 쓰이지 않는 듯하다.

구체적으로 특정하여 기재하고 있으나, 다른 월간지에서 음란성의 요건사실에 관한 기재는 물론이고 그 도서를 특정할 수 있는 명칭조차 기재되어 있지 않았으므로 심리미진 또는 공소사실의 특정에 관한 법리를 오해하였다는 것이었다.[1)]

앞의 두 판례는 무더기 단속이 여론의 힘을 업고 자주 되풀이되는 우리 사회의 한 단면을 보여 주는 것인데,[2)] 원심이 유죄로 인정한 공소사실 중 음란표현물에는 여자가 나체로 성교하는 자세로 누워 있는 사진이 포함되어 있다.[3)]

1957년에 Roth는 당초 음란서적, 소책자와 광고를 우송하여 연방법규(음란물법)를 위반한 죄로 기소되었는데,[4)] 연방대법원은 '보상할 만한 사회적 가치가 없으므로' 그의 유죄를 인정하였다. 연방대법원은 Brennan 판사의 법정의견으로 음란표현물의 3가지 내용기준을 밝혔다. 그 첫째는 성의 표현이 호색적 흥미를 야기하는 것(appealing to a prurient interest to sex), 둘째 그 표현이 문학적 · 예술적 · 정치적 또는 과학적 가치가 없고(LAPS test 결과 사회적 가치가 없다는 뜻), 셋째 당시의 평균적인 일반인에게 혐오감을 주는 것이다.[5)]

소설의 음란성은 영미권에서의 고전적 성표현물로 꼽히는 '어느 환락가 여인의 회고록'이 1963년 뉴욕의 한 출판사에서 재출판되면서 본격적인 법정 문제가 되었다. 이 책은 1748년 영국인작가 John Cleland가 쓴 동명(同名) 소설이었는데, 출간 당초에는 아무런 문제가 없었고 식민지시대의 미국에서도 성표현물은 반종교적인 문제거리가 없는 한 시민들의 별 관심사가 못되었다.[6)] 그런데 이 책이 「*Fanny Hill : Memoirs of Women of Pleasure*」란 제목으로

1) 대판 1991. 12. 27. 선고, 91도2491(제 3 부 판결)/앞의 책, 2353~2354면.
2) 우리나라의 음란물 무더기 단속은 반정부적 언론탄압과 거의 동시에 진행된 사례가 흔하다. 1969년 3선개헌 반대운동에 대한 언론탄압에 앞서 제기된 작가 박승훈의 「서울의 밤—남대문에서 워커힐까지」 및 「영점구멍과 뱀과의 대화」 사건은 「반노」 사건과 더불어 이러한 시대상의 한 단면이었다. 박승훈의 작품은 제 2 심의 유죄선고에 대해 애석하게도(!) 상고를 포기해 대법원판례를 남기지 않았다.
3) 앞의 책, 2354면.
4) Roth vs. U. S, Alberts vs. Calif., 354 U. S. 476, 1957.
이 사건은 캘리포니아주 형법상의 음란물관련조항이 위헌이라고 주장한 Alberts 사건과 병합심리되어 연방음란물법 제1461조의 구체적 해석을 이끌어 냈다.
5) D. M. Gillmor and J. A. Barron, *Mass Communication Law : Cases and Comment,* 4th ed. (St. Paul, Minn. : West Publishing Co., 1984), pp. 723~735.
6) K. R. Middleton & B. F. Chambelin, *The Law of Public Communication*(New York & London : Longman, 1991), p. 371.

미국에서 재발행되자 상업적으로 대단한 성공을 거두었다.

이 소설의 줄거리는 17세기 말 영국의 어느 시골출신 Fanny Hill이라는 아가씨가 무작정 런던에 가서 이 일 저 일을 해보다가 마침내 환락가의 꽃이 되어 향락의 세계에 빠졌지만, 마지막에는 다시 시골로 돌아가 어린 시절의 옛애인과 결혼하여 행복하게 산다는 이야기이다. 주인공이 환락가에서 겪는 기기묘묘한 성적 환락의 현장을 그림처럼 묘사한 약 200여 쪽 분량의 이 책은 적나라한 성희묘사에 근엄한 태도를 보이는 사람들의 문제제기에 따라 매사추세츠주로부터 음란출판물로 판단되어 판매금지처분을 받게 된다. 그러나 1967년 연방대법원은 이 책이 매춘부의 인생을 그린 대중들에게 잘 알려진 책으로 음란서적이 아니므로 판금조치가 위헌이라는 판결을 내리면서 Roth 사건판례를 일부 변경하여 동일의 논지(論旨)를 유지했다.[1)]

또한 Fanny Hill 사건에서도 판결문을 쓴 Brennan 판사는 헌법의 보호대상에서 제외되는 음란물의 3가지 기준을 다시 정리했다. 즉 첫째 출판물이나 표현이 전체적으로 보았을 때 호색적 흥미(prurient interest)를 일으키고(우리나라나 일본판례의 성적 흥분과 자극을 가져오는 것과 비교할 것), 둘째 당시 사회의 성에 대한 표현의 기준에 비추어 노골적인 불쾌감(patent offensiveness)을 일으키며(우리나라나 일본판례의 성적 수치심과 비교됨), 셋째 사회적으로 보상할 만한 가치가 전혀 없는 것(utterly without redeeming social value : 우리나라의 미풍양속을 해할 위험성 또는 일본의 선량한 성적 도의관념에 반하는 것과 비교됨)을 들었다. Brennan 판사는 이 소설의 표현이 앞의 두 요건은 충족시키나 셋째 조건을 충족시키지는 않기 때문에(즉 그 책은 사회적으로 보상할 만한 가치가 있으므로) 헌법의 보호대상에서 제외되지 않는다고 판결한 것이다.[2)] Roth 사건과 Fanny Hill 사건은 10년의 연대차가 있었지만, 음란표현물의 정의에 '보상할 만한 사회적 가치(=LAPS Test)'라는 판단기준을 마련하면서 'Roth-Memoirs 기준'이라는 별칭을 얻으며 미국언론법제 판례로 남아 있다.[3)]

---

1) A Book Named *John Cleland's Memoirs of a Woman of Pleasure* vs. Attorney General of Massachusetts, 383 U. S. 413, 1966.

2) 앞의 책, 1979, 562～564면.

3) 앞의 책, 1979, 561～562면.

3. 淫亂物의 判斷基準變化

(1) 淫亂物의 內容判斷基準變化

Roth-Memoirs의 기준이 수립된 후 음란물의 가장 뚜렷한 특징은 노골적인 성적 자극(patent offensiveness)에 모아지고 있다. 즉 음란물 단속에서 정부가 더 손쉽게 음란표현물을 가려 낼 수 있는 기준은 1973년의 Miller 사건판례에서 나타나고 있는 '노골적인 불쾌감'의 구체화라 하겠다.

Miller는 성인용 음란도서·도화 및 성유희용 기구를 우편판매하는 업자인데, 5권의 신간서적을 선전하는 소책자를 제작하여 우편을 이용·배포하다가 한 식당주인의 고발로 법정에 서게 되었다. 캘리포니아주 항소법원은 "명백하게 무작위로 추출된 우편수취인 수백만명 중 그 누구에게든 호색적인 흥미를 자극할 수 있는 물품을 공개적이며 대규모로 광고함으로써 상업적 이득을 취한 것은 음란물법을 위반한 유죄행위로 그 처벌은 합헌적인 것이다"라고 판결하였다.[1] 그러나 Miller는 자신이 취급하는 책자가 사회적으로 보상할 만한 가치가 없는 것은 아니라는 항소이유를 폈지만, 연방대법원은 이를 받아들이지 않고 오히려 음란물판단기준을 구체화하는 판결을 내렸다. 대법원은 음란물이란 ① 정상적이든 왜곡된 것이든, 실제적인 것이든 흉내낸 것이든 최종적인 성행위를 노골적으로 불쾌하게 표현하거나 묘사한 것과, ② 자위행위, 배설기능과 성기를 저질스럽게(lewd) 보여 주는 등의 노골적으로 불쾌하게 성을 표현하거나 묘사한 것이라고 판단하였다. 노골적으로 불쾌한 물품이란 성의 세부사항을 지나치게 상세히 묘사하거나 상업성과 관련하여 성활동의 반복성을 과도하게 표현한 물건을 말하는바, 이런 물품들은 악성음란물(하드코어 포르노그래피) 전체에 대한 규제기준이 될 수 있는 동성연애, 수간, 가학적(加虐的) 성행위, 피학적(被虐的) 성행위, 구강성교와 항문성교행위 등을 포함하고 있는 것들이다.[2]

Miller 사건의 판례가 지니는 또 다른 의미는 음란물판단의 준거로 지역사회의 기준(Community Standand)을 작용해야 한다는 것이다.[3]

1976년의 Hamling 사건에서도 연방대법원은 명시적으로 동성간 성교행

1) Miller vs. U. S., C. A. Cal. 1970, 431F 2d. 655.
2) F. Schauer, 앞의 책, pp. 112～113.
3) Miller v. California, 413 U. S. 15(1973).

위나 이성간 성교행위는 물론, 구강성교·항문성교·수음·집단성교행위를 묘사한 도화가 수록된 광고책자는 노골적인 불쾌감을 주는 것으로 판시했다.[1]

그러나 연방대법원은 Jenkins 사가 제작한 "육체의 지식"이란 영화가 음란표현물이라는 하급심 판결을 뒤집으면서 단순한 나체는 음란물이 아니라고 판시했다. 즉 출연배우의 성기가 저속하게 묘사되지 않는 한 벌거벗은 이성간의 친밀한 만남을 보여 주는 영상은 노골적인 불쾌감을 주지 않는다는 것이다.[2]

⑵ 平均人과 性的 感受性이 銳敏한 者 또는 變態者에 대한 淫亂物判斷

음란표현물은 ① 전체적으로 보아, ② 평균인(the average person)의, ③ 사회적 통념(contemporary community standard)에 비추어 그 내용이, ④ '호색적인 흥미'를 유발하는 것이다. 광고물·도서·잡지와 기타 물품에서 '호색적인 흥미'를 유발하는 것들을 차례로 살펴보면 다음과 같다.

평균인의 의미는 Roth 사건판례에서 좀더 분명하게 정의되어 오랜 전통을 가진 Hicklin 원칙을 대체했고, Miller 사건에서는 청소년이 아닌 정상적인 성인남녀로서 성적 감수성이 지나치게 예민한 사람이나 성적 불감증이 아니되 교육수준에 상관없으며, 청교도적으로 얌전한 사람이거나 이방인 또는 전도된 취향을 가진 사람이 아니라고 판시되었다.

1) 청소년음란물과 그 법적 규제

그러나 청소년들의 건강과 복지를 보호하기 위하여 정부와 법원은 특별한 배려를 하고 있는데, Ginsberg 사건[3]을 통해 그 배려가 판결로서 나타났다.[4] Ginsberg는 소녀용 잡지를 발행하는 사람인데, 여성의 엉덩이와 젖가슴을 드러낸 책자를 임시가판대나 간이식당 등에서 17세 이하의 미성년자인 줄 알면서도 판매하게 내버려 두었다가 연방음란물법과 17세 이하의 청소년에게 유해한 물품의 배포를 금지한 뉴욕주법을 위반하여 피소되었다. 연방대법원은 Brennan 판사가 작성한 판결문을 통해 성인에게는 음란하지 않은 성표현물이라고 하더라도 미성년자에게는 호색적인 흥미를 유발할 수 있는 것은 음

1) Hamling vs. U. S., 418 U. S. 87, 1974.
2) Jenkins vs. Georgia, 418 U. S. 153, 1974.
3) Ginsberg 사건은 음란물광고와 관련된 판례이기도 하다.
4) Ginsberg vs. New York, 390 U. S. 629, 1 Media L. Rep. 1409(1968).

란물이라고 판시하였다.

연방대법원은 1982년 Ferber 사건에서 16세 이하의 청소년이 성행위를 실연하는 장면을 담은 사진이나 영화의 관람을 금지시켰다.[1] Ferber는 사복경찰관에게 어린 소년들이 자위행위를 하는 사진을 판 혐의로 주정부에 의해 기소되었다. 연방대법원은 포르노그래피의 제작에 미성년자를 고용·착취하는 문제가 매우 심각한 국내문제가 되고 있음을 주목한바, 1977년에는 연방의회가 '미성년자에 대한 성적 착취를 방지하기 위한 법률(P. L. 95~225, 18 U. S. C. §§2251~2253)'을 제정할 수 있는 계기를 마련했다.

또 하나의 판례는 Osborne 사건에서, 나체청소년의 모습을 보여 주는 물품의 소유와 관람을 금지한 오하이오주법의 합헌성을 지지한 것이다.[2] 청소년을 이용하여 상업적 이득을 취하려는 자들에 대한 규제는 1988년 연방의회가 "아동보호와 음란표현물 규제에 관한 법"의 제정을 통해[3] 18세 미만의 청소년이 성행위를 하는 것을 묘사한 출판업자, 인쇄업자, 사진작가, 영화제작자를 엄벌에 처하도록 하기에 이르렀다.

2) 변태성욕자의 음란물과 그 법적 규제

1966년의 Mishkin 사건은 변태적 성취향을 가진 일탈자를 상대로 한 포르노그래피(deviants' pornography)에 대해서 3년의 징역과 1만 2천 달러의 벌금을 병과한 사건이다. 이 사건의 최종심에서 연방대법원은 평균인에게 호색적인 흥미를 유발하지는 않더라도 피가학적 변태성행위(sado-masochism), 성도착증이나 동성연애를 다룬 50권의 도서를 제작·판매한 것은 소수의 일탈적 변태성욕자에게 호색적인 흥미를 증진시킬 것이 분명하다고 판결했다.[4]

(3) 作品의 全體性과 社會的 價値의 判斷

음란표현물의 판단기준으로 미국에서는 작품 전체의 사회적 가치가 자주 거론된다. 작품 전체를 보아야 한다는 판례는 Miller 사건 이후 James Joyce의 "율리시즈," D. H. Lawrence의 "차탈레이부인의 사랑," T. Dreiser의 "미국의 비극"을 음란물이라고 분류하였던 Hicklin 원칙의 파기로 이제는 통설이

1) New York vs. Ferber, 458 U. S. 747, 8 Media L. Rep. 1809(1982).
2) Osborne vs. Ohio, 110. S.ct. 1691(1990).
3) Pub. L. 100~690, 102. Stat. 4485(1988).
4) Mishkin vs. New York, 383, U. S. 502(1966).

되었다.

한편 사회적 가치에 대해 법원은 일반적으로 표현의 가치판단을 피하는 경향이지만, 음란표현물문제에서 연방대법원은 그 물품이 헌법적인 보호를 받을 수 있는지를 결정하기 위해 부득이 '사회적 가치' 평가를 해야 할 때가 있다. Miller 사건에서도 연방대법원은 음란한 성표현물이 전체로서 "문학적·예술적·정치적·사회적으로 진지한 가치가 결여되어 있다"고 보았다. 진보된 판사가 다수를 구성했던 Burger 법정은 '전적으로 보상할 만한 사회적 가치가 없는 물품'을 음란물로 간주했으나, 보수파가 주도하는 Warren 법정은 '전적으로 가치 없는 물품(utterly without)'이라는 기준이 검사로 하여금 물품의 음란성을 증명하기 어렵게 한다는 점을 우려하고 있다. 그래서 최근의 판례는 '전적으로(utterly)'를 완화해 가는 추세이다.

(4) 社會的 通念의 判斷

음란표현물의 판단에서 고려되는 주요한 특징 가운데 하나는 주로 사회적 통념(지역공동체기준)과의 관계를 살핀다는 것이다. 음란물품인 줄 알면서도 배포한 경우에 형사처벌을 위한 기소요건으로는 현재의 지역공동체기준으로 사회적 통념을 적용해야 한다(Miller 사건판례).

보수주의적 경향이 짙은 연방대법원장 Burger와 Rehnquist 시대에 이르러 지방세력의 증대를 반영하듯 평균인의 가치를 반영하는 지역공동체개념을 음란표현물의 판단에 도입하였다. 지역사회의 통념은 재판관이 거주하는 도시·군·주는 물론이거니와 여론조사를 뜻하기도 하고, 대도시주민이 소규모 지역사회 거주자보다 포르노그래피에 대한 관용도가 높은 것을 고려하면 음란표현물의 객관적 기준이 일정하지 않을 수 있다. Warren 대법원장 시절에도 '사회공동체의 기준'이라는 개념이 쓰였지만 전국적 의미를 띠었는데, Burger 대법원장은 전국이 하나의 기준으로는 너무 추상적이기 때문에 비현실적이고 비합헌적이라고 생각한다. Burger의 견해는 Miller 사건 당시 라스베가스와 뉴욕에서는 용인될 수 있는 성행위 묘사가 메인주나 미시시피주 사람들에게는 받아들여질 수 없다는 것이다. Burger 시절에는 음란표현물 영업자들이 각 주가 서로 다른 성표현물 판단기준을 갖고 있음을 역이용하여 가장 보수적인 시장의 성적 취향과 요구를 회피하기 위해 주를 옮겨 다니는 일까지 벌어졌다.

사회적 통념을 지역사회공동체의 기준으로 좁혀 가는 과정에서 앨라바마주의 한 판례는 음란표현물의 지역적 기준에 의한 기소가 성표현물의 전국적 유통을 차단시킨 생생한 실례를 보여 주고 있다. 뉴욕의 한 섹스영화배급사가 앨라바마주의 어떤 한 군(郡)에서 음란표현물취급죄로 기소되자 위성방송회사들이 그 영화사의 영화상영을 중단해버려 결국 그 회사가 파산하는 사태까지 벌어졌던 적이 있다.[1)]

지금까지 논의된 미국판례의 음란성개념을 다시 정리하면 음란물이란 ① 성기 또는 성행위를 묘사하거나 저속하게 드러내 보이는 악성음란물(하드코어 포르노그래피)처럼 노골적인 불쾌감을 주는 것, ② 지역사회를 기준으로 평균적인 사람에게 성적 흥분을 일으키는 호색적 흥미물, ③ 평균적인 성인들에게는 음란하지 않은 물품이라고 하더라도 소년이나 성적인 특이자(변태성욕자)를 대상으로 할 때 호색적 관심을 유발시키는 것, ④ 합리적인 사람의 판단으로 문학적·예술적·정치적·과학적 가치가 현저하게 결여된 물품이라고 하겠다.

4. 映像表現物과 商業廣告의 淫亂性判斷

(1) 映像表現物의 淫亂性與否

우리나라의 영화는 "영화 및 비디오물의 진흥에 관한 법률"에 따라 상연전에 영상물공급위원회의 심의를 받도록 되어 있고, 그 작품을 선전하기 위하여 작성된 포스터 등의 광고물도 이 위원회의 유해성 여부에 관한 확인을 받아야 한다. 영상표현물에 관한 그 전의 판례들을 살펴보자.

1990년 우리나라 대법원은 영화 "사방지" 사건에서 영화포스터의 음란성판단기준으로서 과도한 성욕의 자극여부, 일반인의 정상적인 성적 정서침해 여부, 건전한 성풍속과 성도덕관념에 반하는지의 여부 등을 그대로 유지하고 있다. 영화 "사방지"는 양성을 가지고 태어난 여자인 사방지가 사대부가문의 청상과부와 신분을 초월한 사랑을 하다가 탄로나 좌절을 겪으나 결국에

1) "Obscenity Law Used in Alabana in Alabana Breaks New York Company," *New York Times*, 2. May 1990.

는 자신들의 사랑이 영원함을 말하고 죽게 된다는 줄거리인데, 공연윤리위원회의 심의를 거쳐 국내극장에서 상영된 것이다. 그러나 이 영화를 선전하기 위하여 영화의 일부장면들을 편집·제작한 포스터·스틸사진 등의 표현방법이나 태양(態樣)은 영화의 예술적 측면보다 선정적 측면을 특히 강조했다는데 대해 대법원 제1부는 대법관 전원일치의 판결을 내렸다.

판단대상을 구체적으로 보면 "상반신을 드러낸 여자들이 서로 껴안은 채 한 여자가 다른 여자의 뺨이나 가슴부분을 입술로 애무하는 장면으로서 여자의 얼굴표정이 성적 감정에 도취된 듯이 노골적으로 묘사되어 있는 것, 여자 2명이 상반신을 드러내 놓은 채 서로 부둥켜 안고 누워 있는 장면인데, 그 모습이 성교를 연상케 하는 것, 나신(裸身)으로 유두를 선명하게 노출시킨 채 물 속에 비스듬히 앉아 있는 여자의 목에 다른 여자가 애무하고 있는 것, 한 여자가 다리를 벌리고 서 있고(영상으로 보아 나신의 여자처럼 보이게 한다) 상반신을 드러낸 다른 여자는 그 앞에 앉아서 서 있는 여자의 다리를 쳐다보고 있는 장면에다 "그들에겐 남자가 필요 없었다," "여자인가…, 남자인가," "하늘이 인간을 내심에 남자와 여자, 그리고 사방지가 있었다"라는 문구를 선명하게 기재한 천연색 포스터의 내용"이었다.[1)]

음란영화와 관련된 하급심 판례로는 영화 "춘몽" 사건이 있다. 이 영화는 변태성욕자가 젊은 여인에게 가혹행위를 하면서 변태적인 색욕을 충족시키는 내용으로 구체적인 음란표현은 여주인공이 앞가슴 일부에 얇은 나일론천을 두르고 음부를 나체상태로 노출시킨 채 변태성욕자에게 쫓기어 계단을 도망쳐 달아나는 뒷모습이었다. 변호인은 인간의 잠재의식 속에 숨어 있는 선악갈등을 묘사한 예술작품이므로 음란한 것으로 규정할 수 없다고 주장했다. 서울형사지법은 "성의 표현 중 사회대상에게 일반화되지 않아 정상적인 대상에게 혐오감이나 수치심을 야기하는 것은 그것이 비록 예술작품이라 하더라도 작품이 갖는 음란성은 별개의 차원에 속하는 도덕적·법적 평가대상이며, 예술적 가치가 있더라도 법적으로는 음란성을 띠고 있는 것"이라고 판단하여 형사법영역에서 통설화된 음란성의 3요소를 모두 인정하였다.

이 판결은 음란성과 예술성의 양립가능성을 전제한 후 예술성의 유무와는 상관없이 사회윤리영역의 가치판단을 개입시켜 "예술이라고 하더라도 공

1) 대판 1990. 10. 16. 선고, 90도1485(제1부 판결)/앞의 책, 2350~2351면.

중에게 음란한 것을 제공해서는 안 된다"고 본 일본최고재판소의 '차탈레이 부인의 사랑' 판례의 판결요지를 그대로 받아들인 것으로 보인다.

한편 영상표현물의 선정성이 계속적으로 증가하고 있는 데 대해 시민단체들의 고발이 잇따르고 있고, 특히 텔레비전과 같은 공적 영역의 매스미디어가 다루는 연예·오락방송의 저질성을 정확히 모니터하여 사회문제화하고 있는 작금의 현실에 비추어[1] 사법적 판단에서의 더욱 정교한 이론형성이 시급한 형편이라 하겠다. 말하자면 예술성과 음란성처럼 2개의 차원이 아니라 음란성판단을 위해 고려할 수 있는 여러가지 상대적인 기준들도 더 많이 검토되어야 한다는 뜻이다.

그러나 미국에서는 영화의 경우에 1952년까지만 해도 헌법상 보호를 받는 정도가 미약했다. 따라서 검열관들은 지방단위로 영화상영을 통제하고 경찰이 필름을 압수하는 일도 상당히 많았다.[2] 영화가 합헌적 표현매체로서 수정헌법 제 1 조의 보호를 받게 된 것은 1952년의 'Joseph Burstyn Inc. 대 Wilson 사건' 이후부터였다.[3]

영화의 음란표현물에 대한 규제는 그 후 간접적인 방식으로 이행되었는데, 성인용 영화관을 소위 '특수지대(combat zone)'에 몰아넣어 소위 음란산업의 자기증식을 막아 본다든지, 성인용 영화의 상영시간·상영장소·상영방법 등에 제한을 가하는 방법이 이용되었다.

(2) 映畵의 上映場所

연방대법원은 영화상영의 경우에 노골적인 포르노그래피인 경우, 관람에 동의한 성인을 상대로 하였더라도 주정부가 간여할 수 있는 권리가 있음을 인정하였다. 즉 공공의 성인용 숙박시설에서 포르노그래피를 관람하려는 사람들이 부부간인 경우에도 가정 내에서의 사생활특권과는 달리 주정부가 합법적으로 개입할 수 있다는 뜻이다.[4] 이것은 부부간의 성적 사생활에 지나치게 개입할 수 있어 애정표현이라는 사적 평온을 침해할 가능성을 열어 놓고

1) 서울 YMCA 시민자구운동본부, 「대중매체가 향락문화에 미치는 영향과 대책(1989)」이 이러한 투쟁들을 잘 보여 주고 있다.
2) D. R. Pember, 앞의 책, pp. 445~446.
3) 343 U. S. 495, S.ct. 777, 96. L.Ed. 1098(1952).
4) Paris Adult Theatre I. vs. Slaton 사건, 앞의 판례(1973).

있다는 우려를 갖게 한다.

(3) 淫亂廣告의 判例

음란물의 광고와 관련된 미국의 판례는 Ginzberg 사건이 있다.[1] Ginzberg는 성을 노골적으로 다루는 "*Eros*"라는 잡지와 "주부의 선택적 혼음요령(*The Housewife's Handbook of Selective Promiscuity*)" 등 3권의 책자를 출판하여 서적광고를 했는데, "*Eros*"라는 책자의 15개 기사 가운데 4개 기사는 음란한 것이지만 문학적 표현은 상당한 가치가 있는 것이고, 특히 뉴욕대학교 미술사 교수인 Janson의 감정에 따르면 "*Eros*"에 수록된 몇몇 도화는 걸출한 미와 예술성을 가진 것이었다고 한다.[2] 이 사건의 판결문을 작성한 Brennan 판사는 호색적 흥미유발을 목적으로 성표현물을 상업적으로 광고하는 뚜쟁이 상술(pandering)이 성에 민감한 사람들의 곁눈질거리가 되는 것이라고 보아 유죄를 인정했다.[3] Ginzberg 측에서는 유명한 문학작품도 포르노그래피적인 부분을 갖고 있으나, 전체적으로 고찰하여 사회적 가치가 있으면 처벌하지 않는다는 판례를 내세우며 항변했으나 받아들여지지 않았다. 즉 연방대법원은 그 자체로서는 음란표현물이 아닌 성표현물이라 하더라도 상업적인 판매를 촉진하기 위한 상술의 일부인 것이 인정되면 음란물로 간주된다고 판시한 것이다.[4] 이 판례는 결론적으로 17세 미만의 미성년자에게(그 부모는 제외) 음란물의 판매를 직접적으로 금지한 뉴욕주법의 합헌성을 인정하였다는 점이 특징이다.

5. 要 約

주로 한·미 두 나라의 판례들에 대해 비교한 것을 요약하면 다음과 같다.

첫째, 음란물품의 성격규정에서 우리나라 판례는 남성성기확대기나 섹스

1) Joel Feinberg, "Pornography and the Criminal Law," in *Pornography and Censorship*, pp. 124～126/U. S. vs. Ginzberg, 383 U. S. 463, 86 S. Ct. 942, 16 L. Ed. 2d 31(1966).
2) P. Magrath, "The Obscenity Cases : Grapes of Roth," 1966, S.ct. Rev. 7.27.
3) Ginzberg는 5년의 유기징역을 선고받았다.
4) K. R. Middleton, 앞의 책, pp. 376～377.

링을 음란물로 보지 않으나, 미국판례는 남성성기확대기가 호색적인 관심을 야기하는 음란물이라고 보는 한편으로 여성성기자극기구가 저속성 물품이 아니라고 판결하여 페미니스트들로부터 성차별의 의혹을 받고 있다.

둘째, 문학작품의 음란성판단에서 두 나라 판례는 약 15년의 시간차를 두고 있음에도 불구하고 작품의 한 부분이 아니라 작품의 전체적인 내용을 판단대상으로 확정하고 있다. 미국의 'Roth' 사건판례(1957)와 'Fanny Hill' 사건판례(1963, Roth-Memoirs 기준)는 우리나라의 「반노」 사건판례(1971, 1975)와 같이 작품의 특정부분을 음란물판단의 대상으로 삼지 않고 작품 전체의 사회적 가치를 판단대상으로 삼아야 한다고 보았다.

셋째, 음란물의 내용에 대해 우리나라 판례는 독자들의 성욕자극과 흥분의 야기, 성적 수치심의 침해, 선량한 성도덕관념의 위반을 들고 있는 한편으로, 미국의 판례는 호색적 흥미의 유발, 노골적인 불쾌감 야기, 사회적으로 보상할 만한 가치가 없는 것 등을 들고 있다. 우리나라의 판례에 비해 미국판례가 형사법적 · 사회적 폐해를 더 많이 살피고 있는 것이다.

넷째, 음란물의 판단기준으로 우리나라 판례는 보통사람의 입장에서 본 작품 자체의 순객관성을 들고 있는 한편으로, 미국의 판례는 평균인의 사회적 통념에 비추어 보되 미국사회전체의 기준보다는 지역공동체의 현재적 기준을 판단의 준거로 삼는 경향이다. 여기서 평균인이란 소년이나 성적인 특이자(변태성욕자)와 상호배척되는 개념이다.

다섯째, 우리나라 판례에서는 성표현물의 음란성판단에 상업적 목적이나 의도 여부를 밝히려는 시도가 없으나, 미국의 판례에서는 문학적으로 상당한 가치가 있는 표현이거나 걸출한 미와 예술성을 가진 도화라 하더라도 상업적인 판매촉진을 위해 배포된 것일 때에는 음란물이라는 판단을 하였다.

◇ 더 많은 관심을 가진 독자들을 위해 권고할 만한 문헌들

권영성, 「신고 헌법학원론」, 법문사, 1981.
박홍규, 「비교법—법을 통한 세계여행」, 이론과 실천, 1993.
정영석, 「형법각론」, 법문사, 1977.
한국법사연구원 편저, 「체계 대법원 판결례」, 법전출판사, 1992.
황산덕, 「형법각론」, 법문사, 1970.
Brownmiller, S., *Against Our Will : Men, Women and Rape*(New York : Simon & Schuster, 1975).
Copp, David and S. Wendell, *Pornography and Censorship*(New York : Prometeus Book, 1983).
Gagnon, J. H., *Human Sexualities, Glenview*(Illi. : Scott, Foresman, 1977).
Micheson, P., *The Aesthetics of Pornography*(New York : Herder and Herder, 1971).
Qualls, C. B., J. P. Wincze and D. H. Barlow(eds.), *The Prevention of Sexual Disorders : Issues and Approaches*(New York : Plenum, 1978).
Randall, R. S. *Freedom and Taboo-Pornography and Politics of a Self Divided* (Berkeley : University of California Press, 1989).
Zurcher, L. A. and G. R. Kirkpatrik, *Citizens for Decency : Antipornography Crusades as Status Defence*(Austin : University of Texas Press, 1976).

제 8 장

國家安保와 言論의 自由

제 1 절 國家機密과 言論

1. 國家機密의 伸縮性

언론은 국가활동의 최일선을 매일매일 접촉하기 때문에 국가의 크고 작은 기밀을 알 기회가 많다. 이 때 알게 된 기밀의 보도 때문에 국가의 중요한 외교기밀이나 군사정보가 폭로되어 국정수행과 공공의 이익에 커다란 타격을 받게 되는 경우도 일어나고 있다.

그러나 정부기관이 행정절차와 관련하여 자료의 공개범위를 지나치게 축소하는 것은 인식에 기초하여 스스로의 발전과 변화를 능동적으로 도모해온 개개인의 알 권리를 침해하여 자유로운 언론창달을 가로막는다. 그러므로 언론과 국가기밀의 공개정도는 민주주의사회의 성숙정도와 일정한 비례관계를 갖는다고 하겠다.

실질적 가치가 있는 국가의 기밀은 반드시 준수되어야 하고, 언론이 이를 침해하면 안 된다. 그러나 각국정부가 정하는 국가기밀의 범위는 국가주권의 자주성 정도, 정치권력의 민주주의수준 및 전쟁과 평화의 시대상황 정도에 따라 다양한 차이를 보인다.

사회과학자들의 주장을 빌리면 현대의 제 3 세계국가 가운데는 식민지국가, 반식민지국가 및 신식민지국가가 있다고 한다. 식민지 또는 반식민지국가

〈그림 8-1〉 국가기밀의 범위

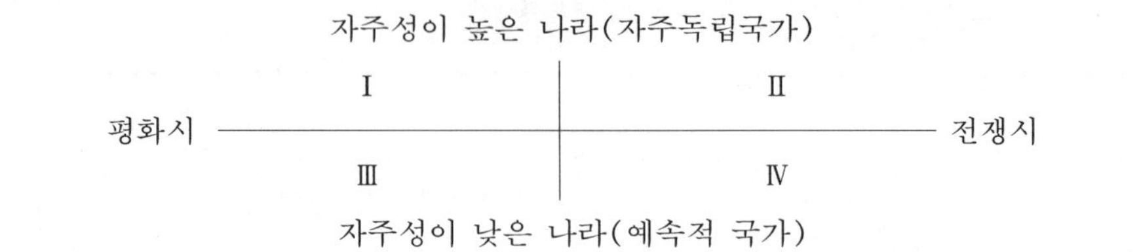

는 국가권력이 강대국의 예속을 강하게 받고 있는 나라로서 주로 자본주의발전이 뒤떨어진 나라들을 말하고, 신식민지국가란 강대국들이 신흥독립국의 정치적 독립을 형식적으로 승인하였지만 정치경제적·군사적·기술적으로 강대국들에게서 교묘한 간접지배를 받고 있는 나라들을 말한다. 식민지 또는 반식민지국가의 경우가 신식민지국가에 비해 국가기밀을 과도하게 유지하려 할 것이고, 호혜평등의 입장에서 정치경제적으로 대등한 입장에 있는 나라들에서는 국가기밀의 범위가 비교적 축소될 것이다.

〈그림 8-1〉을 설명하면 아래와 같다.

제Ⅰ군에 분류되는 경우는 평화시에 처해 있는 자주독립성이 아주 높은 나라일수록 국가작용의 국민공개성이 높아지고, 국가기밀의 범위는 매우 축소되어 대부분의 국가정책이 국민여론의 민주주의적 결정(crystallizing) 과정을 거침으로써 국민적 합의에 의한 정치가 더욱 쉽게 이루어진다. 국민의 알권리는 더욱 존중되고, 관료기구의 비밀주의는 개인의 사생활을 침해하지 않는 범위에서 신축적으로 운용되며, 민주주의는 더욱 성숙할 것이다.

제Ⅱ군으로 분류되는 나라들은 전쟁 또는 준전시상태에 처한 자주독립국가들을 말한다. 자주독립성의 정도가 높은 나라들은 전쟁을 수행하는 과정에서 국민들의 자발적 동의를 이끌어 내고 강력한 여론으로서 반국가행위자의 수를 극소화하여 국력을 총합할 수 있겠으나, 자주독립성의 정도가 낮아질수록 국민들의 승전정서를 지속적으로 유지하기 위해 제2차 세계대전중 일제가 우리나라나 만주국에 취했던 것처럼 사상통제의 차원에서 국가기밀의 범위를 확대하는 경향이 나타난다.

제Ⅲ군에서는 자주성이 낮은 나라들에서 평화시에 비교적 관대한 정부방침에 따라 국가의 활동을 알 수 있는 범위가 확대된다는 뜻이다. 자주성이 낮은 예속국가에서 평화시에 국민들은 사상과 양심의 외부적 표현범위가 확대되고, 정부관리들도 자신들의 통치보조활동이 국민의 동의를 얻고자 하기 때문에 정부관리들도 소수의 특정사항만을 국가기밀로 정한다.

제 Ⅳ 군으로 분류되는 경우는 예속적 반식민(半植民) 상태의 국가가 전쟁 또는 사변이나 정권의 위기에 직면했을 때, 정부관리들은 과도한 기밀을 유지하면서 비밀의 공표를 엄격하게 금지하는 경향이 흔하다.

평화가 오래 지속되거나 군사적 충돌이 줄어든 경우에는 당연히 국가기밀의 범위가 축소되고, 전쟁중 또는 전시와 이에 준하는 사변이 발생하였을 때는 국가기밀의 범위도 확대된다.

2. 國家機密의 概念

국가기밀이란 국가의 안녕과 질서유지 등 국이수호에 필요한 기밀을 말하며, 그것이 누설될 때 공공의 이익에 막대한 피해가 예상되는 사안들이다. 그 대표적인 예로 국제간의 외교적 판단은 교섭과 절충과정에서 비밀이 보장되어야 하고, 그것이 누설된다면 한 국가나 정부의 입장을 곤경에 빠뜨릴 수 있는 데다 외교 자체를 무의미하게 할 수도 있다. 또 다른 예로는 교전중이거나, 그렇지 않더라도 군대의 배치·이동 및 작전사항은 국가 자체의 안위에 심각한 문제를 던져 주는 것이기 때문에 그것이 누설될 때 국가이익에 상당한 타격을 입게 된다.

국가기밀의 제 1 차적 판단자들은 국민들에게 국가기밀사항에 대한 지식을 주는 것이 공중의 최대이익에 반하며, 국가기밀에 대한 국민들의 '알고 싶다'는 욕구도 그 정도가 낮으므로 국가기밀의 누설은 국민들의 이익과도 어긋난다는 신념을 갖고 있다. 그러나 어떤 종류의 정보가 공중의 최대이익에 속하는 것인지 또는 반하는 것인지를 판단하기는 쉬운 일이 아니다. 국가기밀의 판단자인 공무원과 국민의 판단이 공통의 기준이나, 서로 납득할 수 있는 타당성을 갖는 것은 아니어서 국가기밀보호는 국민의 알 권리와 정보의 자유에 대해 비교적 길항(拮抗) 관계에 있다.

어떤 정보가 국가기밀인지를 두고 학설과 판례는 몇 갈래의 해석을 하고 있는데, 학설은 크게 형식적 비밀설과 실질적 비밀설로 나눌 수 있고, 판례는 각국마다 다르다.

(1) 學 說

1) 형식적 비밀주의학설

국가기밀에 관한 학설로서 형식적 비밀주의는 일단 행정관청이 비밀이라고 지정한 사항이면, 그 내용이 무엇이든 그것이 누설됐을 때 처벌대상이 된다고 보는 학설이다.

국가기밀이란 "실질적으로 비밀에 속하는 것은 말할 것도 없고, 국가가 일반에게 알려지는 것을 금지하는 취지를 명시한 사항을 가리킨다. 국가공무원인 직원이 그 직무상 관계에서 특정의 문서를 배포한 경우, 비밀취급의 표시가 있을 때에는 국가기관이 문서내용을 일반에게 알리는 것의 금지를 국민에게 명시한 것으로 인정할 수 있다"는 것이다.[1) 이 학설은 비밀을 취급하거나 언론관계 · 공표업무에 종사하는 공무원의 입장에서 볼 때 업무상 방어와 직무보호의 기능은 있으나, 국민의 입장에서 볼 때 국가기밀에 대한 공무원의 자의적인 해석과 기밀범위의 확대에 따른 정보유통의 자유제한이 우려되어 오늘날에는 거의 죽은 학설이 되었다.

2) 실질적 비밀주의학설

i) 이론요지 실질적 비밀주의란 어떤 사안이 비공지된 사항으로서 국가가 그것을 비밀로 하여 공개를 금지할 의사를 갖고 있을 뿐만 아니라, 실질적으로도 국가기밀로서 보호할 가치가 있다고 객관적으로 인정될 수 있는 것이어야 국가기밀이 된다는 학설이다. 즉 "비밀이란 실질적으로 비밀성을 갖춘 것으로서, 그 누설에 대해 형벌을 주면서까지 보호할 가치가 있다고 할 수 있는 것을 지칭한다."[2)]

실질적 비밀설은 국가기밀의 요건으로 ① 비공지성(非公知性)과, ② 기밀보호의 필요성을 꼽는다. 비공지성이란 통상의 지식경험을 갖춘 다수인(多數人)이 알고 있는 사항이면 기밀이 될 수 없다는 뜻이다. 기밀보호의 필요성은 그 사항이 갖는 가치 내지 중요성, 공개될 때의 파급효과, 국민의 이익과 민주주의의 실현을 위해 특정사안이 기밀로서 보호될 필요가 있어야 한다는 뜻이다.

---

1) 東京高裁 1957. 9. 5. 判決, 「高裁刑集」 10卷 7號, 569面.

2) 大阪地裁 1967. 5. 10. 判決, 「判例時報」 485號, 27面, 西山太吉 事件; 最高裁 1978. 5. 31. 決定, 「刑集」 32卷 3號, 454面, 「判例時報」 887號, 17面.

ii) 실질적 비밀의 판단주체 실질적 비밀주의에 어떤 사안이 실질적 비밀인가를 판단하는 주체에 대해서는 국가기밀의 실질요건인 '비공지성과 기밀보호의 필요성'에 대한 최종판단권이 누구에게 귀속되는가에 따라 법원 귀속설과 정부귀속설이 있다.

세계적 통설은 법원판단설이라고 하겠으나 정부의 국민대표성을 내세우는 편에서는 국가기밀의 최종판단자는 국민이고, 정부는 국민의 의사에 따라 조직되었다는 논리를 내세워 정부판단설을 주장하는 견해도 있다.

미국의 '레이놀즈 사건'은 국가기밀의 최종판단권이 법원에 귀속된다고 본 법제사적 의미를 갖고 있다.[1] 레이놀즈 사건의 개요는 다음과 같다.

레이놀즈는 비밀전자장치를 부착하고 시험비행하던 공군기의 충돌사고로 사망한 민간인이다. 미망인이 정부를 상대로 손해배상청구소송을 제기하면서, 사고원인을 규명하기 위해서는 공군측의 사고조사보고서가 필요했으므로 그 제출을 요구했으나 공군측은 군사기밀의 비닉(祕匿)특권을 내세워 이를 거절했다. 연방지방법원은 비닉특권의 성립 여부를 심사하기 위해 비공개를 조건으로 하여 공군측에 보고서제출을 명령했으나 공군측은 이를 거부하였다. 연방지방법원은 공군측의 보고서제출 거부를 공군측이 과실을 자인하는 것으로 보아 미국정부에게 손해배상을 명하였다.

공군측의 불복으로 항소심이 열렸고 공군측은 공군장관의 비밀지정권은 권력분립의 요청에 따른 정당한 권한이라고 주장했으나, 항소법원은 비닉특권과 법적 증거의 강제 간에 어떤 관계가 있는지를 논할 때 법원은 비공개의 법정에서 정부가 지정한 기밀을 심사하는 기회를 가져야 한다고 판시했다. 연방대법원에서는 항소심의 위와 같은 견해를 배척했으나, 행정부의 비닉특권주장이 완결적 의미를 갖는 것은 아닌 만큼 법원은 행정부의 이익과 정보공개를 요구하는 자의 이익을 형량하여 비닉특권의 범위를 결정하는 역할을 맡고 있다는 점을 인정했다.

정부판단설은 니시야마(西山太吉) 기자의 외무성 비밀문서누설 사건에서 일본정부측이 내세운 주장이었다.[2] 니시야마 사건의 판례는 이 장 뒷부문에서 자세히 살피겠다.

---

1) United States vs. Reynolds, 345 U. S. 1/ 73 S.ct. 528, 97 L.Ed. 2d 727(1953).

2) 芦部信喜, "民主國家における知る權利と國家機密,"「ジュリスト」, 1972. 6. 15, 24面.

이 사건에서 일본정부측은(검찰측 주장) 특정의 행정사항을 비밀로 정하는 것은 국민에 의해 선출된 정부만이 판단할 수 있으며, 국제관행으로도 외교상의 교섭내용은 공표하지 않는 것이 관례라는 점을 내세워 국가기밀에 대한 사법심사의 범위를 넓게 인정한 법원판결에 맞섰으나 변호사는 국민의 알권리가 공무상의 비밀보다 우선하는 것이라고 항변했다.

일본대법원(최고재판소)의 판결은 국가기밀의 형식주의에 대해서 부인하고, 국가기밀의 실질성 여부를 판단하는 것은 각급법원이라는 점을 분명히 했다. 이것은 정부가 비밀을 보호하는 과정에서 비밀유지의 필요성에 관한 행정판단도 다시금 사법적 판단이 된다는 점을 인정한 것으로 정보기관이나 정부공직에 종사하는 자나 우연히 또는 의도적으로 국가기밀을 접한 자의 국가기밀공표행위가 법원의 심판에 의해서만 유죄 또는 무죄가 됨을 뜻하는 것이다.

최근의 우리나라 대법원판례는 형식적 비밀에 대해서는 무죄를 선고하여 하급심판결을 파기하고, 실질적 비밀주의의 두 요건인 비공지성과 비밀보호의 필요성을 받아들였다.[1] 이것은 우리 판례가 미국이나 일본에서와 같이 실질적 비밀주의를 채택하는 것으로 해석함이 타당할 것이다. 그러나 형법 제98조 제2항의 군사상 비밀이나 국가보안법상의 목적수행을 위한 행위로서의 군사기밀규정은 현대전에서 정치·경제·사회에 관한 모든 사실이 군사력과 직결된다고 보아 그 폭을 상당히 확대적용하고 있다.[2]

여전히 폐지론 또는 개폐론이 제기되고 있는 국가보안법의 제4조 제1항 제2호는 형법 제98조에 해당하는 행위에 대한 가중처벌에다 덧붙여 국가기밀을 탐지·수집·누설·전달·중계한 경우 사형 또는 무기징역에 처하도록 규정하고 있다. 이 규정은 반국가단체(사실상 북한정권을 지칭함)의 구성원 또는 그 지령을 받은 자의 목적수행을 위한 행위에 적용된다.

국가공무원법이나 지방공무원법, 국가안전기획부직원법, 법원공무원규칙에도 비밀준수의무가 있고, 특히 군사기밀보호를 위한 특별법으로서 군사기밀보호법 등의 군사관계법과 국가정보원법이 있다.

---

1) 대판 1981. 7. 28. 선고, 81도1172, 「대법원 판결집」 29권 2호, 형사편, 96면.

2) 대판 1980. 9. 9. 선고, 80도1430, 「법원공보」 643호, 13면, 176면; 대판 1983. 6. 28. 선고, 83도1109, 「법원공보」 710호, 1면, 161면 등 다수.

(2) 우리나라 實定法上의 國家機密

우리나라의 각종 공법에는 국가기밀누설에 대한 처벌규정이 다른 나라에 비해 많다. '최근 국정감사장에서의 1급 군사기밀유출' 보도, '분유에 함유된 발암물질' 보도, 그리고 전국방장관에 대한 검찰의 감청영장청구사실을 보도한 특정 신문의 청사출입통제조치 등은 취재의 자유가 공적(公的)인 비밀보호 요구와 어느 접점에서 조정될 수 있는지 짚어 볼 수 있는 계기를 제공하고 있다.

우리나라 국가정보원법 제 3 조 제 1 항 제 2 호에 의거한 보안업무규정은 '비밀'이란 그 내용이 누설되면 국가안전보장에 유해로운 결과를 초래할 우려가 있는 국가기밀로서, 이 규정에 의해 비밀로 분류된 것으로 정의하고 있다. 이 규정에 따르면 비밀은 공공적 기밀을 Ⅰ급 비밀, Ⅱ급 비밀, Ⅲ급 비밀로 나누고 있다. 그리고 군사기밀보호법에는 '일반인에게 알려지지 아니한 것으로 그 내용이 누설될 경우, 국가안전보장에 명백한 위험을 초래할 우려가 있는 군관련 문서, 도화, 전자기록 등 특수매체기록 또는 물건으로서 군사기밀이라는 뜻이 표시 또는 고지되거나 보호에 필요한 조치가 행하여진 것과 그 내용(제 2 조) 가운데 정도에 따라 군사 Ⅰ급 비밀, 군사 Ⅱ급 비밀, 군사 Ⅲ급 비밀이 있다(제 3 조 제 2 항). 형법에도 군사상 기밀을 적국에 누설하거나(형법 제98조에 의거, 사형·무기 또는 7년 이상 징역형에 처함), 외교상 기밀을 누설, 또는 누설의 목적으로 탐지 또는 수집한 자(형법 제113조에 의거, 5년 이하의 징역이나 벌금형에 처함)를 처벌하도록 규정하고 있다. 국가공무원법에는 "공무원은 재직중은 물론 퇴직 후에도 직무상 지득한 비밀을 준수해야 한다(국가공무원법 제60조)"고 규정하여 비밀준수의무를 주요 복무규율로 정하고 있으며, "이 의무를 위반했을 때에는 2년 이하의 징역이나 금고 또는 5년 이하의 자격정지에 처하도록" 형법에 규정하고 있다(형법 제127조).

우리나라의 실정법상 비밀은 '비밀', '군사기밀', '공무상 비밀' 등으로 나눌 수 있다. 그 중 국가기밀은 국가정보원법에 따른 '비밀'과 군사기밀보호법에 따른 '군사기밀'로 2원화되어 있고, 분류는 미국의 경우처럼 3등급으로 하고 있다. '비밀'은 국가정보원법법(법률 제3313호, 1980. 12. 31. 및 개정)에 따른 보안업무규정〔국가정보원의 전신인 중앙정보부 때 제정된 대통령령 제5004호

(1970. 5. 14)와 그 개정규정 1999년 3월 31일 개정된 국가정보원직원법 시행령(대통령령 제16211호) 및 1999년 12월 7일 개정된 공공기관의 기록물관리에 관한 법률 시행령(대통령령 제16609호)〕에 의거해 비밀의 중요성과 가치정도에 따라 Ⅰ급 비밀, Ⅱ급 비밀, Ⅲ급 비밀(보안업무규정 제 4 조)로 구분하고 있다. 비밀은 그 규정에 정해진 경우를 제외하고는 그 비밀문건의 예고문 또는 발행자의 직권에 의해서만 재분류 또는 파기될 수 있고, 비밀취급인가자에 한해 그 비밀과 업무상 직접 관계가 있을 때에만 열람할 수 있으며, 비인가자에 대한 열람·공개 또는 취급은 사전에 국가안전기획부장의 보안조치를 받아야 한다.

군사기밀보호법에 따른 군사비밀도 동법 시행령에 따라 3가지로 분류하고 있으며, 군사기밀의 해제 또는 공개는 미리 문서로 국방부장관을 거쳐 국가정보원장의 승인을 얻어야 한다. 군사기밀의 취급·관리 등에 관한 사항은 전술한 보안업무규정을 준용하도록 정하고 있다(동 시행령 제 8 조). 특히 출판물에 의해 군사기밀을 누설하거나 과실에 의해 누설한 것은 물론, 우연지득자의 누설행위도 해당 법정형의 2분의 1까지 가중처벌하도록 규정하여 '비밀' 및 '군사비밀'의 공개가 상당 정도 제한되고 있는 형편이다.

비밀취급인가를 받은 자는 인가와 동시에 대통령훈령인 보안업무규정 시행세칙〔대통령훈령 제25호(1969. 5. 30)는 대통령훈령 제46호(1981. 10. 7)로 제 2 차 개정되었음〕의 해당 서식에 의거해 서약을 행해야 한다(동 시행규칙 제 5 조).

이 밖에 공무상 비밀이 있다. 즉 공무원 또는 공무원이었던 자는 법률이 정하는 경우를 제외하고 소속기관장(소속되었던 기관장)의 승인을 받아야만 비밀을 공개할 수 있다. 또한 보안업무규정 시행규칙에 따르면 업무규정상의 3가지 비밀 이외에도 직무수행상 특별히 보호를 요하는 사항은 이를 대외비로 하며 비밀에 준해 보관하도록 정하고 있다.

(3) 判例와 解釋

실정법으로도 국가보안법규정에 따라 국가기밀의 범위가 매우 넓지만, 형법이나 군사기밀보호법에 대한 대법원의 판례도 "군사상의 기밀이라 함은 순전한 군사상의 기밀에만 그치는 것이 아니고, 오늘날과 같이 사회·정치·경제에 관한 모든 사실이 군사력에 직결되어 있는 현대전의 양상 아래서는 사회 · 정치 · 경제에 관한 기밀은 동시에 군사상 기밀에 속하는 것으로 보아야 한다"[1]는 것이었다.

더구나 국가보안법관련 판례는 "국가기밀을 군사기밀에만 국한할 수 없고, 정치 · 경제 · 문화 · 사회의 각 방면에 관한 국가적 기밀까지 포함하고, 그 사실이 대한민국에서는 상식에 속한다 할지라도 반국가단체에게 유리한 자료가 될 경우까지"[2]로 확대되었다.

군사정권당시의 폭압적 사상단속과 표현의 자유에 대한 규제로 우리나라에서는 '대한민국에서 자명하고도 당연한 경제질서의 기본원칙'[3], '대통령선거 당시 국민들의 정부에 대한 지지동향 및 국민여론'[4], '정치 · 경제 · 사회 등 전반에 걸친 민심동향'[5] 등은 물론 '청와대의 동정 및 시설, 그 주위의 산세, 관망에 관한 사항'[6] 까지도 국가기밀로 인정되던 암울한 시절이 있었던 바 사실이다.

이 당시 특기할 만한 것으로 국회국방위원회 공개석상에서 국방장관이 낭독한 "전투태세완비 3개년 계획확립"의 사실을 보도한 동양통신 필화사건(1968. 6. 17.)은 대법원의 무죄판결이 내려지기까지 4년간이나 법원에 계류되어 있었다. 무죄판결이유의 요지는 취재원으로부터의 보도관제요청 그 자체가 법률적 구속력은 없다는 것이었지만, 공개된 군사기밀도 비밀이라는 입장을 조금도 늦추지 않았다.[7]

이와 같은 암흑시대에 절대적 위력을 발휘한 국가보안법은 제 5 공화국시절에 들어서면서 각종 법규에 정해진 비밀의 범위를 더욱더 넓혀 마침내 1986년 12월 민주언론운동협의회가 발행하는 '말'지 특집호(1986. 9)의 "보도지침사례집"을 외교상 기밀누설로까지 기소하게 만든[8] 현대판 우화가 벌어지기도 했다.

---

1) 대판 1980. 9. 9. 선고, 80도1430, 「법원공보」 643호, 13면, 176면. 동지 : 대판 1959. 5. 22. 선고, 4292刑上 62 대법원판례카드 5704호 등이다.
2) 대판 1982. 2. 9. 선고, 81도3040, 「대법원판결집」 30권 1호, 형사편, 21면. 동지 : 대판 1966. 4. 26. 선고, 66도284.
3) 대판 1967. 8. 29. 선고, 67도918.
4) 대판 1968. 3. 19. 선고, 68도59.
5) 대판 1969. 2. 25. 선고, 68도1825.
6) 대판 1978. 12. 26. 선고, 78도2652.
7) 대판 1972. 2. 29. 선고, 판결요지.
8) 박원순, 「국가보안법연구 II」, 역사비평사, 1992, 83면.

제6공화국에 들어서면서부터 헌법재판소는 언론출판의 자유를 규제하는 합헌적 기준들을 위헌심판결정에 의해 마련해 가고 있다. 이 가운데 국가보안법 제7조 제1항 고무·찬양죄에 대한 한정합헌해석에서 국가보안법의 해당문언들이 "지나치게 다의적이고 그 적용범위가 광범위하므로 국가의 존립·안전을 위태롭게 할 만큼 실질적 해악을 미칠 명백한 위험성이 있을 때에 한해 위법성을 인정해야 한다"는 판례를 내놓았다.[1]

여기에 덧붙여 헌법재판소는 "남북간에 일찍이 전쟁이 있었고 아직도 휴전상태에서 남북이 막강한 군사력으로 대치하며 긴장상태가 계속되고 있는 상황에서 국가보안법을 완전폐기함에서 오는 국가적 불이익이 폐기하지 않음으로 인한 이익과 비교하면 오히려 클 것"[2]이라는 이익교량원칙(Ad hoc balancing theory)을 받아들였다.

국가보안법의 적용범위가 축소되면서 군사기밀보호법에 의한 군사기밀도 자연히 그 영역이 줄어들게 되어 군사상의 기밀이란 "비공지의 사실로서 적법절차에 따라 군사기밀로서의 표지를 갖추고 그 누설이 국가의 안전보장에 명백한 위험을 초래할 만큼 실질적 가치를 지닌 것"[3]에 한정하는 선고가 내려졌다. 이어서 이 판결은 "군사상의 기밀이라는 개념이 죄형법정주의가 요구하는 명확성의 원칙에 위배되는 것이 아니라 할지라도 국민의 알 권리와 상충하는 편이 크므로 군사기밀의 범위를 국가안보에 명백한 위험을 초래할 실질적 비밀로 한정하는 것"이 합헌이라는 요지였다.[4] 우리나라의 국가비밀에는 군사기밀 외에도 공무원의 직무와 관련하여 비밀로 취급하는 문건들이 모두다 포함될 수 있다. 그러나 공무상 비밀의 범위가 확대되는 것은 공무의 민주적이고 능률적인 운영을 어렵게 만들 우려가 있기 때문에 국민의 알 권리를 인정하는 범위가 넓을수록 비밀의 영역은 줄어들어야 하고, 특히 비밀이라고 정했다고 해서 곧 비밀이 되는 것이 아니므로 실질적으로 공무상 비밀로서의 가치를 가져야 하는 것이 당연한 귀결이다.

1) 헌재 1990. 4. 2. 선고, 89헌가113 결정, 「헌재판례집 II」, 49면.
2) 헌재 1990. 4. 2. 선고, 89헌가113 결정, 「헌재판례집 II」, 49면.
3) 헌재 1992. 2. 25. 선고, 89헌가104 결정, 「헌재판례집 IV」, 64면.
4) 정재황, 「판례헌법」, 길안사, 1996, 348면.

(4) 美國實定法上의 國家機密

미국은 국가기밀을 1급 비밀(Top Secret), 2급 비밀(Secret), 3급 비밀(Confidential)로 분류해 관리하고 있다. 기밀분류의 근거는 대통령령에 의해 국방장관이 지시한 일종의 행정적 판단에 따른 것이라고 할 수 있을 것이다.

1급 비밀은 법률에 의한 경우를 제외하고 국방상 가장 많은 보호가 필요한 정보와 자료로서, 만약 그것이 누설되면 국가방위가 어려워지고, 외교관계가 단절되며, 또한 동맹국에 대한 무력침공이나 전쟁이 유발되며, 국방상의 시설과 국방기술발전을 위태롭게 해 국가에 대해 중대한 손실을 발생케 할 우려가 있는 것들이다.

2급 비밀은 법률에 의한 경우를 제외하고 국방상 보호가 필요한 정보와 자료로서 누설시에는 외교관계의 위험, 국방계획과 정책의 실효성이 저하되고, 국방상 중요한 기술개발이 위태롭게 되는 첩보활동과 정보관련사항들이다.

3급 비밀은 법률에 의한 경우를 제외하고 자료가 누설되면 국가방위상 불리해지게 되는 사항들이다.

비밀의 분류는 닉슨 대통령 재직시에 등급재분류장치가 대폭 완화되었다. 이 때부터 1급 비밀은 2년 후에 2급 비밀로, 최초지정 4년 후에는 3급 비밀로 자동격하된다. 또 2급 비밀은 2년 후에 3급 비밀이 되고 따라서 2급 비밀은 최초지정 후 8년이 지나면 비밀에서 제외되며, 3급 비밀은 6년이 지나면 자동적으로 비밀분류에서 해제된다.[1)]

국가기밀정보의 비공개는 정부측 해석이 우선하는 경우가 많았던바, 카터 대통령은 이 점을 주목하였다. 그는 공공의 이익과 정부의 이익이 항상 동등하지 않은 만큼 정부 각 부처에 양자를 똑같이 고려하도록 요구했다. 그 이유는 문서분류작업을 통해 특정의 정보에 접근할 수 없게 하는 것은 당장 정부의 이익에 도움이 될 때도 있겠지만, 공공의 이익에는 오히려 해악을 줄 수 있다는 점 때문이었다. 그래서 카터의 집권시절에는 연방정부기관이 매 6년마다 비밀정보문건을 검토하여 재분류하지 않을 경우, 6년 후에는 자동적으로 비밀분류가 해제되었다.

레이건과 부시 행정부에서는 가능한 한 비밀로 분류된 정보문건의 수를

1) 닉슨 대통령명령 제11652호(1972. 6. 1).

확대하여 카터행정부가 비밀해제한 정보까지도 다시 비밀로 환원시켰다. 예를 들면 정부기관원들이 버지니아 군사아카데미 도서관에 침입하여 이미 수년 동안 공개되었던 문서를 다른 곳으로 옮겨 가는 일까지 있었다. 그러나 클린턴대통령은 다시 카터행정부의 정책지향을 따라가면서 국가안보와 밀접한 관계가 있는 정보는 보호하지만 가능한 한 비밀분류정보의 양을 줄여가고 있다.[1)]

그 밖의 특별법에 방첩법(Espionage Act)으로 통칭되는 미합중국 법전 제18편 제37장(제792조~제799조)의 제798조(비밀누설)는 기밀정보의 발표를 금지하고 있다. 법조문은 다음과 같다.

"다음에 해당하는 자는 10년 이하의 금고 또는 1만 달러 이하의 벌금에 처하거나 두 가지 형을 병과한다.

①, ② 항 생략

③ 미국 또는 외국정부의 정보연락활동에 관한 비밀정보 또는

④ 외국정부로부터의 통신연락에 의해 취득하게 된 비밀정보를 고의로 권한 없는 자에게 통보·제공·이전 기타의 방법으로 공표하거나 사용함으로써 미국의 안전과 이익을 침해하는 경우에는 미국에 손해를 입히고 외국에 이익을 줄 목적이 있었을 때(에 한해)…."

3. 國家機密保護를 위한 處罰基準의 變遷史

언론·출판의 자유도 무제한적인 것은 아니어서 국가기밀이라고 판단되는 것을 누설한 자는 처벌을 받는다. 그러나 언론·출판의 자유가 민주주의의 정치과정상 여론형성과 국민 개개인의 인격발현을 목표로 반드시 보장되어야 하는 것이기 때문에 국가기밀을 누설했다고 해서 처벌하는 데는 일정한 제한이 있어야 할 것이다. 역사적으로 돌이켜 볼 때 국가기밀보호를 위한 언론자유의 제한범위와 제한방법 및 제한의 근거에 대해서는 사회발전과 함께 국가의 존재양식과 밀접한 관련을 갖고 다양한 해석이 있어 왔다.

우리나라와 일본의 헌법해석과 판례에 많은 영향을 미친 미국 연방대법

1) Don R. Pember, *Mass Media Law*, 1997 ed., Brown & Benchmark Publishers, 1997, pp. 293~294.

원판례를 중심으로 국가기밀보호의 기준을 개관하기로 한다.

(1) 事前抑制禁止의 原則

언론에 대한 사전억제는 인간이 가진 내면적 가치의 외부적 표현에 정부가 개입하여 이를 사전에 억제하거나 실질적으로 억제의 효과를 나타내게 하는 규제방법이다. 사전억제는 블랙스톤 경(Sir W. Blackstone)의 다음과 같은 설명에 의해 18세기 이래 사후적인 처벌과는 별도로 금지되어야 함이 마땅한 것으로 널리 알려져 있다.

"모든 자유인은 공중 앞에서 자기가 좋아하는 감정을 나타낼 수 있는 권리를 가지고 있다. 그러나 부당하고 악의적이며 불법적인 내용을 공표했다면, 그 자신의 무모함으로 빚어진 결과에 대해 책임을 져야 할 것이다."[1)]

연방대법원이 사전억제를 위헌으로 판단한 최초의 사건은 니어 대 미네소타 사건이었다.[2)] 미네소타주법에는 악의나 비방, 명예훼손이나 외설 등의 공표는 검사의 금지명령(禁止命令 : Injunction) 청구에 의해 계속 발표를 금지하는 규정이 있었다. 연방대법원은 이 사건의 판결에서 주법이 검열의 본질을 갖추고 있으므로 수정헌법 제 1 조에 어긋난다고 판결하여 이 사건이 본질적으로 검열임을 밝혔다.

(2) 危險한 傾向의 原則

언론자유에 대한 한계가 1917년 제정된 방첩법(Espionage Act) 위반사건으로 구체화되기 이전부터 미국 연방대법원의 수정헌법 제 1 조에 대한 해석기준으로 통용되던 원칙이 위험한 경향(bad tendency)의 원칙이다. 이 원칙은 1919년 홈즈(Holmes) 판사의 '명백하고도 현존하는 위험의 원칙'에 의해 잠시 밀려났다가 1925년 미국 사회당의 좌파지도자인 기트로우(B. Gitlow) 사건[3)]으로 부활하여 제 2 차 세계대전기를 넘기기까지 했다. 일명 스미스법이라고 불리워지는 파괴활동금지법은 1940년 독점자본주의의 토대를 위협하는 활동을 제한하는 조치로서 군대 내 불복종선동을 금지하고, 정부의 폭력적 전복이나 파괴를 주창·교사하는 행위를 금지하며, 위와 같은 조직을 방조하거나

1) L. E. Ingelbart, *Press Freedom*(New York : Greenwood Press, 1987), pp. 113~114.
2) Near vs. Minnesota, 283 U. S. 497(1931).
3) Gitlow vs. New York, 268 U. S. 652(1925).

조직에 가입하는 행위를 금지하는 법까지도 합헌성을 가질 수 있었다. 이 원칙은 언론이 그 성격상 공공의 안녕질서를 위협하는 경향이 있는 행위를 하게 되면 경찰권에 의해 처벌받게 된다고 판시함으로써 언론행위의 결과와는 상관없이 선동을 규제・예방하겠다는 사상통제의 입장을 밝히고 있다. 이 원칙은 1951년 데니스 사건 때까지 정부측 의견으로 자주 제시되어 법원이 받아들였던 원칙이었다. 데니스 사건은 스미스법을 적용하여 미국 공산당의 정부전복음모사건을 처벌한 것인데, 미국 연방대법원은 6 : 2의 다수결로 '위험한 경향의 원칙' 대신 '중대하고 개연성 있는 위험의 원칙(grave and probable danger test)'을 채택하여 데니스의 유죄를 인정하였다. 이 때 블랙(Black) 판사와 더글라스(Douglas) 판사는 소수반대의견을 냈다.

(3) 明白하고도 現存하는 危險의 原則[1)]

미국수정헌법 제 1 조의 해석에서 미국대법원이 취한 최초의 판단은 1919년의 '명백하고도 현존하는 위험의 원칙(clear and present danger test)'이었다. 이 원칙은 쉥크 사건[2)]에서 제 1 차 세계대전에 즈음하여 전개된 징병반대운동의 처벌을 가능하게 한 홈즈(Holmes) 판사에 의해 구체화된 법이론이다. 쉥크는 당시 미국 사회당 서기장으로서 징병반대운동이 간첩죄에 해당한다고 하여 처벌받았는데, 연방대법원은 상당한 해독을 당장에 일으킬 만한 명백하고도 현존하는 위험이 있을 경우에만 언론자유를 제한할 수 있다는 이유로 그의 유죄를 인정했다. 쉥크는 평상시(ordinary times)가 아닌 데도 징병반대를 주장하여 사회적 해악을 유발했다는 것이다.

아브람즈도 "미국이 해병대 소수병력을 러시아에 파견하고도 이를 밝히지 않는 대통령은 겁장이다. …노동자여 궐기하라…"는 등이 적힌 전단을 살포하여 무기산업의 총파업을 선동했으므로 명백하고도 현존하는 위험의 원칙에 따라 유죄를 인정받았다.[3)]

이 법리가 성립하기 위해서는 ① 실질적인 해악의 존재, ② 명백한 위험의 존재를 필요로 한다. 이 이론은 첫째, 언론자유를 제약하는 안이한 방법으로 장기간 인정되어 온 '위험한 경향의 원칙'을 부정한 역사적 의미가 크다.

1) 유일상, 앞의 책, 233~234면.
2) Schenk vs. U. S., 249 U. S. 47(1919).
3) Abrams vs. U. S., 250 U. S. 616(1919).

종래의 사고방식에 따르면 표현내용이 현실적으로 사회에 해악을 가져왔는지를 불문하고 표현과 해악의 인과관계 유무를 따져 보지 않은 채 표현 그 자체의 위험성에 근거하여 언론행위의 억압을 합리화할 수 있었다. 이 이론의 채택으로 표현행위와 인간의 반사회적 행동, 즉 현실사회에서의 해악발생간에는 인과(因果)관계가 명백하고 시간적으로도 현존하는 위험이 있어야 비로소 표현행위에 대한 제약을 인정하게 되었다.

둘째, 이 이론은 홈즈와 브랜다이즈 판사의 소수의견으로 법적용단계에서 피고인의 유·무죄를 결정하는 기준이었으나, 1940년대 이후에는 입법의 위헌성을 판단하는 이론으로 통용되었다.[1)]

이 원칙을 보강·대체하는 원칙으로 펜타곤 사건의 '절박하고도 직접적인 위험의 원칙(imminent and immediate danger test)'이 제시될 때까지 '브란덴버그원칙'(Brandenburg test)이 불법표현행위에 대한 규제의 기준으로 작용하였다.

브란덴버그원칙은 ① 특정개인의 표현이 불법행위를 절박하게 자극하거나 유발할 우려가 있고, ② 불법행위를 자극하거나 유발할 목적으로 행해진 경우에는 그 표현은 헌법상 보호를 받지 못하고 형사처벌을 받는다는 것이다.[2)] 이 원칙은 명백하고도 현존하는 위험의 원칙 가운데 인과관계의 명백성을 적용하되 시간적 현존성을 절박성으로 대체하고, 주관적 구성요건인 목적성요건을 보충한 것으로 보인다.

(4) 優越的 地位의 原則

이 원칙(preferred position test)은 표현의 자유를 다른 어떤 자유보다도 우월적인 지위에 놓으려는 경향이다. 이 원칙의 전제논거로서 이론가들은 자유권을 먼저 경제적 자유와 정신적 자유로 구별하여 후자에다 우월적 지위를 인정하는 이중기준(double standard)을 제시하고, 언론의 자유가 다른 모든 자유의 모체요 필수불가결의 요건이라고 명시했다.[3)]

이 이론은 1940년대를 거치면서 소송절차상으로도 우월적 원칙을 확립

1) 奧平康弘, "明白にして現存の危險理論について," 淸水英夫 編, 「法と表現の自由」, 學陽書房, 1975, 309~316面.

2) Brandenburg v. Ohio, 395 U. S. 444(1969).

3) Palko vs. Connecticut, 302 U. S. 319(1937).

하는 데 기여했다.[1] 이 이론이 확립해 준 소송절차법상의 원칙들로는 '언론을 규제하는 입법의 합헌성배제', '당사자적격의 완화', '입증책임의 원고측 전환', '언론관계법해석에 있어서의 엄격해석주의', '고의에 대한 고도의 증거주의' 등인데, 이들 원칙들은 사상과 언론의 자유에 관한 우월성을 보장하기 위한 원칙으로서 개별적으로 또는 다른 원칙과의 제휴로 더욱 발전하게 된다.[2]

(5) 利益衡量의 原則

이 원칙은 언론의 자유를 제한함으로써 얻게 될 이익과 그것을 보장함으로써 얻게 될 이익을 개개의 사건에 따라 개별적으로 형량하는 판단에 의해 언론자유와 다른 법칙을 비교하는 원칙으로 "Ad hoc Balancing test"라고 부른다. 이 원칙은 '명백하고도 현존하는 위험의 원칙'의 법리에 대한 비판자로서 널리 알려진 프랑크푸르터(Frankfurter) 판사에 의해 주장된 법이론으로서, 언론자유의 절대성을 부인하고 국가이익과 같은 특수이익을 내세웠을 때 언론의 자유를 제약하는 근거로써 악용될 우려가 있다.[3]

특히 이익형량의 방법은 개인간의 이익조정에는 실효성이 있으나, 국가기밀과 관련된 언론자유의 범위문제를 다룰 때는 특히 신중해야 할 것이다. 국가가 위기상황을 만들어 내거나 국가기밀의 보호필요성을 정부가 주장할 때, 정부의 권리는 공익을 대변함으로써 항상 개인의 권리에 우선하고 개인의 여러가지 권리 가운데서 어떤 것이 먼저 옹호되어야 하는지를 판단하는 권한이 주로 정부에 주어지게 되므로 사법적 비교형량과정에서 정부의 논리가 개인의 언론자유를 압도하게 된다. 또 상당히 양심적인 재판관이라고 하더라도 전시 또는 사변이나 긴급시에는 정부의 권리와 다른 견해를 취하기 어려운 나라들의 현실을 고려하면, 이익형량의 원칙은 언론출판의 자유에 대한 억제력이 다른 원칙들에 비해 비교적 크다고 할 수 있다.[4]

이 원칙이 통용되면 언론자유의 예정적인 우위성은 상실될 가능성이 크고, 미국의 경우에 수정헌법 제 1 조가 보호하는 이익은 권리장전이 보장하는

1) 박용상, "언론출판의 자유의 한계," 서울대학교 사법대학원 석사논문, 1970, 49~69면.
2) 박용상, 「언론의 자유와 공적 과업」, 교보문고, 1982, 110~117면.
3) 팽원순, 앞의 책, 113~114면.
4) 유일상, 앞의 책, 235~236면.

다른 이익들의 보호와 상대적인 입장에 서지 않을 수 없다.[1] 이 이론은 미·소냉전기에 공산당원이 아닌 노동단체간부들의 의견서제출을 요구한 전국노동규제법의 위법성 여부를 다룬 미국 커뮤니케이션협회 사건[2]에 대한 판결에서 '명백하고도 현존하는 위험의 원칙'에 대체되었으나, 소련의 붕괴 이후에도 다시 득세하고 있는 미국 대법원의 보수파판사들에 의해 앞으로도 상당기간 국가기밀이나 국익보호를 위한 원칙으로 효력을 가질 것으로 보인다.

제 2 절 美國의 關聯判例

미국판례는 연방수정헌법 제 1 조에 의해 연방의 어떤 기관도 언론에 대한 사전검열을 행할 수 없다고 밝혔다. 또 수정헌법 제14조에 의해 주정부의 어떤 기관도 마찬가지라고 말한다. 그러나 전쟁시에는 군사기밀의 공개가 국가의 안위에 위협을 가져올 수 있는 특별한 경우가 있다. 법원은 이 때에 한해 예외적으로 검열이 허용된다는 판결이 있었다. 그러나 국민의 알 권리에 대한 점증하는 요구와 정보의 자유에 대한 정치적 필요성 때문에 국가기밀의 보호범위는 비교적 차근 차근히 축소되고 있는 것처럼 보인다. 최근의 몇 가지 판례를 통해 미국에서의 국가기밀보호와 언론자유의 대립·긴장관계를 살펴보자.

1. 펜타곤 文書(The Pentagon Paper) 事件 — 國防省 祕密文書 報道의 防諜法違反事件

뉴욕타임즈의 Neil Sheehan 기자는 전직이 국방성 관리였던 D. Ellsberg로부터 1급 비밀문서로 분류된 "미국의 베트남 정책 결정과정(U. S. Decision Making Process on Vietnam Policy)" 수권(數卷)과 "통킹 만 사건의 명령과 통제에 관한 연구" 1권을 입수하여 1971년 6월 12일부터 14일에 걸쳐 3일 동안 요약·연재했다.

1) Bridges vs. California, 314 U. S. 252, 1941(Frankfurter 판사의 소수의견요지 중 일부).
2) American Communications Association vs. Douds, 339 U. S. 382(1950).

뉴욕타임즈의 연재기사 중 제 2 회분 기사가 게재되자(1971년 6월 13일) 미국 법무장관(검찰총장 겸임)은 미국 연방정부를 대리해 뉴욕타임즈에 국방기밀의 공표중지를 요구했다. 정부측은 이 요구의 이유로 연방형법으로 통칭되는 미합중국법전 제18편 제37장의 방첩법(Espionage Act)에 따라 외교와 국방에 관한 통치권한을 가진 정부가 뉴욕타임즈의 보도로 국가안보에 '중대하고도 돌이킬 수 없는 손해(grave and irreparable injury)'를 가져올 비밀정보의 공개가 예상된다는 것이었다.

뉴욕타임즈는 "연재기사게재가 국민에게 이익이 된다"고 확신하고, "법무장관의 게재금지요구는 그 쪽에서 가처분(injunction) 소송을 제기할 수 있으나 최종판단은 법원이 내릴 것"이라는 요지의 설명과 함께 제 3 회분 연재를 계속했다. 그러자 정부당국은 뉴욕 지방법원에 발행금지 가처분명령을 청구하는 소송을 냈다. 가처분소송의 청구요지는 ① 관련기밀문서의 전부 또는 일부에 대한 영구적인 공표중지, ② 불법으로 입수한 각종 문서의 정부제출, ③ 최종판결시까지 관련기사의 공표중지를 요구하는 예비청구, ④ 중지명령 발령 때까지 기사게재의 일시중지 가처분결정 등이었다.

뉴욕타임즈는 변호인으로 국방관계 언론법전문가인 빅켈(Alexander Bickel) 교수를 내세워 "법무성의 주장은 미국역사상 전례 없는 사전검열이며… 방첩법은 문자 그대로 간첩행위의 방지를 목적으로 하는 법이므로 보도기관을 대상으로 남용되어서는 안 된다"고 항변했다.

주심을 맡았던 거페인(M. I. Gurfein) 판사는 소송접수 당일인 6월 15일 판결로써 답했는데, 청구요지 중 5일간의 기사게재중지명령 가처분신청만 받아들여 6월 19일 오후 1시까지 기사게재의 일지중지를 명하고, 관련기사의 공표중지결정이 내려질 때까지 기사공표를 중지하여 신문의 일시적 손해보다 만에 하나라도 미국 정부의 궁극적 손해가 더 커지지 않도록 할 필요가 있다고 판단했다.

뉴욕타임즈도 6월 16일자 사설로써 사전중지조치에 합의했지만, 정부도 법원의 가처분결정에 불복하여 항소를 제기했다. 항소심재판을 맡은 뉴욕고등법원(재판장 Irving R. Kaufman)은 5 : 3의 다수결로 사건을 지방법원으로 되돌려 보내면서 ① 지방법원은 비공개법정에서 법무성 주장의 정당성 여부를 다시 검토하고, ② 게재일시중지 가처분의 효력을 25일까지로 재연장하는 조

건부해제명령을 내렸다.[1)]

(1) 워싱턴포스트의 1·2審 裁判

법무성은 6월 18일 조간에서부터 "베트남 전쟁관련비록"을 연재하기 시작한 워싱턴포스트에 대해서도 자발적인 게재중지요청을 했으나 이를 거절당했다. 법무성은 같은 날 워싱턴 특별구의 연방지방법원에 기사게재의 일시정지를 요구하는 민사소송법상의 가처분소송을 냈으나 심리를 맡은 게셀(Gessel) 판사는 "법무부의 요구는 이유가 박약하다. 만약 방첩법 위반이라면 형사사건으로 다뤄져야 하며… 문제의 본질은 역사적 자료인 베트남관련문서의 공표인 만큼 이를 사전중지시키려는 것은 보도의 자유를 침해하는바,… 정부가 곤혹스럽다 하더라도… 보도자유의 수호를 위해… 연재를 계속해도 좋다"고 판단하여 정부의 신청을 기각했다.

이 판결에 불복해 정부측이 다시 연방고등법원에 항소하자 고법판사들은 19일 오전 1시 20분경 2 : 1의 다수결로 "게재금지에 대한 판결을 파기해 지방법원에 환송하고 재심판결기한을 21일 오후 5시까지로 정한 다음, 그 때까지의 게재중지 가처분신청을 받아들이기로 한다"고 판결했다. 그러나 제 1 심 판결을 환송받은 연방지방법원은 6월 21일 자신들의 제 1 심 판결을 확인하고, 기사게재중지 가처분기한의 연장을 거부하여 워싱턴포스트의 승소를 재확인했다.

연방고등법원은 6월 23일 정부측의 항소를 다시 받았지만, 7 : 2의 다수결로 ① 문서공개가 국가에 손해를 주었다는 점을 정부가 입증하지 못한 점, ② 다만, 상소를 위해 기사게재의 일시중지 가처분신청기간 연장기한을 6월 25일 오후 6시까지로 판결했다.[2)]

(2) NYT와 WP 事件의 美國大法院 確定判決

1971년 6월 24일 뉴욕타임즈는 고등법원판결에 불복하여 연방대법원에 상고했고, 워싱턴포스트에 대해서는 같은 날(1971. 6. 24.) 패소한 정부측이 상

1) "Times Series is Delayed Again : Paper to Appeal High Court : A 5-to-3 Decision," *The New York Times,* 24. June 1971, p. 1.
2) "Appellate Judges Restrain Paper to Allow U. S. Move," *The New York Times,* 24. June 1971, p. 1.

고해 두 사건은 결국 연방대법원의 병합심리를 받게 된다.[1] 이 판결은 니어대 미네소타주 사건(Near vs. Minnesota, 283 U. S. 697, 51 S.ct. 625) 이래 국가이익과 관련된 보도자유의 사전억제 가능성 여부에 대한 재심판이라는 점에서도 중요한 사법적 의미를 갖는 것이었다.

정부측은 대통령이 연방헌법에 따라 외교와 국방에 관한 고유한 통치권한을 가지는바, 이에 기초해 국가의 안보에 중대하고도 돌이킬 수 없는 손해(grave and irreparable injure)를 가져올 정보공개는 사전억제할 수 있는 것이라고 주장했다. 이에 대해 뉴욕타임즈는 수정헌법 제 1 조의 규정에 따라 "공적인 알 권리의 합헌적 수탁자(constitutional trusteeship of the public right to know)"로서 사전억제 없이 보도를 할 수 있다고 주장했다.

대법원은 1971년 6월 30일 6 : 3의 다수결로 언론에 대한 사전억제금지를 인정하지 않는다는 수정헌법 제 1 조의 판례에 따라 양 언론사에 대한 기사게재의 일시중지명령이 무효임을 확인했다.[2] 대법원이 제시한 판결이유의 요지는 정부측이 신문보도의 사전억제에 필요한 정당한 이유를 제시하지 못했다는 것이다.

6 : 3의 다수결이라는 표결결과도 그렇거니와 판결이유로써 개진된 9명의 대법원 판사의견이 모두다 독자적이었다는 데서 전례가 없는 일이었다. 법정의견(Per Curiam Opinion)의 다양성은 다수측을 이루었던 6명의 판사들이 제시한 의견들에서도 충분히 관찰할 수 있다. 진보적인 분위기로 연방대법원의 자유언론판례를 이끈 블랙(Hugo Black : 주심판사)과 더글러스(William Douglas) 대법관 진영에는[3] 수정헌법 제 1 조의 제한가능성을 인정하는 마샬(Thurgood Marshall) 대법관과 브레넌(William Brennan) 대법관이 동참했다.[4] 특히 Brennan은 찬성의견(Concurring opinion)으로서 공표행위의 사전억제는 전쟁기간중 정부가 분명한 증거를 제시할 때에 한해 절박한 위험(imminent dan-

1) 참고로 미 연방대법원의 판결결정방식을 보면 대법원장을 포함해 과반수 이상의 찬성을 얻은 다수의견을 법원의견(Opinion of the court/Per curiam opinion)이라고 부르고, 다수의견과 동일한 결론이기는 하나 그 판결이유에는 반대할 때 개별대법관의 입장에서 또는 복수의 대법관이 동의의견(Concurring opinion)을 개진할 수 있고, 소수의견(Dissenting opinion)은 결론뿐만 아니라 판결이유까지도 반대할 때 제시하는 의견을 말한다.

2) New York Times vs. United States, 403 U. S. 713, 91 S.ct. 2140, 29 L.Ed.2d 822(1971).

3) D. M. Gillmor, 앞의 책, pp. 120~124.

4) 앞의 책, pp. 124~125, 앞의 책, pp. 128~131.

ger)으로 정당화될 수 있지만, 선전포고 없는 전쟁인 월남전관련 국방성문서는 국가안보에 직접적인 위험(immediate danger)을 줄 것이라는 증거가 없다는 이유를 분명히 밝혔다.[1] 법실증주의 입장의 의견을 개진하는 스튜어트(Potter Stuart) 대법관과 화이트(Byron White) 대법관도 미국 연방정부의 주장을 배척했다. 스튜어트와 화이트는 월남전관련 국가기밀의 보도가 정부측이 주장하는 '직접적으로 중대하고도 돌이킬 수 없는 위해'를 야기시켰다는 확실한 증거를 제시하지 못했다는 이유로 다수의견에 가담했다.[2]

한편 소수반대의견을 제시한 3명의 대법관도 각각 다른 이유로 뉴욕타임즈의 주장을 배척했다. 버거(Warren Burger) 연방대법원장과[3] 상당한 부분에서 의견을 같이 한 블랙먼(Blackmun)은[4] 수정헌법 제 1 조의 절대성에 대한 인정을 거부하고, 동 조항이 헌법전체의 일부요소이며 뉴욕타임즈와 워싱턴포스트와 같은 저명신문은 오히려 미국에 대한 궁극적 의무를 더 잘 인식해야 한다고 주장했다. 두 사람이 국가안보이익과 언론자유에 따른 정치적 이익의 형량을 강조하고 전자 쪽에 비중을 둘 것을 주장한 데 비해, 할런(John M. Harlan Ⅱ) 대법관만은[5] 권력분립의 원칙을 내세워 국가안보판단의 정부결정설을 존중하는 입장을 표명했다.

결국 미국의 사법부는 소송제기 후 2주일도 안 되는 기간에 신속한 확정판결을 내려 줌으로써 언론기관이 현재 진행중인 전쟁이라고 하더라도 그 역사적인 배경과 관련된 비밀스러운 문제를 합헌적으로 자유롭게 공표할 수 있는 자유를 갖는다는 점을 승인했다는 데 큰 의미가 있다.[6] 즉 펜타곤문서 사건은 국제분쟁에의 외세개입과정이나 자기 나라의 과거행적과 관련된 비밀스러운 문제들에 대해서도 언론기관이 이를 공표할 수 있는 자유를 갖고 있으며, 그 자유가 수정헌법 제 1 조에 의거한 합법적인 행위임을 사법적으로 다시 한번 확인한 것이라는 점이다.

---

1) K. R. Middleton & B. F. Chamberlin, 앞의 책, p. 69(그의 의견은 명백하고도 현존하는 위험의 원칙에 비해서 다소나마 정부의 입장을 양해하는 것이다).
2) D. M. Gillmor, 앞의 책, pp. 125~128.
3) 앞의 책, p. 131.
4) 앞의 책, pp. 133~137.
5) 앞의 책, pp. 142~143.
6) Harvey L. Zuckman *et al.*, *Mass Commmunication Law in a Nutshell*(St. Paul, Minn. : West Publishing Co., 1988), pp. 161~162.

이 판결 이후 뉴욕타임즈는 7월 1일자부터 "베트남전쟁비록"을 다시 연재하기 시작했고, 엘즈버그로부터 관련자료를 입수한 각 신문사들도 워싱턴 포스트를 뒤따라 이 사건을 보도했다.

뉴욕타임즈의 경우는 6월 13일~15일자 및 6월 19일 및 7월 1일~5일자 등 모두 9회에 걸쳐 모두 40쪽 분량의 베트남전쟁관련 정보를 공표했다. 이 중에는 통킹만사태의 발단과 전개, 북폭(北爆) 개시의 배경, 미 지상군의 베트남참전과 점차적인 확전과정 등에 관한 것 등이 들어 있어서 미국국민은 물론이고 세계의 많은 지식인에게 이를 알릴 수 있었다.

판결과정과 결과를 고려할 때 대법관의 다수가 국가기밀보도의 사전검열 가능성을 위헌이라고 판결할 때까지 법리구성에 상당한 고민을 했던 흔적을 찾을 수 있다. 아울러 언론기관의 입장에서는 정부의 승인을 받지 않고 획득한 국가기밀의 공표권과 국민의 알 권리에 대한 수탁권 사이에서 더욱 현명한 판단을 하기 위해 더 많은 주의를 기울여야 할 것으로 본다. 그러나 어떻든 뉴욕타임즈 대 미국정부 간에 벌어진 '국방성문서 사건'은 어떠한 공작도 영원한 비밀이 될 수 없고, 국제분쟁에의 외세개입과정이나 한 나라의 과거행적과 관련된 비밀스러운 문제들에 대해서도 언론기관이 이를 공표할 수 있는 자유를 갖고 있으며, 그 자유가 수정헌법 제1조에 의거한 합헌적인 행위임을 사법적으로 다시 한번 재확인받았다는 점을 새겨 둘 만하다.

행정부의 패소로 끝난 국방성문서 사건 이후 제기된 3건의 기밀정보공표 사건에서 미국정부는 하급심에서 전직정보요원이 저술한 책에 의해 CIA공작의 비밀을 공개하는 것을 금지시키는 데 성공했다. 3건은 미국정부 대 마체티 사건(466 F.2d 1309, 1972년 제4순회법원, 409 U. S. 1063, 93 S.ct. 553, 34 L. Ed 2d 516, 1972.)과 크노프사 대 콜비 사건(Alfred A. Knopf Inc. vs. Colby, 509 F.2d 1362, 1975년 제4순회법원), 그리고 잡지기사 속에 수소폭탄사업관련 정보가 포함됐던 미국정부 대 프로그레시브사 사건(U. S. vs. Progressive Inc., 467 F. Supp. 990, W. D. Wisc. 1979)이다.

2. 前職情報要員의 CIA 機密暴露著述의 發行停止處分

(1) 마체티(Marchetti) 事件[1)]

미국정부 대 마체티 사건은 미국에 비우호적인 정부의 전복공작에 참여한 비밀공작요원이었던 마체티의 수기(手記) 공표를 금지한 고등법원판례를 남겼다.

이 사건은 전직 CIA 요원인 마체티(Victor Marchetti)가 자신의 경험을 담은 글을 에스콰이어잡지와 6명의 또 다른 출판인에게 제공하면서 시작됐다.

마체티는 14년 동안이나 CIA에 근무한 중견요원으로서 행정국장의 특별보좌관에까지 올랐던 노련한 공작원이었다. 그런 그가 퇴직을 결심한 것은 미국이 비우호적이라고 간주하는 정부의 전복을 위해 비밀공작을 행하는 데 대한 환멸 때문이었다고 한다.

정부는 마체티의 글에 정보원(情報源), 정보취득방법, 정보공작과 관련된 비밀정보가 포함되어 있다는 이유로 그 글의 공표를 금지하는 광범위한 명령을 버지니아 동부지역 연방지방법원으로부터 받아 냈다.

마체티는 불복항소하여 국방성 문서 사건에서처럼 공표금지결정이 연방대법원에서 판단할 문제라고 주장했다. 마체티는 정부가 표현의 자유에 대한 사전검열이라는 무거운 짐을 질 수 없다고 주장했으나, 항소법원은 마체티의 항소이유를 기각결정했다. 항소법원의 결정사유 가운데 중요한 것은 마체티가 1955년 CIA에 입사할 때 제출한 서약서의 내용이 법적 구속력을 갖고 있다는 점이라고 할 수 있다. 서약서에는 다른 CIA 요원과 마찬가지로 마체티도 비밀로 분류된 자료를 공표하기 전에 반드시 CIA의 승인을 받아야 한다고 약속했으므로 비밀자료의 사전승인 없는 공표는 금지된다는 것이 법원의 판단이었다. 마체티는 이 서약에 근거하여 검열명령에 승복한 미국의 첫문필가라는 역사적 인물이 된 셈이다.

(2) 마크와 마체티 事件

전직국무성 관리인 마크(John Mark)는 재직기간중 지득한 기밀정보를

1) U. S. vs. Marchetti, 466 F. 2d 1309(45h Cir, 1972), Cert. denied 409 U. S. 1063, 93 S.ct. 553, 34 L.Ed. 2d 516(1972).

누설하지 않기로 서약했음에도 불구하고 앞 사건의 전직 CIA 요원인 마체티와 함께 "CIA와 정보숭배"라는 책을 공동저술하여 CIA에 출간 전에 사전검토를 요청했다. CIA는 전체원고량의 15～20%에 이르는 339개의 문장을 삭제하라고 요구했다. 특히 강력한 삭제요구를 받은 부분들로는 '쿠바의 카스트로에 대한 피그만 작전', '베트남전쟁', '칠레의 아옌데가 대통령에 당선되는 것을 저지하기 위한 CIA의 공작' 등이었다. 이 책의 출판을 맡았던 출판사 사장 노프(Alfred A. Knopf)와 연명하여 마크와 마체티는 CIA의 결정에 불복하는 소송을 제기했다.[1] 소송이 제기되자 CIA는 삭제요구문장의 수를 339개에서 168개로 줄였으나, 제 1 심인 버지니아 동부지방법원은 168개의 문장 가운데 26개의 문장을 제외하고는 그 공표를 허용하는 판결을 내렸다.

항소법원은 정보가 삭제된 항목이 기밀로 분류된 정보라는 점을 증명한다면, 그 항목만에 한하여 삭제를 요구할 수 있다고 판결했다. 법원판결에서 유의할 부분은 마체티와 마크가 비밀준수의 서약을 할 때 비밀로 분류된 정보의 공개와 관련된 수정헌법 제 1 조의 권리를 실질적으로 포기했다고 본 점이다. 항소법원은 수정헌법 제 1 조가 CIA 근무중 지득한 비밀정보의 공개를 금지하는 금지명령(injunction)[2]의 제척사유(bar)[3]로 해석될 수는 없다고 보았지만, 마체티와 마크가 각각 CIA와 국무부를 퇴직한 후 얻은 정보는 공개할 수 있다고 판시하면서 이 사건을 지방법원으로 환송했다.

최종적으로 CIA는 26개의 문장 가운데 25개 문장에 대해 전체 또는 부분적인 공표를 허용했다. 그러나 이 사건(크노프 대 콜비 사건)의 항소심을 맡은 제 4 항소법원은 정보공개법 (b)의 개정 ①호[4]에 의거하여 대통령령으로 지정된 비밀문서에 CIA가 삭제를 요구하는 항목들이 포함될 수 있다고 보고 공개심리를 통해 행정기관에서 행한 서약서의 효력이 정보공개법상의 예외규

1) 소송당사자는 출판사 사장 Alfred A. Knopf와 CIA 국장 Colby였다. 사건명은 Alfred A. Knopf. Inc. vs. Colby, 509 F. 2d 1362(4th Cir.), Cert. denied 421 U. S. 992, 95 S. ct 1999, 44 L.Ed. 2d 482(1975)이다.

2) 유지명령은 영미에서 보통법 법원과 형평법 법원이 병존하던 시대에 형평법 법원이 내리는 구제명령(remedy)의 하나였다. 이 명령은 본래 일정한 행위를 금지하는 것인데, 불법행위가 이미 발생하였을 때는 그 결과를 제거하기 위하여 적극적으로 일정한 행위를 명할 때도 있다.

3) 법률상의 권리 또는 법률효과를 소멸케 하거나 그 발생을 방해하는 사유로 우리나라 법의 조각(阻却) 사유와 유사하다.

4) 정보공개법조항에 대해서는 이 책 제 5 장 취재의 자유와 알 권리 및 정보공개제도, 3. 정보공개제도, (3) 미국의 정보공개법규정과 해석을 참고할 것.

정에 해당하는 것으로 판단했다.

(3) CIA 海外工作要員의 名單公表禁止

미국연방정부는 국가안보에 관한 정보의 유출을 여러가지 방법으로 차단하고 있는데, 특히 CIA의 해외공작관련 정보는 정보원(Source)의 공개성 또는 기밀성 여하를 불문하고 민·형사적으로 상당한 규제를 가하고 있다.

전직 CIA 요원인 에이지(Philip Agee)는 해외주재 CIA 요원의 명단을 공개하여 주재국의 반 CIA 그룹이 그들을 추방하도록 시도했으나 대법원에 의해 이는 국가안보와 외교정책에 타격을 주는 것으로 확인되었다.[1] 이 사건의 반응을 보고 레이건행정부는 1982년 의회를 설득하여 미국 정보요원의 신분을 공개하는 사람을 처벌하는 법인 정보요원신원보호법(P. L. 97~200, 50 U. S. C. A. pp. 421~426)을 제정했다. 이 법의 제정으로 뉴스보도기사와 관련하여 기소당할 처지에 놓인 간행물의 수가 80여 개에 이르렀는데, 그 대표적인 것들로서 '전직 CIA 요원 윌슨(Wilson)과 터필(Terpil)에 대한 뉴욕타임즈의 취재', '전직 CIA 요원이 워터게이트침입사건에 개입한 사실을 폭로한 것', 'CIA의 불법적인 국내간첩활동', 'CIA 요원이 KGB의 지령을 받고 상하양원의 정보위원회에 침투하려고 기도한 사건' 등을 들 수 있다.[2]

(4) 스네프와 美國政府間의 CIA 工作關聯 民事訴訟 — CIA 勝訴의 波紋

전직 CIA 요원인 스네프(Frank Snepp)는 CIA 요원으로 임용될 당시에 작성한 서약서의 규정을 어기고, CIA의 사전검열을 받지 않은 채 남부 베트남에서의 CIA 공작활동을 다룬 단행본 "예의 바른 휴식"을 출간했다. CIA는 이 책이 비밀사항을 폭로하는 것은 아니지만 스네프가 서약서상의 약정을 위반했으므로, 이 책의 출판으로 벌어들일 수 있는 모든 이익을 몰수하려고 시도하여 민사소송을 제기했다.

지방법원은 CIA의 사전검열 없이 출판한 책으로부터 발생한 수익의 압수를 요구한 정부에게 '계약이행'의 차원에서 원고승소판결을 내렸으나, 연방항소법원은 책의 출판으로부터 생기는 이익을 정부에 이전하라는 지방법원의

1) Haig vs. Agee, 453 U. S. 280, 101 S.ct. 2766, 69 L.Ed. 2d 640(1981).
2) Jay Peterzell, "The Gov't Shuts Up," *Columbia Journalism Review*, July-August 1982, pp. 31~37.

명령을 기각했다. 그러나 대법원은 사건 자체에 대한 언급 없이 출판이익이 12만 5,000달러 이상에 이를 것으로 추산하고, 그것을 정부가 압수할 민사상의 권리가 있음을 인정했다.[1)]

이 판결은 스네프에게 엄청난 재정압박을 가하게 되고, 다른 많은 관리들에게 민감한 정부사안에 대해 재갈을 물리고 집필을 주저하게 하는 냉각효과를 가져왔다. 법원이 이러한 결과를 의도했는지는 명확히 알 수 없으나, 자유언론의 합헌성을 규정한 수정헌법 제 1 조가 CIA의 고용계약조건에 종속되고 비밀자료에 접근가능한 많은 수의 비 CIA 공직자들에게 스스로 사전검열절차를 거치도록 정보공개활동을 위축시켜버렸다.

이 판결 이후 레이건대통령은 국가안보결정에 관한 훈령 제84호를 발동했다.[2)] 이 훈령에 따르면 “필요하다면 수천명의 연방공무원이 거짓말탐지기 테스트를 받아야 하고, 이를 거부할 때 ‘반역행위’로 기소될 수도 있다.” 이 훈령의 공표 이전에는 CIA 요원이나 법무성과 국가안전보장회의의 일부공무원을 제외한 어떤 연방공무원도 자신의 의사에 반하여 거짓말탐지기 테스트를 거부할 수 있었고, 인사기록카드의 제출을 거부할 수 있었으나, 이 훈령에 따라 비밀취급인가를 받은 연방공무원은 정보사항을 기재한 원고의 공표 이전에 반드시 사전검토를 받아야 한다. 자신의 생업과 관련된 이 계약조항에 의해 규제를 받게 될 연방공무원의 총수는 약 12만 8,000명이나 되었다.

의회는 대통령의 훈령에 따른 국무성의 보충제안에 첨부사항을 추가하여 1984년까지 행정부가 사전검열을 연기하기로 하는 법안을 통과시키고, 레이건도 이 법안의 집행을 지연시키는 데 동의했다. 그러나 이러한 약속에도 불구하고 연방 일반회계국(GAO : General Accounting Office)은 국방성소속 공무원 15만 6,000명에게 비밀사항을 누출하지 않겠다는 서약에 서명하도록 했고, 이에 따라 레이건행정부에 의해 검토된 책과 기사의 수가 현저하게 늘었다.[3)] 워싱턴포스트는 이와 같은 상황을 빗대어 “이제 연방정부공무원들은 정부비밀을 불법적으로 유포할 경우, 나머지 인생을 감옥에서 보내거나 엄청난 채무에 시달려야 한다는 데 동의하는 문서에 서명을 해야 한다”고 논평했다.[4)]

---

1) Snepp vs. U. S., 444 U. S. 507, 100 S.ct. 763, 62 L. Ed. 2d 704(1980).
2) 9 Med. L. Rptr. 1759, 5. July 1983.
3) FOI Digest, 9.1. May-June 1984.
4) Washington Post, P. A16, 7. May 1986.

3. 프로그레시브 雜誌社 事件

이 사건의 요지는 수소폭탄 제조기밀의 잡지기고가 다른 나라로 하여금 수소폭탄개발을 촉진할 수 있는 위험이 있고, 공중들에게도 다루어져서는 안 될 위험한 내용을 포함하는 정보를 포함한다는 이유로 1심과 항소법원에서 모두 불허한 것이다.

1979년 몰랜드(Howard Morland)라는 자유기고가는 "수소폭탄의 비밀 : 폭탄만드는 방법과 수소폭탄을 거론하는 이유"라는 제목의 기사를 작성하여 "프로그레시브" 잡지(*Progressive Magazine*) 1979년 4월호에 발표할 예정이었다. 몰랜드의 초고를 넘겨 받은 편집자는 출판직전 기사의 정확성을 재확인하기 위해 정부당국에 조회를 했다. 이 과정에서 연방법무성은 관련기사가 너무 정확하므로 기사가 공표될 때에는 미국의 이익에 직접적이고 돌이킬 수 없는 해악을 줄 수 있다고 주장하면서 비밀자료가 아님에도 불구하고 공표금지를 요구하며 법원에 금지명령을 신청했다.

잡지사측은 이 기사와 관련된 정보가 일반공중 모두의 것이며, 연방도서관이나 동력부(Dept. of Energy) 등에서 누구라도 얻을 수 있는 정보라고 주장했고, 관련전문가들도 유해한 정보가 아니라는 해석을 덧붙여 주었다.

이 사건은 '프로그레시브 잡지 사건'이라고도 부르는데, 유지명령청구소송의 원고가 미국정부라는 점이 특색이다.[1)]

위스콘신 서부지방연방법원은 정보의 일부가 원자력법(Atomic Energy Act, 1954)의 2104조 (y)항[2)]을 위반했다는 결론과 함께 출간을 금지하는 예비명령을 내렸다. 정부측은 몰랜드의 글이 원자무기의 디자인, 제조공정, 효용성에 관한 모든 자료를 망라하는 '금지된 데이타'를 포함하고 있는 점, 누구도 원자무기에 대한 '금지된 데이타'를 소유할 수 없게 법으로 정해진 점과 특히 "미국을 해치거나 특정외국에 이익을 확보하게 해 줄 수 없다"는 주장을 내세웠다.

1심 법원은 정부의 주장을 받아들였고, 3일 후 항소법원도 간략한 구두청문회를 거쳐 항소기각판결을 내렸다. 이 판결에서 1심 판사인 워렌(Robert

1) U. S. vs. The Progressive Inc., 467 F. Supp. 990(W. D. Wisc. 1979).
2) 42 U. S. C. A., p. 2104(y).

Warren)은 다음과 같은 판결이유를 제시했다.[1)]

첫째, 수소폭탄작동의 핵심적인 개념들은 공중들에게 다루어져서는 안 될 위험한 것들인데, 그런 것들이 기사 속에 들어 있다.

둘째, 수소폭탄취급은 충분한 자격을 갖춘 과학기술자의 능력범위 내에서 이뤄져야 하며, 취급자는 그에 합당한 서약을 행한다.

셋째, 이 기사가 다른 나라로 하여금 수소폭탄의 개발을 촉진할 수 있는 새로운 통로를 제공할 수 있다.

넷째, 핵문제와 관련된 필수정보의 제공이라는 잡지사의 주장을 받아들일 수 없고, 국민들이 수소폭탄제조와 같은 세부적인 기술사항을 알아야 될 그럴 듯한 이유 또한 없다.

위의 이유를 살펴보면 판결이유는 단호하고 독선적이며, 핵문제에 관한한 미국의 지식층이 가진 상당한 엘리트주의를 판사 자신도 견지하고 있음을 짐작할 수 있을 것이다.

4. 諜報活動資料 流出者의 處罰과 刑事訴追의 威脅

전직 해군정보분석가인 모리슨(Samuel Morison)은 근무 당시 입수한 3장의 미국 첩보위성사진을 영국잡지사에 제공한 혐의로 구속・기소되어 2년형을 언도받았다. 그의 죄명은 간첩죄와 절도죄였는데,[2)] 아마도 그는 미국역사상 국가안보관련자료를 언론기관에 유출한 혐의로 실형을 언도받은 최초의 인물로 기록될 것이다.

레이건행정부는 그레나다 사건 등에서 보여 주듯이 초기작전단계에서 기자들의 접근을 막는 동시에 민감한 정보자료의 유출을 막기 위해 형사처벌을 위협하여 그 효과를 거두었다.

모리슨에 대한 유죄판결은 전 CIA 국장인 케이시(William Casey)가 미국의 유수한 언론기관을 상대로 비밀자료의 공표행위가 1950년 통신정보법(약칭 COMINT : Communications Intelligence) 위반으로 형사소추될 것이라고 위협한 사실이 합법적인 경고였음을 확인시켜 준 것이었다. 케이시는 NBC 뉴

1) U. S. vs. Progressive, 467 F. Supp. 990(1979).
2) U. S. vs. Morison, 604 F. Supp. 655(D. Md. 1985).

스, 워싱턴포스트, 뉴욕타임즈, 타임, 뉴스위크 등을 대상으로 암호나 약호(Cipher) 또는 미국의 통신첩보활동과 관련된 기밀정보의 공표를 금지한 COMINT법은 미국이 타국의 암호체계를 풀 수 있는 능력이 있음을 은폐하기 위한 법조항이라고 했다(18 U. S. C. A. 798, 1953).

당시 미국 CIA는 리비아수도 트리폴리와 동베를린에 위치한 리비아 민중당 사이에 주고 받은 메시지를 도청하여 입수했는데, 이 사실을 미국유수의 언론기관이 알고 있었던 것으로 보여져 CIA의 책임자가 보도관제의 차원에서 형사소추를 위협한 것으로 볼 수 있다.

또한 펠턴(Ronald Pelton)은 국가안보위원회의 정보분석전문가로 일한 적이 있는 전직정보요원인데, 소련측에 군사기밀을 제공한 혐의로 종신형을 선고받았다. 이 사건을 보도하면서 그 합법성을 확인하고자 타임지(Time)가 고문변호사를 내세워 CIA에 자신들의 기사가 법을 위반한 것인지를 조회하자, CIA가 기사의 확인을 거절한 데서 케이시국장의 위협이 의도하는 바를 짐작하고도 남는다.[1)]

이 때 워싱턴포스트도 미군잠수함들이 소련이 행하는 통신을 감청하는데 사용하는 기술에 대해 기사화를 시도하자 CIA 책임자는 법무성에 유지명령처분을 위한 법적 조치를 요구했으나, 법무성는 뉴욕타임즈 대 미국정부 사건(1971년)의 판례를 들어 거절했다. 이에 CIA 책임자 케이시 국장은 워싱턴포스트를 COMINT법 위반으로 형사고소하려고 준비하자, 결국 이 신문은 군사기밀을 뺀 채 기사를 작성하지 않을 수 없었다.[2)]

5. 外國의 危險人物 入國統制

레이건행정부는 이민법[3)] (S 212(a), 8 U. S. C. A., p. 1182) 조항을 적용하여 미국에 입국하고자 하는 사람 중에 공공질서와 공익에 나쁜 영향을 끼칠 우려가 있는 자나 공산주의사상을 가진 사람을 가려 내어 비자발급을 막는 조치를 취하는 것이 합법적이라는 판결을 1972년 연방대법원으로부터 받아냈다.[4)]

1) Washington Post, P. A3, 8. May 1986.
2) Washington Post, P. A38, 21. May 1986.
3) McCarran-Walter법이라고도 부른다.
4) Kleindienst vs. Mandel, 408 U. S. 753, 92 S.ct. 2576, 33 L.Ed. 683(1972).

기자 및 저술가로 널리 알려진 만델(Mandel)은 1969년 스탠포드대학의 초청으로 "기술과 제 3 세계"라는 주제의 국제학술회의에 참가하고자 했으나, 그가 맑스주의경제학의 저술가로 미국에서의 활동이 여행목적에 위배된 적이 있다는 이유를 들어 입국비자의 발급을 취소당했는데, 연방대법원이 지방법원의 판결(미국 국민들은 그의 사상을 자유롭게 경청할 권리가 있다)을 뒤엎은 것이다.

남미의 콜롬비아기자인 라라(Patricia Lara)도 만델과 비슷한 경험을 했다. 그는 컬럼비아대학에서 진행될 시상식에 참여할 목적으로 적법한 비자를 가지고 미국에 입국코자 했으나, 주정부형무소에 감금되었다가 콜롬비아로 압송되었다. 국무성은 입국거절사유를 알려 주지 않았으나, 한 공무원은 그녀가 쿠바정부와 관련을 맺고 있고 과격게릴라조직인 M-19 단원이라고 주장했다. 본인은 즉각 이를 부인했으며, 콜롬비아 외무장관도 그녀가 M-19 요원이거나 쿠바정부와 관련되었다는 아무런 증거도 없다고 말했다. 이민국은 이와 유사한 방법으로 매커랜-월터(McCarran-Walter)법을 적용하여 외국언론인의 미국입국을 저지했다.[1)]

6. 外國言論關聯資料의 美國內搬入禁止

레이건행정부가 외국의 언론자료의 국내반입을 금지하기 위해 취한 또 다른 조치로는 1938년의 외국비밀요원등록법(약칭 FARA)[2)]이다. 이 법에는 외국에서 제작된 정치선전내용이 담긴 영화에는 제작된 나라 이름 등을 기재한 정치선전물표지를 붙이도록 되어 있었다.

미국법무성은 1982년 캐나다 국립영화원(National Film Board of Canada)이 제작한 3편의 영화에 정치선전물표지를 붙이도록 요구했다. 2편은 산성비(雨)와 관련된 영화였고, 다른 한 편은 아카데미상 수상작품인 "만약 당신이 지구를 사랑한다면"이라는 제목이었다. 아울러 법무성은 이 영화의 내용을 "핵전쟁에 대한 무관심을 없애고 핵전쟁을 방지하지 않는 한, 인류는 20세기를 살아남을 수 없다"라는 것으로 요약했다. 아울러 법무성은 캐나다 국립영

1) *The News Media and the Law*, Winter 1987, pp. 4～5.

2) 22 U. S. C. A., p. 611.

화원에 대해 미국정부가 영화내용을 승인하지 않았으며, 영화에는 '정치적 선전' 내용이 포함되어 있다는 메시지를 첨부하도록 명령하고, FARA법에 따라 이 영화의 미국반입을 주문한 단체 또는 개인의 이름을 알려 달라고 요구했다.

미국 시민자유연맹(ACLU)은 이 영화를 워싱턴과 캘리포니아에서 상영하여 반핵평화운동에 대한 지지를 확대할 계획으로 이 영화를 캐나다에서 반입코자 한 시민인권단체였다. ACLU와 캘리포니아출신 상원의원인 키니(Barry Keene)는 1983년 각각 별도의 소송을 제기하여 FARA법이 위헌이라고 주장했다.

ACLU는 ① 특정영화를 선전물이라고 표지를 붙일 경우(labelling) 예상 관람객에게 편견을 주어 판단능력을 흐리게 하고, 영화관람을 하지 않게 할 우려가 있다. ② 영화상영을 후원하는 개인이나 단체의 명단을 법무성에 제출할 경우, 그들은 매국노 또는 비미국적인 사고방식의 소유자로 낙인찍힐 우려가 있다는 등의 이유로 FARA법의 규정이 위헌적이라고 항변했다. 그러나 워싱턴 지방연방법원은 '정치선전물'이라는 용어가 반드시 부정적인 의미를 함축하고 있지는 않다는 이유로 ACLU를 패소시켰다.[1] 1심 판결에 불복한 ACLU는 항소를 제기한바, 항소심은 법무성의 영화반입과 관련된 조치에 다소의 무리는 있으나 '정치선전물'이라는 표지가 아무런 법률적 하자가 없는 것이라고 판단하고, 영화반입자와 영화상영 주관단체의 명단을 제출토록 한 법무부의 결정이 합법적이라고 판결하여 1심 판결을 일부만 제출했다.[2]

키니의원은 '정치선전물'의 전파자라는 오명을 불식시킨다는 입장에서 더욱 단호한 주장으로 캘리포니아 연방지방법원에 3개 영화에 대한 법무성의 FARA법 적용이 부당하다고 주장하여 승소했다.[3] 항소심에서도 1심 판결이 유지되었으나[4] 연방대법원은 '정치선전물'이라는 표지가 중립적이고 공평하게 사용되었으므로, 그것은 검열의 의도가 없고 경멸적인 의미함축이 없다는 이유로 5 : 3의 다수결에 의한 원고패소판결을 내렸다. 이 소송을 주관한 스티븐스(John Paul Stevens) 대법관의 판결문 일부를 인용한다.[5]

---

1) Block vs. Smith, 583 F. Supp, 1288(P. D. C. 1984).
2) Block vs. Meese, 793 F.2d 1303(P. C. Cir. 1986).
3) Keene vs. Smith, 569 F. Supp. 1513(E. D. Cal. 1983).
4) Keene vs. Meese, 619 F. Supp. 1111(E. D. Cal. 1985).
5) Meese vs. Keene, 481 U. S./107 S.ct. 1862, 95 L.Ed. 415(1987).

"부분적인 정보만 가진 관람객에게 법무부에 특정표지를 붙여 등록된 영화라는 사실이 의심스럽다는 생각을 줄 수도 있다. 그러나 이러한 의심이 정부의 검열행위와 같은 효과를 갖고 있다고 볼 증거는 전혀 없다."

역설적이기는 하나 미국인이 만든 많은 영화도 다른 나라 관람자들에게 이와 유사한 제재를 받지 않을 수 없는 경우가 있다. 1948년 국제연합(UN)은 단지 "가르치고 알려 주는(instruct or inform)" 순수목적이 아닌 정치선전물영화의 경우 관세를 물도록 한 협약을 채택했는데, 이 협약에 따라 미공보원(USIA)은 국내에서 호평을 받은 공해경고영화 "죽음의 땅"이 유독성물질의 처리과정을 담은 교육용 내지 정보용 다큐멘터리였음에도 불구하고 정치선전물로 판단했다. 이 영화는 2개의 에미(emmys)상과 몬테카를로영화제(Monte Carlo Film Festival)의 최우수상 수상작품이며, 아카데미상(Academy Award) 후보작이기도 했으나 USIA의 판단으로 해외판매시에는 수출관세를 물어야 할 운명에 놓이는 사태까지 발생했다.

돌이켜 보건대 레이건대통령 시절에 미국언론은 전분야에 걸쳐 상당한 복고(復古)분위기에 빠졌던 것으로 기록될 것이다. 국가안보를 기화로 한 뉴스 및 자료제공에 대한 정부의 통제는 어떤 경우에도 함부로 다룰 일이 아닌 것이 분명하다.

제3절 日本의 代表的인 關聯判例 — 國家公務員法上 守祕義務違反事件(世稱 니시야마(西山)記者 事件)

제2차세계대전 이후 일본에서는 국가기밀과 군사기밀 등 국민의 알 권리와 대치될 가능성이 높은 법률은 대폭 개폐되었다. 그 결과로 일본에서의 국가비밀보호는 비밀의 탐지·수집행위를 처벌하지 않고 공무원에 대한 비밀준수〔守祕義務〕를 부과함으로써 담보되고 있다[1](국가공무원법 제100조 제1항, 지방공무원법 제34조 제1항, 자위대법 제59조 제1항 등). 그러나 1970년대 후반부터 정부와 집권 자민당은 일·미안보조약 등에 따른 공동작전 등을 위해

1) 浜田純一, 「情報法」, 有斐閣, 1993, 153面.

기밀보호법을 제정하여 정보의 내용을 규제하려는 움직임을 보였다.[1)]

특히 국가기밀법의 제정에 박차를 가하게 된 계기는 1980년 1월 8일 한 자위대직원이 소련대사관 직원에게 방위정보를 제공하여 체포되었던 소위 '자위대 스파이 사건'이었다. 이 사건을 둘러싸고 자민당은 '방위비밀에 관한 스파이행위 등의 방지에 관한 법률안'의 요강을 작성하여 정부에 맡겼지만, 당시의 오히라(大平) 수상은 보수본류(保守本流)로서 오히려 기밀보호법의 신규입법이나 처벌강화에 소극적인 자세를 보였다.[2)] 그러나 나카소네(中曾根)내각에 이르기까지 국가주의적 체질이 강했던 자민당 내 분위기는 1985년 의원제출법안의 형태로 "국가기밀에 관계된 스파이 행위 등의 방지에 관한 법률안"을 국회에 상정시켰으나 끝내 폐기되고 말았다.

이 법안은 국가기밀의 탐지와 수집행위를 처벌하려는 목적을 띠고 있었기 때문에 비밀의 내용 그 자체에 대한 규정을 두어 공무원의 비밀준수의무보다 행정부의 판단에 대한 국가기밀의 범위를 확대하려고 시도하였지만, 민주주의국가의 국민으로서 알 권리를 보호해야 할 더 긴요한 필요에서 기밀보호법은 제정되지 못했다.

취재의 자유와 국가기밀 간의 상충을 극명하게 드러내 준 사건으로 많은 사람들은 일본 마이니찌(每日) 신문사 니시야마(西山太吉) 기자의 '외무성 오끼나와 비밀협약 전문(電文) 누출사건'을 꼽는다. 이 사건의 개요는 다음과 같다.

1971년 6월 17일 미·일간에 오끼나와협정이 조인되고, 11월 24일 사회당과 공산당소속 의원이 결석한 가운데 오끼나와협정 비준안이 가결되었다. 이 과정에서 한 사회당의원은 오끼나와 반환교섭중 미국이 일본에 지불하게 된 군용지(軍用地) 복원보상금 중 일부를 일본이 대신 부담한다는 밀약이 있다는 발언을 했다. 그러나 정부측이 이를 극구부인하자 그 의원은 오끼나와 비밀협약을 둘러싼 외무성 비밀전문의 사본을 제시하며 내각의 퇴진까지 요구하게 되었다. 그러나 정부는 경시청으로 하여금 수사를 시작케 하여 하스미(蓮見) 여자사무관이 국가공무원법상의 비밀준수의무를 위반하고 비밀전문의 사본을 마이니찌신문의 외무성 출입기자 캡(수석기자)인 니시야마기자에게 건네 준 것을 밝혀 내고, 하스미 여사무관과 니시야마기자를 체포하고 관

1) 藤原彰 外, 「現代史と國家秘密法」, 未來社, 1985, 51～52面.
2) 위의 책, 52～53面.

계서류를 압수하였다. 이 체포를 시작으로 이 사건은 매스컴에 대대적으로 보도되었다. 마이니찌신문은 이를 '정치권력의 언론자유에 대한 도전'으로 보고, 각종 단체와 연대하여 "보도를 위한 취재활동에 대해 정부가 부당하게 권력을 행사하고, 언론통제를 강행하여 비밀정치를 온존하려는 태도는 결단코 용인할 수 없다"는 성명을 발표했다.

니시야마기자는 126시간 만에 풀려난 후 비밀전보누설사건에 관한 경과보고에서, "동료기자를 통해 하스미 사무관이 곤란하지 않도록 배려하면서 사회당의원에게 메모를 전달했다. 그러나 뉴스원을 비닉하고 동시에 국민에게 이를 알려 주어야 한다는 어려운 조건을 실현하기 위해 차선책으로 의원을 동원하여 발설케 했다"고 주장했다.

그러나 1972년 4월 15일 동경지검은 하스미 사무관을 석방하면서 두 사람을 국가공무원법상의 비밀준수의무위반 및 동 교사죄로 각각 기소하였다. 기소장에는 "니시야마기자가 1971년 5월 하순부터 6월 상순에 걸쳐 외교비밀문서를 기사화하려고 하스미 사무관에게 접근하여 몰래 정을 통하고, 이를 이용하여… 극비전문의 사본을 입수하였다"는 기소사실을 게재했다. 정부는 니시야마 사건을 주간지수준의 스캔들로 만들어 흥미본위의 사건으로 국민의 관심을 흐리게 하여 결과적으로 언론의 자유와 민주주의를 수호하는 국민운동의 물길을 돌려 놓는 데 성공했다.

동경지방재판소의 제 1 심 공판에서 니시야마기자는 기소사실을 전면적으로 부인하였으나, 하스미는 기소사실을 깨끗하게 인정함으로써 '알 권리의 재판'에 걸린 국민의 기대를 무산시켰고, 국가권력에 의한 개인의 프라이버시침해의 부당성을 따져볼 수도 없게 되어 버렸다. 재판은 하스미에게 징역 6월에 집행유예 1년이라는 유죄판결로 싱겁게 끝나 버렸고, 니시야마기자는 무죄를 선고받았다. 오끼나와 비밀협약의 본질, 국가권력의 부당성에 대한 규명은 니시야마기자의 몫이 되었고, 그 스스로는 취재원비닉이라는 기자의 윤리적 책임을 통감하면서 마이니찌신문을 사직하고 말았다.

검찰은 니시야마의 무죄에 불복항소하면서 그 이유로 원심이 ① 국가공무원법상 비밀의 해석을 오해하고 있고, ② 니시야마기자가 취재의 정당성을 주장하지만 교사행위를 부당하게 가볍게 평가하고 있으며, ③ 헌법 제21조(표현의 자유)를 확대해석하여 취재의 자유와 보도의 자유를 동일시하고, 국가기밀보다 우월성을 부여하고 있는 것 등을 들었다.

동경고등재판소는 1976년 7월 20일 1심 판결을 뒤엎고 니시야마에게 징역 4개월에 집행유예 1년의 유죄를 선고했다.[1] 이어 최고재판소는 상고를 기각하고 제 2 심 판결을 확정하였다.

판결의 요지는 ① 국가가 보도기관의 취재활동을 무제한하게 허용하지 않는다는 의미에서 취재의 자유는 헌법 제21조에 의하여 보장된 자유에 속한다. ② 국가공무원법상의 교사행위는 비밀누설행위를 실행케 할 목적으로 공무원에 대해 그 행위를 실행할 결의를 새로 생기게 하여 그 실행과 고도의 개연성이 있는 수단방법을 쓰거나, 또는 스스로의 영향력에 의해 그 같은 개연성 높은 상황에 이르게 하는 것을 이용하여 하고자 하는 행위를 자행하는 것으로 해석한다. ③ 보도기관이 누설할 만한 대상이 되는 비밀은 비밀이라고 판단되는 것 중에서 확실한 근거나 자료에 비추어 상당한 이유가 있다고 객관적으로 수긍되는 실질적 비밀인 경우에 그 누설행위의 교사가 인정되고, 비밀에 대한 확정적이거나 미필적인 인식이 결여되었으면 교사행위가 성립될 수 없다[2]는 것이다.

최고재판소는 보도기관종사자가 공무원에 대하여 비밀을 누설하도록 교사하는 것은 곧 그 행위의 위법성을 추정할 수 있지만, 그것이 진실한 보도목적을 가졌다고 해도 수단·방법이 법질서 전체의 정신에 비추어 상당한 것으로서 사회통념상 시인할 만한 것에 한해서는 실질적인 위법성이 없고 정당한 업무행위가 된다. 그러나 니시야마는 처음부터 비밀문서를 입수할 목적으로 여성공무원과 육체관계를 갖고, 그 여자가 이 관계 때문에 피고인의 의뢰를 거부하기 어려운 심리상태에 빠뜨린 다음 비밀문서를 반출하게 하는 등의 행위를 저질렀으므로 취재대상자의 인격을 현저하게 유린한 본건의 취재행위는 정당한 취재활동의 범위를 일탈한 것[3]이라고 보았다.

이 사건의 판결과정에서 채택된 법리로서 실질적 정보내용이 비밀로 보호할 만한 실질을 갖는 사항이라야만 그 요건을 충족할 수 있다는 것이었다. 법원은 국가기밀의 판단기준으로서 ① 비공지성(非公知性)과, ② 기밀보호의 필요성 여부에 따라 정보내용의 판단을 죄형법정주의의 일반원칙에 결부시킨

1) 東京高裁判決 昭和 49年(ウ), 第910號, 昭和 51年 7月 20日.
2) 「判例總覽」, 日外アソシエーツ, 1993, 51~53面.
3) 最高裁判所 第1小法廷判決 昭和 51年(あ), 第1581號, 昭和 53年 5月 31日 기각확정.

다.[1] 비공지성이란 당해사항이 누설된 시점에서 통상의 지식경험을 갖춘 다수인에게 알려지지 않은 것을 뜻한다. 그러므로 단순한 억측이나 불확실한 전문(傳聞)에 기초한 기사라고 하더라도 널리 보도된 사안(事案)일 경우에는 비공지성을 잃은 것이어서 국가기밀로 보지 않는다.

기밀보호의 필요성이란 해당 정보가 누설되면 국민에게 공무의 민주적이고 능률적인 운영을 보장하기 어려운 위험이 발생하는 것을 의미한다. 그러나 민주주의국가에서의 공무는 원칙적으로 국민에 의해 끊임없이 감시를 받고, 공공적 토론의 마당에서 비판되고 지지를 받아야 한다. 공무의 민주적이고 능률적인 운영이 어려운 예외적인 경우란 해당 정보나 공공적 토론 또는 국민적 감시에 익숙하지 않은 경우(프라이버시 등), 공개될 경우 행정의 목적이 상실될 경우(체포장의 발부, 경쟁입찰가격 등), 공공적 토론이나 국민적 감시에 의한 통제의 기회가 사후적으로라도 남아 있고 공무의 능률적이고 효과적인 수행을 우선할 필요가 있는 경우(행정내부에서의 자유로운 발언을 보장하는 비공개위원회 등) 등이다. 공무의 내용이 위법이면 당해공무의 민주적인 운영 그 자체가 무의미한 것이 되므로, 민주적 운영을 보장하기 위한 비밀보호의 의무는 생각할 수 없는 것이다. 이것은 공무집행방해죄의 구성요건이 되어 당해공무의 적법성 및 공무원의 법규준수의무 위반이 되므로, 이러한 공무관련사항은 국가공무원법에서 말하는 비밀로써 보호할 필요성이 없다고 보았다.[2]

이 사건의 최종심판결이 내려지자 많은 언론인들은 사또(佐藤) 수상이 사건의 본질을 바꿔치기하는 데 성공했다고 비판했다. 즉 오끼나와 밀약체결을 계속 부인한 사또수상에게는 형사책임을 전혀 묻지 않지 않은 채 법원은 '전후 최고의 언론탄압 사건'을 '니시야마와 하스미의 하반신 스캔들' 사건으로 만들고 말았다는 것이다.[3]

---

1) 浜田純一, 앞의 책, 158~161面.
2) 東京地裁判決 昭和 47年(特わ), 第477號, 昭和 49年(1974). 1. 31.
3) 片野勤, 「マスコミ裁判(戰後編)」, 幸洋出版, 1983, 121~125面.

제 4 절 補 論 — 國家保安法과 言論의 自由

1. 國家保安法 槪況

현재의 국가보안법은 일제 하의 치안유지법을 모방하여 1948년에 제정되었다가 수차례 개정되었던 법을 1980년 12월 31일 신군부정권에서 전면개정한 것이다. 이 국가보안법은 1961년 7월 3일 5·16 군사쿠데타 세력의 혁명공약 제 1 호인 반공국시의 법제적 근거가 되었던 반공법을 폐지하면서 우리나라의 지배이데올로기를 정형화한 것이다. 그러나 이 법은 자유민주주의적인 기본질서가 사상의 자유를 전제로 하여 성립된다는 점을 인정할 때 반공이라는 법률용어 자체를 법문(法文)에서만이라도 없앴다는 데서 사상의 자유를 한 단계는 진전시켰다고 볼 수도 있겠다. 이 법은 전면개정 후에도 변화하는 국내외정세에 맞춰 몇 차례 개정되었지만, 전문 25조로 된 뼈대를 그대로 유지하면서 국가의 안전을 위태롭게 하는 반국가적 활동을 규제함으로써 국가의 안전과 국민의 생존 및 자유를 확보한다는 매우 추상적인 목적을 관철하기 위해 존속하고 있다.

그리하여 현행 국가보안법은 국가의 기본적 존립과 국민의 기본권보장이라는 두 개의 가치가 서로 충돌하는 경계선에 위치하고 있으나, 사실상 역대 정권의 정치안보에 이용되었던 전례가 많은 법률이다. 살펴보면 이와 같은 법들의 제정의지는 사회주의사상에 대한 탄압과 국가우월주의의 제도화로 나타나는바, 사실상 전체주의와 나치스독재로부터의 자유를 근간으로 하여 성립된 자유민주주의의 관념과도 어긋나는 것이다. 다시 말하자면 국가보안법은 인간의 기본권인 생명과 신체의 자유를 형법에 비추어 가중하게 제약할 수 있는 특별법이며, 나아가 자유민주주의적 기본질서의 핵심이며 인간의 정신적 기본권인 사상과 표현의 자유를 과도하게 제한할 수 있는 게 현실이라는 뜻이다.

2. 國家保安法의 體系

현재의 국가보안법은 부칙을 빼면 모두 25개 조이다. 이 조문들은 정부를 참칭하거나 국가를 변란할 목적으로 국내외의 결사 또는 집단(반국가단체)을 구성하거나 이에 가입한 자(제 3 조) 및 그 목적수행을 위한 제반활동(제 4 조), 금품지원(제 5 조), 잠입 · 탈출(제 6 조), 찬양 · 고무(제 7 조), 회합 · 통신(제 8 조), 편의제공(제 9 조), 불고지(제10조) 등을 처벌하고 관련범죄자를 알려 주거나 체포한 자에게 상금 · 보로(補勞)금과 보상(제21조~23조)을 해주도록 정하고 있다.

현행 국가보안법은 세계체제의 변화에 부응하여 국가보안법의 폐지를 요구하는 지성계의 요구를 묵살한 채 1991년 5월 국회를 기습통과한 국가보안법 개정안을 근간으로 하여 운용되고 있다. 1991년의 개정은 헌법재판소의 한정합헌판결을 수용하면서 구법을 다소 고친 것이기는 하다. 즉 ① 법적용은 필요최소한도에 그치게 하고 확대해석을 엄금하였으며, ② 북한을 지칭하여 포괄규정하였던 반국가단체의 범위를 지휘통솔체계를 갖춘 단체로 한정하고, ③ 찬양 · 고무, 잠입 · 탈출, 회합 · 통신죄 등에서도 결과범 모두를 처벌했던 구법과 달리 '국가의 존립 · 안전이나 자유민주주의 기본질서를 위태롭게 한다는 정(情)을 알면서' 행해진 경우로 처벌범위를 축소했다. 불고지죄의 경우도 구법은 국가보안법위반행위 모두에 대한 불고지를 처벌했으나, 개정법은 간첩관련 불고지죄만 인정하고 금품수수, 찬양 · 고무, 잠입 · 탈출, 회합 · 통신, 편의제공은 처벌대상에서 제외하였다.

3. 違憲 · 不法의 可能性

그러나 개정 국가보안법도 분단모순을 극복하고 통일을 실현하려는 민족내부의 열망을 외면한 채 북쪽에 대해 여전히 정부를 참칭하거나 국가변란을 목적으로 결성된 반국가단체가 점거하고 있는 지역으로 보고 있는 점이 가장 큰 특징이다. 또한 이 법은 지난 1991년 12월 남북 양쪽 정부의 총리가 남북쌍방 사이의 관계는 국제관계가 아니라 남북의 서로 다른 체제가 통일을 지향하는 과정에서 잠정적으로 형성된 특수관계임을 인정한 "남북 사이의 화해와 불가침 및 교류협력에 관한 합의서(남북기본합의서)"의 문면과도 배치된다. 남북기본합의서는 남과 북이 필요한 절차를 거쳐 그 문본(文本)을 교환한 날로부터 효력을 발생하였다(1992. 2. 19). 그렇다면 남과 북은 서로 상대방의 체제를 인정하고 존중한다(제 1 조)고 합의했던 사실과 국가보안법상의 반국가단체 규정은 서로 모순되는 바 사실이다. 1991년 법개정 당시부터 재야 법조계에서는 찬양·고무죄(제 7 조)의 상당 부분이 여전히 사상·표현의 자유를 억압하거나 악용될 가능성이 높아 그 위헌성을 강력하게 제기한 바 있었다. 또한 법운영 당국의 자의적인 법집행이 가능한 문언(文言)들이 많아서 법치주의원리에 반하고, 헌법전문과 제 4 조의 평화적 통일지향규정에 위배되는 점도 자주 문제거리로 지적되었다.

무엇보다도 국가보안법은 자유민주주의의 수호를 목적으로 내걸고 있으면서 인간의 정신적 기본권을 근본적으로 박탈하는 반자유민주주의적 법조항을 수두룩히 갖추고 있다. 학문과 예술의 자유는 물론, 언론·출판·집회·결사의 자유를 유린할 수 있는 위헌성이 두드러지게 엿보이는 법이기 때문이다. 표현의 자유는 명백하고도 현존하는 위험이 있지 않는 한 아무리 위험한 주장이라고 하더라도 행동을 동반하지 않을 때는 규제할 수 없는 것이 원칙인데, 이 자유를 막연하게 또는 우려가 있다는 추상적이고 애매한 판단에 의하여 제한하는 것은 자유민주주의에 전적으로 위배되는 것이다.

반국가단체의 개념이나 구성원의 개념도 애매하다. 또 반국가단체의 목적수행을 위한 활동을 선전·선동하거나 사회질서의 혼란을 조성할 우려가 있는 사항에 관하여 허위사실의 날조·유포를 처벌하는 것(제 4 조 제 1 항 제 6 호), 반국가단체나 그 구성원 또는 그 지령을 받은 자의 활동에 대한 찬양·고무·동조행위를 처벌하는 것(제 7 조 제 1 항), 이적단체 구성원의 허위사실 날조·유포(동조 제 4 항) 및 문서·도서 기타 표현물의 제작·수집·복사·운반·반포·판매·취득 등의 처벌(동조 제 5 항) 등은 모두 반공·반북이데올로기에 대립되는 사상 및 양심의 표명을 근본적으로 부인하는 위헌법률이라는 지적도 적지 않다.

또한 유엔가맹국으로서 우리나라는 유엔헌장에 의한 의무를 이행할 평화애호국이고, 북한 역시 유엔에 가입했으므로 정부를 참칭하는 단체가 아니라 정부를 '칭'할 수 있는 국가이다. 따라서 국제관행에 비추어도 국가보안법은 시대발전에 뒤떨어진 법이며, 세계화의 추세와도 맞지 않는 법이라고 할 수 있다.

국가보안법은 현행법과 국제법이 보장하고 있는 기본적 인권을 유린하는 자기모순을 분명히 드러내고 있고, 국민 각계각층이 자신들의 정당한 권리를 마음대로 주장할 수 없게 하는 반자유민주주의적인 법이므로, 이제는 그 개폐를 논의해야 할 만큼 실제로 언론자유를 억압할 소지가 많다고 하겠다.

4. 憲法裁判所의 決定事例

(1) 國家保安法 제7조와 言論의 自由

국가보안법 제7조 제1항은 반국가단체나 그 구성원 또는 그 지령을 받은 자의 활동을 찬양·고무 또는 이에 동조하거나 국가변란을 선전·선동한 자를 처벌하는 규정이고, 동 제5항은 그 소정행위를 할 목적으로 문서·도서 기타 표현물의 제작·수입·복사·운반·반포·판매 또는 취득한 자를 처벌하는 규정이다.

이 규정의 합헌성 여부에 대해 헌법재판소는 법문(法文)이 다의적(多義的)이고 적용범위가 광범하며, 언론·출판의 자유를 침해할 가능성이 있으나 실질적 해악을 미칠 명백한 위험성이 있는 한 처벌해야 한다는 한정합헌을 결정하였다.[1]

결정이유의 요지는 ① 문리(文理)대로 이 법규가 운영된다면 북한집단이나 그 주민의 주장과 일치되는 언동이면 그 언동의 동기나 의도 혹은 그 내용을 묻지 않고, 국가의 존립·안전이나 자유민주적 기본질서에 명백한 위해(危害)[2]를 줄 정도의 것이든 아니든 막론하고 이를 금지할 때 표현의 자유가 위축될 수 있다. ② 헌법 제37조 제2항은 질서유지 또는 공공복리나 국가안전보장을 위해 필요한 경우에만 언론의 자유를 제한할 수 있도록 규정하고 있고, 헌법이 수호하려는 최고의 가치인 자유민주적 기본질서(헌법전문 제4조, 제8조 제4항)를 전복하려는 언동과 무관한 경우의 기본적 인권은 최대

---

1) 헌재 1990.4.2. 선고, 89헌가113 결정. 동지 : 헌재 1990.6.25. 선고, 90헌가11 결정; 헌재 1992.1.28. 선고, 89헌가8 결정; 헌재 1996.10.4. 선고, 95헌가2 결정.

2) 헌재 1997.1.16의 결정에서는 기존의 한정합헌판시를 그대로 유지하되 '위해(危害)'를 '위험'으로 표현만 바꾸었다.

한 보장되어야 하므로 헌법위반의 개연성이 크다. ③ 전면위헌으로 완전폐기하는 것은 이익형량상 국가적 불이익이 크고 합헌적이고 긍정적인 면도 있으므로, 실질적 해악을 미칠 명백한 위험성이 있는 경우로 처벌을 축소·제한하는 것이 표현자유의 우월적 지위에 비추어 당연하다. ④ 헌법상 언론자유에의 해당 여부는 국가보안법 제 1 항 소정의 행위와 위험과의 근접성 정도를 기준으로 하여 해악의 크냐 적으냐의 정도에 따라 결정함이 합당하다.

이 결정에 대해 살펴보면 우리나라 헌법재판소의 판단은 첫째, 국가안보에 실질적으로 큰 해악을 미칠 명백한 위험성이 있으면 언론자유를 제한할 수 있는 법률이 존재할 수 있다는 것으로 요약된다. 그러나 미국의 판례에 비추어 보면 이러한 판단 역시 대단히 다의적이고 애매하다. '명백하고 현존하는 위험의 원칙'을 더욱 명확하게 해 준 '직접적이고 급박한 위험의 원칙(immediate and imminent danger test)'은 언론활동과 행동(conduct) 간의 직접적인 인과관계와 시간적 근접성을 판단기준으로 하고 있는데, 우리 헌재의 결정은 무엇이 실질적 해악이고 무엇이 명백한 위험인지 그 대상을 확정시켜 놓지 않아 법률실무자가 자의적으로 또한 주관적으로 말뜻을 풀이하여 범죄성립 여부를 결정할 수 있는 반법치주의적인 측면이 있다.

예컨대 반국가단체로부터 직접적이고 급박한 위험이 있는 경우라면 전쟁, 사변 또는 폭동과 직접적인 인과관계가 있고, 언론행위와 행동 간에 시간적으로 밀접한 관련이 있을 때이다. 따라서 헌재의 한정합헌결정은 여전히 자유민주주의가 보장하고 있는 언론자유의 본질침해의 우려를 간과하고 있다는 비판을 받게 되는 것이다.

둘째, 이익형량의 법리를 받아들여 국가보안법의 한정합헌을 결정했다. "남북간에 전쟁이 있었고 휴전상태에서 군사력으로 대치하며 긴장상태가 계속되고 있는데, (국가보안법을) 완전폐기할 때의 국가적 불이익이 폐기하지 않을 때의 이익과 비교형량할 때 더 크다"는 논리 역시 국가와 개인 간의 이익형량에서는 언제나 국가이익이 클 수밖에 없는 현실을 고려할 때 언론자유의 향유주체를 집단이 아니라 개인으로 보는 자유민주주의의 기본사상에 비추어 개인의 기본권을 억압할 여지가 큰 것이다.

(2) 國家保安法 제9조 제2항과 言論의 自由

개정 전 국가보안법 제9조 제2항은 이 법 위반범죄자 또는 범죄를 행하려는 자에게 그 정(情)을 알면서 편의제공을 한 자에 대한 처벌규정이다.

이 규정의 합헌성 여부에 대해 헌법재판소는 규제대상이 되는 편의제공이 문언(文言) 해석상 그 적용범위가 매우 넓고 불명확하므로 말로도 도움을 줄 수 있는 것이라면 헌법상 표현의 자유마저 위축시킬 수 있지만, 편의제공 행위 중에서 국가의 존립·안전이나 자유민주적 기본질서에 실질적 해악을 미칠 구체적이고 명백한 위험성이 있는 경우로 축소제한하면 합헌이라고 판정했다.[1] 이 결정 역시 (1)의 결정과 같은 비판이 가능할 수 있다.

◇ 더 많은 관심을 가진 독자들을 위해 권고할 만한 문헌들

박용상, "언론출판의 자유의 한계," 서울대학교 사범대학원 석사논문, 1970.
———, 「언론의 자유와 공적 과업」, 교보문고, 1982.
박원순, 「국가보안법연구 1」, 역사비평사, 1989.
———, 「국가보안법연구 2」, 역사비평사, 1992.
藤原彰 外, 「現代史と國家祕密法」, 未來社, 1985.
清水英夫 編, 「法と表現の自由」, 學陽書房, 1975.

1) 헌재 1992. 4. 14. 선고, 90헌바23 결정.

제 9 장

意見廣告와 表現의 自由

제 1 절 意見廣告와 言論媒體

1. 意見廣告의 槪念과 類型

의견광고(editorial ad.)란 특정의 정보나 의견을 전파하기 위하여 신문지면이나 방송시간을 일정한 광고요율에 따라 구입하여 이용하는 활동을 말한다.[1] 그러나 의견광고에 의해 제시되는 정보나 의견은 논평기사(editorial)의 형식을 띠기 때문에 일정의 언론매체가 행하는 보도·해설·논평에 대한 대항적 의미를 포함하기 마련이다. 더욱 혼란스러운 것은 동일의 매체에 서로 상반된 보도와 해설, 논평과 사설, 의견광고가 함께 실리는 경우이다.

뜻풀이를 해보면 의견이란 사람들이 말이나 글을 통해 객관적 사물에 대한 태도와 견해를 표현하는 것이다. 의견을 발생시키는 심리적 체계는 개체의 외계에 대한 특정한 심리적 준비상태를 갖추고 있으며, 일정한 외부정황과 요소의 작용 아래 태도를 외부로 표출시키는 일이다.[2] 한편 광고는 유료의 지면구매활동이지만, 의견광고의 내용인 editorial은 간행물의 비광고부문을 통칭하는 용어이다.

일본에서는 의견광고가 대체로 비상업적인 메시지를 전달하는 광고로 이

1) Donald M. Gillmor and Jerome A. Barron, *Mass Communication Law : Cases and Comment*, 4th ed., West Publishing Co., 1984, pp. 611～612.

2) 北京廣播(방송)學院 新聞系 廣告學敎室 編, 「廣告學」, 中國電視廣播出版社, 1993, 54～55面.

해되고 있다. 고바야시(小林太三郎)는 "의견광고란 특정개인 또는 그룹이 특별한 문제, 즉 사회문제·정치문제·국제문제 등에 있어서 개인 또는 그룹이 생각하고 있는 주의·주장 등을 호소하는 광고"라고 주장하고 있다. 이브스키(指宿忠孝)는 "의견광고란 기업, 단체 혹은 개인이 특정의 사회문제에 대해

〈그림 9-1〉 내용에 따른 광고의 분류[1]

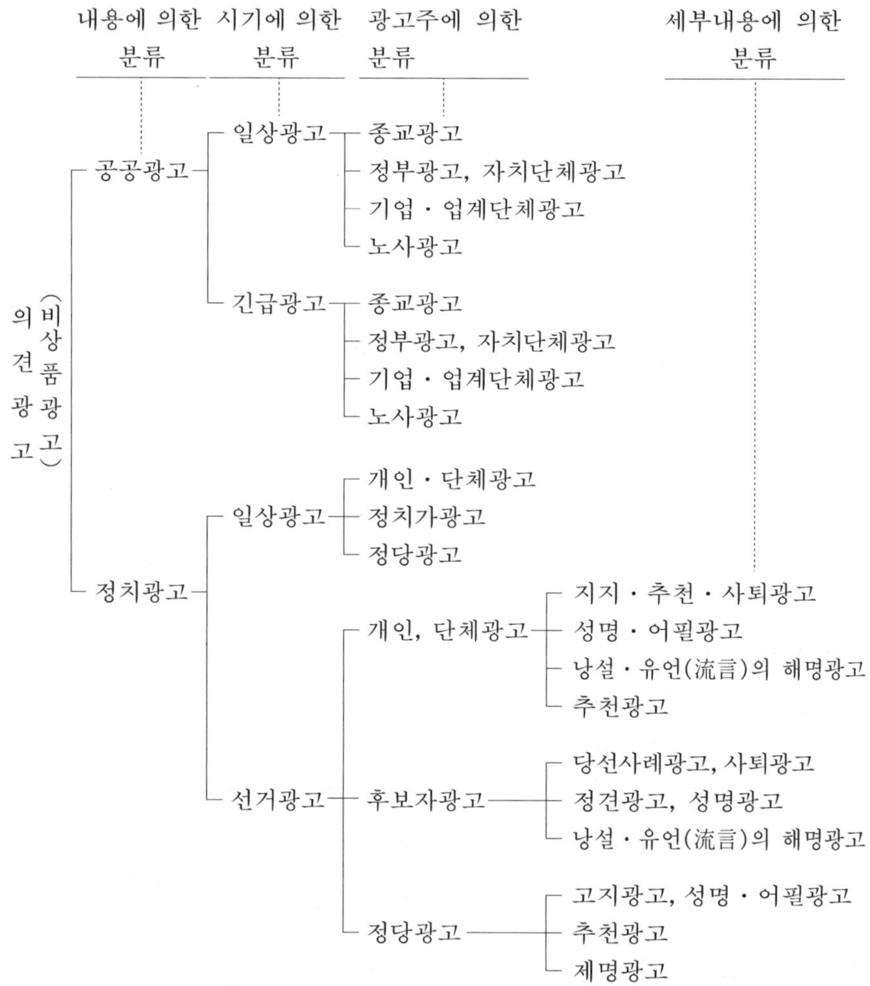

1) 박종렬, 「정치광고와 선거전략」, 청림출판사, 1987, 32면 요지.

각자의 주의·주장을 표명하는 형태의 광고로 신문을 주로 이용하는데, 주로 정치광고에서 비롯되었다가 기업, 단체 혹은 개인의 사회문제에 대한 의견광고로 확대된 것이라고 생각한다."[1)]

가메이(龜井昭廣)는 의견광고를 그 내용에 따라 공공광고와 정치광고로 나눈 후, 이를 다음과 같이 구분하였다. 공공광고란 공공에 대한 계몽을 목적으로 사람들이 시인하는 도덕률이나 이데올로기를 전제로 한 광고인데, 정치광고, 선거광고, 호소광고, 대항광고, 정부관공서나 자치단체광고 등이 대부분의 의견광고라는 것이다.[2)]

2. 意見廣告의 社會的 意義

의견광고는 일반적인 광고가 아니라 자못 특수한 광고다. 즉 의견광고는 언론기관의 소유와 통제가 집중된 현대사회에서 적극적 언론자유의 보장을 위한 하나의 수단일 수 있다. 또한 의견광고는 액세스권(right to access : 접근권) 확보라는 법적 민주주의의 입장과 유료로 신문지면이나 방송시간을 구입하는 데 따른 재정적 공평성의 보장이라는 경제적 민주주의의 입장이 맞부딪치는 광고의 영역이다.

그러나 의견광고는 광고주가 비용을 부담하여 일정의 대상자에게 자신의 주장을 전달할 목적으로 미디어를 공개적으로 이용하는 행위이기 때문에, 그에 수반하는 여러가지 사회적 책임이 따르게 된다. 또한 의견광고는 그것이 정치적인 메시지이든 상업적인 것이든 간에 비용을 부담할 수 있는 능력을 갖춘 특정개인이나 집단이 자신의 이익을 도모하기 위해 행하는 것이어서, 경제적 능력이 의견광고의 양적 다과(多寡)를 결정하는 중요 변수노릇을 하게 될 가능성이 크다. 그래서 미디어에 등장하는 저널리스틱한 표현들과는 달리 의견광고는 최대한 그 자유를 보장하되, 일정한 한계가 정해져야만 국민 다수의 커뮤니케이션은 평화로운 공존을 할 수가 있는 것이다.

선진 여러 나라에서는 언론매체로부터 주변적 존재로 취급을 받는 소수파가 의견광고를 획득하는 데 있어 차별받지 않을 권리와 함께 언론매체의

---

1) 박종렬, 앞의 책, 25면.

2) 앞이 책, 31~31면에서 재인용.

의견광고에 의해 명성이 실추된 공적 인물들에게 반론수단을 확보해 주는 방법을 꾸준히 검토해 오고 있다. 이것은 의견광고가 수용자의 언론매체에 대한 민주주의적 참여를 가능하게 하는 주요 도구로 인식되고 있고, 의견광고에 대한 관심이 여전히 지속되고 있다는 예증이다.

신문의 광고란은 저널리스트의 보도 또는 논평 독점으로부터 비교적 열려진 공간이지만, 신문의 발행인이 모든 광고를 받아들일 의무는 없기 때문에 법원은 의견광고를 둘러싼 분쟁이 발생하면 사건별로 언론사와 의견광고주의 권리와 반론의견광고 희망자의 광고접근권에 대한 갈등의 사법적 해결을 모색해 가고 있다. 말하자면 어렵게나마 사회적 합의를 도모하면서 일반광고 이상으로 의견광고에서의 자유와 평등, 그리고 그에 따른 책임과 의무를 창달해 가고 있다는 말이다.

우리나라에서는 지금까지 많은 신문들에 주로 정당·사회단체들의 정치적 의견광고가 자주 실렸었고, 특히 선거에 즈음해서는 정당광고, 정견광고, 정치선전광고가 단골로 등장했었다. 특히 국가안보와 국민의 안전에 큰 영향을 미칠 것으로 보이는 정치적·사회적 사건이 발발하면, 관변단체를 중심으로 한 의견광고가 많은 지면을 메웠다. 민주화가 진행되면서부터는 각종 이권단체의 집단이기주의를 선전하는 공간으로 의견광고란이 활용되기도 했다.

한편 미국에서는 기사내용에서의 사실과 의견의 명확한 구분이라는 전통적인 이분법이 있기 때문에 사실의 보도에서 제외되고, 의견이 포함된 논설(editorial)에서도 반영되지 않은 소수의견의 공표기회로서 의견광고가 일찍부터 주목을 받아 왔다. 신문의 공개된 부분인 광고란은 소수자본가에 의한 미디어독점으로부터 의견을 달리하는 사람들이 대가를 지불하면서라도 접근할 수 있는 대안의 영역이었다.

일찍이 오하이오주의 한 지방법원은 단 하나의 신문이 발행되고 있는 지역사회에서 그 신문은 공중의 성원들에게 무차별적 광고구매를 허용해야 할 의무가 있다는 판단을 내렸다.[1] 공중은 누구든지 이 신문에 광고를 낼 수 있다는 판결이었던 것이다. 이 재판에서 문제를 제기한 한 상인은 몇몇 경쟁업자들이 신문에 영향력을 행사하여 자신의 광고를 게재하지 못하도록 해왔다고 주장했다. 특히 원고는 이 지역신문의 발행자인 The Crescent Publish-

1) 22 Ohio N. P.(n.s.) 255, 31 Ohio Dec. 54(c.p. 1919).

ing 사가 반관반민회사이므로 광고 고객을 고르거나 선택할 자유가 없고, 모든 사람에게 똑같은 기준을 적용해야 한다는 논리를 전개하여 법원으로부터 그 신문에 자신의 광고게재를 요구할 강제명령을 받아 냈다.

미시간주에서는 인구 12만 5천명이 살고 있는 Battle Creek의 Eastown 영화관이 그 지역에 오직 하나뿐인 일간지 *Enquirer and News*에 광고게재를 신청했으나 거절당하자 소송을 제기했다. 이에 미시건주 대법원은 다수결로 신문사업이 엄격한 사기업이기 때문에 신문발행인이 광고게재 여부를 자유롭게 결정할 수 있고, 누구에게나 광고지면을 팔아야 할 법적 의무는 없다고 판결하였다. 신문사측은 광고의 음란성을 표면상의 이유로 들었으나 영화관 측은 그와 유사한 광고를 게재한 전례가 있음을 주장하면서 광고접근권을 주장했던 것이지만, 법원은 이를 받아들이지 않았다. 소수반대의견을 개진한 Adams 판사는 신문발행인이 광고게재 여부를 결정하는 절대적 권리를 가진다는 데 대해 반대하면서, 한 신문이 그 지역의 유일한 유료인쇄매체로 신문시장을 지배할 경우에 정치후보자들이나 지방행정기관들도 신문보도에의 액세스권리로부터 부당하게 제외당할 수 있음을 지적했다.[1)]

Jerome Barron 교수(조지 워싱턴 대학교 전국법률센터 소장)는 일간신문이 독점적으로 운영되고 있는 대부분의 미국 도시에서 사상의 자유공개시장은 무의미해져서 소수파, 이교도(異教徒)나 주변집단들은 그들의 사상을 자유롭게 표현하기 위한 액세스권의 확보가 어렵다고 보았다. 그래서 그는 미국신문에 대한 시민의 액세스권이 광고란을 통해 창출될 수 있다고 주장했다. 즉 누구든지 신문지면을 구입하여 의견광고로 사상을 표현할 수 있고, 신문은 명예훼손을 당한 공직자들에게 반론을 공표할 수 있게 해 주어야 한다는 것이다.[2)] 그러나 수정헌법 제 1 조에 따르면 누구도 신문으로 하여금 광고를 게재하도록 요구하거나 반론을 제기하는 지면을 제공하도록 강제할 수 없다.[3)]

매체소유권의 집중이 사상의 자유시장을 저해할 수 있는 상황에서 신문발행인들은 광범한 견해를 표현해 줄 의무가 있으나, 대(大) 신문이나 공중파

---

1) Bloss vs. Federated Publications, 380 Mich. 485, 157 N. W. 2d. 241(1968).

2) J. Barron, "Acess to the Press a New First Amendment Right," 80 Harv. L. Rev. 1641 (1967).

3) Harvey L. Zuckman *et al.*, *Mass Communication Law in a Nutshell*, West Publishing Co., 1988, pp. 350~352.

방송 등의 광고는 상당한 재력이 없는 한 접근하기 어렵다는 점을 감안할 때, 의견광고를 통한 미디어접근권의 보장은 현대사회의 언론환경이 요구하는 표현의 자유공간을 넓히는 일의 하나임에 틀림없다.

그러나 사회적 약자들의 경우에는 광고요금이라는 비용부담의 짐도 무거웠지만, 독재권력의 위압적 권위와 교묘한 통제에 눌려 자신들의 의견을 증폭시키지 못하고 우세한 여론으로 위장한 사회적 강자중심의 언론보도와 그 협력자들이 전개하는 의견광고에 밀려 침묵의 소용돌이를 헤매고 있는 일이 허다했다. 시민사회의 진전과 공개적인 토론의 광장에 대한 요구가 커지고는 있지만, 아직 우리나라의 의견광고는 대부분 소수의견의 발표공간이 아니라 경제력이 상대적으로 풍부한 특정개인이나 특정집단의 이익을 창출·유지·확대하기 위한 미디어이용행위라고 보는 것이 맞을 것이다.

의견광고의 사회적 파장은 대단히 커서 공중의 합리적인 판단인 여론을 변경시킬 수 있을 뿐만 아니라, 개인에게는 크나큰 명성과 함께 그것을 여지없이 파괴할 수 있는 위력을 갖고 있다. 또한 상업적인 측면에서는 경쟁회사의 도덕성에 타격을 가하면서 의견광고주와 관련된 특정인들이 반사이익을 챙길 수도 있다.

그래서 우리나라에서는 최근 들어 특정대상을 상대로 자신의 사사로운 이익을 위한 일방적인 주장만을 담은 의견광고를 게재하여 사인(私人)의 은사권(隱私權 : right of privacy)을 침해하거나 명예를 훼손할 가능성에 대한 우려가 점증하고 있고, 광고내용의 진실성을 검증하는 방법의 검토와 중상모략이나 비방성 의견광고에 대한 구제의 필요성 등의 여러가지 문제가 제기되고 있는 실정이다.

언론·출판·집회·결사의 자유를 보장한 헌법 제21조의 정신에 비추어 볼 때, 모든 국민은 개인이든 단체든 의견광고의 당사자가 될 수 있다. 정당한 국민의 엄숙한 신탁에 의하여 국민을 대표하는 언론기관이 특정한 소수의견의 공표를 포함하여 그 지향목표로 내세우는 다양성을 실현해 주지 않을 때, 특정의 소수들은 자금을 마련하고 자신들의 의견을 광고로 만들어 신문·잡지 등에 게재하거나 방송을 통해 송출할 수 있는 자유가 헌법 제21조의 언론자유에 당연히 포함된다. 특히 언론을 통한 의견의 전파가 전적으로 제약당할 때 그 특정소수의 국민들은 부득이 과격한 집회와 시위라는 출구를 통해서라도 자신들의 사상과 의견을 표현하려고 한다는 점을 감안하면, 언론자유의 건전한 창달을 위해서라도 의견광고와 같은 표현수단은 좀더 자유롭게 사용될 수 있어야 할 것이다. 다만, 다른 기본적 인권과 함께 의견광고도 공공의 복리를 위해서는 제약을 가해야 할 때가 있고 그 남용은 철저히 금지하는 것이 마땅하나, 이에는 반드시 합리적인 기준이 마련되어야 한다. 의견광고의 확대를 위해서는 반드시 그 내용뿐만 아니라, 의견광고 실시의 시기 · 지면(시간) · 방법과 공표된 의견광고의 이해관계자에 대한 반론권의 보장 등도 강구해야 한다는 뜻이다.

3. 意見廣告의 屬性

(1) 意見廣告의 主體와 客體

의견광고의 주체는 의견의 확대전파를 목적으로 의견광고의 내용을 결정하고 이를 가공 · 처리하여 발신하는 데 관련된 각 개인 및 집단이나 기관들을 통칭할 수 있는데, 통상적인 광고에서 보는 것처럼 일정한 대가를 지불한 광고의뢰자와 지면 · 시간을 유료로 제공한 미디어 사업자 모두를 말한다. 의견광고의 제 1 차적인 주체는 자신의 의견을 더욱 많은 사람들에게 전파하려는 광고의뢰자라고 하겠으나, 신문지면이나 광고시간의 편집 · 편성권에 광고결정권이 포함되는 만큼 제 2 차적으로는 의견광고를 게재 또는 방송한 언론기관도 의견광고의 주체가 된다.

의견광고의 객체는 비상업적 의견이다. 이것은 상품판매의 촉진을 제 1 차적 목적으로 하는 상품광고나 기업의 공중관계 개선을 통해 기업이윤을 증대시킬 것을 목적으로 하는 기업광고와 구별된다. 또한 의견광고는 명백하게 공공의 이익을 도모하는 선전운동(캠페인)이라고 할 공익광고와도 구별해야 된다.

의견광고는 신문지면이나 방송시간을 유료로 구매한다는 점에서 자본주의 언론산업의 고유한 생산양식을 반영하고 있는데, 이 점이 곧 일반적으로 표현의 자유에 포용되는 여타의 정신적 자유와도 의견광고를 구별하게 하는 징표이다.

(2) 意見廣告의 特性

의견광고는 광고라는 형식을 취하기 때문에 일부 광고주체의 영리적 목적과 결부되는 동시에 내용적으로는 사상·양심을 포함한 인간내심을 드러낸다는 점에서 주의 깊은 성찰로 그 본질적 특성을 밝혀야만 의견광고의 자유와 그 한계를 명백하게 알 수 있다.

의견광고는 일반 상업광고와 대비하여 ① 영리성 대 비영리성의 대립, ② 정신적 자유 대 물질적 자유의 긴장관계, ③ 정치성 대 비정치성의 문제를 제기한다.

1) 의견광고의 비영리성 여부

의견광고의 주체 중의 하나인 광고의뢰자의 입장에서 보면, 자신이 낸 의견광고는 상업적 목적이나 영리적 지향이 없다고 주장할 수 있다. 의견광고는 상업광고의 주요 요소인 상품의 판매촉진을 위한 설득이나 시장에서의 수요와 공급곡선을 결정하는 데 중요한 변인인 가격정보 등 마케팅의 구성요소[1)]를 갖추고 있지 않다. 의견광고는 오히려 광고의뢰자의 인격이나 정치적 의견, 미디어내용의 반론, 사회적 태도 등을 메시지로 담고 있다.

그래서 의견광고의뢰자들은 의견광고가 유료의 대가를 치르고 인쇄매체의 지면과 방송매체의 시간을 매입하여 자신들의 의견을 더욱 많은 사람들에게 전달함으로써 수용자들의 이해와 공감을 얻으려는 것이므로, 국민들의 언론매체접근권 및 알 권리를 실현하기 위한 방법의 하나로 이해하고 있다.

심지어 어떤 의견광고의뢰자들은 자신들의 광고가 상업적 이익을 목표로 하지 않고, 공동체의 선〔共同善〕이나 공익증진을 위한 매체이용활동이라고 주장하기까지 한다. 즉 이들은 자신들이 개인적 사익(私益)이 아니라 공공의 보편적 이익을 궁극적 목적으로 하여 자신들의 견해확장과 증폭을 도모코자 언론매체의 지면과 시간을 유료로 구입한 것이라고 주장한다. 즉 그들은 자신들의 매체이용 및 메시지 전파는 자유이며, 자기표현을 위해 정당한 기회를 확보하는 것이라고 생각한다는 뜻이다.

한편 의견광고를 게재한 또 다른 주체인 언론매체사의 입장에서 보면, 의견광고는 언론에 실린 모든 정보와 의견처럼 자신의 메시지라는 공통성을

1) 오두범, 「광고커뮤니케이션 신론」, 전예원, 1988, 99~119면.

갖는다. 그러나 보도와 해설·논평 및 심지어는 교양·오락 프로그램에서도 메시지생산을 위해 언론자본의 직접적 투자가 선행된 데 비해, 의견광고에서는 일반 상업광고와 마찬가지로 언론사업체에 광고료를 지불한 대가로 지면과 시간을 구입했다는 점이 구별된다.

이러한 현상적인 차이에도 불구하고 언론이 취급하는 모든 메시지는 언론기업의 상업적 이익을 목표로 편집·편성된 것인 만큼 자본주의사회의 언론매체가 추구하는 영리성을 그 주요한 본질적 속성으로 한다는 점에서 의견광고가 비영리적이라는 주장은 다분히 상대적인 것이다.

영리성의 중요한 구성요소는 경제적 동기에 기초하고 사적 이익을 추구하는 것이라고 할 수 있다. 그러니까 정치적·사회적 주장이 아니라 경제적인 선택에 관한 개인의 결정에 영향을 미치는 것은 영리성을 가진 행위라고 볼 수 있는 것이다. 오히려 문제가 되는 것은 영리성의 정도이다. 언론기업은 소유주체의 성격에 따라 공기업과 사기업으로 구분지을 수 있지만, 언론을 하나의 상품으로 내놓아 이윤을 추구하는 자유시장경제체제의 경제단위임은 물론이다.

여기서 광고는 언론이 사회적 재화로서의 가치를 송두리째 유린당한 채 그 내용이 물화(物化)된 하나의 상품으로 시장적 평가에 맡겨지는 것이라는 네오 맑시스트의 주장은 논외(論外)로 한다.

어쨌거나 의견광고가 언론매체기업의 영리성과 불가분의 관련을 가진다고 하더라도 언론기업은 국가기간산업 이상으로 공익에 먼저 눈을 돌려야 하는 기업이다. 그런 만큼 그 윤리성과 책임성이 강조되기 때문에 언론기업은 돈만 낸다고 하여 모든 상업광고를 여과 없이 그대로 지면에 게재하지는 않는다. 언론기관은 공공복지적 차원에서 허위·과장·사기 등의 방법으로 독자들을 기망(欺罔)에 빠뜨리거나 오도할 우려가 있는 광고를 규제하기 위해 그 지면이나 시간제공을 거부할 수 있기 때문에, 어떤 광고를 영리광고·비영리광고로 분류하는 것은 언론기업 쪽에서 볼 때 별로 중요한 문제가 아니다.

한편 우리나라 헌법학자들의 통설은 영리광고가 헌법 제21조에 의한 언론의 자유로서 보호받지 못하는 대신 영업적인 자유로 이해되어야 한다고 본다. 왜냐하면 표현의 자유는 정신적 표현으로서 직접적으로 인격발현을 목적으로 하는 활동에 한해 보호하는 것이라고 생각되기 때문이다.[1)]

1) 김철수, 「헌법학신론」, 박영사, 1988, 314면.

清水英夫 교수 역시 표현의 자유를 정신적 자유의 하나로 보아 기본적 인권에 대한 유추해석의 인정범위내에서 내심을 드러내는 것으로 보고 있다.[1)]

2) 정신적 자유권으로서의 의견광고

표현의 자유를 정신적 부문과 경제적 부문으로 나누어 보는 것은 자본주의사회체제에서 재산권을 인정하고 영업의 자유를 보장함으로써 사적(私的) 자본의 의지와 순수한 정신활동의 외부적 발현의지를 구별하여 후자를 보호하려는 취지에서 비롯된 것이다.[2)]

정신적 자유는 순수한 인간내면의 자유와 그 표현 또는 비표현의 자유를 뜻한다. 이 자유는 자연인 누구에게나 구비되어 있고 그 표현을 강제해서는 아니 되나, 그 자유로운 발현이 방해받아서도 안 되는 것이다. 정신적 자유가 자연인 개개인 및 자연인의 집단에 대해 보장되는 것은 너무나 당연하다. 그러므로 어떤 개인이나 단체가 국가 또는 그 대행 관변단체들의 특정한 사상이나 도덕의 일방적·계속적인 선전에 반대하여 의견광고자가 정부의 방해를 받지 않고, 국민 각자에게 자신들의 사상 또는 양심을 받아들이도록 홍보하는 것은 합법정당한 표현행위이다.

의견광고가 정신적 자유의 하나로서 보호받아야 하는 것은 그것이 사회적 양심의 외부적 표현이라는 견지에서 사상과 양심을 외부에 드러내는 것을 강제당하지 않는 자유인 동시에, 그것을 타인의 간섭이나 방해를 받지 않고 외부에 표현하는 자유로 인정해야 하기 때문이다. 의견광고의 제 1 차적인 주체는 양심의 귀속주체인 개인이지만 표현활동을 전문적·제도적으로 영위하는 특수목적집단으로서의 언론기관이 존재하는 이상 법인인 언론기관도 정신적인 자유로서의 의견광고의 주체가 될 수 있고, 동시에 의견광고의 의뢰자와 함께 의견광고의 게재에 따른 사회적·법적 책임과 의무를 분담하는 것으로 보아야 할 것이다.

우리나라 헌법학자들은 정신적 자유를 양심의 자유와 표현의 자유로 대별하고 양심의 자유에 대해서는 그 향유주체가 자연인에게만 한한다고 본다(김철수, 권영성, 김현규, 김남진, 이강혁 교수 등). 상업광고는 직접적 인격의 발현을 목적으로 하는 정신적 자유가 아니고 물질경제적인 자유에 해당되어

1) 清水英夫,「言論法硏究 2」, 學陽書房, 1987, 13~15面.
2) Marsh vs. Alabama, 326 U. S. 501(1946).

영업의 자유로 보호된다고 보아야 하지만, 의견광고의 자유와 책임에 대해서는 아직 활발한 논의가 없다. 외국의 경우에는 이미 오랜 전부터 언론의 자유를 보장하기 위해 개발된 여러가지 논리와 원칙들이 사법적 검증과정을 거쳐 정신적 자유와 경제적 자유로 분화되어 있고, 그 이중기준(double standard)에 의거하여 의견광고가 언론자유의 범위에 포함되는 것으로 인정되고 있다. 또한 정신적 자유로서의 언론자유에는 언론기관의 독점화와 편집권강화로 인해 국민의 알 권리 및 언론매체에 대한 접근권과 반론권의 보장이 어려워지는 상황조건을 타개하는 방법들을 포함하고 있다. 그 방법 가운데 의견광고가 다채로운 언론을 보장하는 장(場)으로서 귀중한 수단으로 현실적인 기능을 발휘할 수 있다.

의견광고가 정신적 자유에 속하는 반면 상업광고가 물질경제활동을 촉진하는 영업의 자유 내지 재산권 행사의 자유로서 보호되는 것은 당연하다고 하겠으나, 문제는 의견광고가 경제적 능력에 좌우되기 때문에 누구에게나 무제한으로 허용할 때는 경제적 약육강식현상이 일어나 오히려 언론의 광고공간을 지배이데올로기의 캠페인장으로 만들 우려가 있다는 점이다. 말하자면 의견광고가 담게 되는 광고내용이 대체로 정치성 짙은 메시지로서 정치기사 이상의 사회적 파장을 가진다는 뜻이다.

3) 의견광고의 정치적 성격과 정치광고(=정치적 의견광고)

대부분의 의견광고는 정치적 성격을 띠고 있다. 특히 선거시기의 의견광고는 선거산업의 하나로서 정치이미지를 조작하여 국민들의 투표행위를 참다운 합의창출의 과정으로부터 엉뚱한 방향으로 이끄는 경우가 흔하다.[1] 정치가를 '쇼'무대에 등장시켜 노출시킴으로써 정책적 쟁점보다 개인이미지에 투표자의 관심을 집중시키고, 정책정보보다 개인적 속성을 강조하는 경향이 강하여 후보자의 진실성을 왜곡시킬 가능성이 높다.[2] 정치의견광고의 허용이 선거비용의 증가를 가져오고, 정치의 사업화를 촉진시킬 부작용 또한 크다.[3]

Ashmore는 공익에 관한 것이 아닌 한 정치광고는 금지되어야 한다고 주

---

1) Gene Wykoff, *The Image Candidates : American Politics in the Age of Television*(New York : The MacMillan Company, 1968), p. 108.

2) Thomas A. Bowers, "Issue and Personality Information in Newspaper Political Advertising," *J. Q.*, Vol. 49. No. 3, Autumn 1972, pp. 446~452.

3) 박종렬 편저, 앞의 책, 49~50면.

장한다. 그 논거로서 방송매체가 아닌 신문매체에서의 정치광고금지는 수정헌법 제1조와 충돌될 수도 있지만, 가장 영향력 있는 매체인 신문매체의 정치광고는 유권자에게 사실상 유익한 정보제공을 하지 않고 유권자를 소비자로 만들어 버릴 우려가 있다는 점을 들었다.[1)]

그러나 대부분의 정치광고비판들은 정치광고의 내용들에 대한 객관적인 측정이나 후보자의 정당 및 출마한 공직 등의 독립변인과 관련하여 정치광고의 부정적 효과가 어떻게 전개되는지를 밝히려 들지 않고, 정치광고가 정치적 주요 문제에 대한 정보를 제공하는 대가로 오히려 후보자의 개인적인 성격을 부각시키려고 한다는 데 집중되어 있다. 특히 언론에 등장하는 정치적 의견광고는 수용자의 의제설정에 지대한 영향을 미치고, 수용자의 인지구조를 매체가 강조하는 문제들에 집중시키고, 정치적 여론을 특정쟁점위주로 포위함으로써 유권자가 정치의 근본문제인 인권·복지·평화 등에 대한 후보자식견의 차별성이나 정당정책의 차별성을 탐색하는 기회를 제공하지 않는다. 따라서 정치적 의견광고는 정치를 상업화하고, 유권자의 의견을 후보자 개인에 대한 정보수준에 머물게 한다.

정치적 의견광고가 선거캠페인의 주요한 도구로 이용되는 시점에서 우리가 주목해야 하는 것은 바로 광고의 동등한 이용을 보장하고 늘어나는 선거비용을 합리적인 수준에서 억제하지 않는다면, 의견광고의 정치적 성격이 투표행위에 영향을 미치고 제도화된 형태의 금권(金權)선거로 신성한 투표권 행사를 더럽힌다는 점이다.

오늘날 우리나라 언론매체에 등장하는 대부분의 의견광고는 정부나 대기업, 대규모 노동조합 또는 대형정당이 점유하고 있는바, 결국 재력이나 조직력이 있는 자만이 의견광고를 실질적으로 이용할 수 있다는 문제 아닌 문제를 던진다. 즉 정부나 대기업 등은 막대한 홍보예산을 편성하여 이를 국민세금으로 충당하거나 제품원가 속에 포함시켜 국민이나 소비자대중에게 전가하고 있다.

또한 의견광고가 공공의 보편적 이익이 아니라 특수한 집단이익을 교묘하게 충동한다고 하더라도 그 의견광고에 대항할 자금력을 갖춘 자가 아니면, 효과적이고 직접적인 반론을 의견광고로써 제시하기 어렵다. 이는 결국

1) Harry S. Ashmore, "Electoral Reform," *The Center Magazine*, Vol. 2, Jan. 1969, pp. 2~11.

의견광고가 비영리적이고 정신적인 자유를 고양하고, 정치적 의견을 공평하게 제시할 수 있는 언론활동의 보조장치가 되기 위해서는 의견광고에 일정한 제약이 따르지 않을 수 없다는 점을 암시한다.

4) 상업적 목적의 의견광고(비교광고)

비교광고란 광고주가 상품명이든 상표명(Brand)이든 간에 광고주의 광고메시지를 경쟁자의 그것과 비교하는 광고를 말한다. 이러한 유형의 광고는 적극적인(aggressive) 광고로 간주할 수 있고, 때때로 부정적인 광고로 인식될 수도 있다.[1] 비교광고는 소비자가 경쟁제품을 비교하여 구매할 수 있도록 정확한 정보를 제공하여야만 하는데, 이것은 소비자선택권에 부응하기 위해서이다. 따라서 비교광고는 그것을 바르게 운용하면 소비자에게 유용할 뿐만 아니라 우수한 제품을 제조·판매하는 광고주에게도 유리한 것이다. 그러나 우려되는 비 또한 없지 않다.

첫째, 비교광고는 자칫하면 사실을 왜곡해버리고 경쟁상대방에 대하여 중상·비방을 하게 되기가 쉽다.

둘째, 일부분이거나 제한적인 우월성을 근거로 하여 마치 광고주의 제품이 전체적 우월성을 가진 것처럼 주장함으로써 소비자를 오인케 할 우려가 있다.

셋째, 자기에게 불리한 광고를 제시할 사람은 없기 때문에 소비자는 속을 수 있다. 심지어는 상대방에게 불리할 듯한 자료를 제시한다거나, 자기의 고급제품과 경쟁상대의 하급제품을 비교하게 되는 경우도 있다.

넷째, 타사에 대한 비판은 상대방의 반격을 초래한다. 그렇게 되면 진흙탕 속의 개싸움마냥 광고의 신용을 실추시키고, 소비자의 선택도 혼란에 빠지게 하며, 나아가 소송문제로 발전하게 되면 막대한 법률비용이 들게 된다.

우리나라 사정에 비추어 비교광고는 공정한 거래를 저해할 우려가 없도록 사업자 또는 사업자단체가 자율적으로 공정경쟁규약(표시·광고의 공정화에 관한 법률 제14조에 의거) 등을 제정하여 그 허용기준을 합의해 두면, 위에 열거한 폐해를 미연에 방지할 수 있을 것이다. 그 규약에 담길 중요한 내용으로는 경쟁사업자의 상품과 비교하는 것 자체를 금지하지 말고 의견광고가

1) Richard Weiner(ed.), *Webster's New World Dictionary of Media and Communications*, Macmillan, U. S. A., 1996, p. 135.

부당한 표시를 포함하지 않도록(위의 법 제3조 제1항 제3호에는 부당하게 비교하는 표시·광고를 할 경우에 사업자 등이 소비자를 속이거나 소비자로 하여금 잘못 알게 할 우려가 있는 표시·광고행위로서 공정한 거래질서를 저해할 우려가 있는 행위로 보고 있다) 해야 한다. 그러자면 비교광고에서 주장하는 내용은 객관적으로 실증될 수 있는 것이어야 하고, 실증할 수 있는 수치나 사실을 정확하고 적정하게 인용하여야 하며, 비교방법이 공정해야 할 것이다.

일본의 경우에는 부당경품류 및 부당표시방지법(약칭 경품표시법)에 따라 광고를 포함한 부당표시 전반을 규제하고, 사업자나 사업자단체가 공정경쟁규약을 체결하고, 공정거래위원회의 인정을 받도록 정하고 있다. 공정거래규약은 ① 부당하게 고객을 유인하는 것을 방지하고 공정한 경쟁을 확보하기 위해 적절한 것일 것, ② 일반소비자 및 관련사업자의 이익을 부당하게 해칠 우려가 없을 것, ③ 부당하게 차별적이 아닐 것, ④ 공정경쟁규약에 참여하거나 공정경쟁규약으로부터 탈퇴하는 것을 부당하게 제한하지 않는 것 등의 조건에 맞아야 공정거래위원회의 인정을 받게 된다.[1)]

어떻든 업계가 광고활동에 대한 자율적인 규칙을 만들고 정부기관이 이를 승인해 주면, 사업자들이 광고정보에 대한 정확성을 보장하고 스스로 소비자에 대한 책임을 질 줄 아는 광고를 해나갈 수 있고, 나아가 경쟁기업체간의 건강한 상거래질서를 수립시키는 데도 일조할 수 있을 것이다.

무책임한 비교광고에 대해서는 행정적인 규제일변도로 대응하지 말고 공정거래위원회가 법에 의하여 동일업종간의 "공정경쟁규약"을 조속히 제정하도록 행정지도할 필요가 있다. 그 규약에는 광고를 통한 상품비교의 기준과 방법, 규약위반자에 대한 제재방법, 광고분쟁조정기구의 구성과 권한 등을 포함하도록 한다.

제2절 商業廣告의 自由를 인정하는 廣告關聯法制와 判例

광고자유에 대한 미국의 초기판례들은 상업광고를 비상업적 광고와 구별하여 수정헌법 제1조의 보호대상으로부터 제외시켰으나, 'Bigelow 대 Vir-

1) 甲斐義弘 監修, 「判例付六法全書」, 金園社, 1997, 1679面.

ginia 주' 사건 이후 수정헌법 제 1 조의 보호대상에 포함시켜 자유언론의 하나로 보호하게 된다. 그러나 자본주의사회의 광고는 다소간 영리의 목적이나 사적(私的) 이익에 근거한 동기가 있는 것이어서 의견광고를 일반 상업광고로부터 분리하는 기준으로 의견광고의 비영리성만을 강조하는 것은 실제로 영리성의 차별성검증이 어렵기 때문에 사실확정적인 증거능력을 갖출 수 없다.

그래서 미국 연방대법원은 수정헌법 제 1 조를 상업적인 광고에 대한 보호장치로 인정하기를 거부하다가 한때 이익형량의 원칙에 따라 상대적인 보호를 한 다음 최근에는 광고시간, 장소, 방법 등을 고려하여 상당한 보호를 하고 있다. 그러나 다른 사람의 생명, 신체, 건강에 영향을 줄 우려가 있는 광고는 엄격한 규제를 가하고 있고, 타인에게 재산상 큰 피해를 줄 우려가 있는 광고에 대해서도 적절한 법적 · 행정적 대책이 강구되고 있다.

상업광고의 자유가 수정헌법 제 1 조의 보호대상으로 자리잡아가는 과정을 살펴보자.

(1) Valentine 대 Chrestensen 事件(316 U.S. 52/62 S. ct 920, 86 L.Ed 1262, 1942)[1]

i) 사건경위 플로리다 주의 주민인 크레스텐센은 미해군으로부터 퇴역잠수함을 불하받아 이를 전시함으로써 영업적인 이익을 취하고자 하였다. 그는 1940년 그 잠수함을 예인, 뉴욕시내 공용부두에 계류시켜 놓은 다음 안내광고전단을 만들어 도로상에서 배포하다가 뉴욕경찰국에 의해 적발되었다.

뉴욕경찰국은 크레스텐센이 도로상에서 퇴역잠수함 전시안내전단을 배포한 것은 도로상에서 상업적 광고물의 배포를 금지한 시(市) 위생조례를 위반했다고 지적하고 그 중지를 요구하였다. 그러나 그는 '정보와 공공적 항의'의 자유로운 전파를 이유로 이번에는 양면인쇄된 전단을 만들어 배포를 강행했다. 전면에는 당초 상업광고의 구성요건이었던 입장료에 관한 문구만 지운 광고를 인쇄하고, 뒷면에는 잠수함 전시장소로 적합한 시립부두사용을 거절한 부두관리국의 행위를 비난하는 비상업적 광고를 실었다. 시경국장 발렌타인은 부두관리국에 대한 항의전단이 시조례를 위반하는 것은 아니지만, 양면인

1) Donald M. Gillmor and Jerome A. Barron, *Mass Communication Law : Cases and Comment*, 3rd ed (St. Paul, Minn. : West Publishing Co., 1979), pp. 170~173.

쇄로 뒷면에 안내광고를 실은 것은 위법이라고 판단하여 전단배포의 중지를 다시 명령하였다.

ii) **사법적 공방** 크레스텐센은 뉴욕시 경찰국의 전단배포 중지명령이 수정헌법 제 1 조를 위반하여 자신의 표현활동을 제한하는 것이라고 주장하면서 효력정지 가처분신청을 제기하여 제 1 심에서 승소했다. 제 2 심에서도 "연방헌법은 단지 상업광고라는 이유만으로 정부당국에 의한 언론제한을 금지하지 않고 있으며, 공익과 사익 간에는 적절한 구분기준을 찾기 어렵다"는 이유로 원심판결을 지지했다. 그러나 대법원은 만장일치로 상업광고전단의 배포를 금지한 뉴욕시경의 명령을 정당하다고 보고 2심 판결을 번복했다. 대법원은 "그의 정치적 항의가 명령을 피해 나가기 위한 단순한 핑계에 불과하며, 순전히 상업적인 광고는 수정헌법 제 1 조에 의해 보호받지 못한다"고 판시하였다. 대법원의 판결은 한 마디로 정부는 수정헌법 제 1 조의 제한을 받지 않고 합헌적으로 제품광고와 용역광고를 규제할 수 있다는 점을 확인한 것이다.

그 후 이 판례는 'Cammarano 대 U. S.' 사건(358 U. S. 498, 514, 1959)에서도 그대로 유지되었고, Douglas 판사로부터 "크레스텐센의 의견은 우발적이고 거의 즉흥적이었으며 일고의 가치도 없다"라는 추후평가까지 받았다. 이리하여 "상업적인 광고가 수정헌법 제 1 조의 보호로부터 제외된다"는 '크레스텐센원칙'이 수립되었으나, 상업적 자유와 비상업적 자유의 분별곤란성 및 언론기업의 자유경쟁체제가 강화되어 가는 미국적 특수성 때문에 오늘날은 점차 상업광고와 의견광고를 구별하지 않고 똑같은 자유로서 수정헌법 제 1 조에 의거하여 인정되는 분위기가 되었다.

(2) Bigelow 대 Virginia 事件(421 U. S. 809, 1975) 및 그 後續判例들

i) **Bigelow 대 Virginia 사건**[1] Bigelow는 *Virginia Weekly*의 편집인으로서 뉴욕시내에 소재한 낙태수술병원의 광고를 동지(同紙)에 게재하여 Virginia 주법을 위반한 혐의로 주(州) 지방법원에서 유죄판결을 받았다. Bigelow는 불복항소하였고, 연방대법원은 Bigelow에게 이윤동기가 없었고 '독자들에게 잠재적 이익과 가치를 가진 정보(information of petential interest

1) 위의 책, pp. 179~180.

and value)'를 제공한다는 측면에서 보면 낙태수술병원의 안내광고가 다소 가치가 있고, 특히 여성의 헌법상 특권인 프라이버시 보호에 해당하는 내용을 담고 있다는 것이다. 그래서 비록 상업광고라 하더라도 독자의 입장에서 가치 있는 정보를 제공하는 것은 공익적이며 공익적 내용을 담은 상품광고와 서비스광고는 수정헌법 제 1 조에 의한 자유언론으로 보호된다는 점을 인정하여 약 30년간 유지되어 온 상업광고의 영리성에 대한 차별대우의 기준이었던 '크레스텐센원칙'을 7 : 2의 다수결로 파기하였다(Blackmun 판사가 판결문 작성).

ii) Virginia 주 약사국 대 버지니아 주 소비자위원회 사건(425 U. S. 748, 1976)[1] 버지니아주 소비자위원회는 약제처방의 가격에 대한 광고를 금지한 주(州) 약사국의 규정이 수정헌법 제 1 조에 의해 보호받아야 할 국민의 알 권리를 침해한 위헌이라고 주장하여 제소하였다. 이 사건에서 연방대법원의 Blackmun 판사는 상업광고도 소비자에게 필요한 정보를 제공하기 때문에 소비자의 정보취득권에 기초하여 헌법상의 보호를 받아야 한다는 판결을 내렸다. 이 판결은 Bigelow 사건이 사례별 이익형량에 의해 상업광고의 자유를 보장하는 것에서 더 나아가 상업광고에 대한 절대적 보호를 채택했다는 점에서 상업광고에 대해서도 수정헌법 제 1 조에 의한 합헌성인정의 범위를 확대시켰다는 데 큰 의의가 있다.[2]

(3) 獨逸과 우리나라의 判例

독일에서는 제 2 차 세계대전 직후까지 광고의 자유를 직업의 자유의 하나로만 보호해 왔으나, 1985년부터는 독일연방재판소의 판례에 의거하여 언론의 자유 가운데 하나로 보호하고 있다. 판례에 따르면 상업광고는 그것이 가치 있고 의사형성에 필요한 내용을 가지고 있거나 또는 의사형성에 기여하는 정보를 담고 있는 경우에는 언론자유(독일연방헌법=본기본법 제 5 조 제 1 항)에 해당한다. 이를 제한할 때는 일반적 법률에 의하되(제 5 조 제 2 항), 비례의 원칙에 합당한 제하일 때에만 정당화된다(1985. 11. 19).[3]

우리나라의 헌법재판소는 1998년의 한 판례를 통해 옥외광고물에 대한

---

1) 앞의 책, pp. 180～182.

2) Harvey L. Zuckman *et al.*, *Mass Communication Law in a Nutshell*, 3rd ed.(St. Paul, Minn. : West Publishing Co., 1988), p. 334.

3) Rudolf Wasserburg, *Recht der Neuen Medien*, C. F. Muller, 1989, S. 375 이하.

제한이 사전검열이 아니고 헌법 제37조 제 2 항의 합리적인 제한범위임을 인정하면서 광고물도 사상 · 지식 · 정보 등을 불특정다수인에게 전파하는 것으로 보아 언론 · 출판의 자유가 보호하는 대상임을 인정했다.[1)]

이어 의료기관이나 의료인의 기능 · 진료방법에 관한 광고는 상업광고의 일종으로써 이를 금지하는 것은 의료인의 직업수행의 자유를 제한하고, 소비자의 의료정보에 관한 알 권리를 제약하므로 보호하고자 하는 공익보다 제한되는 공익이 더 중하므로 언론자유에 대한 규제의 원칙인 비례의 원칙(과잉금지의 원칙)에 위반되기 때문에 그 제한을 완화해야 한다고 판단함으로써 상업광고의 규제기준을 덜 엄격하게 적용할 것을 요구하였다.[2)]

제 3 절 意見廣告의 關聯判例

1. 美國의 判例

(1) 意見廣告의 商業性與否

의견광고의 주체는 일정한 대가를 지불하고 지면이나 시간을 구입한 광고의뢰자와 이를 제공한 미디어사업자를 모두 포함한다. 미디어사업자 쪽에서 보면 의견광고는 분명히 상업적이다. 미디어사업자는 미디어의 전달내용을 작성하기 위하여 언론자본을 직접 투자하였으나, 의견광고의 경우에는 사회적인 선택행위만으로 지면이나 시간을 메울 수 있다. 의견광고의 내용을 빼놓고 보면 의견광고 역시 미디어기업의 상업적 존재목적과 완전히 동떨어진 것은 결코 아니다. 미디어기업은 공공복지라는 견지에서 허위 · 과장 · 사기 등의 방법으로 독자나 시청자를 실망에 빠뜨리거나 오도할 우려가 있는 광고를 규제하기 위해 그 지면이나 시간의 제공을 거부할 수는 있다. 그러나 현재로서는 이러한 고차적인 가치판단은 일상적으로 계속되는 것이 아니어서 다른 상업광고와 마찬가지로 미디어기업의 영리적 활동범위에 의견광고 역시 포함되는 것으로 보아야 한다. 기사와 휘처(feature)뿐만 아니라 광고를 포함

1) 헌재 1998. 2. 27. 선고, 96헌바2 결정.

2) 헌재 2005. 10. 27. 선고, 2003헌가3 결정. 소수반대의견 : 윤영철, 김효종, 주선회는 환자에 대한 의료인의 기만가능성 및 의료인의 공정한 경쟁이 더 큰 공익이라고 보았다.

한 모든 메시지는 언론기업의 상업적 이윤창출을 목표로 편집·편성된 것인만큼 자본주의사회의 미디어기업체가 추구하는 영리성을 그 주요한 본질적 속성으로 한다. 미디어기업의 경제적 동기에 기초하여 게재 또는 방영되는 의견광고가 물론 똑같은 사회적 효과를 가져오는 것은 아니지만, 의견광고 그 자체가 미디어기업의 영리행위대상이라는 것은 부인할 수 없는 사실이다. 미디어기업이 국가기간산업 이상으로 공익을 추구하는 기업자세를 견지해야 한다는 당위에도 불구하고 이미 그것의 사적 이익추구와 미디어기업 상호간의 시장경쟁은 우리에게 의견광고 자체의 영리성 여부를 판단할 필요성을 부인하게 한다.

의견광고 의뢰자는 오히려 정치적·사회적 쟁점화를 위해 의견광고를 내는 경우가 많기 때문에 의견광고가 자신의 상업적 이윤추구와 상관없다고 주장할 수도 있으나, 상업적 단체들이 그들의 정치적·사회적 비평활동의 일환으로 상업정보의 확산과 공공 커뮤니케이션(public communication)을 위해 미디어에 의견광고를 의뢰하는 경우도 잦다.

예를 들어 미국의 경우에는 모빌사(The Mobil Corp.)가 자주 뉴욕타임즈에 의견광고를 게재하고 있고, 태평양 가스전기회사도 300만명에 달하는 소비자에게 가스를 포함한 에너지문제나 가스이용방법과 관련된 정보를 유통시킬 목적으로 월간 뉴스레터를 발행하고 있다. 듀퐁사는 12쪽짜리 타블로이드 신문을 만들어 약 15만명의 사원과 은퇴사원들에게 화학관계기업의 뉴스를 전달하고 있다. 그 밖의 회사들도 광고, 기업보고서, 비디오물 등을 통해 공공커뮤니케이션활동을 하고 있다.[1)]

우리나라에서도 대우그룹을 비롯하여 다수의 기업집단들이 신문형태의 사보를 만들어 사내외에 배포하고 있다. 이들 기업의 미디어가 반드시 상업적 메시지만을 게재하지 않는 것은 사회언론매체가 공익적인 메시지만을 게재하지 않고 광고도 싣는 것과 같은 이치이다.

미국 연방대법원의 최근 판례는 이윤을 목표로 가동하는 기업체에게도 수정헌법 제 1 조에 의한 발언의 자유가 있고, 소비자들도 기업체의 발언을 청문할 권리가 있음을 인정하였다. 1978년의 한 대법원판례는 이윤추구를 목적

1) Kent R. Middleton & Bill F. Chamberlin, *The Law of Public Communication*(New York : Longman, 1991), pp. 279～280.

으로 어떤 회사가 정치적 투표에서의 정치광고비용으로 여러 단체들에게 자금을 공여하는 것이 수정헌법 제 1 조에 부합된다고 밝혔다. 또한 대법원은 민권단체나 낙태합법화 반대운동단체와 같은 비영리의 이데올로기적 결사체는 더 많은 발언권을 가져야 하는 것과 마찬가지로 로비(lobby) 단체, 노사관련기구, 증권거래기구들에게도 자유언론의 문제는 똑같이 중요한 것이라고 덧붙였다.[1)]

미디어사업체가 아니더라도 기업체나 법인단체들은 의견광고를 통해 자신들의 정치적 신조나 사회적 견해를 많은 사람들에게 널리 알릴 수 있는 것이 현실화된 오늘의 시점에서 의견광고를 상업성이라는 척도에 의해 일반광고와 구분하는 데는 상당한 무리가 따른다.

미국대법원 판사들의 판단도 상업광고와 정치적 광고의 판단에 대해 완전한 의견일치를 보고 있는 것은 아니다. 'Virginia 약사국 사건' 이후 상업적인 광고도 수정헌법 제 1 조에 의한 표현활동 가운데 하나로 보호를 받게 되었기는 하지만, 상업성이 농후한 광고는 정치적 광고에 비해 좀더 많은 규제를 받는 것이 사실인데, 이것을 의견광고의 비상업성으로 연결시키는 것은 지나친 비약이다.

광고의 자유를 크게 확대한 1976년의 버지니아 약사국 사건의 경과를 좀 더 설명하면 다음과 같다.[2)] 버지니아주 소비자위원회는 약제처방의 가격을 광고하지 못하도록 규정한 주 약사국의 금지규범이 수정헌법 제 1 조에 의해 보호되어야 할 국민의 알 권리를 침해한 위헌이라고 주장하며 제소했다. 이 사건의 연방대법원 판결문을 작성한 Blackmun 판사는 상업광고도 소비자에게 필요한 정보를 제공하는 이상, 소비자의 정보취득권을 존중하여 헌법상의 자유권을 인정해야 한다는 요지의 판결이유를 밝혔다. 이 판결은 뉴욕주에서 합법적이지만 버지니아주에서는 불법인 낙태시술의 의료업소가 버지니아주의 한 주간신문에 게재한 광고에 대해 그 합헌성을 인정받은 'Bigelow 사건'[3)] 이 사례별 이익형량에 의해 상업광고의 자유를 보장하는 데서 한 걸음 더 나아간 것이다. 즉 상업광고도 소비자에게 필요한 올바른 정보를 제공한다면

1) 위의 책, p. 280.

2) Virigina State Board of Pharmacy vs. Virginia Citizens Consumer Council Inc., 425 U. S. 748(1976).

3) Bigelow vs. Virginia, 421 U. S. 809(1975).

절대적 보호를 해야 한다는 점에서 광고활동의 합헌성 인정범위를 확대시킨 것이다. 다시 말해 법원은 정부가 어떤 방식으로든 허위광고나 소비자를 오도하는 광고 또는 불법적으로 제품이나 용역을 판매촉진하려는 상업광고는 합헌적으로 금지할 수 있지만, 광고내용이 진실하고 공공적 관심사의 요소를 포함하고 있으면 이를 표현의 자유로 보아 헌법상의 보호를 해야 한다는 뜻이다.

정치적 광고에서는 그것을 금지할 때의 사회적 비용이 매우 크기 때문에 상당한 정도의 허위사실도 어쩔 수 없이 허용하고 있는 현실에 비추어 소비자의 기본적 필요를 충족시켜 주기 위한 상업광고에 대해서 어떤 규제를 가하는 것은 형평을 잃은 처사일 수 있다. 따라서 광고를 상업적 광고와 정치적 광고로 분류하여 의견광고를 비상업적인 것으로 보거나 정치적인 것으로 보는 것은 의견과 사상을 표현하고 싶은 일반공중의 권리를 제약하는 논거로 이용될 수 있는 단점이 있다.

⑵ 意見廣告의 憲法上 地位에 관한 判例

의견광고가 각국헌법이 보장하고 있는 언론·출판의 자유에 해당하는지를 판단했던 주요 사건들을 살펴보면 다음과 같다.

1) 뉴욕타임즈 대 설리번 사건

1960년 3월 29일자 뉴욕타임즈에는 “그들의 비등하는 목소리에 귀를 기울이라”는 제목하에 전면광고가 게재되었다. 이 광고는 남부흑인학생들의 인권투쟁과 그 과정에서 불어닥친 테러의 물결을 예증하고, 나아가 학생운동을 지원하고 투표권획득을 위해 벌이는 싸움에서 위증죄로 기소된 Martin Luther King 목사의 법적 방위라는 3가지 목적수행에 필요한 기부금출연을 호소하는 광고였다. 이 광고에는 남부각계에서 활동하는 64명의 지도자(이중 20명의 목사포함)가 이 모금운동을 지지한다는 내용도 들어 있었다.

이 광고에 대해 앨라바마주의 몽고메리(Montgomery)시 경찰책임자인 Sullivan은 광고문 10개 문장에서 4개의 문장을 골라 그 가운데 일부가 사실을 왜곡하고 경찰의 명예를 훼손하였다면서 목사 4명과 뉴욕타임즈사를 상대로 50만 달러의 손해배상을 요구하는 민사소송을 제기, 앨라바마주 대법원에서 승소판결을 얻어 냈다. 뉴욕타임즈의 불복으로 연방대법원에 상고된 이

사건의 최종심판결은 앨라바마주 대법원이 본건의 명예훼손적 표현은 유료의 상업적 광고의 일부분이었기 때문에 수정헌법 제 1 조의 보호대상에서 제외된다고 판시한 것을 파기하고, 의견광고가 소수의견의 발표공간이 된다는 점을 환기시켜 주었다. 판결문 가운데 의견광고와 관련된 부분을 요약하겠다.

Brennan 판사는 "앨라바마주 대법원의 주장은 Valentine 대 Chrestensen 사건[1]과 같은 논지를 펴고 있으나, 이 사건은 그와 완전히 다른 것이다. 이 사건에서의 표현은 크레스텐센 사건에서 사용한 '영리적 광고'가 아니다. 이 광고는 정보를 전달하고, 의견을 진술하고, 불만을 호소하며 권리의 남용에 항의하는 내용들이어서 그 존재와 목적이 무엇보다도 공공의 이익과 관심이 지대한 사회운동을 펼치기 위해 재정적 지원을 구하는 것이었다. 뉴욕타임즈가 이 광고물을 게재하고 광고료를 수취한 것은 신문과 책을 판 것과 사실상 같은 맥락에서 비물질적인(immaterial) 것이다.

이와 같은 형식의 의견광고 게재를 불허하게 되면 신문사의 의욕을 꺾을 수 있고, 언론인이 언론의 자유를 행사하고자 원하면서도 출판시설에 접근할 수 없는 사람들에게 정보와 사상전파의 중요한 출구를 봉쇄하는 일이 될 것이다. 이렇게 되면 다양하고 상반되는 정보원칙으로부터 될 수 있는 한 광범한 정보의 전파를 보장하려고 하는 수정헌법 제 1 조에 족쇄를 채우는 일이 되고 말 것이다. 표현의 자유에 대하여 이와 같은 제약을 가하는 일을 피하기 위해 문제가 된 명예훼손적 진술이 비록 유료광고의 형식으로 표출되었다고 하더라도 헌법상의 보호를 받지 못해서는 안 된다"고 판시하였다.[2]

이 사건의 판결요지는 "광고내용이 공익적이면 순수하게 영리적인 광고라고 말할 수 없고, 유료의 형태를 띤 언론활동으로 보아 수정헌법 제 1 조에 의한 보호를 받아야 한다"라고 하겠다. 이 판결이 인쇄매체의 광고활동과 관련하여 가지는 의의는 Valentine 대 Chrestensen 사건판례를 의견광고의 위헌성판단에서 더 이상 적용하지 않게 되었다는 점이다. 널리 알려진 것처럼 그 사건은 '상업적 광고는 그 중 일부가 정치적 성격을 띤 항의를 포함하고 있더라도 규제기관의 합법적인 명령을 피해 나가기 위한 단순한 핑계에 불과한 것으로 판명될 때는 순전히 상업적인 광고로 보아 수정헌법 제 1 조에 의

1) Valentine vs. Chrestensen, 316 U. S. 52(1942).

2) New York Times Co. vs. Sullivan, 376 U. S. 254(1964)(Brennan 판사가 작성한 판결문 중 일부 요약).

한 보호를 받을 수 없다"는 것이다.

2) Tornillo 대 Miami Herald 사건

이 사건은 신문의 선거관련 보도내용에 대해 불만을 가진 당사자가 유료로 그 신문의 광고란을 이용하여 자신의 견해를 피력할 수 있는가에 대한 미국수정헌법 제 1 조의 적용 여부이다. 사건이 발생한 Miami 시(市)는 플로리다주에 소재하여 프랑스법문화의 영향을 받아 미디어에 대한 반론권이 보장되어 있는 지역이었다. 사실 미디어의 소유자나 경영자들은 자신들의 언론자유만이 헌법적 보장을 받는 것으로 생각하고, 정부의 직접적이고도 노골적인 공격을 방어하면서 쟁취한 언론자유를 독점하려고 한다. 그러나 언론에 의해 자신의 권리를 부당하게 침해당했다고 생각하는 사람들은 토론의 자유를 요구한다. Barron은 미디어의 생존조건이며 생계수단인 광고에의 접근이나 반론권의 확보가 이 요구조건을 충족시켜 줄 수 있는 구제수단이라고 보고 있다.[1] 그러나 광고는 미디어경영주의 이데올로기 그 자체이기 때문에 이념의 측면에서 광고란에의 완전한 접근인 의견광고는 그렇게 쉽지 않은 것이 사실이다.

i) 사건의 진행경위[2] Florida 주 선거법은 1913년에 시행되었다. 이 법에 따르면 신문사발행인은 정치공직후보자의 인격적 특성을 공격하거나 공직자로서의 위법행위나 직권남용 등의 불법행위가 있다고 비난했을 때, 그 신문은 즉시 당해 후보자에게 무료의 지면을 제공하여 비난받은 당초의 지면과 같은 유형으로 광고할 수 있게 하되 그 지면 이상을 제공할 수는 없다(플로리다주 선거법 104.38). 또한 이 규정에 따르지 않는 사람이나 회사는 형사상 제 1 급의 '품위추락의 죄'를 범하는 것으로 규정되어 있다. 그런데 이 규정이 약 반세기 동안 사람들의 관심을 끌지 못해 오다가 1972년 미국 민주당 하원의원 후보자지명전에 출마한 Pat Tornillo에 의해 법정문제화되었다.

*Miami Herald*는 Tornillo가 1968년 Dade 군(郡)의 교사협의회 지도자로서 공립학교 교사파업을 불법으로 인정한 주법을 어기고 파업을 지도한 범법행위자라는 요지의 논평을 싣고, 유권자들이 Tornillo를 입법부에 보내는 것은 용서할 수 없는 일이라고 덧붙였다. 이에 Tornillo는 플로리다 주법상의 반

1) J. A. Barron, 김병국 역, "누구를 위한 언론자유인가," 「고시계」, 1989, 16~18면.
2) Miami Herald Publishing Co. vs. Tornillo, 418 U. S. 241(1974)

박권(a right of reply)에 의거하여 *Miami Herald*지의 공격에 대해 반론기회의 제공을 동지(同紙)에 요구했으나 거절당했다. 하급심은 주법상의 반박권규정은 수정헌법 제 1 조와 배치되어 합헌적이지 않다고 판결했다.

ii) **법리논쟁과 최종심 판결요지** Tornillo의 항소에 대하여 *Miami Herald*지는 플로리다 주법상의 반론권규정이 연방 수정헌법 제 1 조와 제14조(어느 주도 미국시민의 특권 또는 면제를 제한하는 법률을 제정하거나 시행하지 못하며, 법률에 정하는 정규의 수속에 의하지 아니하고는 누구에 대해서도 생명, 자유 또는 재산을 박탈하거나… 법률에 의한 균등한 보호를 거부하지 못한다. 1868년 확정) 및 플로리다주 헌법 제 1 조 제 9 항을 위반하여 법적 보상이나 정당한 절차 없이 신문발행인의 재산권을 박탈하는 위헌이라고 주장하였다. 또한 *Miami Herald*지는 플로리다주법에 의한 반론권규정이 피고인 신문사의 재산권을 위헌적으로 빼앗아 원고에게 넘겨 주는 것이라고 비난하며, Red Lion 방송사 사건(1969)[1]에서와 같은 규정은 방송에만 적용되는 것이지 신문에는 적용될 수 없다는 입장을 견지하였다.

그러나 Florida주 대법원은 6 : 1의 다수결로 신문의 반론권규정은 수정헌법 제 1 조의 유효성 검증을 통해 합헌성을 갖게 되는 것이라고 보아 Tornillo에게 승소판결을 내려 하급심을 번복했다. 주대법원은 주헌법에 의한 반론권 규정과 수정헌법 제 1 조가 고전적으로 보호하려는 언론내용에 대한 직접적인 제한 사이에는 중대한 차이가 있음을 강조하면서 다음과 같이 판결이유를 밝히고 있다.

"여기서 고려되는 법규정은 정보와 사상의 자유로운 흐름을 촉진하려는 것을 목적하는 것이지, 수정헌법상의 권리나 사전억제를 통해 언론자유를 침해하려는 것이 아니다. 그 이유는 신문의 어떤 특정내용도 제외되어서는 안되기 때문이다. 완전하고 공정한 토론을 위해서는 추가정보를 금지하는 것이 아니라 더 요구되어야 하는 것이다. 표현의 자유는 선택된 특정소수가 아니라 모든 사람들에게 보장되는 것이다. 수정헌법은 신문산업의 제도적 독점을 통해 수정헌법에 보장된 표현의 자유를 누리는 사람들에게 이 자유의 거부를 가능케 하는 한 특권계급의 창조를 허용하지 않는다."

*Miami Herald*지는 주대법원의 판결에 불복하여 연방대법원에 상고하였

1) Red Lion Broadcasting Co. vs. FCC, 395 U. S. 367(1969).

다. 연방대법원은 1974년 1월 14일 구두변론을 거쳐 같은 해 6월 25일 전원일치로 플로리다주 대법원의 판결을 파기하였다.

Burger 대법원장이 직접 작성한 판결문은 "정치적 공직에 입후보한 사람이 자신의 성격과 공식적 이력사항에 대해 비판한 신문사에게 이를 반박할 수 있는 동일지면의 무료제공을 규정하고 있는 플로리다주법은 위헌"이라고 밝히고, 신문매체에서는 방송언론에서처럼 반론권으로서 의견광고의 권리가 주어질 수 없다는 입장을 취했다. 다시 말해 연방대법원은 플로리다주법에 의한 반론게재의 강제는 신문이 정부의 간섭이나 명령에 따르지 않고 자유롭게 지면을 결정할 수 있는 권리를 침해하여 수정헌법 제 1 조의 권리를 부인하는 위헌이라고 보아 의견광고의 게재 여부에 대한 판단권한이 당해 신문사에 있음을 확인한 것이다.

3) 방송에서의 의견광고와 관련된 판례

방송의 경우 형평의 원칙에 대한 지나친 확대해석으로 한때 모든 광고에 대해서 반론을 할 수 있도록 시간을 제공해야 한다는 논의가 있었던 게 사실이다. "방송에 등장하는 담배광고가 끽연행위를 미화할 가능성이 있으므로 담배광고를 방송한 CBS-TV는 흡연행위가 건강에 해롭다는 금연주의자의 주장도 무료로 방송해야 한다"는 John P. Banzhaf Ⅲ 변호사의 주장이 제 2 심 승소판결을 받은 이래(1966년 12월)[1] 건강식품광고에 대해서 많은 무료반론 신청이 쇄도했다. FCC는 법원의 판결이 담배광고에 국한된 것이라고 유권해석하였지만, 시민단체들이 결성되어 사회적 관심을 끌 만한 많은 쟁점들에 대해 무료반론방송을 요구하는 일이 잇따랐다. 예를 들어 자동차용 유류의 광고가 방송되면 환경단체가 대기오염의 경각심을 높이기 위한 반론광고시간의 무료제공을 요구하였고, 알래스카 유전개발광고에 대해서는 자연 및 환경보호론자들이 무료광고의 제공을 요구했다. 신병모집광고가 나가면 반전운동단체들이 들고 일어나 반론시간의 무료제공을 요구하는 등 FCC와 법원에는 이와 유사한 사건들이 여러 건씩 계류된 적이 있었다.[2]

방송에서의 의견광고는 반론권이나 형평의 원칙에 따라 존중되어 왔기 때문에 신문매체에 비해 유료의 의견광고(paid editorial message)에 대해서는

1) Donald M. Gillmor and Jerome A. Barron, 앞의 책, pp. 811～813.
2) Harvey L. Zuckman *et al.*, 앞의 책, pp. 331～343.

방송시간을 내주어 보호하여 왔다. 이러한 전례들을 뒤엎고 의견광고문제에 대해 방송국의 자유재량을 승인하는 연방대법원의 두 가지 판례가 1970년대에 연이어 나타났다.

i) BEM 대 FCC 사건(412 U.S. 94/93 S.ct. 2080, 36 L.Ed.2d, 772, 1973)[1)]

월남평화를 위한 경영자운동본부(Business Executives' Move for Vietnam Peace : 약칭 BEM)는 미국의 월남전 참전을 반대하는 반전운동단체였다. BEM은 1971년 1월 FCC에 대해 워싱톤소재 WTOP 방송사가 월남전에 관한 BEM의 의견을 표명하는 1분짜리 고지방송시간의 판매를 거절한 점을 들어 그 정당성 여부를 평결해 줄 것을 요청하였다. BEM은 "수정헌법 제 1 조가 신상검열의 차별을 금지하고 있고, 자유언론의 첫번째 기능은 논쟁을 유도하는 것이다. 논쟁은 불안을 가져올 수도 있고, 불만스러운 조건을 만들 수도 있으며, 심지어는 사람들을 분노하게 만들 수도 있다. 수정헌법 제 1 조의 기본목적은 그럼에도 불구하고 공공적인 문제에 관해 방해 없고 건전하며 널리 공개된 논쟁을 보호·촉진하는 것이다"라고 주장하면서 의견광고를 위한 시간 제공을 거부한 방송망사업자들(WTOP 등 많은 방송망사업자가 같은 견해를 가졌었다)의 결정을 철회하도록 FCC에 요구한 것이다.

그러나 FCC는 BEM의 요구를 거절했다. WTOP 방송사가 제출한 증거에 의하면 당해 방송국은 여러 차례 미국의 월남전참전에 관한 비판적 견해를 방송하였기 때문에 월남전과 같은 공중의 중요 관심사에 대해 완전하고 공평한 취재보도를 했다는 주장을 폈고, BEM은 WTOP 사의 정책비평보도가 공정하지 못하다는 주장과 함께 앞에서와 같이 의견광고시간의 제공을 요구했던 것이다. BEM은 FCC의 결정권에 불복하여 법정소송을 제기하였고, 제 2 심인 컬럼비아 항소법원에서는 FCC의 결정을 파기하고 BEM의 주장을 받아들였다. 제 2 심은 방송사업자가 상업광고를 받아들이면서 공공적 문제에 대한 의견광고를 방송거부한 것은 수정헌법 제 1 조를 위반한 것이라고 판시했다(BEM vs. FCC 450 F.2d 642/D.C.Cir 1071). 그러나 항소법원의 판례는 민주당 전국위원회(DNC)가 컬럼비아 방송국(CBS)을 상대로 제기한 의견광고(editorial advertisement) 시간의 판매요구사건에 대한 연방대법원의 판결에 의해(다수결) 뒤집어졌다.

1) Donald M. Gillmor *et al.*, 앞의 책, p. 816.

ii) CBS 대 DNC(민주당 전국위원회) **사건**[1]　　1970년 5월 민주당 전국위원회는 방송사업자들이 자신들과 같은 단체의 공공적 모금활동과 공적 문제에 대한 논평을 거절한 데 대해 FCC가 규제해 줄 것을 요청했다. 이에 앞서 전국 방송망사업자(networks)들은 정치적·사회적 평론에 대해서 30분의 광고시간을 판매할 수 없다고 거절했던 것이다. FCC는 민주당의 요구 가운데 일부를 공감하고 모금활동은 정치적인 공지방송(spot announcement)으로 대치할 수 있지만, 방송사업자들이 정치적·사회적 사상을 전파하기 위한 광고시간의 제공을 거절한 데 대해서는 어떤 요구도 할 수 없다고 평결하였다. 또한 FCC는 방송사업자가 공중의 신탁자로서 방송 프로그램에 대한 절대적인 분별권을 갖고 있음을 재확인했다.[2]

이어 DNC는 Red Lion 방송사 사건의 판례를 인용하면서 FCC를 상대로 공공적 문제에 대한 방송접근이용권을 요구하는 소송을 제기했다.

연방대법원에서 판결문을 작성한 Burger 대법원장은 "수정헌법은 정부의 행동을 향도할 목적으로 제정된 것이며, 사적인 언론매체로 하여금 상업적 표현을 커뮤니케이트하도록 강제하려는 목적을 가진 것은 아니다. 대법원은 수정헌법이 신문이나 방송으로 하여금 단순한 상업광고는 말할 것도 없고, 유료의 특수한 의견광고를 게재 또는 방송하라고 요구할 수는 없다"고 밝혔다. 따라서 대법원의 다수의견은 정치적 의견을 포함한 특정의견에 대해서는 방송설비에 대한 헌법적·합법적 액세스권을 누구도 향유할 수 없다는 쪽으로 기울어 사실상 의견광고에 대한 '접근권 이론'을 부정하는 꼴이 되었다. 또한 이 판결은 방송국이 상당한 값어치가 있는 시민의 요구라 하더라도 그 요구에 따라 방송설비를 개방해야 하는 보편적 전달매체(common carrier)가 아니기 때문에 방송국이 내부적으로 개별 프로그램이나 연속프로그램의 산술적 균형을 맞출 필요는 없다는 점을 분명히 했다. 이 판결은 형평의 원칙이 기계적으로 1개 방송 프로그램에 적용되는 것이 아니라 한 방송국의 전체적인 편성을 통해 논쟁적 문제에 대한 균형 있는 제시를 하는 것이라고 본 것이다.

그러나 이 판결은 의견광고의 장래에 몇 가지 문제점을 던졌다.[3]

---

1) CBS Inc. vs. Democratic National Committee, 453 U. S. 367(1981)/412 U.S. 94, 93 S.ct. 2080, 36 L.2d 772(1973)/앞의 책, pp. 815～823 요약.

2) Harvey L. Zuckman *et al.*, 앞의 책, pp. 350～353.

3) Donald M. Gillmor *et al.*, 앞의 책, pp. 823～827.

첫째, DNC는 방송국의 사적 검열이 위헌이라는 점을 확인받고자 했으나, 판결은 정책이나 사상과 관련된 의견광고의 편성결정권을 방송사업자의 자율적 판단에 맡겼다. 그러나 법원은 방송사가 DNC에 의견광고를 허용할 때 부유한 자들이 이용가능한 방송시간을 매절(買切)해 버리고, 방송사는 최고액의 광고료 지불자에게 방송시간을 팔아 버릴 수 있는 점을 우려했다. 방송국의 사적(私的) 검열가능성과 의견광고시간의 금권독점(金權獨占) 우려를 조정할 수 있는 묘안이 있을까 하는 것이 먼저 제기되는 문제다.

둘째, 법원의 판결은 방송국의 의견광고 판매정책이 국가적 조치의 구성요소가 아니라고 본 공법학자 Louis Jaffe 교수의 견해를 원용하였다. Jaffe 교수는 액세스권이나 국가조치의 팽창을 반대하는 이론가이지만, "신문이 한 개밖에 없고 그것도 한 개뿐인 TV국이 소유하고 있는 몇몇 도시들의 경우에 신문사와 지방권력구조 간의 밀착 때문에 지방뉴스에 대한 상당할 정도의 억압위협이 있는 도시에서는 국가적인 조치가 취해질 필요가 있고, 수정헌법 제 1 조에 의한 언론기관의 의무가 수반되어야 한다"는 견해를 제시하고 있다. 이 견해를 자세히 살펴보면 사적으로 소유된 방송사라 하더라도 매체수가 절대적으로 부족한 특수상황 아래서는 수정헌법 제 1 조에 의해 공공에게 중요한 문제에 대한 자유로운 접근을 허용해야 한다는 뜻으로 해석할 수 있다. 따라서 매체의 수가 제한되고 특히 공중파처럼 소유물을 경제재(經濟財)로 전환시킨 방송사업자에 대해 수정헌법을 적용하여 자원의 부족을 관리하고, 공공복지에 기여하는 정부조치의 합헌성을 보증하는 것은 정당하다는 추리에 이르게 된다. 그래서 연방대법원 소수파는 이 사건에서 정부(FCC)의 방송망사업자에 대한 의견광고정책을 비판하였던 것이다.

2. 日本의 判例

(1) 산께이新聞 대 日本共産黨 事件

1) 사건의 경과[1]

산께이(産經) 신문 1973년 12월 2일자에는 "전략(前略) … 일본공산당 귀하. 확실히 해 주시요"라는 제목의 의견광고가 자유민주당의 이름으로 실

1) 清水英夫, 「權力とマスコミ」, 學陽書房, 1976, 188~191面.

렸다. 이 광고는 니혼게이자이(日本經濟) 신문에도 게재되었는데, 일본공산당측은 두 신문에 대해 동일지면의 무료반론 광고게재를 요구했다. 두 신문이 공산당의 요구를 거절하자 공산당은 두 신문에 대해 취재를 거부하였다. 그러자 니혼게이자이는 무료반론 게재를 수락할 수 없으나 당분간 자숙한다는 견해를 표명한 반면, 산께이는 공산당을 비난하는 논설을 게재하면서 정면승부에 나섰고, 공산당도 자신의 기관지인 "적기(赤旗)"에 산께이를 비판하는 논평을 실어 일대 논전(論戰)을 전개했다. 국민의 정치적 의사형성과 정권장악을 목표로 하는 합법적인 공당으로서 보거나, 국민의 표현자유를 대행하는 언론기관으로서나 참으로 안타까운 일이 아닐 수 없었다.

2) 법정소송의 진행과 판결

일본공산당은 '산께이'를 상대로 무료의 반론광고 게재를 요구하는 민사소송을 제기하였다. 가처분소송은 1974년 2월 8일 제기되어 같은 해 5월 14일 동경지방재판소 민사 9부에 의해 기각되었으나, 공산당은 7월 31일 본안소송을 제기하였다. 약 3년간에 걸친 심리를 거쳐 1977년 7월 13일 제1심 재판부는 "산께이신문이 자민당의 광고내용은 부당하지만 위법하지 않았다고 판단하여 게재한 것은 산께이신문 자신의 품위를 저하할 우려는 있겠으나… 명예훼손에 이르지 않는 이상 법원이 관여할 바 아니고, 위법의 단계에 이르지 않은 행위는 법적으로 허용되는 것이며, 다만 양식의 문제로 남는 것이기 때문에… 청구의 이유 없다"[1]면서 일본공산당의 주장을 받아들이지 않았다.

공산당측은 불복항소[2]와 상고를 했으나, 일본대법원에 의해 원고패소판결이 확정되었으니 사건발생 후 13년이 지난 1987년 4월 24일이었다.[3] 재판이 진행되는 도중 일본공산당은 "정치적 평론은 그것이 혹 틀린 것일지라도 그에 상응하는 방법으로 행해진다면, 언론의 주고받음〔應酬〕을 통하여… 머지않아 저절로 일정한 결론에 도달할 것이다"라는 견해를 보였다. 여기서 공산당이 말하는 '상응하는 방법'이란 예를 들어 서로의 기관지를 통하여 정견을 주고받는 것이라고 하겠지만, 의견광고도 쌍방간에 공평한 기회를 보장할 수만 있다면 정치평론 당사자간의 의견교환과 상호설득을 통한 합의도달의 좋은 방법이 될 수도 있을 것이다.

1) 東京地裁判決 昭和(ワ), 第6408號, 昭和 52年 7月 13日 기각.
2) 東京高裁判決 昭和 52年(ネ), 第1852號, 昭和 55年 9月 30日.
3) 最高裁 第2小法廷 判決 昭和 55年(オ), 第1188號, 昭和 62年 4月 24日 기각확정.

제 4 절 最近의 우리나라 意見廣告

1. 意見廣告의 事例

우리나라에서 의견광고의 자유와 책임에 대해 학계나 법조계의 집중적인 조명은 아직 없었다. 많은 신문들에는 여러 정당·사회단체들의 정치적 의견광고가 자주 실렸었고, 특히 선거 때에는 정견광고와 정치선전광고가 활용되었으나, 그것은 대체로 정치선전의 의미가 짙었다.

국가안보와 국민의 안전에 큰 영향을 미칠 것으로 사료되는 많은 정치적·사회적 사건의 발발시에 관련단체를 중심으로 한 의견광고가 많은 지면을 메웠다. 그러나 사회적 약자의 경우에는 광고요금의 부담도 어렵겠지만, 독재권력이 위압적 권위에 눌려 자신들의 의견을 널리 선전하지 못한 채 우세한 여론으로 위장한 의견광고의 위력에 짓눌려 침묵의 소용돌이로 추락하는 일이 비일비재했다.

우리나라와 같이 사회적·정치적 분위기가 급변하고 독재정권의 언론통제가 폭압적이었던 경우를 특례로 한다면, 이제 우리도 의견광고가 신문지면의 일부를 구성하는 한 요소로서의 존재의의를 인정하고 그 자유와 책임의 범위를 명확히 하여 미래에 대비함이 좋을 것이다. 물론 우리나라 각 신문사도 각 사별로 광고윤리요강이나 광고게재기준 등을 정하고 있지만, 의견광고의 특수성을 고려한 것은 두드러지지 않는다. 그 중에 주목되는 것은 모든 언론의 윤리적 책임이라고 할 진실성, 법제적인 책임범위에 속하는 중상모략이나 비방의 금지, 비민주적인 주의·주장 등의 금지와 같은 추상적인 것, 풍속과 관련되는 것 등이 있기는 하다. 그러나 의견광고가 일반상업광고보다 언론기관으로부터 특별한 취급을 받기 위해서는 일반적인 원칙에 더하여 일정한 자유와 일정한 책임의 범위가 정해져야 한다.

우리나라에서 의견광고가 국민들에게 의미 있게 다가간 계기는 1974년 10월 24일 동아일보기자들의 '자유언론 실천선언' 이후 정치권력에 의해 가해진 동아일보 광고탄압사건 때이다. 박정희정권은 같은 해 12월 10일 특수정보기관들을 동원하여 동아일보의 대광고주들로 하여금 광고해약을 요구하게 하고, 광고용 동판을 회수해 가게 하는 공작을 벌였다. 1975년 1월에 들어서는 동아방송에 대해서도 광고해약공작이 진행되었다.

많은 국민들은 궁지에 빠진 동아일보를 돕기 위한 성금제공의 뜻으로 의견광고의 형식을 빌어 동아일보사와 그 기자들을 격려했던 경우를 들 수 있다. 재야의 민주주의 지도자들은 '한국기독교 교회협의회', '천주교정의구현 전국사제단', '민주수호국민협의회' 등을 중심으로 결속하여 동아일보 돕기 운동의 차원에서 광고보내기운동을 벌였는데, 이에 힘입어 동아일보의 백지광고 지면은 각계각층 국민들의 기명·무기명 의견광고로 메워지기도 했다.

1988년 5월 15일 창간된 한겨레신문은 국민주 모금방식으로 창업에 소요되는 자금이 조달되었기 때문에 다른 신문에 비해 훨씬 쉽게 권력과 자본으로부터 자유로운 신문의 모형을 만들어가고 있는데, 이 신문에는 현재 자본가의 입장을 비롯한 다수의 의견은 물론이고 분명한 소수의 의견을 포함하여 정치적·사회적 쟁점을 포함한 의견광고가 자주 실리고 있다.

언론자유의 공간이 확대되면서 의견광고도 대형화되었고, 언론사가 광고에서의 책임을 절감하지 않아 왔던 나쁜 관행을 답습하여 경제적 능력이 있는 사람이나 단체인 경우에는 의견광고내용의 진실성에 대한 검증이나 광고에 의해 피해를 입게 될지도 모르는 상대방과 우려되는 피해정도에 대한 심사숙고 없이 광고영업적 고려에서 지면이나 시간을 제공하여 의견광고주로 재등장시키는 경우가 많아졌다.

2. 最近의 意見廣告事例

(1) '고름우유' 論爭

1995년 10월경 파스퇴르유업㈜은 10월 22일 MBC-TV 저녁뉴스의 카메라출동에서 보도한 '항생제 및 고름이 섞인 우유'에 대한 고발내용 가운데 그 예외로서 "일부 우유회사가 불량우유를 걸러 내고 위생적인 우유를 만드는 곳도 있다"는 부분적인 내용만을 유리하게 인용하여 '고름우유' 또는 '우유 속에 고름세포' 등의 용어를 사용하면서 자사가 제조한 우유의 비교우위를 주요 일간지에 광고로 게재하였다. 이에 대해 15개의 우유 등 유제품제조판매업자들이 설립한 ㈳한국유가공협회는 파스퇴르유업㈜의 광고가 게재되었던 주요 일간지에 '파스퇴르우유가 고름우유'라는 광고를 다시 게재하여 '고름우유' 논쟁이 붙었다. 공정거래위원회는 양쪽이 모두 소비자를 오인시킬 우려가 있는 광고를 하였다는 이유로 부당광고의 중지와 법위반사실의 공표 등 시정명령을 내렸다.

이에 대해 파스퇴르유업㈜은 자신의 종전광고가 법에 위반된 것이 아니라고 다투면서 1995년 12월 2일 시정명령의 취소를 요구하는 행정소송[1]을 제기하자 유가공협회는 국민일보에 파스퇴르유업㈜의 법위반사실을 5단 크기의 의견광고로 공표하였다. 그러자 파스퇴르㈜는 한국일보와 한겨레신문에 자신의 광고에 대한 시정명령은 언급하지 않은 채 공정거래위원회가 명령한 '유가공협회의 법위반사실 시정명령'과 파스퇴르㈜가 운영하는 '민족사관고등학교에 대한 유가공협회의 비방광고에 대한 시정명령' 문안만을 게재한 의견광고로 응수하였다.

공정거래위원회는 1995년 12월 15일 파스퇴르㈜에 대해 유가공협회만이 허위 및 비방광고를 한 것으로 소비자를 오인시킬 우려가 있는 광고를 하였으며, 기만적인 방법으로 우유의 품질에 관하여 소비자를 오인시킬 수 있는 부당한 광고행위를 했다는 이유를 들어 다시 부당광고의 중지와 법위반사실의 공표를 명령하였다.

그러나 파스퇴르㈜는 공정거래위원회를 상대로 다시 '광고행위시정처분 취소 등'의 행정소송[2]을 제기하였고 서울고등법원은 이 사건의 광고가 ① 경쟁사업자에 관해 불미한 사실의 광고를 했더라도 소비자를 기만하거나 오인시킬 우려가 없고, ② 광고에다 원고측의 시정명령사실을 언급하지 않고, 경쟁사업자가 시정명령을 받았다는 점을 광고한 것은 공정한 경쟁을 저해할 우려가 있는 행위라고 평가하기 어려우며, ③ 보통의 주의력을 가진 소비자는 이 사건광고를 보고 종전의 광고를 특별히 연상하면서 그 내용이 사실인 것처럼 속거나 속을 우려가 없다는 이유로 두 번째 행정처분의 취소를 선고하였다.[3]

한편 첫번째의 행정소송에 대해 서울고등법원은 파스퇴르㈜가 제기한 행정명령취소 등의 청구에 대해 원고패소판결을 내렸는데, 판결의 주요 이유는

1) 서울고판 1995. 12. 2. 선고, 95구35274.
2) 서울고판 1995. 12. 15. 선고, 95구37904.
3) 서울고판 1995. 2. 27. 선고, 95구37904.

다음과 같다.[1)]

첫째, MBC 보도를 인용한 '고름우유 광고'는 원고(파스퇴르 유업)를 제외한 유가공업체의 우유가 인체에 해를 끼칠 정도라는 인식을 줌으로써 '경쟁사업자의 상품에 관하여 사실을 과장하는 내용으로 광고하여 소비자를 오인시킬 우려가 있는 행위'인바, 유가공업계의 공정한 거래를 저해할 우려가 있다.

둘째, 원고회사가 해명광고를 함에 있어 스스로 과장된 표현인 MBC가 사용한 '고름우유'라는 용어를 사용하고, 경쟁사업자의 상품에 관하여 소비자를 오인시킬 우려가 있는 광고를 한 책임을 져야 한다.

경쟁업체간의 광고공방전은 그 밖에도 1996년 7월 삼성항공㈜이 자사의 군사기밀 유출사건을 조선일보가 왜곡보도했다는 의견광고를 전국의 주요 일간지에 게재하자 조선일보사는 삼성항공㈜을 출판물에 의한 명예훼손으로 고소하였으나, 이것은 당시 진행된 조선일보와 중앙일보 간의 신문보급경쟁 파고에 묻혀 버렸으므로 이 책에서는 상술하지 않겠다.

위의 '고름우유' 논쟁 광고는 우유업계에서 벌어진 비교광고의 문제로서 상업성이 농후하지만, 농촌경제와 국민건강에 미치는 영향이 광범하다는 점을 고려할 때 광고정보의 정확성에 대한 논란의 여지가 충분하고 의견의 측면(editorial)도 고려해야 할 부분이 있다.

⑵ 勞組罷業 反對意見廣告

1997년 초 의견광고는 안기부법과 노동법의 날치기통과에 항의하는 시민세력들의 여론결집을 위한 방안으로 전국의 민주주의단체들에 의해 부쩍 늘었다. 이에 대한 개인적 반작용으로 노동법의 개정을 찬성하고 파업의 부당성을 지적하는 의견광고가 한 중소기업사장에 의해서 개진되면서 의견광고에 대한 사회일반의 관심이 일기 시작하였다. 노동법개정은 임금노동에 종사하는 각계각층의 사람들과 규모 여하에 불구하고 임금을 지불해야 하는 기업인 사이의 이해가 첨예하게 대립될 수밖에 없는 문제였다.

우리나라는 물론 해외에까지 진출하여 제조업을 영위하고 있는 중소기업사장인 제이손산업㈜의 대표이사 이영수 씨(60세)는 노동법 개정(개악) 저지를 위해 파업투쟁을 벌이고 있는 노동운동지도자들을 향해 들끓는 여론 속에

1) 서울고판 1995. 2. 27. 선고, 95구35274.

서 파업을 반대하는 자신의 소수의견을 의견광고의 형태로 1997년 1월 18일 동아일보 제 2 면에 5단으로 게재하였다. 이씨는 파업과 같은 집단행동이 위험한 '노동독재권력'을 형성할 우려가 있으며, 나아가 국제노동운동세력의 개입이 민족공동체의 이익에 도움이 되지 않는다는 요지의 주장을 폈다.

이씨는 "언론사에 자신의 의견을 투고했지만, 이를 반영해 주지 않아 광고라는 방법을 이용했다"[1] 고 주장하는 것으로 보아 특정정치세력이나 관변에 밀착한 인사는 아니라고 생각되는바, 이제 우리의 사회에서는 기존 언론의 보도·해설과 논평에 찬성하지 않는 사람들의 접근권 실현방법으로서 의견표현의 제도적 장치가 필요해졌음을 알 수 있다. 이씨와 같은 의견은 공식 언론매체가 수렴하지 못한 잔류여론의 하나로서, 한편으로는 우리 언론에게 제 기능을 다하지 못했다는 힐난이 되고, 다른 한편으로는 이씨와 같은 의견을 가진 사람들의 의견공표를 위한 시·공간의 제도적 보장방안이 마련되어야 할 시점이 되었다는 경고도 된다. 그래도 이씨의 경우에는 상당한 광고료를 지불하면서 중앙 주요 일간지의 하나인 동아일보 지면에 접근할 수 있었지만, 이씨의 의견광고에 대한 강력한 반박의견을 가지고 있으면서도 경제적 능력이 없는 사람은 이씨와 같은 언론자유를 누리지 못한다는 점 또한 광고언론이 해결해 주어야 할 문제다.

이씨는 자신의 의견이 신문에 반영되지 않는 것을 탓하면서도 자신은 다시 조선일보 1997년 2월 27일자 3면의 하5단을 사서 "마피아의 총대로 만든 잣대"라는 제목의 의견광고를 실었다. 이 광고는 이씨가 한보비리에 대한 검찰수사결과 발표에 불만을 터뜨리면서 최근 권력 중의 권력으로 강력한 실세가 된 검찰을 성토하는 내용이다. 이 광고의 문제는 광고내용도 지나치게 과장된 수사법을 쓰고 있고, 자신의 직접적인 이해관계가 달려 있는 노동문제에 관한 의견광고와는 달리 공동체 전체의 이익과 관련된 자신의 의견을 광고로 게재하면서 지배적인 여론의 하나로 만들려는 적극적인 의도를 광고의 지배(紙背)에 깔고 있는 점이다. 검찰의 임무수행과 관련된 비판은 언론의 주요한 기능인 공공환경의 감시에 속하는 것이고, 많은 언론매체가 보도와 해설, 논평을 통해 다양한 형태로 이 기능을 수행하고 있는 데도 불구하고 이씨가 의견광고를 내놓은 것은 한 중소기업가의 우려차원을 넘는 것으로 보여진다.

1) 「바른 언론」, 1997. 3. 8.

그의 의견이 군사독재정권 아래서의 광고형태로 표출되었더라면 우리는 그의 용기에 마음으로부터 갈채를 보냈겠지만, 문민정부의 검찰이 나름대로 행정권의 일부를 떠맡아 힘겹게 자신의 축적된 수사기술을 발휘하는 데 대한 일방적인 공격이라는 데서 이영수 씨의 의견광고에 대한 반론의 필요성이 제기된다.

그러나 공격의 대상이 된 기관은 명예훼손소송을 제기할 만큼 특정되지 않고 '검찰' 일반이기 때문에 오히려 이 의견광고의 공익성이 의심을 받게 된다. 따라서 이영수 씨의 두 번째 의견광고는 법적으로야 당장 명예훼손 여부를 가릴 수 없다 하더라도 좀더 심사숙고해 보면 광고지면을 살 수 있는 자신의 재정능력을 과시하는 상업적 의도의 표현에 다름 아니다. 문제는 이와 같이 동일인이 의견광고에 대해 묘미를 느끼고 미디어의 효과를 과신하여 유시여론을 조성하려는 움직임이 일부 재력가에게 전이(轉移)될 수 있다는 위험성이다.

의견광고의 게재를 둘러싼 하나의 법적 참고자료로 '시카고 연합의류노동조합 대 시카고 트리뷴' 사건[1)]을 들 수 있겠다. 이 사건에서 제 7 순회고등법원은 노조의 광고게재를 거부한 신문사의 입장을 지지하는 판결을 내렸다. 의류노조는 비노조계열사에서 만든 의류와 외국산 수입의류를 판매하는 백화점을 비난하는 내용의 광고게재를 요구했으나 거절당했다. 그러자 노조는 신문이 공공의 광장(public forum)으로서 자신들의 광고를 실어 줄 것을 요구했으나 법원은 오히려 시카고 트리뷴 신문사의 광고거부권을 인정했다.

제 5 절 小結 및 私見

지금까지 우리나라에서는 사법적 책임과 도덕적 문제가 엉켜진 의견광고가 자유언론의 숨쉴 공간을 목죄어 온 바 사실이지만, 기사가 아니라 광고라는 일반의 판단 때문에 사각지대에 방치되어 너그러운 양해를 받아 왔다. 그러나 사상적·이데올로기적 의미의 메시지가 아닌 한 거의 아무런 규제도 없

1) Chicago Joint Board, *Amalgamated Clothing Workers of America*, AFL-CIO vs. Chicago Tribune Co., 435 F.2d 470(7th Cir, 1970) Cert. denied 402 U. S. 973(1971).

이 선악정사(善惡正邪)를 구별하기 어려울 만큼 수많은 정보가 넘쳐 나는 오늘날, 의견광고라는 이름으로 언론매체가 지면과 시간을 팔아 돈만 내면 누구에게나 이를 사서 사실검증조차 되지 않은 의견이나 지나치게 일방적인 주장을 싣도록 방임하는 것은 공공의 이익을 위해서 좋지 않은 처사이다.

◇ 더 많은 관심을 가진 독자들을 위해 권고할 만한 문헌들

박종렬, 「정치광고와 선거전략」, 청림출판사, 1987.
오두범, 「광고커뮤니케이션 신론」, 전예원, 1988.
이구현, 「광고법학」, 법문사, 1997.
한국광고자율심의기구, 「광고관련법원판례집」, 1997.
北京廣播學院 新聞系 廣告學敎室 編, 「廣告學」, 中國電視廣播出版社, 1993.
Barron, J. A., 김병국 역, "누구를 위한 언론의 자유인가," 「고시계」, 1989.
Wykoff, Gene, *The Image Candidates : American Politics in the Age of Television* (New York : The MacMillan Company, 1968).

제 **10** 장

우리나라 미디어法의 比較法制的 解說과 批判

제 1 절 新聞等의 自由와 機能保障에 관한 法律

1. 法의 槪要

"신문 등의 자유와 기능보장에 관한 법률"(이하 '신문법')은 2005. 1. 27. 법률 제7369호로 제정·공포되고 2005년 7월 28일부터 시행되었다. 신문법은 인쇄매체관계법으로 1987년 11월 28일 제정되었다가 몇 차례 개정된 "정기간행물등록 등에 관한 법률"(이하 '정간물법')을 전문개정한 새로운 법이다.

이 법의 제정취지는 헌법 제21조 제3항[1]에 따라서 신문의 기능을 보장하기 위한 법제적 지원의 필요 때문이라고 하겠다. 이를 위해 이 법은 본문이 모두 6장 43조로서 제1장 총칙(7개 조), 제2장 독자의 권익보호(4개 조), 제3장 정기간행물 및 인터넷신문의 등록 등(15개 조), 제4장 신문산업의 진흥 등(11개 조), 제5장 보칙(1개 조), 제6장 벌칙(5개 조)에 부칙 5개조로 구성되어 있다.

신문법은 소극적·방어적 권리로 머무르기 쉬운 언론의 자유와 국민의 알 권리라는 자유권적 기본권을 적극적으로 실현하기 위한 법률이라는 점에서 간소하되 신문의 자유로운 발행과 그 내적 자유를 더 적절히 보장할 수 있으면 좋은 법이 될 수 있을 것이다. 이 법의 내용을 좀더 자세히 살펴보자.

---

1) "통신·방송의 시설기준과 신문의 기능을 보장하기 위하여 필요한 사항은 법률로 정한다."

제 1 장 '총칙'은 목적(제 1 조), 용어의 정의(제 2 조), 편집의 자유와 독립(제 3 조), 정기간행물 등의 사회적 책임(제 4 조), 정기간행물의 공정성과 공익성(제 5 조), 연수 등(제 6 조), 적용범위(제 7 조)를 규정하고 있다.

제 2 장 '독자의 권익보호'는 독자의 권익보호(제 8 조), 독자권익위원회(제 9 조), 독자의 권리보호(제10조), 광고(제11조)를 규정하고 있다.

제 3 장 '정기간행물 및 인터넷신문의 등록 등'은 등록(제12조), 결격사유 등(제13조), 외국자금의 출연 등(제14조), 겸영금지 등(제15조), 자료의 신고 등(제16조), 시장지배적 사업자(제17조), 편집위원회 등(제18조), 필요적 게재사항(제19조), 납본(제20조), 등록취소의 심판청구 등(제21조), 직권등록취소(제22조), 등록취소심의위원회(제23조), 정기간행물 등 제호의 사용제한(제24조), 청문(제25조), 외국정기간행물의 지사 등의 설치(제26조)를 규정하고 있다.

제 4 장 '신문산업의 진흥 등'은 신문발전위원회의 설치(제27조), 위원회의 구성(제28조), 위원회의 직무(제29조), 위원회의 운영과 사무국의 설치 등(제30조), 위원의 대우(제31조), 비밀유지의무(제32조), 신문발전기금의 설치 및 조성(제33조), 기금의 용도(제34조), 기금의 관리・운용(제35조), 국회보고(제36조), 신문유통원의 설립(제37조)을 규정하고 있다.

제 5 장은 '보칙'으로 권한의 위임・위탁(제38조)을 규정하고 있다.

제 6 장은 '벌칙'을 규정하는 3개조(제31조－제41조), 양벌규정(제42조), 과태료(제43조)에 관한 규정을 담고 있다.

부 칙은 시행일(제 1 조), 정기간행물의 등록 등에 관한 경과조치(제 2 조), 인터넷신문의 등록에 관한 경과조치(제 3 조), 다른 법률의 개정(제 4 조), 다른 법령과의 관계(제 5 조) 등으로 구성되어 있다.

신문법은 신문의 자유로운 발행을 도모하는 법이어야 하기 때문에 그 규정의 내용도 신문발행의 주체인 '신문사' 관련 내용이라면 신문기업을 규율할 수 있는 기업관련법률로서 접근하는 것이 적법절차의 헌법원칙에 맞는다. 그러나 이 신문법에 대해 동아일보와 조선일보는 기본권침해를 이유로 하여 헌법소원심판을 청구하였다.[1]

이 신문법은 신문의 자유로운 발행을 저해할 수 있는 편집권관련 규정들

1) 동아일보는 2005년 3월 23일 신문 등의 자유와 기능보장에 관한 법률 10개 조항(시장지배적 사업자, 겸영금지, 자료의 신고, 신문발전위원회 등)과 언론중재 및 피해구제 등에 관한 법률 5개 조항(언론의 사회적 책임, 인격권보장, 시정권고 등)에 대하여 헌법소원심판을 청구하였다. 조선일보 역시 6월 8일 신문법 제 3 조 제 2 항 등과 언론중재법 제 4 조 등 위헌소원을 심판청구하였다. 신문법 헌법소원심판의 첫번째는 정인봉 변호사와 환경건설일보 강병진 대표이사가 2월 18일 청구한 것이 그것이다.

과 신문법이 아닌 다른 일반기업관련법에 의거하여 규율되어야 할 사항을 구분하지 않고 있으며, 신문법이 임의규정으로 정해 놓은 사항을 신문법 시행령에서는 이를 사실상 강제규정으로 운용할 수 있게 규정해 놓았다. 두 언론사는 이 신문법이 헌법에 반하여 언론규제의 내용들을 기술적으로 교묘하게 우회적으로 규정하여 전체적으로 체계정합성에 반하는 위헌법률이라는 이유로 위헌심판을 청구하였다.[1)]

헌법재판소는 이 소송에서 많은 조항에 대해 적법요건에 대한 판단불비를 이유로 조문별 위헌 여부의 판단에 소극적이었지만 시장점유율규제 조항(제17조), 상위 3개 신문사에 대한 신문발전기금 지원제한(제34조 제 2 항), 일간신문의 종합편성 등 방송진출금지(제15조 제 2 항), 일간신문 지배주주의 타매체 소유금지(제15조 제 3 항) 등 4개 조항에 대한 위헌결정을 내려 주었다. 헌법재판소의 판결이유를 포함하여 이 법을 종합해설하고 비판해 보면 다음과 같다.

2. 總則規定에 대한 解說과 批判

(1) 제 3 조(편집의 자유와 독립)는 정기간행물과 인터넷신문의 편집의 자유와 독립(제 1 항)과 편집인책임하의 자율편집(제 3 항)을 보장하고 있다. 그러나 제 2 항은 "이 법 또는 다른 법률로써 편집에 관한 규제나 간섭을 할 수 있다"고 반대해석할 수 있다. 사실상 신문편집의 정의가 언론법상의 용어로 명확한 의미를 확정하지 못하고 있는 상태에서 행정권력이 수많은 다른 법률 가운데 하나 이상을 동원하여 합법적이지만 부당하게 편집의 자유와 독립을 침해할 수 있는 근거가 될 수도 있다. 이 조항을 위반한 자에 대해서는 2년 이하의 징역 또는 3천만원 이하의 벌금에 처하는 벌칙규정이 있다(법 제39조 제 1 호).

노사협의를 통해(이 법 시행령 제12조) 편집위원회가 사업자를 대표하는

1) 시행령이 위헌이라도 모법 자체가 위헌으로 되는 것은 아니라도(헌재 1996. 6. 26. 선고, 93헌바2 결정, 조세감면규제법 제74조 제 1 항 제 1 호 위헌소원 합헌결정[판례집 8-1, 525-539], 특히 537면; 헌재 1997. 9. 25. 선고, 96헌바18 결정, 97헌바46·47(병합) 결정, 지방세법 제234조의15 제 2 항 제 3 호 위헌소원 합헌결정[판례집 9-2, 357-375], 특히 373면) 등은 당해 법이 위헌으로 될 수 있는 가능성은 커진다.

편집위원과 취재 및 제작활동에 종사하는 편집위원으로 공동구성되어 편집권을 행사할 경우에 언론자본가의 입지는 좁아들게 된다. 언론자본가와 언론노동자라는 모순되는 두 세력 간의 편집권 공동행사는 편집권의 귀속주체를 불분명하게 할 수 있다. 그러니까 이 법은 사양길에 접어 들었다는 평가를 받고 있는 인쇄매체에 자본을 투자하고 신문경영의 책임을 맡아 온 발행인진영의 '성향보호(tendenzschutz)'가 어려워지게 하여 언론·출판의 자유를 억압 또는 박탈할 수도 있다. 발행인의 경향보호와 언론인의 양심발현이라는 기본권은 우열을 가릴 수 없는 만큼 쌍방간의 자율적인 협조에 그 해결을 맡겨두어야 할 사안이다.

(2) 제 4 조(정기간행물 등의 사회적 책임) 제 2 항은 균형보도와 지역간·세대간·계층간·성별간 갈등조장의 금지에 관한 규율이다. 이 규정은 벌칙을 명시하지 않은 프로그램적인 규정이지만, 갈등조장 여부에 대한 논쟁이 있을 경우에 그 판단은 행정부 또는 사법부에 돌려지게 된다. 이렇게 되면 인쇄매체는 자율적으로 문학적·예술적·정치적·과학적 다양성을 가진 정보와 의견의 표출에 위축감을 갖게 되어 각 매체는 고도로 추상적인 용어들에 대해 판단을 주저하게 되고, 마침내 동일한 기준에 따라 내용을 유사하게 하거나 획일화할 우려가 크다.

인쇄매체를 대표하는 신문과 잡지는 소수자건 다수자건 자신의 목소리를 증폭시키기 위해 정론(政論)을 펼치거나 경향성을 띄는 정치적 의견을 사회적 재화로 제작해 낼 자유가 있다. 또한 민주시민은 누구든 상업신문을 만들어 정보와 의견, 오락 등을 제공함으로써 더 많은 독자를 확보할 수도 있다.

신문메시지는 공공성과 상품성을 동시에 가진다. 공공성을 더 중시하는 신문과 상업성을 주로 추구하는 신문이 공존할 수 있고, 그 가치의 배합정도를 신문마다 자유롭게 선택할 수 있게 할 때, 신문기능의 다양성이 보장된다.

그러므로 이 조항은 사적인 의식(意識) 산업으로 신문시장에 진입하여 이미 다수의 독자를 가진 신문의 논조에 간섭을 할 수 있고, 한편으로는 지역, 세대, 계층, 성별 등에서 소수자를 대변하는 대안언론의 출현기회도 봉쇄할 수 있다. 결과적으로 여러 측면에서 다양한 소수자의 언론자유를 박탈하고, 신문마다 가지는 독특한 맛과 취향을 획일화·균질화하고, 시대의 평균을 앞서는 선진적이고 다양한 여론을 반영하는 신문의 출현을 봉쇄하게 된다.

(3) 제 4 조 제 4 항에서 제 6 항까지에 규정된 타인의 권리침해 금지, 부도덕행위 조장금지, 음란·퇴폐·폭력의 조장금지 등, 각종 금지규범도 다른 법률에 이미 규정되어 있고 용어도 매우 추상적이다. 이 개념들은 불명확하거나 그 적용이 광범위하여 언론자유의 범위를 규정하는 데 필요한 '명확성의 원칙'을 결여하고 있다. 그래서 법집행자들이 언론자유의 내용에 대한 규제를 시도할 수 있는 근거로 보이기도 한다.

이 3개 항에 등장하는 어의(語義)가 다양한 용어들은 언론인 스스로가 합의하여 제정한 언론(신문) 윤리강령 등을 통해 자율규제의 영역에 두어야 신문의 기능에 부합되는 보도기사와 논설 및 오락기사를 담을 수 있다.

(4) 제 5 조의 공정성과 공익성 규정은 그 용어가 지칭하는 내용이나 그 결정방법이 개인의 윤리관에 따라 다양하므로 오히려 논쟁을 만들고, 신문언론인이나 뉴스·논평 생산자 간의 가치관을 분열시킬 수 있다.

신문의 공정성이란 비편파적이고 왜곡 없는 보도와 똑같은 것을 똑같이 취급하는 논설을 말하는데, 논설의 경우에는 획일적 해석이나 양적 균형이 오히려 질적 공정성을 여러 가지로 저해할 수 있다.

첫째, 신문에서 표현의 자유는 특정내용을 보도하는 자유와 특정내용을 보도하지 않을 자유를 포함한다. 오로지 공정하고 공익적인 보도·논평을 강요하는 것은 신문언론의 자유와 본질적으로 배치되는 것이다. 자유로운 언론기업은 자신의 논조를 스스로 결정할 수 있어야 한다.

둘째, 현대사회의 신문노동 환경과 노동조건을 인정한다면 분업과정에서 환경감시기능을 맡은 사실보도(뉴스)는 정확성이나 진실성을 중시하지만, 사회적 상관조정기능 수행을 위해서는 신문발행인 각자가 자신들의 정치논조결정권에 따라 균등한 기회를 가지고 논평할 자유를 가져야 한다.

(5) 제 6 조는 언론의 연수를 규정하고 있다. 이 조항에 따라 신문발전위원회가 지원하는 신문발전기금에 의한 연수제도와 종사자의 공동연수에 대한 지원 역시 언론인의 다양한 가치관이 자연스럽게 발현되는 것을 막을 수 있다. 사실상 정부가 통제하는 자금에 의한 표준화된 언론인 교육과 연수는 언론인의 의식을 획일화하고, 각 사별로 경쟁력 있는 언론인을 양성하지 못하게 할 뿐만 아니라 언론인의 자율성증진과 독창성발현을 억압하여 언론인 스스로의 비판능력이 약화될 수 있다. 이렇게 되면 은연중에 언론인의 평준화

된 가치관을 닮아 독자들도 수동적이 될 수 있다.

신문이 다양성을 갖고 제 기능을 다하게 하려면 언론인 연수는 각 신문사가 스스로의 결정에 따라 다른 언론사와 공동연수시킬 부분, 자체 연수를 통해 특화(特化)하여 진행할 부분, 대학이나 대학원의 다양한 언론인 교육 및 재교육 프로그램에 참여케 하는 등 각 신문사가 자율적으로 연수제도의 선택을 결정할 수 있게 해야 한다.

3. 讀者의 權益保護規定에 대한 解說과 批判

(1) 독자가 편집 또는 제작에 관한 의사결정에 참여하게 규정한 것(제8조)은 제2조 제12호의 용어정의와 연관하여 살필 때, 편집권에 대한 외적 통제의 하나로 해석된다. 이는 발행인이 가지는 언론의 자유를 제약하고, 사내의 내적 언론자유를 간섭할 수 있다. 이것은 가변적이고 유동적인 신문독자를 방송의 시청자에 견주는 소박하고 기계적인 유비추리가 만들어 내는 오류이다.

신문의 수는 방송에 비해 매우 많고 특정신문의 독자는 불특정다수이기 때문에 이 법이 정하는 독자권익위원에 그 모집단을 대표하는 자가 위원회를 구성한다는 보장도 없다. 이렇게 모호한 성격을 가지는 단체가 신문기능을 보장한다는 명분의 이 법에 따라 독자의 권리보호를 위한 활동을 할 수 없다. 오히려 고결성(integrity)이 부족한 언론인이나 윤리수준이 낮은 일부 신문사(정권의 영향을 강하게 받는 신문사나 자본과 편집의 이해가 대립되는 신문사를 포함한다)에서는 발행인과 야합한 특정독자가 신문편집권에의 간섭과 제약 및 편집권에 대한 의도적 통제를 할 수 있다.

신문편집에의 독자참여는 특정의 독자를 대상으로 하는 종교신문, 기업신문, 정당신문, 학교신문 등에서 제한적으로 필요한 것이지, 불특정다수의 독자를 대상으로 발행되는 일반종합신문에는 제3자의 간섭이 되어 신문편집의 자유를 규제할 개연성이 높다.

(2) 일간신문사업자의 자문기구로 독자권익위원회 설치를 규정하고 있다(제9조). 이 위원회도 신문편집권의 자유와 독립을 침해할 수 있다. 특정신문을 선택하여 구독하는 독자들의 자율이 아니라, 법에 의해 강제로 독자위

원회를 조직하게 하는 것은 신문사내부의 문화적 성장을 저지할 우려가 크다. 독자권익위원회의 자문은 전문가중심이 아니기 때문에 비이성적인 대중사회를 확대하고, 이로 인한 비인간화를 촉진하며, 나아가 하위문화(subculture)의 다양성을 감소시키기 쉽다.

신문사업자의 불공정 거래행위에 대해서는(제10조 제 2 항) 공정거래법이나 신문유통기구(제37조)만 활성화해도 막을 수 있는 일이다.

신문독자는 방송에서처럼 '전국민이 소유하는 전파(이제는 이 개념과 전파의 희소성개념은 낡은 주장이 되고 있으나)'를 통해서가 아니라 사적 자본이 만들어 낸 종이와 잉크를 사용하여 제작한 신문을 통해 언론인이 고도의 정신적 작업으로 생산된 콘텐츠를 접하고 있으므로 독자권익위원회의 강제는 신문사와 언론인의 자유를 억압할 수 있다.

특히 독자권익위원회는 편집규약과 신문내용 등에 대한 의견을 제시한다는 명분으로 신문의 편집내용 결정에 개입할 수 있어 일부독자에 의해 다양한 독자들 간 지식격차를 확대할 수 있다.

신문 · 잡지의 독자는 모든 국민이 아니라 선택적인 독자이므로 방송에서 각계각층을 망라하는 시청자위원회를 두는 것처럼 독자권익위원회를 설치하게 하는 것은 신문편집권을 외부에서 제약하는 것이고, 이 기구를 설치하지 않은 신문사에 대해 과태료 등을 부과함으로써 신문언론의 자유로운 발현을 위축시킬 수 있다.

(3) 신문사가 광고내용에 대해 사회윤리, 타인의 명예나 기본권을 명백히 침해한다고 판단되는 경우에 신문사가 해당 광고의 게재를 거부할 수 있게 한 것(제11조 제 1 항)은 신문사에 광고에 대한 검열권을 부여하는 것으로 볼 수 있다. 광고의 자유는 경제규모의 세계화와 영업의 자유확대와 함께 더욱 신장되는 것이 세계적 추세이다. 이와 같은 모호한 용어로 광고규제를 하는 것은 신문사에 과도한 광고게재책임을 물림으로써 신문사의 광고게재 결정권능을 확장하지만, 한편으로는 광고매체사와 광고주 사이의 평등한 거래를 제약할 수 있다.

보도기사(news)나 피처(feature)는 언론인의 정신적 자유를 최대한 보장하는 방법을 적극적으로 찾을 수 있지만, 광고는 광고주의 의사를 최대한으로 존중하고, 그가 원하는 메시지의 게재에 대해 공정거래 관련법제 등에 의한 사전규제가 없다면 광고주가 원하는 메시지를 그대로 제시하게 하는 것이 광고의 자유이고, 이 자유는 언론·출판의 자유와 함께 한다.

이 규정에는 법률행위의 전제와 처분만 있고 국가의 강제력을 행사하는 제재의 조항이 없지만, 신문발행 전에 광고내용에 따라 신문발행인에게 게재 광고의 도덕적·법적 책임을 떠맡게 하는 일은 신문사에 과잉책임을 부담케 하는 것이다.

기사와 광고의 명확한 구분편집을 규정한 것은 광고와 기사를 영업상의 거래로 보는 사이비언론의 단속을 위한 것이라면 이해될 만하다. 독일에서는 독일언론평의회가 독일언론협회와 공동으로 작성한 언론윤리강령(Publicistic Principle)에서 기사의 광고의 구별을 정하고 있다.[1] 이처럼 기사와 광고의 구별은 기자가 가지는 최소한의 양심에 속하는 것이므로 언론윤리강령에 명시하는 것으로 족하다.

유상보도(有償報道)는 법적으로 규제할 수 있지만, 기사와 광고의 명확한 구분편집을 법적으로 강제하고 과태료를 부과하여 제재하는 것은 형벌은 아니라고 하더라도 '행정기관이 부과하고, 법원은 사후적인 통제를 행한다는 점'에서 언론자유의 우월적 지위를 인정하지 않은 것으로 보인다. 그래서 이 규정은 신문의 윤리영역에 맡겨 두어야 할 사항을 법적 강제를 통한 규제의 영역에 끌어 들임으로써 언론인의 정신적 가치와 자치를 부정하는 것으로 비판을 받을 수 있다.

4. 定期刊行物 및 인터넷新聞의 登錄 등에 관한 規定의 解說과 批判

(1) 이 법은 특정기업이 신문·방송·통신 매체를 겸영(兼營)할 수 없도록 금지하고 있다(제15조). 이 조항은 매스미디어의 기술발달로 미디어 상호간의 경계가 흐려져 가고 있는 현실을 외면하는 규제조항이다. 방송·통신의 융합이 이미 개시되었으며, 인터넷매체의 발달로 매체간 융합이 현실화되어 가고 있는 시대에 이러한 규제는 미디어 콘텐츠의 생산원가 절감을 가로막고, 콘텐츠의 질적 향상을 더디게 하며, 산업조직의 효율성을 저해할 수 있다.

1) 유일상, 「언론정보윤리론」, 아침, 2001, 256~257면.

이것은 신문매체와 다른 매체 간의 상호의존성을 부인하고, 우리나라 미디어산업의 세계적 경쟁력향상을 저해한다. 세계적 통신사인 AP나 Reuters는 이미 뉴스 콘텐츠에 영상을 추가하여 동일계열방송사에 공급하여 원가를 절약하고 있다. 전자기술의 발전으로 전파자원의 희소성이 점점 없어지고 있기 때문에 신문사의 방송사업 진출이나 공동출자한 사영(私營) 통신사의 설립·운영을 허용하는 것, 또한 방송사나 통신사의 이종(異種) 미디어겸영도 오히려 미디어산업의 세계화와 국가경쟁력강화를 위해 바람직한 일이다.

(2) 신문사업체는 신문발전위원회에 경영정보를 신고하게 하고, 위원회는 신고사항을 검증하여 국민에게 공개하도록 정하고 있다(제16조 제 1 항~제 3 항). 또 신고·검증 및 공개에 관한 구체적인 사항을 대통령령에 위임하고(제16조 제 4 항), 공개내용에 대한 구체적인 사항은 신문발전위원회의 고시에 다시 위임했다(시행령 제11조). 이것은 신문의 기능보장이나 언론자유의 우월적 지위를 부인하는 것이다. 일면에서는 알 권리의 구체화라고 주장할 수 있지만, 이는 언론사라는 사기업체의 특성을 인정하지 않고 공공성만 강조하여 사적 경영자의 경영정보를 공개하라는 요구이다. 국민의 알 권리는 국민이 정부와 공공단체를 대상으로 적극적으로 요구하는 권리이지, 정부나 그 산하기관이 영리성과 상품성을 동시에 가지는 신문사업체의 존립근거가 되는 시장활동을 파악하고 국민에게 알리는 권리라고 볼 수는 없다.

우리나라 정보공개법 제 9 조(비공개대상정보) 제 7 호에는 법인정보 가운데 경영이나 영업비밀은 그 기업 등의 정당한 이익을 현저히 해칠 우려가 있는 정보를 공개하지 않도록 규정하고 있으며, 비공개의 예외는 '위법·부당한 사업활동에 의하여 발생하는 위해로부터 사람의 생명·신체 또는 건강을 보호하기 위하여 공개할 필요가 있는 정보(제 7 호 가목)'와 '위법·부당한 사업활동으로부터 국민의 재산 또는 생활을 보호하기 위하여 공개할 필요가 있는 정보(제 7 호 나목)'에 한해서만 공개를 가능하게 하고 있다.

이 같은 정보의 공개는 신문사업을 영위하는 기업의 경쟁적 지위를 해치는 정보인바, 미국의 제 2 심 판례는 이와 같은 정보의 비공개를 인용(認容)하고 있다.[1] 그런데 하물며 시행령에서 다시 위임한 신문발전위원회 고시로 신문기업의 경쟁적 지위에 영향을 미치는 경영정보에 대한 공개를 요구할 수

1) National Parks and Conservation Association v. Morton, 498 F. 2d 765(D. C. Cir. 1974).

있게 하고 있다. 이 요구는 특정신문에 대해서 그 경쟁적 지위를 잃게 할 수 있을 만큼 위험한 것이다.

문화관광부와 그 산하기관인 신문발전위원회가 이 자료를 가지고 신문발전기금 지원대상 신문사를 선정하는 데 이용할 수 있을 뿐만 아니라 정부활동을 비판하는 신문사를 간섭하고 통제하는 정보자료로 사용할 수 있고, 독자에게 더 양질의 정보를 제공하려는 언론사들 상호간 선의의 경쟁을 제약할 우려가 크다. 또한 기간 내 신고를 의무로 하고, 신고지연시에 과태료를 부과하는 것은 행정편의주의를 과도하게 이용한 신문경영의 규제조치라고 하겠다.

(3) 시장지배적 사업자로 1개 일간신문사의 시장점유율을 100분의 30% 이하로,[1] 3개 신문사 점유율을 60% 이하를 규정하고 있는 것(제17조)은 신문기업의 집중경향을 저지하려는 것이 아니고, 조선·동아·중앙일보 3개 신문의 발행부수를 묶어 두려는 표적입법으로 평등권을 침해하고, 신문기능의 온전한 수행을 저해한다. 헌법재판소도 이 조항이 위헌임을 인정했다.[2]

신문별로 각각 독립된 편집·제작을 통해 신문 상호간의 공정한 경쟁을 촉진하는 것이 신문의 다양성을 높이고 공익성을 증진할 수 있다고 보는 것이 상식인데, 신문의 지배적 사업자를 이 규정처럼 정한 것은 오히려 신문산업의 건전한 성장을 막고 신문기능의 수행을 저해할 것이므로 위헌결정에 후속하여 입법자인 국회는 곧 이 규정을 개폐할 것이다.

이 규정은 신문산업의 집중과 독점이 여론의 독점을 가져온다는 전제에서 비롯된 것으로 보이나, 일반의 물질적 제품과 달리 신문은 인간의 양심을 비롯한 내면적 정신을 표출하는 것이므로 그 전제 자체가 부당하다고 볼 수 있다.

미국에서는 독점규제법인 연방공정거래법의 특례로 신문보호법을 제정하여 1개 지역에 최소한 2개 신문이 존립하도록 했으나, 두 신문은 경영상의 필요가 있을 때, 특정지역에서 공동운영협정(Joint Operation Agreement)을 체결해 상호 협조하고 있다. 그러나 이 조항마저 오히려 신문의 자유경쟁을 저

1) 프랑스의 1986년 11월 27일자 법은 한 자연인이나 법인이 전국시장 점유율 30%를 초과하는 정치, 일반정보 일간지나 같은 성격의 출판물을 소유하거나 통제하는 것을 금지하고 있다. Michel Muller(보고책임자), "신문의 미래, 그 독립성과 다원성의 보장," 한국언론재단, 2006, 119면에서 인용.

2) 헌재 2006. 6. 29. 선고, 2005헌마165·314·556·807 결정, 2006헌가3(병합) 결정.

해하고, 언론활동에 위축효과를 가져올 수 있다는 비판을 받는다.[1]

다른 상품에 비해 신문에 대한 공정거래법의 특례로 이 조항을 둔 것은 신문의 상품적 특성을 오인한 입법상의 오류로 신문기능의 오해에서 비롯된 것이다. 따라서 신문시장점유율을 규정한 것은 커뮤니케이션의 권리 중에서 개인의 정보선택권을 침해하는 일이므로 폐지해야 마땅하다.

(4) 신문사업자대표와 취재 및 제작 활동에 종사하는 근로자대표가 편집위원으로 편집위원회를 구성하고, 편집규약을 제정할 수 있게 규정하고 있다(제18조). 편집규약의 요체인 편집권은 미디어운영에 필요한 자본을 제공한 자의 신념이나 경향을 보호하는 한편으로, 기자를 비롯한 필진들이 가진 양심의 자유를 보호하는 대립관계를 인정하고, 그 타협과 조율을 위한 논의의 중심개념이다. 이 개념은 법률상의 권리로 확립된 용어가 아니고, 언론실무에서 계속하여 변화하는 개념이다.

신문의 편집권에 관한 일본 신문협회의 논의들에 따르면, 편집권은 본래 소유권과 경영권에 대한 노동자의 교섭대상이다.[2] 편집권문제는 신문자본가와 신문노동자가 매일 매일의 뉴스처리를 둘러싸고 발생하는 문제인 만큼 노자(勞資) 쌍방이 적극적으로 신문산업의 특수성에 근거한 논리를 개발하고 토론을 통해 그 접점을 찾아야 할 타협의 장이다.

프랑스에서는 일찍이 언론인의 양심권(droit de la conscience)을 보장하는 문제를 제기하기 시작하여 신문자본가가 가진 물적 자본에 대한 기자집단의 능력자본 참여문제로 해결점을 모색하고 있다. 독일에서는 일반기업의 노사협의회 구성과 회사의 주요 문제에 대한 논의 및 합의와 달리 경향기업인 신문사 내에서 발행인과 언론인이 개별·회사별로 편집규약을 체결하여 언론인의 내적 자유를 조정하는 방안을 찾고 있다.

미국에서는 아주 오래 전 AP통신 편집기자의 의견표명에 관한 재판에서 지면을 통한 노사의 의견차이는 소유권과 경영권에 관련된 문제로서 일반법을 적용하여 판단할 수 있다는 다수설이 승리했지만, 발행인이나 편집인의 권한은 수정헌법 제 1 조에 의한 것인 만큼 의회의 입법으로도 제약할 수 없

1) 미국 시애틀에서 개인소유의 Seattle Times와 Hearst 그룹의 Seattle Post-Intelligence가 각각 일간신문을 발행하고 있으나, 공동영업, 광고, 유통 등을 공동운영하여 적정비율로 그 이윤을 배분하고 있으나 분쟁이 잦다.

2) 日本新聞協會, 「戰後新聞史」, 新聞協會報, 1953. 1. 8, 2~6面.

는 소수설이 맞섰다.[1)]

발행자는 신문자본을 제공하고 경영상의 위험을 감당함으로써 신문기업이 지속적으로 존속하게 하는 역할을 맡고 있기 때문에 기자들만이 아니라 신문자본을 출자한 자들의 신조 내지 경향도 상당정도 보호해 주어야 하는 것이 시장경제사회의 기본적인 규율이다. 그래서 경영자와 기자집단 쌍방이 합의한 편집규약을 갖는 것은 아주 바람직하다.

노사협의를 통해 편집의 자유와 그에 따른 법적 책임을 분담하는 것은 타당한 일이지만, 신문사의 기능수행을 위해 필요한 위계질서의 혼란이나 게이트키핑과정의 산물인 기사의 책임소재를 불분명하게 할 수 있다. 이 편집위원회제도는 어디까지나 권리주체간의 경합하는 이해를 자율적으로 조율해야 하는 만큼 강제규범이 되어서는 곤란하다.

그런데도 이 법에서 편집규약에 포함되어야 할 사항(제18조 제4항)을 정한 것은 신문의 취재·보도·제작·발행 등에 관한 법적 통제장치가 되기 때문에 신문경영과 직결되어 신문의 기능수행을 어렵게 하고, 노사갈등을 유발할 가능성이 오히려 크다.

신문사 내의 노사협의에 의한 편집권공유 여부는 각 신문사가 처해 있는 경제적 위치 및 노사의 의식수준 또는 노사의 생산관계에 따라 다양한 방법으로 결정되어야 하는 만큼 신문사 내 노사관계를 법정으로 규율하는 것은 과잉입법이라고 하겠다.

5. 新聞產業의 振興 등에 관한 규정의 解說과 批判

(1) 신문산업의 진흥 등을 목적으로 문화관광부에 신문발전위원회를 설치하도록 규정하고 있다(제27조 내지 제35조). 이 규정은 정부가 신문시장에 개입하겠다는 의지를 담고 있는데, 이는 신문산업의 위기극복과 진흥을 신문업계 스스로가 아니라 국가기관인 문화관광부가 주도하겠다는 발상이다.

신문발전위원회는 정책자문기능을 가지는 외에 공공의 자원인 신문발전기금의 관리·운용주체이다. 신문발전위원회 6명의 위원은 가운데 국회의장

1) Associated Press v. National Labor Relations Board, 301 U. S. 103(1937); Z. Chefee, Jr., *Gov't and Mass Communication*, Vol. II, 1947, p. 529에서 재인용.

이 2명, 한국신문협회 · 전국언론인노동조합 · 한국언론학회 및 시민단체가 각 1명씩 추천한다.

발행인단체인 한국신문협회에 1명의 위원추천권을 주면서 다른 1명은 신문기자들의 단체인 한국기자협회가 아니라 방송을 포함한 각 직종 언론노동자가 회원인 전국언론노동조합에 주었다. 이것은 신문사의 노사(勞使)가 아닌 언론노동자들을 신문발전위원회에 끌어들여 각 사의 내부적 자유를 둘러싼 신문경영문제를 공론화하려는 것으로 경영진과 편집진 사이에서 해결되어야 할 내부문제인 신문의 편집권에 정부가 개입하는 것이다. 신문의 편집과정은 기자단 이외의 신문사 내 타직종이 관여할 사안이 될 수 없다.

또한 법은 한국언론학회에 1명의 위원추천권을 주고 있다. 한국언론학회는 언론학연구자들의 학술연구 및 친목단체이다. 학회는 언론현실의 문제와 어느 정도 거리를 유지해야 학문연구의 공정성과 객관성을 유지할 수 있다. 이 학회가 신문발전위원회 위원을 추천하게 되면, 연구단체의 성격이 친정부적인 경향성을 갖게 될 수 있다. 그러면 학자들은 불행하게도 연구의 자율성을 잃고 관변을 배회하거나 진실추구를 위한 비판활동보다 행정적으로 동원하는 제도적 장치가 되어 한국의 낙후한 저널리즘교육 진흥에 오히려 역효과를 가져올 수 있다.

신문발전에 조예가 깊거나 덕망을 갖춘 언론학자라고 하여 반드시 한국언론학회에 가입해야 하는 것은 아니다. 학자의 특정학회 참여 여부는 학자 개개인의 양심과 선호와 경향 등에 따라 자유의사로 결정되는 것인 만큼 한국언론학회에 신문발전위원회 위원 추천권을 주는 것은 학문발전이나 신문발전에는 득(得)보다 실(失)이 크다.

시민단체의 추천권 역시 시민단체의 순수성을 훼손하는 데 한 몫 할 수 있다. 자발적인 시민단체는 행정기관으로부터 일정한 거리를 유지하면서 회원들의 힘으로 자양(自養)하고 자치(自治)하여야 행정부나 사법부 또는 언론까지도 견제하거나 때로는 균형을 취하여 권력의 집중을 막을 수 있게 된다.

현대의 대의민주주의 사회에서 행정부와 입법부 등 국민의 투표에 의해 선출된 권력을 제 1 부라고 할 때, 제 2 부는 사법부가 되고, 제 3 부는 바로 시민단체이며, 제 4 부는 언론기관이라고 할 수 있다.[1)] 이들 각 부는 권력의 견

1) 일찍이 Karl Marx는 신문의 사회적 지위와 작용을 일개의 개념으로 표현하여 신문을 제 3

제와 균형을 도모하면서 국민들을 섬기게 해야 하는데, 정부가 신문발전위원회라는 제 1 의 권력에 제 3 의 권력이라고 할 시민단체를 끼워 넣으려는 시도는 시민단체를 관변기구로 만드는 계기로 작용할 수 있다.

신문발전위원회의 구성에는 프랑스의 신문규제를 위한 한 제안이 일부 차용된 것으로 보인다. 한국언론재단은 2006년 5월 프랑스헌법상 자문기구인 경제사회위원회(Le Conseil Economique et Social)[1] 위원으로 "신문의 미래, 그 독립성과 다원성의 보장"이라는 보고의 책임자인 뮐레르(Michel Muller)의 보고서를 발간하고, 그를 초청하여 5월 16일 세미나를 개최했다.

경제사회위원회는 2005년 신문을 조절하는 최고결정기구의 설치가 필요하다는 보고서를 제출했다.[2] 이 보고서에 따르면 독립된 신문위원회는 하원, 상원, 경제사회위원회가 지명한 위원들로 구성되며, 그 임무를 다음과 같이 제시하고 있다.

① 신문의 합병과 신문기업의 자본재를 투자할 때, 신문의 다양성을 유지할 수 있도록 유의한다.

② 새로운 신문의 창간을 돕는다.

③ 신문의 자유를 실현하는 데 필요한 신문유통의 현대화와 발전에 유의한다.

④ 신문기업의 연대시스템에 대한 참여기준을 만들고, 그 시행을 관장한다.

⑤ 정기적인 조사·연구로 독자들의 필요와 기대, 만족도를 더 잘 파악하여 공지한다.

⑥ 전체신문에 관한 통계와 지표들을 취합하고 체계화한다.

이 임무를 완수하기 위해 신문위원회는 현재 조직되어 있으나 잘 작동하

의 권력(the third force)이라고 말했다. 그는 1850년 11월에 쓴 "1848-1850 프랑스의 계급투쟁"이라는 글에서 당시 프랑스의 계급전선을 크게 나누어 3종류의 권력, 즉 국가원수, 국민의회, 신문이 있다고 보았다. 맑스는 이전에도 신문이 치자(治者)와 피치자(被治者) 간 제 3 요인으로써 권력자와 피치자 이외의 제 3 종 제약역량이라고 보았다.

1) 경제사회위원회(영어번역은 The Economic and Social Council이다. 본문의 책 제목에 번역된 '이사회'는 적절한 번역이 아니고 '위원회' 조직이다)는 프랑스헌법 제69조－제71조에 의거하여 설치된 기구로 법령 등에 관한 의견을 정부에 제시하고(제69조), 경제사회문제에 관한 정부의 자문에 응하며(제70조), 그 구성에 관한 법규가 따로 있다(제70조).

2) 한국언론재단, 프랑스 경제사회이사회 2005 언론보고서, 신문의 미래, 그 독립성과 다원성의 보장, 2006의 번역본을 토대로 인용 또는 축약했으나, 번역이 언론이라는 전문영역의 통상용어와 다르거나 필요할 경우에는 저자가 다시 의역하였다.

지 않았던 여러 자문위원회 중에서 미디어발전국(DDM), 신문·출판 동수위원회(CPPAP), 신문유통 고등위원회(CSMP), 신문용지회사(SPPP) 등 4개 조직의 협조체제 구축을 제안하고 있다.

미디어발전국(DDM)은 총리의 산하기구이지만 문화통신부장관이 관장하며, 그 임무는 주로 신문에 대한 공적 지원제도의 운영과 언론자유분야의 변화에 적응하는 정책을 준비하고, 통계와 연구조직을 갖춘다.

신문·출판동수위원회(CPPAP)는 1982년 4월 27일자 명령의 적용을 받아 같은 수의 신문기업 대표와 소관 행정관청대표로 구성된다. 위원장은 국가참사원 대표가 맡고, 사무국업무는 DDM이 맡는다. 이 위원회는 신문사가 주요 보조금제도에 접근할 수 있는 규정에 대한 의견을 제시한다.

신문유통고등위원회(CSMP)는 법의 시행을 쉽게 하고, 신문유통협동조합과 회사들이 사용하는 운송수단이용을 조정하는 임무를 맡고 있다. 이사회는 관계부처대표 6명, 전문직업단체가 임명한 협동조합대표 3명, 대표성이 가장 강한 직업단체대표 9명, 신문유통원대표 2명, 상사회사대표 1명, 직원대표 3명, 철도청장, 에어프랑스대표, 장거리 화물운송사업을 대표하는 직업단체대표 1명 등 총 27명으로 구성한다. 이 기구는 신문유통과 관련된 관계기관의 합동대책 기구인 셈이다. 이 위원회의 재정은 신문유통조합들이 책임을 지며, 위원회가 지명하는 상설사무국이 협동조합회사들의 회계를 감독한다.

경제사회위원회는 유통의 변화에 더욱 부응하고, 기술적 변화를 더 잘 지원하면서 독자의 기대를 더욱 잘 충족시키기 위해 이 위원회의 구성을 변경하고, 역할의 수정을 희망한다.

신문용지회사(SPPP)는 신문용지가 부족하던 1947년 용지공급의 안정과 독립을 보장하기 위해 신문발행인들이 창설했다. 이 회사는 주로 발행인과 인쇄업자에게 세계시장으로부터 신문용지를 공급하는 '신문용지구입센터'와 용지구입 및 재고관리역할을 담당하고 있다.

경제사회위원회 총회는 이 4개의 기구가 다양성유지와 일간지의 독립이라는 공통목표를 위해서 긴밀하게 협력해야 하며, 신문규제의 최고결정기구로 신문위원회를 조직하여 이 책임을 지게 할 것을 권고하고 있다.

이 보고서는 신문위원회가 4개 기구에서 보고하는 구체적인 문제와 활동결과에 관해서 효율적인 의견을 제시하며, 신문사주, 발행인, 신문기자들의

권리와 의무에 관련된 역할도 맡겨야 한다는 의견을 내고 있다.[1)]

신문위원회는 신문사주, 발행인, 기자들이 그 집단적 좌표로써 1971년 11월 25일 채택된 뮌헨선언(Munich Declaration of the Duties and Rights of Journalists)의 준수를 선서하도록 권고하고 있다.[2)]

뮌헨선언은 사건의 취재, 보도, 논평에서의 기본의무로 다음을 제시하고 있다.

① 공중은 알 권리가 있기 때문에 언론인에게 어떤 결과가 초래되더라도 진실을 존중한다.

② 정보와 논평과 비판의 자유를 방어한다.

③ 정당한 발표보류를 포함하여 취재원을 확실히 알고 있는 정보에 한해서만 공표하며, 핵심적인 정보를 억제하거나 텍스트와 서류를 변경하지 않는다.

④ 정보나 사진, 문서를 취득하기 위해 불충실한 방법을 사용하지 아니한다.

⑤ 사람의 사생활을 존중하는 정서를 갖는다.

⑥ 부정확하다고 판명된 정보는 공표되었더라도 정정한다.

⑦ 직업적 비밀을 준수하고, 비밀리에 입수한 취재원을 누설하지 않는다.

⑧ 정보의 공표나 억압으로 인한 이익을 절제하듯이 표절, 명예훼손, 근거 없는 비난을 삼간다.

⑨ 기자의 직업을 광고주나 선전가의 직업과 혼동하지 않으며, 직·간접을 막론하고 광고주로부터의 배려를 거절한다.

⑩ 어떠한 압력도 거절하며, 편집지침은 편집실책임자로부터만 받는다.

이 강령을 잘 살피면 기자의 독립성과 편집권에 대한 유럽언론인의 상식을 이해할 수 있으나 프랑스신문위원회가 나서서 신문사주, 발행인이나 기자에게 그 준수를 권고할 만한 일반적인 원칙일 뿐 특별히 신문산업을 지도하려는 지침은 포함되지 않은 것 같다.[3)]

---

1) 프랑스의 헌법기구인 이 위원회는 많은 자문의견과 제안을 내지만, 정부나 의회가 이를 모두 채택해야 하는 것은 아니다.

2) 이 선언은 유럽의 6개 언론인 노동조합(syndicates)이 1971년 채택한 것으로 강제효력은 없다. 자세한 것은 유일상, 「언론정보윤리론」, 제 3 장 제 1 절, 2001 참조.

3) 프랑스의 기자노동조합인 SNJ-CGT는 이 선언에 대해 1989년까지도 수정조건부 비준의사를 표명했을 뿐 이 선언을 채택하지 않았다. 자세한 것은 Nordenstreng, Kaarle and Hifzi

이 지침에 따르면 우리나라에서도 언론자유의 신장을 위해서 정부를 비롯한 정보의 다량보유자에 대해서는 당당하게 접근하고, 취재원은 비닉하며, 취재원을 비롯한 각인의 은사권(隱私權=right of privacy)은 보장하고, 편집책임자의 권한을 강화하는 방안을 모색하는 것이 매우 중요함을 새삼 확인할 수 있다.

그러나 각국의 입법은 그 나라의 특수성 위에 성립하는 것이다. 프랑스는 신문의 재정상태가 매우 취약하고, 이따금 정부의 보조금지원이 없이는 존립이 어렵다. 대신 프랑스인의 의견은 잡지매체를 통해 더 많이 개진되고, 잡지의 보급·발달이 활발하다.

프랑스신문들은 정부의 보조금을 받기 때문에 뉴스보도기능을 위주로 하는 90% 이상의 신문이 정보신문(presse d'information)으로 바뀌어 제 2 차 세계대전 초기 60%의 의견신문(presse d'opinion)에 40%의 뉴스보도신문이 있었던 점과 비교된다.[1)]

프랑스에서는 1개 신문의 발행부수가 50만부를 넘기 힘들고, 인구 1,000명당 발행부수도 OECD국가 중 가장 낮다.[2)] 발행부수 제 1 위인 Ouest-France의 보급부수도 2005년 기준으로 783,000부로 세계 67위에 머문다.[3)]

여러 가지 사정으로 보아 프랑스신문산업계는 단순한 환경감시에 치중하는 정보신문보다 환경에 대한 대책마련을 통해 상관조정기능을 담당해 줄 다양한 의견신문들이 필요한 셈이다. 프랑스헌법기관인 경제사회위원회도 이 점을 주목하여 더 다양한 의견이 제시되는 신문들을 원하고 있다.

우리는 견해를 달리하는 많은 신문들이 있다. 그런데도 정부가 신문의 다양성보장이라는 빌미로 일종의 보조금을 지급하여 신문지원정책을 펼치려는 법적 장치가 이 법이라고 볼 수 있는데, 이것은 한 마디로 신문기능의 보장보다는 신문을 정파적인 이익에 이용하여 신문기능을 저해할 우려가 크다.

(2) 재단법인으로 신문유통원을 설립하는 것(제37조)을 규정하고 있다. 이것은 송·수신자 관계의 흐름으로 보아 신문언론의 자유가 취재의 자유 →

Topuz(eds.), *Journalist : Status, Rights and Responsibilities*(Prague : IOJ Publishing House, 1989), p. 43 참조.

1) http://www.discoverfrance.nret/DF-media.shtml(2006. 5. 28).

2) 유일상, 「개정판 매스미디어입문」, 청년사, 2005, 102면. 2000년대 초 약 218부, 1,000명 정도.

3) 세계신문협회(WAN) 2005년 통계 참조.

발행의 자유(편집권관련) → 배포의 자유로 구성된다고 이해할 때, 이미 높은 시장진입장벽을 쌓고 있는 '주요신문(major)' 중심의 지나친 신문시장 판매경쟁을 개선하는 효과가 있을 것이다. 문제는 법적 강제이다.

신문사들의 합의에 기초한다면 논조가 다른 다양한 신문간의 공정한 경쟁을 촉진하는 제도적 장치라는 점에서 신문산업의 건전한 발전과 의견의 다양성확보를 위해 언론사에게는 정보유통의 자유를 보장하고, 독자(국민)에게는 평등한 신문선택을 동시에 보장해 주는 좋은 제도일 수 있다.

예를 들어 독자가 주문하지 않은 전단지(傳單紙－일명 찌라시)를 끼워 배달하는 것은 독자의 정보선택권을 무시하고 광고시장을 혼탁하게 만들었다. 정부가 이러한 우려를 인식하고 제도적으로 바로잡겠다는 것은 선량한 의도에서 출발한 것이라고 볼 수 있다. 그러나 전단지배포규제, 공동배달, 신문·잡지 수송대행제도 등은 신문사들이 협의하여 운영하도록 하는 것이 더 낫다. 이 기구는 민법의 재단법인성격을 갖도록 규정하고 있으므로 신문유통을 통한 이윤추구활동이 배제되는 단체이다. 그러므로 언론자유의 제한에 대한 과잉금지의 원칙을 벗어나지 않는 범위 내에서 각 신문사의 자발적인 협조를 이끌어 내는 방법을 찾는 것이 중요하다.

이 법은 이 책 부록에 시행령과 함께 실려 있다.

제 2 절 言論仲裁 및 被害救濟 등에 관한 法律

1. 法의 槪要와 條文別 檢討

(1) 언론중재법은 우리나라에만 있는 특수한 언론법이다. 많은 선진국에서는 언론기능의 원활한 수행을 보장하기 위해 법적 책임을 이완시키면서 언론기관이 자율적으로 언론평의회나 옴부즈맨제도를 운영하고 있다.

이 법에 의거하여 운영되는 법정기관인 언론중재위원회는 전두환정권에서 만든 언론기본법에서 언론침해에 의한 피해구제를 위해 만들어 놓은 기구이다. 그러나 민주화과정의 역대정권은 이 제도가 언론의 자율성발현을 억압하는 점을 간과하고, 행정적 편의와 언론기관에 대한 피해망상적인 국민정서의 지지 아래 제도와 기구를 오히려 보강해 오고 있다.

언론중재제도는 언론기본법상 '언론의 정보청구권(제 6 조)'[1] '취재원의 보호(제 8 조)'[2] 등의 언론활동을 보호하는 규정과 함께 언론의 책임을 강조하기 위해 도입한 제도였다. 그런데 민주화과정에서 언론의 민주화를 위해 언론의 자유를 국민 대다수가 평등하게 누리도록 정부가 개입하는 것을 인정한다고 하더라도 언론분쟁의 조정과 구제제도로 언론중재제도를 별도의 입법으로 한 것은 언론의 자유와 공적 책임의 조화를 목적으로 한다는 규정(제 1 조)에도 불구하고 각 조문에 열거된 무거운 책임과 간편한 법적 규제로 말미암아 신문기능의 자유로운 발현을 저해한다.

이 법의 제 3 조(언론의 자유와 독립), 제 4 조(언론의 사회적 책임), 제 5 조(인격권의 보장) 등은 헌법의 법문을 옮겨 놓았거나 해설하는 데 그치고 있는 프로그램적 성격의 규정들이다. 이 같은 법문의 나열은 언론인이 자주성을 해치고 환경에 대한 대책 마련을 위한 상관조정과 사회화에 필요한 취재·논평의 의욕을 위축시킬 수 있다. 이는 언론윤리강령이나 기타 자율적인 기구의 규정 등에 명시될 조항들을 언론에 관련된 법적 규범으로 강제함으로써 다른 법률과 달리 명확성원칙을 우선하는 법적 언론자유의 기능수행에 실효성이 발휘할지 의문이다. 이들 조항에 사용되는 용어들은 법적 확정력을 갖기 어려우며, 법적 의무의 부과 역시 앞으로 불필요한 논쟁을 생산할 수 있고, 결과적으로 언론자유를 침해하는 논거로 사용될 우려가 있기 때문이다.

(2) 언론피해의 자율적 예방 및 구제를 위해 언론사 내에 고충처리인을 두도록 정하고 있다(제 6 조). 이것은 언론인에 의한 자율규제제도인 언론옴부즈맨제도를 지나치게 변형하여 법을 통한 타율적 강제로 바꾸고 있음을 알 수 있다.

옴부즈맨은 스웨덴어로 대리인을 뜻하는바, 더 정확히 말해 피해자의 대리인을 말한다. 스웨덴에서 언론옴부즈맨은 언론평의회를 보좌하기 위해서 1969년에 도입되었는데, 언론윤리강령에 위반한 언론불만의 발생을 심사하는

1) 언론기본법 제 6 조(언론의 정보청구권) 국가 및 지방자치단체와 공공단체는 신문·통신의 발행인 또는 방송국장이나 그 대리인의 청구가 있을 경우에는 공익사항에 대한 정보를 제공하여야 한다. 다만, …(중략)… 아니한다(이하 생략).

2) 언론기본법 제 8 조(취재원의 보호) ① 언론인은 그 공표사항의 필자, 제보자 또는 그 자료의 보유자의 신원이나 공표내용의 기초가 된 사실에 관하여 진술을 거부할 수 있다. 다만, …(중략)… 아니하다(이하 생략)

기구로 2002년에는 잡지·출판협회도 평의회에 참가하였고, 시민과 미디어 쌍방으로부터 신뢰를 받고 있으면서 해당 언론사를 제외한 제3자 기구의 위치에서 언론자유와 개인의 인권 간에 발생하는 문제를 명예롭게 조정해 주고 있다.

일본에서는 스웨덴 언론평의회 옴부즈맨제도와 달리 북구(北歐)의 다른 옴부즈맨제도를 수입·변형하여 1922년 아사히(朝日) 신문이 처음 도입했다. 그러나 독자고충처리에 대해서는 별 역할을 하지 못했고, 신문내용을 검토하여 자체 수정이나 반론 등을 수용하는 기구로 변형되어 현재 몇 개 언론사가 자율적으로 이 제도를 활용하고 있다.

미국에서는 이를 다시 변형하여 몇몇 언론사가 독자적으로 보도에 따른 고충을 처리하는 옴부즈맨기구를 두고 있다. 자율규제기관으로 전국뉴스평의회(NNC)가 1973년에 설립되었지만, 유력신문인 뉴욕타임스 등이 반대하여 십여 년 만에 해산되었다. 현재도 옴부즈맨을 가진 신문사나 TV사가 몇 있어서 미디어와 보도로 인해 피해를 입은 자가 교섭을 시도하도록 조정하지만, 이에 실패하면 법정소송으로 나아 갈 수밖에 없어 사내고충처리인(옴부즈맨)의 활동범위는 매우 제약되어 있다. 사내에 고충처리인을 두는 것이 언론사의 편집권행사를 간섭할 수 있기 때문이다.

북유럽에서 시작된 언론고충처리기구인 '언론옴부즈맨'의 본래 의도는 언론평의회와 달리 지난 50년 동안 외부의 감독이라는 긴장감 없이 언론 스스로가 발전시켜 온 스웨덴형 "언론을 위한 명예법정"[1)]을 만드는 일이다. 이를 변형하면 본래의 의미는 퇴색되고, 민주주의사회의 유지를 위해 필요한 언론활동의 범위를 제약할 수 있다.

(3) 언론중재위원회의 설치목적 가운데 하나인 언론보도 또는 게재로 인한 침해사항의 심의(제7조 제1항)는 언론중재위원회의 심의가 사후심의라고 하더라도 언론보도에 대한 사후규제행위로 받아들여질 수 있다. 언론보도로 인한 인권침해사항의 심의는 한국신문윤리위원회가 있고, 그 산하에 언론불만처리위원이 조직되어 있으므로 언론중재위원회의 심의사업은 중단되어야 하고, 법문도 최소한 제7조의 '…' 및 침해사항의 심의 '…'는 삭제해야 신문

1) C. Jones, *Mass Media Codes of Ethics and Councils : A Comparative International Study on Professional Standards*(Paris : UNESCO Press, 1980), p. 30.

언론이 원활한 기능을 수행할 수 있다.

언론중재위원회가 신문·방송·인터넷 등의 미디어에 적용되어 그 보도 내용이 국가적·사회적 법익이나 타인의 법익침해 사항을 심의하여 언론사에 시정을 권고할 수 있게 한 것은 언론사로 하여금 보도의 위축효과를 가져올 수 있고, 언론인에게는 자신 있는 취재와 보도를 꺼리게 한다.

중재위원회가 시정권고의 내용을 외부에 공표하는 것은 해당 보도가 연속보도할 사안이거나 더 많은 취재가 필요한 탐사보도대상일 경우에는 사실상 언론의 감시를 받아야 할 취재대상자에게 언론자유를 합법적으로 사전 봉쇄하게 하는 '사전금지청구'까지 가능하게 하며, 언론고유의 게이트키핑과정에 영향을 미쳐 언론자유마저 통제할 수 있다.

언론중재위원회는 그 운영재원을 주로 방송발전기금으로 조달받되 정부의 보조금도 지급받을 수 있고, 중재위원 및 직원은 형법 등의 벌칙적용에서 공무원으로 간주된다(법 제12조~제13조).

이 위원회의 운영재원은 국고보조금도 지급받을 수 있지만, 주로 방송발전기금으로부터 조달된다. 이 기구는 언론기본법에 의해 설립된 이래 25년 이상이나 이와 유사한 성격의 자금인 방송공익자금을 지원받아 왔고, 언론중재의 노하우를 축적해 왔다. 이 노하우를 고려하고 자금의 지원처를 고려하여 공공적 성격이 큰 방송에서 시청자의 불만처리와 인권보호를 위해 '방송과 인권의 분쟁에 관한 중재위원회'로 남게 하면, 방송피해자 구제활동에 좋은 장치가 될 수 있을 것이다.

(4) 중재위원회 위원은 40인 내지 90인 이내이다. 중재위원 정수 중에서 5분의 2 이상은 법관 또는 변호사의 자격이 있는 자이고, 5분의 1 이상은 언론사 취재·보도에 10년 이상 종사한 자를 위촉한다(제 7 조 제 3 항). 그런데 언론사에 10년 이상 종사한 자는 언론사와 직·간접적인 이해관계가 있는 사람이므로 가해자로 간주되는 언론사와 피해자로 보아야 할 중재신청인 사이에서 사실상 재판인 조정과 중재에서 심판으로서의 공정성을 결여할 우려가 크다.

영국의 한 사례로 인구의 86%는 언론인을 신뢰하지 않고 있으며, 이 수치는 정치인에 대한 불신정도보다 오히려 높다는 것이다.[1] 그런데도 언론인

1) M. Arthur, *Sunday Times*, 24th June 1990, p. 1.

이 자신의 업무와 관련된 사실상의 재판에 심판으로 참여하게 하는 것은 무리이다.

또한 문화관광부장관이 위촉한 언론중재위원들이 반론이나 정정보도와 같은 제 2 차적 언론활동을 위한 분쟁조정, 중재와 심의 등에 종사하게 하는 것은 행정권이 신문에 대한 사후검열주체를 형성하는 꼴이 된다.

(5) 언론사의 인격권침해에 대한 구제는 정정보도청구, 반론보도청구, 추후보도청구 등이 있다.

정정보도는 고의 또는 과실이나 위법성을 불문하고 언론의 사실적 주장이 진실하지 않을 때, 이를 안 날로부터 3개월 이내, 언론보도일로부터 6개월 이내에 해당 언론사에 청구할 수 있다. 정정보도는 사실보도가 행해진 동일채널, 지면 또는 장소에 동일한 효과를 발생시킬 수 있는 방법으로, 방송의 정정보도문은 자막과 함께 통상적인 속도로 읽을 수 있게 해야 한다(제15조).

반론보도는 진실 여부나 고의, 과실 또는 위법성을 불문하고 사실적 주장의 보도로 인한 피해자가 해당 언론사에 청구하며, 그 절차 등은 정정보도의 경우와 같다(제16조).

추후보도는 범죄혐의나 형사상 조치를 받은 사람이 무죄판결 등을 받았을 때, 그 사실을 안 날로부터 3개월 이내에 명예나 권리회복에 필요한 설명 또는 해명 등을 해당 언론사에 청구하는 것으로 특별한 사정이 아닌 한 정정보도청구나 반론보도청구에 영향을 미치지 않는다(제17조).

(6) 언론사와 피해자가 정정보도청구·반론보도청구 및 추후보도청구에 따라 분쟁이 발생한 경우에 그 중 일방은 중재위원회에 손해배상액을 포함하여 조정을 신청할 수 있다. 조정은 쌍방의 협의가 불성립된 날로부터 14일 이내에 해야 하며, 접수일로부터 역시 14일 이내에 조정을 해야 한다. 조정은 비공개가 원칙이지만, 필요할 경우에는 중재위원회규칙으로 공개를 허가할 수 있고 조정절차는 민사조정법을 준용한다(제19조). 중재위원회 중재부는 합의가 이루어지지 않거나 신청인의 주장이 이유 있다고 판단될 때, 접수일로부터 21일 이내에 직권으로 조정에 갈음하는 결정(직권조정결정)을 할 수 있다. 그러나 직권조정에 불복할 경우에 이의신청을 제기하면, 이를 소(訴)의 제기로 보므로 그 결정은 효력을 상실한다(제22조). 조정에서의 합의나 직권조정결정에 승복한 것은 재판상 화해와 동일효력을 가진다(제23조).

(7) 당사자 사이에 분쟁이 발생하면 중재부의 종국적 결정에 따르기로 합의하고, 조정절차의 계속중에도 중재를 신청할 수 있고, 중재절차는 이 법과 민사소송법 관련조항을 준용한다(제24조). 중재결정은 확정판결과 동일한 효력이 있다(제25조).

(8) 피해자는 법원에 정정보도청구·반론보도청구·추후보도청구 등의 소송을 보도사실을 안 날로부터 3개월 이내, 보도일로부터 6개월 이내에 제기할 수 있다(제26조 제 1 항). 이 재판은 3개월 이내에 판결해야 하며, 불복할 경우에는 항소할 수 있다(제27조). 정정보도청구 등의 재판을 민사집행법상 가처분절차에 따르게 규정하고 있는데(제27조 제 6 항), 정정보도청구소송의 경우에는 사실적 주장에 관한 진실 여부의 입증에서 본안소송에서 요구하는 증명 대신에 간단한 소명만 요구하기 때문에 언론보도를 위축시킬 우려가 크다. 헌법재판소도 이 점을 인정하고, 가처분절차의 채택이 언론사의 방어권을 심각하게 제약하여 공정한 재판을 받을 권리를 침해하고, 중요한 사회적 관심사에 대한 신속보도를 자제케 하여 민주주의의 기초인 자유언론의 공적 기능이 저하된다고 보았다. 헌재는 이 조항이 피해자의 보호만을 우선하여 언론의 자유를 합리적인 이유 없이 지나치게 제한하여 위헌이라는 결론을 내렸다.[1)]

(9) 이 법은 민법상의 손해배상 소송에 관해 법원에도 그 기속력(羈束力)을 미치게 하였다. 명예훼손소송의 특칙으로써 정정보도청구소송에서는 언론사의 고의 또는 과실로 인한 위법성이 없더라도 손해배상과 정정보도의 공표 등 명예회복에 필요한 적당한 처분을 명하게 하고 있다(제30조 제 1 항). 또한 손해배상액산정에서 법원이 '실제의 손해배상액'이 아니라 '상당한 손해배상액'을 인정할 수 있게 하고 있다(제30조 제 2 항).

법원은 언론사와 보도피해자임을 주장하는 당사자 쌍방이 충분한 증거를 제시하며 평등하게 공격이나 방어를 하게 해야 하는데, 판사가 상당성을 근거로 손해배상액을 인정하게 되면 언론소송의 경우에 법이 아닌 '판사가 왕'이 되어 불복항소가 늘고, 원고와 피고 쌍방이 소모적인 시간낭비를 초래하여 사회적 효율성을 저해할 수 있다.

이 법은 시행령과 함께 이 책 부록에 전문을 실었다.

---

1) 헌재 2006. 6. 29. 선고, 2005헌마165 결정 등.

2. 外國의 反論權制度 比較

반론권(right of reply)을 언론자유에 대한 보충적 권리의 하나인 언론매체 접근이용권(right to access)의 하나로 이를 처음 인정했던 프랑스를 비롯하여 외국 몇 나라의 인쇄매체에 대한 제도운용상황을 보면 다음과 같다.

i) 프 랑 스　　출판법(1822년 3월 25일) 제11조 응답권(droit de reponse)에 "모든 신문 또는 정기간행물의 소유자 또는 편집자는 피해자로부터 반론요구가 있을 때에는 반론을 접수한 날로부터 3일 이내에, 만약 3일 이내에 발행되지 않는 출판물의 경우에는 직후호에 무료로 반론을 게재해야 한다"는 입법규정이 있었다. 이 규정은 몇 차례의 입법적 계수(繼受)와 보완을 거쳐 오늘날까지 그 문맥을 유지하고 있다. 1881년의 개정출판법에서는 공무원의 행위에 관한 언론의 부정확한 보도를 정정할 수 있도록 규정한 정정권(droit de rectificaton) 규정이 반론권규정과 별도로 마련되었으나 '실제로 적용된 사례는 없었던 것으로 보인다.'[1)]

오늘날 프랑스에서의 반론권 행사도 논평이나 의견에 대한 논쟁적 성격을 벗어나 허위보도나 왜곡보도로 인한 개인적 명예의 훼손이나 프라이버시 침해에 대한 사실적 주장의 반박으로 통일되어 가는 경향이다.[2)]

ii) 독　일　　프랑스 출판법의 영향을 받아 독일의 반론권조항은 1831년 독일 바덴 뷔르텐바르크(Baden Württenberg) 주 신문지법에 나타나기 시작했다. 오랜 지방분권주의의 영향으로 독일의 주법은 주간(州間) 협약과 더불어 독일법체계의 근간으로 발전하여 1874년 제국신문지법에 반론권이 규정되기에 이른다. 규정의 대체적인 내용은 "정부관서 또는 사인(私人)에 관한 사실이 언론에 보도되었을 때 관련자는 편집책임자에 대해 정정을 청구할 수 있다. 정정은 처벌대상이 될 내용을 포함할 수 없으며, 사실에 관한 주장에 국한하여 일정요건 하에서 무료로 요구할 수 있다"는 것이다. 이 법은 의사형성의 자유와 인격권보호를 목적으로 각 주법에서의 채택이 확산되면서 당초 규정이었던 반론게재거부에 대한 형사처벌규정이 폐지되었다. 현재 독일 각 주법상의 반론권은 '인격권의 침해에 대항하는 권리로서의 정정권'으로

1) 松井修視, "反論權," 石村善治 編, 「ひかれたマスコミみとは」(東京 : 時事通信社, 1979), 55面.
2) Gerald Biolly, *Le Droit de Reponse en Matiere de presse*, 1963, p. 101을 팽원순, 「개정판 매스커뮤니케이션 법제이론」, 법문사, 1988, 205면에서 재인용.

부터 '보도내용의 진실성 여부를 불문하고 형식요건만 갖추면 반론게재를 요구할 수 있는 액세스권'의 경향에 이르기까지 다양한 모습으로 존재한다. 1949년 이래 추진되어 온 연방신문기본법의 제정을 통해 반론권에 관한 국가단위의 통일적 규정을 마련하려는 논의가 계속되고 있으나 아직 미결상태이다.[1)]

iii) 미　　국　　수정헌법 제 1 조의 엄밀한 해석에 의하여 미국에서는 사법적으로 반론권이 인정되지 않는다.[2)] 프랑스문화의 영향이 남아 있는 미국남부의 플로리다주와 미시시피주에서는 신문에 대한 반론권이 공직선거출마자에 한해서만 주법상으로 인정되었다. 플로리다주 선거법에는 반론권만 인정하고 있으나, 미시시피주 선거법은 정정권과 반론권을 모두 인정하고 있는데 실제 적용된 적은 없었다. 그러다가 1974년 플로리다주의회 의원으로 출마한 교사협의회 지도자 Tornillo를 공격한 *Miami Herald* 신문의 반박권요구 거절사건(제 9 장 의견광고와 표현의 자유)에서 최종심인 연방대법원은 주법상의 반박권규정이 수정헌법 제 1 조와 어긋나는 위헌법률이라는 판결을 내렸다. 이로써 미국에서의 반론권은 인쇄매체에 관한 한 인정되기 어려운 개념이 되었다.

미시시피주법은 명예훼손을 전제로 취소규정과 유사한 반론권규정을 두고 있으나 주 최고법원이 1953년경 반론문게재요청을 기각한 바 있고, 몬타나, 오하이오, 위스콘신주 등에서는 명예훼손에 대한 불완전한 방어수단으로서 언론사의 당해 기사 '취소' 규정을 두어 명예훼손을 완화시켜 주고 있는 정도이다.[3)]

요약컨대 미국의 신문들은 거대한 언론산업체들에 독점적으로 소유·집중되어 있고, 국민들의 대규모 인쇄매체에 대한 접근이 원활하지 못함에도 불구하고 언론자유 우선원칙을 견지해 가고 있는바, 지나친 상업주의와 선정보도, 개인의 명예와 사생활 침해 등에 대해서는 민사·형사적인 소송을 통한 사법적 구제에 의존하지 않을 수 없는 상황인 것으로 보인다.

1) 廣瀨英彥, "西トイツにおける反論權, 特徵,"「新聞硏究」1976年 2月號, 日本新聞協會, 68~70面.
2) Miami Herald Publishing Co. vs. Tornillo, 418 U.S. 241(1974).
3) D. M. Gillmor and J. A. Barron, *Mass Communication Law : Cases and Comment,* 3rd ed. (St. Paul, Minn.: Publishing Co., 1979), pp. 289~294.

iv) 영　　국　　자유언론의 전통을 투쟁과 타협의 절묘한 합주로서 확보한 영국언론에게 반론권 인정의 여지는 거의 없다. 다만, 반론권과 유사한 제도로서 수정제안(an offer of amend) 제도가 1952년의 명예훼손법에 규정되어 반론권으로 기능할 수 있는 조건이 갖춰졌다. 타인의 명예훼손을 공표한 언론기관이 고의가 없었음을 주장하면서 손해배상에 대신하여 발행인이 수정제안을 할 수 있는바, 이것은 소송상의 방어효과를 가져 언론기관에 대한 사법절차상의 특전부여라고 볼 수 있다(동법 제4조).

한편 명예훼손의 피해자가 언론의 공표내용이 악의에 의한 것임에도 불구하고 반박문게재요구를 언론기관이 거부 또는 무시하였음이 증명되면 신문의 면책특권은 박탈된다(동법 제7조)는 규정이 있으나, 입증의 어려움 때문에 그 적용이 흔치 않은 실정이다.

그러나 최근 영국의 하원의원들은 신문의 상업주의 만연으로 인한 개인의 사생활침해와 부정확한 보도에 대한 여론의 비판이 점증하고 있는 분위기 속에서 프라이버시보호법안과 반론권법안을 논의하고 있으며, 정부도 더 이상의 지연전술을 쓸 수 없는 상태인 듯하다.[1)]

T. Washington 의원이 제출한 반론권법안에 따르면 "내무장관이 임명한 21명의 언론평의원으로 언론평의회가 발족하고, 부정확한 보도에 대한 피해자의 반박문을 같은 지면에 게재할 수 있는 평의회의 명령권이 주어진 것"으로 되어 있어 영국정부도 언론자유에 대한 침해라는 새로운 논쟁을 방지코자 다방면으로 애쓰고 있는 모양이다.[2)]

v) 스 웨 덴　　언론불만 처리기관으로서 언론옴부즈맨(Press Ombudsman)제도와 언론평의회(Press Council)가 언론불만을 처리하고 있다. 1969년 창설된 언론 옴부즈맨은 이해관련자가 건전한 언론윤리를 위반했다고 생각하는 기사에 대해 항의하면, 이해관련자의 동의를 얻어 해당 신문에 대한 견책, 정정보도요구, 옴부즈맨의 결정문게재, 행정과태료를 부담시키는 결정을 내린다. 옴부즈맨의 고유업무는 일반공중들의 언론불만에 대한 처리 이외에 언론윤리문제에 대해 일반공중들의 질의에 응답하는 일도 포함된다. 옴부즈맨은 의회가 임명한 의회 옴부즈맨(T.O), 스웨덴 변호사협회장, 신문클럽회장으로

1) 박권상, "영국언론의 상업주의 논쟁," 「기자와 직업윤리」, 한국기자협회 전국간부세미나, 1993, 21～22면.

2) 위의 글, 22면.

구성된 특별위원회에서 지명한다. 옴부즈맨의 결정에 불만을 가진 쪽은 스웨덴 언론평의회에 재심을 청구할 수 있다. 이 평의회는 일명 '명예법정'이라고 부르는 세계최초의 언론자율심판기구로서 언론문제에 관한 한 우리나라의 검찰과 법원의 중간쯤 되는 업무를 모두 수행하고 있다. 평의회는 판사인 위원장을 비롯하여 스웨덴 전국신문클럽, 기자협회, 발행인협회 등 3개 기구의 추천을 받은 3명, 신문과 이해관계가 없는 일반공중대표 2명 등 모두 6명으로 구성되어 언론자유를 적극적으로 방어하는 한편, 가능한 한 높은 수준의 언론윤리수준을 유지하도록 노력하고 있다. 또 이 나라의 언론자유법에는 정정보도청구권이나 반론권 등의 규정이 전혀 없으며, 대부분의 언론관계불만들이 일종의 독립적 행정기구인 언론옴부즈맨(PO)과 신문평의회의 자율규제장치에 의해 잘 조정되고 있다. 신문평의회의 결정에도 불복할 때 법정소송을 세기할 수 있으나, 소송건수도 적고 피해자의 승소율도 20~30%에 불과하며, 손해배상액도 약 1~2천 달러 정도라고 한다.[1)]

제 3 절 放送媒體 關聯法制

1. 放送法의 歷史와 (統合)放送法

헌법상 보장된 언론의 자유 가운데는 방송의 자유가 그 구체적 내용의 하나를 이룬다. 일찍이 문홍주 교수는 언론·출판의 자유란 사상표현의 자유로서 언론이라 함은 구두를 통한 사상의 발표를 뜻하므로 언론의 자유란 방송의 자유가 특히 이에 해당하고, 출판이라 함은 문자 및 상형에 의한 사상의 발표를 말하므로 출판의 자유란 주로 인쇄매체의 자유가 그에 해당한다고 보았다.[2)]

방송법도 방송의 자유를 보장하고 그 효율적 활동을 촉진하기 위한 필요에서 그 제정의 당위성이 제기되고 있지만, 우리나라 방송법도 "방송의 자유와 독립을 보장하고 공적 책임을 높임으로써 시청자의 권익보호와 민주적 여

1) Thrsten Cars, "Swedish Press Ombudsman," 1989, 미출간논문(Unpublished)에서 발췌.
2) 문홍주, 「주관식 헌법」, 해암사, 1978, 105~107면.

론형성 및 국민문화의 향상을 도모하고 방송의 발전과 공공복지의 증진에 이바지함을 목적으로(제 1 조)" 하여 제정되었다. 여기서 말하는 방송이란 방송프로그램을 기획·편성 또는 제작하고, 이를 공중(시청자)에게 전기통신설비에 의하여 송신하는 지상파방송, 종합유선방송, 위성방송을 모두 포함하고 있다.

그 동안 우리나라 법제상의 공중파(지상파)방송관계법은 1987년 11월 28일 제정된 방송법(언론기본법의 대체입법으로 정기간행물의 등록 등에 관한 법률과 함께 제정)과 한국방송공사법(1987. 11. 28. 전문개정 후 2차례 더 개정됨), 한국방송광고공사법(1980. 12. 31. 제정 후 수차 개정), 방송문화진흥회법(1988. 12. 16. 제정 후 1차 개정) 등으로 이루어져 있었다. 이 외에도 무선송신의 관련법규인 전파관리법(1961. 12. 30. 제정 후 수차 개정)도 직접적으로 방송과 관련된 법으로 분류되었다. 이 법들이 전파매체간의 장벽이 허물어지면서 시민사회의 요구와 과학기술의 발전에 부응하여 단일법으로 통합된 것은 1999년 12월 30일이었다. 구 방송법과 구별하기 위해 세칭 '통합방송법'이라고 부르는 이 법은 구 방송법, 종합유선방송법, 한국방송공사법, 유선방송관리법 등 4개법을 대체하였다.

방송매체의 경우에는 어느 나라를 막론하고 인쇄매체에 비해 공공성과 공익성이 강조될 뿐만 아니라 방송설비에 대한 보편적인 접근을 보장하기 위해 필요한 법적 장치를 갖추는 경향이 있는데, 우리나라에서는 이 법적 장치의 대표적인 것이 바로 방송법이다. 새 방송법은 모두 9개 장 108개 조와 부칙 13개 조로 구성되어 있는데, 그 주요 내용들을 살펴보면 다음과 같다.

1) 총칙에서는 시청자가 방송내용에 관한 의사결정에 참여할 수 있도록 시청자권익 보호조항을 신설하고(제 3 조) 종전의 방송법에서는 선언적 의미에 불과했던 방송편성의 자유와 독립을 구체적으로 보장하기 위해 방송편성규약의 제정에 관한 규정을 두었다(제 4 조). 또 방송의 공적 책임을 규정하면서 1개의 명령규범과 4개의 금지규범을 열거하고 있는데(제 5 조), 그 가운데 금지규범은 방송자유의 평등성을 확보하는 방안이기보다는 다른 법으로도 규제할 수 있는 사항들을 방송법에 끌어들여 중언부언하고 있다고 볼 수 있는 부분도 있다. 또한 법 제 5 조의 제 2 항 "방송은 국민의 화합과 조화로운 국가의 발전 및 민주적 여론형성에 이바지하여야 하며 …"는 명확한 법조문이

될 수 있게끔, 예컨대 '방송은 국민의 화합과 국가의 조화로운 발전 및…'으로 고쳐야 마땅하다.

법조문과 시행령의 조문 간에는 적절한 상호대응이 되지 않는 부분도 많아서 정치일정에 쫓긴 졸속입법의 비난을 받을지 모르는 규정도 있고, 방송법의 하위법규 위임사항이 입법부의 눈을 피해 문화관광부의 행정편의위주로 흐른 듯한 부분도 적지 않다.

2) 방송사의 소유제한 규정을 두었다. 즉 종합편성 또는 보도전문편성을 하는 방송사업은 그 최대주주라 하더라도 지분의 30% 이상을 초과하여 소유할 수 없도록 하고, 대규모 재벌사나 일간신문사·통신사가 종합방송사 및 보도방송사를 소유하는 것 역시 금지하고 있다. 아울러 재벌 또는 일간신문·통신사와 그 실질적 지배력을 가진 특수관계자(친인척 등)는 종합유선방송사와 위성방송사업자의 주식 또는 지분을 33% 이상 소유할 수 없도록 규정하고 있다(제 8 조).

지상파방송사업자·종합유선방송사업자·위성방송사업자를 엄격히 구분하여 상호겸영과 교차소유를 제한하되 특정사업자의 시장점유율이 33%를 초과할 수 없도록 규정하고 있다(동법 시행령 제 4 조 제 2 항과 제 3 항). 또한 종전의 종합유선방송법상 종합유선방송국, 프로그램공급업체, 전송망사업체의 3개 영역으로 분류되었던 케이블 TV 관련사업자를 새 법에서는 종합유선방송사업자(SO : System Operator), 방송채널사용사업자(PP : Program Provider)와 전송망사업자(NO : Network Operator)로 다시 분류하고, 종합유선방송사업자(SO)의 경우에는 특정사업자가 방송채널사용사업자(PP)의 지분을 20% 이상 소유할 수 없도록 했다. 또한 어떤 한 방송채널사용사업자가 종합유선방송구역의 20%를 초과하는 구역에서 케이블 TV 사업을 할 수 없고, 전송망사업자(NO)도 방송구역의 10% 이상을 차지할 수 없도록 규정하고 있다(시행령 제 4 조 제 3 항). 나아가 어떤 SO사나 PP사의 시장점유율도 각각 33%를 넘지 않도록 하였다(시행령 제 4 조 제 4 항).

3) 방송위원회는 제한적이기는 하나 방송정책결정권을 가진 데다 방송의 공공성과 상업성을 담보하는 장치로서의 위상으로 방송기본계획을 심의·의결하는 기구가 된다. 즉 방송위원회는 정보통신부장관에게 방송사업자의 허가를 추천할 권한을 가지며, 방송발전기금의 징수와 운용은 물론 종합유선방

송과 위성방송 등 멀티미디어와 중계유선방송의 채널운용을 감독한다. 그러나 방송영상진흥에 관한 사항은 문화관광부장관과 '합의'해야 하고, 방송프로그램의 유통질서에 관해서는 공정거래위원회에 의견을 묻도록 하여 독립규제기구로서는 그 기능에 일정한 한계를 긋고 있다(법 제27조 및 동 시행령 제20조).

위원회의 위원은 국회의장이 추천하는 3인, 문화관광위원회의 추천의뢰를 받아 추천된 3인과 방송전문성과 시청자대표성을 고려하여 대통령이 직접 임명하는 3인을 합쳐 모두 9인을 대통령이 임명하고, 위원장, 부위원장, 상임위원 3명은 위원회가 호선하도록 규정하였다(법 제21조). 위원장은 대통령이 임명하는 정무직 장관급공무원이며, 부위원장과 상임위원은 차관급공무원이다(시행령 제25조 제1항 별표 2).

상임위원 중 2명은 국회가 야당대표위원과 협의하여 추천된 자여야 한다.

4) 방송위원회에 방송광고매출액의 일부분을 재원으로 하는 방송발전기금을 설치하도록 규정하고 있다. 이 기금은 지상파방송이나 위성방송사업자의 매출액 중 6% 이내에서, 홈쇼핑채널은 결산상 영업이익의 15% 이내에서 징수하여 조성한 자금으로 방송진흥사업 및 문화·예술진흥사업을 지원하도록 정하고 있다(법 제36조~제38조). 다만, KBS와 EBS는 공영방송의 특수성을 인정하여 MBC의 기금부담률 중 3분의 2만 징수하도록 시행령에 규정하고 있다(시행령 제22조).

또 법 제3장의 2를 추가하여 지역방송발전위원회를 설치하고, 방송위원회의 부위원장이 위원장을 맡아 지역방송의 발전 및 지역방송콘텐츠의 경쟁력강화와 유통구조를 개선하는 직무를 수행하게 했다.

5) 한국방송공사법을 폐지하고, 종전의 법을 새 방송법의 제4장으로 편입시켰다. 공사는 국가기간방송사업체로서 정부가 3천억을 출자한 국가기간방송인 법인이다. 법은 공사경영에 관한 최고의결기관인 이사회와 사장을 위시한 집행기관을 설치하도록 규정하고 있다. 이사회는 방송위원회가 추천하고, 대통령이 임명한 11인의 이사로 구성하고, 집행기관은 사장 1인, 부사장 2인 이내, 본부장 8인 이내, 감사 1인으로 구성한다. 공사의 이사회제청을 받아 사장은 대통령이 임명하고, 감사는 방송위원회가 임명하되 부사장은 이사회의 동의를 얻어 사장이 임명한다. 이들의 임기는 3년이다. 본부장은 직원과 마찬가지로 사장이 임명한다. 텔레비전수상기 등록과 수신료납부의 관

련규정도 이 장에 포함되어 있다.

6) 방송사업의 운영을 규정하는 제 5 장에서는 종전 방송법체제에서도 논란이 계속된 종합편성방송의 분야별 편성을 종전처럼 그대로 시행령에 위임한바, 시행령은 오락방송의 비율을 50% 이하로 규정하였다. 또한 지상파 TV 방송사업자(KBS, EBS, MBC 제외)는 월단위로 특정사 제작프로그램의 50～85%를 편성해야 하고, 지상파 라디오방송사(KBS, MBC 제외)의 특정방송사 제작프로그램 편성비율을 40%～80% 범위 내에서, 지상파 이동멀티미디어방송사업자는 채널별로 다른 특정지상파 방송사가 제작한 프로그램을 50% 이상 편성하도록 경영상태 등을 고려하여 방송위원회가 고시하도록 했다(법 제69조, 동법 시행령 제50조). 그 밖에도 한국방송공사는 시청자참여프로그램을 매월 100분 이상 편성해야 하고, 장애인의 시청을 지원하는 노력을 강구하도록 했다(법 제69조 제 7 항).

7) 종합유선방송과 위성방송의 구성 및 운용은 다양성이 구현되도록 하고(법 제70조), 시행령을 통해 종전의 종합유선방송법을 크게 손질하고, 위성방송의 근거규정을 마련했다. 새 방송법은 종합유선방송사와 일반위성방송사의 TV 채널 수를 70개 이상으로 하되, 방송위원회의 승인을 받은 종합편성사업자 또는 보조전문의 방송채널사용사업자를 포함시키도록 했다. 또한 해외방송의 재송신채널수를 전체채널의 10% 이내로 하고 위성멀티미디어 방송사업자의 수를 TV · 라디오 · 데이터방송채널을 포함하여 15개 이상으로 규정했다. 종합유선방송사업자와 일반위성방송사업자는 공공채널과 종교채널을 각각 3개 이상씩 두도록 했고(시행령 제54조), 종합유선방송사업자는 1개의 지역 TV 채널을 의무적으로 운용해야 한다고 규정하고 있다(시행령 제55조).

한편 종전의 유선방송관리법에 근거했던 중계유선방송은 새 방송법에 따라 지상파방송, KBS · EBS · MBC가 행하는 위성방송, 공공채널에서 행하는 방송, 국가나 공익 또는 비영리법인의 공익 및 교육목적방송을 중계송신(편성을 변경하지 않는 녹음 · 녹화 포함)할 수 있게 되었다. 중계유선방송의 채널수는 31개 이내로 정했고, 이 중 녹음 · 녹화채널이 20%(최대 6개)를 넘지 않도록 했다(법 제70조, 동 시행령 제56조).

8) 국산프로그램의 편성비율은 지상파방송인 경우는 60～80% 이내로 하고, 종합유선방송과 위성방송에서는 40～70%, 그 밖의 지상파방송채널사

업 이외의 사업자는 20～50%로 정했다. 아울러 국내에서 제작한 영화・애니메이션・대중음악의 편성비율은 영화 20～40%, 애니메이션 30～50%, 대중음악 50～80%로 규정했으나, 종교・교육 전문편성사업자는 영화와 애니메이션 방송시간중에서 국산프로그램 방송시간을 40% 이하의 범위에서 방송위원회가 고시하는 데 따르도록 했다. 또한 특정국가에서 제작한 해외프로그램이 분야별로 60%를 넘지 않도록 했다(법 제71조, 시행령 제57조).

9) 지상파방송의 외주제작 프로그램은 영화를 제외한 후 40% 이내로 제한하고, 당해 방송사업자의 특수관계자(자회사, 지배주주와 가까운 친인척)의 외주제작비율을 전체외주의 30% 이내로 묶는 한편, 종합편성방송의 경우에 주시청시간대 외주제작프로그램의 편성비율을 15% 이내로 정했다. 그러나 모두 방송위원회가 문화관광부장관과 합의해야 그 비율을 고시할 수 있게 했다(법 제72조, 시행령 제58조).

10) 방송광고의 경우는 이 법 시행령에 따라 운동경기, 문화, 예술행사 등 특수한 예를 제외하고는 지상파 방송의 중간광고를 금지하고, 광고시간을 총 방송시간의 10% 이내로 정했으며, 종합유선방송과 위성방송의 광고시간은 시간당 평균 10분, 매 시간 12분(20%) 이내로 제한했다.

11) 방송광고대행사로 한국방송광고공사 외에 순수한 민영미디어(대행사)의 설립은 금지되었고, 한국방송공사가 출자한 주식회사에 한하여 방송광고판매 대행을 할 수 있게 규정함(법 제73조 제5항)으로써 여전히 지상파방송의 방송광고대행업무가 독과점상태에 있게 했다.

12) 방송사의 협찬고지는 의무규정이 아니고 허용규정에 불과하지만, 협찬고지의 허용대상을 공공기관의 방송캠페인, 방송사가 주도하는 행사, 프로그램제작사의 제작협찬, 공익적 프로그램의 제작협찬 및 방송제작과정에 소요되는 협찬으로 한정했다.

13) 방송사업자에게 보도프로그램을 제외한 모든 방송의 사전심의를 의무화하고(법 제86조), 종합편성 또는 보도전문 편성사업자에게 시청자권익보호를 위한 시청자위원회의 설치의무를 규정하고 있다(법 제87조, 시행령 제64조).

14) 방송위원회에는 방송프로그램의 내용과 편성 및 운영 등에 관해 종합적으로 평가하는 방송평가위원회(제31조), 방송의 공정성 및 공공성에 대한 심의를 효율적으로 수행하기 위한 심의위원회(제34조), 시청자의 의견을

수렴하고 시청자불만처리와 청원사항을 심의 · 처리하는 시청자불만처리위원회(제35조), 남북간의 방송교류와 협력증진을 추진하는 남북방송교류추진위원회(제35조의2), 방송사업자 상호간의 분쟁을 효율적으로 조정하는 방송분쟁조정위원회(제35조의3)가 설치되어 있다.

2. 그 밖의 放送關係法

넓은 의미의 방송법에 포함될 수 있는 몇 가지 특별법률이 있다.

1) 한국교육방송공사법은 한국교육방송공사(EBS)의 설립근거가 되는 바, 교육방송을 효율적으로 실시함으로써 학교교육을 보완하고, 평생교육과 민주교육발전에 기여함을 목적으로 하는 법이다. 이 법은 3개 장 26개 조와 부칙으로 구성되어 있다. 한국교육방송공사는 정부가 전액출자한 1,000억원의 자본금으로 설립하여 지상파 및 위성을 통하여 교육방송 및 관련사업을 실시한다. 이 공사의 사장을 비롯한 임원은 방송위원회 위원장이 임명하는 3년의 임기직이다. 이 공사의 경비는 방송발전기금, KBS가 징수하는 텔레비전방송수신료 중 일부 및 보조금 등이다.

2) 한국방송광고공사법은 '공공에 봉사하는 방송광고질서를 정립하고 방송광고영업의 대행에 의한 방송광고수입의 일부를 재원으로 하여 방송과 문화·예술의 진흥사업을 지원케 함으로써 국민의 건전한 문화생활과 방송문화의 발전 및 방송광고진흥에 이바지할 목적으로' 제정된 법이다.

3) 방송문화진흥회법은 ㈜문화방송의 주식지분을 70% 소유하고 있는 대주주인 방송문화진흥회의 존립근거로 제정된 특별법이다. 이 법은 방송문화진흥회의 설립이 민주적이며 공정하고 건전한 방송문화의 진흥과 공공복지 향상에 이바지할 목적을 갖고 있음을 밝히고 있는데, 이 위원회의 최고의사결정기구인 이사회는 국회의장이 추천하는 4인과 방송위원회가 추천하는 6인으로 구성하도록 규정하였다. 방송문화진흥회의 주요 재원은 ㈜문화방송의 주식배당금이며, 주된 임무도 ㈜문화방송 대주주로서의 공영방송체제 유지라고 할 수 있다.

지금까지 우리나라의 방송법제를 개괄적으로 살폈으나, 방송법제는 각국의 방송제도에 따라 다양한 형태로 존재하기 마련이다. 왜냐하면 방송기술의 발달정도는 나라마다 다르고, 방송자원의 희소성이나 유한성도 각국의 사회경제적 수준에 따라 다르며, 정치권력의 방송운영방침도 각 사회체제에 따라 다르기 때문이다.

비교방송법제론은 방송사업자와 시청자 간의 관계, 즉 방송생산물의 수요와 공급을 둘러싼 생산관계는 물론이요, 정치적 · 이데올로기적 지배 · 복종관계에 의해서도 접근할 수 있고, 운영 및 소유주체의 성격이나 상호관계에 대해서도 탐구할 수 있다. 따라서 방송법의 비교는 그렇게 쉬운 일이 아니며, 방송법제의 유형도 인쇄매체법제에 비해 더욱 복잡하다.

미국에서는 1912년 라디오법을 이어받아 방송에의 동등한 접근이 방송법제의 주된 관심사가 되었고, 1934년의 연방통신법(The Communication Act)에 의해 몇 차례 개정을 가지며 단일법으로 편제되어 모든 방송과 통신을 관장하면서 커뮤니케이션분야에서의 자유와 평등을 증진시키는 법제로 기능하고 있다.

일본에서는 제2차 대전 이전에 무선전신법만 갖추고 있다가 패전후 미점령군 당국의 섭정을 받으며 미국법의 영향하에 전파3법이라고 불려지는 전파법, 방송법, 전파감리위원회설치법이 1950년에 제정되어져 다소 수정첨삭된 채 오늘날까지도 그 기본골격을 유지하고 있다(단, 전파감리위원회설치법은 1952년 폐지되고, 관련업무가 우정성에 이관되었음).

프랑스의 방송법은 1958년 제5공화국 출범 이후 정치적 필요에 따라 여러 차례 제정 · 개정되면서 많은 제도변혁을 거치다가 1981년 5월 사회당 정권의 최초집권 이후 시청각커뮤니케이션법(1982년 7월 29일)이 새로 제정되어 공중파방송 및 유선방송 · 위성방송을 망라하는 단일법체계가 되었다.

독일의 방송법은 주법 또는 주간(州間) 협정으로 이루어져 있고, 오스트리아에서는 국민창안으로 방송법이 제정되었으며, 영국의 경우는 방송 · 통신 융합시대에 부응하는 커뮤니케이션법이 2003년 제정되었다.

이 책 부록에는 그 분량이 방대한 시행령을 제외하고 방송법 본문 전문이 실려 있다.

◇ 더 많은 관심을 가진 독자들을 위해 권고할 만한 문헌들

박권상, "영국언론의 상업주의 논쟁,"「기자와 직업윤리」, 한국기자협회 전국간부 세미나, 1993.

박용상,「방송법제론」, 교보문고, 1988.

———,「표현의 자유」, 현암사, 2002.

방송위원회 편,「방송편람 1997」, 방송위원회, 1997.

유일상,「사람과 방송」, 청년사, 1996.

———,「개정판 매스미디어입문」, 청년사, 2005.

유일상 · 浜田純 ·, "CATV의 법제,"「케이블 텔레비젼의 한·일비교」, 한국언론학회.

종합유선방송위원회 편,「종합유선방송 심의관련규정」, 1997.

㈜ 조선일보사, 「신문법과 언론피해구제법에 관한 위헌소원 청구이유보충서」, 2005. 6. 8.

한국언론재단,「미디어규제와 지원제도」, 한국언론재단, 2005.

———,「신문의 미래, 그 독립성과 다원성의 보장」, 한국언론재단, 2006.

日本新聞協會,「戰前後新聞史」, 新聞協會報, 1953. 1. 8.

Ginsburg, Douglas H., *Regulation of Broadcasting : Law and Policy Towards Radio, Television and Cable Communications*(St. Paul, Minn. : West Publishing Co.,1979).

Jones, C., *Mass Media Codes of Ethics and Councils : A Comparative International Study on Professional Standards*(Paris : UNESCO Press, 1980).

Muller, Michel(미쉘뮐러스(보고책임자)), "신문의 미래, 그 독립성과 다원성의 보장,"「프랑스경제사회이사회 2005언론보고서」, 한국언론재단, 2006.

Nodenstreng, Kaarle and Hifzi Topuz(eds.), *Journalist : Status, Rights and Responsibilities*(Prague : I. O. J. Publishing House, 1989).

附　　　錄

新聞 등의 自由와 機能保障에 관한 法律
新聞 등의 自由와 機能保障에 관한 法律 施行令

言論仲裁 및 被害救濟 등에 관한 法律
言論仲裁 및 被害救濟 등에 관한 法律 施行令

放送法(放送法 施行令은 省略)

新聞 등의 自由와 機能保障에 관한 法律

전문개정 2005. 1. 27. 법률 제7369호
일부개정 2005. 8. 4. 법률 제7655호

新聞 등의 自由와 機能保障에 관한 法律 施行令

전문개정 2005. 7. 27. 대통령령 제18975호

제 1 장 총 칙

제 1 조(목적) 이 법은 신문 등 정기간행물의 발행의 자유와 독립을 보장하고 정기간행물의 사회적 책임을 높여 언론의 자유신장과 민주적인 여론형성 및 국민의 복리증진을 도모하고 언론의 건전한 발전 및 독자의 권익보호에 기여함을 목적으로 한다.

> 시행령 제 1 조(목적) 이 영은 「신문 등의 자유와 기능보장에 관한 법률」에서 위임된 사항과 그 시행에 관하여 필요한 사항을 정함을 목적으로 한다.

제 2 조(용어의 정의) 이 법에서 사용하는 용어의 정의는 다음과 같다.

1. "정기간행물"이라 함은 동일한 제호로 연 2 회 이상 계속적으로 발행하는 신문・잡지 기타 간행물을 말한다.
2. "신문"이라 함은 정치・경제・사회・문화・시사・산업・과학・종교・교육・체육 등 전체분야 또는 특정분야에 관한 보도・논평・여론 및 정보 등을 전파하기 위하여 동일한 제호로 월 2 회 이상 발행하는 간행물로서 다음 각목의 것을 말한다.
   가. 일반일간신문 : 정치・경제・사회・문화・시사 등에 관한 보도・논평 및 여론 등을 전파하기 위하여 매일 발행하는 간행물
   나. 특수일간신문 : 산업・과학・종교・교육 또는 체육 등 특정분야(정치를 제외한다)에 국한된 사항의 보도・논평 및 여론 등을 전파하기 위하여 매일 발행하는 간행물
   다. 외국어일간신문 : 외국어로 발행하는 일반일간신문 또는 특수일간신문
   라. 일반주간신문 : 정치・경제・사회・문화・시사 등에 관한 보도・논평 및 여론 등을 전파하기 위하여 매주 1 회 발행하는 간행물(주 2회 또는 월 2

회 이상 발행하는 것을 포함한다)

마. 특수주간신문 : 산업 · 과학 · 종교 · 교육 또는 체육 등 특정분야(정치를 제외한다)에 국한된 사항의 보도 · 논평 및 여론 등을 전파하기 위하여 매주 1회 발행하는 간행물(주 2회 또는 월 2회 이상 발행하는 것을 포함한다)

3. "잡지"라 함은 정치 · 경제 · 사회 · 문화 · 시사 · 산업 · 과학 · 종교 · 교육 · 체육 등 전체분야 또는 특정분야에 관한 보도 · 논평 · 여론 및 정보 등을 전파하기 위하여 동일한 제호로 월 1회 이하 정기적으로 발행하는 제책된 간행물을 말한다.

4. "기타 간행물"이라 함은 제2호 및 제3호 외의 간행물로서 대통령령이 정하는 간행물을 말한다.

> 시행령 제2조(기타 간행물) 「신문 등의 자유와 기능보장에 관한 법률」(이하 "법"이라 한다) 제2조 제4호에서 "대통령령이 정하는 간행물"이라 함은 다음 각 호의 어느 하나에 해당하는 것을 말한다.
> 1. 보도 · 논평 또는 여론형성의 목적 없이 일상생활 또는 특정사항에 대한 안내 · 고지 등 정보전달의 목적으로 발행되는 간행물
> 2. 통신망을 이용하지 아니하고 컴퓨터 등의 전자장치에 의하여 문자 등의 정보를 보거나 듣거나 읽을 수 있도록 제작된 전자간행물
> 3. 월 1회 이하 발행되는 간행물 중 제책(制冊)되지 아니한 간행물

5. "인터넷신문"이라 함은 컴퓨터 등 정보처리능력을 가진 장치와 통신망을 이용하여 정치 · 경제 · 사회 · 문화 · 시사 등에 관한 보도 · 논평 · 여론 및 정보 등을 전파하기 위하여 간행하는 전자간행물로서 독자적 기사생산과 지속적인 발행 등 대통령령이 정하는 기준을 충족하는 것을 말한다.

> 시행령 제3조(인터넷신문) 법 제2조 제5호에서 "대통령령이 정하는 기준"이라 함은 다음 각 호의 기준을 말한다.
> 1. 독자적인 기사생산을 위한 요건으로서 취재인력 2인 이상을 포함하여 취재 및 편집 인력 3인 이상을 상시적으로 고용하고, 주간게재기사 건수의 100분의 30 이상을 자체적으로 생산한 기사로 게재할 것
> 2. 지속적인 발행요건으로서 주간단위로 새로운 기사를 게재할 것

6. "정기간행물사업자"라 함은 정기간행물을 발행하는 자를 말한다.

7. “인터넷신문사업자”라 함은 인터넷신문을 전자적으로 발행하는 자를 말한다.
8. “발행인”이라 함은 정기간행물을 발행하거나 인터넷신문을 전자적으로 발행하는 대표자를 말한다.
9. “편집인”이라 함은 정기간행물의 편집 또는 인터넷신문의 공표에 관하여 책임을 지는 자를 말한다.
10. 인“인쇄인”이라 함은 정기간행물사업자가 선임한 자 또는 정기간행물사업자와 인쇄계약을 체결한 자로서 그 정기간행물의 인쇄에 관하여 책임을 지는 자를 말한다.
11. “지사” 또는 “지국”이라 함은 기사취재 등을 목적으로 정기간행물의 발행소 소재지 외의 지역에 설치된 사무소를 말한다.
12. “독자”라 함은 정기간행물을 발행하는 자로부터 정기간행물을 유상 또는 무상으로 공급받는 자 및 인터넷신문을 이용하는 자를 말한다.

제3조(편집의 자유와 독립) ① 정기간행물 및 인터넷신문의 편집의 자유와 독립은 보장된다.

② 누구든지 정기간행물 및 인터넷신문의 편집에 관하여 이 법 또는 다른 법률에 의하지 아니하고는 어떠한 규제나 간섭을 할 수 없다.

③ 정기간행물사업자 및 인터넷신문사업자는 이 법이 정하는 바에 따라 편집인의 자율적인 편집을 보장하여야 한다.

제4조(정기간행물 등의 사회적 책임) ① 정기간행물 및 인터넷신문은 인간의 존엄과 가치 및 민주적 기본질서를 존중하여야 한다.

② 정기간행물 및 인터넷신문은 국민의 화합과 조화로운 국가의 발전 및 민주적 여론형성에 이바지하여야 하며, 사회 각계각층의 다양한 의견을 균형 있게 수렴하여야 하고, 지역간 · 세대간 · 계층간 · 성별간의 갈등을 조장하여서는 아니 된다.

③ 정기간행물 및 인터넷신문은 국민의 알 권리와 표현의 자유를 신장하여야 한다.

④ 정기간행물 및 인터넷신문은 타인의 명예를 훼손하거나 권리를 침해하여서는 아니 된다.

⑤ 정기간행물 및 인터넷신문은 범죄 및 부도덕한 행위나 사행심을 조장하여서는 아니 된다.

⑥ 정기간행물 및 인터넷신문은 건전한 가정생활과 아동 및 청소년의 선도에 나쁜 영향을 끼치는 음란 · 퇴폐 또는 폭력을 조장하여서는 아니 된다.

제5조(정기간행물의 공정성과 공익성) ① 정기간행물에 의한 보도는 공정하고 객관적이어야 한다.

② 정기간행물은 성별 · 연령 · 직업 · 신념 · 계층 · 지역 · 인종 등을 이유로 편집

에 있어 불합리한 차별을 두어서는 아니 된다.

③ 정기간행물은 상대적으로 소수이거나 이익추구의 실현에 불리한 집단이나 계층의 이익을 충실하게 반영하도록 노력하여야 한다.

④ 정기간행물은 지역사회의 균형 있는 발전과 민족문화의 창달에 힘써야 한다.

⑤ 정기간행물은 정부·정당 또는 특정집단의 정책 등을 공표함에 있어 의견이 다른 집단에게 균등한 기회가 제공되도록 노력하여야 하고, 각 정치적 이해당사자에 관한 보도를 함에 있어서도 균형성이 유지되도록 하여야 한다.

제6조(연수 등) ① 정기간행물사업자는 종사자의 능력과 자질향상을 위한 연수제도를 설치·운영한다.

② 정기간행물사업자가 공동으로 종사자의 연수를 위한 기구를 설치·운영하는 경우, 제27조의 규정에 의한 신문발전위원회(이하 "신문발전위원회"라 한다)는 제33조의 규정에 의한 신문발전기금에서 이를 지원할 수 있다.

③ 정기간행물사업자는 종사자의 편집 및 제작활동을 보호하여야 한다.

④ 정기간행물사업자는 종사자의 근로조건의 향상 및 복리증진 그 밖의 취재·제작의 자율성보장을 위하여 필요한 대책을 강구하여야 한다.

제7조(적용범위) 정기간행물에 관하여는 다른 법률에 특별한 규정이 있는 경우를 제외하고는 이 법이 정하는 바에 따른다.

제2장 독자의 권익보호

제8조(독자의 권익보호) 정기간행물사업자 및 인터넷신문사업자는 독자가 정기간행물 및 인터넷신문의 편집 또는 제작에 관한 의사결정에 참여할 수 있도록 하고, 편집 또는 제작의 기본방침이 독자의 이익에 충실하도록 노력하여야 한다.

제9조(독자권익위원회) 일간신문(일반일간신문·특수일간신문 및 외국어일간신문을 말한다. 이하 같다)을 경영하는 정기간행물사업자는 독자의 권익을 보호하기 위한 자문기구로 독자권익위원회를 둘 수 있다.

제10조(독자의 권리보호) ① 정기간행물사업자는 그 편집 또는 제작에 있어서 독자의 권익을 보호하기 위한 회의를 매달 1회 이상 열어 이를 지면에 반영할 수 있다.

② 정기간행물사업자는 구독자의 의사에 반하여 구독계약을 체결·연장·해지하거나 불공정거래행위에 해당하는 무가지 및 무상의 경품을 제공하여서는 아니 된다.

③ 제2항의 규정에 따른 불공정거래행위의 여부 및 그 처리 등에 관하여는 독점규제 및 공정거래에 관한 법률이 정하는 바에 따른다.

第11条(광고) ① 정기간행물사업자는 광고로 인하여 독자의 권익이 부당하게 침해당하지 아니하도록 노력하여야 하며, 광고의 내용이 사회윤리, 타인의 명예나 기본권을 명백히 침해한다고 판단되는 경우에는 그 게재를 거부할 수 있다.

② 정기간행물의 편집인은 독자가 기사와 광고를 혼동하지 않도록 명확하게 구분하여 편집하여야 한다.

제 3 장 정기간행물 및 인터넷신문의 등록 등

第12条(등록) ① 정기간행물을 발행하거나 인터넷신문을 경영·관리하고자 하는 자는 대통령령이 정하는 바에 따라 다음 각 호의 사항을 문화관광부장관 또는 특별시장·광역시장·도지사(이하 "등록관청"이라 한다)에게 등록하여야 한다. 등록된 사항을 변경하고자 할 때에도 또한 같다. 다만, 국가 또는 지방자치단체가 발행 또는 관리하거나 법인 그 밖의 단체나 기관이 그 소속원에게 무료로 보급할 목적으로 발행하는 경우와 대통령령이 정하는 정기간행물 및 인터넷신문은 그러하지 아니하다.

1. 제호
2. 종별 및 간별
3. 발행인·편집인(외국정기간행물의 내용을 변경하지 않고 국내에서 그대로 인쇄·배포하는 경우를 제외한다. 이하 같다). 인쇄인 및 인터넷신문사업자의 성명·생년월일·주소(발행인 또는 인쇄인이 법인이나 단체인 경우에는 그 명칭, 주사무소의 소재지와 그 대표자의 성명·생년월일·주소)
4. 발행소의 소재지
5. 발행목적과 발행내용
6. 주된 보급대상 및 보급지역

② 발행인이 법인 또는 단체인 경우 대표이사 또는 대표자를 발행인으로 하여야 한다. 다만, 대표이사 또는 대표자를 발행인으로 할 수 없는 정당한 사유가 있는 경우에는 이사회의 의결을 거쳐 다른 이사나 임원을 발행인으로 할 수 있다.

③ 제 1 항의 규정에 의하여 정기간행물을 등록하고자 하는 자는 등록사항 중 간별을 다음 각 호의 구분에 따라 명시하여야 한다.

1. 일간(격일 또는 주 3회 이상 발행하는 것을 포함한다)
2. 주간(주 2회 또는 월 2회 이상 발행하는 것을 포함한다)
3. 월간
4. 격월간

5. 계간
6. 연 2회간

④ 제1항의 규정에 의하여 정기간행물 및 인터넷신문을 등록한 때에는 등록관청은 지체없이 등록증을 교부하여야 한다.

⑤ 이미 등록된 정기간행물 및 인터넷신문의 제호와 동일한 제호의 정기간행물 및 인터넷신문은 등록할 수 없다.

시행령 제4조(등록) ① 법 제12조 제1항의 규정에 따라 정기간행물 또는 인터넷신문(이하 "정기간행물 등"이라 한다)의 등록을 하고자 하는 자는 다음 각 호의 구분에 따른 등록관청(이하 "등록관청"이라 한다)에 별지 제1호 서식의 정기간행물등사업 등록신청서(전자문서로 된 신청서를 포함한다)를 제출하여야 한다.

1. 전국을 보급지역으로 하여 발행되는 일반일간신문을 등록하고자 하는 경우 : 문화관광부장관
2. 그 밖의 정기간행물 등을 등록하고자 하는 경우 : 주된 사무소의 소재지를 관할하는 특별시장 · 광역시장 · 도지사(이하 "시·도지사"라 한다)

② 제1항의 규정에 의한 신청서에는 다음 각 호의 서류(전자문서를 포함한다)를 첨부하여야 한다. 〈개정 2006. 6. 12〉

1. 일간신문 및 일반주간신문의 경우
   가. 삭제 〈2006. 6. 12〉
   나. 법인의 정관 및 법인등록기부등본
   다. 당해 정기간행물을 발간하는 인쇄사에 대한 「출판 및 인쇄진흥법」에 의한 인쇄사 신고필증
2. 특수주간신문, 잡지 및 기타 간행물의 경우
   가. 제1호 다목에 해당하는 서류
   나. 발행주체가 법인인 경우에는 정관 및 법인등기부등본
   다. 발행주체가 단체인 경우에는 규약 및 그 설립을 증명하는 서류
   라. 발행주체가 개인인 경우에는 발행소 입증서류(건물이 자기소유인 경우에는 건물등기부등본, 임차인 경우에는 임대차계약서사본)
3. 인터넷신문의 경우
   가. 삭제 〈2006. 6. 12〉
   나. 제2호 나목 내지 라목에 해당하는 서류

다. 취재 및 편집인력의 명부

③ 등록관청은 정기간행물사업자 및 인터넷신문사업자가 제 1 항의 규정에 따라 등록한 때에는 별지 제 2 호 서식의 정기간행물등사업 등록증을 교부하여야 한다.

④ 시·도지사는 제 1 항 제 2 호의 규정에 의하여 등록한 정기간행물 등의 목록과 등록현황을 분기별로 당해 분기종료 후 다음 달 10일까지 문화관광부장관에게 통보하고, 매년 12월 31일을 기준으로 제 1 항 제 2 호의 규정에 의하여 등록한 정기간행물 등의 등록일람표를 발행하여 이를 다음 해 1월 20일까지 문화관광부장관에게 제출하여야 한다.

⑤ 제 1 항에 따라 신청서를 제출받은 담당공무원은 「전자정부구현을 위한 행정업무 등의 전자화촉진에 관한 법률」 제21조 제 1 항에 따른 행정정보 공동이용을 통하여 다음 각 호의 서류를 확인하여야 한다. 다만, 신청인이 확인에 동의하지 아니하는 경우에는 이를 첨부하도록 하여야 한다. 〈신설 2006. 6. 12〉

1. 일간신문 및 일반주간신문의 경우
   가. 발행인 및 편집인의 호적등본
   나. 법인등기부등본
2. 특수주간신문 · 잡지 그 밖의 간행물의 경우
   가. 발행인 및 편집인의 호적등본
   나. 발행주체가 법인인 경우에는 법인등기부등본
   다. 발행소건물이 자기소유인 경우에는 건물등기부등본(발행주체가 개인인 경우에 한한다)
3. 인터넷신문의 경우
   가. 발행인 및 편집인의 호적등본
   나. 발행주체가 법인인 경우에는 법인등기부등본
   다. 발행소건물이 자기소유인 경우에는 건물등기부등본(발행주체가 개인인 경우에 한한다)

시행령 제 5 조(등록사항의 변경) ① 제 4 조의 규정에 따라 등록한 자가 등록한 사항을 변경하고자 하는 때에는 별지 제 3 호서식의 정기간행물등사업 변경등록신청서(전자문서로된 신청서를 포함한다)에 다음 각 호의 서류(전자문서를 포함한다)를 첨부하여 등록관청에게 제출하여야 한다. 〈개정 2006. 6. 12〉

1. 정기간행물등사업 등록증원본

2. 삭제 〈2006. 6. 12〉
3. 법인 또는 단체의 정관 · 법인등기부등본 또는 규약 · 그 설립을 증명하는 서류(정기간행물 등을 경영하는 법인 또는 단체를 변경하는 경우에 한한다)
4. 발행소 입증서류로서 건물이 자기소유인 경우에는 건물등기부등본, 임차인 경우에는 임대차계약서사본(발행소를 변경하는 경우에 한한다)
5. 당해 정기간행물을 발간하는 인쇄사에 대한 「출판 및 인쇄진흥법」에 의한 인쇄사 신고필증(인쇄인을 변경하는 경우에 한한다)

② 등록관청은 정기간행물사업자 및 인터넷신문사업자가 제 1 항의 규정에 따라 변경등록을 한 때에는 별지 제 2 호서식의 정기간행물등사업 등록증을 재교부하여야 한다.

③ 제 1 항에 따라 변경등록신청을 받은 담당공무원은 「전자정부구현을 위한 행정업무 등의 전자화촉진에 관한 법률」 제21조 제 1 항에 따른 행정정보의 공동이용을 통하여 다음 각 호의 서류를 확인하여야 한다. 다만, 신청인이 확인에 동의하지 아니하는 경우에는 이를 첨부하도록 하여야 한다. 〈신설 2006. 6. 12〉

1. 발행인 또는 편집인의 호적등본(발행인 또는 편집인을 변경하는 경우에 한한다)
2. 법인의 법인등기부등본(정기간행물 등을 경영하는 법인을 변경하는 경우에 한한다)
3. 발행소 입증서류로서 건물이 자기소유인 경우에는 건물등기부등본(발행소를 변경하는 경우에 한한다)

시행령 제 6 조(등록번호의 표시) 등록관청은 정기간행물 등을 등록하는 때에는 등록번호 앞에 다음 각 호의 구분에 따른 기호를 부여하여야 한다.

1. 일간(격일 또는 주 3회 이상 발행하는 것을 포함한다) : 가
2. 주간(주 2회 또는 월 2회 이상 발행하는 것을 포함한다) : 다
3. 월간 : 라
4. 격월간 : 마
5. 계간 : 바
6. 연 2회간 : 사
7. 인터넷신문 : 아

시행령 제 7 조(등록제외대상 정기간행물 등) 법 제12조 제 1 항 단서에서

> "대통령령이 정하는 정기간행물 및 인터넷신문"이라 함은 다음 각 호의 어느 하나에 해당하는 것을 말한다.
> 1. 총 발행면의 100분의 60 이상의 면에 학습자료를 게재하는 정기간행물 등
> 2. 총 발행면의 100분의 60 이상의 면에 상업광고를 게재하는 정기간행물 등

第13조(결격사유 등) ① 다음 각 호의 1에 해당하는 자는 정기간행물 및 인터넷신문의 발행인 또는 편집인이 될 수 없다. 〈개정 2005.8.4〉

1. 대한민국의 국민이 아닌 자
2. 금고 이상의 실형의 선고를 받고 그 집행이 종료(집행이 종료된 것으로 보는 경우를 포함한다)되거나 집행을 받지 아니하기로 확정된 후 1년이 경과되지 아니하거나 또는 금고 이상의 형의 집행유예를 선고받고 그 유예기간중에 있는 자
3. 금고 이상의 형의 선고유예를 받고 그 유예기간중에 있는 자
4. 「보안관찰법」에 의한 보안관찰처분, 「사회보호법」에 의한 보호감호 또는 「치료감호법」에 의한 치료감호의 집행중에 있는 자
5. 이 법을 위반하여 벌금 이상의 형을 선고받고 그 형의 집행이 종료되거나 형을 받지 아니하기로 확정된 날부터 2년이 경과되지 아니한 자
6. 이 법을 위반하여 등록이 취소된 정기간행물 및 인터넷신문의 발행인 또는 편집인으로서 그 등록이 취소된 날부터 2년이 경과되지 아니한 자
7. 미성년자·금치산자 또는 한정치산자
8. 파산자로서 복권되지 아니한 자

② 제12조의 규정에 의하여 등록한 정기간행물 및 인터넷신문의 발행인 또는 편집인이 제1항의 규정에 의한 결격사유에 해당하게 된 때에는 그 사유가 발생한 날부터 1월 이내에 발행인 또는 편집인의 변경등록을 하여야 한다.

③ 법인이 아닌 자는 정기간행물 중 일간신문이나 일반주간신문을 발행할 수 없다.

④ 다음 각 호의 1에 해당하는 자는 정기간행물을 발행할 수 없다. 다만, 그 소속원에게만 보급할 목적으로 발행하는 경우에는 그러하지 아니하다.

1. 외국정부 또는 외국의 법인이나 단체
2. 제1항 제1호에 해당하는 자가 그 대표자로 되어 있는 법인 또는 단체
3. 외국인 또는 외국의 법인이나 단체가 다음 각목의 1에 해당하는 비율 이상의 주식 또는 지분을 소유하고 있는 자
   가. 일간신문의 경우에는 100분의 30
   나. 일간신문을 제외한 정기간행물의 경우에는 100분의 50

第14조(외국자금의 출연 등) ① 정기간행물을 발행하거나 발행하고자 하는 자가 외국인 또는 외국의 정부나 단체로부터 재산의 출연을 받은 때에는 대통령령이 정하는 바에 따라 출연을 받은 날부터 15일 이내 또는 등록신청시에 등록관청에 신고하여야 한다.

> 시행령 제8조(외국자금의 출연) 법 제14조 제1항의 규정에 의하여 외국인 또는 외국의 정부나 단체로부터 재산의 출연을 받고 이를 신고하고자 하는 자는 별지 제4호 서식의 외국자금 출연신고서에 다음 각 호의 서류를 첨부하여 등록관청에 제출하여야 한다. 이 경우 제1호 및 제2호의 서류는 출연자 소재지 주재 공관장의 확인을 받아야 한다.
> 1. 재산의 출연의사 및 출연목적을 기재한 서류
> 2. 출연자 또는 출연단체의 현황 및 출연자 또는 출연단체 대표자의 인적사항을 확인할 수 있는 서류
> 3. 출연을 받게 된 경위서
> 4. 출연재산의 활용계획서

② 정기간행물을 발행하거나 발행하고자 하는 자가 외국인 또는 외국의 법인이나 단체로부터 재산의 출자를 받을 때에는 외국인투자촉진법 제5조·제6조 또는 제7조의 규정에 의하여 산업자원부장관에게 신고된 사실을 입증하는 서류를 신고한 날부터 15일 이내 또는 등록신청시에 등록관청에 제출하여야 한다.

第15조(겸영금지 등) ① 일간신문을 경영하는 법인이 주식을 발행하는 경우에는 기명식으로 하여야 한다.

② 일간신문과 뉴스통신진흥에 관한 법률의 규정에 의한 뉴스통신(이하 "뉴스통신"이라 한다)은 상호 겸영할 수 없으며, 방송법에 의한 종합편성 또는 보도에 관한 전문편성을 행하는 방송사업(이하 "방송사업"이라 한다. 이하 이 조에서 같다)을 겸영할 수 없다.

③ 일간신문·뉴스통신 또는 방송사업을 경영하는 법인이 발행한 주식 또는 지분의 2분의 1 이상을 소유하는 자(대통령령이 정하는 동일계열의 기업이 소유하는 경우를 포함한다)는 다른 일간신문 또는 뉴스통신을 경영하는 법인이 발행한 주식 또는 지분의 2분의 1 이상을 취득 또는 소유할 수 없다.

[2005헌마165·314·555·807, 2006헌가3(병합) 2006. 6. 29, 신문 등의 자유와 기능보장에 관한 법률 제15조 제3항은 헌법에 합치하지 아니한다. 이 법률조항은 입법자가 개정할 때까지 계속 적용된다]

> 시행령 제9조(동일계열의 기업 등) ① 법 제15조 제3항에서 "대통령령이 정하는 동일계열의 기업"이라 함은 「독점규제 및 공정거래에 관한 법률」 제2조 제2호의 규정에 의한 기업집단의 관계에 있는 기업을 말한다.

④ 대규모 기업집단 중 대통령령이 정하는 기준에 해당하는 기업집단에 속하는 회사(이하 "대기업"이라 한다)와 그 계열회사(대통령령이 정하는 특수한 관계에 있는 자를 포함한다)는 일간신문이나 뉴스통신을 경영하는 법인이 발행한 주식 또는 지분의 2분의 1을 초과하여 취득 또는 소유할 수 없다.

> 시행령 제9조(동일계열의 기업 등) ② 법 제15조 제4항에서 "대통령령이 정하는 기준에 해당하는 기업집단에 속하는 회사와 그 계열회사"라 함은 「독점규제 및 공정거래에 관한 법률」 제2조 제2호 및 제3호의 규정에 의한 기업집단 및 계열회사 중에서 동법 제14조의 규정에 의하여 지정된 상호출자제한기업집단으로서 자산총액이 3조원 이상인 기업집단(상호출자제한기업집단으로 지정된 날을 기준으로 한다)에 속하는 기업을 말한다.
>
> ③ 법 제15조 제4항에서 "대통령령이 정하는 특수한 관계에 있는 자"라 함은 제2항의 규정에 의한 기업(이하 이 조에서 "기업"이라 한다)과 다음 각 호의 어느 하나에 해당하는 관계에 있는 자를 말한다.
>
> 1. 임원
> 2. 계열회사의 임원
> 3. 단독으로 또는 다음 각목의 어느 하나에 해당하는 관계에 있는 자와 합하여 기업에게 100분의 30 이상을 출자 또는 출연하거나 그 밖에 해당 대기업의 주요 경영사항에 대하여 사실상 영향력을 행사하고 있는 재인 및 그와 다음 각목의 어느 하나에 해당하는 관계에 있는 개인, 법인, 단체(법인격이 없는 사단 또는 재단을 말한다. 이하 같다) 또는 그 임원
>   가. 배우자(사실상의 혼인관계에 있는 자를 포함한다), 8촌 이내의 혈족 또는 4촌 이내의 인척
>   나. 기업이 단독으로 또는 가목의 관계에 있는 자와 합하여 100분의 30 이상을 출자 또는 출연하거나 그 밖에 법인 또는 단체의 주요 경영사항에 대하여 사실상 영향력을 행사하고 있는 경우 당해 법인이나 단체 또는 그 임원
>   다. 기업이 가목 및 나목의 관계에 있는 자와 합하여 100분의 30 이

상을 출자 또는 출연하거나 그 밖에 법인 또는 단체의 주요 경영사항에 대하여 사실상 영향력을 행사하고 있는 경우 당해 법인이나 단체 또는 그 임원

4. 기업이 단독으로 또는 그와 제 1 호 내지 제 3 호의 어느 하나에 해당하는 관계에 있는 자와 합하여 100분의 30 이상을 출자 또는 출연하거나 그 밖에 법인 또는 단체의 주요 경영사항에 대하여 사실상 영향력을 행사하고 있는 경우 당해 법인이나 단체 또는 그 임원

⑤ 일간신문이나 뉴스통신을 경영하는 법인의 이사(합명회사의 경우에는 업무집행사원, 합자회사의 경우에는 무한책임사원을 말한다) 중 그 상호간에 민법 제777조에 규정된 친족관계에 있는 자가 그 총수의 3분의 1을 넘지 못한다.
⑥ 제 3 항 및 제 4 항의 규정을 위반하여 주식 또는 지분을 취득 또는 소유한 자는 그 초과분에 대한 의결권을 행사할 수 없다.
⑦ 등록관청은 제 3 항 및 제 4 항의 규정을 위반하여 주식 또는 지분을 취득 또는 소유한 자에 대하여 6개월 이내의 기간을 정하여 이를 시정할 것을 명하여야 한다.
⑧ 등록관청은 제 2 항 내지 제 5 항의 사실을 확인하기 위하여 대통령령이 정하는 바에 따라 일간신문을 경영하는 정기간행물사업자 및 뉴스통신사업자에게 필요한 자료를 제출하게 할 수 있다.

시행령 제10조(정기간행물사업자 및 뉴스통신사업자의 자료제출) ① 법 제15조 제 8 항의 규정에 의하여 등록관청은 일간신문을 경영하는 정기간행물사업자 및 「뉴스통신진흥에 관한 법률」에 의한 뉴스통신사업자(이하 "뉴스통신사업자"라 한다)에 대하여 다음 각 호에 해당하는 자료의 제출을 요구할 수 있다.

1. 총 발행주식 또는 자본금현황, 주주(주주가 100인 이상인 경우에는 대주주 순위로 100인에 한한다. 이 항에서 같다)별 주식소유수 또는 개인(단체를 포함한다. 이하 이항에서 같다)별 지분현황
2. 제 1 호의 규정에 의한 주주 또는 개인이 소유하는 제 9 조 제 1 항 및 제 2 항의 규정에 해당하는 기업의 주식소유현황 또는 지분소유현황과 그 점유율
3. 법인의 이사(합명회사의 경우에는 업무집행사원, 합자회사의 경우에는 무한책임사원)의 현황 및 이사 상호간에 「민법」 제777조의 규정

> 에 의한 친족관계의 유무
>
> ② 제 1 항의 규정에 의하여 자료의 제출요구를 받은 일간신문을 경영하는 정기간행물사업자 및 뉴스통신사업자는 그 요구를 받은 날부터 15일 이내에 당해 자료를 제출하여야 한다. 다만, 당해 연도 결산기가 지나지 아니한 경우에는 등록관청은 정기총회 개최일부터 15일 이내에 해당 자료를 제출하게 할 수 있다.

제16조(자료의 신고 등) ① 일간신문을 경영하는 정기간행물사업자는 당해 법인의 결산일부터 5월 이내에 직전회계연도의 신문사업에 관한 다음 각 호의 사항을 신문발전위원회에 신고하여야 한다.

1. 전체발행부수 및 유가판매부수
2. 구독수입과 광고수입

② 일간신문을 경영하는 정기간행물사업자는 매 결산일부터 5월 이내에 총 발행주식 또는 지분총수와 자본내역, 100분의 5 이상의 주식 또는 지분을 소유한 주주 또는 사원의 개인별 내역에 관한 사항을 신문발전위원회에 신고하여야 한다.

> 시행령 제11조(자료의 신고 및 공개) ① 법 제16조 제 1 항 및 제 2 항의 규정에 의하여 신고를 하고자 하는 일간신문을 경영하는 정기간행물사업자는 법 제37조의 규정에 의한 신문발전위원회(이하 "신문발전위원회"라 한다)가 고시하는 서식에 의한 신고서를 신문발전위원회에 제출하여야 한다.

③ 신문발전위원회는 제 1 항 및 제 2 항의 규정에 따른 신고사항을 검증·공개하여야 한다.

> 시행령 제11조 ② 신문발전위원회는 법 제16조 제 3 항의 규정에 의하여 신고사항을 공개하는 때에는 일반국민이 쉽게 알 수 있도록 신문발전위원회의 홈페이지 및 관보 등에 게재하는 방법으로 하여야 한다. 이 경우 게재 내용에 관한 구체적인 사항은 신문발전위원회가 정하여 고시한다.

④ 제 1 항 내지 제 3 항의 신고·검증 및 공개에 관한 구체적인 사항은 대통령령으로 정한다. [시행일 : 2006. 7. 28, 제16조 제 3 항]

제17조(시장지배적 사업자) 일반일간신문 및 특수일간신문(정보전달을 위하여 무료로 보급되는 일간신문을 제외한다. 이하 같다)을 경영하는 정기간행물사업자 중 다음 각 호의 1에 해당하는 사업자는 독점규제 및 공정거래에 관한 법률 제 4

조의 규정에 불구하고 같은 법 제2조 제7호의 규정에 의한 시장지배적 사업자로 추정한다.

1. 1개 사업자의 시장점유율이 전년 12개월 평균 전국발행부수의 100분의 30 이상
2. 3개 이하 사업자의 시장점유율의 합계가 전년 12개월 평균 전국발행부수의 100분의 60 이상. 다만, 시장점유율이 100분의 10 미만인 자를 제외한다.

[2005헌마165 · 314 · 555 · 807, 2006헌가3(병합), 2006. 6. 29. 신문 등의 자유와 기능보장에 관한 법률 제17조 부분은 헌법에 위반된다]

제18조(편집위원회 등) ① 일반일간신문을 경영하는 정기간행물사업자는 편집위원회를 둘 수 있다.

② 편집위원회는 대통령령이 정하는 바에 따라 정기간행물사업자를 대표하는 편집위원과 취재 및 제작 활동에 종사하는 근로자를 대표하는 편집위원으로 구성한다.

> 시행령 제12조(편집위원회의 구성) 법 제18조 제2항의 규정에 의하여 편집위원회를 구성하는 경우, 그 구체적인 구성방법은 노사협의를 통하여 정한다.

③ 편집위원회는 일반일간신문 제작의 자율성을 보장하기 위하여 편집규약을 제정할 수 있다.

④ 제3항의 규정에 따라 편집규약을 제정하는 경우, 편집규약에는 다음 각 호의 사항이 포함되어야 한다.

1. 편집위원회의 구성 · 권한 · 조직 · 위원의 임기 · 신분보장 및 운영에 관한 사항
2. 편집위원회의 자율성 · 독립성 및 공정성의 보장에 관한 사항
3. 편집위원회의 규칙제정 등에 관한 사항
4. 편집의 공공성과 자율성 보장에 관한 사항
5. 편집의 기본적인 원칙 및 지침에 관한 사항
6. 편집의 기본원칙에 위배되는 내용으로서 양심에 반하는 취재 또는 제작에 대한 거부권에 대한 사항
7. 편집 · 취재와 관련한 윤리지침에 관한 사항
8. 편집책임자의 임면에 관한 사항
9. 편집방향의 심의 · 결정 및 변경에 관한 사항
10. 독자권익위원회의 구성 및 운영, 독자의 권익보호, 독자의견의 반영에 관한 사항

제19조(필요적 게재사항) 정기간행물사업자 및 인터넷신문사업자는 당해 정기간행물 및 인터넷신문에 그 명칭·주소·등록번호·등록연월일·제호·간별·발행인·편집인·인쇄인·발행소 및 발행연월일을 독자가 알아보기 쉽게 게재 또는 공표하여야 하며, 수인의 편집인이 있는 경우에는 그 책임분야와 함께 각자의 성명을 게재 또는 공표하여야 한다. 다만, 인터넷신문의 경우 간별·인쇄인·발행소에 관한 사항은 그러하지 아니하다.

제20조(납본) ① 제12조 제1항의 규정에 의하여 등록한 정기간행물사업자가 대통령령이 정하는 정기간행물을 발행하였을 때에는 그 정기간행물 2부를 즉시 등록관청에 납본하여야 한다.

> 시행령 제13조(납본) ① 법 제20조 제1항에서 "대통령령이 정하는 정기간행물"이라 함은 법 제12조 제1항의 규정에 의하여 등록한 후 처음 발행되는 정기간행물을 말한다.
> ② 등록관청은 법 제20조의 규정에 의하여 정기간행물의 납본을 한 자에게 지체없이 납본필증을 교부하여야 한다.

② 제1항의 경우에 국가는 정당한 보상을 하여야 한다.

제21조(등록취소의 심판청구 등) ① 등록관청은 제12조 제1항의 규정에 의하여 정기간행물 및 인터넷신문(이하 이 조 및 제22조 내지 제25조에서 "정기간행물 등"이라 한다)의 등록을 한 자가 다음 각 호의 1에 해당하는 때에는 3월 이하(격월간 이하 정기간행물의 경우는 3회 이하)의 기간(회수)을 정하여 당해 정기간행물 등의 발행(전자적 발행을 포함한다. 이하 같다) 정지를 명할 수 있다.

1. 제12조 제1항의 규정에 의하여 등록된 사항을 변경등록하지 아니하고 임의로 변경하여 그 정기간행물 등을 발행한 때
2. 발행인 또는 편집인이 제13조의 규정에 의한 결격사유에 해당된 때
3. 제14조 제1항의 규정을 위반하여 재산의 출연을 받고 신고를 하지 아니한 때

② 등록관청은 제12조 제1항의 규정에 의하여 정기간행물 등을 등록한 자가 다음 각 호의 1에 해당하는 때에는 6월 이하(격월간 이하 정기간행물의 경우는 6회 이하)의 기간(회수)을 정하여 당해 정기간행물 등의 발행정지를 명하거나 법원에 정기간행물 등의 등록취소의 심판을 청구할 수 있다.

1. 속임수 그 밖의 부정한 방법으로 등록한 사실이 있는 때
2. 정기간행물 등의 내용이 등록된 발행목적이나 발행내용을 현저하게 반복하

여 위반한 때

3. 음란한 내용의 정기간행물 등을 발행하여 공중도덕이나 사회윤리를 현저하게 침해한 때

시행령 제14조(등록증의 반납) 정기간행물 등의 등록을 한 자가 당해 정기간행물 등에 대하여 제21조 제2항의 규정에 의하여 청구된 등록취소의 심판이 확정되거나 법 제22조의 규정에 의하여 등록이 취소된 때에는 그 취소심판이 확정된 날 또는 그 등록이 취소된 날부터 10일 이내에 등록증을 등록관청에 반납하여야 한다.

③ 제2항의 규정에 의한 심판청구에 대한 제1심 재판은 정기간행물사업자 또는 인터넷신문사업자의 보통재판적소재지를 관할하는 지방법원합의부의 관할로 한다. 법원은 심판청구를 접수한 날부터 3월 이내에 재판하여야 한다. 등록취소심판사건의 청구·심리·재판 그 밖의 필요한 사항은 대법원규칙으로 정한다.

④ 등록취소심판사건에 대하여는 비송사건절차법을 준용한다.

제22조(직권등록취소) 등록관청은 제12조 제1항의 규정에 의하여 정기간행물 등을 등록한 자가 다음 각 호의 1에 해당하는 때에는 당해 정기간행물 등의 등록을 취소할 수 있다.

1. 정당한 사유 없이 등록 후 6월(연 2회간의 경우는 1년) 이내에 당해 정기간행물 등을 발행하지 아니한 때
2. 정당한 사유 없이 1년 이상(계간·연 2회간의 경우는 2년 이상) 당해 정기간행물 등의 발행을 중단한 때

제23조(등록취소심의위원회) ① 제21조 제2항의 규정에 의한 발행정지의 명령·등록취소심판의 청구 및 제22조의 규정에 의한 등록취소처분의 공정하고 객관적인 심의를 위하여 등록관청 소속하에 등록취소심의위원회를 둔다.

② 제1항의 규정에 의한 등록취소심의위원회의 구성·심의절차 그 밖의 필요한 사항은 대통령령으로 정한다.

시행령 제15조(등록취소심의위원회) ① 법 제23조 제1항의 규정에 의한 등록취소심의위원회는 위원장 1인을 포함한 9인 이내의 위원으로 구성한다. ② 등록취소심의위원회의 위원장(이하 이 조에서 "위원장"이라 한다)은 등록관청의 소속공무원인 위원 중에서 등록관청이 지명하는 자가 되고, 위원은 언론에 관한 학식과 경험이 풍부한 자 중에서 등록관청이 위촉하는

자와 등록업무를 담당하는 등록관청 소속공무원 중에서 등록관청이 지명하는 자가 된다.
③ 제2항의 규정에 의한 위촉위원의 임기는 3년으로 한다. 다만, 보궐위원의 임기는 전임자와 잔임기간으로 한다.
④ 위원장은 등록취소심의위원회를 대표하고, 그 직무를 통할한다.
⑤ 위원장은 등록취소심의위원회의 회의를 소집하며, 그 의장이 된다.
⑥ 등록취소심의위원회의 회의는 재적위원 과반수의 출석으로 개의하고, 출석위원 과반수의 찬성으로 의결한다.
⑦ 등록취소심의위원회의 회의에 출석하는 위원에 대하여는 예산의 범위안에서 수당과 여비를 지급할 수 있다. 다만, 공무원인 위원이 그 소관업무와 직접적으로 관련되어 출석하는 경우에는 그러하지 아니하다.
⑧ 이 영에 규정한 것 외에 등록취소심의위원회의 구성 및 운영에 관하여 필요한 사항은 등록취소심의위원회의 의결을 거쳐 위원장이 정한다.

第24조(정기간행물 등 제호의 사용제한) 제21조 제2항 내지 제4항의 규정에 의한 등록취소심판사건에 대한 법원의 판결 또는 제22조의 규정에 의하여 등록이 취소된 때에는 등록이 취소된 정기간행물 등의 발행인 및 그와 대통령령이 정하는 특수한 관계에 있는 자는 그 취소된 날부터 2년 이내에는 그 취소된 정기간행물 등의 제호로 정기간행물 등을 발행 및 등록할 수 없다.

시행령 제16조(정기간행물 등 제호의 사용제한을 위한 특수관계에 있는 자의 범위) 법 제24조에서 "대통령령이 정하는 특수한 관계에 있는 자"라 함은 다음 각 호의 어느 하나에 해당하는 관계에 있는 자를 말한다.
1. 배우자
2. 직계존비속
3. 발행인이 법인 또는 단체인 경우에는 당해 법인 또는 단체의 임원(합명회사의 경우에는 업무집행사원, 합자회사의 경우에는 무한책임사원을 말한다. 이하 같다)이거나 임원이었던 자

第25조(청문) 등록관청은 제22조의 규정에 의하여 정기간행물 등의 등록을 취소하고자 하는 경우에는 청문을 실시하여야 한다.
第26조(외국정기간행물의 지사 등의 설치) ① 외국정기간행물의 지사 또는 지국을 국내에 설치하고자 하는 자는 대통령령이 정하는 바에 따라 문화관광부장관의

허가를 받아야 한다.

> 시행령 제17조(외국정기간행물의 지사 등의 설치) 법 제26조 제1항의 규정에 의하여 외국정기간행물의 지사 또는 지국의 설치허가를 받고자 하는 자는 별지 제5호 서식의 외국정기간행물 지사(지국) 설치허가신청서(전자문서로 된 신청서를 포함한다)에 다음 각 호의 서류(전자문서를 포함한다)를 첨부하여 문화관광부장관에게 제출하여야 한다. 다만, 「전자정부구현을 위한 행정업무 등의 전자화촉진에 관한 법률」 제21조 제1항의 규정에 의한 행정정보의 공동이용을 통하여 첨부서류에 대한 정보를 확인할 수 있는 경우에는 그 확인으로 첨부서류에 갈음할 수 있다.
>
> 1. 외국정기간행물 본사와의 지사(지국)설치계약서 사본 또는 그 제약사실을 증명하는 서류
> 2. 외국정기간행물 본사발행의 간행물견본
> 3. 지사장 또는 지국장의 이력서
> 4. 지사장 또는 지국장이 대한민국 국민인 경우에는 호적등본, 외국인인 경우에는 여권사본
>
> 시행령 제18조(허가증) 문화관광부장관은 법 제26조 제1항의 규정에 의하여 외국정기간행물의 지사 또는 지국의 설치허가를 한 때에는 별지 제6호 서식의 외국정기간행물 지사(지국)설치허가증을 교부하여야 한다.
>
> 시행령 제19조(지사설치 변경허가) ① 법 제26조 제1항의 규정에 의하여 외국정기간행물의 지사 또는 지국의 설치허가를 받은 자가 그 허가받은 내용을 변경하고자 하는 때에는 별지 제7호 서식의 외국정기간행물 지사(지국)설치변경허가신청서(전자문서로 된 신청서를 포함한다)에 다음 각 호의 서류(전자문서를 포함한다)를 첨부하여 문화관광부장관에게 제출하여야 한다. 다만, 「전자정부구현을 위한 행정업무 등의 전자화촉진에 관한 법률」 제21조 제1항의 규정에 의한 행정정보의 공동이용을 통하여 첨부서류에 대한 정보를 확인할 수 있는 경우에는 그 확인으로 첨부서류에 갈음할 수 있다.
>
> 1. 외국정기간행물 지사(지국) 설치허가증
> 2. 지사장 또는 지국장이 변경되는 경우에는 새로 선임될 자의 호적등본(대한민국 국민인 경우에 한한다) 또는 여권사본(외국인인 경우에 한한다)
> 3. 지사 또는 지국 설치계약조건이 변경되는 경우에는 계약서사본 또는

그 계약사실을 증명하는 서류

② 문화관광부장관은 제 1 항의 규정에 의하여 변경허가를 하는 때에는 별지 제 6 호 서식의 외국정기간행물 지사(지국) 설치허가증을 재교부하여야 한다.

시행령 제20조(허가증의 반납) 외국정기간행물의 지사 또는 지국을 국내에 설치한 자가 법 제26조 제 2 항의 규정에 의하여 허가가 취소되거나, 그 지사 또는 지국을 폐업한 때에는 그 취소된 날 또는 폐업한 날부터 10일 이내에 허가증을 문화관광부장관에게 반납하여야 한다.

② 문화관광부장관은 제 1 항의 규정에 의하여 허가를 받은 자가 다음 각 호의 1에 해당하는 경우에는 그 허가를 취소할 수 있다.

1. 속임수 그 밖의 부정한 방법으로 허가를 받은 사실이 있는 때
2. 허가조건을 위반한 때
3. 당해 외국정기간행물이 국헌을 문란하게 하거나 국가안보를 현저히 해한 기사를 게재한 때

제 4 장 신문산업의 진흥 등

제27조(신문발전위원회의 설치) 여론의 다양성을 보장하고, 신문산업의 진흥을 위한 업무를 지원하며, 신문발전기금을 관리·운영하기 위하여 신문발전위원회(이하 "위원회"라 한다)를 문화관광부에 설치한다.

제28조(위원회의 구성) ① 위원회는 위원장과 부위원장 각 1인 등 9인으로 구성한다.

② 위원장과 부위원장은 호선한다.

시행령 제21조(신문발전위원회의 위원장의 직무) ① 법 제28조 제 2 항의 규정에 의하여 선출된 신문발전위원회의 위원장(이하 "위원장"이라 한다)은 신문발전위원회를 대표하고, 그 직무를 통할한다.

② 위원장이 부득이한 사유로 직무를 수행할 수 없는 때에는 부위원장이 그 직무를 대행하고, 위원장과 부위원장이 모두 부득이한 사유로 직무를 수행할 수 없는 때에는 위원장이 미리 지명한 신문발전위원회의 위원이 그 직무를 대행한다.

③ 위원은 언론에 관한 식견이 있는 자 가운데에서 문화관광부장관이 위촉하되, 다음 각 호에 해당하는 자를 포함하여야 한다. 이 경우 위원에는 여성의 참여가 이루어지도록 하여야 한다.

1. 국회의장이 추천하는 2인
2. 한국신문협회 · 전국언론노동조합 · 한국언론학회 및 시민단체가 추천하는 각 1인

④ 위원의 임기는 3년으로 하되 연임할 수 있다.

⑤ 위원에 결원이 있는 때에는 결원된 날부터 30일 이내에 제 3 항의 규정에 의하여 결원된 인원을 위촉한다. 보궐위원의 임기는 전임자의 잔임기간으로 한다.

제29조(위원회의 직무) 위원회는 다음 각 호의 직무를 수행한다.

1. 여론의 다양성보장과 신문산업진흥을 위한 계획 · 정책에 관한 자문
2. 제16조의 규정에 따른 신고 · 검증 및 공개에 관한 업무
3. 제33조의 규정에 의한 신문발전기금의 조성과 운용에 관한 기본계획의 심의 · 의결 및 동 기금의 관리 · 운용
4. 제33조의 규정에 의한 신문발전기금 지원대상의 선정 및 지원기준의 심의 · 의결
5. 여론의 다양성보장과 신문산업의 진흥을 위한 교육 · 연구 · 조사
6. 그 밖에 위원회의 목적수행을 위하여 필요한 사항

제30조(위원회의 운영과 사무국의 설치 등) ① 위원회는 필요한 경우 문화관광부장관과 협의하여 직무를 처리하기 위한 소위원회를 설치 · 운영할 수 있다.

> 시행령 제22조(소위원회) ① 법 제30조 제 1 항의 규정에 의하여 신문발전위원회에 설치하는 소위원회는 3인 이상의 위원으로 구성하되, 소위원회의 위원은 신문발전위원회의 위원 중 위원장이 지명한다.
> ② 소위원회는 분야별로 신문발전위원회에서 지정한 사항을 심의하고, 그 결과를 신문발전위원회에 보고하여야 한다.

② 위원회의 운영을 위하여 필요한 예산은 신문발전기금 또는 국고에서 지원할 수 있다.

③ 위원회의 사무를 보조하기 위하여 위원회에 사무국을 둔다.

> 시행령 제23조(사무국) ① 법 제30조 제 3 항의 규정에 의한 사무국에는 사무국장 1인과 필요한 직원을 둔다.

② 제1항의 규정에 의한 사무국장은 신문발전위원회의 동의를 얻어 위원장이 임명한다.
③ 그 밖에 사무국의 조직 · 정원 · 운영 등에 관하여 필요한 사항은 문화관광부장관과의 협의를 거쳐 신문발전위원회가 정한다.

④ 그 밖에 위원회의 조직 및 운영에 관하여 필요한 사항은 대통령령으로 정한다.

시행령 제24조(의견의 청취) 신문발전위원회는 신문발전위원회의 심의사항과 관련하여 필요하다고 인정할 때에는 관계전문가 또는 이해관계인 등의 의견을 들을 수 있다.
시행령 제25조(운영세칙) 이 영에 정한 것 외에는 신문발전위원회의 구성 및 운영에 관하여 필요한 사항은 신문발전위원회의 의결을 거쳐 위원장이 정한다.

제31조(위원의 대우) 위원회 위원은 명예직으로 한다. 다만, 예산의 범위 안에서 직무수행에 필요한 경비 등 실비를 지급할 수 있다.
제32조(비밀유지의무) 위원회 위원과 위원회의 사무국직원은 업무상 알게 된 정기간행물사업자의 영업기밀에 관한 사안들에 대하여 비밀을 유지하여야 한다.
제33조(신문발전기금의 설치 및 조성) ① 신문 등 정기간행물 및 인터넷신문의 진흥을 위하여 위원회에 신문발전기금(이하 "기금"이라 한다)을 설치한다.
② 기금은 다음 각 호의 재원으로 조성한다.
1. 정부의 출연금
2. 다른 기금으로부터의 전입금
3. 개인 또는 법인으로부터의 출연금 및 기부금품
4. 기금의 운용으로 생기는 수익금
5. 그 밖에 대통령령이 정하는 수입금
제34조(기금의 용도) ① 기금은 다음 각 호의 사업에 사용된다.
1. 여론의 다양성촉진과 신문산업 및 인터넷신문의 진흥을 위한 사업
2. 독자권익보장을 위한 사업
3. 신문유통구조 개선을 위한 사업
4. 언론공익사업
5. 그 밖에 대통령령이 정하는 사업

> 시행령 제26(기금의 용도) 법 제34조 제 1 항 제 5 호에서 "그 밖에 대통령령이 정하는 사업"이라 함은 다음 각 호의 사업을 말한다.
> 1. 소외계층 등에 대한 구독료지원사업
> 2. 언론보도피해자 상담 및 피해구제에 관한 사업

② 다음 각 호의 1에 해당하는 자에 대하여는 기금을 지원할 수 없다.

1. 무료로 제공 또는 발행되는 정기간행물의 사업자
2. 제17조의 규정에 해당하는 시장지배적 사업자

[2005헌마, 2006헌가는 제34조 제 2 항 제 2 호 부분은 헌법에 위배된다]

③ 위원회는 기금의 지원기준과 지원대상 등을 매년 공고하여야 한다.

> 시행령 제27조(기금의 우선지원) 신문발전위원회는 법 제34조 제 3 항의 규정에 의한 기금의 지원기준 및 지원대상을 정하는 때에는 다음 각 호의 어느 하나에 해당하는 정기간행물 등을 발행하는 자(이하 "정기간행물 등 사업자"라 한다)에 대하여 우선적으로 기금을 지원할 수 있다.
> 1. 법 제 9 조의 규정에 의한 독자권익위원회를 설치하여 정기적으로 운영하는 자
> 2. 법 제18조의 규정에 의한 편집위원회를 설치하여 정기적으로 운영하고, 편집규약을 제정하여 정기적으로 운용하는 자
> 3. 상업광고가 정기간행물 등의 연간 평균발행면의 50퍼센트를 넘지 아니하는 자
> 4. 「독점규제 및 공정거래에 관한 법률」 제 3 조의2 제 1 항 · 제19조 제 1 항 · 제23조 제 1 항 · 제26조 제 1 항 또는 제29조 제 1 항의 규정에 위반한 행위를 한 사실이 없는 자

제35조(기금의 관리 · 운용) ① 기금은 위원회가 관리 · 운용한다.

> 시행령 제28조(기금의 관리 · 운용) 신문발전위원회는 법 제35조 제 1 항의 규정에 의하여 신문발전기금의 수입과 지출을 명확히 하기 위하여 「한국은행법」에 의한 한국은행에 신문발전기금계정을 설치할 수 있다.

② 위원회는 기금의 관리 · 운용에 관한 사항을 대통령령이 정하는 바에 따라 언론관련 법인 또는 단체에 위탁할 수 있다.

③ 그 밖에 기금의 조성방법·관리·운용 및 감사 등에 관하여 필요한 사항은 대통령령으로 정한다.

시행령 제29조(기금의 관리·운용의 위탁) 신문발전위원회는 법 제35조 제2항의 규정에 의하여 기금의 관리·운용에 관한 사무 중 다음 각호의 사무를 「민법」 제32조의 규정에 따라 설립된 법인으로서 신문발전위원회가 정하여 고시하는 언론관련법인(이하 "기금수탁기관"이라 한다)에 위탁한다. 이 경우 기금수탁기관이 수탁한 사무처리에 필요한 경비는 기금의 부담으로 한다.

1. 기금의 관리·운용에 관한 회계업무
2. 기금의 여유자금의 운용
3. 그 밖에 기금의 관리·운용에 관하여 신문발전위원회가 정하는 사무

제30조(기금의 회계기관 등) ① 기금수탁기관은 제29조의 규정에 따라 기금의 관리·운용에 관한 업무를 위탁받은 경우에는 임원 중에서 기금수입 담당이사·기금지출원인행위 담당이사를, 직원 중에서 기금지출직원·기금출납직원을 임명하고, 이를 신문발전위원회에 보고하여야 한다. 이 경우 기금수입 담당이사는 기금수입징수관의 업무를, 기금지출원인행위 담당이사는 기금재무관의 업무를, 기금지출직원은 기금지출관의 업무를, 기금출납직원은 기금출납공무원의 업무를 행한다.

② 위원장은 제1항의 규정에 의한 회계기관의 임명사항을 문화관광부장관, 감사원장 및 한국은행총재에게 각각 통보하여야 한다.

③ 그 밖에 기금의 조성방법·관리·운용 및 감사 등에 관하여 필요한 사항은 대통령령으로 정한다.

시행령 제31조(기금운용계획안의 수립 등) ① 신문발전위원회는 회계연도마다 기금운용계획안을 수립하여야 한다.

② 제2항의 규정에 의한 기금운용계획안에는 다음 각 호의 사항이 포함되어야 한다.

1. 기금의 수입 및 지출에 관한 사항
2. 사업별 기금사용계획
3. 기금의 관리·운용에 필요한 비용

③ 기금수탁기관은 매분기 말일 현재 기금의 출납 및 기금운용상황을 매분기 다음 달 10일까지 신문발전위원회 및 문화관광부장관에게 보고하여야 한다.

第36条(국회보고) 위원회는 기금의 사용 등에 관한 보고서를 정기국회개시 전까지 국회에 제출하여야 한다.

第37条(신문유통원의 설립) ① 국민의 폭넓은 언론매체선택권을 보장하기 위하여 신문유통원을 둔다.

② 신문유통원은 법인으로 한다.

③ 신문유통원에는 정관이 정하는 바에 따라 임원과 필요한 직원을 둔다.

④ 신문유통원은 다음 각 호의 사업을 행한다.

1. 신문의 공동배달
2. 잡지 및 기타 간행물의 배달
3. 신문수송의 대행
4. 그 밖에 신문유통원의 설립목적을 달성하는 데 필요한 사업

⑤ 신문유통원의 운영에 필요한 경비는 국고에서 지원할 수 있다.

⑥ 신문유통원에 관하여 이 법에서 규정한 것을 제외하고는 민법의 재단법인에 관한 규정을 준용한다.

제 5 장 보 칙

第38条(권한의 위임·위탁) ① 문화관광부장관은 이 법에 의한 권한의 일부를 대통령령이 정하는 바에 의하여 특별시장·광역시장 또는 도지사에게 위임할 수 있다.

② 등록관청은 제20조의 규정에 의한 납본에 관한 업무를 대통령령이 정하는 바에 따라 대통령령이 정하는 언론관련 비영리법인 또는 단체에 위탁할 수 있다.

> 시행령 제32조(권한의 위탁) ① 법 제38조 제 2 항의 규정에 의하여 등록관청은 법 제20조의 규정에 의한 납본에 관한 업무를 언론의 건전한 발전과 언론문화창달 업무수행을 목적으로 설립된 비영리법인·단체 중에서 문화관광부장관이 정하여 고시하는 자에게 위탁한다.

③ 신문발전위원회는 제29조 제 2 호의 규정에 의한 업무의 일부를 대통령령이 정하는 바에 따라 신문 등의 부수 공사(公査)의 업무를 수행하는 기관에 위탁할 수 있다.

[시행일 : 2006. 7. 28], 第38条 제 3 항.

시행령 제32조 ② 법 제38조 제3항의 규정에 의하여 신문발전위원회는 법 제29조 제2호의 규정에 의한 업무 중 발행부수 등의 검증에 관한 업무를 법 제38조 제3항의 규정에 의한 기관 중 신문발전위원회가 정하여 고시하는 기관에 위탁한다.

제6장 벌 칙

제39조(벌칙) 다음 각 호의 1에 해당하는 자는 2년 이하의 징역 또는 3천만원 이하의 벌금에 처한다.

1. 제3조 제2항의 규정을 위반하여 정기간행물 또는 인터넷신문의 편집에 관하여 규제나 간섭을 한 자
2. 거짓 그 밖의 부정한 방법으로 제12조 제1항의 규정에 의한 등록 또는 변경등록을 하여 정기간행물 또는 인터넷신문을 발행하거나 공표한 자
3. 제32조의 규정을 위반하여 정기간행물사업자의 영업기밀을 누설한 위원 및 직원

제40조(벌칙) 다음 각 호의 1에 해당하는 자는 1년 이하의 징역 또는 2천만원 이하의 벌금에 처한다.

1. 제12조 제1항의 규정에 의한 등록 또는 변경등록을 하지 아니하고 정기간행물 또는 인터넷신문을 발행하거나 공표한 자
2. 제14조 제1항의 규정을 위반하여 재산상의 출연을 받고 신고를 하지 아니한 자
3. 제15조 제2항 내지 제4항의 규정을 위반하여 사업을 겸영하거나 주식 또는 지분을 취득 또는 소유한 자
4. 제21조 제1항·제2항 또는 제22조의 규정에 의한 처분을 위반하여 정기간행물 또는 인터넷신문을 발행하거나 공표한 자
5. 제26조 제1항의 규정에 의한 허가를 받지 아니하고 국내에 외국간행물의 지사 또는 지국을 설치한 자

제41조(벌칙) 다음 각 호의 1에 해당하는 자는 1천만원 이하의 벌금에 처한다.

1. 제13조 제1항 각 호의 1에 해당하는 자로서 발행인 또는 편집인으로 취임한 자
2. 제13조 제1항 각 호의 1에 해당하는 자를 발행인 또는 편집인으로 선임한 자

제42조(양벌규정) 법인의 대표자나 법인 또는 개인의 대리인·사용인 그 밖의 종업원이 그 법인 또는 개인의 업무에 관하여 제39조 내지 제41조의 위반행위를

한 때에는 행위자를 벌하는 외에 그 법인 또는 개인에 대하여도 각 해당 조의 벌금형을 과한다.

제43조(과태료) ① 다음 각 호의 1에 해당하는 자는 2천만원 이하의 과태료에 처한다.

1. 제11조 제2항의 규정을 위반하여 편집을 한 자
2. 제14조 제2항의 규정에 의한 기간 이내에 서류를 제출하지 아니한 자
3. 제15조 제8항의 규정에 의한 자료제출요구를 받고 이를 제출하지 아니한 자
4. 제16조 제1항·제2항의 규정에 의한 기간 이내에 신고하지 아니한 자
5. 제19조의 규정에 의한 필요적 게재사항을 게재 또는 공표하지 아니한 자
6. 제20조 제1항의 규정에 의한 납본을 하지 아니한 자

② 제1항의 규정에 의한 과태료는 대통령령이 정하는 바에 의하여 등록관청이 부과·징수한다.

> 시행령 제33조(과태료부과) ① 등록관청은 법 제43조 제2항의 규정에 의하여 과태료를 부과하는 때에는 당해 위반행위를 조사·확인한 후 위반사실과 과태료금액 등을 서면으로 명시하여 이를 납부할 것을 과태료처분대상자에게 통지하여야 한다.
>
> ② 등록관청은 제1항의 규정에 의하여 과태료를 부과하고자 하는 때에는 10일 이상의 기간을 정하여 과태료처분대상자에게 구술 또는 서면에 의한 의견진술의 기회를 주어야 한다. 이 경우 지정된 기일까지 의견진술이 없는 때에는 의견이 없는 것으로 본다.
>
> ③ 등록관청은 과태료의 금액을 정함에 있어서는 당해 위반행위의 동기 및 그 결과 등을 참작하여야 한다.
>
> ④ 과태료의 징수절차에 관하여는 국고금관리법령의 수입금징수에 관한 절차에 따라 징수한다. 이 경우 납입고지서에는 이의방법 및 이의기간 등을 함께 기재하여야 한다.

③ 제2항의 규정에 의한 과태료처분에 불복이 있는 자는 그 처분의 고지를 받은 날부터 30일 이내에 등록관청에 이의를 제기할 수 있다.

④ 제2항의 규정에 의한 과태료처분을 받은 자가 제3항의 규정에 의하여 이의를 제기한 때에는 등록관청은 지체없이 관할법원에 이를 통보하여야 하며, 그 통보를 받은 관할법원은 비송사건절차법에 의한 과태료의 재판을 한다.

⑤ 제 3 항의 규정에 의한 기간 이내에 이의를 제기하지 아니하고, 과태료를 납부하지 아니한 때에는 국세체납처분 또는 지방세체납처분의 예에 의하여 이를 징수한다.

부　　칙 〈제7369호, 2005. 1. 27〉

제 1 조(시행일) 이 법은 공포 후 6월이 경과한 날부터 시행한다. 다만, 제16조 제 3 항 및 제38조 제 3 항의 개정규정은 이 법 공포 후 1년 6월이 경과한 날부터 시행한다.

> 시행령 부칙〈제18975호, 2005. 7. 27〉
> ① (시행일) 이 영은 2005년 7월 28일부터 시행한다.
> 시행령 부칙(행정정보의 공동이용 및 문서감축을 위한 국가채권관리법 시행령 등 일부개정령(제19507호, 2006. 6. 12)

제 2 조(정기간행물의 등록 등에 관한 경과조치) ① 이 법 시행 당시 종전의 정기간행물의 등록 등에 관한 법률의 규정에 따라 등록한 것은 이 법의 규정에 따라 등록한 것으로 본다.

② 이 법 시행 당시 종전의 정기간행물의 등록 등에 관한 법률에 따른 신고·등록취소 그 밖의 행위, 각종 신청이나 행정기관에 대한 그 밖의 행위는 그에 해당하는 이 법에 의한 행정기관의 행위 또는 행정기관에 대한 행위로 본다.

> 시행령 부칙
> ② (등록취소심의위원회의 위원에 관한 경과조치) 이 영 시행 당시 종전의 「정기간행물의 등록 등에 관한 법률 시행령」 제13조의 규정에 의하여 위촉된 등록취소심의위원회의 위원은 이 영에 의하여 위촉된 위원으로 보되, 그 임기는 종전의 「정기간행물의 등록 등에 관한 법률 시행령」에 의하여 위촉된 때부터 기산한다.

제 3 조(인터넷신문의 등록에 관한 경과조치) 이 법 시행 당시 독자적 기사생산과 지속적인 발행 등 대통령령이 정하는 기준을 충족하는 인터넷신문을 경영·관리하고 있는 자는 이 법 시행 후 3월 이내에 제12조 제 1 항의 개정규정에 따라 등록하여야 한다.

제 4 조(다른 법률의 개정) ① 뉴스통신진흥에 관한 법률 중 다음과 같이 개정한다.

제 7 조의 제목 "(정기간행물의 등록 등에 관한 법률의 준용)"을 "(신문 등의 자유와 기능보장에 관한 법률의 준용)"으로 하고, 동조 중 "등록취소, 침해에 대한 구제 및 벌칙 등에 관하여는 정기간행물의 등록 등에 관한 법률 제 3 조 내지 제 5 조, 제 8 조, 제10조 내지 제15조, 제 3 장 및 제 4 장의 규정"을 "등록취소 및 벌칙 등에 관하여는 신문 등의 자유와 기능보장에 관한 법률 제 6 조 제 1 항 · 제 2 항, 제14조 제 1 항, 제15조, 제19조 내지 제26조 및 제39조 내지 제43조의 규정"으로 한다.

② 기금관리기본법 중 다음과 같이 개정한다.

별표 2에 제140호를 다음과 같이 신설한다.

140. 신문 등의 자유와 기능보장에 관한 법률

제 5 조(다른 법령과의 관계) 이 법 시행 당시 다른 법령에서 정기간행물의 등록 등에 관한 법률의 규정 중 이 법에서 규정한 내용에 해당하는 규정을 인용한 경우에는 이 법의 해당 규정을 인용한 것으로 본다.

시행령	서식 1	정기간행물 등 사업등록신청서
	서식 2	정기간행물 등 사업등록증
	서식 3	정기간행물 등 사업변경등록신청서
	서식 4	외국자금출연신고서
	서식 5	외국정기간행물 지사[지국] 설치허가신청서
	서식 6	외국정기간행물 지사[지국] 설치허가증
	서식 7	외국정기간행물 지사[지국] 설치변경허가신청서

부　　칙(치료감호법)〈제7655호, 2005. 8. 4〉

제 1 조(시행일) 이 법은 공포한 날부터 시행한다.

제 2 조 내지 제 7 조 생략

제 8 조(다른 법률의 개정) ① 내지 ⑤ 생략

⑥ 신문 등의 자유와 기능보장에 관한 법률 일부를 다음과 같이 개정한다.

제13조 제 1 항 제 4 호를 다음과 같이 한다.

4. 「보안관찰법」에 의한 보안관찰처분, 「사회보호법」에 의한 보호감호 또는 「치료감호법」에 의한 치료감호의 집행중에 있는 자

⑦ 내지 ⑨ 생략

言論仲裁 및 被害救濟 등에 관한 法律

제정 2005. 1. 27. 법률 제7370호

言論仲裁 및 被害救濟 등에 관한 法律 施行令

제정 2005. 7. 27. 대통령령 제18974호

제 1 장 총 칙

제 1 조(목적) 이 법은 언론사의 언론보도로 인하여 침해되는 명예나 권리 그 밖의 법익에 관한 다툼이 있는 경우, 이를 조정하고 중재하는 등의 실효성 있는 구제제도를 확립함으로써 언론의 자유와 공적 책임을 조화함을 목적으로 한다.

시행령 제 1 조(목적) 이 영은 「언론중재 및 피해구제 등에 관한 법률」에서 위임된 사항과 그 시행에 관하여 필요한 사항을 정함을 목적으로 한다.

제 2 조(정의) 이 법에서 사용하는 용어의 정의는 다음과 같다.

1. "언론"이라 함은 방송·정기간행물·뉴스통신·인터넷신문을 말한다.
2. "방송"이라 함은 방송법 제 2 조 제 1 호의 규정에 의한 텔레비전방송·라디오방송·데이터방송 및 이동멀티미디어방송을 말한다.
3. "방송사업자"라 함은 방송법 제 2 조 제 3 호 각목의 1에 따른 지상파방송사업자·종합유선방송사업자·위성방송사업자 및 방송채널사용사업자를 말한다.
4. "정기간행물"이라 함은 신문 등의 자유와 기능보장에 관한 법률 제 2 조 제 1 호의 규정에 의한 신문·잡지 기타 간행물을 말한다.
5. "정기간행물사업자"라 함은 정기간행물을 발행하는 자를 말한다.
6. "뉴스통신"이라 함은 뉴스통신진흥에 관한 법률 제 2 조 제 1 호의 규정에 의한 뉴스통신을 말한다.
7. "뉴스통신사업자"라 함은 뉴스통신진흥에 관한 법률 제 2 조 제 3 호의 규정에 의한 뉴스통신사업자를 말한다.
8. "인터넷신문"이라 함은 신문 등의 자유와 기능보장에 관한 법률 제 2 조 제 5 호의 규정에 따른 인터넷신문을 말한다.

9. "인터넷신문사업자"라 함은 신문 등의 자유와 기능보장에 관한 법률 제2조 제7호의 규정에 따른 인터넷신문사업자를 말한다.
10. "언론사"라 함은 방송사업자, 정기간행물사업자, 뉴스통신사업자 및 인터넷신문사업자를 말한다.
11. "언론사의 대표자"라 함은 언론사의 경영에 관하여 법률상 대표권이 있는 자 또는 그와 동등한 지위에 있는 자를 말한다. 다만, 외국정기간행물로서 국내에 지사 또는 지국이 있는 경우에는 신문 등의 자유와 기능보장에 관한 법률 제26조의 규정에 따라 그 설치허가를 받은 자를 말한다.
12. "언론분쟁"이라 함은 언론사의 언론보도로 인하여 침해되는 명예나 권리 그 밖의 법익에 관한 다툼이 있는 경우를 말한다.
13. "사실적 주장"이라 함은 증거에 의하여 그 존재 여부를 판단할 수 있는 사실관계에 관한 주장을 말한다.
14. "언론보도"라 함은 방송·정기간행물·뉴스통신 및 인터넷신문의 사실적 주장에 관한 보도를 말한다.
15. "정정보도"라 함은 언론의 보도내용의 전부 또는 일부가 진실하지 아니한 경우, 이를 진실에 부합되게 고쳐서 보도하는 것을 말한다.
16. "반론보도"라 함은 보도내용의 진실 여부에 관계 없이 그와 대립되는 반박적 주장을 보도하는 것을 말한다.

제3조(언론의 자유와 독립) ① 언론의 자유와 독립은 보장된다.

② 누구든지 언론의 자유와 독립에 관하여 어떠한 규제나 간섭을 할 수 없다.

③ 언론은 정보원에 대하여 자유로이 접근할 권리와 그 취재한 정보를 자유로이 공표할 자유를 갖는다.

④ 제1항 내지 제3항의 자유와 권리는 헌법과 법률에 의하지 아니하고는 제한받지 아니한다.

제4조(언론의 사회적 책임 등) ① 언론에 의한 보도는 공정하고 객관적이어야 하고, 국민의 알 권리와 표현의 자유를 보호·신장하여야 한다.

② 언론은 인간의 존엄과 가치를 존중하여야 하고, 타인의 명예를 훼손하거나 권리 또는 공중도덕이나 사회윤리를 침해하여서는 아니 된다.

③ 언론은 공적인 관심사에 대하여 공익을 대변하며, 취재·보도·논평 그 밖의 방법으로 민주적 여론형성에 기여함으로써 그 공적 임무를 수행한다.

제5조(인격권의 보장 등) ① 언론은 생명·자유·신체·건강·명예·사생활의 비밀과 자유·초상·성명·음성·대화·저작물 및 사적 문서 그 밖의 인격적 가치 등에 관한 권리(이하 "인격권"이라 한다)를 침해하여서는 아니 된다.

② 인격권의 침해가 사회상규에 반하지 아니하는 한도 안에서 피해자의 동의에 의하여 이루어지거나 또는 공적인 관심사에 대하여 중대한 공익상 필요에 의하여 부득이하게 이루어진 때에는 위법성이 조각된다.

③ 사망한 자에 대한 인격권의 침해가 있거나 침해할 우려가 있는 경우에 이에 따른 구제절차는 유족이 대행한다. 다만, 다른 법률에서 특별히 정함이 없으면 사망 후 30년이 경과한 때에는 그러하지 아니하다.

④ 제3항의 규정에 의한 유족의 범위는 다른 법률에서 특별히 정함이 없으면 사망한 자의 배우자와 직계비속에 한하되, 배우자와 직계비속이 모두 없는 때에는 직계존속이, 직계존속도 없는 때에는 형제자매로 하며, 동순위의 유족이 2인 이상 있는 경우에는 각자가 단독으로 청구권을 행사한다.

⑤ 사망한 자에 대한 제2항의 규정에 의한 인격권침해에 대한 동의는 제4항의 규정에 의한 동순위유족의 전원의 동의가 있어야 한다.

제6조(고충처리인) ① 종합편성 또는 보도에 관한 전문편성을 행하는 방송사업자, 일반일간신문(신문 등의 자유와 기능보장에 관한 법률 제2조 제2호 가목의 규정에 의한 일반일간신문을 말한다)을 발행하는 정기간행물사업자 및 뉴스통신사업자는 사내에 언론피해의 자율적 예방 및 구제를 위한 고충처리인을 두어야 한다.

② 고충처리인의 권한과 직무는 다음과 같다.

1. 언론의 침해행위에 대한 조사
2. 사실이 아니거나 타인의 명예 그 밖의 법익을 침해하는 언론보도에 대한 시정권고
3. 구제를 요하는 피해자의 고충에 대한 정정보도, 반론보도 또는 손해배상의 권고
4. 그 밖의 독자나 시청자의 권익보호와 침해구제에 관한 자문

③ 제1항에 규정된 언론사는 고충처리인의 자율적 활동을 보장하여야 하고, 정당한 사유가 없는 한 고충처리인의 권고를 수용하도록 노력하여야 한다.

④ 제1항의 규정된 언론사는 취재 및 편집 또는 제작종사자의 의견을 들어 고충처리인의 자격·지위·신분·임기 및 보수 등에 관한 사항을 정하고, 이를 공표하여야 한다. 이를 변경할 때에도 또한 같다.

⑤ 제1항에 규정된 언론사는 고충처리인의 의견을 들어 고충처리인의 활동사항을 매년 공표하여야 한다.

시행령 제2조(고충처리인에 관한 사항의 공표) 「언론중재 및 피해구제 등에 관한 법률」(이하 "법"이라 한다) 제6조 제4항 및 제5항의 규정에 의하여 언론사가 고충처리인의 자격 및 그의 활동사항 등을 공표하고자 하는 경우에는 이를 자사(自社)발행 정기간행물에 게재하거나 자사가 운영하는 인터넷 홈페이지에 게시하는 등의 방법으로 하여야 한다.

제2장 언론중재위원회

제7조(언론중재위원회의 설치) ① 언론보도 또는 게재로 인한 분쟁조정·중재 및 침해사항을 심의하기 위하여 언론중재위원회(이하 "중재위원회"라 한다)를 둔다.

시행령 제3조(사임한 중재위원의 위촉 등) ① 문화관광부장관은 법 제7조 제1항의 규정에 의한 언론중재위원회(이하 "중재위원회"라 한다)의 중재위원이 사임하거나 당연퇴직한 때에는 사임 또는 당연퇴직한 날부터 30일 이내에 그 후임자를 위촉하여야 한다.
② 후임자의 임기는 전임자의 잔여임기로 한다.

② 중재위원회는 다음 사항을 심의한다.
1. 중재부의 구성에 관한 사항
2. 중재위원회규칙의 제정 및 개정에 관한 사항
3. 제11조의 규정에 의한 사무총장의 임명동의
4. 제32조의 규정에 의한 시정권고의 결정 및 그 취소결정
5. 그 밖에 중재위원회 위원장이 부의하는 사항

③ 중재위원회는 40인 이상 90인 이내의 중재위원으로 구성하며, 중재위원은 다음 각호의 자 중에서 문화관광부장관이 위촉한다.
1. 중재위원정수의 5분의 1 이상은 법관의 자격이 있는 자 중에서 법원행정처장이 추천한 자
2. 중재위원정수의 5분의 1 이상은 변호사의 자격이 있는 자 중에서 대한변호사협회장이 추천한 자
3. 중재위원정수의 5분의 1 이상은 언론사의 취재·보도 업무에 10년 이상 종사한 자

4. 그 밖에 언론에 관하여 학식과 경험이 풍부한 자

④ 중재위원회에 위원장 1인, 2인 이내의 부위원장 및 2인 이내의 감사를 두되, 각각 중재위원 중에서 호선한다.

⑤ 위원장·부위원장·감사 및 중재위원의 임기는 각각 3년으로 하되, 1회에 한하여 연임할 수 있다.

⑥ 위원장은 중재위원회를 대표하고, 중재위원회의 업무를 총괄한다.

⑦ 부위원장은 위원장을 보좌하며, 위원장이 사고가 있을 때에는 중재위원회규칙이 정하는 바에 따라 그 직무를 대행한다.

⑧ 감사는 중재위원회의 업무 및 회계를 감사한다.

⑨ 중재위원회는 재적위원 과반수의 출석과 출석위원 과반수의 찬성으로 의결한다.

⑩ 중재위원은 명예직으로 한다. 다만, 대통령령이 정하는 바에 따라 수당과 실비보상을 받을 수 있다.

> 시행령 제4조(중재위원에 대한 수당 등) 법 제7조 제10항 단서의 규정에 의하여 중재위원은 예산의 범위안에서 중재위원회가 정하는 바에 따라 수당 및 실비보상을 받는다.

⑪ 중재위원회의 구성·조직 및 운영에 관하여 필요한 사항은 중재위원회규칙으로 정한다. 이 경우 중재위원회규칙을 제정 또는 개정하고자 할 때에는 중재위원회의 의결을 거쳐야 한다.

제8조(중재위원의 직무상 독립과 결격사유) ① 중재위원은 법률과 양심에 따라 독립하여 직무를 행하며, 직무상 어떠한 지시나 간섭도 받지 아니한다.

② 다음 각호의 1에 해당하는 자는 중재위원이 될 수 없다.

1. 국가공무원법 제2조 및 지방공무원법 제2조의 규정에 의한 공무원(법관의 자격을 가진 자 및 교육공무원을 제외한다)
2. 정당법에 의한 정당원
3. 공직선거 및 선거부정방지법에 의하여 실시되는 선거에 후보자로 등록한 자
4. 언론사에 소속된 현직언론인
5. 국가공무원법 제33조 각호의 1에 해당하는 자

③ 중재위원이 제2항 각호의 1에 해당하게 된 때에는 당연히 그 직에서 해촉된다.

제9조(중재부) ① 중재는 5인 이내의 중재위원으로 구성된 중재부에서 하되, 중재부의 장은 법관 또는 변호사의 자격이 있는 중재위원 중에서 중재위원회 위원

장이 지명한다.

② 중재부는 중재부의 장을 포함한 과반수의 출석과 출석위원 과반수의 찬성으로 의결한다.

제10조(중재위원의 제척 등) ① 중재위원회의 위원이 다음 각호의 1에 해당하는 경우에는 그 직무의 집행에서 제척된다.

1. 중재위원 또는 그 배우자나 배우자이었던 자가 당해 분쟁사건(이하 "사건"이라 한다)의 당사자가 되는 경우
2. 중재위원이 당해 사건의 당사자와 친족관계에 있거나 있었던 경우
3. 중재위원이 당해 사건에 관하여 당사자의 대리인으로서 관여하거나 관여하였던 경우
4. 중재위원이 당해 사건의 원인인 보도 등에 관여한 경우

② 사건을 담당한 중재위원에게 제척의 원인이 있는 때에는 당해 중재위원이 속한 중재부는 직권 또는 당사자의 신청에 의하여 제척의 결정을 한다.

③ 당사자는 사건을 담당한 중재위원에게 공정한 직무집행을 기대하기 어려운 사정이 있는 경우에는 사건을 담당한 중재부에 기피신청을 할 수 있으며, 해당 중재부는 기피신청이 타당하다고 인정하는 때에는 기피의 결정을 한다.

④ 중재위원은 제 1 항 또는 제 3 항의 사유에 해당하는 때에는 스스로 그 사건의 직무집행에서 회피할 수 있다.

⑤ 제 3 항의 규정에 의한 기피신청이 있는 때에는 해당 위원이 속한 중재부는 그 신청에 대한 결정이 있을 때까지 중재절차를 중지하여야 한다.

⑥ 제 1 항 내지 제 5 항의 규정은 중재절차에 관여하는 직원에게 이를 준용한다.

> 시행령 제 5 조(제척 · 기피신청의 방법 등) ① 법 제10조 제 2 항 · 제 3 항 및 제 6 항의 규정에 의하여 중재위원 또는 중재절차에 관여하는 직원에 대한 제척 또는 기피신청을 하고자 하는 자는 그 중재위원이 소속된 중재부 또는 당해 사건관할 중재부에 서면으로 신청하거나 조정기일 또는 중재기일에 출석하여 구술로 신청하여야 한다.

> ② 제 1 항의 규정에 의하여 제척 또는 기피신청을 하는 때에는 제척 또는 기피신청의 이유를 명시하여야 한다.
>
> 시행령 제 6 조(제척 · 기피신청의 각하 등) ① 제척 또는 기피신청이 제 5 조의 규정에 의한 신청방식에 위반되거나 조정절차 등의 지연을 목적으로 하는 것이 명백한 경우에는 제척 또는 기피신청을 받은 중재부는 결정으로 이를 각하한다.

> ② 제척 또는 기피신청된 중재위원 또는 중재절차에 관여하는 직원은 제척 또는 기피신청에 대한 의견서를 제출할 수 있다.
>
> 시행령 제7조(조정·중재절차 등의 중지) ① 법 제10조 제2항의 규정에 의한 제척신청이 있는 때에는 해당 중재위원이 속한 중재부는 그 신청에 대한 결정이 있을 때까지 조정절차 또는 중재절차를 중지하여야 한다.
>
> ② 법 제10조 제2항 및 제3항의 규정에 의하여 제척 또는 기피신청이 있는 경우에 제척·기피신청을 한 날부터 그 결정에 이르기까지 소요된 기간은 법 제19조 제2항 및 법 제22조 제1항 후단의 규정에 의한 조정처리기간 및 직권조정처리기간에 산입하지 아니한다.

제11조(사무처) ① 중재위원회의 사무를 지원하고, 피해구제제도에 관한 조사·연구 등을 하기 위하여 중재위원회에 사무처를 둔다.

② 사무처에 사무총장 1인을 두되 중재위원회 위원장이 중재위원회의 동의를 얻어 임명하며, 그 임기는 3년으로 한다.

③ 중재위원회는 매년 그 활동결과를 다음 연도 2월 말까지 국회에 보고하여야 하며, 국회는 필요한 경우 중재위원회 위원장 또는 사무총장의 출석을 요구하여 그 의견을 들을 수 있다.

④ 사무처의 조직, 운영과 그 직원의 보수 그 밖의 필요한 사항은 중재위원회규칙으로 정한다.

> 시행령 제8조(예산 등의 협의) 중재위원회는 법 제11조의 규정에 의한 사무처의 예산 및 사업계획을 수립함에 있어서 국고지원이 따르는 예산 및 사업계획을 수립하는 때에는 미리 문화관광부장관과 협의하여야 한다.

제12조(중재위원회의 운영재원) 중재위원회의 운영재원은 방송법 제36조의 규정에 의한 방송발전기금으로 하되, 국가는 예산의 범위 안에서 중재위원회에 보조금을 지급할 수 있다.

제13조(벌칙적용에 있어서의 공무원의제) 중재위원 및 직원은 형법 그 밖의 법률에 의한 벌칙의 적용에 있어서 이를 공무원으로 본다.

제 3 장 침해에 대한 구제

제 1 절 언론사에 대한 정정보도청구 등

제14조(정정보도청구의 요건) ① 사실적 주장에 관한 언론보도가 진실하지 아니함으로 인하여 피해를 입은 자(이하 "피해자"라 한다)는 당해 언론보도가 있음을 안 날부터 3월 이내에 그 보도내용에 관한 정정보도를 언론사에 청구할 수 있다. 다만, 당해 언론보도가 있은 후 6월이 경과한 때에는 그러하지 아니하다.

② 제 1 항의 청구에는 언론사의 고의·과실이나 위법성을 요하지 아니한다.

③ 국가·지방자치단체, 기관 또는 단체의 장은 당해 업무에 대하여 그 기관 또는 단체를 대표하여 정정보도를 청구할 수 있다.

④ 민사소송법상 당사자능력이 없는 기관 또는 단체라도 하나의 생활단위를 구성하고, 보도내용과 직접적인 이해관계가 있는 때에는 그 대표자가 정정보도를 청구할 수 있다.

> 시행령 제 9 조(보도물의 공개) ① 언론보도로 피해를 입은 자는 법 제14조 제 1 항 본문의 규정에 의한 정정보도의 청구를 위하여 방송보도 및 방송프로그램, 정기간행물, 뉴스통신 및 인터넷신문 보도의 원본 또는 사본의 열람 또는 복사를 해당 언론사에 신청할 수 있다.
>
> ② 제 1 항의 규정에 의하여 신청을 받은 언론사는 피해를 입은 자가 피해사실과 관계 없는 자료의 열람 또는 복사를 요청하는 등 이를 거부할 만한 정당한 사유가 없는 한 이에 응하여야 한다. 이 경우 해당 언론사는 복사에 소요되는 실비를 받을 수 있으며, 그 비용의 결정기준을 당해 언론사가 운영하는 인터넷 홈페이지에 게시하여야 한다.

제15조(정정보도청구권의 행사) ① 정정보도청구는 언론사의 대표자에게 서면으로 하여야 하며, 청구서에는 피해자의 성명·주소·전화번호 등의 연락처를 기재하고, 정정의 대상인 보도내용 및 정정을 구하는 이유와 청구하는 정정보도문을 명시하여야 한다.

② 제 1 항의 청구를 받은 언론사의 대표자는 3일 이내에 그 수용 여부에 대한 통지를 청구인에게 발송하여야 한다. 이 경우 정정의 대상인 보도내용이 방송이나 인터넷신문의 보도과정에서 성립한 경우에 있어서는 당해 언론사가 그러한 사실이 없었음을 입증하지 않는 한 그 사실의 존재를 부인하지 못한다.

> 시행령 제10조(수용 여부의 통지방법) 언론사의 대표자가 법 제15조 제2항의 규정에 의하여 정정요구청구에 대한 수용 여부를 통지하는 때에는 전자우편 또는 국내특급우편 등의 신속한 방법에 의하여 이를 하여야 한다.

③ 언론사의 대표자가 제1항의 청구를 수용하는 때에는 지체없이 피해자 또는 그 대리인과 정정보도의 내용·크기 등에 관하여 협의한 후 그 청구를 받은 날부터 7일 내에 정정보도문을 방송 또는 게재하여야 한다. 다만, 정기간행물의 경우 이미 편집 및 제작이 완료되어 부득이한 때에는 다음 발행호에 이를 게재하여야 한다.

> 시행령 제11조(협의문의 내용) 법 제15조 제3항의 규정에 의한 정정보도의 내용·크기 등에 관한 협의에는 공표할 정정보도문의 내용·크기 외에 정정보도의 회수와 정정보도문의 위치 또는 방송순서가 포함되어야 한다.

④ 다음 각 호의 1에 해당하는 사유가 있는 경우에는 언론사는 정정보도청구를 거부할 수 있다.

1. 피해자가 정정보도청구권을 행사할 정당한 이익이 없는 때
2. 청구된 정정보도의 내용이 명백히 사실에 반하는 때
3. 청구된 정정보도의 내용이 명백히 위법한 내용인 때
4. 상업적인 광고만을 목적으로 하는 때
5. 청구된 정정보도의 내용이 국가·지방자치단체 또는 공공단체의 공개회의와 법원의 공개재판절차의 사실보도에 관한 것인 때

⑤ 언론사가 행하는 정정보도에는 원래의 보도내용을 정정하는 사실적 진술, 그 진술의 내용을 대표할 수 있는 제목과 이를 충분히 전달하는 데 필요한 설명 또는 해명을 포함하되 위법한 내용을 제외한다.

⑥ 언론사가 행하는 정정보도는 공정한 여론형성이 이루어지도록 그 사실공표 또는 보도가 행하여진 동일한 채널, 지면 또는 장소에 동일한 효과를 발생시킬 수 있는 방법으로 이를 하여야 하며, 방송의 정정보도문은 자막(라디오방송을 제외한다)과 함께 통상적인 속도로 읽을 수 있게 하여야 한다.

⑦ 언론사는 공표된 방송보도(재송신을 제외한다) 및 방송프로그램, 정기간행물·뉴스통신 및 인터넷신문 보도의 원본 또는 사본을 공표 후 6월간 보관하여야 한다.

제16조(반론보도청구권) ① 사실적 주장에 관한 언론보도로 인하여 피해를 입은 자는 그 보도내용에 관한 반론보도를 언론사에 청구할 수 있다.

② 제 1 항의 청구에는 언론사의 고의·과실이나 위법함을 요하지 아니하며, 보도내용의 진실 여부를 불문한다.

③ 반론보도청구에 관하여는 따로 규정된 것을 제외하고, 이 법의 정정보도에 관한 규정을 준용한다.

第17条(추후보도청구권) ① 언론에 의하여 범죄혐의가 있거나 형사상의 조치를 받았다고 보도 또는 공표된 자는 그에 대한 형사절차가 무죄판결 또는 이와 동등한 형태로 종결된 때에는 그 사실을 안 날부터 3월 이내에 언론사에 이 사실에 관한 추후보도의 게재를 청구할 수 있다.

② 제 1 항의 규정에 의한 추후보도에는 청구인의 명예나 권리회복에 필요한 설명 또는 해명이 포함되어야 한다.

③ 추후보도청구권에 관하여는 제 1 항 및 제 2 항에 규정된 것을 제외하고는 정정보도청구권에 관한 이 법의 규정을 준용한다.

④ 추후보도청구권은 특별한 사정이 있는 경우를 제외하고는 이 법의 규정에 의한 정정보도청구권이나 반론보도청구권의 행사에 영향을 미치지 아니한다.

제 2 절 조　정

第18条(조정신청) ① 이 법에 따른 정정보도청구·반론보도청구 및 추후보도청구(이하 "정정보도청구 등"이라 한다)와 관련하여 분쟁이 있는 경우, 피해자 또는 언론사는 중재위원회에 조정을 신청할 수 있다.

② 피해자는 언론에 의한 피해의 배상에 대하여 제14조 제 1 항의 기간 이내에 중재위원회에 조정을 신청할 수 있다. 이 경우 손해배상액을 명시하여야 한다.

③ 정정보도청구 등과 손해배상의 조정신청은 제14조 제 1 항(제16조 제 3 항 및 제17조 제 3 항의 규정에 따라 준용되는 경우를 포함한다)의 기간 이내에 구술이나 서면 그 밖에 대통령령이 정하는 바에 따라 전자우편 등의 방법으로 하며, 피해자가 제14조 제 1 항·제16조 제 1 항 및 제17조 제 1 항의 규정에 따라 언론사에 먼저 정정보도·반론보도 또는 추후보도를 청구한 때에는 피해자와 언론사 간의 협의가 불성립된 날부터 14일 이내에 하여야 한다.

> 시행령 제12조(전자우편 등에 의한 조정신청) ① 법 제18조 제 3 항의 규정에 의하여 전자우편 등의 방법으로 조정을 신청하고자 하는 자는 정보통신망을 이용하여 중재위원회의 홈페이지에 접속한 후 조정신청서의 내용을 입력하거나 중재위원회가 설치한 접수전용 전자우편함으로 조정신청서파일을 송부하여야 한다.

② 제 1 항의 규정에 따라 조정신청을 하는 경우, 조정신청의 접수일은 중재위원회의 컴퓨터 등에 접수된 날로 한다.

③ 중재부의 장은 제 1 항의 규정에 의하여 조정을 신청한 자에게 본인 여부를 확인할 수 있는 자료의 제출을 요구할 수 있다.

시행령 제13조(협의불성립) 법 제18조 제 3 항에서 "피해자와 언론사 간의 협의가 불성립된 날"이라 함은 언론사가 피해자의 청구를 거부한다는 명시적인 의사표시를 기재한 문서를 피해자가 수령한 날을 말한다.

④ 제 3 항의 규정에 의한 조정신청을 구술로 하고자 하는 신청인은 중재사무소의 담당직원에게 조정신청의 내용을 진술하고, 이의대상인 보도내용과 정정보도청구 등을 요청하는 정정보도문 등을 제출하여야 하며, 담당직원은 신청인의 조정신청의 내용을 기재한 조정신청조서를 작성하여 신청인에게 이를 확인하게 한 다음에 당해 조정신청조서에 신청인 및 담당직원이 서명 또는 날인하여야 한다.

⑤ 중재위원회는 중재위원회규칙으로 조정신청에 대하여 수수료를 징수할 수 있다.

⑥ 신청인은 조정절차 계속중에 정정보도청구 등과 손해배상청구 상호간의 변경을 포함하여 신청취지를 변경할 수 있고, 이들을 병합하여 청구할 수 있다.

제19조(조정) ① 조정은 관할중재부에서 한다. 관할구역을 같이 하는 중재부가 여럿일 경우에는 중재위원회 위원장이 중재부를 지정한다.

② 조정은 신청접수일부터 14일 이내에 하여야 하며, 중재부의 장은 조정신청을 접수한 때에는 지체없이 조정기일을 정하여 당사자에게 출석을 요구하여야 한다.

③ 제 2 항의 출석요구를 받은 신청인이 2회에 걸쳐 출석하지 아니한 경우에는 조정신청을 취하한 것으로 보며, 언론사인 피신청인이 2회에 걸쳐 출석하지 아니한 때에는 조정신청취지에 따라 정정보도 등을 이행하기로 합의한 것으로 본다.

④ 제 2 항의 출석요구를 받은 자가 천재지변 그 밖의 정당한 사유로 출석하지 못한 경우에는 그 사유가 소멸한 날부터 3일 이내에 당해 중재부에 이를 소명하여 기일속행신청을 할 수 있다. 중재부는 속행신청이 이유 없다고 인정하는 경우에는 이를 기각하고, 이유 있다고 인정하는 경우에는 다시 조정기일을 정하고 절차를 속행하여야 한다.

⑤ 조정기일에 중재위원은 조정대상인 분쟁에 관한 사실관계와 법률관계를 당사자들에게 설명·조언하거나 절충안을 제시하는 등 합의를 권유한다.

⑥ 변호사 아닌 자가 신청인이나 피신청인의 대리인이 되고자 하는 때에는 미리 중재부의 허가를 받아야 한다.

⑦ 신청인의 배우자·직계혈족·형제자매 또는 소속직원인 경우에는 신청인의

명시적인 반대의사가 없는 한 제 6 항의 규정에 의한 중재부의 허가 없이도 대리인이 될 수 있으며, 이 경우 대리인이 신청인과의 신분관계 및 수권관계를 서면으로 증명하거나 신청인이 중재부에 출석하여 대리인을 선임하였음을 확인하여야 한다.

⑧ 조정은 비공개를 원칙으로 하되, 참고인의 진술청취가 필요한 경우 등 필요하다고 인정되는 경우에는 중재위원회규칙이 정하는 바에 따라 참석 또는 방청을 허가할 수 있다.

⑨ 조정절차에 관하여는 이 법에 규정한 것을 제외하고는 민사조정법을 준용한다.

⑩ 조정의 절차와 중재부의 구성방법, 그 관할, 구술신청의 방식과 절차 그 밖의 필요한 사항은 중재위원회규칙으로 정한다.

제20조(증거조사) ① 중재부는 정정보도청구 등 또는 손해배상의 분쟁의 조정에 필요하다고 인정하는 경우, 당사자 쌍방에게 조정대상표현물이나 그 밖의 관련 자료의 제출을 명하거나 증거조사를 할 수 있다.

② 제 1 항의 증거조사에 관하여는 조정의 성질에 반하지 않는 한 민사소송법 제 2 편 제 3 장의 규정을 준용하며 중재부는 필요한 경우, 그 위원 또는 사무처직원으로 하여금 증거자료를 수집·보고하게 하고 조정기일에 그에 관하여 진술을 명할 수 있다.

③ 중재부의 장은 신속한 조정을 위하여 필요한 경우 제 1 회 조정기일 전이라도 제 1 항 및 제 2 항에 따른 자료의 제출이나 증거자료의 수집·보고를 명할 수 있다.

④ 중재부는 증거조사에 필요한 비용을 당사자 일방이나 쌍방에게 부담하게 할 수 있으며, 이에 관하여는 민사소송비용법을 준용한다. 이 경우 민사소송비용법의 규정 중 "법원"은 "중재부"로, "법관"은 "중재위원"으로, "법원서기"는 "중재위원회직원"으로 본다.

제21조(결정) ① 중재부는 조정신청이 부적법한 때에는 이를 각하하여야 한다.

② 중재부는 신청인의 주장이 이유 없음이 명백한 때에는 조정신청을 기각할 수 있다.

③ 중재부는 당사자간 합의불능 등 조정에 적합하지 아니한 현저한 사유가 있다고 인정되는 때에는 조정절차를 종결하고 조정불성립결정을 하여야 한다.

제22조(직권조정결정) ① 당사자 사이에 합의(제19조 제 3 항의 규정에 따른 합의 간주를 포함한다)가 이루어지지 아니한 경우, 또는 신청인의 주장이 이유 있다고 판단되는 경우 중재부는 당사자들의 이익 그 밖의 모든 사정을 참작하여 신청취지에 반하지 않는 한도 안에서 직권으로 조정에 갈음하는 결정(이하 "직권조정결정"이라 한다)을 할 수 있다. 이 경우 제19조 제 2 항의 규정에 불구하고 중재

신청 접수일부터 21일 이내에 하여야 한다.

② 직권조정결정에는 주문과 이유를 기재하고, 이에 관여한 중재위원 전원이 서명·날인하여야 하며, 그 정본을 지체없이 당사자에게 송달하여야 한다.

③ 직권조정결정에 불복이 있는 자는 결정정본을 송달받은 날부터 7일 이내에 중재부에 이의신청을 할 수 있다. 이 경우 그 결정은 효력을 상실한다.

④ 제3항의 규정에 따라 직권조정결정에 관하여 이의신청이 있는 경우 이의신청이 있은 때에 소가 제기된 것으로 보며, 피해자를 원고로, 상대방인 언론사를 피고로 한다.

第23조(조정에 의한 합의 등의 효력) 조정결과 당사자간에 합의가 성립하거나 제19조 제3항의 규정에 따라 합의가 이루어진 것으로 간주되는 때 및 제22조 제1항의 규정에 의한 직권조정결정에 이의신청이 없는 때에는 재판상 화해와 동일한 효력이 있다.

제3절 중 재

第24조(중재) ① 당사자 쌍방은 정정보도청구 등 또는 손해배상의 분쟁에 관하여 중재부의 종국적 결정에 따르기로 합의하고 중재를 신청할 수 있다.

> 시행령 제14조(중재의 개시) 법 제24조 제1항의 규정에 의한 중재절차는 신청인이 중재합의를 입증하는 서면을 첨부한 중재신청서를 중재부에 제출한 날부터 개시된다.
>
> 시행령 제15조(중재신청의 취하) ① 중재신청인은 중재결정에 이르기까지 중재신청의 일부 또는 전부를 상대방의 동의를 얻어 취하할 수 있다.
>
> ② 중재신청인이 중재신청을 취하하고자 하는 경우에는 상대방의 동의사실이 기재된 서면을 중재부에 제출하여야 한다.

② 제1항의 중재신청은 조정절차 계속중에도 할 수 있다.

③ 중재절차에 관하여는 성질에 반하지 않는 한 조정절차에 관한 이 법의 규정과 민사소송법 제34조·제35조·제39조·제41조 내지 제45조를 준용한다. 다만, 제척·기피신청에 관한 결정은 중재위원회 위원장이 지명하는 5인의 위원으로 구성하는 특별중재부가 하고, 당사자 쌍방은 그 결정에 대하여 불복하지 못한다.

④ 중재위원의 회피는 중재부의 허가를 요하지 않으며, 회피로 인하여 결원된 중재위원은 중재위원회 위원장이 지명한다.

第25조(중재결정의 효력) 중재결정은 확정판결과 동일한 효력이 있다.

제 4 절 소 송

제26조(정정보도청구 등의 소) ① 피해자는 법원에 정정보도청구 등의 소를 제기할 수 있다.

② 피해자는 정정보도청구 등의 소를 병합하여 제기할 수 있고, 소송계속중 정정보도청구 등의 소 상호간에 이를 변경할 수 있다.

③ 제 1 항의 소는 제14조 제 1 항(제16조 제 3 항 및 제17조 제 3 항의 규정에 따라 준용되는 경우를 포함한다)의 기간 이내에 제기하여야 한다. 피해자는 제 1 항의 소와 동시에 그 인용을 조건으로 민사집행법 제261조 제 1 항의 규정에 의한 간접강제의 신청을 병합하여 제기할 수 있다.

④ 제 1 항의 규정은 민법 제764조의 규정에 의한 권리의 행사에 영향을 미치지 아니한다.

⑤ 제 1 항의 규정에 의한 청구에 대한 제 1 심 재판은 피고의 보통재판적소재지의 지방법원합의부의 관할로 한다.

⑥ 제 1 항의 규정에 의한 청구에 대하여는 민사집행법의 가처분절차에 관한 규정에 의하여 재판하며, 청구가 이유 있는 경우에는 법원은 제15조 제 3 항 · 제 5 항 및 제 6 항의 규정에 따른 방법에 따라 정정보도 · 반론보도 또는 추후보도의 방송 · 게재 또는 공표를 명할 수 있다. 다만, 민사집행법 제277조 및 제287조는 이를 적용하지 아니한다.

⑦ 정정보도청구 등의 소의 재판에 관하여 필요한 사항은 대법원규칙으로 정한다. [2005헌마165 · 314 · 555 · 807, 2006헌가3(병합), 2006. 6. 29. 언론중재 및 피해구제 등에 관한 법률(2005. 1. 27. 법률 제7370호로 제정된 것) 제26조 제 6 항 본문 전단 중 '정정보도청구' 부분은 헌법에 위반된다]

제27조(재판) ① 정정보도청구 등의 소는 접수 후 3월 이내에 판결을 선고하여야 한다.

② 법원은 정정보도 · 반론보도 또는 추후보도 청구의 신청이 이유 있다고 인정하여 정정보도 · 반론보도 또는 추후보도를 명하는 때에는 방송 · 게재 또는 공표할 정정보도 · 반론보도 또는 추후보도의 내용 · 크기 · 시기 · 회수 · 게재부위 또는 방송순서 등을 정하여 이를 하여야 한다.

③ 법원이 제 2 항의 정정보도 · 반론보도 또는 추후보도의 내용 등을 정함에 있어서는 신청취지에 기재된 정정보도문 · 반론보도문 또는 추후보도문을 참작하여 신청인의 명예나 권리를 최대한 회복할 수 있도록 정하여야 한다.

제28조(불복절차) ① 정정보도청구 등을 인용한 재판에 대하여는 항소하는 외에

불복을 신청할 수 없다.

② 제 1 항의 불복절차에서 심리한 결과 정정보도·반론보도 또는 추후보도 청구의 전부 또는 일부가 기각되었어야 함이 판명되는 경우에는 이를 인용한 재판을 취소하여야 한다.

③ 제 2 항의 경우 언론사가 이미 정정보도·반론보도 또는 추후보도 의무를 이행한 때에는 그 신청에 따라 취소재판의 내용을 보도할 수 있음을 선고하고, 신청에 따라 피해자로 하여금 언론사가 이미 이행한 정정보도·반론보도 또는 추후보도와 취소재판의 보도를 위하여 필요한 비용 및 통상의 지면게재 사용료 또는 방송사용료로서 적정한 손해의 배상을 하도록 명하여야 한다. 이 경우 배상액은 해당된 지면사용료 또는 방송의 통상적인 광고비를 초과할 수 없다.

第29조(언론관련소송의 우선처리) 법원은 언론에 의하여 피해를 받았음을 이유로 하는 재판은 다른 재판에 우선하여 신속히 하여야 한다.

第30조(손해의 배상) ① 언론의 고의 또는 과실로 인한 위법행위로 인하여 재산상 손해를 입거나 인격권침해 그 밖에 정신적 고통을 받은 자는 그 손해에 대한 배상을 언론사에 청구할 수 있다.

② 법원은 제 1 항의 규정에 의한 손해가 발생한 사실은 인정되나 손해액의 구체적인 금액을 산정하기 곤란한 경우에는 변론의 취지 및 증거조사의 결과를 참작하여 그에 상당하다고 인정되는 손해액을 산정하여야 한다.

③ 제 1 항의 규정에 따른 자는 인격권을 침해하는 자에 대하여 침해의 정지를 청구할 수 있으며, 그 권리를 명백히 침해할 우려가 있는 자에 대하여 침해의 예방을 청구할 수 있다.

④ 제 1 항의 규정에 따른 자는 제 3 항의 규정에 의한 청구를 하는 경우에 침해행위에 제공되거나 침해행위에 의하여 만들어진 물건의 폐기나 그 밖의 필요한 조치를 청구할 수 있다.

第31조(명예훼손의 경우의 특칙) 타인의 명예를 훼손한 자에 대하여는 법원은 피해자의 청구에 의하여 손해배상에 갈음하거나 손해배상과 함께 정정보도의 공표 등 명예회복에 적당한 처분을 명할 수 있다. 정정보도의 청구에는 언론사의 고의 또는 과실로 인한 위법성을 요하지 아니한다.

제 5 절 시정권고 등

第32조(시정권고) ① 중재위원회는 언론의 보도내용에 의한 국가적 법익이나 사회적 법익 또는 타인의 법익 침해사항을 심의하여 필요한 경우 해당 언론사에 서면으로 그 시정을 권고할 수 있다.

> 시행령 제16조(시정권고의 방법) 중재위원회가 법 제32조 제1항의 규정에 의하여 시정권고를 하는 경우에는 다음 각 호의 사항을 명시한 서면으로 하여야 한다.
> 1. 시정권고의 대상이 되는 언론사의 명칭 및 언론사의 대표자의 이름
> 2. 시정권고의 대상이 되는 언론보도의 프로그램명 · 제목, 보도일시 및 지면(정기간행물의 경우에 한한다)
> 3. 시정권고의 이유
>
> 시행령 제17조(시정권고소 위원회) ① 법 제32조 제1항의 규정에 의한 시정권고에 관한 사항을 심의하기 위하여 중재위원회에 시정권고 소위원회를 둔다.
> ② 제1항의 규정에 의한 시정권고 소위원회는 위원장을 포함하여 중재위원회에서 선출하는 7인의 위원으로 구성한다.
> ③ 시정권고 소위원회는 월 1회 이상 개회하며, 재적위원 3분의 2 이상의 출석과 출석위원 과반수의 찬성으로 의결한다.

② 피해자가 아닌 자도 제1항의 시정권고를 신청할 수 있다. 이 경우 중재위원회는 60일 이내에 그 처리결과를 신청인에게 통지하여야 한다.

> 시행령 제18조(시정권고의 신청) ① 법 제32조 제2항 전단의 규정에 의하여 시정권고를 신청하고자 하는 자는 당해 언론보도가 있은 날부터 60일 이내에 중재위원회에 서면, 구술 또는 전자우편 등의 방법으로 이를 하여야 한다.
> ② 시정권고의 신청을 서면으로 하는 신청인은 신청서에 신청인의 이름, 주소 및 연락처 등의 인적 사항을 기재하고, 시정권고 요구대상인 언론사명, 보도일자, 보도내용 및 시정권고를 구하는 이유를 구체적으로 적시하여야 한다.
> ③ 시정권고의 신청을 구술로 하는 신청인은 중재사무소의 담당직원에게 신청내용을 진술하고, 담당직원은 신청인의 신청내용을 기재한 서류를 작성하여 신청인에게 이를 확인하게 한 다음에 당해 서류에 신청인 및 담당직원이 서명 또는 날인하여야 한다.
> ④ 시정권고의 신청을 전자우편 등의 방법으로 하는 신청인은 정보통신망을 이용하여 중재위원회의 홈페이지에 접속한 후 신청내용을 입력하거나 중재위원회가 설치한 접수전용 전자우편함으로 신청서파일을 송부하여야 한다.

③ 중재위원회는 시정권고의 기준을 정하여 공표하여야 한다.

④ 시정권고는 언론사에 대하여 권고적 효력을 가지는 데 그친다.

⑤ 중재위원회는 각 언론사별로 시정권고한 내용을 외부에 공표할 수 있다.

⑥ 시정권고에 불복하는 언론사는 시정권고통보를 받은 날부터 7일 이내에 중재위원회에 재심을 청구할 수 있다.

> 시행령 제19조(시정권고에 대한 재심) ① 법 제32조 제6항의 규정에 의하여 재심을 청구하는 언론사는 중재위원회에 재심청구서를 제출하여야 한다.
>
> ② 제1항의 규정에 의한 재심청구서에는 재심청구인의 명칭과 재심을 구하는 이유를 구체적으로 명시하여야 한다.
>
> ③ 제1항의 규정에 의한 재심청구는 전자우편의 방법으로 할 수 있다. 이 경우 정보통신망을 이용하여 중재위원회의 홈페이지에 접속한 후 재심청구 내용을 입력하거나 중재위원회가 설치한 접수전용 전자우편함으로 재심청구서 파일을 송부하여야 한다.
>
> 시행령 제20조(시정권고의 방법·절차 등) 이 영에 정한 것 외에 시정권고의 세부적인 방법·절차 그 밖에 필요한 사항은 언론중재위원회규칙으로 정한다.

⑦ 언론사는 재심절차에 출석하여 발언하고, 관련자료를 제출할 수 있다.

⑧ 중재위원회는 재심청구가 정당하다고 인정되는 때에는 시정권고를 취소하여야 한다.

⑨ 제1항의 규정에 의한 시정권고의 방법·절차 그 밖에 필요한 사항은 대통령령으로 정한다.

제33조(취업금지) 형법 제357조 또는 제359조의 규정에 의하여 유죄판결을 받은 자는 다음 각호의 기간 동안 언론사의 임원이 되거나 직원으로 취업할 수 없다.

1. 징역형의 집행이 종료되거나 집행을 받지 아니하기로 확정된 날부터 5년
2. 징역형의 집행유예의 기간이 종료된 날부터 2년
3. 징역형의 선고유예를 받은 날부터 2년

제6장 벌 칙

제34조(과태료) ① 다음 각호의 1에 해당하는 자는 3천만원 이하의 과태료에 처한다.

1. 제 6 조 제 1 항 또는 제 4 항의 규정을 위반하여 고충처리인을 두지 아니하거나 고충처리인에 관한 사항을 제정하지 아니한 자
2. 제15조 제 3 항의 규정(다른 규정에 의하여 준용되는 경우를 포함한다)을 위반하여 정정보도문 등을 방송 또는 게재하지 아니한 자
3. 제15조 제 7 항의 규정을 위반하여 공표된 보도물을 보관하지 아니한 자
4. 제33조의 규정에 의한 취업금지를 위반한 자

> 시행령 제21조(과태료부과) ① 문화관광부장관은 법 제34조 제 1 항의 규정에 의하여 과태료를 부과하는 때에는 당해 위반행위를 조사·확인한 후 위반사실과 과태료금액 등을 서면으로 명시하여 이를 납부할 것을 과태료처분대상자에게 통지하여야 한다.
> ② 문화관광부장관은 제 1 항의 규정에 의하여 과태료를 부과하고자 하는 때에는 10일 이상의 기간을 정하여 과태료처분대상자에게 구술 또는 서면에 의한 의견진술의 기회를 주어야 한다. 이 경우 지정된 기일까지 의견진술이 없는 때에는 의견이 없는 것으로 본다.
> ③ 문화관광부장관은 과태료의 금액을 정함에 있어서는 당해 위반행위의 동기 및 그 결과 등 제반사항을 참작하여야 한다.
> ④ 과태료의 징수절차에 관하여는 국고금관리법령의 수입금징수에 관한 절차에 따라 징수한다. 이 경우 납입고지서에는 이의방법 및 이의기간 등을 함께 기재하여야 한다.

② 제 1 항의 규정에 의한 과태료는 대통령령이 정하는 바에 의하여 문화관광부장관이 부과·징수한다.
③ 제 2 항의 규정에 의한 과태료처분에 불복이 있는 자는 그 처분의 고지를 받은 날부터 30일 이내에 문화관광부장관에게 이의를 제기할 수 있다.
④ 제 2 항의 규정에 의한 과태료처분을 받은 자가 제 3 항의 규정에 의한 이의를 제기한 때에는 문화관광부장관은 지체없이 관할법원에 그 사유를 통보하여야 하며, 그 통보를 받은 관할법원은 비송사건절차법에 의한 과태료의 재판을 한다.
⑤ 제 3 항의 규정에 의한 기간 이내에 이의를 제기하지 아니하고, 과태료를 납부하지 아니한 때에는 국세체납처분의 예에 의하여 이를 징수한다.

부 칙〈제7370호, 2005. 1. 27〉

제1조(시행일) 이 법은 공포 후 6월이 경과한 날부터 시행한다.

> 시행령 부칙〈제18974호, 2005. 7. 27〉
> ① (시행일) 이 영은 2005년 7월 28일부터 시행된다.

제2조(시행 전 언론보도에 관한 경과조치) 이 법은 이 법 시행 전에 행하여진 언론보도에 대하여도 이를 적용한다. 다만, 언론사에 대한 정정보도·반론보도·추후보도의 청구기간, 언론중재위원회에 대한 조정 또는 중재 신청기간에 관한 제14조 제1항, 제16조 제3항, 제17조 제1항 및 제18조 제3항의 규정은 적용하지 아니하고 종전의 규정에 의한다.

제3조(언론중재위원회 및 법원에 계류중인 사건에 관한 경과조치) 이 법 시행 전 종전의 정기간행물의 등록 등에 관한 법률의 규정에 따라 언론중재위원회 또는 법원에 계류중인 사건에 대하여는 종전의 규정에 따른다.

[2005헌마165·314·555·801, 2006헌가3(병합), 2006. 6. 29, 부칙 제2조 중 제14조 제2항, 제26조 제6항 본문 전단 중 정정보도청구부분, 제31조 후문 부분은 각 헌법에 위반된다]

제4조(중재위원회에 관한 경과조치) ① 이 법 시행 당시 정기간행물의 등록 등에 관한 법률의 규정에 의한 언론중재위원회는 이 법에 의하여 설치된 것으로 본다.

> 시행령 부칙 ②(시정권고 소위원회에 관한 경과조치) 이 영 시행 당시 「정기간행물의 등록 등에 관한 법률 시행령」의 규정에 의하여 설치된 시정권고 소위원회는 이 영에 의하여 설치된 것으로 본다.

② 이 법 시행 당시 정기간행물의 등록 등에 관한 법률에 의하여 위촉 또는 임명된 중재위원 및 언론중재위원회 사무총장은 그 임기만료시까지 이 법에 의하여 위촉 또는 임명된 것으로 본다.

제5조(다른 법률의 개정) 방송법 중 다음과 같이 개정한다.

제91조를 삭제한다.

제108조 제1항 제25호를 삭제한다.

제6조(다른 법령과의 관계) 이 법 시행 당시 다른 법령에서 종전의 정기간행물의 등록 등에 관한 법률, 방송법의 규정 중 이 법에서 규정한 내용에 해당하는 규정을 인용한 경우에는 이 법 중 해당하는 규정을 인용한 것으로 본다.

放 送 法

폐지제정 2000. 1. 12. 법률 제6139호
일부개정 2007. 1. 26. 법률 제8301호

(시행령은 지면사정으로 생략함)

제1장 총 칙

제1조(목적) 이 법은 방송의 자유와 독립을 보장하고, 방송의 공적 책임을 높임으로써 시청자의 권익보호와 민주적 여론형성 및 국민문화의 향상을 도모하고, 방송의 발전과 공공복리의 증진에 이바지함을 목적으로 한다.

제2조(용어의 정의) 이 법에서 사용하는 용어의 정의는 다음과 같다. 〈개정 2004. 3. 22, 2006. 10. 27, 2007. 1. 26〉

1. "방송"이라 함은 방송프로그램을 기획·편성 또는 제작하여 이를 공중(개별계약에 의한 수신자를 포함하며, 이하 "시청자"라 한다)에게 전기통신설비에 의하여 송신하는 것으로서 다음 각목의 것을 말한다.
   가. 텔레비전방송 : 정지 또는 이동하는 사물의 순간적 영상과 이에 따르는 음성·음향 등으로 이루어진 방송프로그램을 송신하는 방송
   나. 라디오방송 : 음성·음향 등으로 이루어진 방송프로그램을 송신하는 방송
   다. 데이터방송 : 방송사업자의 채널을 이용하여 데이터(문자·숫자·도형·이미지 그 밖의 정보체계를 말한다)를 위주로 하여 이에 따르는 영상·음성·음향 및 이들의 조합으로 이루어진 방송프로그램을 송신하는 방송(인터넷 등 통신망을 통하여 제공하거나 매개하는 경우를 제외한다. 이하 같다)
   라. 이동멀티미디어방송 : 이동중 수신을 주 목적으로 다채널을 이용하여 텔레비전방송·라디오방송 및 데이터방송을 복합적으로 송신하는 방송
2. "방송사업"이라 함은 방송을 행하는 다음 각목의 사업을 말한다.
   가. 지상파방송사업 : 방송을 목적으로 하는 지상의 무선국을 관리·운영하며, 이를 이용하여 방송을 행하는 사업
   나. 종합유선방송사업 : 종합유선방송국(다채널방송을 행하기 위한 유선방송국설비와 그 종사자의 총체를 말한다. 이하 같다)을 관리·운영하며, 전송·선로설비를 이용하여 방송을 행하는 사업
   다. 위성방송사업 : 인공위성의 무선설비를 소유 또는 임차하여 무선국을 관리·운영하며, 이를 이용하여 방송을 행하는 사업

라. 방송채널사용사업 : 지상파방송사업자 · 종합유선방송사업자 또는 위성방송사업자와 특정채널의 전부 또는 일부 시간에 대한 전용사용계약을 체결하여 그 채널을 사용하는 사업

3. "방송사업자"라 함은 다음 각목의 자를 말한다.
   가. 지상파방송사업자 : 지상파방송사업을 하기 위하여 제9조 제1항의 규정에 의하여 허가를 받은 자
   나. 종합유선방송사업자 : 종합유선방송사업을 하기 위하여 제9조 제2항의 규정에 의하여 허가를 받은 자
   다. 위성방송사업자 : 위성방송사업을 하기 위하여 제9조 제1항의 규정에 의하여 허가를 받은 자
   라. 방송채널사용사업자 : 방송채널사용사업을 하기 위하여 제9조 제5항의 규정에 의하여 등록을 하거나 승인을 얻은 자
   마. 공동체라디오방송사업자 : 공중선전력 10와트 이하로 공익목적으로 라디오방송을 하기 위하여 제9조 제11항의 규정에 의하여 허가를 받은 자
4. "중계유선방송"이라 함은 지상파방송(방송을 목적으로 하는 지상의 무선국을 이용하여 행하는 방송을 말한다. 이하 같다) 또는 이 법에 의한 한국방송공사 및 특별법에 의하여 설립된 방송사업자가 행하는 위성방송(인공위성의 무선국을 이용하여 행하는 방송을 말한다. 이하 같다)이나 대통령령이 정하는 방송을 수신하여 중단송신(방송편성을 변경하지 아니하는 녹음 · 녹화를 포함한다)하는 것을 말한다.
5. "중계유선방송사업"이라 함은 중계유선방송을 행하는 사업을 말한다.
6. "중계유선방송사업자"라 함은 중계유선방송사업을 하기 위하여 제9조 제2항의 규정에 의하여 허가를 받은 자를 말한다.
7. "음악유선방송"이라 함은 음반 · 비디오물 및 게임물에 관한 법률에 의하여 판매 · 배포되는 음반에 수록된 음악을 방송하는 것을 말한다.
8. "음악유선방송사업"이라 함은 음악유선방송을 행하는 사업을 말한다.
9. "음악유선방송사업자"라 함은 음악유선방송사업을 하기 위하여 제9조 제5항의 규정에 의하여 등록을 한 자를 말한다.
10. "전광판방송"이라 함은 상시 또는 일정기간 계속하여 전광판에 보도를 포함하는 방송프로그램을 표출하는 것을 말한다.
11. "전광판방송사업"이라 함은 전광판방송을 행하는 사업을 말한다.
12. "전광판방송사업자"라 함은 전광판방송사업을 하기 위하여 제9조 제5항의 규정에 의하여 등록을 한 자를 말한다.

13. “전송망사업”이라 함은 방송프로그램을 종합유선방송국으로부터 시청자에게 전송하기 위하여 유·무선 전송·선로설비를 설치·운용하는 사업을 말한다.
14. “전송망사업자”라 함은 전송망사업을 하기 위하여 제9조 제10항의 규정에 의하여 등록을 한 자를 말한다.
15. “방송편성”이라 함은 방송되는 사항의 종류·내용·분량·시각·배열을 정하는 것을 말한다.
16. “방송분야”라 함은 보도·교양·오락 등으로 방송프로그램의 영역을 분류한 것을 말한다.
17. “방송프로그램”이라 함은 방송편성의 단위가 되는 방송내용물을 말한다.
18. “종합편성”이라 함은 보도·교양·오락 등 다양한 방송분야 상호간에 조화를 이루도록 방송프로그램을 편성하는 것을 말한다.
19. “전문편성”이라 함은 특정방송분야의 방송프로그램을 전문적으로 편성하는 것을 말한다.
20. “유료방송”이라 함은 시청자와의 계약에 의하여 수개의 채널단위·채널별 또는 방송프로그램별로 대가를 받고 제공하는 방송을 말한다.

20의2. “채널”이라 함은 동일한 주파수대역을 통해서 연속적인 흐름 또는 정보체계의 형태로 제공되어지는 텔레비전방송, 라디오방송 또는 데이터방송의 단위를 말한다.

21. “방송광고”라 함은 광고를 목적으로 하는 방송내용물을 말한다.
22. “협찬고지”라 함은 타인으로부터 방송프로그램의 제작에 직접적·간접적으로 필요한 경비·물품·용역·인력 또는 장소 등을 제공받고 그 타인의 명칭 또는 상호 등을 고지하는 것을 말한다.
23. “방송편성책임자”라 함은 방송편성에 대하여 결정을 하고 책임을 지는 자를 말한다.
24. “보도”라 함은 국내외 정치·경제·사회·문화 등의 전반에 관하여 시사적인 취재보도·논평·해설 등의 방송프로그램을 편성하는 것을 말한다.
25. “보편적 시청권”이라 함은 국민적 관심이 매우 큰 체육경기대회 그 밖의 주요 행사 등에 관한 방송을 일반국민이 시청할 수 있는 권리를 말한다.

제3조(시청자의 권익보호) 방송사업자는 시청자가 방송프로그램의 기획·편성 또는 제작에 관한 의사결정에 참여할 수 있도록 하여야 하고, 방송의 결과가 시청자의 이익에 합치하도록 하여야 한다.

제4조(방송편성의 자유와 독립) ① 방송편성의 자유와 독립은 보장된다.

② 누구든지 방송편성에 관하여 이 법 또는 다른 법률에 의하지 아니하고는 어떠

한 규제나 간섭도 할 수 없다.

③ 방송사업자는 방송편성책임자를 선임하고, 그 성명을 방송시간 내에 매일 1회 이상 공표하여야 하며, 방송편성책임자의 자율적인 방송편성을 보장하여야 한다.

④ 종합편성 또는 보도에 관한 전문편성을 행하는 방송사업자는 방송프로그램제작의 자율성을 보장하기 위하여 취재 및 제작 종사자의 의견을 들어 방송편성규약을 제정하고, 이를 공표하여야 한다.

제5조(방송의 공적 책임) ① 방송은 인간의 존엄과 가치 및 민주적 기본질서를 존중하여야 한다.

② 방송은 국민의 화합과 조화로운 국가의 발전 및 민주적 여론형성에 이바지하여야 하며, 지역간·세대간·계층간·성별간의 갈등을 조장하여서는 아니 된다.

③ 방송은 타인의 명예를 훼손하거나 권리를 침해하여서는 아니 된다.

④ 방송은 범죄 및 부도덕한 행위나 사행심을 조장하여서는 아니 된다.

⑤ 방송은 건전한 가정생활과 아동 및 청소년의 선도에 나쁜 영향을 끼치는 음란·퇴폐 또는 폭력을 조장하여서는 아니 된다.

제6조(방송의 공정성과 공익성) ① 방송에 의한 보도는 공정하고 객관적이어야 한다.

② 방송은 성별·연령·직업·종교·신념·계층·지역·인종 등을 이유로 방송편성에 차별을 두어서는 아니 된다. 다만, 종교의 선교에 관한 전문편성을 행하는 방송사업자가 그 방송분야의 범위 안에서 방송을 하는 경우에는 그러하지 아니하다.

③ 방송은 국민의 윤리적·정서적 감정을 존중하여야 하며, 국민의 기본권옹호 및 국제친선의 증진에 이바지하여야 한다.

④ 방송은 국민의 알 권리와 표현의 자유를 보호·신장하여야 한다.

⑤ 방송은 상대적으로 소수이거나 이익추구의 실현에 불리한 집단이나 계층의 이익을 충실하게 반영하도록 노력하여야 한다.

⑥ 방송은 지역사회의 균형 있는 발전과 민족문화의 창달에 이바지하여야 한다.

⑦ 방송은 사회교육기능을 신장하고, 유익한 생활정보를 확산·보급하며, 국민의 문화생활의 질적 향상에 이바지하여야 한다.

⑧ 방송은 표준말의 보급에 이바지하여야 하며, 언어순화에 힘써야 한다.

⑨ 방송은 정부 또는 특정집단의 정책 등을 공표함에 있어 의견이 다른 집단에게 균등한 기회가 제공되도록 노력하여야 하고, 또한 각 정치적 이해당사자에 관한 방송프로그램을 편성함에 있어서도 균형성이 유지되도록 하여야 한다.

제7조(적용범위) 방송에 관하여는 다른 법률에 특별한 규정이 있는 경우를 제외

하고는 이 법이 정하는 바에 의한다.

제 2 장 방송사업자 등

제 8 조(소유제한 등) ① 방송사업자가 주식을 발행하는 경우에는 기명식으로 하여야 한다.

② 누구든지 대통령령이 정하는 특수한 관계에 있는 자(이하 "특수관계자"라 한다)가 소유하는 주식 또는 지분을 포함하여 지상파방송사업자 및 종합편성 또는 보도에 관한 전문편성을 행하는 방송채널사용사업자의 주식 또는 지분 총수의 100분의 30을 초과하여 소유할 수 없다. 다만, 다음 각 호의 1에 해당하는 경우에는 그러하지 아니하다. 〈개정 2004. 3. 22, 2006. 10. 27〉

1. 국가 또는 지방자치단체가 방송사업자의 주식 또는 지분을 소유하는 경우
2. 「방송문화진흥회법」에 의하여 설립된 방송문화진흥회가 방송사업자의 주식 또는 지분을 소유하는 경우
3. 종교의 선교를 목적으로 하는 방송사업자에 출자하는 경우

③ 제 2 항의 규정에 불구하고 독점규제 및 공정거래에 관한 법률 제 2 조 제 2 호의 규정에 의한 기업집단 중 자산총액 등 대통령령이 정하는 기준에 해당하는 기업집단에 속하는 회사(이하 "대기업"이라 한다)와 그 계열회사(특수관계자를 포함한다) 또는 정기간행물의 등록 등에 관한 법률에 의한 일간신문이나 뉴스통신진흥에 관한 법률의 규정에 의한 뉴스통신(이하 "뉴스통신"이라 한다)을 경영하는 법인(특수관계자를 포함한다)은 지상파방송사업 및 종합편성 또는 보도에 관한 전문편성을 행하는 방송채널사용사업을 겸영하거나 그 주식 또는 지분을 소유할 수 없다. 〈개정 2002. 12. 18, 2003. 5. 29, 2004. 3. 22〉

④ 「신문 등의 자유와 기능보장에 관한 법률」에 따른 일간신문이나 뉴스통신을 경영하는 법인(각 특수관계자를 포함한다)은 종합유선방송사업자 및 위성방송사업자의 주식 또는 지분 총수의 100분의 33을 초과하여 소유할 수 없으며, 대기업과 그 계열회사를 경영하는 법인(각 특수관계자를 포함한다)은 단독 또는 공동으로 위성방송사업자의 주식 또는 지분 총수의 100분의 49를 초과하여 소유할 수 없다. 〈개정 2007. 1. 26〉

⑤ 지상파방송사업자·종합유선방송사업자 및 위성방송사업자는 시장점유율 또는 사업자수 등을 고려하여 대통령령이 정하는 범위를 초과하여 상호 겸영하거나 그 주식 또는 지분을 소유할 수 없다. 다만, 지상파방송사업자와 종합유선방송사업자는 상호 겸영하거나 그 주식 또는 지분을 소유할 수 없다.

⑥ 지상파방송사업자 · 종합유선방송사업자 · 위성방송사업자 · 방송채널사용사업자 및 전송망사업자는 시장점유율, 방송분야 또는 사업자수 등을 고려하여 대통령령이 정하는 범위를 초과하여 상호 겸영하거나 그 주식 또는 지분을 소유할 수 없다. 〈신설 2006. 10. 27〉

⑦ 지상파방송사업자 · 종합유선방송사업자 또는 위성방송사업자는 시장점유율 또는 사업자수 등을 고려하여 대통령령이 정하는 범위를 초과하여 지상파방송사업자는 이동멀티미디어방송을 행하는 다른 지상파방송사업, 종합유선방송사업자는 다른 종합유선방송사업, 위성방송사업자는 다른 위성방송사업을 겸영하거나 그 주식 또는 지분을 소유할 수 없다. 〈개정 2004. 3. 22〉

⑧ 방송채널사용사업자는 시장점유율 또는 사업자수 등을 고려하여 대통령령이 정하는 범위를 초과하여 다른 방송채널사용사업을 겸영하거나 그 주식 또는 지분을 소유할 수 없다.

⑨ 정당은 방송사업자의 주식 또는 지분을 소유할 수 없다. 〈개정 2004. 3. 12〉

⑩ 제 5 항 내지 제 8 항의 규정에 의한 겸영금지 및 소유제한 대상자에는 그의 특수관계자를 포함한다.

⑪ 제 2 항 내지 제 9 항의 규정을 위반하여 주식 또는 지분을 소유한 자는 그 소유분 또는 초과분에 대한 의결권을 행사할 수 없다.

⑫ 방송위원회는 제 2 항 내지 제 9 항의 규정을 위반하여 사업을 겸영하거나 주식 또는 지분을 소유하고 있는 자에게 6월 이내의 기간을 정하여 해당 사항을 시정할 것을 명할 수 있다. 〈신설 2004. 3. 22〉

⑬ 다음 각 호의 어느 하나에 해당하는 자는 공동체라디오방송사업자가 될 수 없다. 〈신설 2006. 10. 27〉

1. 대한민국 정부
2. 지방자치단체
3. 종교단체
4. 정당
5. 영리를 목적으로 공동체라디오방송사업을 영위하려는 자

⑭ 공동체라디오방송사업자는 1 개를 초과하여 방송국을 소유할 수 없다. 〈신설 2006. 10. 27〉

제 9 조(추천 · 허가 · 승인 · 등록 등) ① 지상파방송사업 또는 위성방송사업을 하고자 하는 자는 방송위원회의 추천을 받아 전파법이 정하는 바에 의하여 정보통신부장관의 방송국허가를 받아야 한다.

② 종합유선방송사업 또는 중계유선방송사업을 하고자 하는 자는 방송위원회의

추천을 받아 대통령령이 정하는 기준에 적합하게 시설과 기술을 갖추어 정보통신부장관의 허가를 받아야 한다.

③ 제2항의 규정에 불구하고 대통령령이 정하는 기준에 해당하는 중계유선방송사업자가 종합유선방송사업을 하고자 할 경우에는 방송위원회의 승인을 얻어야 한다. 이 경우 방송위원회는 정보통신부장관과 협의하여야 한다.

④ 제3항의 규정에 의하여 승인을 얻은 자는 승인을 얻은 때부터 제2조 제3호 나목의 규정에 의한 종합유선방송사업자로 허가를 받은 것으로 본다.

⑤ 방송채널사용사업·전광판방송사업 또는 음악유선방송사업을 하고자 하는 자는 방송위원회에 등록하여야 한다. 다만, 종합편성이나 보도 또는 상품소개와 판매에 관한 전문편성을 행하는 방송채널사용사업을 하고자 하는 자는 방송위원회의 승인을 얻어야 한다. 이 경우 데이터방송을 하기 위하여 등록을 하거나 승인을 얻은 자는 등록을 하거나 승인을 얻은 날부터 7일 이내에 전기통신사업법 제21조의 규정에 의한 부가통신사업의 신고를 하여야 한다. 〈개정 2004. 3. 22〉

⑥ 외국인공위성의 무선설비(국내에서 수신될 수 있는 것에 한한다)를 이용하여 위성방송을 행하는 사업을 하고자 하는 자는 방송위원회의 승인을 얻어야 한다. 이 경우 방송위원회는 정보통신부장관과 협의하여야 한다.

⑦ 제6항의 규정에 의하여 승인을 얻은 자에 대하여는 제2조 제3호 다목의 위성방송사업자에 대하여 적용되는 규정을 준용한다.

⑧ 외국인공위성의 무선국(국내에서 수신될 수 있는 것에 한한다)의 특정채널의 전부 또는 일부 시간에 대한 전용사용계약을 체결하여 그 채널을 사용하고자 하는 자는 방송위원회의 승인을 얻어야 한다. 이 경우 방송위원회는 정보통신부장관과 협의하여야 한다.

⑨ 제8항의 규정에 의하여 승인을 얻은 자에 대하여는 제2조 제3호 라목의 방송채널사용사업자에 대하여 적용되는 규정을 준용한다.

⑩ 전송망사업을 하고자 하는 자는 정보통신부장관에게 등록하여야 한다.

⑪ 공동체라디오방송사업을 하고자 하는 자는 방송위원회의 추천을 받아 「전파법」이 정하는 바에 따라 정보통신부장관의 방송국허가를 받아야 한다. 이 경우 공동체라디오방송사업자의 편성, 재원 등 운영에 필요한 세부사항은 대통령령으로 정한다. 〈신설 2006. 10. 27〉

⑫ 제1항 내지 제11항의 규정에 의한 추천·허가·승인 및 등록의 요건·절차 등에 관하여 필요한 사항은 대통령령으로 정한다. 〈개정 2006. 12. 27〉

제10조(심사기준·절차) ① 방송위원회는 제9조 제1항 및 제2항의 추천, 동조 제3항·제5항·제6항 및 제8항의 규정에 의한 승인을 할 때에는 다음 각 호

의 사항을 심사하여 그 결과를 공표하여야 한다.

1. 방송의 공적 책임 · 공정성 · 공익성의 실현가능성
2. 방송프로그램의 기획 · 편성 및 제작계획의 적절성
3. 지역적 · 사회적 · 문화적 필요성과 타당성
4. 조직 및 인력운영 등 경영계획의 적정성
5. 재정 및 기술적 능력
6. 방송발전을 위한 지원계획
7. 기타 사업수행에 필요한 사항

② 방송위원회는 제 1 항의 규정에 의한 심사를 할 때에는 시청자의 의견을 공개적으로 청취하고, 그 의견의 반영 여부를 공표하여야 한다.

③ 방송위원회는 종합유선방송사업을 하고자 하는 자를 추천하고자 할 때에는 특별시장 · 광역시장 또는 도지사(이하 "시·도지사"라 한다)의 의견을 들어야 한다.

第11조(방송분야 등의 고시) 방송위원회는 방송프로그램의 전문성과 채널의 다양성이 구현될 수 있도록 하기 위하여 전문편성의 방송분야와 방송프로그램의 종류에 따른 편성비율 등을 고시할 수 있다.

第12조(지역사업권) ① 방송위원회는 제 9 조 제 2 항의 규정에 의하여 종합유선방송사업 또는 중계유선방송사업을 허가, 추천할 때에는 일정한 방송구역안에서 사업을 운영하는 권리(이하 "지역사업권"이라 한다)를 부여할 수 있다. 제 9 조 제 3 항의 규정에 의하여 종합유선방송사업을 승인할 때에도 또한 같다.

② 제 1 항의 규정에 의한 방송구역과 음악유선방송의 사업구역은 행정구역을 중심으로 지역주민의 생활권 및 지리적 여건과 전기통신설비 등을 참작하여 관계중앙행정기관의 장 및 시·도지사와 협의하여 방송위원회가 고시한다.

③ 삭제 〈2005. 5. 18〉

第13조(결격사유) ① 국가 · 지방자치단체 또는 법인이 아닌 자는 방송사업 또는 전송망사업을 할 수 없다. 제18조의 규정에 의하여 허가 · 승인 또는 등록이 취소된 후 3 년이 경과되지 아니한 자의 경우에도 또한 같다.

② 다음 각 호의 1에 해당하는 자는 중계유선방송사업 · 음악유선방송사업을 할 수 없다.

1. 외국인 또는 외국의 정부나 단체
2. 미성년자 또는 한정치산자
3. 파산선고를 받은 자로서 복권되지 아니한 자
4. 이 법을 위반하여 벌금 이상의 형을 선고받고 그 집행이 종료되거나 그 집행을 받지 아니하기로 확정된 후 3 년이 경과되지 아니한 자 또는 그 집행

유예기간중에 있는 자

5. 제18조의 규정에 의하여 중계유선방송사업·음악유선방송사업의 허가 또는 등록이 취소된 후 2년이 경과되지 아니한 자

③ 다음 각호의 1에 해당하는 자는 제9조 제1항·제2항·제3항·제5항·제6항·제8항 및 제10항의 규정에 의하여 허가 또는 승인을 받거나 등록을 한 법인의 대표자 또는 방송편성책임자가 될 수 없다. 〈개정 2005.8.4〉

1. 대한민국의 국적을 가지지 아니한 자
2. 미성년자 또는 한정치산자
3. 파산선고를 받은 자로서 복권되지 아니한 자
4. 이 법을 위반하여 벌금 이상의 형을 선고받고 그 집행이 종료되거나 그 집행을 받지 아니하기로 확정된 후 3년이 경과되지 아니한 자 또는 그 집행유예기간중에 있는 자
5. 형법 제87조 내지 제90조, 제92조, 제101조, 군형법 제5조 내지 제8조, 제9조 제2항, 제11조 내지 제16조 또는 국가보안법 제3조 내지 제9조의 죄를 범하여 금고 이상의 실형의 선고를 받고 그 형의 집행이 종료되지 아니하거나 집행을 받지 아니하기로 확정되지 아니한 자 또는 집행유예기간중에 있는 자
6. 「보안관찰법」에 의한 보안관찰처분, 「사회보호법」에 의한 보호감호 또는 「치료감호법」에 의한 치료감호의 집행중에 있는 자
7. 외국의 법인 또는 단체의 대표자(전송망사업의 경우는 제외한다)

제14조(외국자본의 출자 및 출연) ① 지상파방송사업과 종합편성 또는 보도에 관한 전문편성을 행하는 방송채널사용사업 및 중계유선방송사업을 행하는 자는 다음 각호에 해당하는 자로부터 재산상의 출자 또는 출연을 받을 수 없다. 다만, 방송사업자 및 중계유선방송사업자가 방송위원회의 승인을 얻은 경우에는 교육·체육·종교·자선 기타 국제적 친선을 목적으로 하는 외국의 단체로부터 재산상의 출연을 받을 수 있다.

1. 외국의 정부나 단체
2. 외국인
3. 외국의 정부나 단체 또는 외국인이 대통령령이 정하는 비율을 초과하여 주식 또는 지분을 소유하고 있는 법인

② 위성방송사업을 행하는 자는 당해 법인의 주식 또는 지분 총수의 100분의 33을 초과하여 제1항 각호에 해당하는 자로부터 재산상의 출자 또는 출연을 받을 수 없다. 〈개정 2004.3.22〉

③ 종합유선방송사업·방송채널사용사업(종합편성 또는 보도에 관한 전문편성을 제외한다) 및 전송망사업을 하는 자는 당해 법인의 주식 또는 지분 총수의 100분의 49를 초과하여 제 1 항 각 호에 해당하는 자로부터 재산상의 출자 또는 출연을 받을 수 없다. 〈개정 2004. 3. 22〉

④ 제 2 항 및 제 3 항의 규정을 적용함에 있어서는 제 1 항 각 호에 해당하는 자가 소유하고 있는 주식 또는 지분을 합산한다. 〈신설 2004. 3. 22〉

⑤ 방송사업자·중계유선방송사업자 또는 전송망사업자가 제 1 항 내지 제 3 항의 규정을 위반하게 된 경우에 위반의 원인을 제공한 주식 또는 지분의 소유자는 그 소유분 또는 초과분에 대한 의결권을 행사할 수 없다. 〈신설 2004. 3. 22〉

⑥ 방송사업자·중계유선방송사업자 또는 전송망사업자가 제 1 항 내지 제 3 항의 규정을 위반하게 된 경우에 방송위원회는 방송사업자 또는 중계유선방송사업자나 그 위반의 원인을 제공한 주식 또는 지분의 소유자에 대하여 6월 이내의 기간을 정하여 해당 사항을 시정할 것을 명할 수 있으며, 정보통신부장관은 전송망사업자나 그 위반의 원인을 제공한 주식 또는 지분의 소유자에 대하여 6월 이내의 기간을 정하여 해당 사항을 시정할 것을 명할 수 있다. 〈신설 2004. 3. 22〉

제15조(변경허가 등) ① 방송사업자·중계유선방송사업자·음악유선방송사업자 및 전광판방송사업자는 다음 각 호의 사항을 변경하고자 하는 때에는 방송위원회 또는 정보통신부장관으로부터 변경허가추천, 변경허가 또는 변경승인을 얻거나 변경등록을 하여야 한다. 이 경우 그 절차는 제 9 조 제 1 항·제 2 항·제 3 항·제 5 항·제 6 항·제 8 항 및 제10항의 규정을 준용한다. 〈개정 2002. 12. 18〉

1. 당해 법인의 합병 및 분할
2. 개인이 영위하는 사업의 법인사업으로의 전환
3. 삭제 〈2006. 10. 27〉
4. 개인이 영위하는 사업의 양도
5. 방송분야의 변경
6. 방송구역의 변경
7. 기타 대통령령이 정하는 중요한 시설의 변경

② 방송사업자(방송채널사용사업자는 제외한다) 또는 중계유선방송사업자가 다음 각 호의 사항을 변경한 때에는 이를 지체없이 방송위원회 및 정보통신부장관에게 각각 신고하여야 한다. 〈개정 2002. 12. 18〉

1. 대표자
2. 방송편성책임자(중계유선방송사업자를 제외한다)
3. 법인명 또는 상호

4. 주된 사무소의 소재지

③ 방송채널사용사업자 · 음악유선방송사업자 또는 전광판방송사업자가 다음 각 호의 사항을 변경한 때에는 이를 지체없이 방송위원회에 신고하여야 한다. 〈개정 2002. 12. 18〉

1. 대표자
2. 방송편성책임자(방송채널사용사업자에 한한다)
3. 법인명 또는 상호
4. 주된 사무소의 소재지

제15조의2(최다액출자자 등 변경승인) ① 방송사업자 또는 중계유선방송사업자의 주식 또는 지분의 취득 등을 통하여 당해 사업자의 최다액출자자(당해 사업자의 출자자 본인과 그의 특수관계자의 주식 또는 지분을 합하여 의결권이 있는 주식 또는 지분의 비율이 가장 많은 자를 말한다. 이하 같다)가 되고자 하는 자와 경영권을 실질적으로 지배해 가고자 하는 자는 방송위원회의 승인을 얻어야 한다. 다만, 제 9 조 제 5 항 본문의 규정에 의하여 등록을 한 방송채널사용사업자의 최다액출자자가 되고자 하는 자와 경영권을 실질적으로 지배하고자 하는 자는 이를 방송위원회에 신고하여야 한다.

② 방송위원회는 제 1 항 본문의 규정에 의한 승인을 하고자 할 때에는 다음 각 호의 사항을 심사하여야 한다.

1. 방송의 공적 책임 · 공정성 및 공익성의 실현가능성
2. 사회적 신용 및 재정적 능력
3. 시청자의 권익보호
4. 그 밖에 사업수행에 필요한 사항

③ 제 1 항 본문의 규정에 의한 승인을 얻지 아니하고 최다액출자자가 되거나 경영권을 실질적으로 지배하게 된 자는 승인을 얻지 아니하고 취득한 주식 또는 지분에 대한 의결권을 행사할 수 없으며, 방송위원회는 6 개월 이내의 기간을 정하여 당해 주식 또는 지분을 취득한 자에 대하여 주식 또는 지분의 처분 등 시정에 필요한 명령을 할 수 있다.

④ 제 1 항 및 제 3 항의 규정에 의한 경영권을 실질적으로 지배하는 자에 해당하는 경우와 승인 및 신고의 절차 등에 관하여 필요한 사항은 대통령령으로 정한다.

[본조신설 2006. 10. 27]

제16조(허가 및 승인 유효기간) 제 9 조 제 2 항의 규정에 의하여 허가받은 종합유선방송사업 및 중계유선방송사업과 제 9 조 제 5 항 단서의 규정에 의하여 승인을 얻은 방송채널사용사업, 제 9 조 제11항의 규정에 따라 허가받은 공동체라디오방

송사업의 허가 또는 승인의 유효기간은 5년을 초과하지 아니하는 범위 내에서 대통령령으로 정한다.

[전문개정 2006. 10. 27]

第17조(재허가 등) ① 방송사업자(방송채널사용사업자는 제외한다) 및 중계유선방송사업자가 허가유효기간의 만료 후 계속 방송을 행하고자 하는 때에는 방송위원회의 재허가추천을 받아 정보통신부장관의 재허가를 받아야 한다.

② 제9조 제5항 단서의 규정에 의하여 승인을 얻은 방송채널사용사업자가 승인유효기간 만료 후 계속 방송을 행하고자 하는 때에는 방송위원회의 재승인을 얻어야 한다.

③ 방송위원회가 제1항 및 제2항의 규정에 의하여 재허가추천 또는 재승인을 할 때에는 제10조 제1항 각 호 및 다음 각 호의 사항을 심사하고, 그 결과를 공표하여야 한다.

1. 방송위원회의 방송평가
2. 방송위원회의 시정명령의 회수와 시정명령에 대한 불이행사례
3. 시청자위원회의 방송프로그램 평가
4. 지역사회발전에 이바지한 정도
5. 방송발전을 위한 지원계획의 이행 여부
6. 기타 허가 또는 승인 당시의 방송사업자 준수사항이행 여부

④ 제10조 제2항 및 제3항의 규정은 제1항의 재허가추천 또는 제2항의 규정에 의한 재승인의 경우에 이를 준용한다.

第18조(허가·승인·등록의 취소 등) ① 방송사업자·중계유선방송사업자·음악유선방송사업자·전광판방송사업자 또는 전송망사업자가 다음 각 호의 1에 해당하는 때에는 정보통신부장관 또는 방송위원회가 각각 허가·승인 또는 등록을 취소하거나 6월 이내의 기간을 정하여 그 업무의 전부 또는 일부의 정지를 명할 수 있다. 다만, 제13조 제3항의 각 호의 1에 해당하는 자가 법인의 대표자 또는 방송편성책임자가 된 경우로서 3월 이내에 그 임원을 변경하는 때에는 그러하지 아니하다.

1. 허위 기타 부정한 방법으로 허가·변경허가·재허가를 받거나 승인·변경승인·재승인을 얻거나 등록·변경등록을 한 때
2. 제8조의 규정에 위반하여 주식 또는 지분을 소유한 때
3. 제13조의 결격사유에 해당하게 된 때
4. 제14조의 규정에 위반하여 재산상의 출자 또는 출연을 받은 때
5. 이 법에 의한 허가를 받거나 승인을 얻거나 등록한 날부터 2년 이내에 방

송 또는 사업을 개시하지 아니한 때

6. 이 법 또는 이 법에 의한 명령에 위반한 때

② 정보통신부장관은 방송위원회의 요청이 있는 경우에 한하여 제1항의 규정에 의한 허가 또는 등록을 취소하거나 6월 이내의 기간을 정하여 그 업무의 전부 또는 일부의 정지를 명할 수 있다.

③ 제1항의 규정에 의한 허가·승인 또는 등록의 취소, 업무정지의 기준 및 절차 등에 관하여 필요한 사항은 대통령령으로 정한다.

第19조(과징금처분) ① 방송위원회 또는 정보통신부장관은 방송사업자·중계유선방송사업자·음악유선방송사업자·전광판방송사업자 또는 전송망사업자가 제18조 제1항 각호의 1에 해당하여 업무정지처분을 하여야 할 경우로서 그 업무정지처분이 시청자에게 심한 불편을 주거나 기타 공익을 해할 우려가 있는 때에는 그 업무정지처분에 갈음하여 1억원 이하의 과징금을 부과할 수 있다.

② 삭제〈2006. 10. 27〉

③ 삭제〈2006. 10. 27〉

④ 삭제〈2006. 10. 27〉

제3장 방송위원회

第20조(방송위원회의 설치) 방송의 공적 책임·공정성·공익성을 실현하고, 방송내용의 질적 향상 및 방송사업에서의 공정한 경쟁을 도모하기 위하여 방송위원회(이하 이 장에서 "위원회"라 한다)를 둔다.

第21조(위원회의 구성) ① 위원회는 전문성 및 사회 각 분야의 대표성을 가진 자중에서 대통령이 임명하는 9인의 위원으로 구성한다.

② 대통령은 위원회위원을 임명함에 있어 3인은 국회의장이 국회 각 교섭단체대표의원과 협의하여 추천한 자를 임명하고, 3인은 방송관련 전문성과 시청자대표성을 고려하여 국회 문화관광위원회의 추천의뢰를 받아 국회의장이 추천한 자를 임명한다.

③ 국회의장이 제2항의 규정에 의하여 방송위원회 위원을 추천하는 때에는 그 추천기준과 추천사유를 제시하여야 한다.

④ 위원회에는 위원장 1인, 부위원장 1인과 3인의 상임위원을 두되 위원장은 위원회에서 호선하여 대통령이 임명하고, 부위원장 및 3인의 상임위원은 전문성을 고려하여 위원회에서 호선한다. 다만, 상임위원 중 2인은 대통령이 속하지 않은 교섭단체의 대표의원과 협의하여 추천된 자가 포함되어야 한다. 〈개정 2003. 5. 10〉

第22조(위원장) ① 위원장은 위원회를 대표하고 위원회의 업무를 총괄한다.

② 위원장이 부득이한 사유로 직무를 수행할 수 없을 때에는 부위원장이 그 직무를 대행하며, 위원장과 부위원장이 모두 직무를 수행할 수 없을 때에는 상임위원 중 연장자의 순으로 그 직무를 대행한다.

③ 위원장은 국회에 출석하여 위원회의 소관사무에 관하여 의견을 진술할 수 있으며, 국회의 요구가 있을 때에는 출석하여 보고하거나 답변하여야 한다.

④ 위원장은 국무회의에 출석하여 발언할 수 있으며, 그 소관사무에 관하여 국무총리에게 의안의 제출을 건의할 수 있다.

⑤ 위원장은 위원회의 예산관련업무를 수행함에 있어서 「국가재정법」 제6조의 규정에 의한 중앙관서의 장으로 보며, 기획예산처장관이 위원회의 예산요구액을 감액할 경우에는 위원장의 의견을 들어야 한다. 〈개정 2006. 10. 4〉

第23조(위원의 임기) ① 위원의 임기는 3년으로 하고, 1회에 한하여 연임할 수 있으며, 위원장·부위원장 및 상임위원의 임기는 위원의 임기와 같다.

② 위원의 결원이 있을 때에는 결원된 날부터 30일 이내에 제21조의 규정에 의하여 그 보궐위원을 임명하여야 하며, 보궐위원의 임기는 전임자의 잔임기간으로 한다.

③ 임기가 만료된 위원장을 포함한 위원은 제21조의 규정에 의하여 그 후임자가 선임될 때까지 그 직무를 행한다.

第24조(위원의 대우 및 겸직금지) ① 위원 중 위원장·부위원장 및 상임위원은 정무직으로 하고, 비상임인 위원은 명예직으로 하되 방송위원회규칙(이하 "위원회규칙"이라 한다)이 정하는 바에 따라 직무수행경비 등 실비를 지급할 수 있다.

② 위원장·부위원장 및 상임위원은 위원회규칙이 정하는 경우를 제외하고는 영리를 목적으로 하는 다른 직무를 겸할 수 없다.

第25조(위원의 결격사유) 다음 각 호의 1에 해당하는 자는 위원이 될 수 없다.

1. 국가공무원법 제2조 및 지방공무원법 제2조의 규정에 의한 공무원(교육공무원, 법관 및 이 법에 의하여 정무직공무원이 된 자는 제외한다)
2. 정당법에 의한 당원
3. 방송사업·중계유선방송사업·음악유선방송사업·전광판방송사업 또는 전송망사업에 종사하는 자
4. 국가공무원법 제33조 각 호의 1에 해당하는 자

第26조(위원의 직무상 독립과 신분보장) ① 위원은 임기중 직무상 외부의 어떠한 지시나 간섭도 받지 아니한다.

② 위원은 다음 각 호의 1에 해당하는 경우를 제외하고는 그의 의사에 반하여 면

직되지 아니한다.

1. 제25조의 결격사유에 해당하는 경우
2. 장기간의 심신상의 장애로 직무를 수행할 수 없게 된 경우

第27條(위원회의 직무) 위원회는 다음 각 호의 사항을 심의·의결한다. 다만, 위원회는 제1호의 사항을 심의·의결할 경우 방송영상정책과 관련된 사항은 문화관광부장관과 합의하여야 하고, 방송기술 및 시설에 관한 사항은 정보통신부장관의 의견을 들어야 하며, 제7호의 사항을 심의·의결할 경우에는 공정거래위원회 위원장의 의견을 들어야 하고, 제12호의 사항을 심의·의결할 경우에는 통일부장관의 의견을 들어야 한다. 〈개정 2005. 5. 18〉

1. 방송의 기본계획에 관한 사항
2. 방송프로그램 및 방송광고의 운용·편성에 관한 사항
3. 방송사업자·중계유선방송사업자·음악유선방송사업자·전광판방송사업자의 허가·재허가의 추천, 승인, 등록, 취소 등에 관한 사항
4. 위원회규칙의 제정·개정 및 폐지
5. 방송에 관한 연구·조사 및 지원에 관한 사항
6. 방송사업자·중계유선방송사업자·음악유선방송사업자 및 전광판방송사업자 상호간의 공동사업이나 분쟁의 조정
7. 방송프로그램 유통상 공정거래 질서확립에 관한 사항
8. 시청자불만처리 및 청원에 관한 사항
9. 방송발전기금의 조성 및 관리·운용의 기본계획에 관한 사항
10. 제100조의 규정에 의한 제재조치에 관한 사항
11. 위원회의 예산안의 편성 및 집행에 관한 사항
12. 남북간 방송 교류·협력에 관한 사항
13. 기타 이 법 또는 다른 법률에 의하여 위원회의 직무 또는 권한으로 규정된 사항

第28條(위원회의 회의) ① 위원회의 회의는 재적위원 3분의 2 이상의 출석과 출석위원 과반수의 찬성으로 의결한다.

② 방송사업자·중계유선방송사업자·음악유선방송사업자 및 전광판방송사업자의 대표자 또는 그 위임을 받은 자는 위원회에 출석하여 의견을 진술할 수 있다.

③ 위원회의 회의는 공개한다. 다만, 위원회가 특히 필요하다고 인정하여 의결한 경우에는 그러하지 아니하다.

④ 위원회는 위원회규칙이 정하는 바에 따라 회의록을 작성하여야 한다.

第29條(관여금지) 위원은 본인 또는 민법 제777조의 규정에 의한 친족관계에 있

는 자의 이해와 관련된 사항에 관하여는 심의·의결에 관여할 수 없다.

제30조(상임위원회) ① 위원회는 위원회가 위임한 사항을 심의·의결하기 위하여 위원장·부위원장 및 상임위원으로 구성되는 상임위원회를 둘 수 있다.

② 위원회의 위임사항과 상임위원회의 회의 및 직무에 관하여 필요한 사항은 위원회규칙으로 정한다.

제31조(방송평가위원회) ① 위원회는 방송사업자의 방송프로그램 내용 및 편성과 운영 등에 관하여 종합적으로 평가할 수 있다.

② 위원회는 제1항의 평가업무를 효율적으로 수행하기 위하여 방송평가위원회를 둘 수 있다.

③ 방송평가위원회 위원은 위원회 위원장이 위원회의 동의를 얻어 위촉하며, 구성과 운영에 관하여 필요한 사항은 위원회규칙으로 정한다.

제32조(방송의 공정성 및 공공성 심의) ① 방송위원회는 방송·중계유선방송 및 전광판방송의 내용과 기타 전기통신회선을 통하여 공개를 목적으로 유통되는 정보 중 방송과 유사한 것으로서 대통령령이 정하는 정보의 내용이 공정성과 공공성을 유지하고 있는지의 여부와 공적 책임을 준수하고 있는지의 여부를 방송 또는 유통된 후 심의·의결한다. 이 경우 매체별·채널별 특성을 고려하여야 한다.

② 위원회는 제1항의 규정에 불구하고 대통령령이 정하는 방송광고에 대하여는 방송되기 전에 그 내용을 심의하여 방송여부를 심의·의결할 수 있다. 〈개정 2004. 3. 22〉

③ 방송사업자는 제2항의 규정에 의한 방송광고에 대해서 위원회의 심의·의결의 내용과 다르게 방송하거나 심의·의결을 받지 않은 방송광고를 방송하여서는 아니 된다. 〈신설 2004. 3. 22〉

④ 누구든지 제2항의 규정에 의한 방송광고에 대해서 거짓 그 밖의 부정한 방법으로 방송사업자가 위원회의 심의·의결의 내용과 다르게 방송하도록 하거나 심의·의결을 받지 않은 방송광고를 방송하도록 하여서는 아니 된다. 〈신설 2004. 3. 22〉

제33조(심의규정) ① 위원회는 방송의 공정성 및 공공성을 심의하기 위하여 방송심의에 관한 규정(이하 "심의규정"이라 한다)을 제정·공표하여야 한다.

② 제1항의 심의규정에는 다음 각 호의 사항이 포함되어야 한다. 〈개정 2006. 10. 27〉

1. 헌법의 민주적 기본질서의 유지와 인권존중에 관한 사항
2. 건전한 가정생활보호에 관한 사항
3. 아동 및 청소년의 보호와 건전한 인격형성에 관한 사항

4. 공중도덕과 사회윤리에 관한 사항
5. 양성평등에 관한 사항
6. 국제적 우의증진에 관한 사항
7. 장애인 등 방송소외계층의 권익증진에 관한 사항
8. 민족문화의 창달과 민족의 주체성함양에 관한 사항
9. 보도·논평의 공정성·공공성에 관한 사항
10. 언어순화에 관한 사항
11. 제99조 및 제100조의 규정에 의한 시정 및 제재조치와 재심절차에 관한 사항
12. 기타 이 법의 규정에 의한 위원회의 심의업무에 관한 사항

③ 방송사업자는 아동과 청소년을 보호하기 위하여 방송프로그램의 폭력성 및 음란성 등의 유해정도, 시청자의 연령 등을 감안하여 방송프로그램의 등급을 분류하고, 이를 방송중에 표시하여야 한다.

④ 위원회는 제3항의 방송프로그램 등급분류와 관련하여 분류기준 등 필요한 사항을 위원회규칙으로 정하여 공표하여야 한다. 이 경우 분류기준은 방송매체와 방송분야별 특성 등을 고려하여 차등을 둘 수 있다.

⑤ 위원회는 제3항의 규정에 의하여 방송사업자가 자율적으로 부여한 방송프로그램의 등급에 대하여 적절하지 아니하다고 판단되는 경우, 해당 방송사업자에게 당해 방송프로그램의 등급분류를 조정하도록 요구할 수 있다. 〈신설 2006. 10. 27〉

제34조(심의위원회) ① 위원회는 방송의 공정성 및 공공성에 대한 위원회의 심의를 효율적으로 수행하기 위하여 심의위원회를 둘 수 있다.

② 심의위원회 위원은 위원회 위원장이 위원회의 동의를 얻어 위촉하며, 심의위원회의 구성과 운영에 관하여 필요한 사항은 위원회규칙으로 정한다.

제35조(시청자불만처리위원회) ① 위원회는 방송에 관한 시청자의 의견을 수렴하고, 시청자불만처리 및 청원사항에 관한 심의를 효율적으로 수행하기 위하여 시청자불만처리위원회를 둘 수 있다.

② 시청자불만처리위원회 위원은 위원회 위원장이 위원회의 동의를 얻어 위촉한다.

③ 시청자불만처리위원회의 구성과 운영, 시청자불만처리의 절차와 분쟁의 조정등에 관하여 필요한 사항은 위원회규칙으로 정한다.

제35조의2(남북간 방송 교류·협력) ① 정부 또는 위원회는 남북간 방송부문의 상호교류 및 협력을 증진할 수 있도록 노력하여야 한다.

② 남북간 방송교류 및 협력을 추진하기 위하여 위원회에 남북방송교류추진위원회를 둔다.

③ 제 2 항의 규정에 따른 남북방송교류추진위원회의 구성과 운영에 관하여 필요한 사항은 위원회규칙으로 정한다. [본조신설 2005. 5. 18]

제35조의3(방송분쟁조정위원회) ① 위원회는 방송사업자·중계유선방송사업자·음악유선방송사업자·전광판방송사업자 및 전송망사업자 상호간에 발생한 방송에 관한 분쟁을 효율적으로 조정하기 위하여 방송분쟁조정위원회를 둘 수 있다.

② 방송분쟁조정위원회 위원은 위원회 위원장이 위원회의 동의를 얻어 위촉한다.

③ 분쟁의 조정은 분쟁당사자 일방 또는 쌍방의 신청에 의하여 개시되며, 조정의 성립은 재판상 화해와 같은 효력을 갖는다.

④ 방송분쟁조정위원회의 구성과 운영, 분쟁의 조정 등에 관하여 필요한 사항은 대통령령으로 정한다.

[본조신설 2006. 10. 27]

제36조(방송발전기금의 설치) 위원회는 방송진흥사업 및 문화·예술진흥사업을 위하여 방송발전기금(이하 "기금"이라 한다)을 설치한다.

제37조(기금의 조성) ① 기금은 다음 각 호의 재원으로 조성한다. 〈개정 2005. 5. 18〉

1. 제 2 항 내지 제 4 항의 규정에 의한 징수액
2. 삭제 〈2005. 5. 18〉
3. 방송사업자의 출연금
4. 삭제 〈2006. 10. 27〉
5. 기타 수입금

② 위원회는 지상파방송사업자로부터 대통령령이 정하는 바에 의하여 방송광고 매출액의 100분의 6의 범위 안에서 기금을 징수할 수 있다.

③ 위원회는 종합유선방송사업자 및 위성방송사업자로부터 대통령령이 정하는 바에 의하여 연 매출액의 100분의 6의 범위 안에서 기금을 징수할 수 있다. 〈개정 2005. 5. 18〉

④ 위원회는 상품소개와 판매에 관한 전문편성을 행하는 방송채널사용사업자로부터 대통령령이 정하는 바에 의하여 당해 연도 결산상 영업이익의 100분의 15의 범위안에서 기금을 징수할 수 있다.

⑤ 제 1 항 제 1 호 및 제 2 호의 재원에 대하여는 방송사업자의 방송운용의 공공성과 수익성 등을 기준으로 방송사업자별로 그 징수율을 차등책정할 수 있다.

⑥ 위원회는 제 2 항의 규정에 의한 기금징수를 한국방송광고공사법에 의한 한국방송광고공사(이하 "한국방송광고공사"라고 한다) 또는 대통령령이 정하는 방송광고판매대행사에 위탁할 수 있다.

⑦ 위원회는 제 2 항 내지 제 4 항의 규정에 의하여 기금을 납부하여야 할 자가 납부기한까지 이를 납부하지 아니한 때에는 체납된 금액의 100분의 5 이내의 범위에서 대통령령이 정하는 바에 따라 가산금을 부과할 수 있다. 〈신설 2004. 3. 22〉

⑧ 위원회는 제 2 항 내지 제 4 항의 규정에 의한 기금 및 제 7 항의 규정에 의한 가산금을 납부하여야 할 자가 납부기한까지 이를 납부하지 아니한 때에는 국세체납처분의 예에 따라 이를 징수한다. 〈신설 2004. 3. 22〉

第38조(기금의 용도) ① 기금은 다음 각 호의 1의 사업에 사용된다. 〈개정 2005. 5. 18, 2006. 10. 27〉

1. 교육방송 및 기타 공공을 목적으로 운영되는 방송
2. 공공의 목적을 위한 방송사업자의 설립 및 방송프로그램제작
3. 방송프로그램 및 영상물 제작지원
4. 시청자가 직접 제작한 방송프로그램
5. 미디어교육 및 시청자단체의 활동
6. 방송광고발전을 위한 단체 및 사업 지원
7. 방송기술 연구 및 개발
8. 장애인 등 방송소외계층의 방송접근을 위한 지원
9. 문화 · 예술진흥사업
10. 언론공익사업
11. 남북간 방송 교류 · 협력 및 남북공동 방송프로그램 제작지원
12. 기타 방송의 공공성제고와 방송발전에 필요하다고 위원회가 의결한 사업

② 위원장은 위원회의 동의를 얻어 기금의 일부를 방송의 공공성 · 공익성 제고와 방송진흥 및 시청자복지를 위하여 융자 및 투자재원으로 활용할 수 있다. 〈신설 2006. 10. 27〉

第39조(기금의 관리 · 운용) ① 기금은 위원회가 관리 · 운용한다.

② 기금의 공정하고 효율적인 관리 · 운용을 위하여 방송발전기금관리위원회를 둔다.

③ 방송발전기금관리위원회 위원은 위원회 위원장이 위원회의 동의를 얻어 10인 이내로 위촉한다. 다만, 방송발전기금관리위원회에는 문화관광부장관이 추천하는 인사가 100분의 20 이상 포함되어야 한다.

④ 방송발전기금관리위원회의 구성과 운영에 관하여 필요한 사항은 위원회규칙으로 정한다.

第40조(기금관리의 위탁) 위원회는 대통령령이 정하는 바에 의하여 기금의 관리를 한국방송광고공사에 위탁할 수 있다.

제41조(위원회 사무처) ① 위원회의 사무를 처리하게 하기 위하여 위원회에 사무처를 둔다.

② 사무처에 사무총장 1인과 필요한 직원을 두며, 위원장이 임명한다. 이 경우 사무총장을 임명할 때에는 위원회의 동의를 얻어야 한다.

③ 사무처의 조직에 관하여 필요한 사항은 대통령령으로 정하고, 운영에 관하여 필요한 사항은 위원회규칙으로 정한다.

제42조(위원회규칙의 제정과 개정) 위원회가 위원회규칙을 제정 또는 개정하고자 할 때에는 20일 이상의 예고와 위원회의 의결을 거쳐야 한다. 이 경우 위원회는 이를 관보에 게재·공표하여야 한다.

제 3 장의2 지역방송발전위원회 〈신설 2007. 1. 26〉

제42조의2(지역방송발전위원회의 설치) 지역방송의 발전 및 지역방송콘텐츠의 경쟁력강화와 유통구조개선을 위하여 방송위원회에 지역방송발전위원회를 둔다.

[본조신설 2007. 1. 26]

제42조의3(지역방송발전위원회의 구성 등) ① 지역방송발전위원회는 위원장을 포함한 5인의 위원으로 구성한다.

② 위원장은 방송위원회 부위원장으로 한다.

③ 위원은 지역사회의 발전과 지역방송에 관하여 전문성과 경험이 풍부하고 덕망이 있는 자 중에서 방송위원회 위원장이 위촉하되 위원 중 1인은 방송위원회 상임위원으로 하고, 나머지 3인은 지역방송을 대표할 수 있다고 방송위원회 위원장이 인정하는 단체가 각각 추천하는 자로 한다.

④ 위원의 임기는 3년으로 하되 연임할 수 있다.

⑤ 위원에 결원이 있는 때에는 결원된 날부터 30일 이내에 제 3 항의 규정에 따라 결원된 위원을 위촉한다. 이 경우 보궐위원의 임기는 전임자의 잔임기간으로 한다.

⑥ 그 밖에 지역방송의 범위 및 지역방송발전위원회의 운영 등에 관하여 필요한 사항은 대통령령으로 정한다.

[본조신설 2007. 1. 26]

제42조의4(지역방송발전위원회의 직무) 지역방송발전위원회는 다음 각 호의 직무를 수행한다.

1. 지역방송발전지원계획 및 지역방송에 관한 지원정책의 심의
2. 지역방송의 전국적 유통기반 마련을 위한 시책의 평가

3. 지역방송의 발전지원에 관한 주요 시책의 평가
4. 지역방송발전을 위한 교육 및 연구
5. 그 밖에 방송위원회 위원장이 요구하거나 지역방송발전위원회의 목적수행을 위하여 필요한 사항

[본조신설 2007.1.26]

제 4 장 한국방송공사

第43條(설치 등) ① 공정하고 건전한 방송문화를 정착시키고, 국내외 방송을 효율적으로 실시하기 위하여 국가기간방송으로서 한국방송공사(이하 이 장에서 "공사"라 한다)를 설립한다.

② 공사는 법인으로 한다.

③ 공사의 주된 사무소의 소재지는 정관으로 정한다.

④ 공사는 업무수행을 위하여 필요한 때에는 이사회의 의결을 거쳐 지역방송국을 둘 수 있다.

⑤ 공사의 자본금은 3천억원으로 하고, 그 전액을 정부가 출자한다.

⑥ 제5항의 자본금납입의 시기와 방법은 기획예산처장관이 정하는 바에 따른다.

⑦ 공사는 주된 사무소의 소재지에서 설립등기를 함으로써 성립한다.

⑧ 제7항의 규정에 의한 설립등기와 지역방송국의 설치등기, 이전등기, 변경등기 기타 공사의 등기에 관하여 필요한 사항은 대통령령으로 정한다.

第44條(공사의 공적 책임) ① 공사는 방송의 목적과 공적 책임, 방송의 공정성과 공익성을 실현하여야 한다.

② 공사는 국민이 지역과 주변여건에 관계 없이 양질의 방송서비스를 제공받을 수 있도록 노력하여야 한다.

③ 공사는 시청자의 공익에 기여할 수 있는 새로운 방송프로그램·방송서비스 및 방송기술을 연구하고 개발하여야 한다.

④ 공사는 국내외를 대상으로 민족문화를 창달하고, 민족의 동질성을 확보할 수 있는 방송프로그램을 개발하여 방송하여야 한다.

第45條(정관의 기재사항) ① 공사의 정관에는 다음 각 호의 사항을 기재하여야 한다.

1. 목적
2. 명칭
3. 주된 사무소의 소재지
4. 공사의 조직과 이사장·이사·집행기관 및 직원에 관한 사항

5. 이사회의 운영에 관한 사항
6. 업무와 그 집행에 관한 사항
7. 시청자불만처리 및 시청자보호에 관한 사항
8. 정관의 변경에 관한 사항
9. 사채발행 및 차입에 관한 사항
10. 주식 또는 출자증권에 관한 사항
11. 손익금의 처리 등 회계에 관한 사항
12. 공고방법에 관한 사항
13. 기타 대통령령이 정하는 사항

② 공사가 정관을 변경하고자 할 때에는 방송위원회의 인가를 받아야 한다.

第46條(이사회의 설치 및 운영) ① 공사는 공사의 독립성과 공공성을 보장하기 위하여 공사경영에 관한 최고의결기관으로 이사회를 둔다.

② 이사회는 이사장을 포함한 이사 11인으로 구성한다.

③ 이사는 각 분야의 대표성을 고려하여 방송위원회에서 추천하고, 대통령이 임명한다.

④ 이사장은 이사회에서 호선한다.

⑤ 이사장을 포함한 이사는 비상임으로 한다.

⑥ 이사장은 이사회를 소집하고, 그 회의의 의장이 된다.

⑦ 이사회는 재적이사 과반수의 찬성으로 의결한다.

⑧ 이사장이 부득이한 사유로 직무를 수행할 수 없을 때에는 정관이 정하는 바에 따라 다른 이사가 그 직무를 대행한다.

第47條(이사의 임기) ① 이사의 임기는 3년으로 한다.

② 이사의 결원이 있을 때에는 결원된 날부터 30일 이내에 第46條의 규정에 의하여 그 보궐이사를 임명하여야 하며, 보궐이사의 임기는 전임자의 잔임기간으로 한다.

③ 임기가 만료된 이사는 그 후임자가 임명될 때까지 그 직무를 행한다.

第48條(이사의 결격사유) 다음 각호의 1에 해당하는 자는 공사의 이사가 될 수 없다.

1. 대한민국의 국적을 가지지 아니한 자
2. 정당법에 의한 당원
3. 국가공무원법 第33條 각호의 1에 해당하는 자

第49條(이사회의 기능) ① 이사회는 다음 각호의 사항을 심의·의결한다.

1. 공사가 행하는 방송의 공적 책임에 관한 사항

2. 공사가 행하는 방송의 기본운영계획
3. 예산·자금계획
4. 예비비의 사용 및 예산의 이월
5. 결산
6. 공사의 경영평가 및 공표
7. 사장·감사의 임명제청 및 부사장임명동의
8. 지역방송국의 설치 및 폐지
9. 기본재산의 취득 및 처분
10. 장기차입금의 차입 및 사채의 발행과 그 상환계획
11. 손익금의 처리
12. 다른 기업체에 대한 출자
13. 정관의 변경
14. 정관이 정하는 규정의 제정 및 개폐
15. 기타 이사회가 특히 필요하다고 인정하는 사항

② 이사회는 특히 필요하다고 인정하는 경우에는 감사에게 공사에 대한 감사를 요청할 수 있다.

第50조(집행기관) ① 공사에 집행기관으로서 사장 1인, 2인 이내의 부사장, 8인 이내의 본부장 및 감사 1인을 둔다.

② 사장은 이사회의 제청으로 대통령이 임명한다.

③ 이사회가 제 2 항의 규정에 의하여 사장을 제청하는 때에는 그 제청기준과 제청사유를 제시하여야 한다.

④ 감사는 이사회의 제청으로 방송위원회에서 임명한다.

⑤ 부사장과 본부장은 사장이 임명한다. 다만, 부사장을 임명할 경우에는 이사회의 동의를 얻어야 한다.

⑥ 집행기관의 임기 및 결격사유에 대하여는 제47조 및 제48조의 이사에 관한 규정을 준용한다.

第51조(집행기관의 직무 등) ① 사장은 공사를 대표하고, 공사의 업무를 총괄하며, 경영성과에 대하여 책임을 진다.

② 사장이 부득이한 사유로 그 직무를 수행할 수 없을 때에는 부사장이 그 직무를 대행하고, 부사장이 부득이한 사유로 그 직무를 수행할 수 없을 때에는 정관이 정하는 자가 그 직무를 대행한다.

③ 사장은 정관이 정하는 바에 의하여 직원 중에서 공사의 업무에 관한 모든 재판상 또는 재판외의 행위를 할 수 있는 권한을 가진 대리인을 선임할 수 있다.

④ 감사는 공사의 업무 및 회계에 관한 사항을 감사한다.

⑤ 사장과 감사는 이사회에 출석하여 의견을 진술할 수 있다.

第52条(직원의 임면) 공사의 직원은 정관이 정하는 바에 따라 사장이 임면한다.

第53条(이사·집행기관과 직원의 직무상 의무 〈개정 2007. 1. 26〉) ① 공사의 이사·집행기관은 공사와 거래를 할 수 없으며, 이사는 본인 또는 「민법」 제777조에 규정된 친족관계에 있는 자의 이해와 관련된 사항에 대하여는 이사회의 심의·의결에 관여할 수 없다. 〈신설 2007. 1. 26〉

② 공사의 집행기관 및 직원은 그 직무 외의 영리를 목적으로 하는 직무에 종사하지 못한다. 〈개정 2007. 1. 26〉

③ 공사의 집행기관 또는 직원이나 그 직에 있었던 자는 그 직무상 알게 된 공사의 비밀을 누설하거나 도용하여서는 아니 된다. 〈개정 2007. 1. 26〉

第54条(업무) ① 공사는 다음 각 호의 업무를 행한다.

1. 라디오방송의 실시
2. 텔레비전방송의 실시
3. 위성방송 등 새로운 방송매체를 통한 방송의 실시
4. 방송시설의 설치·운영 및 관리
5. 국가가 필요로 하는 대외방송(국제친선 및 이해증진과 문화·경제교류 등을 목적으로 하는 방송)과 사회교육방송(외국에 거주하는 한민족을 대상으로 민족의 동질성을 증진할 목적으로 하는 방송)의 실시
6. 한국교육방송공사법에 의한 한국교육방송공사가 행하는 방송의 송신지원
7. 시청자불만처리와 시청자보호를 위한 기구의 설치 및 운영
8. 전속단체의 운영·관리
9. 방송문화행사의 수행 및 방송문화의 국제교류
10. 방송에 관한 조사·연구 및 발전
11. 제 1 호 내지 제10호의 업무에 부대되는 수익사업

② 국가는 제 1 항 제 5 호에 해당하는 업무에 대하여 보조금을 지원할 수 있다.

③ 공사는 이사회의 의결을 거쳐 제 1 항 각 호에 해당하는 업무 또는 이와 유사한 업무를 행하는 법인에 대하여 그 자본금의 전부 또는 일부를 출자할 수 있다.

第55条(회계처리) ① 공사의 회계연도는 정부의 회계연도에 의한다.

② 공사의 회계처리의 기준과 절차 등에 관하여는 기업회계기준 및 기업예산회계법을 준용한다.

第56条(재원) 공사의 경비는 제64조의 규정에 의한 텔레비전방송수신료로 충당하되, 목적업무의 적정한 수행을 위하여 필요한 경우에는 방송광고수입 등 대통령

령이 정하는 수입으로 충당할 수 있다.

제57조(예산의 편성) ① 공사의 예산은 사장이 편성하고, 이사회의 의결로 확정된다. 예산이 확정된 후 발생한 운영계획의 변경 기타 불가피한 사유로 인하여 예산을 변경하는 경우에도 또한 같다.

② 공사의 사장은 천재·지변 기타 부득이한 사유로 회계연도개시 전까지 예산이 확정되지 아니한 경우에는 전년도예산에 준하여 예산을 운영할 수 있다. 이 경우 준예산에 의하여 집행된 예산은 이를 당해 연도의 예산에 의하여 집행된 것으로 본다.

제58조(운영계획의 수립) ① 공사의 사장은 제57조의 규정에 의하여 예산이 확정된 때에는 지체없이 이사회의 의결을 거쳐 당해 연도의 예산에 따른 운영계획을 수립하여야 한다.

② 공사의 사장은 제1항의 규정에 의하여 수립한 당해 연도의 운영계획을 예산이 확정된 후 2월 이내에 방송위원회에 제출하여야 한다.

제59조(결산서의 확정) ① 공사의 사장은 매 회계연도종료 후 2월 이내에 전회계연도의 결산서를 방송위원회 및 국회에 각각 제출하여야 하며, 국회의 승인을 얻어 결산을 확정하고 이를 공표하여야 한다.

② 제1항의 결산서에는 다음 각호의 서류를 첨부하여야 한다.

1. 재무제표와 그 부속서류
2. 기타 결산의 내용을 명확하게 함에 필요한 서류

③ 방송위원회는 제1항의 규정에 의하여 확정된 공사의 결산을 총괄하여 6월 30일까지 감사원에 제출하여야 한다.

④ 감사원은 제3항의 규정에 의하여 제출받은 결산서를 검사하고, 그 결과를 9월 30일까지 방송위원회에 송부하여야 한다.

제60조(부동산의 취득 등의 보고) 공사가 부동산을 취득 또는 처분하거나 취득할 당시의 목적을 변경하였을 때에는 지체없이 방송위원회에 보고하여야 한다.

제61조(보조금 등) 국가는 예산의 범위안에서 대통령령이 정하는 바에 의하여 공사의 업무에 필요한 비용의 일부를 보조하거나 재정자금을 융자할 수 있으며, 공사의 사채를 인수할 수 있다.

제62조(물품구매 및 공사계약의 위탁) 공사의 사장은 필요하다고 인정할 때에는 공사의 수요물자의 구매나 시설공사계약의 체결을 조달청장에게 위탁할 수 있다.

제63조(감사) ① 공사의 감사는 내부감사와 외부감사로 구분한다.

② 내부감사는 정관이 정하는 바에 따라 공사의 감사가 이를 실시한다.

③ 공사의 외부감사는 감사원법이 정하는 바에 따라 감사원이 이를 실시한다.

第64条(텔레비전수상기의 등록과 수신료납부) 텔레비전방송을 수신하기 위하여 텔레비전수상기(이하 "수상기"라 한다)를 소지한 자는 대통령령이 정하는 바에 따라 공사에 그 수상기를 등록하고, 텔레비전방송수신료(이하 "수신료"라 한다)를 납부하여야 한다. 다만, 대통령령이 정하는 수상기에 대하여는 그 등록을 면제하거나 수신료의 전부 또는 일부를 감면할 수 있다.

第65条(수신료의 결정) 수신료의 금액은 이사회가 심의·의결한 후 방송위원회를 거쳐 국회의 승인을 얻어 확정되고, 공사가 이를 부과·징수한다.

第66条(수신료 등의 징수) ① 공사는 제65조의 규정에 의하여 수신료를 징수함에 있어서 수신료를 납부하여야 할 자가 그 납부기간내에 이를 납부하지 아니할 때에는 그 수신료의 100분의 5의 범위안에서 대통령령이 정하는 비율에 상당하는 금액을 가산금으로 징수한다.

② 공사는 제64조의 규정에 의한 등록을 하지 아니한 수상기의 소지자에 대하여 1년분의 수신료에 해당하는 추징금을 부과·징수할 수 있다.

③ 공사는 제65조의 수신료와 제1항 및 제2항의 가산금 또는 추징금을 징수함에 있어서 체납이 있는 경우에는 방송위원회의 승인을 얻어 국세체납처분의 예에 의하여 이를 징수할 수 있다.

第67条(수상기등록 및 징수의 위탁) ① 공사는 제66조의 규정에 의한 수신료의 징수업무를 시·도지사에게 위탁할 수 있다.

② 공사는 수상기의 생산자·판매인·수입판매인 또는 공사가 지정하는 자에게 수상기의 등록업무 및 수신료의 징수업무를 위탁할 수 있다.

③ 공사가 제1항 및 제2항의 규정에 의하여 수신료징수업무를 위탁한 경우에는 대통령령이 정하는 바에 따라 수수료를 지급하여야 한다.

第68条(수신료의 사용) 공사는 제65조 및 제66조의 규정에 의하여 징수된 수신료를 대통령령이 정하는 바에 따라 한국교육방송공사법에 의한 한국교육방송공사의 재원으로 지원할 수 있다.

제5장 방송사업의 운영 등

第69条(방송프로그램의 편성 등) ① 방송사업자는 방송프로그램을 편성함에 있어 공정성·공공성·다양성·균형성·사실성 등에 적합하도록 하여야 한다.

② 종합편성을 행하는 방송사업자는 정치·경제·사회·문화 등 각 분야의 사항이 균형 있게 표현될 수 있도록 하여야 한다.

③ 종합편성을 행하는 방송사업자는 방송프로그램의 편성에 있어서 대통령령이

정하는 기준에 따라 보도·교양 및 오락에 관한 방송프로그램을 포함하여야 하고, 그 방송프로그램 상호간에 조화를 이루도록 편성하여야 한다. 이 경우 대통령령이 정하는 주 시청시간대(이하 "주 시청시간대"라 한다)에는 특정방송분야의 방송프로그램이 편중되어서는 아니 된다.

④ 전문편성을 행하는 방송사업자는 허가를 받거나 승인을 얻거나 등록을 한 주된 방송분야가 충분히 반영될 수 있도록 대통령령이 정하는 기준에 따라 방송프로그램을 편성하여야 한다.

⑤ 전문편성을 행하는 방송사업자가 허가를 받거나 승인을 얻거나 등록을 한 주된 방송분야 이외에 부수적으로 편성할 수 있는 방송프로그램의 범위와 종류는 대통령령으로 정한다. 〈신설 2006. 10. 27〉

⑥ 한국방송공사 및 특별법에 의한 방송사업자, 방송문화진흥회법에 의한 방송문화진흥회가 출자한 방송사업자 및 그 방송사업자가 출자한 방송사업자를 제외한 지상파방송사업자는 다른 한 방송사업자의 제작물을 대통령령이 정하는 비율 이상 편성하여서는 아니 된다. 〈개정 2006. 10. 27〉

⑦ 한국방송공사는 대통령령이 정하는 바에 의하여 시청자가 직접 제작한 시청자참여프로그램을 편성하여야 한다. 〈개정 2006. 10. 27〉

⑧ 방송사업자는 대통령령이 정하는 바에 의하여 장애인의 시청을 도울 수 있도록 노력하여야 하며, 필요할 경우 방송위원회는 기금에서 그 경비의 일부를 지원할 수 있다. 〈개정 2002. 12. 18, 2006. 10. 27〉

⑨ 공동체라디오방송사업자는 청취자 참여프로그램을 매월 전체방송시간의 100분의 50 범위 안에서 대통령령이 정하는 비율 이상 편성하여야 한다. 〈신설 2006. 10. 27〉

第70條(채널의 구성과 운용) ① 이동멀티미디어방송을 행하는 지상파방송사업자·종합유선방송사업자 및 위성방송사업자는 특정방송분야에 편중되지 아니하고, 다양성이 구현되도록 대통령령이 정하는 바에 의하여 채널을 구성·운용하여야 한다. 〈개정 2004. 3. 22〉

② 이동멀티미디어방송을 행하는 지상파방송사업자·종합유선방송사업자 및 위성방송사업자는 대통령령이 정하는 범위를 초과하여 방송채널을 직접 사용하거나 당해 방송사업자의 특수관계자 또는 특정 방송채널사용사업자에게 채널을 임대하여서는 아니 된다. 〈개정 2004. 3. 22〉

③ 종합유선방송사업자 및 위성방송사업자(이동멀티미디어방송을 행하는 위성방송사업자를 제외한다)는 대통령령이 정하는 바에 의하여 국가가 공공의 목적으로 이용할 수 있는 채널(이하 "공공채널"이라 한다) 및 종교의 선교목적을 지닌

채널을 두어야 한다. 〈개정 2004. 3. 22〉

④ 종합유선방송사업자는 대통령령이 정하는 바에 의하여 지역정보 및 방송프로그램안내와 공지사항 등을 제작・편성 및 송신하는 지역채널을 운용하여야 한다.

⑤ 중계유선방송사업자는 위원회규칙이 정하는 바에 의하여 방송프로그램 안내와 공지사항 등을 제작・편성 및 송신하는 공지채널을 운용할 수 있다. 다만, 공지채널의 경우에는 보도・논평 또는 광고에 관한 사항은 송출할 수 없다.

⑥ 중계유선방송사업자가 운용할 수 있는 채널의 범위는 다음 각 호의 어느 하나에 해당하는 방송을 중계송신(방송편성을 변경하지 아니하는 녹음・녹화를 포함한다)하는 채널에 한하여야 한다. 다만, 전체운용채널은 31개를 초과할 수 없으며, 녹음・녹화 채널은 전체운용채널의 5분의 1을 초과할 수 없다. 〈개정 2007. 1. 26〉 [유효기간 2010. 6. 30]

1. 지상파방송(텔레비전방송에 한한다)
2. 공사 및 「한국교육방송공사법」에 따른 한국교육방송사가 행하는 위성방송
3. 공공채널에서 행하는 방송
4. 제 8 항의 규정에 따른 공익채널에서 행하는 방송
5. 종교의 선교목적을 지닌 채널에서 행하는 방송
6. 국가기관・공익법인 또는 비영리법인이 행하는 방송으로서 당해 방송분야의 공익성 및 사회적 필요성을 고려하여 방송위원회가 고시한 채널에서 행하는 방송

⑦ 종합유선방송사업자 및 위성방송사업자는 위원회규칙이 정하는 바에 의하여 시청자가 자체 제작한 방송프로그램의 방송을 요청하는 경우에는 특별한 사유가 없는 한 이를 지역채널 또는 공공채널을 통하여 방송하여야 한다.

⑧ 종합유선방송사업자, 위성방송사업자(이동멀티미디어방송을 행하는 위성방송사업자는 제외한다)는 당해 방송분야의 공익성 및 사회적 필요성을 고려하여 방송위원회가 고시한 방송분야에 속하는 채널(이하 "공익채널"이라 한다)을 운용하여야 한다. 이 경우 공익채널의 선정절차, 선정기준, 운용범위 그 밖의 필요한 사항은 대통령령으로 정한다. 〈2007. 1. 26〉

第71조(국내방송프로그램의 편성) ① 방송사업자는 당해 채널의 전체프로그램 중 국내에서 제작된 방송프로그램을 대통령령이 정하는 바에 따라 일정한 비율 이상 편성하여야 한다.

② 방송사업자는 연간 방송되는 영화・애니메이션 및 대중음악 중 국내에서 제작된 영화・애니메이션 및 대중음악을 대통령령이 정하는 바에 따라 일정한 비율 이상 편성하여야 한다. 다만, 지상파방송사업자는 당해 채널에서 연간 방송되

는 전체프로그램 중 국내에서 제작된 애니메이션을 대통령령이 정하는 바에 따라 일정한 비율 이상 신규로 편성하여야 한다. 〈개정 2004. 3. 22〉

③ 방송사업자는 국제문화수용의 다양성을 보장하기 위하여 외국에서 수입한 영화·애니메이션 및 대중음악 중 한 국가에서 제작한 영화·애니메이션 및 대중음악이 대통령령이 정하는 바에 따라 일정한 비율 이상을 초과하지 아니하도록 편성하여야 한다.

④ 제 1 항 내지 제 3 항의 규정에 의한 방송프로그램의 편성비율은 방송매체와 방송분야별 특성 등을 고려하여 차등을 둘 수 있다.

第72条(외주제작 방송프로그램의 편성) ① 방송사업자는 당해 채널의 전체방송프로그램 중 국내에서 당해 방송사업자가 아닌 자가 제작한 방송프로그램(이하 "외주제작 방송프로그램"이라 한다)을 대통령령이 정하는 바에 따라 일정한 비율 이상 편성하여야 한다.

② 방송사업자는 제 1 항의 규정에 의한 외주제작 방송프로그램을 편성함에 있어 특수관계자가 제작한 방송프로그램을 대통령령이 정하는 바에 따라 일정한 비율 이상을 초과하지 아니하도록 편성하여야 한다.

③ 종합편성을 행하는 방송사업자는 외주제작 방송프로그램을 주 시청시간대에 대통령령이 정하는 바에 따라 일정한 비율 이상 편성하여야 한다.

④ 제 1 항의 규정에 의한 외주제작 방송프로그램의 편성비율은 방송매체와 방송분야별 특성 등을 고려하여 차등을 둘 수 있다.

第73条(방송광고 등) ① 방송사업자는 방송광고와 방송프로그램이 혼동되지 아니하도록 명확하게 구분하여야 하며, 어린이를 주 시청대상으로 하는 방송프로그램의 방송광고 시간 및 전후 토막광고시간에는 대통령령이 정하는 바에 따라 반드시 광고임을 밝히는 자막을 표기하여 어린이가 방송프로그램과 방송광고를 구분할 수 있도록 하여야 한다. 〈개정 2006. 10. 27〉

② 방송광고의 종류는 다음 각 호와 같고, 방송광고의 허용범위·시간·횟수 또는 방법 등에 관하여 필요한 사항은 대통령령으로 정한다. 〈개정 2005. 5. 18〉

1. 방송프로그램광고 : 방송프로그램의 전후(방송프로그램 시작타이틀 고지 후부터 본방송프로그램시작 전까지 및 본방송프로그램종료 후부터 방송프로그램 종료타이틀 고지 전까지를 말한다)에 편성되는 광고
2. 중간광고 : 1개의 동일한 방송프로그램이 시작한 후부터 종료되기 전까지 사이에 그 방송프로그램을 중단하고 편성되는 광고
3. 토막광고 : 방송프로그램과 방송프로그램 사이에 편성되는 광고
4. 자막광고 : 방송프로그램과 관계 없이 문자 또는 그림으로 나타내는 광고

5. 시보광고 : 현재시간 고지시 함께 방송되는 광고

③ 상품소개 및 판매에 관한 전문편성을 행하는 방송의 경우에는 당해 상품소개 및 판매에 관한 방송내용물은 이를 방송광고로 보지 아니한다.

④ 방송사업자 및 전광판방송사업자는 공공의 이익을 증진시킬 목적으로 제작된 비상업적 공익광고를 대통령령이 정하는 비율 이상 편성하여야 한다.

⑤ 지상파방송사업자(지상파방송사업자와 방송채널사용계약을 체결하고, 그 채널을 사용하여 지상파방송을 하는 방송채널사용사업자를 포함한다)는 한국방송광고공사 또는 대통령령이 정하는 방송광고판매대행사가 위탁하는 방송광고물 이외에는 방송광고를 할 수 없다. 다만, 대통령령이 정하는 방송광고에 대하여는 그러하지 아니하다. 〈개정 2007. 1. 26〉

第74條(협찬고지) ① 방송사업자는 대통령령이 정하는 범위 안에서 협찬고지를 할 수 있다.

② 협찬고지의 세부기준 및 방법 등에 관하여 필요한 사항은 위원회규칙으로 정한다.

第75條(재난방송) ① 종합편성 또는 보도전문편성을 행하는 방송사업자는 자연재해대책법 제2조의 규정에 의한 재해 또는 재난 및 안전관리기본법 제3조의 규정에 의한 재난이 발생하거나 발생할 우려가 있는 경우에는 그 발생을 예방하거나 그 피해를 줄일 수 있는 재난방송을 하여야 한다. 〈개정 2004. 3. 11〉

② 방송위원회는 국민의 생명과 재산을 보호하고, 그 밖에 공공복리를 위하여 특히 필요하다고 인정하는 경우에는 대통령령이 정하는 바에 따라 방송사업자에 대하여 재해 또는 재난의 발생을 예방하거나 그 피해를 줄일 수 있는 재난방송을 행하도록 요구할 수 있다. 이 경우 방송사업자는 특별한 사유가 없는 한 재난방송을 하여야 한다. 〈개정 2005. 5. 18〉

③ 방송위원회는 한국방송공사를 재난방송의 주관기관으로 지정할 수 있다.

④ 재난방송에 관한 기준 및 방법 등에 관하여 필요한 사항은 위원회규칙으로 정한다.

第76條(방송프로그램의 공급 및 보편적 시청권 등〈개정 2007. 1. 26〉) ① 방송사업자는 다른 방송사업자에게 방송프로그램을 공급할 때에는 공정하고 합리적인 시장가격으로 차별 없이 제공하여야 한다.

② 방송위원회는 제76조의2의 규정에 따른 보편적 시청권보장위원회의 심의를 거쳐 국민적 관심이 매우 큰 체육경기대회 그 밖의 주요 행사(이하 "국민관심행사등"이라고 한다)를 고시하여야 한다. 이 경우 방송위원회는 문화관광부장관, 방송사업자 및 시청자의 의견을 들어야 한다. 〈신설 2007. 1. 26〉

③ 국민관심행사 등에 대한 중계방송권자 또는 그 대리인(이하 "중계방송권자 등"이라 한다)은 일반국민이 이를 시청할 수 있도록 중계방송권을 다른 방송사업자에게도 공정하고 합리적인 가격으로 차별 없이 제공하여야 한다. 〈신설 2007. 1. 26〉

④ 방송사업자는 제1항 및 제3항의 규정을 위반하는 행위에 관하여 방송위원회에 서면으로 신고할 수 있다. 〈신설 2007. 1. 26〉

⑤ 방송위원회는 제4항의 규정에 따른 신고를 접수한 경우에는 제35조의3의 규정에 따른 방송분쟁조정위원회의 심의를 거쳐 60일 이내에 그 결과를 통보하여야 한다. 〈신설 2007. 7. 26〉

제76조의2(보편적 시청권보장위원회) ① 제76조 제2항의 규정에 따른 국민관심행사 등의 고시 등에 관한 업무의 원활한 수행을 위하여 방송위원회에 보편적 시청권보장위원회를 둔다.

② 보편적 시청권보장위원회 위원은 방송위원회 위원장이 방송위원회의 동의를 얻어 7인 이내로 위촉한다.

③ 보편적 시청권보장위원회의 구성과 운영에 관하여 필요한 사항은 위원회규칙으로 정한다.

[본조신설 2007. 1. 26]

제76조의3(보편적 시청권보장을 위한 조치 등) ① 방송사업자 및 중계방송권자 등은 제76조 제3항의 규정에 따른 일반국민의 보편적 시청권을 보장하기 위하여 대통령령에서 정하는 금지행위 등 준수사항을 이행하여야 한다.

② 방송위원회는 제1항의 규정에 따른 금지사항을 위반한 방송사업자 및 중계방송권자 등에 대하여 금지행위의 중지 등 필요한 시정조치를 명할 수 있다. 이 경우 방송위원회는 시정조치를 명하기 전에 당사자에게 기간을 정하여 의견진술의 기회를 주어야 한다. 다만, 당사자가 정당한 사유 없이 이에 응하지 아니하는 때에는 그러하지 아니한다.

③ 방송위원회는 제1항의 규정에 따른 금지사항의 위반 여부에 대한 사실관계의 조사를 위하여 필요한 경우 대통령령이 정하는 바에 따라 방송사업자 및 중계방송권자 등에게 자료제출을 요청할 수 있고, 사무처의 직원으로 하여금 방송사업자 및 중계방송권자 등의 사무소 또는 사업장에 출입하여 조사를 하게 할 수 있다.

④ 방송위원회는 방송사업자 및 중계방송권자 등이 정당한 사유 없이 제2항의 규정에 따른 시정조치를 이행하지 아니하는 때에는 당해 중계방송권의 총계약금액에 100분의 5를 곱한 금액을 초과하지 아니하는 범위 안에서 과징금을 부과할

수 있다.

⑤ 제 3 항의 규정에 따라 조사를 하는 사무처의 직원은 그 권한을 표시하는 증표를 지니고, 이를 관계인에게 내보여야 한다.

[본조신설 2007. 1. 26]

第76조의4(중계방송권의 공동계약 권고) 방송위원회는 국민관심행사 등에 대한 보편적 시청권을 보장하고, 중계방송권확보에 따른 과도한 경쟁을 방지하기 위하여 중계방송권계약에 있어서 방송사업자 또는 중계방송권자 등에게 공동계약을 권고할 수 있다.

[본조신설 2007. 1. 26]

第76조의5(중계방송의 순차편성 권고 등) ① 방송사업자는 국민관심행사 등에 대한 중계방송권을 사용함에 있어서 과다한 중복편성으로 인하여 시청자의 권익을 침해하지 아니하도록 하여야 하며, 채널별·매체별로 순차적으로 편성하기 위하여 노력하여야 한다.

② 방송위원회는 제 1 항의 채널별·매체별 순차편성이 효율적으로 이루어질 수 있도록 방송사업자에 대하여 권고할 수 있다.

[본조신설 2007. 1. 26]

第77条(유료방송의 약관승인) ① 유료방송을 행하고자 하는 방송사업자·중계유선방송사업자 및 음악유선방송사업자는 이용요금 및 기타 조건에 관한 약관을 정하여 방송위원회에 신고하여야 하며, 이용요금에 대하여는 방송위원회의 승인을 얻어야 한다. 신고한 약관이나 승인을 얻은 이용요금을 변경하고자 하는 경우에도 또한 같다.

② 방송위원회는 제 1 항의 규정에 의한 약관이 현저히 부당하여 시청자의 이익을 저해한다고 판단하는 때에는 유료방송을 행하는 방송사업자·중계유선방송사업자 및 음악유선방송사업자에게 상당한 기간을 정하여 그 약관의 변경을 명할 수 있다.

第78条(재송신) ① 종합유선방송사업자·위성방송사업자(이동멀티미디어방송을 행하는 위성방송사업자를 제외한다) 및 중계유선방송사업자는 한국방송공사 및 한국교육방송공사법에 의한 한국교육방송공사가 행하는 지상파방송(라디오방송을 제외한다)을 수신하여 그 방송프로그램에 변경을 가하지 아니하고 그대로 동시에 재송신(이하 "동시재송신"이라 한다)하여야 한다. 다만, 지상파방송을 행하는 당해 방송사업자의 방송구역안에 당해 종합유선방송사업자 및 중계유선방송사업자의 방송구역이 포함되지 아니하는 경우에는 그러하지 아니하다. 〈개정 2002. 4. 20, 2004. 3. 22〉

② 제 1 항의 규정에 의한 지상파방송사업자가 수개의 지상파방송채널을 운용하는 경우, 제 1 항 본문의 규정에 불구하고 동시재송신하여야 하는 지상파방송은 방송위원회가 지상파방송사업자별로 방송편성내용 등을 고려하여 지정·고시하는 1개의 지상파방송 채널에 한한다. 〈신설 2002. 4. 20〉

③ 제 1 항의 규정에 의한 동시재송신의 경우에는 「저작권법」 제69조의 동시중계방송권에 관한 규정은 이를 적용하지 아니한다. 〈개정 2006. 12. 28〉

④ 종합유선방송사업자 및 중계유선방송사업자가 당해 방송구역 외에서 허가받은 지상파방송사업자가 행하는 지상파방송을 동시재송신하고자 하거나 위성방송사업자가 제 1 항 및 제 2 항의 규정에 의하여 동시재송신하는 지상파방송 이외의 지상파방송을 재송신하고자 하는 때에는 방송위원회의 승인을 얻어야 한다. 〈개정 2002. 4. 20〉

⑤ 종합유선방송사업자 및 위성방송사업자가 외국의 방송사업자(이 법에 의하여 허가·승인 또는 등록하지 아니한 자를 포함한다)가 행하는 방송을 수신하여 재송신하고자 하는 때에는 방송위원회의 승인을 얻어야 한다.

⑥ 제 4 항 및 제 5 항의 규정에 의한 재송신의 유형 및 승인의 요건·절차·유효기간 등에 관하여 필요한 사항은 대통령령으로 정한다. 〈개정 2002. 4. 20, 2006. 10. 27〉

⑦ 공동체라디오방송사업자의 경우 다른 공동체라디오방송사업자의 방송프로그램을 대통령령이 정하는 범위 안에서 재송신할 수 있다. 〈신설 2006. 10. 27〉

第79조(유선방송국설비 등에 관한 기술기준과 준공검사 등) ① 정보통신부장관은 유선방송국설비(종합유선방송국 및 중계유선방송·음악유선방송을 행하기 위한 설비를 포함한다. 이하 같다)의 설치 및 유지에 관한 사항과 전송·선로설비의 분계점 등에 필요한 기술기준(이하 "기술기준"이라 한다)을 정하여 고시하여야 한다.

② 종합유선방송사업자·중계유선방송사업자 및 음악유선방송사업자는 대통령령이 정하는 기한까지 기술기준이 정하는 바에 의하여 유선방송국설비를 설치하고, 정보통신부장관의 준공검사를 받아야 한다. 설치한 유선방송국설비를 변경한 때에도 또한 같다.

③ 종합유선방송사업자·중계유선방송사업자 및 음악유선방송사업자는 전송·선로설비를 자체적으로 설치하거나 전송망사업자의 전송·선로설비 또는 전기통신기본법에 의한 기간통신사업자의 전기통신설비를 이용할 수 있으며, 종합유선방송사업자와 중계유선방송사업자는 전송·선로설비를 상호 이용할 수 있다.

④ 종합유선방송사업자·중계유선방송사업자 및 음악유선방송사업자는 천재·지

변 기타 불가피한 사유로 대통령령이 정하는 기한까지 유선방송국설비를 설치할 수 없는 때에는 대통령령이 정하는 바에 의하여 정보통신부장관에게 설비설치기한의 연기를 요청할 수 있다.

第80條(전송·선로설비 설치의 확인) 종합유선방송사업자·중계유선방송사업자 및 음악유선방송사업자가 전송·선로설비를 자체적으로 설치하는 때 또는 전송망사업자나 기간통신사업자가 종합유선방송사업자나 중계유선방송사업자와 전송·선로설비의 이용계약을 체결한 때에는 기술기준이 정하는 바에 의하여 전송·선로설비를 설치하고, 정보통신부장관의 확인을 받아야 한다. 설치한 전송·선로설비를 변경한 때에도 또한 같다.

第81條(설비개선명령 등) 정보통신부장관은 종합유선방송사업자·중계유선방송사업자·음악유선방송사업자 및 전송망사업자가 설치한 유선방송국설비 및 전송·선로설비가 기술기준에 적합하지 아니할 때에는 그 시설의 보수·개수·이전 기타 필요한 조치를 명할 수 있다.

第82條(전송·선로설비의 이용) 전송망사업자는 정보통신부령이 정하는 바에 의하여 전송·선로설비이용료 기타 이용조건에 관한 약관을 정하여 정보통신부장관에게 신고하여야 한다. 이를 변경하고자 하는 때에도 또한 같다.

第83條(방송내용의 기록·보존) ① 방송사업자·중계유선방송사업자·전광판방송사업자 및 음악유선방송사업자는 방송일지에 방송내용을 기록하여 비치하여야 하며, 특별한 사유가 없는 한 방송실시결과를 방송 후 1월 이내에 방송위원회에 제출하여야 한다.

② 방송사업자는 방송(재송신을 제외한다)된 방송프로그램(예고방송을 포함한다. 이하 같다)의 원본 또는 사본을 방송 후 6월간 보존하여야 한다. 〈개정 2006. 10. 27〉

③ 제1항의 규정에 의한 방송일지의 기록 및 방송실시결과의 제출시기 등과 제2항의 규정에 의한 사업자별 방송프로그램의 원본 또는 사본의 보존 등에 관하여 필요한 사항은 위원회규칙으로 정한다.

第84條(폐업 및 휴업 등의 신고) ① 방송사업자·중계유선방송사업자·음악유선방송사업자 및 전광판방송사업자가 그 업무를 폐업하거나 휴업하고자 하는 때에는 방송위원회 및 정보통신부장관에게 각각 신고하여야 한다. 〈개정 2007. 1. 26〉

② 방송사업자·중계유선방송사업자 및 음악유선방송사업자는 천재·지변 등 불가피한 사유가 있는 경우에 한하여 휴업할 수 있다.

③ 제1항 및 제2항의 규정에 의한 폐업 및 휴업의 신고절차 등에 관하여 필요한 사항은 위원회규칙으로 정한다.

第85条(방송프로그램별 유료방송 등의 적용배제) 방송프로그램별 유료방송을 행하는 방송사업자에 대하여는 제71조 내지 제75조의 규정을 적용하지 아니한다.

제 6 장 시청자의 권익보호

第86条(자체심의) 방송사업자는 자체적으로 방송프로그램을 심의할 수 있는 기구를 두고, 방송프로그램(보도에 관한 방송프로그램을 제외한다)이 방송되기 전에 이를 심의하여야 한다. 다만, 공동체라디오방송사업자의 경우에는 방송권역청취자가 참여하는 방송평가회를 연 1회 이상 실시하여야 한다.

[전문개정 2006. 10. 27]

第87条(시청자위원회) ① 종합편성 또는 보도전문편성을 행하는 방송사업자는 시청자의 권익을 보호하기 위하여 시청자위원회를 두어야 한다.

② 제 1 항의 규정에 의한 방송사업자는 각계의 시청자를 대표할 수 있는 자 중에서 위원회규칙이 정하는 단체의 추천을 받아 시청자위원회의 위원을 위촉한다.

③ 시청자위원회의 구성 및 운영에 관하여 필요한 사항은 대통령령으로 정한다.

第88条(시청자위원회의 권한과 직무) ① 시청자위원회의 권한과 직무는 다음과 같다.

1. 방송편성에 관한 의견제시 또는 시정요구
2. 방송사업자의 자체심의규정 및 방송프로그램내용에 관한 의견제시 또는 시정요구
3. 시청자평가원의 선임
4. 기타 시청자의 권익보호와 침해구제에 관한 업무

② 시청자위원회의 대표자는 방송위원회에 출석하여 의견을 진술할 수 있다.

第89条(시청자평가프로그램) ① 종합편성 또는 보도전문편성을 행하는 방송사업자는 당해 방송사업자의 방송운영과 방송프로그램에 관한 시청자의 의견을 수렴하여 주당 60분 이상의 시청자 평가프로그램을 편성하여야 한다.

② 시청자평가프로그램에는 시청자위원회가 선임하는 1인의 시청자평가원이 직접 출연하여 의견을 진술할 수 있다.

③ 방송위원회는 시청자평가원의 원활한 업무수행을 위하여 기금에서 경비를 지원할 수 있다.

第90条(방송사업자의 의무) ① 종합편성 또는 보도전문편성을 행하는 방송사업자는 제88조 제 1 항 제 1 호 및 제 2 호의 규정에 의한 시청자위원회의 의견제시 또는 시정요구를 받은 경우에는 특별한 사유가 없는 한 이를 수용하여야 한다.

② 시청자위원회는 방송사업자가 시청자위원회의 의견제시 또는 시정요구의 수용을 부당하게 거부하는 경우에는 방송위원회에 시청자불만처리를 요청할 수 있다.

③ 종합편성 또는 보도전문편성을 행하는 방송사업자는 시청자위원회가 제88조 제1항 각호의 규정에 의한 직무를 수행하기 위하여 필요한 자료의 제출 또는 관계자의 출석·답변을 요청하는 경우에는 특별한 사유가 없는 한 이에 응하여야 한다.

④ 종합편성 또는 보도전문편성을 행하는 방송사업자는 시청자위원회의 심의결과 및 그 처리에 관한 사항을 방송위원회에 보고하여야 한다.

⑤ 종합편성 또는 보도전문편성을 행하는 방송사업자는 대통령령이 정하는 바에 의하여 시청자가 요구하는 방송사업에 관한 정보를 공개하여야 한다.

제91조 삭제 〈2005. 1. 27〉

제7장 방송발전의 지원

제92조(방송발전의 지원) ① 정부는 국민이 다양한 방송을 균등하게 향유할 수 있도록 하고, 방송문화의 발전 및 진흥을 위하여 노력하여야 한다.

② 문화관광부장관은 방송영상산업의 진흥을 위하여 필요한 정책을 수립·시행하여야 한다.

③ 정보통신부장관은 방송기술 및 시설에 관하여 필요한 정책을 수립·시행하여야 한다.

제93조(방송프로그램의 보관 및 활용) 방송사업자는 방송프로그램의 효율적인 수집·보관·유통 및 활용 등을 위하여 방송프로그램보관소를 공동으로 설립·운영할 수 있다.

제94조(방송전문인력의 양성 등) 정부는 방송전문인력을 양성하기 위하여 전문교육기관 및 방송관련학과 등에 대한 지원 등에 필요한 시책을 수립할 수 있다.

제95조(방송제작단지 조성·지원) ① 정부는 방송사업자가 공동으로 방송제작단지를 조성하는 때에는 필요한 지원을 할 수 있다.

② 정부는 제1항의 규정에 의한 방송제작단지가 정보통신단지 또는 영상제작단지 등과 연계·운영되도록 할 수 있다.

제96조(방송프로그램유통 등 지원) ① 문화관광부장관은 영상·비디오 등 영상물이 방송프로그램으로 제작되어 방송매체별로 다단계로 유통·활용 또는 수출될 수 있도록 지원할 수 있다.

② 정보통신부장관은 방송기술 및 시설의 개발·활용 및 수출이 촉진될 수 있도

록 지원할 수 있다.

제97조(방송의 국제협력) 정부 또는 방송위원회는 외국의 방송관련기관·단체와의 국제교류, 방송프로그램의 공동제작, 방송전문인력의 상호교류 및 방송기술의 공동개발 등 국제협력을 촉진할 수 있는 사업을 지원할 수 있다.

제 8 장 보 칙

제98조(자료제출) ① 정부 또는 방송위원회는 직무수행을 위하여 필요한 경우에는 방송사업자·중계유선방송사업자·전광판방송사업자·음악유선방송사업자 또는 전송망사업자에게 관련자료의 제출을 요구할 수 있다.

② 방송사업자는 매년 말 당해 법인의 재산상황을 방송위원회에 제출하여야 하며, 방송위원회는 이를 공표하여야 한다.

제99조(시정명령 등) ① 방송위원회는 방송사업자·중계유선방송사업자·전광판방송사업자 또는 음악유선방송사업자가 다음 각 호의 1에 해당하는 때에는 시정을 명할 수 있다.

1. 시청자의 이익을 현저히 부당하게 저해하고 있다고 인정될 때
2. 이 법 또는 허가조건·승인조건·등록요건을 위반하고 있다고 인정될 때

② 정보통신부장관은 방송사업자(방송채널사용사업자를 제외한다)·전송망사업자·중계유선방송사업자 또는 음악유선방송사업자가 설치한 시설이 이 법 또는 허가조건·등록요건을 위반하고 있다고 인정될 때에는 그 시설의 개선을 명할 수 있다.

제100조(제재조치 등) ① 방송위원회는 방송사업자·중계유선방송사업자 또는 전광판방송사업자가 제33조의 심의규정 제74조 제 2 항에 의한 협찬고지규칙을 위반한 경우에는 다음 각 호의 제재조치를 명할 수 있다. 제27조 제 8 호의 시청자불만처리의 결과에 따라 제재를 할 필요가 있다고 인정되는 경우에도 또한 같다. 다만, 심의규정 등의 위반정도가 경미하여 제재조치를 명할 정도에 이르지 아니한 경우에는 해당 사업자 또는 해당 방송프로그램의 책임자나 관계자에 대하여 권고를 하거나 의견을 제시할 수 있다. 〈개정 2006. 10. 27〉

1. 시청자에 대한 사과
2. 해당 방송프로그램의 정정·수정 또는 중지
3. 방송편성책임자·해당 방송프로그램의 관계자에 대한 징계
4. 주의 또는 경고

② 제 1 항의 규정에 의한 제재조치가 해당 방송프로그램의 출연자로 인하여 이

루어진 경우 해당 방송사업자는 방송출연자에 대하여 경고, 출연제한 등의 적절한 조치를 취하여야 한다. 〈신설 2006. 10. 27〉

③ 제1항의 규정에 불구하고 위반의 정도가 중대하다고 인정되는 다음 각 호의 경우에 한하여 방송위원회는 1억원 이하의 과징금을 부과할 수 있다. 〈신설 2006. 10. 27〉

1. 음란, 퇴폐 및 폭력 등에 관한 심의규정을 위반하는 경우
2. 「마약류관리에 관한 법률」 제2조 제1호의 규정에 의한 마약류 복용·투약·흡입 및 음주 후 방송출연 등으로 인한 심의규정을 위반하는 경우
3. 제1항 제1호 내지 제3호의 제재조치를 받았음에도 불구하고 대통령령으로 정하는 바에 따라 동일한 사유로 반복적으로 심의규정을 위반하는 경우

④ 방송사업자·중계유선방송사업자 및 전광판방송사업자는 제1항의 규정에 의한 명령을 받은 때에는 지체없이 그 명령내용에 관한 방송위원회의 결정사항 전문을 방송하고, 명령을 받은 날부터 7일 이내에 그 명령을 이행하여야 하며, 그 이행결과를 방송위원회에 보고하여야 한다. 〈개정 2006. 10. 27〉

⑤ 방송위원회는 제1항 제1호 내지 제3호의 규정에 의한 제재조치를 명하고자 할 때에는 미리 당사자 또는 그 대리인에게 의견을 진술할 기회를 주어야 한다. 다만, 당사자 또는 그 대리인이 정당한 사유 없이 이에 응하지 아니한 때에는 그러하지 아니하다. 〈개정 2006. 10. 27〉

⑥ 제1항의 규정에 의한 제재조치에 이의가 있는 자는 당해 제재조치명령을 받은 날부터 30일 이내에 방송위원회에 재심을 청구할 수 있다. 〈개정 2006. 10. 27〉

⑦ 방송위원회는 제6항의 규정에 의한 방송위원회의 재심결과를 당사자 또는 그 대리인에게 통지하여야 한다. 〈개정 2006. 10. 27〉

제101조(청문) 방송위원회 또는 정보통신부장관은 다음 각 호의 1에 해당하는 경우에는 청문을 실시하여야 한다.

1. 제17조의 규정에 의한 재허가·재허가 추천 또는 재승인을 거부하는 경우
2. 제18조의 규정에 의한 허가·승인 또는 등록을 취소하는 경우

제102조(수수료) 이 법에 의한 허가·승인·등록, 변경허가·변경승인·변경등록, 재허가·재승인 신청을 하는 자와 유선방송국설비 및 전송·선로설비의 준공검사를 받고자 하는 자는 대통령령이 정하는 바에 의하여 수수료를 납부하여야 한다.

제103조(권한의 위임·위탁) ① 이 법에 의한 방송위원회 또는 정보통신부장관의 권한은 그 일부를 대통령령이 정하는 바에 의하여 시·도지사 또는 체신청장에게 위임하거나 전파법에 의한 한국전파진흥원에 위탁할 수 있다. 〈개정 2005. 12. 30〉

② 방송위원회는 제32조 제2항의 규정에 의한 방송광고물의 사전심의에 관련된

업무를 대통령령이 정하는 바에 의하여 민간기구·단체에 위탁한다.

제104조(벌칙적용에 있어서의 공무원의제) 방송위원회의 위원 또는 사무처의 직원 중 공무원이 아닌 자와 제103조의 규정에 의하여 권한을 위탁받은 사무에 종사하는 자는 형법 기타 법률에 의한 벌칙의 적용에 있어서 이를 공무원으로 본다. 〈개정 2005. 12. 30〉

제9장 벌 칙

제105조(벌칙) 다음 각 호의 1에 해당하는 자는 2년 이하의 징역 또는 3천만원 이하의 벌금에 처한다.

1. 제4조 제2항의 규정에 위반하여 방송편성에 관하여 규제나 간섭을 한 자
2. 허위 기타 부정한 방법으로 제9조 또는 제17조의 규정에 의한 허가 또는 재허가를 받거나 승인 또는 재승인을 얻거나 등록을 하여 방송사업·중계유선방송사업·음악유선방송사업·전광판방송사업 또는 전송망사업을 한 자
3. 제9조 또는 제17조의 규정에 의한 허가 또는 재허가를 받지 아니하거나 승인 또는 재승인을 얻지 아니하거나 등록을 하지 아니하고, 방송사업·중계유선방송사업·음악유선방송사업·전광판방송사업 또는 전송망사업을 한 자

제106조(벌칙) ① 다음 각 호의 1에 해당하는 자는 1년 이하의 징역 또는 3천만원 이하의 벌금에 처한다. 〈개정 2004. 3. 22, 2006. 10. 27〉

1. 제4조 제4항의 규정에 위반하여 방송편성규약을 제정하지 아니하거나 공표하지 아니한 자
2. 제8조 제12항의 규정에 의한 시정명령을 위반한 자
3. 제14조 제6항의 규정에 의한 시정명령을 위반한 자
4. 허위 기타 부정한 방법으로 제15조 제1항의 규정에 의한 변경허가를 받거나 변경승인을 얻거나 변경등록을 한 자
5. 제15조 제1항의 규정에 의한 변경허가를 받지 아니하거나 변경승인을 얻지 아니하거나 변경등록을 하지 아니한 자
6. 제15조의2 제3항의 규정에 따른 시정명령을 위반한 자

② 다음 각호의 1에 해당하는 자는 3천만원 이하의 벌김에 처한다. 〈개정 2007. 1. 26〉

1. 제53조 제2항의 규정에 위반하여 직무상 공사의 비밀을 누설하거나 도용한 자
2. 제100조 제1항의 규정에 의한 방송위원회의 제재조치명령을 이행하지 아

니한 자

제107조(양벌규정) 법인의 대표자, 법인 또는 개인의 대리인·사용인 기타 종업원이 그 법인 또는 개인의 업무에 관하여 제105조 또는 제106조의 위반행위를 한 때에는 행위자를 벌하는 외에 그 법인 또는 개인에 대하여도 각 해당 조의 벌금형을 과한다.

제108조(과태료) ① 다음 각 호의 1에 해당하는 자는 3천만원 이하의 과태료에 처한다. 〈개정 2002. 4. 20, 2004. 3. 22, 2005. 5. 18, 2006. 10. 27〉

1. 제4조 제3항의 규정에 위반하여 방송편성책임자의 성명을 방송시간 내에 매일 1회 이상 공표하지 아니한 자
2. 제15조 제2항 및 제3항의 규정에 의한 신고를 하지 아니한 자

2의1. 재15조의2 제1항 단서의 규정에 의한 신고를 하지 아니한 자

2의2. 제32조 제3항 또는 제4항의 규정을 위반한 자

3. 제33조 제3항의 규정에 위반하여 방송프로그램의 등급을 표시하지 아니한 자
4. 제69조 제3항 내지 제6항의 규정을 위반하여 방송프로그램을 편성한 자
5. 제70조 제1항 내지 제4항의 규정에 위반하여 채널을 구성·운용한 자
6. 제70조 제5항 단서의 규정에 위반하여 채널을 운용하거나, 동조 제6항의 규정에 의한 대통령령을 위반하여 채널을 운용한 자
7. 제70조 제7항의 규정에 위반하여 특별한 이유 없이 시청자가 자체 제작한 방송프로그램을 방송하지 아니한 자
8. 제71조 제1항 내지 제3항의 규정에 위반하여 방송프로그램을 편성한 자
9. 제72조 제1항 내지 제3항의 규정에 의한 편성비율을 위반하여 방송프로그램을 편성한 자
10. 제73조 제1항·제2항·제4항 또는 제5항의 규정에 위반하여 방송광고를 한 자
11. 제74조 제1항 및 제2항의 규정에 위반하여 협찬고지를 한 자

11의2. 제75조 제2항의 규정을 위반하여 특별한 사유 없이 재난방송을 하지 아니한 자

12. 제77조 제1항의 규정에 위반하여 약관의 신고 또는 변경신고를 하지 아니하거나 승인 또는 변경승인을 얻지 아니하고 유료방송을 한 자
13. 제78조 제1항의 규정에 위반하여 동시재송신을 하지 아니한 자
14. 제78조 제4항 및 제5항의 규정에 위반하여 재송신을 한 자 및 방송사업자로부터 업무를 위탁받아 방송을 위한 설비를 설치·운용하는 자로서

제78조 제 4 항 및 제 5 항의 규정에 위반한 재송신을 가능하게 한 자

15. 제79조 제 2 항 또는 제80조의 규정에 위반하여 준공검사 또는 확인을 받지 아니한 자
16. 제82조의 규정에 위반하여 약관의 신고 또는 변경신고를 하지 아니하고 전송망사업을 행한 자
17. 제83조 제 1 항의 규정에 의한 방송일지를 기록하지 아니하거나 허위로 기록한 자 또는 방송실시결과를 제출하지 아니한 자
18. 제83조 제 2 항의 규정에 위반하여 방송프로그램의 원본 또는 사본을 보존하지 아니한 자
19. 제84조 제 1 항의 규정에 의한 신고를 하지 아니하고 폐업하거나 휴업한 자
20. 제86조의 규정에 위반하여 자체 심의기구를 두지 아니하거나 방송프로그램을 심의하지 아니한 자
21. 제87조 제 1 항의 규정에 위반하여 시청자위원회를 두지 아니한 자
22. 제89조 제 1 항의 규정에 위반하여 시청자평가프로그램을 편성하지 아니한 자
23. 제90조 제 3 항의 규정에 위반하여 필요한 자료의 제출 또는 관계자의 출석·답변을 거부한 자
24. 제90조 제 4 항의 규정에 위반하여 시청자위원회의 심의결과 및 그 처리에 관한 사항을 방송위원회에 보고하지 아니한 자
25. 삭제 〈2005. 1. 27〉

25의2. 제98조 제 1 항의 규정을 위반하여 자료제출을 하지 아니하거나 거짓으로 자료를 제출한 자

26. 제98조 제 2 항의 규정에 위반하여 재산상황을 제출하지 아니하거나 거짓으로 재산상황을 제출한 자

26의2. 제100조 제 2 항의 규정을 위반한 반송출연자에 대한 경고, 출연제한 등의 조치를 취하지 아니한 자

27. 제100조 제 4 항의 규정에 위반하여 방송위원회의 결정사항 전문을 방송하지 아니하거나 그 결과를 방송위원회에 보고하지 아니한 자

② 제 1 항의 규정에 의한 과태료는 대통령령이 정하는 바에 의하여 방송위원회 또는 정보통신부장관(이하 "부과권자"라 한다)이 부과·징수한다.

③ 제 2 항의 규정에 의한 과태료처분에 불복이 있는 자는 그 처분의 고지를 받은 날부터 30일 이내에 그 부과권자에게 이의를 제기할 수 있다.

④ 제 2 항의 규정에 의하여 과태료의 처분을 받은 자가 제 3 항의 규정에 의하여

이의를 제기한 때에는 부과권자는 지체없이 관할법원에 이를 통보하여야 하며, 그 통보를 받은 관할법원은 비송사건절차법에 의한 과태료의 재판을 한다.

⑤ 제3항의 규정에 의한 기간 내에 이의를 제기하지 아니하고 과태료를 납부하지 아니한 때에는 국세체납처분의 예에 의하여 이를 징수한다.

제109조(과징금 부과 및 징수) ① 방송위전회 또는 정보통산부장관은 이 법의 규정에 의한 과징금을 부과함에 있어서 다음 각 호의 사항을 참작하여야 한다.

1. 위반행위의 내용 및 정도
2. 위반행위의 기간 및 횟수
3. 위반행위로 인하여 취득한 이익의 규모 등

② 방송위원회 또는 정보통신부장관은 이 법의 규정을 위반한 방송사업자의 합병이 있는 경우에는 당해 법인이 행한 위반행위는 합병 후 존속하거나 합병에 의해 설립된 법인이 행한 행위로 보아 과징금을 부과·징수할 수 있다.

③ 과징금을 부과받은 당해 방송사업자가 분할 또는 분할합병되는 경우(부과일에 분할 또는 분할합병되는 경우를 포함한다), 그 과징금은 다음 각 호의 법인이 연대하여 납부할 책임을 진다.

1. 분할되는 법인
2. 분할 또는 분할합병으로 인하여 설립되는 법인
3. 분할되는 회사의 일부가 다른 회사와 합병하여 그 다른 회사가 존속하는 경우의 그 다른 법인

④ 과징금을 부과받은 방송사업자가 분할 또는 분할합병으로 인하여 해산되는 경우부과일에 해산되는 경우를 포함한다), 그 과징금은 다음 각 호의 법인이 연대하여 납부할 책임을 진다.

1. 분할 또는 분할합병으로 인하여 설립되는 법인
2. 분할되는 법인의 일부가 다른 법인과 합병하여 그 다른 법인이 존속하는 경우의 그 다른 법인

⑤ 방송위원회 또는 정보통신부장관은 과징금 납부의무자가 납부기한 내에 과징금을 납부하지 아니한 때에는 기간을 정하여 독촉을 하고, 그 지정한 기간 내에 과징금을 납부하지 아니한 때에는 국세체납처분의 예에 따라 이를 징수할 수 있다.

⑥ 제1항의 규정에 의한 과징긍의 부과기준 및 과징금의 징수에 관하여 필요한 사항은 대통령령으로 정한다. [본조신설 2006. 10. 27]

부 칙 〈제6139호, 2000. 1. 12〉

제1조(시행일) 이 법은 공포 후 2월이 경과한 날부터 시행하되 부칙 제4조 제2항의 규정은 공포한 날부터 시행한다.

제2조(다른 법률의 폐지) 다음 각 호의 법률은 이를 폐지한다.

1. 방송법
2. 종합유선방송법
3. 한국방송공사법
4. 유선방송관리법

제3조(방송위원회 등에 관한 경과조치) ① 이 법 제20조의 규정에 의한 방송위원회는 이 법의 시행일 30일 전까지 구성하여야 한다.

② 이 법에 의한 방송위원회가 구성된 경우에는 종전의 방송법에 의한 방송위원회 또는 종합유선방송법에 의한 종합유선방송위원회는 해체된 것으로 본다.

③ 이 법 공포 당시 종전의 방송법에 의한 방송위원회의 위원은 이 법 시행 전에 임기가 만료되더라도 이 법에 의한 방송위원회가 구성될 때까지 그 직무를 행한다.

④ 제1항의 규정에 의한 방송위원회가 구성된 경우에는 이 법 시행일 전까지 종전의 방송법에 의한 방송위원회 또는 종전의 종합유선방송법에 의한 종합유선방송위원회의 직무는 방송위원회가 행한다.

제4조(한국방송공사의 정관 등에 관한 경과조치) ① 이 법 시행 당시 종전의 한국방송공사법에 의한 한국방송공사는 이 법에 의한 한국방송공사로 본다. 이 경우 법 시행 후 3월 이내에 정관을 변경하여 방송위원회의 인가를 받아야 한다.

② 1999년 12월 31일 당시 종전의 한국방송공사법에 의한 수신료의 금액은 2000년 1월 1일부터 이 법 제65조에 의한 국회의 승인을 얻은 것으로 본다.

③ 이 법에 의한 한국방송공사는 종전의 한국방송공사법에 의한 한국방송공사의 모든 권리와 의무를 승계한다.

제5조(한국방송공사의 이사회·집행기관의 구성에 관한 경과조치) ① 한국방송공사의 이사회 및 집행기관은 이 법 시행 후 3월 내에 이 법의 규정에 의하여 구성되어야 한다.

② 이 법 시행 당시의 한국방송공사의 이사장을 포함한 이사는 이 법에 의한 후임자가 선임될 때까지 그 직무를 행한다.

③ 이 법 시행 당시의 한국방송공사의 사장, 부사장 및 감사는 이 법에 의한 후임자가 선임 또는 임명될 때까지 그 직무를 행한다.

제6조(공익자금 및 공익자금관리위원회에 관한 경과조치) ① 이 법 시행 당시 한

국방송광고공사법에 의한 한국방송광고공사가 조성 및 관리·운용하고 있는 공익자금은 이 법에 의하여 방송위원회가 조성 및 관리·운용하는 방송발전기금으로 본다.

② 이 법에 의한 방송발전기금관리위원회가 구성된 경우에는 종전의 한국방송광고공사법에 의한 공익자금관리위원회는 해체된 것으로 본다.

제7조(일반적 경과조치) ① 이 법 시행 당시 종전의 방송법·종합유선방송법·유선방송관리법 또는 한국방송공사법에 의하여 행정처분 등 행정기관·방송위원회·종합유선방송위원회의 행위와 각종 신고 등 행정기관·방송위원회·종합유선방송위원회에 대한 행위는 이 법에 의한 행위로 본다.

② 방송위원회는 이 법 제9조 제3항의 규정에 의한 종합유선방송사업의 승인을 별표에서 정하는 기간 동안 유예할 수 있다.

③ 종합유선방송사업자는 제2항의 유예기간 동안 지상파방송사업자가 행하는 방송을 녹음·녹화하여 재송신하여서는 아니 된다.

④ 제9조 제5항에 의한 등록을 하여야 하는 방송채널사용사업자의 경우 2000년 12월 31일까지는 방송위원회의 승인을 얻어야 한다. 이 경우 승인의 요건과 절차에 관한 사항은 방송위원회규칙으로 정한다.

제8조(방송사업허가 등에 관한 경과조치) ① 이 법 시행 당시 전파법에 의하여 방송국허가를 받은 자는 이 법 제9조 제1항의 규정에 의하여 허가를 받은 자로 본다.

② 이 법 시행 당시 종전의 종합유선방송법에 의하여 종합유선방송국 허가를 받은 자는 이 법 제9조 제2항의 규정에 의하여 허가를 받은 자로, 프로그램공급업 허가를 받은 자는 이 법 제9조 제5항의 규정에 의하여 승인을 얻거나 등록을 한 자로, 전송망사업지정을 받은 자는 이 법 제9조 제10항의 규정에 의하여 등록한 자로 본다.

③ 이 법 시행 당시 종전의 유선방송관리법에 의하여 유선방송사업자로 허가를 받은 자는 이 법 제9조 제2항의 규정에 의하여 중계유선방송사업의 허가를 받은 자로, 음악유선방송사업자로 허가를 받은 자는 제9조 제5항의 규정에 의하여 음악유선방송사업자로 등록한 자로 본다.

④ 이 법 시행 당시 전광판방송을 행하고 있는 자는 이 법 제9조 제5항의 규정에 의하여 전광판방송사업자로 등록한 자로 본다. 다만, 이 법 시행 후 6월 이내에 등록증을 교부받아야 한다.

제9조(방송사업자의 소유제한에 관한 특례) ① 이 법 시행 당시 정기간행물등록 등에 관한 법률에 의한 일간신문을 경영하는 법인(특수관계자를 포함한다)으로

서 종전의 종합유선방송법에 의한 보도프로그램공급업을 행하는 법인의 주식 또는 지분을 소유하고 있는 경우에는 이 법 제8조 제3항의 규정에 불구하고 그 법인이 소유하고 있는 주식 또는 지분의 한도 안에서 주식 또는 지분을 계속 소유할 수 있다.

② 이 법 시행 당시 종전의 방송법 또는 종합유선방송법에 의하여 방송사업의 허가를 받거나 그 주식 또는 지분을 소유하고 있는 자가 대기업과 그 계열회사(특수관계자를 포함한다)에 해당되게 되는 경우에는 이 법 제8조 제3항 및 제4항의 규정에 불구하고 그 자가 소유하고 있는 주식 또는 지분의 한도안에서 주식 또는 지분을 계속 소유할 수 있다.

③ 이 법 시행 당시 법률 제5529호 방송법 부칙 제3조의 규정에 의하여 이 법 제8조 제2항의 규정에 의한 소유한도를 초과하여 방송사업자의 주식 또는 지분을 소유하고 있는 자는 그가 소유하고 있는 주식 또는 지분의 범위안에서 주식 또는 지분을 계속하여 소유할 수 있다.

제10조(위성방송사업자에 대한 기금의 징수) 이 법 제37조 제3항의 규정에 의한 위성방송사업자에 대한 기금의 징수시기는 위성방송사업자의 경영상황을 고려하여 대통령령으로 정한다.

제11조(벌칙의 적용에 관한 경과조치) 이 법 시행 전의 행위에 관한 벌칙의 적용에 있어서는 종전의 방송법·종합유선방송법·한국방송공사법 또는 유선방송관리법의 규정에 의한다.

제12조(다른 법률의 개정) ① 정부조직법 중 다음과 같이 개정한다.

1. 제35조 제1항 중 "방송행정·출판"을 "영상·광고·출판"으로 하고, 부칙 제4조를 삭제한다.

② 기금관리기본법 중 다음과 같이 개정한다.

별표 2에 제128호를 다음과 같이 신설한다.

128. 방송법

제13조(다른 법률과의 관계) 이 법 시행 당시 다른 법률에서 종전의 방송법·종합유선방송법·한국방송공사법 또는 유선방송관리법의 규정을 인용하고 있는 경우에 이 법 중 그에 해당하는 규정이 있는 경우에는 종전의 규정에 갈음하여 이 법의 해당 규정을 인용한 것으로 본다.

부 칙 〈제6690호, 2002. 4. 20〉

이 법은 공포한 날로부터 시행한다.

부 칙 〈제6803호, 2002. 12. 18〉

이 법은 2003년 1월 1일부터 시행한다.

부 칙 〈제6869호, 2003. 5. 10〉

이 법은 공포한 날부터 시행한다.

부 칙(뉴스통신진흥에 관한 법률) 〈제6905호, 2003. 5. 29〉

제1조(시행일) 이 법은 공포 후 3월이 경과한 날부터 시행한다. 〈단서 생략〉

제2조 내지 제5조 생략

제6조(다른 법률의 개정) ① 생략

② 방송법 중 다음과 같이 개정한다.

제8조 제3항 중 "통신"을 각각 "뉴스통신진흥에 관한 법률"의 규정에 의한 뉴스통신(이하 "뉴스통신"이라 한다)으로 하고, 동조 제4항 중 "통신"을 "뉴스통신"으로 한다.

③ 생략

부 칙(재난 및 안전관리기본법) 〈제7188호, 2004. 3. 11〉

제1조(시행일) 이 법은 공포한 날부터 3월을 넘지 아니하는 범위에서 대통령령이 정하는 날부터 시행한다.

제2조 내지 제9조 생략

제10조(다른 법률의 개정) ① 및 ② 생략

③ 방송법 중 다음과 같이 개정한다.

제75조 제1항 중 "재난관리법 제2조"를 "재난 및 안전관리기본법 제3조"로 한다.

④ 및 ⑤ 생략

제11조 생략

부 칙(정당법) 〈제7190호, 2004. 3. 12〉

제1조(시행일) 이 법은 공포한 날부터 시행한다. 〈단서 생략〉

제2조 내지 제8조 생략

제9조(다른 법률의 개정) ① 방송법 중 다음과 같이 개정한다.

제8조 제9항 중 "정당(정당법에 의한 지구당을 포함한다)"을 "정당"으로 한다.

② 생략

부　　칙 〈제7213호, 2004. 3. 22〉

이 법은 공포한 날부터 시행한다.

부 칙(언론중재 및 피해구제 등에 관한 법률) 〈제7370호, 2005. 1. 27〉

제1조(시행일) 이 법은 공포 후 6월이 경과한 날부터 시행한다.

제2조 내지 제4조 생략

제5조(다른 법률의 개정) 방송법 중 다음과 같이 개정한다.

제91조를 삭제한다.

제108조 제1항 제25호를 삭제한다.

제6조 생략

부　　칙 〈제7498호, 2005. 5. 18〉

제1조(시행일) 이 법은 공포한 날부터 시행한다.

제2조(지역사업권료 징수에 관한 경과조치) ① 종합유선방송사업자는 종전의 제12조 제3항의 규정에 따라 방송위원회가 징수하는 지역사업권료를 이 법 시행일 전일까지 일수를 계산하여 납부하여야 한다.

② 방송위원회는 제1항의 규정에 따라 징수한 지역사업권료를 제36조의 규정에 의한 방송발전기금에 납입하여야 한다.

부 칙(치료감호법) 〈제7655호, 2005. 8. 4〉

제1조(시행일) 이 법은 공포한 날부터 시행한다.

제2조 내지 제7조 생략

제8조(다른 법률의 개정) ① 및 ② 생략

③ 방송법 일부를 다음과 같이 개정한다.

제13조 제3항 제6호를 다음과 같이 개정한다.

6. 「보안관찰법」에 의한 보안관찰처분, 「사회보호법」에 의한 보호감호 또는 「치료감호법」에 의한 치료감호의 집행중에 있는 자

④ 내지 ⑨ 생략

부 칙(전파법) 〈제7815호, 2005. 12. 30〉

제1조(시행일) 이 법은 공포 후 6개월이 경과한 날부터 시행한다.

제2조 내지 제5조 생략

제6조(다른 법률의 개정 등) ① 방송법 일부를 다음과 같이 개정한다.

제103조 제1항 중 '무선국관리사업단'을 "한국전파진흥원"으로 한다.

② 생략

부 칙(국가재정법) 〈제8050호, 2006. 10. 4〉

제1조(시행일) 이 법은 2007년 1월 1일부터 시행한다. 〈단서 생략〉

제2조 내지 제10조 생략

제11조(다른 법률의 개정) ① 내지 〈29〉 생략

〈30〉 방송법 일부를 다음과 같이 개정한다.

제22조 제5항 중 "예산회계법 제14조"를 "「국가재정법」 제6조"로 한다.

〈31〉 내지 〈59〉 생략

제12조 생략

부 칙 〈제8060호, 2006. 10. 27〉

제1조(시행일) 이 법은 공포한 날부터 시행한다.

제2조(방송사업자의 소유제한에 관한 경과조치) 이 법 시행 당시 제8조 제2항 제2호의 개정규정에 적합하지 아니하게 된 자는 이 법 시행 후 1년 이내에 동 규정에 적합하게 하여야 한다.

제3조(종합유선방송사업자 등의 지상파방송 재송신승인의 유효기간에 관한 경과조치) 이 법 시행 당시 제78조 제4항 및 제5항의 규정에 의하여 각각 지상파방송 및 외국방송사업자가 행하는 방송에 대한 재송신승인을 얻은 자는 제78조 제6항의 개정규정에 의한 대통령령 시행 당시에 각각 다시 재송신승인을 얻은 것으로 본다.

부 칙(저작권법) 〈제8101호, 2006. 12. 28〉

제1조(시행일) 이 법은 공포 후 6개월이 경과한 날부터 시행한다. 〈단서 생략〉

제2조 내지 제14조 생략

제15조(다른 법률의 개정) ① 생략

② 방송법 일부를 다음과 같이 개정한다.

제78조 제3항 중 “저작권법 제69조”를 “「저작권법」 제85조”로 한다.

제16조 생략

부 칙 〈제8301호, 2007. 1. 26〉

① (시행일) 이 법은 공포 후 3개월이 경과한 날부터 시행한다.

② (유효기간) 제70조 제6항의 개정규정은 2010년 6월 30일까지 효력을 가진다.

주요 참고문헌

〈국내문헌〉

강경근, 「헌법학」, 법문사, 1997.

구병삭, 「신고판 신헌법원론」, 박영사, 1988.

———, 「신고판 신헌법원론」, 박영사, 1998.

———, 「증보헌법학 I (총론 · 인권)」, 박영사, 1988.

권영성, 「신판 헌법학원론」, 법문사, 1999.

———, 「전정판 헌법학원론」, 법문사, 1986.

김동철, 「자유언론법제연구」, 나남, 1997.

김성남, "언론중재제도의 법적 고찰," 「언론중재」 1989년, 가을호, 언론중재위원회, 1989.

김영수 편, 「사회주의국가의 헌법」, 인간사랑, 1989.

김일수, 「새로 쓴 형법총론」, 박영사, 1997.

———, 「제 3 판 법 · 인간 · 인권」, 박영사, 1996.

———, 「형법각론」, 박영사, 2004.

김종서, "정정보도청구제도의 문제점과 대안," 「헌법논총」 제 5 집, 1994.

김철수, 「신고 헌법학신론」, 박영사, 1988.

박선영, 「언론정보법연구(I)(II)」, 법문사, 2002.

박용상, "정정보도청구권 제도의 일반적 고찰," 「언론중재」 1989년 가을호, 언론중재위원회, 1989.

———, 「언론과 개인법익」, 조선일보사, 1997.

———, 「표현의 자유」, 현암사, 2002.

박은정 편역, 「라으부르흐의 법철학」, 문학과 지성사, 1989.

———, 「새로 쓴 형법각론」, 박영사, 1997.

방석호, 「미디어법학」, 법문사, 1995.

성낙인, "정보공개법상 비공개정보의 범위," 법률신문 제2390호.

안용교, "ACESS권-MASS MEDIA에 대한 ACCESS권을 중심으로," 목촌김창도 선생화갑기념논문집 「현대공법의 이론」, 1982.

———, "언론 · 출판의 자유의 내용,"「고시계」 1984년 8월호.
유일상, 기획연재, "언론과 인권 ⑧,"「신문과 방송」 1984년 3월호, 한국언론연구원.
———,「개정판 매스미디어입문」, 청년사, 2005.
———,「언론정보윤리론」, 아침, 2001.
——— 외,「미디어와 프라이버시연구」, 한국언론재단, 2003.
이상윤,「영미법」, 박영사, 2000.
이상호 편,「제 4 판 영미법사전」, 청림출판사, 1994.
이은영,「개정판 채권각론」, 박영사, 1996.
최대권,「영미법」, 동성사, 1986.
최종휘,「전정판 법사상사」, 박영사, 1996.
팽원순,「매스커뮤니케이션법제이론」, 법문사, 1988.
———,「한국언론법제론」, 법문사, 1994.
한국형사정책연구원 편,「음란물의 법적규제 및 대책에 관한 연구」, 1992.
한병구,「개정판 언론과 윤리법제」, 서울대출판부, 1996.
한상범,「기본적 인권」, 정음사, 1985.
———,「헌법이야기」, 현암사, 1997.
허 영,「전정증보판 헌법이론과 헌법」, 박영사, 1992.
———,「한국헌법론」, 박영사, 1998.
———, "헌법상 검열금지규정의 해석," 금랑김철수교수정년기념논문집「한국헌법학의 현황과 과제」, 박영사, 1998.
———,「헌법이론과 헌법(상)(중)(하)」, 박영사, 1992.
———,「헌법이론과 헌법(중)」, 박영사, 1992.
황경식,「사회정의의 철학적 기초」, 문학과 지성사, 1995.
황산덕,「법철학강의」, 박영사, 1973.

〈동양문헌〉

甲斐義弘 監修,「判例付 六法全書」, 金園社, 1997.
奥平康弘, 杉原表雄 編,「憲法學」(東京 : 有斐閣, 1976).
日外アソシエーツ株式會社 編,「やさしく引ける 判例總覽」, 1993.
中川淳 外編,「法律用語と學ぶ人のために」, 世界思想社, 1997.
清水英夫,「言論法研究 2」, 學陽書房, 1987.
浜田純一,「情報法」, 有斐閣, 1993.
———,「メディアの 法理」, 日本評論社, 1990.

中山研究,「現代社會と治安法」, 岩波書店, 1970.
淺田光輝・葉山岳夫 編著,「陂防法を殘く」, 御茶の水書房, 1993.
憲法問題研究所 編,「憲法と和たち」, 岩波書變, 1963.
日本民間放送聯盟放送研究所 編,「放送の公共性」 岩崎放送, 1966.
野中俊彦・中村睦男・高鎬和之・高見勝利,「憲法」, 有斐閣, 1992.
石村善治 編,「現代マスコミ法入門」, 法律文化社, 1993.
石村善治,「言論法研究(論文選)」, 信山社, 1993.
———,「言論法研究 Ⅰ・Ⅱ・Ⅲ・Ⅳ」, 信山社, 1992(1993).
松井茂記,「マスメディア法入門」, 日本評論社, 1994.
藤原彰・南宮昭一 編,「現代史と國家祕密法」, 未來社, 1985.
鄧瑜 主編,「中華人民共和國法律釋義全書」, 法律出版社, 1996.
王牧 主編,「公民法律全書」, 中國大百科全書出版社, 1995.
王利明 土編,「近現代出版新聞法規滙編」, 學林出版社, 1992.
濱田純一,「情報法」, 有斐閣, 1993.
奧平康弘・杉原表雄 編,「憲法學」(東京 : 有斐閣, 1976).

〈서구문헌〉

Bagdikian, Ben, H., *The Media Monopoly,* 5th ed.(Boston : Beacon Press, 1997).
Barron, Jerome A. and C. Thomas Dienes, *Constitutional Law in a Nutshell*(St. Paul, Minn. : West Publishing Co., 1995).
Bays, Harold E., *The Perspective/Libel,* Blue Shoes Publishing Inc., 1995.
Benno Schmidt, *Freedom of Press v. Public Access,* Praeger, 1976.
Burdeau, Georges, *Droit Constitutionnel et Institutions Politiques,* Librairie Générale de Droit et de Jurisprudence, 1972.
Compbell, Douglas S., *The Supreme Court and the Mass Media : Selected Cases, Summaries, and Analyses*(New York : Praeger, 1990).
Denisov, A. *et al., Theory of State and Laws*(Moscow : Progress Publishers, 1987).
de sola Poal, Ithiel, *Technology of Freedom,* 元佑鉉 역,「자유언론의 테크놀러지」, 전예원, 1985.
Emerson, Thornas I., *The System of Freedom of Expression Random House*(New York : 1970).
Gifis, S. H., *Law Dictionary,* 3rd ed., Brown's Educational Series Inc., 1991.

Gross, Gerald(ed.), *The Responsibility of the Press*(New York : Simon E. Schuster, 1966).

Haiman, Franklim S., *Speech and Law in a Free Society*(Chicago : University of Chicago Press, 1980).

Hopkins, W. Wat(ed.), *Communication and the Law,* Vision Press, 1999.

Hudon, Edward G., *Freedom of Speech and Press in America*(Washington D. C. : Public Affairs Press, 1963).

Irons, Peter(ed.), *The First Amendment*(New York : The New York Press, 1997).

Jerome Barron, "The Right of Reply to the Media in the United States — Resistance and Resurgence," *Hastings Communications and Entertainment Law Journal,* Vol. 15, 1992.

Jones, C., *Mass Media Oder of Ethics and Councils : A Comparative International Study on Professional Standards*(Paris : UNESCO Press, 1980).

Kaale Nordenstreng and Hifzi Topuz(eds.), *Journalist : Status, Rights and Responsibilities*(Prague : IOJ Publishing House, 1989).

Kelsen, Hans, *What is Justice? : Justice, Law, and Politics in Mirror of Science, Collected Essays by H. Kelsen,* University of Califowia Press, 1957, 金榮秀 譯, 「정의란 무엇인가?」, 三中堂, 1993.

KyuHo Youm, *Press Law in South Korea*(Ames : Iowa State University Press, 1996).

Levy, Leonard W., *Emergence of a Free Press,* Oxford University Press, 1985.

Manfred Rehbinder, 이영희 · 최종고 역, 「법사회학」, 법문사, 1981.

Middleton, K. R. & B. F. Chamberlin, *The Law of Public Communication,* Longman, 1991.

Murray, John, *The Media Law Dictionary,* University Press of America, 1978.

Pember, Don. R., *Mass Media Law*(Boston : McGraw-Hill Companies, Inc., 2004).

Powe, Jr., Lucas A., *The Fourth Estate and the Constitution*(Berkeley : University of California Press, 1991).

Rawls, John, *A Theory of Justicle*(Massachusetts : Harvard University Press, Cambribge, 1971).

Rudolf Wasserburg, *Recht der Neuen Median,* C. F. Muller, 1989.

Smead, Elmer E., *Freedom of Speecl by Radio and Television*(Washington D. C. : Public Affairs Press, 1959).

Weiner, Richard(ed.), *Webster's New World Dictionary of Media and Communications*(New York : Macmillan, 1996).

Youm, Kyu Ho, *Press Law in South Korea,* Iowa State University Press Inc., 1996.

Zuckman, Harvey L. *et al., Mass Communication Law in a Nutshell,* 3rd ed.(4th ed.)(St. Paul, Minnesota : West Publishing Co., 1988(1994)).

인 명 색 인

판 례 색 인

사 항 색 인

著者略歷

경상북도 예천 출신
고려대학교 불어불문학과(문학사)/서울대학교 신문대학원 신문학과(문학석사)/고려대학교 대학원 신문방송학과(문학박사)
해군 수병 및 단기하사로 복무, 월남참전 후 만기제대
(주)대한항공 홍보실 홍보담당 및 Paris주재 선전담당/한국방송공사 보도국 기자(공사수습 제2기)/한국산업은행 외국부 주임을 거쳐 서울은행 대리 역임
고려대·동국대·외대·서강대·중앙대·한양대 학부 및 대학원에 출강(중)
광주대 신문방송학과 전임강사를 거쳐 건국대학교 신문방송학과 전임강사, 조교수, 부교수 역임
한국대학교육협의회 편집위원/한국사회과학연구협의회 연구위원/한국기독교교회협의회 (KNCC) 언론위원/한국방송광고공사 공익자금관리위원(법정)/종합유선방송위원회 보도·교양심의위원 역임
한국언론학회 이사 및 집행위원/언론법제윤리회장/미국 오레건대학교(Univ. of Oregon) 언론대학 초빙교수/건국대 언론홍보대학원장/한국언론법학회 회장 역임
건국대학교 학술연구상 수상
현재 건국대학교 신문방송학과 교수·동 언론홍보대학원장, 재정경제부 정보공개심의위원

著書 및 譯書

공정보도의 사회윤리학(일월서각, 1987, 개정증보판 1988)
매스컴과 현대사회(지식산업사, 1988, 개정판 1989, 제3판 1990)
세계선전선동사(2人共 : 도서출판 이웃, 1989)
벌거벗긴 한국언론(문덕사, 1990, 3판 발행)
언론윤리법제론(아침, 1991, 제4판 1994)
물결치는 한국언론(문덕사, 1992)
새로 쓰는 한국언론사(6人共 : 아침, 1993, 제4판 1997)
매스미디어와 열린 세상(경인문화사, 1995, 개정판 1997)
사람과 방송(청년사, 1996, 재판 1997)
언론정보윤리론(아침, 2001)
선전과 여론설득(아침, 2001)
매스미디어입문(청년사, 2002)
세계의 언론학교육(2人共 : 삼영서관, 2003)
미디어와 프라이버시연구(2人共 : 한국언론재단, 2003)
취재보도입문(지식산업사, 2004)
고독한 승부[역서](정음사, 1985)
외 약 100여편의 학술논문을 발표함

전정판
언론법제론

1998年 4月 15日 初版發行
2000年 4月 5日 改訂版發行
2007年 9月 20日 全訂版印刷
2007年 9月 30日 全訂版發行

著 者 柳 一 相
發行人 安 鍾 萬
發行處 博 英 社
서울特別市 鍾路區 平洞 13-31番地
電話 (733)6771 FAX (736)4818
登錄 1952. 11. 18. 제1-171호(倫)
www.pakyoungsa.co.kr e-mail: pys@pakyoungsa.co.kr

定 價 30,000원 ISBN 978-89-10-51446-6